Claas Siano

Die Luftwaffe und der Starfighter

Rüstung im Spannungsfeld von Politik, Wirtschaft und Militär

Claas Siano

Die Luftwaffe und der Starfighter

Rüstung im Spannungsfeld von Politik, Wirtschaft und Militär

Schriften zur Geschichte der Deutschen Luftwaffe, Band 4
begründet und herausgegeben
von Eberhard Birk und Heiner Möllers

2016

Carola Hartmann Miles-Verlag

CIP-Kurztitelaufnahme der Deutschen Nationalbibliothek

Claas Siano, Die Luftwaffe und der Starfighter. Rüstung im Spannungsfeld von Politik, Wirtschaft und Militär, Berlin 2016

Von der Fakultät für Geschichtswissenschaft der Ruhr-Universität Bochum als Dissertation angenommen im Jahr 2009.

© 2016 Carola Hartmann Miles-Verlag,
   www.miles-verlag.jimdo.com
   email: miles-verlag@t-online.de
   Herstellung: Books on Demand GmbH, Norderstedt

Titelbild: Vorflugkontrolle eines Lockheed F-104G Starfighter beim Jagdbom-
   bergeschwader 33 in Büchel mit Pilot, Oberleutnant Gerd Gloystein und
   Wart, (unbekannt), April 1963, © Presse- und Informationszentrum der
   Luftwaffe, Berlin-Gatow/Köln-Wahn

Printed in Germany

ISBN 978-3-945861-33-2

Inhalt

Vorwort der Herausgeber

Die Luftwaffe der Bundeswehr ist ohne den *Lockheed F-104 Starfighter* undenkbar. Zwischen 1962 und 1987 nutzten die Luftstreitkräfte der Bundesrepublik Deutschland – aber auch die Marineflieger – dieses Kampfflugzeug operativ. Bis es 1991 endgültig aus der Bundeswehr verschwand, waren 916 Exemplare gekauft und in den unterschiedlichen Versionen und Aufgaben eingesetzt worden.

Der Bevölkerung der Bundesrepublik ist das Flugzeuge vor allem wegen seiner scheinbar unvergleichbaren Pannenserie bekannt. Rund ein Drittel der Flugzeuge ging infolge von Unfällen verloren und die Unfallserie 1965/66 sorgte nicht nur für ein „Absturzzählen" der westdeutschen Medien. Vielmehr löste sie ein besonderes Interesse der Öffentlichkeit wie auch der Verantwortlichen in der Politik aus. Die Diskussionen über diese Probleme fanden in der „Starfighter-Krise" der Jahre 1964 bis 1966 ihren Höhepunkt.

Bislang dominiert eine Schwarz-Weiß-Sicht das Bild des Starfighters in der Öffentlichkeit. Und obwohl es mittlerweile auch einige Untersuchungen gibt, die dieses Waffensystem kontexutalisierend in die Zeit einordnen und diesen Kontrast auflösen, hat sich an dessen Stigmatisierung kaum etwas geändert: entweder es ist der „Witwenmacher" oder „a pilot's aircraft" – Bewunderung und Abscheu halten sich die Waage.

Dies lag nicht zuletzt auch daran, dass bislang vor allem emotional gefärbte Veröffentlichungen ehemaliger Piloten die Darstellung des Starfighters dominierten und wissenschaftliche Studien zur westdeutschen Rüstungsgeschichte und personenbezogene Darstellungen zur Geschichte der Luftwaffe wie auch der Bundeswehr das Flugzeug in der Regel nur am Rande streiften.

Mit der vorliegenden Studie von Claas Siano liegt erstmals eine Untersuchung vor, die die Beschaffung des Lockheed F-104 Starfighter für die Streitkräfte der Bundesrepublik Deutschland im Spannungsfeld von Politik, Industrie- und Rüstungswirtschaft sowie dem Militär in der jungen Bundesrepublik einer kritischen Analyse unterzieht. Erstmals werden dabei die Hintergründe der Beschaffung und Lizenzfertigung dieses US-amerikanischen Rüstungsgutes für die Bundeswehr auf der Grundlage bislang kaum beachteter Quellen aus dem politisch-parlamentarischen Raum sowie dem militärischen Bereich beleuchtet. Es ist das Verdienst des Autors, die militärischen Quellen im Bundesarchiv-Militärarchiv mit denen des Verteidigungsausschuss des Deutschen Bundestages einer vergleichenden Darstellung zu unterziehen. Dabei kommt Claas Siano zu zahlreichen Korrekturen bislang kultivierter Wertungen über das Flugzeug.

Vor allem aber legt er offen, dass die bis dato konstatierte (vermeintliche) Überforderung der Bundeswehr mit einem Hochleistungs-Waffensystem nicht am Gerät, sondern vielmehr an der mangelnden Vorbereitung seiner Einführung lag.

Als ein „Ergebnis" der Starfighter-Krise wurde auch der Wechsel im Amt ihres Inspekteurs im Herbst 1966 wahrgenommen. Will man den folgenden Komplettumbau der Luftwaffe im Zuge der von Generalleutnant Johannes Steinhoff initiierten Luftwaffenstruktur 70 verstehen, so findet man seine Ursachen vor allem in dem, was als „Starfighter-Krise" die Geschichte der Bundeswehr wie auch der Bundesrepublik Deutschland nachhaltig beeinflusst hat.

Damit leistet das Buch nicht nur einen wesentlichen Baustein zur Geschichte der Luftwaffe, sondern ebenfalls zur Geschichte der Bundeswehr als den Streitkräften in der Demokratie.

Fürstenfeldbruck und Potsdam im Juni 2016
Eberhard Birk, Heiner Möllers

Dank

Dieses Buch ist aus einer Arbeit hervorgegangen, die die Fakultät für Geschichtswissenschaften der Ruhr-Universität Bochum im Dezember 2009 als Dissertation angenommen hat.

An erster Stelle danke ich meinem Doktorvater Prof. Dr. Dieter Ziegler vom Lehrstuhl für Wirtschafts- und Sozialgeschichte der Ruhruniversität in Bochum für die Möglichkeit, diese eher militär- als wirtschaftsgeschichtliche Dissertation unter seiner Betreuung zu verfassen. Er hat die Arbeit stets gefördert und half bei zahlreichen Gelegenheiten, die konzeptionellen Gedanken in die richtigen Bahnen zu lenken. Meinem Zweitgutachter, Prof. Dr. Helmut Maier, vom Lehrstuhl für Technik- und Umweltgeschichte ebenfalls an der Ruhruniversität in Bochum danke ich für zahlreiche Anregungen und Kommentierungen, die dazu beitrugen, einige schwierige Situationen bei der Bearbeitung des Themas zu bewältigen.

Großen Anteil am Gelingen dieser Arbeit hatte Dr. Lutz Budraß. Er entwickelte mit mir die inhaltliche Struktur, hörte sich mit großer Geduld meine Vorschläge und Ergebnisse an und half mir als Spiritus Rector oftmals, meine Motivation wieder zu gewinnen, wenn ich das typische „Doktorandentief" durchschritt. Ihm danke ich daher für seine Unterstützung während der Bearbeitung besonders.

Ein weiterer Dank gilt Arno L. Schmitz für zahlreiche interessante Gespräche, die halfen, Licht in das Dunkel der Quellenlage zu bringen wie auch für seine kleinen und größeren Hinweise zur besseren Erschließung der Thematik.

Dem ehemaligen Inspekteur der Luftwaffe, Generalleutnant Klaus-Peter Steglitz, danke ich ausdrücklich für die 2007 und 2008 erfolgte umfangreiche Freigabe von bislang gesperrtem Aktenmaterial aus den Archivbeständen des Führungsstabes der Luftwaffe. Damit eröffnete er mir die Möglichkeit, das Thema aus einem Blickwinkel zu betrachten, der bisher auf Grund der Quellenlage im Bundesarchiv-Militärarchiv nicht möglich war.

Den Angehörigen von Johannes Steinhoff, Dr. med. Wolf Steinhoff in Höxter und den Angehörigen von Robert Lusser, gilt mein Dank für die Möglichkeit, die jeweiligen Nachlässe zu sichten und zu verwerten. Damit war eine Sichtweise auf das Thema darstellbar, die andere Archive nicht ermöglicht haben.

Dr. Heiner Möllers danke ich für die Möglichkeit, mein Thema fachlich zu diskutieren und bei Tagungen des damaligen Militärgeschichtlichen Forschungsamtes (und heutigem Zentrums für Militärgeschichte und Sozialwissenschaften der Bundeswehr) 2012 sowie bei der Militärhistorischen Tagung der Luftwaffe 2010 vorzustellen.

Vor allem bei einem militärgeschichtlichen Thema, das offensichtlich für viele Historiker „exotisch" ist, war es für mich umso wichtiger, einen Gesprächspartner mit fachlich fundiertem Hintergrund zu haben.

Ihm und Dr. Eberhard Birk danke ich für die Aufnahme in die „Schriften zur Geschichte der Deutschen Luftwaffe" und ihre vielfältige Unterstützung bei der Druckvorbereitung des Manuskriptes.

Der größte Dank gilt aber meinen Eltern. Sie haben mich schon während des Studiums in jeder nur möglichen Art und Weise unterstützt und taten dies auch während der Zeit der Promotion. Ihnen ist daher diese Arbeit in großer Dankbarkeit gewidmet.

Bochum im Juni 2016
Claas Siano

Einleitung

Thematische Einführung

Kein Waffensystem, kein Panzer, Schiff oder Flugzeug hat in der historischen Wahrnehmung eine so große Bedeutung für das Bild der Bundeswehr in der Öffentlichkeit, wie der *Lockheed F-104G Starfighter*. Er prägte zwischen 1960 und 1990 das Bild der Luftwaffe der Bundeswehr umfassend. Knapp 2.000 Piloten wurden für ihn ausgebildet und mehrere Tausend Techniker und Angehörige der Starfighter-Geschwader der Bundeswehr sehen in ihm immer noch einen Teil ihrer persönlichen Geschichte. Zugleich war der Starfighter mit einem Kostenumfang von rund sieben Milliarden DM das erste große Rüstungsprojekt nicht nur der Bundeswehr, sondern auch der im Entstehen begriffenen deutschen Rüstungsindustrie. Mehr als zehn Jahre nach dem Ende des Zweiten Weltkrieges war er für diese Industrie der Einstieg in die Hochtechnologie und für die Luftwaffe der Zugang zum Club der Hochleistungsluftwaffen. Endlich war die Luftwaffe – jedenfalls in der Selbstwahrnehmung – auf Augenhöhe mit den alliierten Luftstreitkräften und vor allem der US Air Force.

Bis heute jedoch ist die Geschichte dieses Flugzeuges immer noch von schwarz-weiß-Wahrnehmungen geprägt. Er ist wahlweise „a Pilot's Aircraft" oder der „Witwenmacher". Trotzdem rund zwei Millionen Flugstunden auf diesem Waffensystem von den Verbänden der Luftwaffe erflogen wurden[1] und er damit hinsichtlich der Unfallzahlen ein durchschnittliches Flugzeug war, werden bis heute die 292 abgestürzten und verunfallten von 916 beschafften Flugzeugen immer noch als Indikator für ein katastrophales Gerät interpretiert. Vielfältige durchaus geschmacklose Anekdoten[2] halten sich hartnäckig und verdeutlichen noch heute, rund 30 Jahre nach seiner Außerdienststellung, dass „der Starfighter" in der Geschichte der Bundesrepublik Deutschland noch immer eine hohe Präsenz besitzt.

Am 22. Mai 1991 fand auf dem Flugplatz in Manching bei der Wehrtechnischen Dienststelle 61 der letzte Flug eines Starfighters der Bundeswehr statt. Im Einsatz stand das Waffensystem bei den Verbänden der Luftwaffe und Marineflieger bereits seit Oktober 1987 nicht mehr[3]. 1991 endete damit ein über dreißig Jahre dauerndes Kapitel in der Geschichte der Bundeswehr, das seit der Entscheidung für den Kauf des Waffensystems F-104 durch das Bundesverteidigungsministerium im Herbst 1958 immer wieder für Schlagzeilen gesorgt hatte. Die Beschaffung und der Einsatz

---

[1] Kropf, Deutsche Starfighter, S. 128. Demnach waren es 1.975.646 Flugstunden.

[2] „Wie fängt man sich einen Starfighter? Man kauft sich ein Grundstück und wartet, bis einer darauf abstürzt." – Dieses Bonmot steht pars pro toto für die vielfältigen negativen Wahrnehmungen dieses Flugzeuges. Seine Herkunft kann nicht geklärt werden, dennoch ist es eines von vielen Zitaten, die den Starfighter überlebten.

[3] Schlieper, Wechselwirkung S. 581.

dieses Flugzeugtypen wirkten sich dabei nicht nur auf die Streitkräfte der Bundeswehr, sondern auch auf die deutsche Luftfahrtindustrie und die öffentliche Meinung in starkem Maße aus.

Dabei fällt die nachträgliche Bewertung des Lockheed F-104G Starfighter je nach Position und Interesse vollkommen unterschiedlich aus: Für seine Piloten war sie eines der besten Kampfflugzeuge der damaligen Zeit. Einige Veröffentlichungen ehemaliger Piloten dieses Flugzeugtyps gleichen fast einer Liebeserklärung[4]. Auch außerhalb von Pilotenkreisen kommt es mehr als 50 Jahre nach dem Entschluss zur Beschaffung und mehr als 20 Jahre nach der Außerdienststellung dieses Flugzeugtyps noch zu verklärenden Äußerungen[5].

Für die deutsche Luftfahrtindustrie bot die Lizenzfertigung des ursprünglich von der US-amerikanischen Firma Lockheed Aircraft Corporation konstruierten und gebauten Flugzeuges die große Chance, die vom Kriegsende 1945 bis zur Wiederzulassung der Luftfahrt in Deutschland 1955 verlorene Zeit aufzuholen und durch die Nutzung bereits vorhandener Technologien den Anschluss an führende Industrienationen zu gewinnen. Damit ist die Planung und Beschaffung des Starfighters auch für den Bereich der Wirtschaftsgeschichte der damals noch jungen Bundesrepublik

---

[4] Vgl. Vogler, Offener Brief, S. 7: „Ich habe mich seitdem nie mehr gefragt, warum solche Flugzeuge im Sprachgebrauch weiblichen Geschlechts sein müssen. Sie hatte zwar keine Taille (so fortschrittlich war die Aerodynamik 1954 nun doch nicht), aber IHR tat dies keinen Abbruch. […] Ihr Anblick im Fluge ist fast unwirklich elegant, grazil, ja schön. […] Sie war und ist eine strenge Lehrmeisterin. Leichtsinn und Übermut verzeiht sie nur in engen Grenzen. Sie erzog uns zu geistiger Beweglichkeit, zu Entscheidungsfreude, zu Selbstständigkeit, zu bewusstem Handeln in schnellem Wechsel der Situation und zu Stolz sowie Bescheidenheit zugleich. […] Ich schätzte mich glücklich, zufällig zu denen gehören zu dürfen, die sie einmal flogen." Der ehemalige Inspekteur der Luftwaffe, Generalleutnant a.D. Günther Rall, bezeugte dem F-104G seine Zuneigung für ein Flugzeugmuster, „dessen Auftragserfüllung besser als sein Ruf in den Medien war und von dem seine Piloten mit Bewunderung und liebevoller Überzeugung sagten: ´She is a pilot´s aircraft´."
Der ehemalige Inspekteur der Luftwaffe, Generalleutnant Jörg Kuebart, weist ebenfalls auf die Bewunderung der Piloten für den Starfighter sowie für ihr jeweiliges Flugzeug generell hin, vgl. Kuebart, Fliegen, S. 208. Auch Kropf selbst, ein ehemaliger Starfighterpilot, weist im Vorwort seines Werks, Kropf, Starfighter, S. 6, auf den Umstand hin, wie stolz Piloten dieser Maschine auf ihren Flugzeugtyp gewesen sind. Unter der Internetadresse www.cactus-starfighter-staffel.de findet sich die Internetpräsenz ehemaliger deutscher Piloten dieses Flugzeugmusters, die sich ausschließlich positiv zum Starfighter äußert.
In die gleiche Richtung der Verehrung des Flugzeugs geht die Darstellung bei Schlieper, Wechselwirkung, S. 583; vgl. auch die Darstellung bei Schwenke, Pilot im Starfighter. Eine deutlich distanziertere Sicht findet sich in den Erinnerungen des ehemaligen F-104-Piloten bietet Fisch, Stärken und Schwächen. Zu den wenigen, das Flugzeugmuster nicht heroisierenden sondern eher kritischen Berichten gehört die Darstellung bei Merkel, Flugzeugführer in den Aufbaujahren.
[5] EADS, Meilensteine, S. 1: „Obwohl die Konstruktion schon mehr als ein halbes Jahrhundert alt ist, mutet ihr Aussehen selbst heute noch futuristisch an. Ein Flugzeug, das gut aussieht, fliegt auch gut, heißt ein alter Spruch in der Fliegerei. Für nur wenige Flugzeuge trifft diese Aussage so gut zu wie für die F-104. Eleganz und Rasanz, gepaart mit einer phänomenalen Leistungsfähigkeit machten sie für den Flugzeugführer zum Inbegriff des ‚pilot‘s airplane‘".

Deutschland ein bedeutendes Kapitel. Mit der Entscheidung des Bundestages zur Beschaffung des Starfighters, mit der sich die Serienfertigung durch deutsche und europäische Luftfahrtfirmen verband, vollzog sich die größte Hilfestellung für die gerade erst wieder zugelassene und durch mehrere Bundeswehraufträge angekurbelte westdeutsche Luftfahrtindustrie. Mit dem Starfighter erwarb die Luftfahrtindustrie das damals aktuellste technische Know-how und vor allem sicherte die Lizenzfertigung das Überleben dieser Branche auf viele Jahre hinaus.

In der politischen Geschichte der Bundesrepublik Deutschland nehmen die Beschaffung und der Einsatz des Waffensystems F-104G ebenfalls eine bedeutende Rolle ein. Die Bundeswehr war ab dem Zeitpunkt ihrer Gründung – im Gegensatz zum Militär im Nationalsozialismus oder im Kaiserreich – eine Parlamentsarmee[6]. Damit standen die deutschen Streitkräfte unter der Kontrolle des Deutschen Bundestages, der Verteidigungsminister war als Teil der Bundesregierung dem Parlament für sein Handeln Rechenschaft schuldig. Mit dem Verteidigungsausschuss verfügte der Bundestag zusätzlich über ein politisches Kontrollgremium, in dem nicht allein Detailfragen zu aktuellen Ereignissen diskutiert wurden. Das Waffensystem F-104 wurde folglich sowohl im Verteidigungsausschuss als auch im Bundestag selbst so kontrovers und intensiv diskutiert wie kein Waffensystem vor ihm und danach.

Für die öffentliche Meinung schließlich wurde der Starfighter durch seine hohe Unfallquote schnell zum wenig schmeichelhaften „Witwenmacher", die Bevölkerung sprach vom „Sarg mit Balkenkreuz[7]" und wettete auf den Zeitpunkt des nächsten Absturzes[8]. Neben der mit der Absturzserie verbundenen schlechten Sicherheits-

---

[6] Zum Charakter der Parlamentsarmee aus offizieller Sicht vgl. Presse- und Informationsamt der Bundesregierung (Hrsg.), Die Bundeswehr in der Demokratie. Ansprachen, Erklärungen, Reden, Grußworte zum 30jährigen Bestehen 1955-1985, Bonn 1985. Hier wird in quasi allen Ansprachen die Kontrollfunktion des Parlaments hervorgehoben, S. 29, 31f., 86f., 91. Zu dem schwierigen Prozess der Etablierung der Bundeswehr als Parlamentsarmee vgl. die Darstellung bei Sura, Von der Wehrmacht, S. 90. Dülffer, Kontrolle von Rüstungen, S. 24, stellte dazu kritisch fest: „Parlamentarische Kontrolle und öffentliche Debatte über Rüstungen stellte in der deutschen Geschichte ein schwieriges und kaum einmal geglücktes Unterfangen dar."
[7] Vgl. zu diesen abwertenden Bezeichnungen das Titelblatt des Spiegel, 5/1966, „Ein gewisses Flattern" sowie die Darstellung bei Schmidt, Starfighter/Lockheed, S. 77.
[8] Noch heute existiert der schlechte Ruf des Waffensystems F-104G in der Öffentlichkeit weiter fort. In einigen, jüngeren TV-Dokumentationen wird vorzugsweise eine „schwarz-weiß-Sicht" des Flugzeugs präsentiert, vgl. dazu ”Der Tod war schneller. Die Starfighter-Krise" (NDR 1999)", F-104 „Starfighter" – Sternenjäger oder Witwenmacher?" (N24 2011), „Starfighter – Mit Hightech in den Tod" (arte 2010), „Skandal! Affäre! Enthüllung! Ihre Highlights aus 50 Jahren ARD-Politikmagazinen" (ARD 2011). Die arte-Dokumentation bezeichnete die Ausrüstung der Bundeswehr mit der F-104G als „militärischen Größenwahn". In der ARD-Sendung „Skandal! Affäre! Enthüllung" wurde der „Starfighter-Skandal" auf Platz 7 der größten Politenthüllungen der letzten 50 Jahre gewählt. Die „Berühmtheit" des Waffensystems war so groß, dass sie sogar Niederschlag in der Musikkultur fand. 1974 veröffentlichte der Sänger Robert Clavert das Album „Captain Lockheed and the Starfighters". Die Texte setzten sich dabei mit der schlechten Sicherheitslage des Flugzeugs in der Bundesrepublik und den Vorwürfen der Bestechung im

lage des Flugzeuges war der Starfighter für große Teile der Bevölkerung ebenfalls ein Sinnbild der Wiederbewaffnung Deutschlands. Dass er darüber hinaus als Kampfflugzeug anfänglich vor allem für den Einsatz mit Nuklearwaffen vorgesehen war, sorgte genauso für eine kritische Beobachtung durch Öffentlichkeit und Medien; und dies, obwohl auch andere Waffen der Bundeswehr, Raketen und Artilleriegeschosse, als Träger für Nuklearwaffen beschafft und auch Flugzeuge vor Beschaffung des Starfighters als Atomwaffenträger vorgesehen waren[9].

Die Beschaffung und die Fertigung des Starfighters waren ein Projekt der Superlative. So vermerkte der Schweizer Autor Kurt Johannson: „Allerdings hat auch kein Ausrüstungsgegenstand der Bundeswehr so viele und so widersprüchliche Superlative auf sich vereinigen können: Der Starfighter ist die teuerste Waffe der Bundeswehr, er zählt zu den technisch perfektesten Instrumenten, mehr Rakete als bemanntes Flugzeug, er hat den geheimsten Kampfauftrag, den atomaren, aber er weist auch die höchste Unfallrate auf[10]."

Das Waffensystem Lockheed F-104G Starfighter war seit der Gründung der Bundeswehr im Jahr 1955 die teuerste Einzelbeschaffung der gesamten Bundeswehr mit einem Investitionsvolumen von fast fünf Milliarden D-Mark. Partizipieren konnten davon vor allem die Unternehmen der deutschen Luftfahrtindustrie, die zusammen mit mehreren europäischen Partnern im Verlauf des Produktionszyklus allein für

---

Beschaffungsvorgang auseinander. Im Jahr 2000 veröffentlichte die Elektroband Welle:Erdball die Single „Starfighter F104G", die den Unfalltod des Oberleutnants zur See Joachim von Hassel am 10.3.1970 thematisiert. Dieser war der Sohn des Verteidigungsministers Kai Uwe von Hassel, der während der so genannten „Starfighter-Krise" 1966 das Verteidigungsressort leitete.

[9] Vgl. dazu die Ansicht in Münch, Bundeswehr – Gefahr für die Demokratie, S. 32: „Symbol des neuen Militärkonzepts [der atomaren Bewaffnung] wurde der *Starfighter* (F 104 G), dessen Lizenzproduktion in neu zu errichtenden deutschen Luftfahrtunternehmen Strauß durchsetzte. Dieses in den USA zunächst als Jäger konzipierte Flugzeug wurde in der Bundesrepublik auf den Transport von Atomwaffen umgerüstet". Dabei wird die weitere Darstellung dieser Arbeit zeigen, dass beide Behauptungen nicht zutreffend waren: Weder wurden die Luftfahrtunternehmen für die Lizenzproduktion des Starfighters extra errichtet, sie existierten bereits vorher. Auch wurde das Flugzeug nicht in Deutschland auf den Atomwaffeneinsatz umgerüstet, eine Jagdbomberversion für den Atomwaffeneinsatz wurde bereits vorher in den USA eingesetzt. Die falsche Ansicht, dass erst mit der Beschaffung des Starfighters die atomare Bewaffnung der Luftwaffe begonnen hätte, findet sich auch bei Schmid, Militär-Industrie-Komplex, S. 23, vgl. dazu auch Kuebart, Kampfverbände, S. 209. Zur generellen Geschichte der atomaren Bewaffnung der Bundeswehr McArdle Kelleher, Germany and the politics of nuclear weapons. Buchholz, Strategische und militärpolitische Diskussionen, S. 237f., weist darauf hin, dass ab 1957 in der Bundeswehr eine erzwungene Übernahme von US-amerikanischer Truppengliederungen und Taktiken und somit auch die Möglichkeit des Einsatzes taktischer atomarer Kampfmittel bis auf die Ebene des Armeekorps erfolgte. Zur Planung der Ausrüstung der Bundeswehr mit atomar bestückten Raketensystemen vgl. Haftendorn, Sicherheit und Entspannung, S. 164. Auch Martin Rink äußert die Überzeugung, dass die Luftwaffe „um 1960", also deutlich vor dem Zulauf der ersten Flugzeuge vom Muster F-104, ihre Aufgabe als Teil der nuklearen Abschreckung wahrnehmen konnte, vgl. Rink, Luftwaffe in der Aufstellungsphase, S. 131.
[10] Vgl. dazu Johannson, Vom Starfighter zum Phantom, S. 7.

14

die Bundeswehr 916 Maschinen in Lizenzfertigung herstellten. Insgesamt wurden mehr als 2.800 Starfighter gebaut.

Aber auch in anderer Hinsicht setzte das Waffensystem F-104G Akzente. Bis 1989 kamen bei Unfällen allein 108 Piloten der Luftwaffe und der Marine sowie acht US-amerikanische Piloten mit deutschen Starfightern ums Leben. 292 Maschinen wurden zerstört. Darüber hinaus war der Starfighter in der öffentlichen Meinung zum einen wegen der Art seiner Beschaffung und der damit verbundenen Kosten und zum anderen wegen seiner häufig mit Todesopfern verbundenen Abstürze, ein Thema für intensiv und emotional geführte Diskussionen. Im Jahr 1966 befasste sich der Bundestag mehrfach in Debatten mit der Unfallserie des Militärflugzeuges. In der parlamentarischen Aussprache kamen auch grundsätzliche Zweifel an der Zuverlässigkeit des Waffensystems zur Sprache. Die Presse und die Öffentlichkeit nannten dies die „Starfighter-Krise".

Fragestellung und Vorgehensweise

Bei der Betrachtung des Gesamtkomplexes der Beschaffung und der Lizenzproduktion des Waffensystems F-104G für die Bundeswehr ergeben sich eine Reihe von Fragen, von denen einige in dieser Arbeit beantwortet werden sollen.

Bei der Betrachtung des Beschaffungsvorgangs unter dem Gesichtspunkt der politischen Dimension von Rüstung ergibt sich die Frage, inwieweit der Verteidigungsausschuss des Bundestages während der Beschaffung seine parlamentarisch-politische Kontrollfunktion effektiv ausübte. Es bestand ein deutlicher Gegensatz zwischen dem Zeitpunkt der Entscheidung für die Beschaffung des Waffensystems F-104G im Herbst des Jahres 1958 und der politischen Diskussion zum Zeitpunkt der so genannten Starfighter-Krise im Frühjahr 1966: 1958 stimmte der Verteidigungsausschuss nahezu einstimmig für die Beschaffung, vor allem auch beide großen Fraktionen des Bundestages, CDU/CSU und SPD. Ganz anders war es sieben Jahre später: 1965/1966, also im Vorfeld und während der Starfighter-Krise, standen CDU/CSU und SPD sich kontrovers gegenüber. Die beiden großen Volksparteien hatten bei der Behandlung des Themenbereichs Waffensystem F-104G große Meinungsunterschiede, die sowohl in der Presse als auch im Verteidigungsausschuss und im Plenum des Bundestages deutlich zu Tage traten. Folglich ist eine Darstellung der Vorgänge dieser beiden Ereignisse nötig, um bewerten zu können, wie diese Situation der politischen Konfrontation aufkommen konnte. Wichtig ist diese Betrachtung vor allem unter der Beachtung der 1958 im Verteidigungsausschuss vorherrschenden Einigkeit unter den unterschiedlichen Fraktionen bei der Entscheidung für die F-104G. Im Verlauf der Einführung des Flugzeugs F-104G in die Bundeswehr wurde schrittweise ebenfalls deutlich, dass der Flugzeugtyp mit einer Reihe von technischen Problemen zu kämpfen hatte, die teilweise sogar dazu führten, dass das Verteidigungsministerium zeitweilig ein Startverbot für dieses Muster erlassen musste[11].

Daher muss die Auswahl und die Beschaffung des Starfighters unter den Fragestellungen behandelt werden, ob der Verteidigungsausschuss seine politische Kontrollfunktion der Bundeswehr in diesem speziellen Fall wirksam wahrnehmen konnte und wie er es tat. Daneben soll ebenfalls untersucht werden, welche Entwicklungen dazu führten, dass sich die Fraktionen von CDU/CSU und SPD nach anfänglicher Einigkeit so stark über den Themenbereich dieses Rüstungsprojektes zerstritten.

Gesetzt den Fall, dass der Verteidigungsausschuss wirklich seine Kontrollfunktion in nicht genügendem Maße ausgeübt hat, stellt sich zusätzlich noch die Frage, ob das Rüstungsprojekt F-104G eine Eigendynamik entwickelte, die dazu beitrug, dass die Mitglieder des Verteidigungsausschusses ihre Kontrollfunktion der Bundeswehr in diesem Fall nicht wie vorgesehen ausübten.

Bei der Untersuchung der wirtschaftlichen Komponente des Lizenzbauprojektes F-104G stellt sich die Frage nach der Bedeutung des Projektes für die Unternehmen der neu entstehenden westdeutschen Luftfahrtindustrie. 1955 nahmen die Unternehmen nach der Wiedererlangung der teilweisen staatlichen Souveränität der Bundesrepublik ihren Produktions- und Entwicklungsbetrieb wieder auf. An mehreren Lizenzbauprojekten, darunter eben auch das Flugzeugmuster F-104G, sollten die Unternehmen durch bestehende technische Projekte anderer Flugzeughersteller lernen und den zehnjährigen Rückstand versuchen auszugleichen. Dabei kam dem Projekt F-104G für die deutsche Luftfahrtindustrie zum einen auf Grund seiner technischen Komplexität und zum anderen auch wegen der großen Anzahl der zu produzierenden Flugzeuge eine herausgehobene Bedeutung zu. Die Lizenzbauprojekte waren für die Unternehmen der Luftfahrtindustrie eine Einstiegshilfe; nach dem Auslaufen der Fertigung sollte sie nach den Vorstellungen der Bundesregierung mit eigenen Projekten auf dem Weltmarkt konkurrenzfähig sein.

Die Entwicklung nahm tatsächlich einen anderen Verlauf. Zu dem Zeitpunkt, als die Produktion des Musters F-104G seinen Höhepunkt erreichte, hatten sich noch keine Anschlussaufträge für die Unternehmen ergeben. Sie waren weiterhin auf die Unterstützung des Verteidigungsministeriums für die Fertigung militärischer Projekte angewiesen, um finanziell überleben zu können. Für die Vergabe solcher Projekte verfügte das Verteidigungsministerium zum damaligen Zeitpunkt aber weder über die Haushaltsmittel noch über den Willen, die Industrie nur über solche Aufträge wirtschaftlich am Leben zu erhalten. Somit standen die Unternehmen der deutschen Luftfahrtindustrie beim Auslaufen der Lizenzfertigung des Flugzeugtyps F-104G vor exis-

---

[11] Der Inspekteur der Luftwaffe, Generalleutnant Johannes Steinhoff, verhängte im Dezember 1966 ein Flugverbot für die gesamte Starfighter-Flotte der Luftwaffe, vgl. Die Welt 13.12.1966: „Bald wieder Starfighter-Flüge".

tenzbedrohenden Herausforderungen. Aus diesem Grunde soll in dieser Arbeit der Frage nachgegangen werden, wie die Lizenzfertigung des Flugzeugs F-104G durch die deutsche Luftfahrtindustrie ablief und welche Schritte die Unternehmen einleiteten, um nach Abschluss des Projektes wirtschaftlich unabhängig agieren zu können. Darüber hinaus muss auch analysiert werden, ob die Luftfahrtindustrie eine Mitschuld an dem schlechten Zustand des Waffensystems F-104G trifft, der vor allem in den Jahren 1965 und 1966 für eine breit angelegte öffentliche Diskussion sorgte.

Im *ersten Kapitel* beschäftigt sich die Arbeit mit der Ausgangssituation zur Beschaffung des Waffensystems F-104G. Hier werden die sicherheitspolitischen Rahmenbedingungen in der Zeit des Aufbaus der Luftwaffe ebenso wie die damalige Situation der Luftfahrtindustrie dargestellt. Weiterhin wird die Rolle der Rüstungskontrolle durch Parlament und Ausschüsse analysiert.

Bei den militärischen Grundlagen der Bundesrepublik zu Beginn des Beschaffungsprozesses muss zwischen der Verteidigungskonzeption der NATO und der Ausrüstungssituation der Bundeswehr unterschieden werden. Dabei gilt es einerseits die zum Zeitpunkt der Beschaffung gültige NATO-Doktrin zu betrachten und andererseits auf die Ausrüstungssituation der Bundeswehr vor dem Beschaffungsprozess der F-104 einzugehen.

Bei den wirtschaftlichen Grundlagen steht die Situation der westdeutschen Luftfahrtindustrie von 1955 bis zum Beginn des Lizenzbaus des Flugzeugmusters F-104G im Mittelpunkt der Betrachtung. Von besonderer Bedeutung ist dabei die Rolle des „Verbandes zur Förderung der Luftfahrt" und seines Rechtsnachfolgers, dem „Bundesverband der deutschen Luftfahrtindustrie (BDLI)". Dieser Verband übernahm als Dachorganisation der deutschen Luftfahrtunternehmen die Interessenvertretung der Firmen nach außen und trat als Verhandlungspartner für interessierte Kooperationspartner und die Bundesbehörden auf.

Die Betrachtung der politischen Grundlagen konzentriert sich auf den Bereich des Verteidigungsausschusses. Da die Untersuchung der Arbeit des Verteidigungsausschusses bei der Beschaffung des Flugzeugmusters F-104G für die Bundeswehr eine zentrale Bedeutung für das Verständnis des Beschaffungsprozesses hat, soll zur Einführung auch die Arbeitsweise dieses Ausschusses beschrieben werden.

Nach der Darstellung der Grundlagen wird im *zweiten Kapitel* der eigentliche Auswahl- und Beschaffungsprozess des Waffensystems F-104G untersucht. Dabei ist vor allem die Darstellung der Gründe für die Auswahl des Flugzeugmusters wichtig, um später analysieren zu können, ob bereits der Auswahlprozess die Voraussetzungen für die spätere Konfrontation zwischen CDU/CSU und SPD im Verteidigungsausschuss legte. Neben der Darstellung des Auswahlprozesses soll auch die Präsentation und Begründung der Auswahl im Verteidigungsausschuss analysiert werden, da die hierbei von der Luftwaffenführung vorgestellten Ergebnisse und Begründungen für die weiterführende Debatte über das Waffensystem von zentraler Bedeutung sind.

Da jede Beschäftigung mit dem Starfighter und seiner Beschaffung immer auf Gerüchte und Verschwörungstheorien stößt, wonach sich die Herstellerfirma Lockheed den Zugang zu diesem Rüstungsprojekt mit Schmiergeldern illegal erkauft habe, stellt ein kürzerer Abschnitt die besondere Rolle der Firma Lockheed für die deutsche Luftfahrtindustrie und die Vorwürfe von Bestechungsgeldern an deutsche Politiker zur Förderung des Vertragsabschlusses über den Kauf der F-104G dar.

Das *dritte Kapitel* untersucht die Aktivitäten der deutschen Luftfahrtindustrie, deren Zielsetzung es war, nach dem Auslaufen des Lizenzbauprozesses mit eigenen Projekten wirtschaftlich wieder unabhängig von der Auftragserteilung einer staatlichen Behörde werden zu können. Nach einer Darstellung des Anlaufens der Lizenzproduktion für das Waffensystem muss hier untersucht werden, ob und in wieweit die Unternehmen schon wieder in der Lage waren, ein technisch so anspruchsvolles Projekt wie die F-104G in Angriff zu nehmen und wie die etwas später einsetzende Fertigung in einem Konsortium mit anderen europäischen Industrienationen ablief.

Daran schließt sich ein weiterer Punkt an: die Tätigkeit der Unternehmen der Luftfahrtindustrie im Bereich der Entwicklung von eigenen militärischen Flugzeugtypen. Die Darstellung dieses Punktes ist von besonderer Bedeutung. Hieraus ergeben sich die Gründe, weshalb die Unternehmen des deutschen Luftfahrzeugbaus zwar zum Auslaufen des Lizenzbaus der F-104G eigene Projekte vorzuweisen hatten, aber trotzdem keine Serienfertigung dieser Flugzeugtypen stattfand. Die Betrachtung der Situation der deutschen Luftfahrtindustrie schließt mit einer Untersuchung der Frage ab, wie sich der Bundesverband der deutschen Luftfahrtindustrie angesichts der nicht erfolgreichen eigenen Entwicklungen der Firmen der Luftfahrtbranche verhielt und welche Schritte der Verband angesichts der drohenden Entlassung von Fachpersonal infolge fehlender Anschlussaufträge einleitete.

Gegenstand des *vierten Kapitels* ist der Entwicklungszustand des Waffensystems F-104G zur Zeit seiner Einführung in die Verbände der Luftwaffe 1961/62. Dabei wird zuerst dargestellt, inwieweit sich bereits beim Zulauf der neuen Maschinen an die Luftwaffenverbände Hinweise auf Probleme ergaben, die die spätere äußerst problematische Sicherheitssituation des Flugzeugs erklären können.

An diese Darstellung schließt sich eine nähere Betrachtung des Umgangs der Entwicklungsingenieure der deutschen Luftfahrtunternehmen mit dem Waffensystem F-104G an. Diese waren an der technischen Umsetzung der Einführung des Waffensystems maßgeblich beteiligt. Bei dieser Phase deutete sich bereits an, welche Schwierigkeiten der Deutschen Luftwaffe bei der Umrüstung auf dieses System noch bevorstehen sollten. Danach soll gezeigt werden, aus welchen Gründen das Waffensystem ab 1963 immer stärker zunächst in den Fokus des Verteidigungsausschusses und dann auch in den der Öffentlichkeit rücken sollte.

Den Untersuchungsgegenstand des *fünften Kapitels* stellt die relativ schnell verlaufende Zuspitzung der Diskussion um den technischen Zustand des Waffensystems F-104G sowohl in der Öffentlichkeit als auch im Verteidigungsausschuss des Bundestages dar. Dabei ist zu zeigen, welche Ereignisse in den Jahren 1964 und 1965 das Interesse der Öffentlichkeit an der Situation des Flugzeugs steigerten. Zusätzlich muss dabei aber auch in Augenschein genommen werden, in wieweit die Behandlung der Thematik in der Presse nicht nur eine Reaktion auf die sich ereignenden Vorfälle war, sondern in welchem Maße die Berichterstattung selbst dazu beitrug, die Diskussion weiter anzuheizen.

Das letzte, *sechste Kapitel* beschäftigt sich mit den Ereignissen der eigentlichen Starfighter-Krise, die in das erste Halbjahr des Jahres 1966 fielen.

Dazu ist der erste Betrachtungspunkt die Arbeit des Verteidigungsausschusses, der sich von Januar bis März 1966 intensiv mit der Sicherheitslage des Flugzeugs beschäftigte und versuchte, sich durch Anhörungen einer großen Zahl von Zeugen aus Politik, Bundeswehr und Luftfahrtindustrie ein umfassendes Bild über den Zustand des Waffensystems zu machen, um die Frage beantworten zu können, wie dieser Zustand zustande kommen konnte. Dabei ist die Darstellung der Ergebnisse des Ausschusses vor allem im Vergleich mit der Arbeit des Ausschusses bei der Beschlussfassung über die Anschaffung des Flugzeugmusters im Herbst 1958 wichtig, um beurteilen zu können, ob der Ausschuss die ihm zugedachte politische Kontrollfunktion der Bundeswehr in diesem Fall wirkungsvoll ausübte.

Der zweite Abschnitt des Kapitels umfasst eine Darstellung der großen Plenardebatte zur Thematik der Sicherheitssituation des Flugzeugs F-104G am 24. März 1966 im Deutschen Bundestag. Dabei werden anhand einiger ausgewählter Debattenbeiträge die gegensätzlichen Positionen von CDU/CSU und SPD analysiert. Dies ist vor allem deshalb von großer Bedeutung, weil die beiden Parteien bei der Entscheidung für die Beschaffung des Waffensystems F-104G noch im Verteidigungsausschuss einheitlich für dessen Kauf gestimmt hatten. Das Kapitel schließt ab mit einer Bewertung der so genannten Starfighter-Krise und einem kurzen Ausblick auf die weitere Entwicklung, die sich an die Debatte im Deutschen Bundestag anschloss.

In der Bewertung soll untersucht werden, in wieweit sich die Situation in der Bundesrepublik von anderen NATO-Staaten unterschied, die das Flugzeugmuster F-104G ebenfalls in ihren Luftstreitkräften einsetzten.

Quellenlage und Literatur

Die Arbeit beruht auf Materialen unterschiedlicher Archive, vor allem des Bundesarchiv-Militärarchiv (BArch-MA) in Freiburg, das für die Bundeswehr unter anderem die Bestände des Bundesministeriums der Verteidigung (Bestand Bw 1) und des Führungsstabes der Luftwaffe (BL 1) bewahrt. Leider waren immer noch einige für das Thema sehr wichtige Bestände zu Beginn der Bearbeitung mit einer militärischen Geheimhaltungsklassifizierung versehen und konnten nicht eingesehen werden, obwohl die Aktenschutzfrist von 30 Jahren bei diesen Signaturen bereits abgelaufen war[12]. Erst im Laufe der Bearbeitungszeit wurde ein Teil dieser Dokumente durch den Inspekteur der Luftwaffe freigegeben.

Hinzu kommen die Bestände der Forschungsstelle zur Geschichte der deutschen Luft- und Raumfahrtindustrie (FoLuft), die am Historischen Institut der Ruhr-Universität Bochum unter der Leitung von Lutz Budraß angesiedelt ist. Die FoLuft beschäftigt sich mit der Sicherstellung und Aufarbeitung von bereits existierenden Archiven und nicht erfassten Aktenbeständen aus Firmen- und Privatbesitz sowie der wissenschaftlichen Erforschung der Geschichte der deutschen Luft- und Raumfahrtindustrie. Schwerpunkte der Untersuchung waren dabei die Sammlungen Schmitz[13] I und II mit den darin enthaltenen Akten des BDLI. Neben seinen Aktenbeständen war der Archivbestand vor allem deshalb auch äußerst hilfreich, weil er eine sehr umfangreiche Presseausschnittsammlung enthält, die sich in einem breiten Spektrum von Themen zur Luftfahrt und Luftfahrtindustrie beschäftigen.

Darüber hinaus waren auch die Akten des Bundeswirtschaftsministeriums im Bundesarchiv in Koblenz (BArch)[14] sehr nützlich. Sie halfen, die Beziehung zwischen den Unternehmen der Luftfahrtindustrie und dem Bundeswirtschaftsministerium herauszuarbeiten.

Selbstverständlich wurden die Protokolle der Plenardebatten des Deutschen Bundestages herangezogen, wenn sich das gesamte Parlament mit dem Rüstungsprojekt F-104G beschäftigte. Diese Wortprotokolle sind in gedruckter Form und auch online[15] veröffentlicht. Weiterhin waren die Sitzungsprotokolle des Verteidigungsaus-

---

[12] Warum diese Archivalien zum Zeitpunkt des ersten Archivbesuchs noch als geheim eingestuft waren, ließ sich nach der Offenlegung der Dokumente allerdings nicht erkennen. Möglicherweise befürchtete der Führungsstab der Luftwaffe das Vorhandensein brisanter Informationen, ohne den Inhalt der Akten genau zu kennen oder aber, was wahrscheinlicher ist, die zuvor eingestuften Dokumente waren aufgrund der Beziehungen zu Nuklearwaffen und -trägermitteln grundsätzlich noch als geheime Verschlusssache deklariert. Wie empfindlich die Sichtweise von betroffenen Personen zu dieser Thematik war, zeigt der Briefwechsel des Autors mit Generalleutnant a. D. Günther Rall aus dem Jahr 2004. Rall war während der Einführung des Waffensystems F-104G Leiter des Arbeitsstabes, der diese Einführung koordinierte. Auf Anfrage des Autors, ob er für ein Interview zur Verfügung stehen würde, antwortete er, er sei nur mit der Pilotenausbildung, nicht aber mit der technischen Auslegung des Waffensystems betraut gewesen sei. Die spätere Darstellung der Arbeit wird zeigen, dass Rall sehr wohl auch mit der technischen Auslegung vertraut war und offenbar nicht auf Fragen antworten wollte.

[13] Arno L. Schmitz, geboren 1927, war seit 1964 Leiter der Öffentlichkeitsarbeit und von 1978 bis 1988 Geschäftsführer des Bundesverbandes der deutschen Luftfahrtindustrie.

[14] BArch, Bestand B 102.

[15] Siehe http://pdok.bundestag.de/.

schusses in den Beständen des Bundestagsarchivs in Berlin von großer Bedeutung. Sie geben Hinweise, in welchem Umfang und mit welcher Zielrichtung sich die Abgeordneten mit dem Stand des Rüstungsprojektes beschäftigten.

Zusätzlich konnten noch zwei private Nachlassbestände bei der Bearbeitung des Themas benutzt werden. Dies war zum einen der Nachlass des Ingenieurs Robert Lusser[16], der im Rahmen seiner beruflichen Tätigkeit beim süddeutschen Flugzeughersteller Messerschmitt Entwicklungsarbeiten am Flugzeugtyp F-104G auf dem Gebiet der Zuverlässigkeitsstudien durchführte. Lusser war bereits während des „Dritten Reiches" bei den namhaften Unternehmen Messerschmitt, Heinkel und Fieseler in leitenden Positionen in der Luftfahrtentwicklung tätig. Zum anderen konnte der private, sich zum Zeitpunkt der Einsichtnahme im Luftwaffenamt in Köln-Wahn befindliche Nachlass von General Johannes Steinhoff[17] genutzt werden, der im September des Jahres 1966 zum Inspekteur der Luftwaffe ernannt wurde. Dabei war der Nachlass von Johannes Steinhoffs nicht nur auf Grund seiner Tätigkeit als Inspekteur der Luftwaffe auf dem Höhepunkt der so genannten „Starfighterkrise" 1966 von Bedeutung. Steinhoff war auch Leiter der Unterabteilung im Führungsstab der Luftwaffe, in der die Auswahl des Starfighters durchgeführt wurde.

Akten aus den Beständen der an der Lizenzfertigung beteiligten Luftfahrtunternehmen konnten im Rahmen der Bearbeitung nicht verwendet werden. Diese Akten sollen nach Angaben des Firmen-Archivars der EADS bei der Aufgabe der Systembetreuung des Flugzeugtypen F-104, im Rahmen der Außerdienststellung 1991 oder bei der Fusion der noch verbliebenen deutschen Luftfahrtfirmen zur DASA ab Beginn der neunziger Jahre vernichtet worden sein.

Zum Forschungsstand

Von einem breit gefächerten Forschungsstand kann beim Thema F-104G *Starfighter* nicht die Rede sein. Dass zu diesem Themenkomplex bislang noch keine vollständigen wissenschaftlichen Untersuchungen vorliegen, liegt weniger an mangelndem Interesse, dieses war in der öffentlichen Meinung schon während der Einführung des Waffensystems in den 1960er Jahren deutlich ausgeprägt. Vielmehr verhinderten die äußerst schwierige Quellenlage und der fehlende Zugang zu den oftmals als Verschlusssachen eingestuften Dokumenten im Bundesarchiv-Militärarchiv die Bearbeitung dieses Themas. Entsprechend kurz ist auch die Liste derjenigen Literaturtitel, die versuchen, sich dem Komplex des Starfighters zu nähern.

Nach zahlreichen Presseveröffentlichungen erschien 1967 eine erste Untersuchung zu Rüstungsgüterbeschaffung und der dahinter vermuteten Korruption. Deren Autor Bernt Engelmann hat allerdings keinen wissenschaftlichen Anspruch als viel-

---

[16] Zu Lusser (1899-1969) siehe: Holzer, Lusser.
[17] Zur Person Steinhoffs bislang grundlegend: Möllers, Ein unbequemer Mann.

mehr eine politische Zielsetzung mit diesem populär-polemisch gehaltenen Werk beabsichtigt[18]. Eine erste ernst zu nehmende wissenschaftliche Veröffentlichung von Kurt Johannson mit dem Titel „Vom Starfighter zum Phantom" aus dem Jahr 1969[19] analysiert auf breiter Basis der einschlägigen Presseartikel die Beschaffung, die Einführung und den Einsatz dieses Waffensystems. 1975 erschien das Buch „Rüstungspolitik in der Bundesrepublik Deutschland. Die Beispiele Starfighter und Phantom" des Rüstungskritikers Peter Schlotter[20]. Seine Studie entstand vor dem Hintergrund der Entwicklung und Einführung des Waffensystems *MRCA-Tornado* und befasste sich mit der Frage der Transparenz von Kosten bei Rüstungsprojekten. Auch Schlotter konnte nicht auf Dokumente des Verteidigungsministeriums oder der Industrie zugreifen und musste sich ebenfalls mit der Auswertung von Presseartikeln und offiziellen Veröffentlichungen begnügen. Beide letztgenannten Publikationen haben wegen der Auswertung der Presselandschaft große Bedeutung für das Thema, konnten aber wegen des fehlenden Quellenzugangs nur oberflächlich bleiben.

Die erste quellengestützte Behandlung des Themenkomplexes des Waffensystems F-104G auf Grundlage der Auswertung auch des militärischen Archivmaterials erfolgte erst im Zuge des 2006 zum 50-jährigen Jubiläum der Bundeswehr vom Militärgeschichtlichen Forschungsamt der Bundeswehr herausgegebenen Sammelband „Die Luftwaffe 1950 bis 1970"[21]. Von besonderer Bedeutung sind in dieser Zusammenstellung die Beiträge von Bernd Lemke und Heinz Rebhan[22]. Es muss allerdings darauf hingewiesen werden, dass beide Beiträge das Waffensystem F-104G eher im Kontext der Luftwaffengeschichte behandeln und nicht in den Mittelpunkt rücken. Bernd Lemke fokussierte in einem weiteren Beitrag die Rolle der Luftwaffe als technisierte, moderne Streitmacht vor dem Hintergrund ihres Umgangs mit den Medien[23].

Für den Bereich der Geschichte der deutschen Luftfahrtindustrie ist vor allem die von Christopher Magnus Andres 1996 vorgelegte Studie für den Zeitraum 1945 bis 1970 bedeutend[24]. Hier wurde die Entwicklung dieses Industriezweigs zum ersten Mal auch unter Auswertung von Quellen des Bundesverbandes der Luft- und Raumfahrtindustrie dargestellt. Eine wesentlich stärker volkswirtschaftlich orientierte Arbeit von Frank Rosenthal lag bereits seit 1995 vor[25].

---

[18] Engelmann, Schützenpanzer HS 30.

[19] Johannson, Starfighter. Natürlich war es dem Autor wegen der noch laufenden Verwendung des Flugzeugs im Dienst der Bundeswehr nicht möglich, Archivdokumente einzusehen.

[20] Schlotter, Rüstungspolitik in der Bundesrepublik Deutschland.

[21] Die Luftwaffe.

[22] Lemke, Konzeption und Aufbau; Rebhan, Aufbau und Organisation.

[23] Lemke, Eine Teilstreitkraft.

[24] Andres, Bundesdeutsche Luft- und Raumfahrtindustrie.

[25] Rosenthal, Luft- und Raumfahrtindustrie.

Insgesamt fällt jedoch auf, dass die Behandlung rüstungswirtschaftlicher Themen, wie in diesem Falle des Lockheed F-104G Starfighters, oftmals wenig Bezüge zur Militärgeschichte „an sich", also hier zur Organisations- und Mentalitätsgeschichte der Luftwaffe der Bundeswehr anbietet. Im vorliegenden Fall muss zudem konstatiert werden, dass aufgrund der häufig emotional gefärbten Erinnerungsliteratur ehemaliger Piloten[26], die techniklastige Problemorientierung insbesondere der Starfighter-Krise als politischem Konflikt in den 1960er Jahren in den Hintergrund rückt. Scheinbar besaßen die Starfighter-Piloten bislang die Deutungshoheit über ihr Flugzeug und sie standen kritisch Fragenden wie auch Journalisten und Historikern oftmals geradezu feindlich gegenüber[27]. Insofern stellen allein schon die Berichte des Spiegels zum Starfighter ein oftmals gut informiertes, detailreiches Korrektiv gegenüber, das selbst von den Starfighter-Anhängern kaum in Frage gestellt wird.

Zur Beschäftigung mit dem Starfighter gehört auch Johannes Steinhoff. Er gilt bis heute in der Luftwaffe der Bundeswehr als derjenige, der die Krise bewältigte[28]. Im Gegensatz zu anderen Protagonisten der Zeit und des Starfighters, wie zum Beispiel der Generale Josef Kammhuber[29] und Werner Panitzki, ist er biographisch mittlerweile ansatzweise erfasst[30] und insbesondere die Umstände der Übernahme der Führung über die Luftwaffe anhand von Quellen gut erforscht[31]. Damit stellt er gegenüber den zahlreichen Generalen der Bundeswehr eine Ausnahme dar. Nur zu wenigen liegen seriöse Biographien vor[32]. – Die bei den kriegsgedienten Generalen der Bundeswehr zu hinterfragende Haltung zur „Bonner Republik" und ihr Verhältnis zum Primat der Politik ist ebenfalls ansatzweise, aber aufgrund moderner sozialgeschichtlicher Methoden untersucht[33]. Dabei kann anhand dieser ersten Untersuchung durchaus festgestellt werden, dass eine Skepsis der Militärs gegenüber Bundestagabgeordneten vorhanden war, aber die Loyalität gegenüber dem Minister als dem politisch Verantwortlichen nicht in Frage gestellt wurde. Dabei war es unerheblich, ob später mit Franz Josef Strauß oder Helmut Schmidt ein „starker Minister", mit Georg Leber

---

[26] Josten, Gefechtsbericht; Loy, Jahre des Donners; Beeck, Mit Überschall; Stünkel, Mach 2.

[27] So scheiterte ein von Heiner Möllers 2006 unternommener Versuch, Starfighter-Piloten und ihre Sicht auf „ihr" Flugzeug mit einem differenzierten Fragebogen analysieren zu wollen, am Widerstand ranghoher Protagonisten. Und selbst die vorliegende Arbeit wurde von einem ehemaligen Starfighter-Piloten und General der Bundeswehr aus dem Blickwinkel, „wie wollen Historiker das beurteilen? Die haben das ja nie erlebt!" abqualifiziert.

[28] Jarosch, Immer im Einsatz, S. 54-59 und 277-278.

[29] Schmidt, Seines Wertes bewusst.

[30] Schmidt, Steinhoff.

[31] Möllers, „Ein unbequemer Mann!". Möllers, Ringen um Kompetenzen. Möllers, Auswege aus der „Starfighter-Krise".

[32] Insbesondere Zimmermann, Ulrich de Maizière. Die bei Range, Kriegsgedient, oder ders., Die Generale und Admirale, journalistisch gehaltenen Kurzbiographien lassen eine historisch kritische Distanz zu den dargestellten Personen kaum erkennen und sind nicht wissenschaftlich belegt.

[33] Naumann, Generale in der Demokratie.

ein „Soldatenvater" oder mit Kai-Uwe von Hassel ein offensichtlich überforderter an der Spitze der Bundeswehr und ihres Ministeriums agierte.

Bedauerlich ist hingegen, dass bislang keine Studie zur Organisationsgeschichte des Bundesministeriums der Verteidigung oder der politischen Leitung der Bundeswehr vorliegt. Damit bleiben insbesondere die Verschränkungen zwischen militärische Führung und politischer Leitung wie auch die Dominanz der zivilen Anteile des Ministeriums gegenüber dem Militär im Unklaren. Dies ist besonders bedauerlich, weil die Zuständigkeiten für den Starfighter innerhalb des Bundesministeriums der Verteidigung Mitte 1966 auf mehr als 80 unterschiedliche Referate und Stellen verteilt waren[34]. – Die Krise um den Starfighter musste demnach scheinbar zwangsläufig eskalieren. – Dieses Fehlen einer Ministeriumsgeschichte verhindert damit den anhand der Steinhoffschen Quellen beschriebenen Wechsel an der Spitze der Luftwaffe wie auch die Probleme bei der Realisierung seiner Reformvorschläge aus „übergeordneter" Perspektive zu analysieren[35].

Die Medien besitzen in der Starfighter-Krise der Jahre 1965/66 wie auch schon zuvor eine nicht zu unterschätzende Rolle bei der Interpretation der Abläufe um dieses Waffensystem. Dabei kann keine Unterteilung in Lager vorgenommen werden, wonach konservativ-bürgerliche oder links-liberale Medien unterschiedliche Positionen vertreten hätten. Vielmehr zeigt sich, dass gerade die auflagenstarken Blätter sich gegenseitig durch fundierte und detaillierte Berichterstattung überbieten. Ebenso ist bei einschlägigen Pressearchiven nachvollziehbar, dass eine Lagerzuordnung aufgrund der Dimensionen der Probleme beispielsweise keine so regierungsnahe Presse erkennen lässt, die trotz der Gemengelage die Regierung und ihren Verteidigungsminister rückhaltlos unterstützt. Hier zeigt sich eine Emanzipierung der Medienlandschaft, die sich nach den Anfängen der Presse in der jungen Bundesrepublik längst vom Konsensjournalismus gelöst hatte[36]. Wie hingegen die Presse- und Öffentlichkeitsarbeit der Bundeswehr in dieser Zeit agierte und reagierte, ist bislang nicht untersucht. Zu ihr existieren bis heute nur erste Arbeiten, die sich vorrangig mit der Organisationsgeschichte der Informationsarbeit des Verteidigungsministeriums und der

---

[34] Ich danke Heiner Möllers für diese Mitteilung, die ihm gegenüber Generalleutnant a.D. Paul T. Sommerhoff im Sommer 2008 anhand seiner eigenen Tagebuchnotizen machte. Sommerhoff war 1966 als Oberstleutnant i.G. Generalstabsoffizier beim Stellvertreter des Inspekteurs der Luftwaffe und Chef des Stabes im Führungsstab der Luftwaffe, Generalmajor Dr. Adolf Hempel. Damit hat er die Turbulenzen um den Starfighter und den Inspekteur der Luftwaffe, Generalleutnant Werner Panitzki, hautnah mitbekommen. Sommerhoff wollte sein Tagebuch für eine Auswertung jedoch nicht zur Verfügung stellen.
[35] Zur Frage der militärischen Spitzenorganisation entsteht derzeit von Rudolf J. Schlaffer im Zentrum für Militärgeschichte und Sozialwissenschaften der Bundeswehr (ZMSBw) eine Studie, die die deutsche Entwicklung im Längsschnitt von 1871 bis 2000 untersucht.
[36] Dazu grundlegend und bis in das Jahr 1962 reichend: Hodenberg, Konsens und Krise.

Bundeswehr befassen[37]. – Besonders interessant wäre es dabei, den Einfluss bedeutender Journalisten zu betrachten[38].

Zuletzt sei auf eine Komplementärstudie verwiesen, die die Rüstungsgüterbeschaffung der Bundeswehr am „Fallbeispiel" des Schützenpanzers HS 30 beleuchtet[39]. Darin kommt der Verfasser zu dem Urteil, dass die Rüstungsgüterbeschaffung für die Bundeswehr bislang überwiegend aus politikwissenschaftlicher Sicht betrachtet wurde[40] und geschichtswissenschaftliche Untersuchungen im Rahmen historischer Grundlagenforschung noch ausstehen. Die vorliegende Arbeit will am Beispiel des Starfighters helfen, die Lücke zu füllen. Dabei wird in Kauf genommen, dass ordnungs- und wirtschaftspolitische Aspekte weniger mit ökonomischen Parametern gemessen und die Zahlen von Kostenentwicklungen, Umsätzen und Mitarbeitern der schwierigen Quellenlage wegen vernachlässigt werden. Vielmehr versteht sich die vorliegende Untersuchung zum wesentlichen Teil um eine Studie, die den militärischen und politischen Umgang mit einem Waffensystem der Bundeswehr und dessen Probleme in den Fokus rückt.

---

[37] Vgl. Dörner, Das Verhältnis.

[38] So war Lothar Rühl beispielsweise war ein Freund von Johannes Steinhoff und in seinem Wirken als Korrespondent der Tageszeitung Die Welt mit Büro in Paris zuständig für die dortigen NATO-Dienststellen. Seine Berichterstattung insbesondere im Sommer 1966 lässt einen stetigen Informationsfluss von Steinhoff erkennen.

[39] Kollmer, Rüstungsgüterbeschaffung.

[40] Ebd., S. 16-17.

I. Die Ausgangssituation zur Beschaffung des F-104G „Starfighter"

Die Beschaffung eines Waffensystems für eine Teilstreitkraft ist nicht erst heute ein komplizierter Prozess, bei dem nicht nur militärische Erfordernisse im taktischen oder strategischen Bereich, sondern auch wirtschaftliche, politische und teilweise auch diplomatische Aspekte berücksichtigt werden müssen. Darüber hinaus ist auch die hier untersuchte Luftfahrzeugproduktion ein Industriezweig mit vielen Besonderheiten[41]. Diese Tatsache war auch zum Zeitpunkt der beginnenden Diskussion um die zweite Generation von Kampfflugzeugen für die Luftwaffe nicht anders[42]. Dass die Umsetzung eines Rüstungsprojektes ohnehin meist ein heikler Prozess ist, geht auch aus der Ansicht des Rüstungskritikers Peter Barth hervor: „Der Bund stellt Streitkräfte zu seiner Verteidigung auf. Das Bundesamt für Wehrtechnik und Beschaffung stattet die Bundeswehr mit militärisch sinnvollem Gerät aus, und konkurrierende Unternehmen der Rüstungsindustrie stellen die Waffen her. So lautet die Theorie. Wie aber sieht die Praxis aus? In der Öffentlichkeit sind Rüstungsprojekte immer dann ein Thema geworden, wenn die Verstöße gegen diese Theorie zu offensichtlich und zu teuer waren[43]."

Um die Abläufe bei der Auswahl und der Beschaffung des neuen Hochleistungsflugzeugs für die Deutsche Luftwaffe richtig einordnen und bewerten zu können, ist es unerlässlich, in einem Überblick zuerst die Ausgangssituation, in der sich die Luftwaffe kurze Zeit nach der Aufstellung der Bundeswehr befunden hat, zu schildern[44].

Dabei ist die Betrachtung zweier Ebenen notwendig: *Einerseits* war die Bundesrepublik Deutschland als Mitgliedsstaat der NATO an die zum damaligen Zeitpunkt gültige Strategie der Verteidigungsallianz gebunden. Daher ist eine kurze Darstellung der zum Beschaffungszeitpunkt strategischen Ausrichtung des Bündnisses notwendig, vor allem, da diese Strategie seit Beginn der 1950er Jahre mehrfach anders ausgelegt wurde. *Andererseits* muss auch der Stand des Aufbaus der Luftwaffe erläutert werden, um darstellen zu können, in welcher Situation sich die Luftwaffenführung Anfang des

---

[41] „Die Luft- und Raumfahrt ist ein Industriezweig mit vielen Besonderheiten. Dies ergibt sich schon aus der Art der Produkte, die das Beherrschen anspruchsvoller Technologien voraussetzen und besonderen Auflagen unterliegen. [...] Staatliche Nachfrage und staatlicher Einfluß aufgrund verteidigungs- und technologiepolitisch begründeter Strategien schaffen für marktwirtschaftliche Systeme atypische Rahmenbedingungen mit spezifischen Anbieter-/Nachfragekonstellationen. Im zivilen Bereich gelten meist die Bedingungen des Marktes, wenngleich auch hier vielschichtige staatliche Einflussmöglichkeiten bestehen", vgl. Hornschild/Neckermann, Deutsche Luft- und Raumfahrtindustrie, S. 43.

[42] Vgl. dazu Lemke, Konzeption, S. 74.

[43] Barth, Rüstung und Öffentlichkeit, S. 220 sieht die Beschaffung des F-104 als Rüstungsskandal.

[44] Grundlegend dazu: Lemke, Konzeption; Corum, Starting from Scratch.

Jahres 1957 befand, als konkrete Überlegungen zur Auswahl eines Nachfolgeflugzeugs einsetzten.

1. NATO-Bündnisstrategie und Ausrüstung der Luftwaffe zu Beginn des Beschaffungsvorhabens

a) Die Strategieentwicklung innerhalb der NATO

Die Entwicklung der Strategie des westlichen Militärbündnisses ist bereits in wissenschaftlichen Untersuchungen umfassend herausgearbeitet worden[45]. Dennoch ist eine kurze Darstellung der Entwicklung der NATO-Strategie unumgänglich, um die sachlichen Rahmenbedingungen zu erläutern, mit denen sich die Luftwaffenführung zum Zeitpunkt der beginnenden Planung über ein Nachfolgemuster für die ersten Bundeswehrkampfflugzeuge auseinander setzen musste.

Mit dem Ende des Zweiten Weltkrieges in Europa setzte keineswegs eine Periode des Friedens ein. Vielmehr wurde das schon während des Krieges teilweise gespannte Verhältnis zwischen den USA und der UdSSR zum Ausgangspunkt einer politischen Weltsituation, die in den folgenden Jahrzehnten bis 1989 unter dem Begriff *Kalter Krieg* die Geschichte dominieren sollte. Nach dem Kriegsende 1945 lösten die Vereinigten Staaten und Großbritannien einen großen Teil ihrer Truppen auf oder verlagerten sie auf andere Kriegsschauplätze, während die UdSSR fast ihre gesamte Armee auf Kriegsstärke bestehen ließ und auch eine ständige Einsatzbereitschaft aufrecht hielt[46]. Im Laufe der folgenden Jahre kühlten die Beziehungen zwischen den ehemaligen Verbündeten immer weiter ab, unter anderem durch die Zwangsvereinigung von KPD und SPD in der Sowjetischen Besatzungszone sowie die Berlinblockade 1948/49[47]. Einen festen Punkt als „Beginn" des Kalten Krieges zu setzen ist schwierig, da sich die Entfremdung auf beiden Seiten eher schleichend und dauerhaft vollzog als plötzlich.

Eine einschneidende Wegmarke, die die Blockbildung festigte, war die am 4. April 1949 erfolgte Gründung der NATO als Verteidigungsgemeinschaft westeuropäischer und nordamerikanischer Staaten[48]. Um ihr Vertragsziel, den Bestand der Mitgliedsstaaten für den Fall eines sowjetischen Angriffs sicherzustellen, war ein Agieren

---

[45] Vgl. dazu vor allem Thoß, NATO-Strategie; Pommerin, Von der „massive retaliation" zur „flexible response"; Greiner, Konzept; Steinhoff/Pommerin, Strategiewechsel, sowie die aktuellste Darstellung zu den Auswirkungen auf die Bundesrepublik Deutschland und ihre Luftwaffe bei Krüger, Schlachtfeld.

[46] Steinhoff/Pommerin, Strategiewechsel, S. 525.

[47] Schneider, The Evolution of NATO, S. 18.

[48] Das Gegenstück zur NATO, der Warschauer Pakt, wurde erst sechs Jahre später, am 14. Mai 1955 gegründet.

der NATO auf zwei unterschiedlichen Ebenen vorgesehen[49]: Im Fall eines Angriffs durch die UdSSR war das Bündnis die höchste militärische Koordinierungsinstanz, der die nationalen Militärstäbe der jeweiligen Mitgliedsstaaten untergeordnet waren[50]. Wichtigstes Ziel der Allianz blieb es aber, einen möglichen Angriff durch ihre Mittel zur Abschreckung, also ihre Streitkräfte, zu verhindern[51]. Die Abschreckung wurde anfangs nahezu allein von den USA gewährleistet, die zum damaligen Zeitpunkt als einzige Nation über ein strategisches Nuklearwaffenpotenzial verfügten. Dementsprechend waren auch die frühen militär-strategischen Planungen der NATO stark von den USA abhängig. Den westeuropäischen Partnern fehlte es größtenteils noch an eigener militärischer Stärke[52].

Das angenommene Szenario der NATO ging davon, dass sich die Vereinigten Staaten im Wesentlich auf den strategisch-atomaren Luftkrieg konzentrieren würden, während die westeuropäischen Staaten sowjetische Angriffe mit konventionellen Streitkräften so lange aufhalten sollten, bis die US-amerikanischen Luftangriffe die UdSSR zum Rückzug zwängen[53]. Problematisch für die Europäer war an diesen Überlegungen vor allem die Tatsache, dass die USA eine vorübergehende Besetzung des westeuropäischen Territoriums durch die angreifenden Kräfte in Kauf nahmen[54]. Diese erste Phase des Krieges sollte bis zu 90 Tagen dauern. Erst danach glaubten die Planer der US-Streitkräfte genügend Kräfte mobilisiert zu haben, um die Effekte der strategischen Luftoffensive gegen die UdSSR nutzen zu können, damit die gegnerischen Kräfte wirkungsvoll auf dem europäischen Kontinent zurückgedrängt werden können[55].

Dass vor allem der Bundesregierung dieses Szenario Sorgen bereitete, war mehr als verständlich. Durch die geographische Mittellage in Zentraleuropa hätte das Staatsgebiet der Bundesrepublik nicht nur den größten Schaden bei einem sowjetischen Angriff getragen, sondern wäre auch Hauptschauplatz des alliierten Gegenstoßes gewesen. Das Ergebnis wäre mit Sicherheit nicht nur eine vollständig zerstörte und atomar verseuchte Infrastruktur gewesen – bei Zig-Millionen Toten.

---

[49] Hervorzuheben ist bei diesem Vertragswerk vor allem Artikel 5, wonach ein Angriff auf einen Mitgliedsstaat wie ein Angriff „gegen … alle" zu werten ist und den sog. Bündnisfall auslöst; vgl. Der Nordatlantik Vertrag, in:
http://www.nato.diplo.de/Vertretung/nato/de/04/RechtlicheGrundlagen/Nordatlantikvertrag.html (1.3.2015).

[50] Schneider, The Evolution of NATO, S. 22.

[51] Steinhoff/Pommerin, Strategiewechsel, S. 526.

[52] Thoß, NATO-Strategie, S. 27.

[53] Thoß, NATO-Strategie, S. 27; Steinhoff/Pommerin, Strategiewechsel, S. 527; Schneider, The Evolution of NATO, S. 22; Krüger, Schlachtfeld, S. 173.

[54] Zu den frühen strategischen Überlegungen der USA vgl. die Darstellung bei Greiner, Konzept, S. 171ff. sowie Newhouse, Krieg und Frieden, S. 38.

[55] Ebd.

Aber auch die restlichen europäischen NATO-Partner waren von der Überlegung, zunächst allein mit dem russischen Angriff fertig werden zu müssen, alles andere als begeistert. So wurde die Frage, in welcher Art Europa verteidigt werden könnte und müsste, zu einer der zentralen Streitfragen, mit denen sich die NATO in den ersten Jahren ihres Bestehens intern inhaltlich auseinandersetzen musste[56].

Die militärischen Planungen der Regierung der Vereinigten Staaten gingen weiterhin davon aus, dass innerhalb der Allianz eine Art Arbeitsteilung vorherrschen sollte: Die USA stellten ihr atomares Arsenal zur Abschreckung und zum Einsatz bei einem eventuellen Gegenschlag zur Verfügung, während die Europäer für die Aufstellung konventioneller Streitkräfte in so großem Rahmen verantwortlich waren, dass ein sowjetischer Angriff wirkungsvoll verlangsamt werden konnte[57]. Für die Aufstellung dieser Truppen bezogen die USA und Großbritannien auch zum ersten Mal seit Kriegsende das wirtschaftliche und personelle Potential der Bundesrepublik in ihre Überlegungen ein. Diese Überlegungen basierten auch auf den Ansichten des ersten NATO-Oberbefehlshabers Europa (Supreme Allied Commander Europe, SACEUR), General Dwight D. Eisenhower, der vor allem in Mitteleuropa auf starke, konventionell ausgerüstete Streitkräfte setzte, um das Gebiet besser verteidigen zu können. Seiner Ansicht nach war eine wirksame Verteidigung dieses Territoriums ohne die Einbeziehung eines westdeutschen Wehrbeitrages unmöglich[58].

Daher begann fast sofort nach der Gründung der Bundesrepublik im Jahr 1950 eine, wenn auch zunächst nur geheim, erste Diskussion um eine deutsche Beteiligung an der Verteidigung Westeuropas. Dass diese Überlegungen bei den europäischen Partner, vor allem Frankreich, nur fünf Jahre nach dem Ende des Zweiten Weltkrieges auf Unverständnis stoßen musste, war beinahe logisch[59]. Doch halfen auch die „psychologischen Rückwirkungen" des im Juni 1950 ausgebrochenen Koreakrieges die Vorbehalte in dieser Hinsicht zumindest oberflächlich zurückzustellen[60].

Vor allem für die Bundesregierung unter Kanzler Konrad Adenauer bot die Diskussion um einen westdeutschen Wehrbeitrag die Möglichkeit, einen Ausweg aus dem strategischen Dilemma zu finden: Adenauer forderte als Gegenleistung für eine westdeutsche militärische Beteiligung an der NATO-Verteidigung eine Sicherheitsgarantie für das deutsche Staatsgebiet, Deutschland sollte nicht zweimal das Hauptauf-

---

[56] Greiner, Konzept, S. 213.

[57] Die USA sahen ihre Aufgabe auch in der Zukunft zum großen Teil in der Bereitstellung atomarer Kampfmittel, weshalb die gigantische Erhöhung des Verteidigungshaushalts Anfang der 1950er Jahre nicht zum Aufbau konventioneller, sondern atomarer Streitkräfte genutzt werden sollte; vgl. dazu Thoß, NATO-Strategie, S. 24.

[58] Ebd., S. 28; Steinhoff/Pommerin, Strategiewechsel, S. 528.

[59] Vgl. dazu die Darstellung bei Wiggershaus, Entscheidung.

[60] Thoß, NATO-Strategie, S. 29.

marschgebiet von groß angelegten Militäroperationen werden[61]. Diese Garantie war natürlich auch für andere europäische NATO-Staaten von elementarer Bedeutung, da auch sie unter den Auswirkungen eines sowjetischen Angriffs gelitten hätten. In den folgenden Verhandlungen gelang es den europäischen NATO-Mitgliedsstaaten, die geplante Verteidigungslinie weiter nach Osten zu verschieben, als von den US-Amerikanern ursprünglich vorgesehen[62]. Offiziellen Eingang in die NATO-Strategie fand die neue Situation mit der Richtlinie MC 14/1 im Dezember 1952. Sie legte fest, dass die Verteidigung des Vertragsgebietes weiter östlich als in den bisherigen Planungen realisiert werden sollte[63]. Dabei unterstrich die MC 14/1 die Bedeutung Westeuropas für das Bündnis unter wirtschaftlichen und militärgeographischen Gesichtspunkten[64]. Die Formulierung der strategischen Planung in der MC 14/1 war dabei allerdings mehr vage als genau. Sie bestimmte nicht, wie weit im Osten, sondern nur, dass weiter im Osten als bisher geplant mit der Verteidigung begonnen werden sollte[65]. Das war für die Bundesrepublik ein eher schwacher Trost, wenn auch ein Fortschritt im Gegensatz zum bisherigen Denken.

Mit der geänderten Denkweise des SACEUR, Zentraleuropa stärker verteidigen zu wollen, wurde auch eine Erhöhung der in diesem Gebiet stationierten konventionell ausgerüsteten Streitkräfte unumgänglich. Der Anhang des Strategiepapiers DC 13 vom 1. April 1950 gab Aufschluss darüber, dass für die geplanten Militäroperationen 90 Heeresdivisionen und rund 8.000 Flugzeuge benötigt würden[66]. Diese Truppenverbände waren allerdings zum Zeitpunkt der Planung noch nicht verfügbar und mussten von den Mitgliedsstaaten erst aufgestellt werden, woraus sich die nächsten Probleme der gemeinsamen Verteidigungsstrategie ergaben.

Bereits in einem der ersten Strategiepapiere hatten sich die Mitglieder der NATO darauf geeinigt, dass eine Aufrüstung nur im Rahmen einer gesunden wirtschaftlichen Gesamtsituation durchzuführen sei, da die wirtschaftliche Stabilität als ein unerlässlicher Faktor für die Sicherheit der Mitgliedsstaaten angesehen wurde[67]. Genau dieser Faktor erwies sich aber bei der geplanten Aufstellung der für Europa benötigten Truppenkontingente als Problem. Auf der einen Seite war den NATO-Staaten klar, wie der stellvertretende SACEUR, der britische Field Marshall Bernard Montgomery,

---

[61] Ebd., S. 30f.

[62] Ebd., S. 30; Steinhoff/Pommerin, Strategiewechsel, S. 528.

[63] Pedlow, NATO Strategy Documents, S. 193-228. Abgesehen von der in Kauf genommenen Invasion des europäischen Kontinents durch die UdSSR sahen es die frühen NATO-Planungen am ehesten als realistisch an, den Feind an der Linie Rhein-Issel aufhalten zu können, vgl. dazu Greiner, Konzept, S. 208f.

[64] Pedlow, NATO Strategy Documents, S. 210.

[65] Ebd., S. 212.

[66] Ebd.

[67] In der MC 3 heißt es: „The military strength of the participating nations should be developed without endangering economic recovery and the attainment of economic stability, which constitute an essential element of their security", vgl. Pedlow, NATO Strategy Documents, S. 5.

immer wieder betonte, dass eine zahlenmäßige Aufstockung der NATO-Truppen auf dem europäischen Festland unbedingt nötig sei, wenn die Allianz überhaupt eine Chance auf eine wirkungsvolle Abwehr der im Kriegsfall zu befürchtenden sowjetischen Invasion haben wollte[68]. Auf der anderen Seite waren die europäischen NATO-Partner, im Gegensatz zu den USA, die zu Beginn der 1950er Jahre ihren Verteidigungshaushalt massiv ausbauten, wirtschaftlich überhaupt nicht in der Lage, die geplante Truppenaufstockung durchzuführen, ohne haushaltstechnisch völlig aus dem Gleichgewicht zu geraten. Das galt vor allem für Großbritannien, Frankreich und die Niederlande, die durch ihr militärisches Engagement in ihren überseeischen Kolonien bereits extrem hohe Militärausgaben zu bewältigen hatten[69].

In den folgenden Jahren wurde immer deutlicher, dass die für 1954 geplante Aufstellung der Truppenverbände zur Verteidigung des Vertragsgebietes nicht einmal im Ansatz verwirklicht werden konnte[70]. Um den Nachteil der zahlenmäßigen Überlegenheit der Ostblock-Streitkräfte trotzdem ausgleichen zu können, trat die Überlegung, die eigentlich rein konventionell aufgestellten Streitkräfte in Europa mit taktischen Atomwaffen auszustatten, in den Gedanken der NATO-Planer immer stärker in den Vordergrund[71]. Die militärischen Überlegungen gingen dabei von einem in zwei Komponenten unterteilten Verteidigungskampf aus, der aus den so genannten Schwert- und Schildkräften bestand. Dabei bildete das Strategic Air Command (SAC) der USA mit seinem Nuklearpotential das Schwert der NATO, das auf einen wie auch immer gearteten Angriff der UdSSR und ihrer Verbündeten mit einem nuklearen Gegenschlag reagieren sollte. Die zuerst nur konventionell, später dann auch atomar ausgerüsteten Streitkräfte in Europa sollten als Schild die atomaren Einsatzkräfte vor einem gegnerischen Angriff schützen und den Gegner durch massierte Verteidigungsaktionen zwingen, seine Truppen an diesen Orten zusammen zu ziehen, um ein „lohnendes" Ziel für einen Atomschlag zu bieten[72]. Diese wesentlich stärkere Betonung des Willens zum Einsatz atomarer Kampfmittel war auch auf die Tatsache zurück zu führen, dass die UdSSR seit 1950 selbst auf ein ständig wachsendes Arsenal atomarer Waffen zurückgreifen konnte und somit der alleinige Besitz von Atomwaffen nicht

---

[68] Thoß, NATO-Strategie, S. 32.

[69] Ebd., S. 33. Während Großbritannien aus finanziellen Gründen kein ambitioniertes Rüstungsprojekt betreiben konnte, war Frankreich wegen seines immer stärker werdenden Engagements im Indochinakrieg nicht in der Lage, seine Truppen auf dem europäischen Kontinent zu verstärken, vgl. Krüger, Schlachtfeld, S. 173.

[70] Thoß, NATO-Strategie, S. 51f.

[71] Als taktische Atomwaffen werden Sprengköpfe mit begrenzter Reichweite und Sprengkraft bezeichnet, die im Gegensatz zu den strategischen Atomwaffen nicht mit Interkontinentalraketen, sondern z.B. mit Artilleriegranaten oder Jagdbomberflugzeugen in das Zielgebiet gebracht werden; vgl. dazu Steinhoff/Pommerin, Strategiewechsel, S. 529.

[72] Thoß, NATO-Strategie, S. 54f.

mehr die abschreckende Wirkung gehabt haben dürfte wie zu der Zeit, als die USA die einzige Atommacht auf der Welt waren.

Manifestiert wurde die erhöhte Bereitschaft zum Einsatz dieser Waffen durch die NATO-Richtlinie MC 48[73] vom 22. November 1954, in der auf 20 Seiten Text zwölfmal der sofortige Einsatz von Kernwaffen gefordert wurde[74]. Die Weiterentwicklung dieses strategischen Denkens wurde in den folgenden Jahren unter dem Begriff *massive retaliation* bekannt. Sie enthielt die Drohung, dass ein sowjetischer Angriff auf einen NATO-Staat, gleichgültig, mit welcher Stärke und ob atomar oder konventionell vorgetragen, so stark wie möglich nuklear vergolten werden sollte. Manifestiert wurde diese Planung in der strategischen Direktive MC 14/2 vom 23. Mai 1957[75]. Die MC 14/2 ging dabei von einem zweiphasigen Ablauf eines möglichen Krieges aus. In der ersten Phase, deren Dauer von den Planern nicht länger als 30 Tage eingeschätzt wurde, sollte ein mit größter Intensität geführter atomarer Schlagabtausch stattfinden. In der zweiten Phase von unbestimmter Dauer gingen die Strategen von der Reorganisation der eigenen und gegnerischen Kräfte aus, um Operationen zu einem siegreichen Ende des Krieges führen zu können. Die Direktive drohte den gegnerischen Kräften offen mit einem Atomschlag von massivem Ausmaß[76]. Interessant war bei diesem Planungspapier, dass die NATO willens war, als erste Kriegspartei Atomwaffen einzusetzen, also nicht notwendigerweise nur auf einen gegnerischen atomaren Erstschlag zu reagieren[77].

Diese im Laufe der 1950er Jahre mehrere Male neu interpretierte strategische Ausrichtung des Bündnisses hatte logischerweise auch Auswirkungen auf die generelle Ausrichtung des Aufgabenspektrums der jeweiligen Teilstreitkräfte, also auch der Luftwaffen. Zum Zeitpunkt der Gründung der NATO lag bei den USA der Schwerpunkt der Luftwaffenrüstung auf dem Ausbau des SAC, das mit seinen strategischen Langstreckenbombern und Interkontinentalraketen für den atomaren Hauptschlag auf den Warschauer Pakt verantwortlich war[78]. Jagdbomberverbände als Teile der taktischen Luftwaffe wurden im Vergleich zu den Aufstellungszahlen im Zweiten Weltkrieg deutlich reduziert, was sich in der Konsequenz der Prioritätenverlagerung auf

---

[73] Pedlow, NATO Strategy Documents, S. 229-250.

[74] Lemke, Vorwärtsverteidigung, S. 28. Zur Entwicklung der MC 48 vgl. auch Krüger, Schlachtfeld, S. 175.

[75] Pedlow, NATO Strategy Documents, S. 277-313. Diese strategische Ausrichtung wurde in der Bundesrepublik stark kritisiert. Einer der prominentesten Kritiker war im Jahr 1961 der SPD-Verteidigungsexperte und Mitglied des Bundestagsverteidigungsausschusses, Helmut Schmidt; vgl. dazu Schmidt, Verteidigung oder Vergeltung. Zur Entstehung der MC 14/2 vgl. Krüger, Schlachtfeld, S. 177.

[76] Pedlow, NATO Strategy Documents, S. 290ff.

[77] Ebd., S. 294. Zumindest lässt die Formulierung „react instantly and in appropriate strength to […] any other aggressions against NATO territory" den Schluss zu, dass die NATO durchaus willens war, als erste Kriegspartei auf nukleare Kampfmittel zuzugreifen; diese Ansicht vertritt auch Lemke, Konzeption, S. 84.

[78] Lemke, Konzeption, S. 82.

das SAC ausdrückte[79]. Im Rahmen der bereits geschilderten Änderungen in der generellen NATO-Strategie, mit der zuerst stärkeren Betonung der Vorwärtsverteidigung und später der Strategie der *massive retaliation*, nahmen die konventionell ausgerüsteten Streitkräfte, zu denen auch die taktische Luftwaffe gerechnet wurde, wieder an Bedeutung zu. Natürlich lag die angenommene Hauptlast des Krieges nach wie vor auf der Stärke des US-amerikanischen strategischen Bomberkommandos[80]. Bereits das Strategiepapier DC 13 vom 1. April 1950 hatte die gesteigerte Bedeutung von konventionell ausgerüsteten Luftwaffenverbänden betont[81]. Als Aufgaben der Luftwaffe wurden dabei neben dem eigentlichen Kampf gegen feindliche Bodentruppen auch die Zerschlagung von Kommunikations- und anderer rückwärtiger Einrichtungen sowie das Erringen der Luftherrschaft im Kriegsgebiet durch Kampf gegen die feindliche Luftwaffe und die Zerstörung der Luftwaffeninfrastruktur definiert[82]. Die Bedeutung der Taktischen Luftwaffe wurde auch in den bereits erwähnten Strategiepapieren MC 48 und DC 14/2 erneut bestätigt[83].

b) Der Luftwaffenaufbau im Kontext der gültigen NATO-Doktrin

Die von der NATO-Strategie ableitbaren Aufgaben für eine westdeutsche Luftwaffe wurde für die Bundesrepublik Deutschland nach der Wiedererlangung der Souveränität 1955 und der damit verbundenen Aufstellung nationaler Streitkräfte bindende strategische Grundlage. Bereits mit der Aufstellung des Amtes Blank als Vorläuferorganisation des deutschen Verteidigungsministeriums[84] 1950 wurden Überlegungen über eine Ausgestaltung neu aufzustellender westdeutscher Luftstreitkräfte notwendig. Unter anderem wurde die Luftwaffenaufstellung und Organisation im Rahmen der NATO-Vorgaben vom späteren ersten Inspekteur der Bundesluftwaffe, Generalleutnant Josef Kammhuber beeinflusst[85].

---

[79] Neben der Mittelverlagerung innerhalb der U.S. Air Force selbst kam es zu Beginn der 1950er Jahre in der Militärstruktur der USA auch zu Mittelverschiebungen zugunsten der Luftwaffe. Diese Umverteilungen trafen natürlich bei den anderen Teilstreitkräften auf Kritik, vgl. dazu Lemke, Konzeption, S. 83. Der spätere US-Oberbefehlshaber im Golfkrieg, General Norman H. Schwarzkopf, schildert in seiner Biographie, dass er zu Beginn der 1950er Jahre als junger Offizier über einen Wechsel vom Heer zur Luftwaffe nachdachte, da die Budgetverschiebung ein enormes Ausmaß anzunehmen schien, vgl. Schwartzkopf, Held, S. 97f. Die gleiche Entwicklung findet sich auch dokumentiert bei Yeager/Janos, Schneller als der Schall, S. 224f.

[80] Lemke, Konzeption, S. 83f.

[81] Ebd., S. 155.

[82] Ebd.; zur Erringung der Luftherrschaft vgl. ebd., S. 169f. Dazu auch Lemke, Konzeption, S. 84.

[83] Zur Erringung der Luftherrschaft in der MC 14/1 vgl. Pedlow, NATO Strategy Documents, S. 209.

[84] Krüger, Amt Blank.

[85] Josef Kammhuber (1896-1986) diente während des Ersten Weltkrieges als Infanterieoffizier. In der Reichswehr der Weimarer Republik erhielt er im Rahmen eines geheimen Austausches mit der Roten Armee die Ausbildung zum Flugzeugführer und war am Aufbau der Luftwaffe im „Dritten Reich" beteiligt. Während des Zweiten Weltkrieges wurde Kammhuber vor allem in seiner Position als General der Nachtjagd bekannt, in deren Rahmen er die Verteidigung des Reichsgebietes mit den ersten Radargeräten organisierte.

Grundlegende Gedanken zur Aufgabe der Luftverteidigung hatte Kammhuber bereits 1953 in der Phase der Gespräche über die noch zu errichtende Europäische Verteidigungsgemeinschaft (EVG) angestellt. Seine Studie trug den Titel „Die Probleme der Führung eines Verteidigungskrieges bei Tag und bei Nacht vom 03.05.1953[86]." Ein von ihm immer vertretener Grundsatz war die strikte Teilung der Luftwaffenkräfte in offensive und defensive Aufgaben. Dabei unterschied er in seinen Überlegungen 1953 noch zwischen der operativen, taktischen und der Heimatluftwaffe: „Während die *operative Luftwaffe* freizügig von beliebigen Basen aus gegen Ziele in einem feindlichen Territorium operiert und die *taktische Luftwaffe* ihre Aufgaben in engem Zusammenwirken mit eigenen Heeres- oder Marineverbänden zu sehen ist, ist die *Heimatluftwaffe* an ein bestimmtes Territorium gebunden, nämlich die eigene Heimat, das eigene Vaterland, das verteidigt werden soll[87]." Ziel der Heimatluftverteidigung war damit, den Kampf gegen einfliegende Feindflugzeuge zu führen. Dabei musste laut Kammhuber der Schwerpunkt der Aufgabenverteilung auf den Jagdflugzeugen liegen, während Abwehrraketen und Geschütze nur eine untergeordnete Rolle spielten[88]. Die Aufteilung der offensiven Luftwaffe in operative und taktische Kräfte fand in Planungen allerdings keinen Niederschlag mehr[89].

Das Kriegsbild der Anfangsjahre der Bundesluftwaffe war geprägt von der Annahme eines massiven Einflugs feindlicher Flugzeuge in der Anfangsphase des Krieges[90]. Da die NATO sich als ein striktes Verteidigungsbündnis definierte, gingen die Planer stets von einer vorangegangenen sowjetischer Aggression aus, auf die dann mit allen zur Verfügung stehenden Mitteln reagiert werden würde. Die Luftverteidigungsstudie ging damals von geschätzt einsatzbereiten 19.200 sowjetischen und verbündeten Frontflugzeugen aus[91], davon 4.000 Bomber, die in 2.700 leichte und 1.300 schwere Bomber unterteilt wurden[92]. Für den Einflug dieser Maschinen in das NATO-Vertragsgebiet wurde eine dreifach gestaffelte Flughöhe angenommen, davon der

---

Mit der Aufstellung der Bundeswehr 1955 wurde Kammhuber als Generalleutnant und Inspekteur der Luftwaffe in die Bundeswehr übernommen. Er bekleidete damit den Dienstposten des ranghöchsten Luftwaffensoldaten. Sein Lebenslauf findet sich in Lemke, Die Luftwaffe, S. 753; vgl. zudem die Darstellung bei Schmidt, „Seines Wertes bewusst".

[86] BArch, BL 1/1501: Die Probleme der Führung eines Verteidigungskrieges bei Tag und bei Nacht vom 3.5.1953.

[87] Ebd., S. 3.

[88] Ebd., S. 30f.

[89] Vgl. dazu Kammhubers Ausführungen vor dem Verteidigungsausschuss des Bundestages im November 1958; Deutscher Bundestag Parlamentsarchiv, Bestand Verteidigungsausschuss (BT-Archiv, VertAusschuss), Protokoll 3. Wahlperiode (WP) 30. Sitzung 5.11.1958, S. 8f. u. S. 31, hier werden nur noch die Begriffe taktische und Verteidigungsluftwaffe gebraucht.

[90] Die relevanten Dokumente dazu sind die „Studie Luftverteidigung 1960" vom 20.3.1957 in: BArch, BL 1/1504, und die „Studie Luftverteidigung 1962" vom 2.12.1957, in: BArch, BL 1/1751-1.

[91] BArch, BL 1/1504: Studie Luftverteidigung 1960 vom 20.3.1957, S. 4.

[92] Ebd., S. 6.

größte Anteil von 60-70 Prozent in einer Flughöhe von 4.000 bis 12.000 Metern[93]. Vor allem in diesem Höhenband war eine Abwehr des Gegners durch eigene Jagdflugzeuge geplant[94].

Die endgültige Aufgabenplanung stellte General Kammhuber im Herbst 1958 den Mitgliedern des Verteidigungsausschusses des Deutschen Bundestages vor. Danach sollten die Verbände der Luftwaffe in den Bereichen Abfangjagd, Jagdbombereinsatz, Aufklärung und Transport ausgebildet und einsatzbereit gemacht werden[95]. Kammhuber unterschied dabei die Verbände nach Taktischer Luftwaffe und Verteidigungsluftwaffe[96]. Der Verteidigungsluftwaffe fiel die Abwehr gegnerischer Bomberverbände zu. Für diesen Einsatzzweck benötigte die Luftwaffe einen Abfangjäger, der leicht bewaffnet schnell auf große Höhe steigen konnte, um die feindlichen Verbände zu bekämpfen[97]. Für die taktische Luftwaffe führte Kammhuber drei unterschiedliche Aufgaben an, *counter-measure*, *interdiction* und unmittelbare Unterstützung des Heeres auf dem Schlachtfeld (später als close air support bezeichnet)[98]. Interessant ist hier vor allem die Definition der ersten beiden Aufgaben durch Kammhuber: Beim *counter-measure* sollten feindliche Flugplätze und Raketenbasen zerstört werden. Die Aufgabe der *interdiction* bestand in der Abschnürung des Gefechtsfeldes, also Angriffen gegen einzelne Feindverbände, um sie so von der großen Masse ihrer Truppen abzuschneiden[99].

Die Bundeswehr war von Anfang an mit einer schwierigen geostrategischen und militärischen Lage konfrontiert. Die Streitkräfte des Ostblocks waren den NATO-Truppen zahlenmäßig weit überlegen. Bei der Anzahl der Nuklearwaffen waren die USA zwar noch numerisch überlegen, aber die UdSSR vergrößerte ihr nukleares Arsenal ständig, so dass zu erwarten war, dass zu Beginn der 1960er Jahre ein atomares Patt zwischen den beiden Machtblöcken erreicht werden würde. Bei der offiziellen Gründung der Bundeswehr am 12. November 1955 verfügte die westdeutsche Luftwaffe weder über Flugplätze noch über Luftfahrzeuge oder fliegendes Personal, sondern lediglich über einen kleinen Stab im Bundesministerium für Verteidigung, der den Aufbau der neuen deutschen Luftstreitmacht bewältigen musste[100].

---

93 Ebd., S. 12.

94 Ebd., S. 47f.

95 BT-Archiv, VertAusschuss, Protokoll 3. WP, 30. Sitzung 5.11.1958, S. 2.

96 Im Ausschuss benutzte Kammhuber den Begriff „Heimatluftverteidigung", vgl. ebd., S. 2 und die Ausführungen von General Steinhoff; ebd., S. 17.

97 Ebd., S. 31.

98 Ebd., S. 8f.

99 Eine graphische Darstellung der Einsatzprinzipien der taktischen Luftwaffe findet sich in Die Luftwaffe, S. 747, zu den Einsatzprinzipien siehe auch Cescotti, Kampfflugzeuge, S. 261.

100 Rall, Mein Flugbuch, S. 195 sowie ders.: Pilot in den Aufbaujahren, S. 584.

Aus diesen Gründen stand in den Jahren 1956 und 1957 beim strukturellen Aufbau der neuen deutschen Luftwaffe zunächst die Aus- und Weiterbildung neuer Piloten mit den Errichtungen der verschiedenen Fliegerschulen für die Ausbildung des fliegenden Personals im Vordergrund[101]. Erst mit dem Jahr 1958 begann die Bundeswehr mit der Aufstellung von Einsatzverbänden. In diesem Jahr wurden neben den entsprechenden Ausbildungseinrichtungen – den sogenannten Waffenschulen – drei Jagdbombergeschwader, ein Jagdgeschwader und ein Transportgeschwader aufgestellt[102].

Zur Erfüllung ihrer Aufgaben benötigte die Luftwaffe Jagdbomber, Abfangjäger und Aufklärungsflugzeug moderner Bauart, also Strahlflugzeuge. Die Erstausstattung der Luftwaffe erfolgte zum größten Teil über die Außenhilfe der USA und Kanadas. Der Bundesrepublik Deutschland wurden in der Folge gebrauchte Flugzeuge aus den Beständen der beiden Länder geschenkt oder verkauft[103]. Anders hätte die Ausrüstung der Luftwaffe aus Kostengründen vermutlich gar nicht finanziert werden können. Insgesamt erhielt die Luftwaffe von den USA über Lieferungen der Nash-Liste kostenlos 450 Jagdbomber vom Typ F-84F und 108 Aufklärer des Typs RF-84F sowie aus Kanada 75 Canadair Sabre V-Jäger[104].

Zusätzlich zur Erstausstattung mussten allerdings noch weitere Flugzeuge beschafft werden, um die Pilotenausbildung und die Aufstellung der ersten Geschwader sicherstellen zu können. Zusätzlich zu den geschenkten Maschinen war der Ankauf von 90 bei FIAT in Italien lizenzgefertigten F-86K Sabre Dog sowie 225 Canadair Sabre VI-Jagdflugzeugen nötig[105]. Für die Ausrüstung und Ausbildung der Transportgeschwader wurde die Beschaffung von 20 C-47-Trainer und 157 Transportflugzeuge des französischen Typs Nord Aviation 2501 Noratlas geplant[106]. Für die Ausstattung der Heimatverteidigungsluftverbände waren anfänglich keine Beschaffungen vorgesehen, da die Luftwaffenführung sich mit der Auswahl eines geeigneten Muster noch länger Zeit lassen wollte[107]. Insgesamt hatte das erste Flugzeugbeschaffungsprogramm der Bundesrepublik einen materiellen Wert von über 2 Milliarden DM[108]. Das große Problem der Flugzeugerstausstattung war allerdings ihr technischer Stand: Die meisten

---

[101] Passim Corum, Starting from Scratch. Vgl. auch Rall, Mein Flugbuch, S. 197 sowie Sura: Selbstbild, S. 91.

[102] Fischer, Verteidigung im Bündnis, S. 34f.

[103] Cescotti, Kampfflugzeuge, S. 257. Zur militärischen Starthilfe durch die USA vgl. Sura, Selbstbild, S. 74.

[104] BArch, BL 1/1549: BMVg - Abt. VI an die Vorsitzenden des Verteidigungs- und Haushaltsausschusses, 12.10.1956, S. 1. Die Sabre V war ein Lizenzbau des US-amerikanischen Jägers F-86 *Sabre*. Vgl. dazu auch Rebhan, Aufbau und Organisation, S. 569. Die Nash-Liste war benannt nach dem damaligen stellvertretenden Verteidigungsminister der USA, Frank C. Nash.

[105] BArch, BL 1/1549: BMVg Abt. VI an die Vorsitzenden des Verteidigungs- und Haushaltsausschusses, 12.10.1956, S. 2.

[106] Ebd.

[107] Ebd.

[108] Vgl. Anlage 1 zu o.g. Schreiben.

Flugzeugtypen, die dem neuen Bündnispartner im Rahmen der Militärhilfe geschenkt oder beschafft wurden, waren völlig veraltet[109]. Der Entwicklungsstand der Flugzeuge befand sich teilweise noch auf dem Niveau, wie er Ende des Zweiten Weltkrieges Standard gewesen war[110].

Die der Bundesluftwaffe gelieferten Flugzeuge waren sicherlich tauglich für die Aufgabe, die neu aufgestellten Verbände an das Arbeiten mit Strahlflugzeugen nach zwölfjähriger Pause im militärischen Dienst zu gewöhnen, zu mehr aber auch nicht. Dazu kam noch das Problem, dass sich die Luftwaffenführung bewusst gegen die Einführung der F-100D *Super Sabre*[111] entschied, die ein wesentlich moderneres Flugzeug als die Maschinen der Erstausstattung gewesen wäre[112], obwohl die F-100D in der ersten Ausgabe des Flugzeugbeschaffungsprogramms in einer Stückzahl von 364 noch fest vorgesehen war[113]. Dies sollte sich im Nachhinein noch als schwerwiegende Fehlentscheidung für die weitere Entwicklung der Luftwaffe erweisen. Alles in allem war die Luftwaffe zwar für die Ausbildung der neuen Piloten vorerst gut ausgerüstet, hatte aber bezüglich der Einsatztauglichkeit ihrer Flugzeugmuster schon relativ bald nach der Aufstellung großen Handlungsbedarf.

2. Die Situation der deutschen Luftfahrtindustrie bis 1957

a) Die Entwicklung der westdeutschen Luftfahrtindustrie 1945-1949

Zum Ende des Zweiten Weltkrieges war die deutsche Luftfahrtindustrie eine der größten und trotz der Einschränkungen des alliierten Bombenkrieges auch eine der

---

[109] Rebhan, Aufbau und Organisation, S. 569.

[110] Wie rasend schnell sich die Technik auf dem Gebiet der militärischen Luftfahrt entwickelte, beschreibt der amerikanische Testpilot Charles „Chuck" Yeager in seinen Erinnerungen, Yeager/Janos, Schall, S. 127.

[111] Die North American F-100 Super Sabre war als Nachfolger der F-86 das erste Serienflugzeug der U.S. Air Force, das im Geradeausflug die Schallmauer durchbrach und wurde lange und in großer Stückzahl in den Verbänden eingesetzt; vgl. Gunston, Early supersonic fighters, S. 214.

[112] Vgl. Rebhan, Aufbau und Organisation, S. 569, nennt als Grund die befürchtete zu schnelle Überalterung des Flugzeugs. Dagegen lässt sich aus den Quellen entnehmen, dass Luftwaffeninspekteur Kammhuber das Flugzeug ablehnte, da er die benötigte Startbahnlänge als zu groß erachtete. Vgl. BArch, BL 1/14647: Tagebuch InspLw, Eintrag vom 4.10.1956: Besprechung mit Vertreter der Firma North American, S. 2f. Es stellt sich allerdings die Frage, ob der Inspekteur hier evtl. falsch oder unzureichend informiert worden war. Die F-104 benötigte mindestens eine genauso lange Start- und Landebahn wie die F-100D, wenn nicht sogar eine längere.

[113] BArch, BL 1/1549: BMVg Abt. VI an die Vorsitzenden des Verteidigungs- und Haushaltsausschusses, 12.10.1956, Anlage 2. Auch in der Zeitschrift Aero wurde fest mit der Einführung des Typs F-100 D für die deutsche Luftwaffe gerechnet, vgl. Aero 9/1956, S. 167 „Die deutsche Luftwaffe kauft ein. 2121 Flugzeuge für die deutsche Luftwaffe.". Auch in der Aufstellung von Werner Abelshauser war die F-100 noch Bestandteil des ersten Flugzeugbeschaffungsprogramms, vgl. dazu Abelshauser, Wirtschaft und Rüstung, S. 169.

leistungsfähigsten Industrien ihrer Art auf der Welt[114]. Mit dem Ende des Krieges und der totalen Niederlage des Deutschen Reiches änderte sich die Situation der Industrie grundlegend.

Auf der Potsdamer Konferenz legten die alliierten Siegermächte im Juli 1945 die Grundlagen für die zukünftige Behandlung des besiegten Deutschen Reichs. Eine grundsätzliche Entscheidung war, dass jegliche von Deutschland ausgehende Bedrohung ausgeschlossen werden sollte. Demzufolge war die Demilitarisierung der deutschen Wirtschaft ein wichtiger Schritt, um dieses Ziel zu erreichen. Alle Betriebe, die im Zweiten Weltkrieg an der Produktion von Rüstungsgütern beteiligt waren, wurden mit einem Produktionsverbot belegt[115]. Darüber hinaus war es deutschen Staatsbürgern unter der Androhung von Strafe verboten, ein Luftfahrtzeug herzustellen, zu besitzen und zu nutzen[116]. Wie bedeutsam die Alliierten die die deutsche Luftrüstung einschätzten, zeigte die Tatsache, dass dieses Betätigungsverbot – mit späterer Ausnahme des Segelflugs – bis 1955 erhalten blieb; das Produktionsverbot für z.B. Automobil- und Schiffbau, die auch als Rüstungsbetriebe eingestuft waren, wurde hingegen relativ schnell wieder aufgehoben[117].

Es folgte die völlige Demontage der deutschen Luftfahrtindustrie, sowohl im Bereich der Fertigungs- und Forschungsanlagen als teilweise auch im Bereich des Personals. Der Industriebereich der Luftfahrtindustrie war zudem bereits während des Krieges, wie die meisten anderen Industriebereiche auch, Ziel der alliierten Geheimdiensttätigkeit gewesen[118]. Die alliierten Geheimdienste versuchten nach der Kapitulation deutsche Wissenschaftler, die während des Krieges in den Bereichen Produktion und Forschung tätig gewesen waren, zur Mitarbeit an nationalen Projekten der Sie-

---

[114] Zur generellen Entwicklung der Luftfahrtindustrie in Deutschland vgl. die umfassende Darstellung bei Budraß, Flugzeugindustrie. Zur vollständigen Übersicht der Betriebe und Beschäftigten der Flugzeugindustrie im Deutschen Reich vgl. die Darstellung Ruhr-Universität Bochum, Abschlußbericht zum DFG-Projekt „Rüstungskonversion als Technologie- und Standortpolitik, S. 32ff.

[115] Rosenthal, Luft- und Raumfahrtindustrie, S. 119.

[116] Andres, Luft- und Raumfahrtindustrie, S. 44. Zum allgemeinen Verbot von Herstellung, Besitz und Betrieb vgl. auch Rosenthal, Luft- und Raumfahrtindustrie, S. 77 sowie Hirschel/Prem/Madelung, Luftfahrtforschung, S. 98f. Das Verbot der Alliierten konnte natürlich nur auf deutschem Staatsgebiet umgesetzt werden. So gab es nicht wenige Flugzeugkonstrukteure, die ihre Arbeit relativ schnell nach dem Ende des Krieges im Ausland fortsetzten, wie z.B. Willy Messerschmitt in Ägypten oder Kurt Tank in Argentinien. Vgl. dazu auch die Darstellung bei Schulz, Militarismus, S. 243ff. sowie den Beitrag von Birkenbeil, F-104G, S. 30. Birkenbeil gehörte zum Konstruktionsteam von Willy Messerschmitt, das in Ägypten für die ägyptische Luftwaffe ein Strahlflugzeug konstruierte. Deutsche Piloten umgingen das Flugverboten in Deutschland indem sie z.B. in der Schweiz wieder fliegerisch aktiv wurden, vgl. Rall, Mein Flugbuch, S. 123.

[117] Andres, Luft- und Raumfahrtindustrie, S. 44.

[118] Trischler, Luft- und Weltraumforschung, S. 286-288. Hirschel/Prem/Madelung, Luftfahrtforschung, S. 98-99.

germächte zu überzeugen[119]. So berichtete beispielsweise Ludwig Bölkow, der während des Krieges bei der Firma Messerschmitt leitender Ingenieur für den Strahljäger Me 262 gewesen war, von einem Angebot, für die USA weitere Forschungen zu betreiben. Er lehnte dieses Angebot allerdings ab und blieb in Deutschland[120]. Andere Forscher, wie der Raketenexperte Wernher von Braun, boten den US-Amerikanern ihre Mitarbeit direkt an. In der Sowjetischen Besatzungszone kam es zu Zwangsrekrutierungen von Wissenschaftlern und technischem Personal, wenn diese nicht auf „freiwilliger Basis“ kooperieren wollten[121].

In manchen Fabriken wurde teilweise nach dem Kriegsende unter der Kontrolle der jeweiligen Siegermächte die Arbeit zeitweise wieder aufgenommen. Hierbei stand die Überlegung im Vordergrund, bereits begonnene Forschungs- und Entwicklungsprojekte an Ort und Stelle mit den erfahrenen Fachkräfte zu Ende bauen zu lassen; natürlich um das fertige Produkt dann durch die eigene Industrie untersuchen und nachbauen zu lassen[122]. Nach der Inventarisierung der Unternehmen wurden diese von der jeweiligen Militärregierung zur Demontage freigegeben.

Die Demontage dieser Industrieanlagen der deutschen Flugzeugindustrie erfolgte in den einzelnen Besatzungszonen zu unterschiedlichen Zeitpunkten und in verschiedenen Ausmaßen. So war beispielsweise in der US-amerikanischen Zone die Durchführung weitgehend der deutschen Zivilverwaltung überlassen, während in der britischen Besatzungszone die Militärregierung die Aktionen selbst überwachte[123].

---

[119] Zur generellen Vereinnahmung deutscher Wissenschaftler durch die Siegermächte vgl. die Darstellung bei Andres, Luft- und Raumfahrtindustrie, S. 48f.-49. Rosenthal, Luft- und Raumfahrtindustrie, S. 120-121, sowie Ciesla Raketen- und Luftfahrtwissen. Der Versuch, deutsche Wissenschaftler aus nahezu allen Forschungsgebieten für die Mitarbeit in den USA zu gewinnen, erfolgte im Rahmen der so genannten *Operation Paperclip*; vgl. dazu die generelle Darstellung bei Kurowski, Alliierte Jagd; Herrmann, Project Paperclip; Bower, Verschwörung Paperclip.

[120] Bölkow, Erinnerungen, S. 115. Bei den Versuchen, Wissenschaftler zur Zusammenarbeit zu überzeugen, gingen die US-Amerikaner in Bölkows Beispiel offenbar sehr geschickt vor. Bölkows Gesprächspartner war der Rekordflieger Charles Lindbergh, was auf Bölkow offenbar großen Eindruck machte; vgl. dazu ebd., S. 112.

[121] Hirschel/Prem/Madelung, Luftfahrtforschung, S. 98-99. Vor allem im Bereich der Luftfahrtindustrie gingen von der entweder freiwilligen oder erzwungenen Mitarbeit deutscher Ingenieure entscheidende Impulse für die Luftfahrtindustrien der jeweiligen Siegermächte aus. Eines der besten Beispiele für diese Tatsache ist die Konstruktion der Kampfflugzeuge der MiG 15 auf sowjetischer und der F-86 Sabre auf US-amerikanischer Seite. Beide Flugzeuge haben optisch starke Ähnlichkeit und basieren offensichtlich auf den im Krieg entwickelten deutschen Entwürfen P 1107 von Messerschmitt und Ta 183 von Kurt Tank. Die zwei Muster kamen zeitversetzt während des Koreakrieges zum Einsatz. Hierbei zeigte sich allerdings, dass die MiG 15 den frühen US-amerikanischen Düsenjägern technisch weit überlegen war. Erst der Einsatz der F-86 brachte wieder ein Gleichgewicht in die Kampfhandlungen. Vgl. zur Grundsteinlegung durch deutsche Konstruktionen Bölkow, Erinnerungen, S. 112. Zur generellen Mitarbeit deutscher Wissenschaftler in alliierten Forschungsprojekten vgl. auch Der Spiegel 26/1947 „Der Reserve-Tank“, S. 4ff.

[122] Andres, Luft- und Raumfahrtindustrie, S. 50f.

[123] Ebd., S. 53f.

Die Situation der deutschen Luftfahrtindustrie wird in Bezug auf die Demontage in der Forschungsliteratur unterschiedlich beurteilt. Christopher Andres geht davon aus, dass die Unternehmen des Industriezweiges sehr stark von der Demontage ihrer Werke getroffen wurden[124]. Im Gegensatz dazu gibt Frank Rosenthal an, dass einzelne Unternehmen durch geschicktes Verhalten teilweise zur Demontage vorgesehene Fabrikteile vor dem Abtransport retten konnten[125]. Zusätzlich weist er auf die starke Betätigung deutscher Luftfahrtexperten im Ausland hin: „Für die deutsche Luftfahrtindustrie gab es unmittelbar nach dem Zweiten Weltkrieg bis zur Legalisierung des Flugzeugbaus im Jahre 1955 weder eine „Stunde-Null“, noch eine Luftfahrtindustrie, die sich durch Untätigkeit ausgezeichnet hat. Wie bereits in der Zeit nach dem Ersten Weltkrieg […] arbeitete ein Teil der ehemaligen Techniker und Industriellen illegal während der Bauverbotsphase weiter, […], ein dritter Teil schließlich flüchtete in das Ausland und nahm dort lukrative Entwicklungsaufträge für den Militärflugzeugbau an[126].“

Die Wahrheit dazu ist sicher nicht streng dogmatisch eine der angeführten Überzeugungen, sondern liegt irgendwo in der Mitte. Definitiv am Härtesten traf es die Firmen, deren Produktions- und Entwicklungsstätten sich in der Sowjetischen Besatzungszone sowie außerhalb Deutschlands befanden. Zu diesen Unternehmen gehörten vor allem die Firmen Junkers und Heinkel, deren fast komplette Firmenanlagen im Gebiet der sowjetisch besetzten Zone lagen, sowie Teile der Liegenschaften der Firma Dornier[127]. Dabei wurden die Teile des Firmenbesitzes, die nicht zur Demontage freigegeben wurden, in den Jahren 1946 und 1947 vollständig enteignet und unter staatliche Kontrolle gestellt[128]. Die Aktionen der Demontage und Demilitarisierung wirkten sich jedoch nur auf einen Teil des Luftfahrtsektors aus, nämlich die Endproduzenten. Die meisten Zulieferer und Ausrüstungshersteller blieben von den Maßnahmen unberührt[129].

In der Zwischenzeit waren die ehemaligen Luftfahrtindustrieunternehmen gezwungen, soweit dies auf Grund von Kriegszerstörungen und erfolgter Demontage der Fabrikationsanlagen überhaupt schon wieder möglich war, sich ein neues Betätigungs-

---

[124] Ebd., S. 55ff.

[125] Rosenthal, Luft- und Raumfahrtindustrie, S. 123.

[126] Ebd., S. 120f. Sowohl Ernst Heinkel als auch Willy Messerschmitt waren für die ägyptische und die spanische Regierung tätig, Kurt Tank, der ehemalige Chefkonstrukteur von Focke-Wulff arbeitete erfolgreich in Argentinien und Indien, vgl. Wagner, Kurt Tank, S. 250ff. Die für die USA und die UdSSR arbeitenden Luftfahrtexperten wurden bereits an anderer Stelle erwähnt. Zur Betätigung deutscher Luftfahrtexperten im Ausland bis zur Wiederzulassung der Industrie in Deutschland, vgl. auch Andres, Luft- und Raumfahrtindustrie, S. 79ff. Robert Lusser, späterer Leiter des Technischen Büros für den Starfighter, ging nach dem Kriegsende in die USA, vgl. Bölkow, Erinnerungen, S. 103.

[127] Andres, Luft- und Raumfahrtindustrie, S. 58ff.

[128] Ebd., S. 64.

[129] Budraß/Krienen/Prott, Nicht nur Spezialisten, S. 474f.

feld zu suchen, das nichts mit Luftfahrt zu tun hatte.[130] Die Firma Messerschmitt begann beispielsweise nach erfolgter Freigabe des Firmengeländes mit der Produktion von Gebrauchsgegenständen wie Baubeschlägen und Kochtöpfen[131]. Ludwig Bölkow betrieb ein kleines Ingenieurbüro, in dem er Bauelemente und Fotoapparate konstruierte[132].

Das Verbot der Betätigung auf dem Luftfahrtsektor schränkte die Firmen in ihrem Handlungsspielraum stark ein. Ein weiteres Problem war die noch nicht näher gelöste Frage der Verschuldung der einzelnen Unternehmen. Problematisch war, dass die Zahlungen für gefertigte Flugzeuge gerade in der zweiten Hälfte des Krieges immer mehr ins Stocken gerieten. Die Firmen waren ab 1942 gezwungen, den Ablauf der kriegswichtigen Fertigung durch die Aufnahme von Darlehen bei Banken und Versicherungen zu gewährleisten[133]. Insgesamt betrugen die Schulden der Betriebe zum Ende des Krieges rund 500 Millionen Reichsmark. Auf der anderen Seite bestanden seitens der Industrie noch unbezahlte Forderungen gegen das Deutsche Reich in Höhe von ca. 700 Millionen Reichsmark. Zum Stichtag der Währungsumstellung auf die DM im Jahr 1948 wurden die Schulden, die die Unternehmen beim Staat hatten, ohne Entschädigung gestrichen, während die eigene Verschuldung lediglich im Verhältnis 1:10 abgewertet wurde, in diesem Umfang dann aber bestehen blieb[134]. Im Laufe der folgenden Jahre, vor allem seit der Gründung der Bundesrepublik, versuchten die Unternehmen in Zusammenarbeit mit mehreren Bundesministerien die Schuldenfrage in ihrem Sinne zu lösen[135].

Mit der Gründung der Bundesrepublik Deutschland änderte sich an der generell schlechten Situation der Firmen der ehemaligen Luftfahrtindustrie nichts. Die drei westlichen Besatzungszonen waren zwar jetzt in einem einheitlichen Staatsgefüge zusammengeführt, das allerdings noch nicht im Sinne des Völkerrechtes souverän war. Die junge Bundesrepublik stand immer noch unter dem Besatzungsstatut der drei westlichen Siegermächte[136]. Das Verbot der Produktion und Betätigung auf dem Luftfahrtsektor blieb weiterhin bestehen. Zur Überwachung der als verboten eingestuften Industriebereiche hatten die westlichen Siegermächte bereits vor der Gründung der

---

[130] Den Unternehmen der Luftfahrtindustrie wäre aber auch nicht geholfen gewesen, wenn sich das Produktionsverbot auf den militärischen Bereich des Flugzeugbaus beschränkt hätte. In den 1930er Jahren hatte in Deutschland die Produktion für den zivilen Luftverkehr nur einen Bruchteil ausgemacht, den Unternehmen fehlte damit quasi eine ausgeprägte zivile Tradition, vgl. dazu Budraß/Prott, Demontage, S. 320.

[131] Andres, Luft- und Raumfahrtindustrie, S. 56 sowie Budraß/Prott, Demontage, S. 312.

[132] Bölkow, Erinnerungen, S. 128ff. Zu einer detaillierten Schilderung von Bölkows Lebenswerk vgl. Moser, Ludwig Bölkow sowie ebenfalls Gersdorff, Ludwig Bölkow.

[133] Andres, Luft- und Raumfahrtindustrie, S. 67.

[134] Andres, Luft- und Raumfahrtindustrie, S. 68.

[135] Archiv der Forschungsstelle zur Geschichte der Luft- und Raumfahrtindustrie (FoLuft) Bestand Sammlung. Schmitz I, Ordner 3: Brief Jastrow an Admiral Lahs 14.7.1952, S. 1.

[136] Haftendorn. Sicherheit, S. 63.

Bundesrepublik im Januar 1949 das *Military Security Board* geschaffen, das die Einhaltung der erlassenen Vorschriften sicherstellen sollte[137].

Eine erste, schrittweise Aufweichung des Verbots zur generellen Betätigung auf dem Luftfahrtsektor war die Wiederzulassung des Segelflugs durch die Alliierte Hohe Kommission am 21. Juni 1951. Ab diesem Zeitpunkt war es deutschen Staatsbürgern wieder gestattet, Segelflugzeuge herzustellen und zu betreiben[138]. Trotzdem machten nur die wenigsten Firmen der ehemaligen Luftfahrtindustrie von diesem neuen Recht Gebrauch. Lediglich die in Bremen ansässige Firma Focke-Wulff betätigte sich in größerem Maße nach der Wiederzulassung auf diesem Gebiet[139]. Ansonsten blieb der Bau von Segelflugzeugen in der Hand von Kleinbetrieben, die häufig nicht mehr als zehn Mitarbeiter hatten[140]. Neben Focke-Wulff war allerdings auch der frühere Messerschmitt-Konstrukteur Ludwig Bölkow als ehemalige Größe der deutschen Luftfahrtindustrie in der Herstellung von Segelflugzeugen tätig[141].

Einer der bedeutendsten Schritte in der Entwicklung der deutschen Luftfahrtindustrie nach dem Ende des Zweiten Weltkrieges war dann ohne Frage die im November 1951 erfolgte Gründung des Verbandes zur Förderung der Luftfahrt.

b) Die Gründung des Verbandes zur Förderung der Luftfahrt und die Lobbyarbeit bis 1955

Mit der ab 1950 aufkommenden Debatte um einen deutschen Wehrbeitrag musste sich zwangsläufig auch die Diskussion über eine Wiederzulassung der deutschen Luftfahrtindustrie verbinden[142]. Durch den vom französischen Ministerpräsidenten René Pleven im Oktober 1950 unterbreiteten Vorschlag der Europäischen Verteidigungsgemeinschaft (EVG) erhielten diese Überlegungen zusätzliche Anstöße[143]. Ziel dieser Gemeinschaft war die Gründung einer multinationalen europäischen Armee unter Einbeziehung von Frankreich, Italien, den Benelux-Staaten sowie der Bundesrepublik Deutschland. Dabei war es unübersehbare Absicht der französischen Regierung, einen künftigen deutschen Streitkräftebeitrag möglichst vollständig in der supranationalen Organisation der EVG aufgehen zu lassen, um so eine nationale westdeutsche Armee

---

[137] Andres, Luft- und Raumfahrtindustrie, S. 46. Zum Bestand des Luftfahrtverbotes in der Bundesrepublik vgl. auch Budraß/Krienen/Prott, Spezialisten, S. 497.

[138] Brütting, Segelflug, S. 64, 68; Andres, Luft- und Raumfahrtindustrie, S. 47f.

[139] Andres, Luft- und Raumfahrtindustrie, S. 75.

[140] Brütting, Segelflug, S. 64.

[141] Vgl. Bölkow, Erinnerungen, S. 103.

[142] Zur generellen Debatte um einen deutschen Wehrbeitrag vgl. Militärgeschichtliches Forschungsamt, Anfänge westdeutscher Sicherheitspolitik, Band 2.

[143] Vgl. ebd. generell zur Entstehung und zum Scheitern der EVG.

zu verhindern. Die französischen Streitkräfte sollten hingegen so wenig wie möglich unter internationale Kontrolle gestellt werden[144].

Diese Überlegungen über eine deutsche Armee zogen automatisch Denkanstöße zur Frage der zukünftigen Beschäftigung einer deutschen Luftfahrtindustrie mit sich, für die es selbstverständlich auch um die Frage des Wiederaufbaus einer eigenen, nationalen Industriesparte ging, um die neu aufzustellende Luftwaffe mit Flugzeugen versorgen zu können.

Im Zuge der Hoffnungen auf eine neue Belebung der Industrie durch die Verhandlungen über die EVG gründete sich mit dem Verband zur Förderung der Luftfahrt e.V. am 13. und 14. November 1951 der Interessenverband der deutschen Luftfahrtfirmen[145]. Initiiert wurde diese Gründung von Admiral a. D. Rudolf Lahs[146], dem langjährigen Vorsitzenden des Reichsverbandes der deutschen Luftfahrt[147]. – Dieser ist im Jahr 1929 gegründet und 1936 per Gesetzesbeschluss in die Wirtschaftsgruppe Luftfahrt überführt worden[148]. – Anwesend bei der Gründungsversammlung des Vereins zur Förderung der Luftfahrt, die in der Einladung noch als außerordentliche Mitgliederversammlung des Reichsverbandes der Deutschen Luftfahrtindustrie angekündigt worden war, waren fast alle namhaften deutsche Firmen aus der Luftfahrt[149].

Auf Grund der in der Bundesrepublik immer noch sehr schwierigen Situation der Luftfahrtindustrie analysierten Mitglieder der ehemaligen Luftfahrtfirmen im Vorfeld sicherheitshalber die generelle Stimmungslage: „In Vorbereitung dieses Treffens hatten Vertreter der ehemaligen deutschen Luftfahrtindustrie bei verschiedenen Behörden sondiert, wie eine Wiederaufnahme der Tätigkeit des Reichsverbandes von deutscher und alliierter Seite aufgenommen werden würde. Hierbei stellte sich eine positive Grundeinstellung für eine Wiederaufnahme heraus[150]."

Ausschlaggebend für die Neubelebung des Verbandes unter neuem Namen waren vor allem zwei Gesichtspunkte: Zum einen gingen die Industrievertreter auf Grund der schon weiter fortgeschrittenen Verhandlungen über die EVG von einer

---

[144] Nachdem in Frankreich durch einen Regierungswechsel die Einstellung gegenüber Deutschland wesentlich konservativer geprägt war als zu Beginn der 1950er Jahre, ratifizierte Frankreich den Vertrag über die EVG nicht. Somit kam die Allianz nicht zustande, vgl. dazu Maier, Internationale Auseinandersetzung, S. 226ff. Zum Scheitern der EVG vergleiche auch Abelshauser, Deutsche Wirtschaftsgeschichte, S. 178f.

[145] FoLuft Sammlung Schmitz I, Ordner 43, Protokoll Gründungssitzung Verband der Luftfahrt 13.11.1951.

[146] Konteradmiral Rudolf Lahs (1880-1954) diente im 1. Weltkrieg als Marineoffizier und wurde 1928 Chef der Luftrüstung der Reichsmarine. Nach seiner Pensionierung 1929 wurde er Präsident des Reichsverbandes der deutschen Luftfahrtindustrie, vgl. Budraß, Flugzeugindustrie, S. 142f. und S. 230.

[147] FoLuft Sammlung Schmitz I, Ordner 43, Ordner 3 Aktennotiz 16.11.1951 betr. Außerordentliche Mitgliederversammlung, ohne Autor.

[148] FoLuft Sammlung Schmitz I, Ordner 43, Darstellung über die Entstehung des Verbandes zur Förderung der Luftfahrt e.V. o. A. o. D.

[149] FoLuft Nachlass Lahs Ordner 4, Anwesenheitsliste Mitgliederversammlung RdDL, o.D.

[150] Andres, Luft- und Raumfahrtindustrie, S. 87f.

baldigen Wiederzulassung der deutschen Luftfahrtindustrie aus. In dieser Situation erkannten die Firmen die Notwendigkeit eines starken Zusammenschlusses, damit für Verhandlungen jeglicher Art ein geeigneter Ansprechpartner für Behörden oder ausländische Geschäftspartner vorhanden war. Zum anderen war noch die vermögensrechtliche Lage der alten Wirtschaftsgruppe Luftfahrt dringend zu klären[151]. Führende Vertreter der ehemaligen Luftfahrtindustrie hatten in langen Verhandlungen alliierte Stellen davon überzeugen können, die Vermögenswerte dieser Wirtschaftsgruppe endlich freizugeben. Diese Freigabe war bislang von einem Berliner Bankhaus immer mit der Begründung abgelehnt worden, dass es sich bei der Wirtschaftsgruppe Luftfahrt um ein „Nazi-Unternehmen[152]" handeln würde. Diese Vorbehalte konnten zu Gunsten des VZFdL beim Finanzamt Berlin im Sommer 1951 zerstreut werden, so dass die Umstellung von 700.000 Reichsmark Altguthaben, nach der Umstellung ca. 35.000 DM, sowie die Freigabe mehrerer Grundstücke theoretisch möglich war. Die Gutschrift der Summe sowie die Umschreibung der Grundstücke konnte aber erst vorgenommen werden, wenn sich ein Rechtsnachfolger für die Wirtschaftsgruppe Luftfahrt etabliert hätte[153]. Auch deswegen war die Neugründung des Verbandes aus vermögensrechtlicher Sicht existenziell wichtig[154].

Die neue Institution erhielt den Namen „Verband zur Förderung der Luftfahrt e.V.". Der von Lahs in seiner Rede vorgeschlagene Name „Verband der deutschen Luftfahrt[155]" erschien den Versammlungsmitgliedern vermutlich mit der direkten Bezugnahme auf die Luftfahrt als zu riskant. Es war allerdings von vorneherein angedacht, den Verbandsnamen direkt nach der Ratifizierung der EVG-Verträge in Verband der deutschen Luftfahrtindustrie umzuändern[156]. Zum Präsidenten des Verbandes wurde Dr. Fritz Jastrow[157] gewählt, nachdem sich Admiral a. D. Lahs aus Alters-

---

[151] FoLuft Sammlung Schmitz I, Ordner 43, Rede Admiral Lahs auf der Gründungsversammlung des VzFdL 13.11.1951 (Das Dokument nennt als Datum der Mitgliederversammlung allerdings den 12.11.1951, dieses ist aber vermutlich das Datum der Abfassung der Rede).

[152] FoLuft Sammlung Schmitz I, Ordner 43, Bericht über die Vermögenslage des Reichsverbandes der Deutschen Luftfahrtindustrie von Wirtschaftsprüfer Schlichting am 13.11.1951, S. 1; vgl. auch FoLuft Nachlass Lahs Ordner 4, Protokoll der Mitgliederversammlung des Reichsverbandes der deutschen Luftfahrtindustrie 13./14.11.1951, S. 1f.

[153] Ebd.

[154] FoLuft Sammlung Schmitz I, Ordner 43, Bericht über die Vermögenslage des Reichsverbandes der Deutschen Luftfahrtindustrie von Wirtschaftsprüfer Schlichting am 13.11.1951, S. 1.

[155] FoLuft Sammlung Schmitz I, Ordner 43, Rede Admiral Lahs auf der Gründungsversammlung des VzFdL 13.11.1951.

[156] FoLuft Sammlung Schmitz I, Ordner 43, Protokoll der Mitgliederversammlung des Reichsverbandes der Deutschen Luftfahrtindustrie 13./14.11.1951; vgl. auch FoLuft Sammlung Schmitz I, Ordner 1, Rundschreiben des Verbandes an die Mitglieder, Nr. 2 19.6.1952.

[157] Dr. ing Dr. iur Fritz Jastrow war in der Zeit des „Dritten Reichs" Syndikus beim Reichsverband der deutschen Luftfahrtindustrie. Nach seiner Wahl auf der Gründungsversammlung des VzFdL im November 1951 geriet Jastrow schnell in Konflikt mit Ernst Heinkel, der der Verbandsführung vorwarf, die Interessen

gründen für eine Kandidatur nicht mehr zur Verfügung stellen wollte. Lahs wurde dafür aber von der Versammlung zum Ehrenpräsidenten gewählt[158]. Als weiteres Verbandsorgan konstituierte sich ein Beirat, der dem Präsidenten beratend beiseite stehen sollte. In diesem Beirat befanden sich unter anderem renommierte Persönlichkeiten der Luftfahrtindustrie wie Ernst Heinkel, Claude Dornier und Friedrich Wilhelm Siebel[159].

Die Ziele des Verbandes waren in der ersten Satzung noch sehr allgemein gehalten. So sollte er die „Förderung der Luftfahrt, sowie die Wahrung der Mitgliedsinteressen nach innen und nach außen [verwirklichen]. 2. Dies geschieht durch eine umfassende Werbetätigkeit, sowie Mitarbeit bei der Vorbereitung behördlicher Verfügungen, Verordnungen und Gesetze, welche die Luftfahrt betreffen. Der Verband soll für nachdrückliche Unterstützung wichtiger Fragen der Luftfahrt bei allen in- und ausländischen Stellen eintreten und bei der Bearbeitung technischer und wissenschaftlicher Fragen beratend mitwirken[160]“. Damit war, bei aller Vorsicht, der Sinn und Zweck des Verbandes als Lobbyisten-Vereinigung schon klar vorgezeichnet; als Verbandsziel galt die wirkungsvolle Wahrung der Mitgliederinteressen vor allem gegenüber äußeren Ansprechpartnern (Regierungsstellen und anderen Industrien) – und das heißt: mit dem größtmöglichen Gewinn für die Industrie.

Zum Erreichen dieser Ziele sollten die im Verband vertretenen Unternehmen allerdings später bemerkenswert wenig Einigkeit entwickeln. Bereits in den frühen Jahren der Entstehung der Luftfahrtindustrie in der Weimarer Republik und später im Nationalsozialismus hatten sich die beteiligten Firmen stets in einem scharfen Konkurrenzkampf zueinander befunden[161]. Dieser Konkurrenzkampf, der neben sachlichen Auseinandersetzungen immer durch ein gewisses Maß persönlicher Animositäten charakterisiert war, setzte sich auch im Verband zur Förderung der Luftfahrt weiter fort. So äußerte beispielsweise Ernst Heinkel im Juli 1952 intern den Wunsch, Professor Willy Messerschmitt nicht als Mitglied in den Verband aufzunehmen[162] und

---

der Industrie nicht nachdrücklich genug zu vertreten und musste letztlich 1954 auf Druck von Heinkel zurück treten, vgl. Erker, Ernst Heinkel, S. 286.

158 FoLuft Nachlass Lahs Ordner 4, Protokoll der Mitgliederversammlung des Reichsverbandes der deutschen Luftfahrtindustrie 13./14.11.1951, S. 3.

159 Ebd. Dabei sollte der Beirat laut der Satzung paritätisch mit 1/3 Vertretern der Zellenindustrie und 1/3 der Triebwerksindustrie besetzt sein, vgl. FoLuft Nachlass Lahs Ordner 4: Satzung des Verbandes zur Förderung der Luftfahrt e.V., S. 6.

160 FoLuft Nachlass Lahs Ordner 4: Satzung des Verbandes zur Förderung der Luftfahrt e.V., S. 1.

161 So erwähnt beispielsweise Ludwig Bölkow aus seiner Anfangszeit im Konstruktionsbüro der Firma Messerschmitt den ständigen Konkurrenzkampf mit Heinkel, vgl. Bölkow, Erinnerungen, S. 143. Vgl. als Überblick der Luftfahrtindustrie in Deutschland im „Dritten Reich“ Budraß, Flugzeugindustrie. Generell zu Ernst Heinkels Wirken als Konstrukteur vgl. Köhler, Heinkel.

162 FoLuft Sammlung Schmitz I, Odner 2; Brief Heinkel an Jastrow vom 11.7.1952 mit der Bitte um Nichtaufnahme von Messerschmitt.

begründete seine Ablehnung Messerschmitts mit dessen schlechtem Ruf im Bereich der Luftfahrt, die dem Verband nach dessen Beitritt nur schaden könne. Dazu nannte Heinkel in seinem Schreiben mehrere Beispiele früherer Äußerungen Messerschmitts, die auf den bereits erwähnten Konkurrenzkampf während des „Dritten Reiches" zurückzuführen waren[163]. Heinkels Schreiben gipfelte in der Drohung: „Ich selbst habe keine Lust, einem Verbande anzugehören, in dem ich mit einem solchen Mann zusammenkommen muß"[164]. Damit war schon zu Beginn der Verbandsgeschichte offenkundig, wie wenig harmonisch und zielgerichtet die Zusammenarbeit innerhalb des Verbandes sein würde[165]. Später, Anfang der 1960er Jahre, wollten einzelne Firmen bei der Gründung des Entwicklungsringes Süd zur Konstruktion eines Senkrechtstarters das Unternehmen Dornier ausschließen. Die wenig sachliche Begründung für diese Forderung lautete damals, Dornier habe sich noch nie groß für Jagdflugzeuge interessiert und er sei wirklich erfolgreich nur beim Bau von Aufklärungsflugzeugen gewesen[166].

Der Sitz des Verbandes war offiziell in Berlin, wo er auch als Verein in das Vereinsregister eingetragen wurde[167]. Der Sitz der Geschäftsführung wurde dagegen nach Westdeutschland verlegt, zunächst nach Stuttgart[168]. In der Folgezeit wurde es aus Sicht des Verbandes aber immer wichtiger, sich auch örtlich näher an die Bundeshauptstadt Bonn zu orientieren. Deshalb erfolgte 1952 die Verlegung der Geschäftsstelle nach Düsseldorf[169]. Dabei hatte die bewusste Entscheidung für die Landeshauptstadt Nordrhein-Westfalens und gegen einen direkten Umzug in die Bundeshauptstadt Bonn drei Gründe: Zum einen zeigte sich die Stadtverwaltung von Düsseldorf dem Verband gegenüber sehr entgegenkommend bei der Suche nach einer Räumlichkeit für die Geschäftsstelle[170]. Zweitens hatte mit Prof. Dr. Leo Brandt, dem

---

[163] Ebd., S 1: „Persönlich habe ich in den letzten Jahren mit Messerschmitt insofern größten Ärger gehabt, als er immer wieder Interviews für amerikanische Zeitungen gegeben hat, in denen er behauptete, a) er hätte das erste Düsenflugzeug der Welt gebaut [...]. Ich habe es wirklich satt, dass Messerschmitt weiterhin eine derart unreelle Reklame auf meine Kosten macht".

[164] Ebd., S. 2.

[165] Zur starken Abneigung zwischen Heinkel und Messerschmitt vgl. auch die Darstellung bei Erker, Heinkel, S. 282. Erker stellt hier als Grund für die Auseinandersetzung den 1952 neu entbrannten Streit um einen Geschwindigkeitsweltrekord von 1939 in den Vordergrund.

[166] FoLuft Sammlung Schmitz I, Ordner 31, Besprechung wegen Aufbau Entwicklungsring Süd 21.1.1957, S. 1.

[167] Vgl. FoLuft Nachlass Lahs, Ordner 4: Satzung des Verbandes zur Förderung der Luftfahrt e.V. 1955, S. 1.

[168] FoLuft Nachlass Lahs, Ordner 4, Protokoll der Sitzung des Verbandes der deutschen Luftfahrt am 13.11.1951, S. 8f.

[169] FoLuft Sammlung Schmitz I, Brief Jastrow an Admiral Lahs bzgl. Umzug des Verbandes nach Düsseldorf 11.12.1952.

[170] FoLuft Sammlung Schmitz I Ordner 3; Brief Jastrow an Lahs 11.12.1952 mit dem Hinweis die Geschäftsstelle lieber nach Düsseldorf als nach Bonn zu verlagern, S. 1.

Ministerialdirektor und späterem Staatssekretär im nordrhein-westfälischen Verkehrsministerium, einer der größten Förderer in der Anfangszeit des VzFdL seinen Dienstsitz in Düsseldorf[171] und drittens stieß der Verband bei seiner Suche nach Unterstützung vor allem in der Bundeshauptstadt Bonn auf vielseitige Ablehnung, während die Arbeit der Lobbygruppe in Düsseldorf weitgehend begrüßt und unterstützt wurde[172]. Im Rahmen des erfolgten Umzugs der Geschäftsstelle nach Düsseldorf wurde mit Herrmann Kastner ein hauptberuflicher Geschäftsführer eingestellt, der sich um die Belange der Luftfahrtindustrie kümmern sollte, währen die anderen Funktionsträger noch in ihren ursprünglichen Firmen beruflich eingebunden waren[173].

Die Zurückweisung des Verbandes durch Dienststellen der Bundesregierung, mit der der Verband, wie sich im Folgenden noch detaillierter zeigen wird, war jedoch weniger eine Ablehnung genereller Art, sondern vielmehr von einer extremen Vorsichtshaltung der Regierungsstellen geprägt. Nach wie vor stand die Luftfahrtindustrie, außer der bereits erwähnten Ausnahme des Segelfluges, unter einem generellen Betätigungsverbot durch die Alliierten.

Die Gründung des Verbandes fand in der zeitgenössischen Presse keinen besonderen Niederschlag. Ob dies vom Verband gewünscht wurde oder nicht, bleibt unklar. Sicherlich war dem Verband in den Monaten direkt nach seiner Gründung ein allzu großer Presserummel nicht unbedingt recht gewesen wäre, wie ein Rundschreiben des Verbandspräsidenten Fritz Jastrow nahelegt[174].

Der Verband stieß bei seiner Tätigkeit, die in der ersten Zeit vor allem Öffentlichkeitsarbeit sowie Gespräche mit relevanten Regierungsvertretern als Überzeugungsarbeit für seine Sache bestand, schnell auf Ablehnung. So übte Dr. Hermann Knipfer, Ministerialdirektor im Bundeswirtschaftsministerium, bereits im Mai 1952, also nur sechs Monate nach der Gründung des Verbandes, ernste Kritik am Vorgehen der Industrie und mahnte nachdringlich zur Mäßigung: „Herr Ministerialdirektor Dr.

---

[171] Prof. Dr. Leo Brandt (1908-1971) studierte Elektrotechnik und war während des Zweiten Weltkrieges Entwicklungschef von Telefunken, wo er maßgeblich an der Entwicklung der deutschen Radarsysteme beteiligt war. Nach dem Krieg entwickelte er sich als Staatssekretär im Ministerium für Wirtschaft und Verkehr in NRW zu einer der prägenden Gestalt der Luftfahrtpolitik, vgl. Budraß/Krienen/Prott, Spezialisten, S. 501f. sowie Trischler, Luft- und Raumfahrtforschung.
Brandt war u.a. der Autor eines Artikels mit dem Titel „Gesichtspunkte deutscher Verkehrspolitik", in dem er die Neugründung der Lufthansa und die Wiederzulassung einer deutschen Luftfahrtindustrie forderte. Diese Industrie war für ihn „selbst unter Aufwendung erheblicher nationaler Opfer" unbedingt notwendig; vgl. dazu FoLuft Sammlung Schmitz I Ordner 3, Gesichtspunkte deutscher Verkehrspolitik von Leo Brandt vom 12.9.1952, S. 2.
[172] FoLuft Sammlung Schmitz I Ordner 3; Brief Jastrow an Lahs 11.12.1952 mit dem Hinweis die Geschäftsstelle lieber nach Düsseldorf als nach Bonn zu verlagern, S. 1.
[173] Zur Stellung des Geschäftsführers vgl. FoLuft Nachlass Lahs Ordner 4, Satzung des Verbandes zur Förderung der Luftfahrt e.V., S. 8.
[174] FoLuft Sammlung Schmitz I, Ordner 2, Rundschreiben VzFdL Juli 1952.

Knipfer hat mir gesagt, er könne sich nur wundern, dass die Industrie anscheinend überall einen Truwel [Trouble] verursacht, ohne ein einziges Mal dem Bundesverkehrsminister einen konkreten Vorschlag gemacht zu haben. [...] Herrn Min.Dir. Dr. Knipfer ist deshalb die Haltung einiger Industrieller völlig unverständlich[175]." Offenbar hatten einige Verbandsmitglieder für den Geschmack der Politik zu offensiv für ihre Anliegen Werbung gemacht. Mit wie viel Fingerspitzengefühl das Thema Luftfahrt und Luftfahrtindustrie in der ersten Hälfte der 1950er Jahre in Deutschland behandelt werden musste, zeigte ein belgischer Zeitungsartikel aus dem Jahr 1953. Der Beitrag „Wiedergeburt der deutschen Luftfahrt" bezog sich gleich auf die Bombenangriffe der deutschen Luftwaffe während des Zweiten Weltkrieges, unter anderem auf Coventry[176]. Diese ablehnende Grundtendenz dürfte vermutlich nicht nur in Belgien, sondern auch in vielen anderen im Zweiten Weltkrieg vom „Dritten Reich" überfallenen Staaten vorgeherrscht haben.

Dabei sollte das Vorgehen des Industrieverbandes differenziert bewertet werden. Mit den beginnenden Verhandlungen über die EVG machte sich nicht nur unter den Unternehmen der ehemaligen Luftfahrt eine Art Aufbruchsstimmung breit. Die Luftfahrtindustrie ging davon aus, dass nicht mehr viel Zeit bis zur Wiedererlangung der deutschen Souveränität und der damit verbundenen Zulassung des Luftverkehrs und der Luftfahrtindustrie vergehen würde. Auch die Bevölkerung nahm Signale über eine kurz bevorstehende Verbesserung der Lage der Luftfahrtindustrie wahr. So finden sich im Archiv des Verbandes zur Förderung der Luftfahrt Hunderte Briefe aus der Zeit von 1952 bis 1955, die von ehemaligen Mitarbeitern aus dem Luftfahrtsektor geschrieben wurden. Der Inhalt der Briefe ist dabei stets gleich oder ähnlich; der Verfasser nahm Bezug auf die offenbar kurz bevorstehende Wiederzulassung der Luftfahrtindustrie in Deutschland und bat den Verband um die Vermittlung seiner Person zu einer fachlich relevanten Firma. Teilweise lagen den Bewerbungsschreiben sehr detaillierte Lebensläufe, zum Teil sogar Ausbildungszeugnisse und Arbeitszeitbescheinigungen, bei. Die Reaktion des Verbandes auf diese Schreiben war aber in allen Fällen, bis auf wenige Ausnahmen, gleich[177]. Geschäftsführer Herrmann Kastner verwies die Absender auf die momentan noch nicht näher politisch geklärte Situation, gab aber stets seiner Hoffnung Ausdruck, dass die endgültige Klärung der Sachlage nicht mehr lange auf sich warten lasse[178].

---

[175] FoLuft Sammlung Schmitz I, Ordner 1, Aktennotiz Jastrow über das Ergebnis der Besprechung mit Herrn Ministerialdirektor Dr. Knipfer vom 6.5.1952 betreffend Luftfahrtindustrie.

[176] FoLuft Sammlung Schmitz I, Ordner 25a, Zeitungsartikel „Wiedergeburt der deutschen Luftfahrt" in der *La Libre Belgique* vom 16.7.1953.

[177] Bei den Ausnahmen handelte es sich um Interessenten, die Kontakt zu einer Firma im Bereich des Segelflugzeugbaus aufnehmen wollten. Diesen Kontakt konnte der VzFdL nach der Wiederzulassung des Segelflugs im Jahr 1951 problemlos vermitteln.

[178] Passim FoLuft Schmitz I, Ordner 20a, 20b, 21a, 21b, 22a, 22b, 23a, 23b, 26b. Zu der Flut an Bewerbungen vgl. auch die Darstellung bei Budraß/Krienen/Prott, Spezialisten, S. 504f.

Für den VzFdL stellte sich von Anfang an die Frage, wie stark sich die Luftfahrtindustrie in den Bereichen ziviler und militärischer Luftfahrt engagieren sollte. Für diese war offenkundig, dass es auf jeden Fall eine Betätigung auf beiden Gebieten geben musste, auch wenn die Planung des Baus von zivilen Flugzeugen eindeutig im Vordergrund stand[179]. Für die Luftfahrtindustrie ergab sich daraus eine doppelte Aufgabenstellung. Zum einen musste der dauerhafte Kontakt zu maßgeblichen Regierungsstellen (Wirtschaftsministerium, Verkehrsministerium und Amt Blank als Vorläuferorganisation des Verteidigungsministeriums) hergestellt und vor allem aufrechterhalten werden. Nur dadurch konnte für die Industrie gewährleistet werden, dass bei politischen Entscheidungsträgern ein Bewusstsein für die Problematiken dieses Wirtschaftszweiges geweckt und wach gehalten wurde. Zum anderen war eine generelle, administrative Bestandsaufnahme des vorhandenen Industriepotentials der Firmen notwendig, um festzustellen, welche Firmen nach der Demontage und der langen fachlichen Abstinenz überhaupt in der Lage waren, wieder in der Fertigung tätig werden könnten[180].

Der Kontakt mit der Politik erfolgte dabei von Seiten des Verbandes auf sehr breiter Ebene. Eine der wichtigsten Grundlagen war dabei das vom VzFdL verfasste Informationsblatt „Weshalb muss sich das deutsche Volk wieder eine Luftfahrtindustrie aufbauen?" aus dem Jahr 1952. In dieser Broschüre versuchte der Verband einer ausgewählten Öffentlichkeit in Form von Wirtschafts-, Verkehrs- und Verteidigungspolitikern die Notwendigkeit des Wiederaufbaus einer nationalen Luftfahrtindustrie zu verdeutlichen[181]. Die Argumentation hob stark auf die Bedeutung des Industriezweiges für die gesamte westdeutsche Industrie ab. So verglich der Autor die Flugtechnik mit bedeutenden anderen Epochen der Technikgeschichte wie der Dampfmaschine und der Elektrotechnik, welche ebenfalls auf andere Industriebereiche fruchtbare Impulse ausgestrahlt hätten. Genau solche fruchtbaren Impulse könnte jetzt und künftig die Flugtechnik auch liefern[182]. Vorbeugend äußerte sich die Broschüre zu den

---

[179] FoLuft Schmitz I Ordner 2, Analyse für den Auftragsbestand einer zukünftigen deutschen Flugzeugindustrie, o.A., o.Jg, S. 5. Vgl. dazu auch die Darstellung bei Andres, Luft- und Raumfahrtindustrie, S. 91ff.

[180] Andres, Luft- und Raumfahrtindustrie, S. 90.

[181] FoLuft Sammlung Schmitz I, Ordner 2, „Warum muss sich das deutsche Volk wieder eine Luftfahrtindustrie aufbauen?", o.A., Stuttgart 1952. Diese Broschüre steht dabei allerdings nur stellvertretend für ein Reihe von Schriftstücken, in denen der VzFdL zu Beginn der fünfziger Jahre nach seiner Gründung versuchte, die Notwendigkeit einer wieder aufzubauenden deutschen Luftfahrtindustrie zu legitimieren, vgl. dazu u.a. „FoLuft Sammlung Schmitz I, Ordner 2, Analyse für den Auftragsbestand einer zukünftigen deutschen Flugzeugindustrie, o.A., o.Jg. Hier wurde auch die Bedeutung einer Luftfahrtindustrie für die Verteidigung der vom Ostblock bedrohten BRD geäußert, vgl. S. 7.

[182] FoLuft Sammlung Schmitz I, Ordner 2, „Warum muss sich das deutsche Volk wieder eine Luftfahrtindustrie aufbauen?", o.A., Stuttgart 1952, S. 6ff. Einen deutlichen Schub erhielt die Bedeutung der Luftfahrttechnik im Jahr 1957 durch den sogenannten „Sputnik-Schock". Am 4.10.1957 startete die UdSSR mit dem *Sputnik* den ersten Satelliten in die Erdumlaufbahn. In der westlichen Welt wurde dieses Ereignis mit großer Bestürzung aufgenommen, da man glaubte, technologisch hinter dem Ostblock hinterher zu hinken. Folge

möglichen Wiederaufbaukosten der Luftfahrtindustrie. Hierzu schrieb sie, es gäbe „keinen Industriezweig in Deutschland, der mit einem so geringen Aufwand an Investierungsmitteln und so leicht aufgebaut werden kann, wie die Luftfahrtindustrie[183]." Darüber hinaus forderte der Verband finanzielle Unterstützung durch den Staat, aber lediglich in der Art und Weise, wie sie anderen Industriezweigen im Rahmen ihres Wiederaufbaus bereits gewährt worden seien[184].

Neben dem Verband verfassten auch einzelne Firmen Denkschriften, in denen sie die Bedeutung der Luftfahrttechnik für den Industriestandort Deutschland hervorhoben. So entstand Mitte 1952 bei der Firma Dornier das Memorandum „Zum Wiederaufbau der deutschen Verkehrsluftfahrt[185]." Diese Broschüre versandte der Verband mit einer entsprechenden Bitte um Kenntnisnahme an zahlreiche Politiker aller Parteien, insbesondere den jeweiligen Fraktionsexperten für Wirtschaft, Verkehr und Verteidigung[186]. Zusätzlich zu solchen Broschüren und Briefen erfolgten vielfältige Gespräche mit Politikern auf Bundes- und Landesebene. Generell bestand bei Politikern aller Fraktionen eine grundlegende Einigkeit über die Bedeutung des Wiederaufbaus einer eigenen Luftfahrtindustrie. Das Entgegenkommen unterschied sich allerdings von Dienststelle zu Dienststelle, wie Verbandspräsident Fritz Jastrow und Geschäftsführer Hermann Kastner nach einer Besprechung mit Vertretern des Bundesverkehrs- und Wirtschaftsministerium in einer internen Aktennotiz festhielten[187]. In einem Gespräch mit Vertretern des Verkehrsministeriums machten diese den Mitgliedern des Verbandes deutlich, dass von Regierungsseite zuerst nicht an die Produktion deutscher Eigenentwicklung gedacht war, sondern die Industrie zunächst ausländische Muster in Lizenz bauen sollte: „Er [Ministerialdirektor Kreipe] glaubt nicht an die Möglichkeit, dass die deutsche Luftfahrtindustrie in der Lage sei, etwa in der gleichen

---

dieses Ereignisses war in vielen westlichen Industrienationen die deutlich stärkere Fokussierung auf die Luft- und Raumfahrtforschung. So wurden in der Bundesrepublik ab 1958 die Grundlagen für eine verstärkte staatliche Forschungsförderung auf dem Gebiet der Luftfahrt auf den Weg gebracht, vgl. dazu Trischler, Nationales Innovationssystem, S. 143.

[183] Ebd., S. 1.

[184] Ebd., S 13ff.

[185] FoLuft Sammlung Schmitz I, Ordner 1, Memorandum „Zum Wiederaufbau der deutschen Verkehrsluftfahrt", oA., o.D.

[186] Passim FoLuft Sammlung Schmitz I, Ordner 4. Hier ist ein Großteil der Korrespondenz des Verbandes mit Landes- und Bundespolitikern mit der Bitte um stärke Öffnung für die Problemlage der Luftfahrtindustrie gesammelt.

[187] FoLuft Sammlung Schmitz I, Ordner 2, Niederschrift über die Besprechung im Bundeswirtschaftsministerium am 21.8.1952: „Die Auffassung des Bundeswirtschaftsministeriums […] war sehr viel verständnisvoller und entgegenkommender, als die des Bundesverkehrsministeriums. Herr Schmid betonte, dass sofort nach Ratifizierung der Verträge von seinem Amt aus alles unternommen würde, um die Beschränkungen, die uns vor allem durch den Kanzlerbrief auferlegt sind, zu beseitigen. Er war dabei sehr viel optimistischer als Herr Kreipe", S. 1.

Zeit wie die Amerikaner einwandfrei in Lizenz gebaute Verkehrsflugzeuge zu liefern."[188]

Die Gespräche und Verhandlungen mit verschiedenen Ministerien, von denen jede Dienststelle natürlich eine sachlich eigene Sicht auf die Situation der Luftfahrtindustrie hatte, beleuchtet eine weitere Schwierigkeit, mit der der VzFdL nicht nur zu Beginn seiner Tätigkeit als Lobbyverband, sondern auch später ständig zu kämpfen hatte, nämlich dem Fehlen einer eigenen Ministerialbehörde für die Luftfahrt, wie sie in anderen europäischen Ländern durchaus üblich war[189].

So war der VzFdL gezwungen, seine Anliegen künftig nicht nur mit einem Ministerium, sondern zunächst den Fachressorts Wirtschaft, Verkehr, Inneres, Justiz, Finanzen und Verteidigung[190] zu besprechen. Hinzu kam ab 1962 noch das neu gebildete Ministerium für Forschung und Entwicklung[191].

Aus Sicht der Luftfahrtindustriellen war der Wunsch nach einem Ministerium, das sich zentral um die Belange der Luftfahrt und damit auch um die Industrie zu kümmern hatte, verständlich und durch die geschilderten unterschiedlichen Sichtweisen der Luftfahrtproblematik in einzelnen Ministerien begründet. Hingegen war natürlich in Deutschland vor dem geschichtlichen Hintergrund eines von Herrmann Göring initiierten Reichsluftfahrtministeriums an die Gründung einer eigenen Ministerialbehörde für die Luftfahrt kaum zu denken[192]. Die von der Luftfahrtindustrie beklagte Zersplitterung der Kompetenzen auf verschiedene Ressorts war sicherlich in Deutschland stärker ausgeprägt als in anderen Staaten wie Großbritannien und Frankreich, die über ein eigenes Luftfahrtressort verfügen. Trotzdem waren auch in diesen Ländern für die Luftfahrt auch mehrere Ministerien zuständig[193].

Die Auswertung zukünftiger möglicher Kapazitäten zur industriellen Fertigung nahm der Verband in den Jahren 1952 und 1953 auf, sie dauerten bis Mitte des Jahres

---

[188] FoLuft Sammlung Schmitz I, Ordner 2, Aktennotiz über die Besprechung im Verkehrsministerium Abteilung Luftfahrt mit Herrn Kreipe und Herrn Dr. Küber, S. 1. In dieser Aktennotiz wurde auch die in der vorangegangenen Fußnote angedeutete schwierigere Situation bei der Diskussion mit dem Verkehrsministerium deutlich.

[189] Andres, Luft- und Raumfahrtindustrie, S. 145. In Deutschland gibt es bis heute kein Ministerium, das sich ausschließlich um die Angelegenheiten der Luftfahrt kümmert. Diese Tatsache verstand sich bei der Gründung der Bundesrepublik durch das immer noch bestehende Betätigungsverbot auf dem Luftfahrtsektor praktisch von selbst, änderte sich aber auch nach der Wiederzulassung des Luftverkehrs in Deutschland nicht.

[190] Ebd., S. 167f.

[191] Zur Zersplitterung der staatlichen Kompetenzen im Bereich der Luftfahrt in der Bundesrepublik vgl. Hornschild/Neckermann, Luft- und Raumfahrtindustrie, S. 100ff.

[192] Vgl. Budraß, Flugzeugindustrie, S. 293ff. zur Gründung des Reichsluftfahrtministeriums im Mai 1933.

[193] Ohne genauer auf die Abläufe im Regierungsapparat von Ländern mit einem eigenen Luftfahrtministerium eingehen zu wollen kann aber sicher davon ausgegangen werden, dass z.B. in Großbritannien ein Gesetz über den Luftverkehr nicht nur im Luftfahrt-, sondern auch im Justizministerium erarbeitet wird.

1955[194]. Durch den noch ungeklärten politischen Status mussten diese Untersuchungen natürlich möglichst unbeachtet von der Öffentlichkeit voran getrieben werden[195]. Unter den Firmen, die für den Bau von kompletten Flugzeugen oder die Teilfertigung einzelner Komponenten als geeignet angesehen wurden, befanden sich alle in Westdeutschland ansässigen ehemaligen großen Luftfahrtbetriebe wie Blohm & Voss, Dornier, Focke-Wulff, Heinkel, Messerschmitt, Siebelwerke ATG und Weser-Flugzeugbau[196]. Diese Auswertung bildete die Arbeitsgrundlage für den Verband, um die Ministerien nicht nur von der Bedeutung einer eigenen Luftfahrtindustrie zu überzeugen, sondern auch den Bereitschaftsgrad der Firmen zu demonstrieren.

Trotz der großen Betriebsamkeit war dem Verband bis 1955 nur ein vorläufiger Erfolg beschert. Es gelang seinen Verantwortlichen zwar zahlreiche Vertreter in verschiedenen Ministerien für den Themenbereich der Luftfahrtindustrie zu sensibilisieren, wenn auch mit unterschiedlichem Erfolg. Selbst diese Beachtung auf politischer Ebene half den Industrievertretern aber nicht, die ungünstige politische Situation auf internationaler Ebene zu verändern, der die Bundesrepublik zu Beginn der 1950er Jahre unterworfen war. Erst mit dem Inkrafttreten des Vertrags über die Beziehungen zwischen der Bundesrepublik Deutschland und den Drei Mächten (Deutschlandvertrag), in dem die Bundesrepublik mit einigen Ausnahmen weitgehende staatliche Souveränität erlangte, im Mai 1955 fielen endgültig die Beschränkungen für die Luftfahrtindustrie. Nun war für den Verband das vorrangigste Ziel, die wieder zugelassene Industrie nach der zehnjährigen Zwangspause schnell wieder auf ein technisch anspruchsvolles Niveau zu bringen.

c) Das Anlaufen der ersten Produktionsprogramme in der Bundesrepublik und die Frage nach der Zukunft der Industrie

Für einen sinnvoll gestalteten Aufbau der deutschen Luftfahrtindustrie bot sich dabei zunächst nur die Betätigung auf dem militärischen Sektor an; für eine zivile Produktion war die Situation auf dem Luftfahrt-Weltmarkt zu diesem Zeitpunkt ungünstig. Kernproblem war dabei natürlich der Rückstand von zehn Jahren auf den Gebieten Technologie und Fertigungstechnik. Mit Sicherheit wäre die deutsche Luftfahrtindust-

---

[194] Im September 1955 erstellte das Bundeswirtschaftsministerium einen Fragebogen, um möglichst viele technische und infrastrukturelle Informationen über die Firmen zu erhalten, die sich für einen möglichen Auftrag auf dem Gebiet der Luftfahrtindustrie interessierten. Inhalt dieses Fragebogens waren allgemeine Verhältnisse der Firmen, geplante Fertigungsvorhaben, ein detaillierten Investitionsplan sowie Finanzierung und finanzielle Verhältnisse; vgl. dazu BArch, B 102 15551, Heft 2: BMWi IV A 2, Angaben über Firmen, die an der Flugzeugfertigung interessiert sind (15.9.1955).
[195] So trug die vorläufige Inventurliste aus dem Jahr 1953 den Vermerk „Geheim", vgl. BArch, BW 9/3534: Alphabetisches Verzeichnis der im Bundesgebiet für die *Kapazitätszusammenstellung für den Zellenbau* bis zum 1.8.1953 erfassten Firmen.
[196] Ebd.

rie bei einem direkten Widereinstieg auf dem internationalen Marktes, ungeachtet ihres teilweise vor 1955 im Ausland erfolgten industriellen Engagements, zu diesem Zeitpunkt wirtschaftlich chancenlos gewesen[197]. Dafür war die technologische Entwicklung gerade auf dem Gebiet der Flugzeugproduktion im Zeitraum von 1945 bis 1955 einfach zu rapide vorangeschritten. Die führende Rolle auf diesem Gebiet besaßen die USA, während Großbritannien und Frankreich sich mit kleineren Produkten in geringen Fertigungsserien behaupten konnten[198]. Dabei betrug die Dominanz der US-amerikanischen Flugzeughersteller Boeing und McDonnell-Douglas von 1958 bis 1974 unvorstellbare 81,8 Prozent[199].

Die Erstausstattung der Bundesluftwaffe bestand zum allergrößten Teil aus Flugzeugen der USA, die der Bundeswehr im Rahmen des militärischen Außenhilfeprogramms zur Verfügung gestellt wurden[200]. Lediglich ein geringer Teil der Flugzeuge musste gekauft werden. Somit ergab sich wegen des faktisch noch nicht vorhandenen industriellen Potentials einer westdeutschen Luftfahrtindustrie keine Möglichkeit, selbst im Bereich der Fertigung tätig zu werden[201].

Im Rahmen des ersten Flugzeugbeschaffungsprogramms eröffnete sich allerdings für die Flugzeughersteller die Möglichkeit, technische Erfahrungen auf dem Gebiet der Fertigung von Schul-, Transport- und Verbindungsflugzeugen zu sammeln. Bei den Verhandlungen mit den Herstellerfirmen musste das Verteidigungsministerium allerdings feststellen, dass interessanterweise einzelne Luftfahrtfirmen bereits erste Vorarbeiten geleistet und sich praktisch privat vor 1955 mit der Entwicklung und Produktion einiger Flugzeugmuster über eine mögliche Lizenzfertigung durch westdeutsche Firmen verständigt hatten. Diese Aktivitäten beurteilte das Verteidigungsministerium äußerst negativ, da der Staat somit keinen Einfluss darauf hatte, welche Firma welchen Nachbau durchführen sollte[202].

Die vom Verteidigungsministerium für die Bundeswehr ausgewählten Flugzeuge waren das italienische Schulflugzeug Piaggio 149, der französische Düsentrainer CM-170 Fouga Magister und das Transportflugzeug Nord Aviation 2501 Noratlas sowie das Kurzstreckenaufklärungs- und Verbindungsflugzeug Do 27 von Dornier[203].

---

[197] Rosenthal Luft- und Raumfahrtindustrie, S. 121, Andres, Luft- und Raumfahrtindustrie, S. 79.

[198] Schulte-Hillen, Luft- und Raumfahrtpolitik, S. 24.

[199] Gutowski /Thiel /Weilepp, Analyse der Subventionspolitik, S. 61. Diese Dominanz hatte sicher auch ihren Ursprung in dem Umstand, dass sowohl Boing als auch McDonnell-Douglas aus einer Grundkonstruktion mehrere, ähnliche Flugzeugmuster entwickelten, vgl. Koch, Technologie im Wettbewerb, S. 19. Somit ließ sich die Grundkonstruktion kostensparend an die gewünschten wirtschaftlichen Anforderungen anpassen, ohne dass eine teure Neukonstruktion nötig war.

[200] Vgl. dazu Kapitel I.1.a dieser Abhandlung

[201] Rebhan, Aufbau und Organisation, S. 561.

[202] Andres, Luft- und Raumfahrtindustrie, S. 188.

[203] FoLuft Sammlung Schmitz I, Ordner 28, Notiz über die Besprechung mit Vertretern des Verteidigungs- und Wirtschaftsministeriums 23.8.1955, S. 1.

Die süddeutsche Firma Dornier war ebenso als einzige deutsche Firma in der Lage, direkt nach der Wiederzulassung der Industrie 1955 ein selbst entwickeltes Flugzeug anzubieten, während alle anderen Firmen ausländische Muster in Lizenz herstellten[204]. Die Entscheidung über das Flugzeugbeschaffungsprogramm wurde dem BDLI bereits vor seiner offiziellen Beschlussfassung durch das Verteidigungsministerium inoffiziell eröffnet[205]. Trotzdem drängte der BDLI als Interessenvertretung der Luftfahrtindustrie auch nach der inoffiziellen Unterrichtung in der Öffentlichkeit mit großem Nachdruck auf die möglichst schnelle Erteilung der Nachbauaufträge, um den Aufbau der Industrie möglichst schnell beginnen zu können[206].

Das Verteidigungsministerium forderte von der Industrie allerdings für die Übernahme der Lizenzbauaufträge den Zusammenschluss der Unternehmen in Arbeitsgemeinschaften, da das Ministerium pro Nachbauauftrag nur mit einem Geschäftspartner verhandeln wollte und nicht mit jedem daran beteiligten Unternehmen. Die Mitgliedsfirmen des BDLI berieten über diesen Sachverhalt im August 1955 bei einer Tagung auf Schloss Kronberg im Taunus. Dabei setzte sich eine klare Nord/Süd-Aufteilung bei der Vergabe der Nachbauprogramme durch: die norddeutschen Firmen Siebel ATG, Hamburger Flugzeugbau, Weser-Flug und Focke-Wulf waren für den Lizenzbau des Schulflugzeugs Piaggio 149 und des Transporters Noratlas vorgesehen. Die süddeutschen Unternehmen Messerschmitt und Heinkel sollten den Düsentrainer Fouga-Magister nachbauen und betreuen. Die einzige Firma, die keiner Arbeitsgemeinschaft beitreten musste, war Dornier, da sie ihre Eigenkonstruktion Do 27 alleine fertigte[207]. Diese anfangs aus rein geographischen Gründen getroffene Zusammenstellung der Firmen zu Arbeitsgemeinschaften prägte die fachliche Ausrichtung der Industrie für viele Jahre[208].

Über das erste Flugzeugbeschaffungsprogramm hinaus vergab das Verteidigungsministerium auch Aufträge zum Zusammenbau und zur technischen Betreuung der von den USA gelieferten Erstausstattung der Bundesluftwaffe. Der größte Teil

---

[204] Die Entscheidung des Bundesverteidigungsministerium für die Anschaffung der Do 27 für die Luftwaffe ist aber auch der einzige Fall, wo eine deutsche Flugzeugfirma einen im Ausland während des Luftfahrtverbotes entwickelten Flugzeugtyp in Deutschland zur Serienproduktion bringen konnte. Dornier entwickelte die Do 27 während seines Aufenthalts in Spanien, vgl. dazu Andres, Luft- und Raumfahrtindustrie, S. 193. Zur Auftragserteilung über die Do 27 vgl. Aero 3/1956 „Der BDLI berichtet: Startschuß für die deutsche Luftfahrtindustrie – Drei Aufgaben für die Zukunft", S. 43.

[205] FoLuft Sammlung Schmitz I, Ordner 32 Notiz über die Besprechung mit Vertretern des Verteidigungs- und Wirtschaftsministeriums 23.8.1955, S. 2.

[206] Aero 3/1956 „Der BDLI berichtet: Wie lange muss die deutsche Luftfahrtindustrie noch auf Aufträge des Verteidigungsministeriums warten?", S. 6ff. Dieselbe Forderung erhob der BDLI noch einmal 3 Monat später in der gleichen Zeitschrift, vgl. Aero 6/1956 „Der BDLI berichtet: Warum sind Aufträge an die deutsche Luftfahrtindustrie noch nicht erteilt?", S. 114.

[207] Andres, Luft- und Raumfahrtindustrie, S. 190.

[208] Ebd.

54

dieses Auftrages, die „Entmottung" und technische Betreuung der Flugzeugmuster F-84 und RF-84, ging an die Weser-Flugzeugbau GmbH[209].

Neben der bereits erwähnten Prägung in geographischer Hinsicht zeigte die Forderung des Verteidigungsministeriums nach der Bildung von Arbeitsgemeinschaften auch ein Detail in der deutschen Luftfahrtindustrie auf, das noch bestimmender als die Orientierung in eine Nord- und Südgruppe das Handeln der einzelnen Unternehmen in den nächsten Jahren, ja sogar in den nächsten Jahrzehnten bis zur endgültigen Fusionierung aller Firmen in der DASA zu Beginn der 1990er Jahre bestimmen sollte: es herrschte ein ständiges Misstrauen untereinander, gepaart mit einem an Arroganz grenzenden Selbstvertrauen, dass nur die eigene Firma die Führungsrolle innerhalb eines Industrieprojektes übernehmen könne.

Die Firmen, die für die Fertigung der Piaggio 149 und der Noratlas vorgesehen waren, gründeten relativ zügig nach der Sitzung des BDLI-Präsidiums im August 1955 die Arbeitsgemeinschaft Flugzeugbau Nord GmbH. Diese sollte dem Verteidigungsministerium als Ansprechpartner für das Lizenzbauprogramm dienen[210]. Innerhalb der Südgruppe sollte dieser Prozess noch fast ein halbes Jahr länger dauern. Erst im Juli 1956 wurde die Flugzeug-Union Süd (FUS) für den Nachbau der Fouga-Magister gegründet[211]. Die Gründung dieser Arbeitsgemeinschaft wurde erst nach massiver Druckausübung von Seiten des Verteidigungs- und Wirtschaftsministeriums möglich[212]. Am stärksten trat zum damaligen Zeitpunkt Professor Willy Messerschmitt der Bildung einer Arbeitsgemeinschaft entgegen[213]. Sein Unwillen zur Kooperation mit anderen deutschen Luftfahrtfirmen war schon in der Zeit der Etablierung des Verbandes zur Förderung der Luftfahrt e.V. zu erkennen und sollte sich in den nächsten Jahren noch um ein Vielfaches verschärfen[214].

---

209 Ebd., S. 204f. Vgl. auch die Darstellung in Aero 3/1956 „Der BDLI berichtet: Startschuß für die deutsche Luftfahrtindustrie – Drei Aufgaben für die Zukunft", S. 43. Zur Ausrüstung der Luftwaffe mit der Erstausstattung vgl. Aero 9/1956 „Die deutsche Luftwaffe kauft ein. 2121 Flugzeuge für die deutsche Luftwaffe", S. 167. Der Grund hierfür war die Anlieferung des Materials über den Seeweg. So konnten die Flugzeuge direkt nach dem Ausladen in Bremen zusammen gebaut werden.
210 Andres, Luft- und Raumfahrtindustrie, S. 191.
211 BArch, B 102/15564/2, Aktenvermerk BMWi 21.6.1956 betr. Gründung der Flugzeug-Union Süd GmbH, S. 1f.
212 Ebd. Beide Ministerien hatten sofort zu Beginn der Verhandlungen als Bedingung für die Vergabe des Lizenzbauauftrages Fouga-Magister gefordert, dass die Behörden nur mit einem Partner verhandeln wollten; vgl. BArch, B-102-15564 Heft 1 Protokoll Besprechung im Bundeswirtschaftsministerium mit Vertretern der süddeutschen Luftfahrtindustrie 21.6.1956, S. 1.
213 BArch, B-102-15564 Heft 1 Protokoll Besprechung im Bundeswirtschaftsministerium mit Vertretern der süddeutschen Luftfahrtindustrie 21.6.1956, S. 1f.
214 Wie bereits in diesem Kapitel geschildert versuchte Ernst Heinkel die Aufnahme Messerschmitts in den Verband zu verhindern, da er diesem vorwarf, sich mit nicht selbst erarbeiteten Ergebnissen zu schmücken. Während der später noch genauer zu schildernden Verhandlung über eine deutsche Produktionsgemeinschaft für den Starfighter wandte sich diesmal Messerschmitt gegen die Aufnahme der Firma

Die Gründe hierfür lagen vor allem in der historisch gewachsenen Konkurrenzsituation unter den Firmen der Luftfahrtindustrie, die in der Zeit des „Dritten Reiches" entstanden war. Die deutsche Luftfahrtindustrie war zur damaligen Zeit weltweit führend. Der Konkurrenzdruck unter den Firmen war jedoch enorm hoch, da jede natürlich mit der jeweils eigenen Entwicklung hoffte, andere im Wettbewerb stehende Unternehmen übertrumpfen zu können, um die begehrten Wehrmachtsaufträge zur Produktion großer Stückserien zu erhalten[215]. Offenbar hatte dieser gegenseitige Konkurrenzdruck nicht nur den Krieg, sondern auch die zehnjährige Betätigungspause auf dem Luftfahrtsektor überdauert. Sehr deutlich wurde diese Tatsache auch beim Beginn der Entwicklung eines senkrechtstartfähigen Flugzeugs, bei der die führenden Luftfahrtfirmen auf Veranlassung des Bundesverteidigungsministeriums zusammen arbeiten mussten. Erschwerend hinzu kam auch noch die Tatsache, dass sich in der deutschen Luftfahrtindustrie vor allem mit Willy Messerschmitt, Ernst Heinkel und Claude Dornier äußerst komplexe Persönlichkeiten einfanden, die ihre gegenseitige Abneigung auch gerne nach außen auslebten.

Die nächste wichtige Frage war die Finanzierung des Aufbaus der Industrie, da die einzelnen Unternehmen nur über geringes, meistens gar kein Kapital verfügten. Der BDLI forderte daher für sie den gleichen Anteil an Aufbauhilfen, wie er auch anderen Industriezweigen relativ schnell nach der Kapitulation beim Wiederaufbau zugekommen war[216]. Bei einer dieser Forderungen fiel auch zum ersten Mal der Ausdruck „Spätheimkehrer der deutschen Wirtschaft"[217].

Mit der Formulierung des „Spätheimkehrers der deutschen Wirtschaft" verdeutlichte der Präsident des BDLI 1955 die Situation, in der sich die deutsche Luftfahrtindustrie in den letzten zehn Jahren befunden hatte. Wie keine andere Industrie hatte sie unter Demontagen und Betätigungsverboten zu leiden. Insofern schien es verständlich, wenn sie sich selbst als „Spätheimkehrer" sah. In Relation zu den Spät-

---

Dornier. Seine Begründung lautete, dass Dornier ja schon während des Krieges bewiesen habe, dass seine Jagdflugzeuge nichts taugen würden und er deshalb nicht an der Lizenzproduktion des Starfighters beteiligt sein sollte, vgl. FoLuft Sammlung Schmitz I, Ordner 31, Besprechung wegen Aufbau Entwicklungsring Süd, 21.1.1957, S. 1.

[215] So finden sich z.B. in der Autobiographie von Ludwig Bölkow deutliche Hinweise auf die ausgeprägte Konkurrenzsituation zwischen den führenden deutschen Luftfahrtunternehmen im „Dritten Reich". Bölkow trat nach seinem Studium in das Konstruktionsbüro der Firma Messerschmitt ein und war maßgeblich an der Entwicklung des Strahlflugzeugs Me 262 beteiligt. Er schildert, wie sich Messerschmitt und Heinkel bei Geschwindigkeitsrekorden ihrer Flugzeuge ständig überboten. Teilweise hatten diese Rekorde nur eine Haltbarkeit von wenigen Tagen. Das Brechen eines eigenen Rekords durch die Konkurrenz wurde in der jeweiligen Firma als Schmähung der Firmenleistung angesehen, vgl. dazu Bölkow, Erinnerungen, S. 121.

[216] FoLuft Sammlung Schmitz I, Ordner 9, Rede Jastrow Parlamentarischer Abend „Gedanken zum Wiederaufbau einer deutschen Luftfahrtindustrie" 30.3.1955, S. 7ff.

[217] Ebd., S. 9. Diese Formulierung benutzen zahlreiche Vertreter des BDLI noch bis in die 1980er Jahre hinein.

heimkehrern, die erst 1955 aus teilweise mehr als zehnjähriger Kriegsgefangenschaft und Zwangsarbeit zurückkehrten, war diese Formulierung politisch heikel. Denn im Gegensatz zu den zurückkehrenden Kriegsgefangenen, die teilweise in Westdeutschland vor dem Nichts standen, ganz zu schweigen von seelischen und körperlichen Schäden der Gefangenschaft, hatten sich die Führungskräfte der deutschen Luftfahrtunternehmen in der aufstrebenden Wirtschaft der jungen Bundesrepublik gut etabliert. Aus diesem Grund ist die Formulierung des „Spätheimkehrers" aus moralischen Gründen wenig geeignet, die Verhältnisse der Luftfahrtindustrie zu beschreiben, selbst wenn sie aus deren subjektiver Perspektive sachlich durchaus ihre Richtigkeit gehabt haben mag[218].

Das Bundeswirtschaftsministerium bezifferte die Kosten für die Anfangsinvestitionen im Bereich der Luftfahrtindustrie auf der Grundlage der von den Firmen erhobenen Daten im Jahr 1955 auf etwa 55 Millionen Mark. 10 Millionen Mark hatten einzelne Firmen bereits selbst für verschiedene Bereiche aufgebracht, weitere 10 Millionen wollte die Industrie noch auf „privatem Wege" beschaffen[219]. Damit verblieb ein Restbetrag von 35 Millionen Mark, der für einen erfolgreichen Start der Luftfahrtindustrie als nötig angesehen wurde. Bei der Freigabe dieser Mittel erfolgte eine kabinettsinterne Auseinandersetzung zwischen dem Bundeswirtschaftsministerium, das die Finanzierung befürwortete, und dem Bundesfinanzministerium, das wegen fehlender Kapazitätspläne und Produktionsprogramme die Förderung ablehnte[220].

Die Verhandlungen zwischen den beiden Ministerien zogen sich bis in den März 1956 hin. Schließlich kamen Vertreter beider Seiten zu dem Ergebnis, 5 Millionen Mark für die Produktion der Do 27 bei der Firma Dornier sofort freizugeben. Dies erfolgte ohne Auflagen, da das Verteidigungsministerium bereits im Februar 1956 Dornier einen Auftrag über die Entwicklung und Produktion von 428 Flugzeugen dieses Typs erteilt hatte. Die restlichen 30 Millionen Mark wurden unter einen Sperrvermerk gestellt, bis das endgültige Flugzeugbeschaffungsprogramm vom Verteidigungsministerium genehmigt würde. Die Aufhebung dieses Sperrvermerks erfolgte im Juli 1956 durch den Haushalts- und Verteidigungsausschuss, so dass die bewilligte Summe von 30 Millionen Mark nun an die Unternehmen abfließen konnte[221].

---

[218] Diesen moralischen Aspekt haben die führenden Vertreter des BDLI aber entweder nicht erkannt oder er hat sie nicht interessiert, da sie das Schlagwort des Spätheimkehrers auch in den folgenden Jahren gern und oft heranzogen, vgl. u.a. FoLuft Sammlung Schmitz I Ordner 57: Ansprache Ludwig Bölkow zur Eröffnung der ILA 1980, S. 2. Der Begriff des „Spätheimkehrers" fand auch Eingang in die damalige Presselandschaft, vgl. Der Industriekurier 27.11.1954 „'Spätheimkehrer' Luftfahrtindustrie" sowie Frankfurter Allgemeine Zeitung 26.11.1955 „Der Spätheimkehrer unserer Wirtschaft".
[219] Andres, Luft- und Raumfahrtindustrie, S. 195.
[220] Ebd., S. 195f.
[221] Ebd., S. 198.

Bei den meisten Luftfahrtunternehmen lief die Produktion nach Freigabe der finanziellen Förderungsmittel planmäßig an; so konnte Dornier im Januar 1957 das erste Modell der selbst entwickelten Do 27 ausliefern[222]. Schwierigkeiten beim Produktionsanlauf ergaben sich lediglich bei der Flugzeugunion Süd (FUS). Hier steckte die Firma Messerschmitt in existenzbedrohlich finanziellen Schwierigkeiten. Hintergrund dessen waren finanzielle Probleme bei einer Tochterfirma Messerschmitts, die den bekannten Kabinenroller herstellte[223] und die den rechtzeitigen Beginn des Produktionsanlaufs für die Fouga-Magister bei Messerschmitt verhinderte. Wegen dieser finanziellen Schwierigkeiten durfte jedoch das für die Produktion bewilligte Kapital aus Bundesmitteln nicht an die Firma ausgezahlt werden.

Diese Probleme konnten erst behoben werden, als ein Sanierungsplan des Landes Bayern und des Bundes, der unter der Vermittlung von Verteidigungsminister Franz-Josef Strauß entstanden war, umgesetzt werden konnte. Der ursprüngliche bayerische Plan, das Unternehmen durch eine Kapitalaufstockung zu sanieren, scheiterte am erbitterten Widerstand der Familie Messerschmitt. Diese befürchtete dadurch zum Minderheitsaktionär zu werden[224]. Strauß sah eine Aufteilung der Eigentumssituation im Verhältnis Familie Messerschmitt und Land Bayern zu jeweils 49 Prozent sowie die restlichen 2 Prozent unter der treuhänderischen Verwaltung des Bundes, der dafür allerdings die „Einsetzung einer ihnen genehmen Persönlichkeit als Leiter des Unternehmens"[225] verlangte. Dabei drohte die Bundesregierung Messerschmitt bei einer möglichen Weigerung an, den kompletten Auftrag für die Fouga-Magister an die Firma Heinkel zu vergeben[226].

Mit dem Anlaufen der ersten Produktionsprogramme – ob Fertigung eines eigenen Musters bei Dornier oder Nachbau fremder Erzeugnisse in Lizenz – stellte sich

---

[222] Ebd., S. 202.

[223] Zur existenziellen Finanzkrise bei Messerschmitt vgl. passim BArch, BW 1/347308 und 347309. Hier ist die Krise aus der offiziellen Sichtweise des Verteidigungsministeriums dargestellt.

[224] Andres, Luft- und Raumfahrtindustrie, S. 203. Dies sollte nicht die letzte Situation sein, in der sich die Familie Messerschmitt, in der die großen Konfliktlinien zwischen Professor Willy Messerschmitt und seiner Frau verliefen, gegen eine Veränderung im geschäftlichen Bereich energisch zur Wehr setzten. Das vielleicht schwerwiegendste Beispiel stammt aus der Zeit der Übernahme der Firma Messerschmitt durch Ludwig Bölkow. Die Fusionsverhandlungen gestalteten sich außerordentlich schwierig. Noch bis wenige Minuten vor der Veranstaltung, auf der im Beisein des bayerischen Ministerpräsidenten die Fusionspapiere unterzeichnet werden sollten, verweigerte Messerschmitt die Unterschrift, wenn Bölkow nicht die Kosten eines familieninternen Rechtsstreits über die Fusion übernehmen würde. Da der Bund im Falle des Nichtzustandekommens der Fusion gedroht hatte, den Firmen den Auftrag für das Entwicklungsprojekt „Neues Kampfflugzeug" (NKF), dem späteren Multi Role Combat Aircraft (MRCA) Tornado, zu entziehen, stimmte Bölkow dieser Forderung zu; vgl. Bölkow, Erinnerungen, S. 218ff. Zum MRCA vgl. Mechtersheimer, MRCA.

[225] Andres, Luft- und Raumfahrtindustrie, S. 203.

[226] Ebd. Zur Neuordnung der Firmenstruktur von Messerschmitt vgl. auch Aero 3/1957, S. 61 „Messerschmitt AG neu geordnet".

58

natürlich für die deutsche Luftfahrtindustrie die Frage nach einer langfristigen Planungsperspektive. Dabei befand sich die deutsche Luftfahrtindustrie mangels eigener Aufträge in einem wirtschaftlichen Dilemma: Gerade um die Aufträge der Bundeswehr, die den Anlauf der Industrie einleiten sollten, ausführen zu können, hatten die Unternehmen Kapazitäten auf dem Gebiet von Entwicklung und Produktion aufgebaut. Diese Kapazitäten wollten die Unternehmen auch nach dem Auslaufen des ersten Flugzeugbeschaffungsprogramms ausgelastet sehen[227]. Bereits gegen Ende der 1950er Jahre zeichnete sich ab, dass bei fehlenden Anschlussaufträgen eine teilweise Entlassung der eben erst wieder eingestellten Belegschaft unausweichlich werden würde. Daher musste seitens der Bundesregierung geklärt werden, wie die Behandlung der eben erst entstandenen Industrie aussehen sollte.

Dabei war die generelle Zusammenarbeit unter den einzelnen Ministerien bereits vor der Widerzulassung der deutschen Luftfahrtindustrie geregelt. Die wichtigsten Ansprechpartner für die Industrie sollten das Wirtschafts- und das Verteidigungsministerium sein. Im Februar 1955 wurde einigen Vertretern des VzFdL im Wirtschaftsministerium die zukünftige Zusammenarbeit dieser beiden Ministerien erläutert. Das Bundeswirtschaftsministerium trug dabei die Verantwortung für die gesamte Wirtschaftspolitik, während das Verteidigungsministerium je nach militärischem Bedarf die Beschaffungsprogramme aufstellte. Die Zusammenarbeit beider Ministerien regelte ein Arbeitsausschuss[228].

Das Wirtschaftsministerium unter der Leitung von Ludwig Erhardt, das vor allem in der Zeit zwischen Ende 1951 bei Gründung des VzFdL und 1955 mangels des Vorhandenseins einer militärischen Ansprechstelle zum ersten Kontaktpartner der Luftfahrtindustrie geworden war, sagte den Unternehmen der Industrie die volle Unterstützung zu: „Der Herr Minister identifizierte sich vollauf mit unserer Auffassung [der Luftfahrtindustrie], daß die Bundesrepublik aus den so oft dargestellten Gründen nicht auf eine Luftfahrtindustrie verzichten kann und wird[229]." Die Unterstützung für

---

227 Andres, Luft- und Raumfahrtindustrie, S. 207.
228 FoLuft Sammlung Schmitz I, Ordner 6 Aktennotiz über die Unterredung mit dem Herrn Bundeswirtschaftsminister am 10.2.1955: Leitsätze für die Zusammenarbeit zwischen dem Bundesministerium für Wirtschaft und dem Verteidigungsressort – unbeschadet der Zuständigkeiten anderer Ressorts - S. 1ff. Das Gespräch findet sich auch in BArch, B 102/15551 Heft 1 Aktennotiz (Entwurf) über die Unterredung mit dem Herrn Bundeswirtschaftsminister am 10.2.1955 16.15 Uhr bis 17.15 Uhr.
229 BArch, B 102/15551 Heft 1: Aktennotiz (Entwurf) über die Unterredung mit dem Herrn Bundeswirtschaftsminister am 10.2.1955 16.15 Uhr bis 17.15 Uhr. Die hier angeführten Gründe, aus denen eine moderne Industrienation nicht auf die Existenz einer eigenen Luftfahrtindustrie verzichten kann, beziehen sich auf die mit diesem Industriezweig in Verbindung gebrachten „Schrittmacherfunktionen", die technische Entwicklungen auf diesem Gebiet auch für andere Industrien interessant machen. Vgl. dazu auch die Sichtweisen anderer ministerieller Stellen: BArch, B 102/15551 Heft 1: Entwurf (BMVtg.) für das Vorlageschreiben an den Verteidigungsausschuss des Deutschen Bundestages o.D. S. 3: „Schließlich ist es eine einheitliche Erfahrung aller Industrieländer, dass sich die theoretischen und praktischen technischen Erfordernisse der Luftfahrtindustrie vielfältig befruchtend und kostensparend auf die allgemeine

die eben erst entstandene Luftfahrtindustrie war auch im Verteidigungsministerium sehr groß. Dies lag unter anderem auch an der Tatsache, dass nach Meinung des Ministeriums die Industrie in die Wartung und Instandsetzung des technischen Geräts der Luftwaffeneinheiten unbedingt mit einbezogen werden sollte[230]. Schon sehr bald sollte sich allerdings herausstellen, dass das Wirtschaftsministerium unter Ludwig Erhard die Unterstützung der Industrie von sehr praktischen Überlegungen abhängig machte. Dies wurde besonders offensichtlich, als sich das Wirtschaftsministerium weigerte, das von der Firma Hamburger Flugzeugbau (HFB) entwickelte Kurz- und Mittelstreckenflugzeug HFB-209 finanziell zu unterstützen. Die Firma HFB konnte dem Wirtschaftsministerium nicht nachweisen, dass für dieses Muster Absatzmöglichkeiten auf dem Flugzeugmarkt bestehen würden[231]. Bei der Beschaffung von Großgerät für die Bundeswehr – unter diese Definition fielen auch die Flugzeuge der Luftwaffe – plädierte das Bundeswirtschaftsministerium ohnehin vorzugsweise für den Kauf im Ausland[232]. Diese einschränkende Bedingung des Bundeswirtschaftsministeriums, dass für ein zur Förderung durch den Bund vorgeschlagenes Projekt auch ein entsprechender Markt vorhanden sein müsse, sollte sich in den folgenden Jahren noch häufig als Hemmschuh für die Arbeit der Luftfahrtindustrie auf dem Sektor der zivilen Produktion erweisen.

Somit entwickelte sich das Verteidigungsministerium für die Luftfahrtindustrie zum einzig verlässlichen Partner in der Aufbauphase und sollte es auch für längere Zeit bleiben. Bedeutend für die Luftfahrtindustrie war dabei vor allem der Wechsel im Amt des Verteidigungsministers von Theodor Blank zu Franz-Josef Strauß im Oktober 1956. Strauß war bis zu diesem Zeitpunkt Bundesminister für Atomfragen, hatte

---

industrielle Entwicklung ausgewirkt haben." sowie BArch, B 102/15564 Heft 1: Vermerk (BMVtg.) betr. Beschäftigungslage im deutschen Flugzeugbau, im besonderen bei der Firma Dornier-Werke GmbH 27.7.1958, S. 2: „Es kann nicht zum Konzept eines technischen Landes gehören, sich den Impulsen des Flugzeuges auf die Leistung der gesamten Industrie, die naturgemäß am stärksten von eigenen Konstruktionen ausgehen, zu verschließen." Das Bundeswirtschaftsministerium sah auch in einem Schreiben an das Kanzleramt 1959 den Effekt der Schrittmacherfunktion bei der Luftfahrtindustrie als enorm wichtig an: „Die Luftfahrtindustrie zählt zu den Wirtschaftszweigen, die für den technische Fortschritt auf zahlreichen Gebieten richtungsweisend sind; für die Volkswirtschaft eines hochentwickelten Industriestaates ist sie daher von erheblicher Bedeutung." vgl. dazu BArch, B 102/15555 Heft 1 BMWi an Bundeskanzleramt betr. Bereitstellung von Bundesmitteln für die Entwicklung von zivilen Flugzeugen in der BRD 23.10.1959.

[230] Eine Übersicht über die Tätigkeiten der einzelnen Luftfahrtfirmen im Bereich Wartung und Instandsetzung für die Luftwaffe findet sich in BArch, B-102-15554 Heft 3, Niederschrift über die Länderausschußsitzung Luftfahrzeugbau am 29.10.1957, S. 3f. Zur Notwendigkeit der Einbeziehung der Industrie in die Wartungsvorgänge vgl. BArch, , B-102-15554 Heft 3 Niederschrift über die 5. Sitzung des Länderausschusses für verteidigungswirtschaftliche Fragen am 5.6.1957, S. 3f.

[231] BArch, B 102/15564 Heft 1 Vermerk über eine Besprechung bei Abteilung T (BMVg) betr. Beschäftigungslage bei den Firmen Hamburger Flugzeugbau und Dornier-Werke 7.7.1958, S. 3.

[232] Schlotter, Rüstungspolitik, S. 20f.

aber bereits im Jahr 1952 als junger Bundestagsabgeordneter durch eine viel beachtete Rede zum Thema Widerbewaffnung auf sich und seine Interessen auf dem sicherheitspolitischen Gebiet aufmerksam gemacht[233]. Nach erheblichen Schwierigkeiten bei der Aufstellungsplanung der Bundeswehr ließ Adenauer Blank im Rahmen einer größeren Kabinettsumbildung durch Franz Josef Strauß ersetzen[234]. Seine erste Amtshandlung war konsequenterweise die Revision des ersten Rüstungsprogramms, das in der Zeit vor dem Amtswechsel für große Irritationen gesorgt hatte. Ursprünglich waren die Planungen für die Aufstellung der Bundeswehr so angelegt, dass ein Kontingent von 500.000 Soldaten über einen Zeitraum von 3 bis 4 Jahren aufgestellt werden sollte[235].

Gegen dieses Programm erhob sich aus den Reihen der deutschen Wirtschaft ein breit angelegter Protest. Die Interessenvertreter der Wirtschaftsverbände befürchteten, dass ein zu schneller Bundeswehraufbau zwangsläufig negative Auswirkungen auf den Arbeitsmarkt haben müsste. In der Mitte der 1950er Jahre war in der Bundesrepublik annähernd eine Vollbeschäftigung erreicht. Dabei hatten die Industrieverbände sogar die Befürchtung geäußert, dass die Aufstellung der Bundeswehr den Boom des ersten Wirtschaftswunders ausbremsen könnte, da dann für die Betriebe kaum genügend Beschäftigte vorhanden wären[236]. Deswegen standen die meisten Industrieverbände zwar prinzipiell hinter der geplanten Aufstellung der Bundeswehr, forderten aber eine sinnvolle Einbeziehung in die gesamtwirtschaftliche Planung[237]. Dieser Sachverhalt bedeutete natürlich nicht, dass die Interessenverbände der Wirtschaft generell kein Interesse an der Beteiligung an einer Rüstungswirtschaft gehabt hätten. Erfahrungsgemäß war und ist der Rüstungsbereich eine Entwicklungs- und Produktionssparte der Hochtechnologie, mit der sich viel Geld verdienen ließ und lässt. Die Unternehmer fürchteten aber durch eine zu schnelle Aufrüstung Facharbeiter als Soldaten an die Bundeswehr zu verlieren und Rüstungsprodukte in ihren Produktionsablauf einbinden zu müssen[238]. Dabei wollten sie den eben erst beginnenden wirtschaftlichen Aufschwung, der ab Anfang der 1950er Jahre einsetzte, nicht durch die Aufrüstung unterbrechen oder verlangsamen lassen. Überdies hatten sich die meisten Firmen nach dem beinahe vollständigen wirtschaftlichen Stillstand 1945 gerade erst in den Wirtschaftskreislauf eingeordnet.

---

233 Vgl. Bundestagsprotokoll 1. WP ‚190. Sitzung 7.2.1952, S. 8118-8128; zur frühen Phase von Strauß' Wirken im Parlament vgl. Milosch, Rolle, S. 15ff.
234 Strauß, Erinnerungen, S. 221ff.
235 Johannson, Starfighter, S. 9f. Zu dieser Verteidigungsplanung vgl. Abelshauser, Wirtschaft und Rüstung, S. 156ff.
236 Buchholz, Gründungsphase, S. 207f.
237 Johannson, Starfighter, S. 10, so auch Haftendorn, Sicherheit, S. 152.
238 Ebd.

Hier zeigte sich allerdings erneut die Sonderstellung der deutschen Luftfahrtindustrie: Während der Großteil der deutschen Privatwirtschaft der Aufrüstung eher skeptisch gegenüber stand und diesen an bestimmte Rahmenbedingungen geknüpft sehen wollte, war die Rüstungssparte für die deutsche Luftfahrtindustrie praktisch bis auf wenige Ausnahmen auf Grund des zehnjährigen Betätigungsverbotes die einzige Möglichkeit, überhaupt wieder auf dem Sektor Luftfahrt aktiv zu werden. Diese Überzeugung äußerte der Vorsitzende des BDLI, Dr. Leo Rothe[239]: „Die unerlässliche Grundlage bilden [...] die öffentlichen Aufträge des Verteidigungsministeriums. [...] die Situation der ehemaligen Luftfahrtindustrie, die nicht nur von dem Nullpunkt, sondern sogar von einer Ebene aus, die unter dem Nullpunkt liegt, starten soll, ist einzigartig. Man kann daher auf die deutsche Luftfahrtindustrie im gegenwärtigen Zeitpunkt nicht ohne weiteres die Grundsätze der freien Marktwirtschaft anwenden."[240]

In den folgenden Jahren sollte sich allerdings auch zeigen, dass die Vorstellungen der deutschen Luftfahrtindustrie in Bezug auf ihre geplanten Tätigkeiten und ihr wirklicher Leistungsstand teilweise eklatant weit auseinander klafften. Die Konfliktlinien innerhalb der Politik verliefen nicht nur auf institutioneller Ebene zwischen den Ressorts Verteidigung und Wirtschaft. Auch parteiübergreifend erregte das Thema des Aufbaus der deutschen Luftfahrtindustrie die Politiker. Grundlegend lassen sich hier zwei Argumentationslinien feststellen: Für die Befürworter des Wiederaufbaus der deutschen Luftfahrtindustrie war der technologische Nutzen dieser Industrie den finanziellen Aufwand durch staatliche Aufträge auf jeden Fall wert. Die Gegner des Wiederaufbaus dagegen befürchteten, dass eine massive Ausweitung der Produktionskapazitäten auf Grund mangelnder bestehender Märkte im Anschluss nur noch durch staatliche Aufträge und mit Geld der Steuerzahler ausgelastet werden konnten[241]. So wies beispielsweise der SPD-Bundestagsabgeordnete Erwin Schoettle im Dezember 1958 auf die Gefahren eines zu starken staatlichen Engagements hin: „Ich glaube, die Frage sollte ernsthaft geprüft werden, ob wir uns in der Bundesrepublik in unserer Situation und angesichts der allgemeinen Möglichkeiten und Notwendigkeiten eine solche Entwicklung leisten können. Wir jedenfalls [...] werden uns in diesem Punkt

---

[239] Dr. Leonid (Leo) Rothe wurde im März 1941 als Nachfolger von Heinrich Koppenberg Vorstandsvorsitzender bei den Junkers Flug- und Motorenwerken und bleib dies bis zum Ende des Krieges. Anfang der 1950er Jahre begann er für Messerschmitt zu arbeiten, ab 1957 war er dort Vorstandsvorsitzender. 1955 wurde er zum Nachfolger von Fritz Jastrow als BDLI-Präsident gewählt.
[240] Flugwelt 8/1956, S. 487.
[241] Einer der bekanntesten Verfechter dieser Befürchtung war der spätere Verteidigungsminister und Bundeskanzler Helmut Schmidt. Er sprach sich massiv gegen den staatlich gestützten Widederaufbau der Industrie aus, da er eben genau diese geschilderte Kapazitätsausweitung befürchtete, die auf der Grundlage der Teilnahme am normalen wirtschaftlichen Wettbewerb auf Grund des Vorsprungs der anderen Nationen nicht wirtschaftlich zu vertreten sei. Vgl. dazu Deutscher Bundestag Parlamentsarchiv, Bestand Verteidigungsausschuss, Protokoll 3. WP 31. Sitzung 06.11.1958, S. 23f.

mit besonderer Vorsicht verhalten, weil wir nicht wollen, daß industrielle Fehlinvestitionen auf dem Wege über den öffentlichen Haushalt, der für sie ja doch einmal in Anspruch genommen werden muß, wettgemacht werden. Denn eine Flugzeugindustrie dieser Art wird niemals aus eigener Kraft in vollem Umfang rentierlich sein[242]."

Im September 1956 fanden bei den so genannten Koberner Luftfahrtgesprächen, einem informellen Treffen von Vertretern der Luftfahrtindustrie und Mitgliedern des Verteidigungsministeriums, rege Diskussionen über die Zukunft der Luftfahrttechnologie statt. Der Inspekteur der Luftwaffe, Generalleutnant Josef Kammhuber, referierte dabei über Leistungsdaten, die sich die Luftwaffe von einem zukünftigen Abfangjäger erwartete[243], auch wenn zu diesem Zeitpunkt die Beschaffung eines neuen Abfangjägers noch nicht vorgesehen war. Sie sollte erst Ende der 1950er Jahre realisiert werden[244]. Bei dieser Veranstaltung drängten die Vertreter der Luftfahrtindustrie aber auf eine schnelle Entscheidung, damit die Firmen an der Produktion des Musters entsprechend beteiligt werden könnten[245]. Die Mitgliedsfirmen des BDLI gingen dabei auch davon aus, mit einer eigenen Jagdflugzeugentwicklung in den Wettbewerb um den zukünftigen Auftrag des Verteidigungsministeriums einsteigen zu können.

Bald sollte sich allerdings zeigen, wie schwierig der Weg der westdeutschen Luftfahrtindustrie in der näheren Zukunft noch sein sollte, und vor allem, wie sich die Industrie bei der Verwirklichung ihrer Ziele selbst im Weg stehen sollte. Im März 1957 fand beim Inspekteur der Luftwaffe eine Besprechung mit Professor Gero Madelung, zu diesem Zeitpunkt einer der führenden Luftfahrtforscher der Bundesrepublik, statt. Inhalt der Unterredung war die militärisch geprägte Zukunft der deutschen Luftfahrtindustrie. General Kammhuber äußerte seine Überzeugung, dass die Anzahl der für die Luftwaffe in der Bundesrepublik benötigten Flugzeuge so gering sei, dass es sich auf keinen Fall lohne, wenn jedes Unternehmen der Industrie versuchen würde, eigene Modelle zu entwickeln. Vielmehr sollten Entwicklungs- und Produktionsvorhaben von mehreren Firmen gemeinsam in Angriff genommen werden. Madelung antwortete darauf, „daß auch in Zukunft die Konkurrenz gewahrt bleiben müsse sowie die Selbstständigkeit der Forschung[246]." Hiermit war eines der größten Probleme, das sich die Luftfahrtindustrie allerdings auch selbst auferlegen sollte, angeschnitten. Während von staatlicher Seite aus sehr schnell nach der Wiederzulassung der Luft-

---

[242] Bundestagsprotokoll 3. WP 53. Sitzung, S. 2918 A-B.

[243] BArch, BL 1/1506 Koberner Luftfahrtgespräche am 27.9.1956 „Die Anforderungen der deutschen Luftverteidigung an Forschung und Entwicklung", S. 2.

[244] Vgl. dazu Kapitel I.2 dieser Arbeit.

[245] BArch, BL 1/1506 Koberner Luftfahrtgespräche am 27.9.1956 „Die Anforderungen der deutschen Luftverteidigung an Forschung und Entwicklung", S. 5.

[246] BArch, BL 1/14647: Tagebuch Inspekteur Luftwaffe (Tgb. InspLw), Eintrag vom 13.3.1957 betr. Besprechung mit Professor Madelung, S. 1f.

fahrtindustrie in Deutschland auf eine Zusammenlegung einzelner Firmen zu Entwicklungs- und Produktionszentren gedrängt wurde, widersetzten sich die Firmen also mit teilweise äußerster Vehemenz diesen Forderungen. Dieser Streit sollte vor allem während der 1960er Jahre zu einem Kernproblem der Zusammenarbeit zwischen der Bundesregierung und dem BDLI eskalieren. Die Sicht von Seiten der Luftfahrtindustrie war dabei teilweise engstirnig: So bezeichnete Willy Messerschmitt während einer Besprechung im Verteidigungsministerium im Dezember 1957 den Zusammenschluss der Firmen Heinkel, Bölkow und Messerschmitt zu einer Entwicklungsgemeinschaft für ein senkrecht startendes Flugzeug als Beweis dafür, dass die Industrie bereit sei, alles zu tun, was nötig sei, um ein Höchstmaß an Leistung zu erzeugen[247] Diese Äußerung Messerschmitts zeigte, dass für ihn die Zusammenarbeit mit anderen Firmen der Luftfahrtindustrie denkbar wäre, wenn an einem gemeinsamen Projekt gearbeitet würde und ansonsten die Eigenständigkeit der Unternehmen bestehen bliebe. Dennoch sollte sich schon in näherer Zukunft zeigen, dass weder Messerschmitt, noch die meisten anderen Unternehmer vor allem aus der Südgruppe, bereit waren, von sich aus eine Zusammenarbeit mit anderen Firmen aufzunehmen.

Der Führungsstab der Luftwaffe begann bereits im Jahr 1956, mit einer technischen Kommission die Auswahl für einen modernen Abfangjäger vorzubereiten, mit dem die Bundesluftwaffe ab Anfang der 1960er Jahre ausgerüstet werden sollte[248]. Obwohl die Auswahlkommission ausschließlich ausländische, bereits serienreife oder zumindest in der Entwicklung sehr weit fortgeschrittene Muster betrachtete, planten die Firmen der Luftfahrtindustrie aus dem Süden Deutschlands eine eigene Entwicklung. Dabei waren sie zumindest über den ungefähren Stand des Auswahlprozesses und die beteiligten Modelle unterrichtet. Offenbar kamen die Informationen der Industrie direkt von der Luftwaffe. Dies lässt sich einem Schreiben des Chefs des Stabes im Führungsstab der Luftwaffe an die Abteilungen des Ministeriums entnehmen. Am 31. Oktober 1957 monierte er den seiner Ansicht nach nicht mehr tragbaren leichtfertigen Umgang mit vertraulichen bzw. geheimen Informationen: „Es besteht Veranlassung darauf hinzuweisen, dass irgendwelche Meinungsäußerung, soweit sie die Eignung bzw. Nichteignung der zur Diskussion stehenden Flugzeuge betreffen, Dritten gegenüber nicht erfolgen dürfen. Dies betrifft insbesondere Gespräche mit Angehörigen der Industrie[249]." In einem zweiten Schreiben formulierte er noch schärfer: „Der Verkehr mit der Luftfahrtindustrie, soweit er mit der bevorstehenden Auswahl des

---

[247] BArch, BL 1/14648: Tgb. InspLw, Protokoll über die Besprechung mit Vertretern der deutschen Luftfahrt-, Motoren- und Elektronik-Industrie am 11.12.1957, S. 5.
[248] Die ausführliche Beschreibung des Auswahlprozesses folgt in Kapitel II.
[249] BArch, BL 1/1755: Chef des Stabes Luftwaffe an die Abteilungen A - F, 31.10.1957, betr. Flugzeugauswahl – Geheimhaltungspflicht.

Jagdflugzeuges zusammenhängt, hat Umfang und Form angenommen, die nicht mehr tragbar sind[250]."

Das Flugzeugprojekt, das Inspekteur Kammhuber von den Vertretern der Süd-Arbeitsgemeinschaft vorgetragen wurde, sollte eine deutsche Weiterentwicklung des ebenfalls in der Auswahl befindlichen französischen Musters Dassault Mirage III sein. Sie sollte in ein „Entenflugzeug" umkonstruiert werden, ein englisches Triebwerk erhalten[251] und laut der Ingenieure in der Lage sein, in 3 Minuten auf 25.000 m Höhe zu steigen[252]. Die Tatsache, dass das Flugzeug zudem bereits im Jahr 1960 verfügbar sein sollte, wurde von den Ingenieuren als besonderer Vorteil gewertet[253].

Generalleutnant Kammhuber reagierte auf den Vorschlag der Ingenieure höflich, aber weitgehend abweisend. Er verwies auf den momentanen Stand des Auswahlprozesses, der sich nur mit ausländischen Mustern beschäftigen würde. Erst nach Ende der technischen Untersuchungen werde feststehen, in welche Richtung sich die Luftwaffe orientieren werde. Darüber hinaus sei bei der Mirage III die technische Entwicklung noch nicht abgeschlossen, so dass die Gefahr bestehe, dass die Bundesrepublik sich an den Kosten der Entwicklung beteiligen müsse, was bei einem fertig entwickelten ausländischen Muster nicht der Fall sei[254]. Überdies hatte Kammhuber zu diesem Zeitpunkt in mehreren Gesprächen die Überzeugung geäußert, dass das gesuchte Flugzeug ein US-amerikanisches Muster sein werde[255].

Im Rahmen der Sanierung der Firma Messerschmitt wurde zu Beginn des Jahres 1957 noch einmal überdeutlich, wie groß der Anteil des Verteidigungsministeriums am Aufbau der noch jungen Luftfahrtindustrie war. Durch zusätzlich von den USA gelieferten Düsenschulflugzeugen des Typs Lockheed T-33 benötigte die Luftwaffe nicht mehr die ursprüngliche Zahl von 360 Nachbauten des Typs Fouga-Magister, sondern nur noch 150. Das Finanzministerium erhob daraufhin Einspruch gegen die Fertigung durch die Firmen Messerschmitt und Heinkel, da dies zwangsläufig zu einer erheblichen Verteuerung führen würde. Die Ersatzaufträge, die Messerschmitt statt der Lizenzproduktion der Fouga-Magister erhalten sollte, ließen sich aber aus techni-

---

250 BArch, BL 1/1755: Chef des Stabes Luftwaffe an die Abteilungen A - F, 31.10.1957, betr. Verkehr mit Flugzeugindustrie.

251 Als Entenflugzeug bezeichnet man eine Konstruktion, bei dem das Höheleitwerk nicht, wie normalerweise üblich, am hinteren Teil des Rumpfes befestigt ist, sondern vor den Tragflächen an der Spitze des Rumpfs.

252 BArch, BL 1/14648; Tgb. InspLw, Notiz zur Besprechung mit Dr. Rothe am 3.4.1957, S. 1.

253 Dabei muss allerdings sicher die Frage gestellt werden, ob der Vorteil damit nicht vor allem auf der Seite der Luftfahrtindustrie gelegen hätte, die ab 1960 dieses Flugzeug hätte in Serie bauen können und so keinen Leerlauf in den Produktionskapazitäten nach dem Auslaufen des ersten Flugzeugbeschaffungsprogramms zu befürchten gehabt hätte.

254 Ebd.

255 Vgl. dazu Kapitel I.2.

schen Gründen nicht realisieren[256]. Messerschmitt benötigte diesen Auftrag jedoch dringend, um nach der eben vollzogenen Sanierung nicht sofort wieder zahlungsunfähig zu werden. In einer gemeinsamen Besprechung von Bundesfinanz- und Verteidigungsministerium am 11. April 1957 legten der Inspekteur der Luftwaffe, General Kammhuber, und sein Vertreter, Generalmajor, Werner Panitzki[257], dar, dass „die Firma Messerschmitt für die Luftrüstung und deren Betreuung unentbehrlich sei[258]". Panitzki stellte daraufhin Überlegungen vor, die Düsenjägerausbildung der Luftwaffe von Beginn an auf Strahltrainern durchzuführen. Dies würde einen erhöhten Bedarf der Teilstreitkraft an diesen Flugzeugen bedeuten. Schließlich kamen Luftwaffe und Industrie überein, den Nachbauauftrag für die Fouga-Magister wieder auf 210 Stück zu erhöhen und von den Firmen Messerschmitt und Heinkel durchführen zu lassen.[259] Die Liquidität Messerschmitts war damit zunächst wieder gewährleistet.

Hinter den Handlungen des Führungsstabes der Luftwaffe standen also nicht immer nur rein militärische Überlegungen, sondern, wie in diesem Fall, auch industriepolitische Gesichtspunkte. Vom rein militärischen Standpunkt her hätte die Luftwaffe auch ohne diese Regelung genügend Schulmaschinen zur Verfügung gehabt, um die Pilotenausbildung wirksam durchführen zu können.

Dennoch war die persönliche Meinung des Luftwaffeninspekteurs nur selten von Vorteil für die deutsche Luftfahrtindustrie. In einem Gespräch mit dem Flugzeugkonstrukteur Professor Walter Blume äußerte Kammhuber im Mai 1957 seine Überzeugung, dass es sich seiner Ansicht nach nicht lohnen würde, für die Luftwaffe eigene Flugzeuge zu entwickeln, da zur Zeit noch genügend Flugmaterial vorhanden und dieses in Zukunft im Ausland sicher billiger zu beschaffen sei[260]. Da sich seiner Meinung nach eine eigenständige „Luftwaffenindustrie" kaum rechnen würde, sollte die Industrie vielmehr die technische Betreuung der Luftwaffeneinheiten übernehmen und sich auf die Entwicklung technischer Innovationen konzentrieren. Kammhuber legte angesichts der Ambitionen der Industrie dar, dass sie es sich kaum leisten könne, dass jede Firma ein eigenes Flugzeug entwickeln würde. Zum einen habe die Deutsche

---

[256] BArch, BL 1/14648: Tgb. InspLw, Vermerk betr. Reduzierung des mit der Firma Flugzeug-Union Süd GmbH geschlossenen Lizenzbauvertrages 11.4.1957, S. 1f.

[257] Werner Panitzki (1911-2000), trat nach dem Abitur 1930 in die preußische Landespolizei ein, wechselte 1935 in die Luftwaffe und durchlief die Ausbildung zum Offizier und Flugzeugführer. Nach einem Absturz 12941 war er nicht mehr fliegerverwendungsfähig, durchlief die Generalstabsausbildung und diente u.a. im Luftwaffenführungsstab. Nach Kriegsgefangenschaft und einer Tätigkeit in der Organisation Gehlen war er seit 1952 Mitarbeiter im Amt Blank und ab 1953 Leiter der Abteilung Luftwaffe, was er bis 1956 blieb. Es folgten verschiedene Führungs- und Stabsverwendungen u.a. als Chef des Stabes im Führungsstab der Bundeswehr sowie als Kommandeur des Luftwaffengruppenkommandos Nord. Von 1962 bis 1966 war er Inspekteur der Luftwaffe. Vgl. Lebenslauf in: Lemke u.a., Die Luftwaffe, S. 754.

[258] Ebd., S. 3.

[259] Ebd.

[260] BArch, BL 1/14648: Tgb. InspLw, Notiz zur Besprechung am 16.5.1957, S. 2.

Luftwaffe für so viele unterschiedliche Maschinen weder jetzt noch später einen Bedarf, noch würden diese deutschen Flugzeuge vom Ausland gekauft werden[261]. Diese Episode verdeutlichte Kammhubers persönliche Sicht auf die Problematik der Luftfahrtindustrie und ihrer Auftragslage, wenngleich sich seine persönliche Meinung nur selten in seinem dienstlichen Handeln als Inspekteur der Luftwaffe wiederspiegelte.

Ungeachtet des großen militärischen Engagements der Luftfahrtindustrie waren die Firmen im zivilen Bereich nicht untätig. Neben der Entwicklung der HFB-209 schlug die Firma Heinkel der Luftwaffe beispielsweise vor, die Fouga-Magister mit relativ wenig Aufwand in eine zivile Reisemaschine umzukonstruieren[262].

Trotz aller Bemühungen hatten die eigenen Militärprojekte der deutschen Luftfahrtindustrie für die Auswahl des zukünftigen Abfangjägers der Luftwaffe keine Bedeutung. Generalleutnant Kammhuber hatte von vorne herein die Auswahl eines US-amerikanischen Musters favorisiert. In den Akten des Führungsstabes der Luftwaffe zum Auswahlprozess wurde kein einziges deutsches Muster unter den getesteten Flugzeugen genannt. Auch wenn die deutsche Luftfahrtindustrie zu diesem Zeitpunkt noch kein serienreifes Modell bieten konnte, sondern nur konstruktive Vorüberlegungen und Planstudien, fehlt in den Akten der Nachweis über eine Beschäftigung der Luftwaffe mit diesen Modellen vollständig[263]. Im Oktober 1957 entschied sich das Verteidigungsministerium endgültig gegen die eigene Industrie zur Ausrüstung der Luftwaffe mit einem modernen Abfangjäger. Die Abteilung Technik im Bundesverteidigungsministerium setzte Kammhuber darüber in Kenntnis, dass die Firmen Heinkel und Messerschmitt nach ihrer Meinung zwar in der Lage seien, eine Flugzeugzelle, nicht aber ein komplettes Waffensystem zu entwickeln und zu fertigen[264]. Damit schied die Möglichkeit einer deutschen Jagdflugzeugentwicklung endgültig aus – letztlich hatte die deutsche Industrie seit Beginn des Auswahlprozesses nie eine reale Chance. Stattdessen sollte die Industrie nun einen Allwetterjäger zuerst bis zur Serienreife entwickeln und später auch produzieren, der ab 1965 in die Luftwaffe eingeführt werden könnte. Wichtigstes technisches Kriterium für diese Entwicklung war deren Fähigkeit zum Senkrechtstart[265]. Dazu muss kritisch angemerkt werden, dass der ge-

---

261 Ebd.

262 Wenngleich Kammhuber von der Überlegung durchaus angetan schien, kam dieses Projekt nicht zustande. Vgl. BArch, BL 1/14648: Tgb. InspLw, Notiz zur Besprechung am 7.6.1957, S. 1.

263 Passim BArch, BL 1/1755.

264 BArch, BL 1/14648: Tgb. InspLw, Eintrag vom 15.10.1957, S. 1.

265 Ebd., S. 2. Die Idee eines senkrecht startfähigen Flugzeuges wurde zur damaligen Zeit nicht nur in der BRD, sondern von mehreren anderen NATO-Staaten verfolgt. Ihr lag die Überzeugung zu Grunde, dass nach Beginn eines Krieges die vorhanden Flugplätze innerhalb kürzester Zeit durch einen Atomschlag außer Gefecht gesetzt sein würden. Daher suchte man innerhalb der Allianz nach einem Flugzeugmodell, das unabhängig von Flugplätzen operieren konnte. Experimente mit Senkrechtstartern wurden neben der Bundesrepublik auch in den USA, Großbritannien und Frankreich durchgeführt. Strategisch durchsetzen konnte sich dieses Konzept letztlich aber innerhalb der NATO nicht. Die britische Konstruktion *Harrier* von Haw-

plante Fertigstellungstermin mit 1965 mehr als optimistisch angegeben war. Dieser „Auftrag" verwundert umso mehr, da die Abteilung T (Technik) der Luftfahrtindustrie der Industrie gleichzeitig die Fähigkeit absprach, zum damaligen Zeitpunkt ein vollständiges Waffensystems entwickeln zu können. Stattdessen solle sie nun das technisch sehr viel komplexere senkrechtstartende Jagdflugzeug entwickeln. Und selbst im Ausland gab es dazu noch keinerlei Vorarbeiten, auf die die Industrie hätte zurückgreifen können.[266]

Ob die Industrie über die geplante Nichtberücksichtigung deutscher Eigenentwicklungen eines Abfangjägers zu diesem Zeitpunkt vom Verteidigungsministerium informiert wurde, lässt sich aus den Akten nicht entnehmen, ist also fraglich. Wenn die Industrie informiert worden wäre, hätte beispielsweise die Firma Heinkel im Januar 1958 kaum ihren eigenen, nunmehr von Beginn an erfolglosen Konstruktionsvorschlag für ein Jagdflugzeug beim Bundesverteidigungsministerium eingereicht[267]. Spätestens ab März 1958 dürften die Unternehmen jedoch über die Entscheidung des Verteidigungsministeriums informiert gewesen sein, ein ausländisches Muster für die Luftwaffe anzuschaffen, das möglichst in Deutschland in Lizenz gebaut werden sollte.[268]

Einen zusätzlichen Auftragsschub erhielt die süddeutsche Luftfahrtindustrie durch die Aufnahme des von der italienischen Firma Fiat konstruierten Flugzeugtyps G.91, das als Aufklärer und zur Luftnahunterstützung eingesetzt werden sollte. Mit der G.91 gewann Fiat im Frühjahr 1958 einen von der NATO für diesen Einsatzzweck ausgeschrieben Konstruktionswettbewerb[269]. Daraufhin wurde die G.91 als NATO-Standard-Flugzeug deklariert und allen Allianz-Partnern zum Kauf oder zum Nachbau angeboten. Im November 1958 schloss das Verteidigungsministerium mit der Firma Fiat einen Lizenzbauvertrag ab, der den Firmen Dornier und Heinkel die

---

ker Siddeley war das einzige Modell, das jemals die Serienreife erlangte. In allen anderen Ländern wurden die Projekte nach und nach eingestellt. Vgl. dazu passim Pabst, Kurzstarter.

[266] Vgl. dazu die Ausführungen von Prof. Kurt Thalau in BArch, BW 1/347307 Protokoll der Besprechung mit Vertretern der deutschen Luftfahrt-, Triebwerks- und Elektronikindustrie am 5.2.1958 im BMVg, S. 4f. Hier heißt es: „Wir wenden uns dem schwierigen Problem des Senkrechtstarts zu, weil das Ausland in dieser Entwicklung noch keinen so großen Vorsprung hat, daß Deutschland den Anschluß nicht binnen kurzem erreichen könnte".

[267] BArch, BW 1/347307 Firma Heinkel: Vorläufige Kostenplanung für die Entwicklung eines Interceptor-Systems 15.1.1958.

[268] Vgl. dazu die Besprechung von Vertretern des Verteidigungsministerium mit Mitgliedern des BDLI, in BArch, BW 1/347307 Vermerk betr. Konzentration der Luftfahrtindustrie im süddeutschen Raum – Umgestaltung der Flugzeugunion Süd. Hier wurden als in Frage kommende Flugzeuge nur die F-104 und die Mirage III aufgeführt, S. 3.

[269] Interavia 1/1959 „Der Erdkämpfer Fiat G.91", S. 51.

Möglichkeit bot, sowohl die Aufklärer- als auch die Kampfflugzeugversion in ihren Werken in Lizenz zu produzieren.[270]

Somit war die Situation der deutschen Luftfahrtindustrie vor der Auswahl des zukünftigen deutschen Abfangjägers im Laufe des Jahres 1958 alles andere als beruhigend. Während die Industrie an der Erstausstattung der Luftwaffe, die zum größten Teil aus geschenkten Flugzeugen der U.S. Air Force bestand[271], so gut wie nicht beteiligt war, erhielten die Luftfahrtfirmen mit dem ersten Flugzeugbeschaffungsprogramm sowie der Instandsetzung und Betreuung dieser Flugzeuge die Möglichkeit, sich in den damaligen Technologiestandard einzuarbeiten. Bereits zu diesem Zeitpunkt war allerdings den Beteiligten der Luftfahrtindustrie klar, dass dringend Anschlussaufträge benötigen würden, um die eben mühsam ans Laufen gebrachte Industrie nicht sofort wieder um Jahre zurückzuwerfen.

Dabei hatte die deutsche Luftfahrtindustrie aber sowohl im militärischen als auch im zivilen Bereich wenig Glück. Auf dem Sektor der militärischen Luftfahrzeuge war der Leistungsstand der deutschen Unternehmen offenbar sogar so schlecht, dass der Führungsstab der Luftwaffe die von ihr entwickelten Konstruktionen bei der Auswahl des zukünftigen Jagdflugzeugs der Luftwaffe überhaupt nicht in Erwägung zog. Auf dem zivilen Sektor lag die Situation dagegen etwas anders. Die Konstruktion HFB-209 der Hamburger Flugzeugbau fand in Fachkreisen durchaus Anklang als gut durchdachtes, technisches Konzept. Die finanzielle Förderung der Entwicklung und Produktion scheiterte aber am Widerstand des Bundeswirtschaftsministeriums angesichts des nachweislich kaum vorhandenen Marktinteresses.

Somit war die Industrie dringend auf die weitere Betätigung auf dem Sektor des Lizenzbaus angewiesen. Dabei war die Lage für die Unternehmen der süddeutschen Luftfahrtindustrie wesentlich angespannter als bei der Nordgruppe. Diese war mit der Lizenzproduktion des französischen Transportflugzeugs Noratlas in der Produktion zumindest bis Anfang der 1960er Jahre ausgelastet. Bei der Südgruppe war mit der gemeinsam geplanten Entwicklung des senkrecht-startfähigen Jagdflugzeugs, dessen Produktion durch die deutsche Luftfahrtindustrie vorgesehen war, die Auslastung auf dem Entwicklungssektor zufriedenstellend. Gleiches galt für sie durch die Lizenzübernahme des Erdkampfflugzeugs G.91 von Fiat auch zu Teilen in der Produktion. Trotzdem benötigten vor allem die Firmen der Südgruppe nun schnell Klarheit über die Auswahl des zukünftigen Jagflugzeugs für die Luftwaffe und der damit verbundenen Frage, in welcher Form die deutsche Luftfahrtindustrie an der Produktion dieses Musters beteiligt werden könnte und sollte.

---

270 Andres, Luft- und Raumfahrtindustrie, S. 214. Dabei wurde die Firma Heinkel der Hauptauftragnehmer für den Nachbau der Flugzeugzelle, während bei Dornier die Endmontage sowie der Einflugbetrieb stattfand; vgl. dazu Rosenthal, Luft- und Raumfahrtindustrie, S. 132. Zur Lizenznahme durch deutsche Firmen vgl. auch Aero 11/1958 „Die NATO entschied sich für den leichten taktischen Jäger FIAT G.91", S. 248.
271 Die einzige Ausnahme bildete die bereits erwähnte Do 27.

3.   Rüstungskontrolle durch Parlament und Ausschüsse

Mit Inkrafttreten des Grundgesetzes hatte die Bundesrepublik Deutschland zwar ein einheitliches Staatsgefüge, war aber dennoch kein vollständig souveräner Staat, sondern immer noch den Weisungen und Vorschriften der westlichen Besatzungsmächte unterworfen.

Dies änderte sich mit der Anerkennung der weitgehenden Souveränität der Bundesrepublik am 5. Mai 1955[272]. Im Zuge der nun stattfindenden Aufstellung von Streitkräften der Bundesrepublik stellte sich auch zum ersten Mal in der deutschen Geschichte überhaupt die Frage einer parlamentarischen Kontrolle des Militärs[273]. Diese findet sich in der bundesdeutschen Verfassung in einer Reihe von Kontrollinstanzen wieder. Die wichtigsten Gremien sind dabei der Verteidigungsausschuss des Bundestages und der Wehrbeauftragte[274]. Auch wenn bei der Gründung der Bundesrepublik Deutschland auf Grund der damaligen politischen Lage der Verteidigungsausschuss noch keinen Eingang in den Verfassungstext fand, bestanden grundsätzlich aber keine Zweifel an einer geplanten parlamentarischen Kontrolle der Streitkräfte[275].

Dazu sind wichtige Grundsätze, wie die Ausübung der Befehls- und Kommandogewalt durch den Verteidigungsminister oder den Bundeskanzler[276], die haushaltsmäßige Offenlegung von Organisation und Stärke der Streitkräfte[277] oder die soldatische Beschwerdeinstanz des Wehrbeauftragten[278] in das Grundgesetz aufgenommen worden.

Über diese Grundgesetzartikel hinaus wurde zusätzlich als Beratungs- und Kontrollinstanz des Parlaments der Verteidigungsausschuss als parlamentarisches Fachgremium der politischen Kontrolle geschaffen[279]. Die Begründung dazu ist in der

---

[272] Zur Ablösung des Besatzungsregimes und dem Beitritt zur NATO vgl. die Darstellung bei Haftendorn, Sicherheit, S. 62ff.

[273] Zur versuchten Kontrolle von Militär in der deutschen Geschichte vgl. Dülffer, Kontrolle der Rüstungen. Zum Versuch der Kontrolle des Militärs in der Weimarer Republik mit wechselnden Erfolg Rudolf Wildemann, Politische Stellung und Kontrolle des Militärs, in: Militärsoziologie, Sonderheft 12/1968, S. 59-88 sowie Bald/Sahner/Zimmer, Parlamentarische Kontrolle, S. 7.

[274] Zum Wehrbeauftragten des Deutschen Bundestages als einem politisch-parlamentarischen Kontrollorgan vgl. Schlaffer, Der Wehrbeauftragte.

[275] Berg, Verteidigungsausschuss, S. 56.

[276] GG Art. 65a. Dabei ist zu beachten, dass die Kommandogewalt über die Streitkräfte dem Verteidigungsminister im Friedensfall und dem Bundeskanzler im Verteidigungsfall zufällt.

[277] GG Art. 87a.

[278] GG Art. 45b.

[279] Zur Institution und Arbeit des Ausschusses vgl. die Edition Der Bundestagsausschuss für Verteidigung und seine Vorläufer. Herausgegeben vom Militärgeschichtlichen Forschungsamt/Zen-trum für Militärgeschichte und Sozialwissenschaften der Bundeswehr, Düsseldorf 2006ff.

juristischen Fachliteratur umfassend diskutiert worden[280]. Es bleibt hier festzuhalten, dass zum Zeitpunkt der Aufstellung der Bundeswehr die Schaffung eines zusätzlichen Kontrollorgans von den Abgeordneten des Bundestages für sinnvoll erachtet wurde. Hans-Joachim Berg beschreibt die Einrichtung des Verteidigungsausschusses als das Zusammentreffen mehrerer Komponenten, weist aber darauf hin, dass auch ein psychologisches Moment in Form eines Nachholbedürfnisses der parlamentarischen Kontrolle von Streitkräften bestand[281].

Der Bundestag ist das oberste Gesetzgebungsorgan der Bundesrepublik Deutschland. Für seine Kompetenzen gibt es keine gesetzliche Legaldefinition. Es besteht aber Einigkeit über die „nicht vollständig umschriebene Gesamtaufgabe demokratischer Gestaltung, Willensbildung und Kontrolle[282]." Auf Grund der großen Informationsfülle, die er zu bewältigen hat, besitzt er das Recht, Ausschüsse zu bilden, um eine parlamentarische Arbeitsteilung vornehmen zu können. Die Praxis sieht im Allgemeinen vor, dass die Ausschüsse nach der ersten Lesung eines Gesetzes oder einer Beschlussvorlage mit der Beratung der Sachfragen zur Unterstützung des Parlaments betraut werden[283].

Die verfassungsmäßige Verankerung des Verteidigungsausschusses heißt im Wortlaut: „Der Bundestag bestellt einen Ausschuß für auswärtige Angelegenheiten und einen Ausschuß für Verteidigung. Der Ausschuß für Verteidigung hat auch die Rechte eines Untersuchungsausschusses[284]." Der Verteidigungsausschuss nimmt in der Gruppe der Bundestagsausschüsse damit eine Sonderrolle ein. Während die Aufgabe der übrigen Ausschüsse primär in der gesetzgeberischen Vorarbeit für das Ple-

---

[280] Vgl. dazu Berg, Verteidigungsausschuss, S. 62ff., insbesondere der Hinweis auf die Diskussion in den Fußnoten. Interessanterweise nennt eine Untersuchung des Sozialwissenschaftlichen Instituts der Bundeswehr bei der Aufzählung der Kontrollmöglichkeiten der Streitkräfte durch den Bundestag den Verteidigungsausschuss nicht, sondern lediglich Allgemein den Untersuchungsausschuss, vgl. Bald/Sahner/Zimmer, Parlamentarische Kontrolle, S. 89-101. Der Verteidigungsausschuss ist allerdings dadurch von einem Untersuchungsausschuss zu unterscheiden, dass er ein ständig tagender Ausschuss ist, während ein Untersuchungsausschuss nur auf Antrag zu bestimmten Sachverhalten zusammen tritt. Vgl. dazu grundlegend die Kommentierung des Grundgesetzes bei Jarass, Pieroth Grundgesetz, S. 730ff.; Düring, in Maunz, Düring, Kommentar, Art. 45a, Rn 1ff. sowie ebd., Art. 45b, Rn 4ff; Achterberg, Schulte, in: v. Mangold, Klein, Stark, Kommentar, S. 1225ff.

[281] Berg, Verteidigungsausschuss, S. 65. Im Prinzip setzt sich das von Berg bezeichnete „Nachholbedürfnis" im gesamten Grundgesetz fort, wo versucht wurde, eine Verfassung zu schaffen, mit der die Fehler der Weimarer Republik nicht mehr möglich sind. Zur Verhinderung einer zu starken Stellung des Militärs unter der Berücksichtigung der Erfahrungen aus der Weimarer Republik und dem „Dritten Reich" vgl. Brunner, Kontrolle, S. 180.

[282] Berg, Verteidigungsausschuss, S. 70.

[283] Ebd., S. 71.

[284] GG Art 45a, Abs. 1f.

num gesehen wird, steht beim Verteidigungsausschuss die parlamentarische Kontrolle der Streitkräfte im Vordergrund[285].

Zusätzlich zur generellen Aufgabenstellung dieses Ausschusses ist seine Arbeitsweise zu beachten. Die Mitglieder des Ausschusses und deren Vertreter werden von den Fraktionen bestimmt[286]. Der Ausschussvorsitzende und seine Vertreter werden durch Absprache unter den Fraktionen bestimmt. Ein wichtiges Merkmal des Verteidigungsausschusses ist seine Eigenschaft als geschlossener Ausschuss. Den Abgeordneten des Bundestages steht normalerweise die Teilnahme an Ausschusssitzungen zu, auch wenn sie keine Mitglieder des Ausschusses sind. Da im Verteidigungsausschuss aber häufig sicherheitsrelevante Details, wie z.B. die Planung eines neuen Waffensystems, verhandelt werden, haben andere Abgeordnete zu diesem Ausschuss keinen Zutritt[287]. Die Geheimhaltung drückt sich auch darin aus, dass bei besonders sicherheitsempfindlichen Tagesordnungspunkten die Protokollierung teilweise ausgesetzt oder in besonders eingestuften Protokollen niedergeschrieben wird[288]. Im Gremium behandelte sicherheitsrelevante Dokumenten durften zum Teil nur unter Aufsicht in der Geheimregistratur des Bundestages eingesehen werden.

Die Geheimhaltung spielt auch bei der Informationsbeschaffung des Ausschusses eine gewichtige Rolle. Denn obwohl die Regierung den Anspruch hat, den Ausschuss umfassend mit Informationen zu versorgen, kann es vorkommen, dass mit Hinweis auf die „besondere Geheimhaltungsbedürftigkeit"[289] dem Ausschuss Informationen verweigert werden. Hier kann als Beispiel die Weigerung von Generalleutnant Kammhuber angeführt werden, dem Abgeordneten Helmut Schmidt eine technische Nachfrage zu einer Luftabwehr-Rakete zu beantworten.[290]

Neben den höchsten politischen Vertretern des Ministeriums, also dem Minister und den Staatssekretären, kann der Ausschuss auch Experten aus den Reihen des Ministeriums anhören. In der Literatur wird aber zu Recht auf die Problematik solcher Aussagen hingewiesen, da ein Beamter nur zu Themen aussagen darf, die sein Dienstherr ihm genehmigt.[291]

Die verfassungsrechtliche Wirkung der vom Verteidigungsausschuss gefassten Beschlüsse ist denkbar gering. Laut der Geschäftsordnung des Bundestages sind die Ausschüsse lediglich „vorbereitenden Beschlussorgane" und haben die Pflicht, „dem Bundestag bestimmte Beschlüsse zu empfehlen, die sich nur auf die ihnen überwiese-

---

285 Berg, Verteidigungsausschuss, S. 72f.; zur Begriffsdefinition der parlamentarischen Kontrolle vgl. ebd., S. 75, Fußnoten 281-284 zum Forschungsstand.

286 GeschO BT §§ 12, 57 Abs. 2, zitiert nach Berg, Verteidigungsausschuss, S. 122f.

287 GeschO BT § 73 Abs. 7 Satz 2 zit. nach Berg, Verteidigungsausschuss, S. 128.

288 Als Beispiel: BT-Archiv, VertAusschuss, Protokoll 5. WP, 21. Sitzung, 2.9.1966 S. 12.

289 Berg, Verteidigungsausschuss, S. 162f.

290 BT-Archiv, VertAusschuss, Protokoll 3. WP 13. Sitzung, 27.7.1958, S. 11f.

291 Berg, Verteidigungsausschuss, S. 166f.

nen Vorlagen oder mit diesen in unmittelbarem Sachzusammenhang stehenden Fragen beziehen dürfen."[292] Das bedeutet in der Auslegung des Paragraphen zwar, dass das Plenum des Bundestages nicht an die Beschlüsse des Ausschusses gebunden ist, da sie nur vorbereitenden Charakter haben. So ist es durchaus in einer Reihe von Fällen vorgekommen, dass das Verteidigungsministerium den Empfehlungen des Ausschusses nicht gefolgt ist.[293]

---

[292] GeschO BT § 62 Abs.1.
[293] Berg, Verteidigungsausschuss, S. 185.

II. Der Beschaffungsvorgang des Waffensystems F-104G, 1957-1961

1. Die Auswahl des Flugzeugmusters durch die Luftwaffenführung und das Verteidigungsministerium

Die Flugzeugmuster, mit denen der Ausbildungs- und Einsatzflugbetrieb der Luftwaffe begann, waren längst nicht mehr *state oft he art*[294]. Vor allem der Unterschied zur Ausrüstung der U.S. Air Force, der damals am weitest entwickelten Luftwaffe, war gigantisch. Deswegen musste sich die Bundesluftwaffe bereits kurz nach ihrer Gründung mit der Suche nach geeigneten Nachfolgemustern für diese Kampfflugzeuge beschäftigen. Dabei konzentrierte sich die Suche zunächst augenscheinlich nur auf den Bereich eines Abfangjägers[295].

Diese konkrete Suche nach einem geeigneten Flugzeugtypen begann bereits 1956, als eine Kommission aus Luftwaffenoffizieren und technischen Beamten der Wehrverwaltung dazu gebildet wurde[296]. Für die Auswahl eines geeigneten Flugzeugs ist auch heute noch ohne Zweifel die Position des Testpiloten, der die Maschine im Flug erprobt und danach sein Urteil abgibt, eine der wichtigsten Personalentscheidungen. Major Walter Krupinski[297] konnten in diesem Zusammenhang nicht wirklich die

---

[294] Zur rapide fortschreitenden technischen Entwicklungen von Militärflugzeugen im Zeitalter des Strahltriebwerks vgl. die Ausführungen bei Steinhoff, Wohin treibt, S. 147f. sowie bei Sura, Selbstbild, S. 88.

[295] In der Erstausstattung verzichtete die Bundeswehr bewusst auf die Beschaffung eines modernen Einsatzflugzeugs für die Abfangjagd, um die aktuell laufenden technischen Entwicklungen in diesem Bereich abwarten und in die Entscheidung mit einbeziehen zu können, vgl. dazu BArch, BL 1/1549: BMVg an den Vorsitzenden des Verteidigungs- und Haushaltsausschuss betr. Einzelplan 14, 12.10.1956: „Die Ausstattung der Heimatluftverteidigungsverbände kann aus Ausbildungsgründen nicht vor 1959 beginnen. Geeignete, moderne Flugzeuge stehen hierfür zur Zeit noch nicht zur Verfügung. Es ist vorgesehen, im Laufe des Frühjahres 1957 ihre Auswahl unter Mitwirkung eines wissenschaftlich-technischen Beirates vorzunehmen", S. 2. Die Fokussierung auf die Auswahl eines Abfangjägers unterstrich Verteidigungsminister Strauß vor dem Verteidigungsausschuss des Bundestages. Danach war die Suche nach einem neuen Abfangjäger wesentlich dringender als die nach einem Jagdbomber, vgl. BT-Archiv, VertAusschuss, Protokoll 3. WP 7. Sitzung vom 12.2.1958, S. 11f.

[296] Passim BArch, BL 1/1755 zur Besetzung der Auswahlkommission. Es existiert in den Akten des Führungsstabes der Luftwaffe keine Personalliste, auf der festgelegt war, welche Personen der Kommission angehören sollen. Die Teilnahme einzelner Personen lässt sich nur auf Grund von Anwesenheitslisten und ähnlichen Dokumenten rekonstruieren. Vermutlich waren nicht alle Personen dauerhaft mit der Auswahl des Flugzeugmusters befasst, sondern wurden immer dann hinzugezogen, wenn ihre Fachkenntnis benötigt wurde. Zur Besetzung der Auswahlkommission vgl. auch die Darstellung bei Braatz, Walter Krupinski, S. 210. Krupinski nahm als Testpilot an der Auswahl auf ausdrücklichen Wunsch von Oberst Johannes Steinhoff teil, der für den Ablauf der Auswahl verantwortlich war.

[297] Walter Krupinski (1920-2000) trat nach Abitur und Reichsarbeitsdienst 1939 in die Wehrmacht ein und durchlief eine Ausbildung zum Flugzeugführer und Offizier. Nach Krieg und Kriegsgefangenschaft

74

Eigenschaften eines Testpiloten zuerkannt werden. Mittlerweile ist für die Verwendung als Testpilot in einer modernen Luftstreitmacht nicht nur eine sehr große Flugerfahrung auf unterschiedlichen Mustern, sondern auch ein Hochschulstudium in einer artverwandten Disziplin wie Maschinenbau, Physik oder Luft- und Raumfahrttechnik nötig. Selbst wenn Mitte der 1950er Jahre das Hochschulstudium noch keine Voraussetzung für eine Verwendung als Testpilot war, wurde aber trotzdem eine umfassende theoretische und praktische Ausbildung vorausgesetzt[298]. Major Krupinski verfügte weder über die entsprechende theoretische Ausbildung noch über die nötige Flugerfahrung auf modernen Kampfflugzeugen und hatte darüber hinaus nach der zehnjährigen Zwangspause erst 1955 wieder mit dem militärischen Fliegen begonnen[299]. Er war zweifellos einer der erfahrensten Piloten, die die junge Bundesluftwaffe zur Verfügung hatte, aber nach Maßstäben der U.S. Air Force oder der Royal Air Force war er kein Testpilot.

Selbst Verteidigungsminister Franz-Josef Strauß hatte kein allzu großes Vertrauen in die Fähigkeiten der Bundeswehr und ihrer Rüstungsgüterbeschaffung: „Internationale Rüstungsgangster hauen uns übers Ohr. Unsere Beamten verstehen nichts von Rüstungsaufträgen. Unsere Juristen beherrschen nicht die Tricks von Rüstungsverträgen. Unsere Haushaltsexperten kennen die Preise nicht. Unsere beamteten Techniker haben wenig Ahnung von moderner Hochleistungstechnik. Unsere Militärs leben im Zeitalter der Wehrmacht. Dies alles sage ich ohne Vorwurf. Auch ich sehe jetzt erst, welche Schwierigkeiten es für uns Deutsche mit sich bringt, daß wir zwölf Jahre lang von jeder Militärtechnik ausgeschlossen waren. In diesen zwölf Jahren haben größere technologische Durchbrüche stattgefunden, als früher in einem Jahrhundert. Damit müssen wir fertig werden[300]." Auch wenn sich dieses Zitat aus dem Jahr 1957 nicht auf die Arbeit der Luftwaffenauswahlkommission direkt, sondern auf den

---

war er seit Ende 1945 bei der Organisation Gehlen und wechselte 1953 in das Amt Blank. Dort war er Bearbeiter für Flugzeugführerausbildung der künftigen Streitkräfte und enger Mitarbeiter von Johannes Steinhoff. Ab 1956/57 war er Kommandeur der Waffenschule der Luftwaffe 30 bzw. bis 1962 des Jagdbombergeschwaders 33 in Büchel. Danach folgte die Verwendung als Referatsleiter Fliegende Kampfverbände im Fü L; zuletzt war er Kommandierender General der Luftflotte. Im Zuge der „Rudel-Affäre" erfolgte im November 1976 seine Entlassung durch Bundesverteidigungsminister Georg Leber. Zur Person umfassend und Nachlassunterlagen nutzend: Braatz, Walter Krupinski.

[298] Yeager/Janos, Schall, S. 321. In dieser Beschreibung wurde bereits deutlich, dass die Anforderungen an Testpiloten selbst in einer Zeitspanne von nur wenigen Jahren deutlich gestiegen waren. Während Yeager zu Beginn seiner Tätigkeit als Testpilot keinerlei theoretisches Wissen benötigte und einfach nur die Prototypen der neuen Maschinen flog, wurde einige Jahre später auch von ihm verlangt, die erflogenen Daten auswerten und in Relation zu anderen Ergebnissen setzen zu können.

[299] Reportage „Der Tod war schneller. Die Starfighter-Krise" NDR (1998). Der spätere Leiter des Arbeitsstabs F-104, Oberstleutnant Günther Rall, bezeichnete im Rückblick nicht einmal die zum Teil mit der Me 262 im Zweiten Weltkrieg gemachten Erfahrungen als taugliche Grundlage für den Beginn des Jetflugbetriebs in der Luftwaffe, vgl. Rall, Pilot, S. 583f.

[300] Zit. n. Schmückle, Ohne Pauken, S. 176.

Zustand der Bundeswehr im Allgemeinen bezog, werden die Schwierigkeiten, vor denen die Luftwaffe bei der Auswahl des Nachfolgemusters stand, mehr als deutlich.

Die technischen Anforderungen, die die Luftwaffe an das neue Waffensystem hatte, beschrieb Inspekteur Josef Kammhuber bereits im September 1956 in engstem Kreis bei den „Koberner Luftfahrtgesprächen"[301]. Bei diesen streng geheim eingestuften Besprechungen trafen sich Vertreter verschiedener Firmen der Luftfahrtindustrie mit Mitgliedern des Verteidigungsministeriums[302], um sich über die zukünftigen Möglichkeiten in der Luftfahrttechnik auszutauschen. Dabei erläuterte General Kammhuber zunächst das Prinzip einer taktischen Luftwaffe im Unterschied zu einer Heimatverteidigungsluftwaffe[303]. Im Anschluss legte er den Industrievertretern dar, welche technischen Anforderungen der zukünftige Abfangjäger der Bundeswehr in sich vereinen sollte: Als unbedingt notwendige Kriterien nannte Kammhuber eine Geschwindigkeit von Mach 2, eine maximale Einsatzhöhe von 25.000 Metern sowie eine möglichst kurze Startstrecke von 1.000, besser sogar noch von 600 Metern[304]. In der dem Vortrag folgenden Diskussion wurden mehrere damals bereits in der Erprobung befindliche Abfangjäger abgelehnt, weil sie nicht alle Vorgaben erfüllten. Unter diesen abgelehnten Mustern befand sich interessanterweise auch das amerikanische Muster F-104 der Firma Lockheed, weil er eine erheblich zu lange Startbahnlänge benötigte[305]. Karl Thalau[306] vom BdLI, wie sich der VzFdL mittlerweile nannte, drängte auf eine schnelle Entscheidung für einen Flugzeugtyp, wenn die deutsche Industrie für den Auftrag herangezogen werden sollte[307].

Bereits im Jahr 1956, kurz nachdem die Auswahlkommission ihre Arbeit aufgenommen hatte, wurde deutlich, dass nicht nur militärische Interessen den Auswahlprozess beeinflussen würden. Die Bundesrepublik befand sich zum Zeitpunkt des Beginns der Suche nach einem modernen Abfangjäger in einer Situation, die David

---

[301] BArch, BL 1/1506 Koberner Luftfahrtgespräche am 27.9.1956 „Die Anforderungen der deutschen Luftverteidigung an Forschung und Entwicklung".

[302] Unter den Teilnehmern befanden sich auf Seiten der Industrie beispielsweise Willy Messerschmitt, Ernst Heinkel und Ludwig Bölkow, von der Luftwaffe nahmen unter anderem Inspekteur Kammhuber und Oberst Steinhoff teil; vgl. ebd., S. 4.

[303] Zur Unterscheidung dieser militärischen Konzepte vgl. Kapitel I.1 dieser Arbeit.

[304] BArch, BL 1/1506 Koberner Luftfahrtgespräche am 27.9.1956 „Die Anforderungen der deutschen Luftverteidigung an Forschung und Entwicklung", S. 6.

[305] Ebd., S. 5.

[306] Karl Thalau, 1889-1984, studierte von 1919 bis 1923 Bauingenieurswesen an der TH Berlin. Nach Promotion und Habilitation war er an der DVL und in mehreren akademischen Positionen tätig. 1935 wurde er Geschäftsführer der Fieseler-Flugzeugwerke in Kassel. Nach dem Krieg von 1948 bis 1955 ging er nach Argentinien und war dort für das dortige Luftfahrtministerium tätig. 1955 erfolgte die Rückkehr in die Bundesrepublik, er wurde Vorstandsmitglied bei Messerschmitt, 1957 Leiter der Entwicklung und technischer Geschäftsführer bei Ernst Heinkel Flugzeugbau. 1963 wurde er Präsidenten des BDLI. Vgl. zur Biographie Thalaus Weyer, S. 58f. sowie Der Spiegel 26/1947 „Der Reservetank", S. 5.

[307] Ebd., S. 12.

Boulton treffend beschrieb: „Das Auftreten eines neuen Kunden [der Bundesrepublik] mit leerem Korb und (dank amerikanischer Hilfe) vollem Portemonnaie auf dem Rüstungsmarkt versetzte die Händler in helles Entzücken[308]."

Dabei stand nicht alleine die Ausrüstung der neuen deutschen Luftwaffe im Vordergrund. Die NATO war in vielen militärischen Bereichen bestrebt, eine Standardisierung der Ausrüstung zu erreichen, um die logistische Versorgung ihrer Bündnispartner einfacher zu gestalten.[309] So konnte sich der Flugzeughersteller, für dessen Modell sich die deutsche Luftwaffe entscheiden würde, berechtigte Hoffnung machen, möglicherweise auch weitere NATO-Mitglieder in Europa mit diesem Muster ausrüsten zu können[310]. Oberst Gerd Schmückle[311], der Pressesprecher von Verteidigungsminister Strauß, interpretierte diese Situation ähnlich dramatisch wie Boulton: „Dies war die Situation: Das Flugzeug, das der deutsche Verteidigungsminister wählen würde, hatte Chancen, von allen NATO-Regierungen erworben zu werden, eine Beute, nach der die Rüstungsgiganten gierten wie Haifische, denen ein rohes Stück vors Maul gehalten wird[312]."

In dieser Situation war es scheinbar logisch, dass die Auswahl eines Flugzeugmusters von der rein militärischen Seite auch zu einem Anziehungspunkt für wirtschaftliche Interessen wurde. Diese Ausgangslage führte zu unterschiedlichen Erscheinungsbildern. Auf der einen Seite entwickelte sich in Luftfahrtfachzeitschriften eine regelrechte Werbeschlacht, mit denen Flugzeughersteller aus aller Welt die Qualität ihrer Produkte anpriesen[313]. Auf der anderen Seite sah sich das Verteidigungsminis-

---

[308] Boulton, Lockheed-Papiere, S. 94.

[309] So wurde beispielsweise für ein leichtes Erdkampfflugzeug ein eigener NATO-Konstruktionswettbewerb mit offiziellem Auswahlwettbewerb ausgeschrieben, den im Frühjahr 1957 das italienische Muster FIAT G.91 gewann. Trotz der Empfehlung der NATO zur Indienststellung dieses Flugzeugmusters folgten nur die BRD, Italien sowie Mitte der 1960er Jahre Portugal der Empfehlung, vgl. dazu die Darstellung bei James, Standardization, S. 11. Vgl. zur Auswahl der G.91 Rebhan, Aufbau und Organisation, S. 615 und Aero 11/1958 „Die NATO entschied sich für den leichten taktischen Jäger FIAT G-91", S. 248-250. Zur Standardisierung von NATO-Gerät vgl. Steinhoff, NATO, S. 240ff.

[310] So erwähnt das Diensttagebuch des Inspekteurs der Luftwaffe ein Gespräch General Kammhubers mit dem Stabschef der U.S. Air Force, General Twining, in dem die geplante Standardisierung eines Jagdflugzeugs angesprochen wurde: „General TWINING sagte zu, mit General NORSTAD die Möglichkeit abzusprechen, dieses Flugzeug [Northrop N-156] als NATO-Jagdflugzeug zu entwickeln und zur Einführung vorzuschlagen"; vgl. BArch, BL 1/14647: Tgb. InspLw, Eintrag 4.2.1957 Bericht Dienstreise USA/Kanada 11.1.-18.2.1957. Zu einer kritischen Sicht auf den Versuch der Standardisierung James, Standardization, S. 1.

[311] Schmückle wurde 1957 Pressesprecher bei Verteidigungsminister Strauß und blieb auf diesem Posten bis zu Strauß' Rücktritt als Minister im Rahmen der Spiegelaffäre 1962. Seine militärische Karriere setzte sich danach bis zur Verwendung als stellvertretender NATO-Oberbefehlshaber in Europa fort.

[312] Schmückle, Ohne Pauken, S. 196. Auch wenn Schmückle durchaus zu Dramatisierung und Polemisierung von Ereignissen neigte, traf er den Kern der beschriebenen Situation mit dieser Aussage sehr genau.

[313] So erschienen unter anderem Anzeigen wie „Der Starfighter – Das fliegende Verteidigungssystem", in: Aero 2/1958, S. 56f. „Achtung, Tiger", in: Aero 5/1958, S. 108f. „Die Blue Angels [Kunstflugteam der

terium häufig mit der Situation konfrontiert, dass Vertreter der interessierten Firmen im Ministerium vorstellig wurden, um ihre Produkte „an den Mann zu bringen". Dass die Suche nach einem geeigneten Muster durchaus schwierig werden würde, zeichnete sich bereits Ende des Jahres 1956 ab. Bei einem Besuch eines Vertreters des Flugzeugherstellers North American, in dem Inspekteur Kammhuber diesem die Ablehnung des Musters F-100 *Super-Sabre*[314] für die Erstausstattung der Luftwaffe erläuterte, führte der General zum Stand der Suche nach einem geeignetem Flugzeug aus: „Auf die Frage von Mr. Burtons, ob dieser Flugzeugtyp bereits gefunden worden ist, entgegnete Generalleutnant Kammhuber, dass er noch ständig auf der Suche sei[315]."

Besuche von Firmenvertretern im Verteidigungsministerium waren in der Zeit des laufenden Auswahlprozesses ausgesprochen zahlreich. So erhielt Generalleutnant Kammhuber in dieser Zeit Besuche von Mitarbeitern der Flugzeugfirmen North American[316], Dassault[317] und Northrop Aircraft[318]. Diese Besuche, die natürlich einer Überzeugung der Entscheidungsträger im Auswahlprozess um das neue Jagdflugzeug dienen sollten, nutzte im Gegenzug auch der Führungsstab der Luftwaffe, um seine eigene Position für Verhandlungen zu stärken. So drohte Generalleutnant Kammhuber während eines Besuchs des Präsidenten von Northrop Aircraft unverhohlen damit, dass im Fall einer weiteren Weigerung, ihr Waffensystem durch die Auswahlkommission technisch prüfen zu lassen, die Luftwaffe doch lieber ein gleichwertiges europäisches Muster wie die Mirage betrachten würde. Die Kooperationsbereitschaft der US-amerikanischen Gesprächspartner stieg in Folge dieser Drohung sprunghaft an, nachdem sie vorher versucht hatten, Kammhuber zu einer Entscheidung für ihr Muster zu drängen[319].

In welche grundlegende Richtung die Auswahl des Abfangjägers gehen sollte, war im Ministerium bereits Ende des Jahres 1956 scheinbar eindeutig und vor allem politisch bedingt, wie Generalleutnant Kammhuber dem Referenten für Sicherheits-

---

U.S. Navy] fliegen Tiger", in: Aero 5/1958, S. 151. Die meisten dieser Anzeigen waren sogar doppelseitig. Allein in der ersten Ausgabe des Jahres 1958 finden sich in der Zeitschrift Interavia Werbeanzeigen für die Flugzeuge Breguet 1001 (auch mit einem Verweis auf eine mögliche Verwendung als NATO-Standardflugzeug) auf S. 4, Etendard VI von Dassault (S. 14), F-105 von Republic Aviation (S. 19), Saab 35 (S. 25), N-156 von Northrop (S. 27), P-1 von English Electric (S. 30); vgl. zur Werbeschlacht um das zukünftige Flugzeug der deutschen Luftwaffe auch Schmückle, Ohne Pauken, S. 198: „Der Starfighter wurde gepriesen, als besäße er phallischen Zauber: Im Nachrichtenmagazin „Der Spiegel" „annoncierten ihn die Lockheed-Leute ganzseitig.".

[314] Vgl. Kapitel I.1 dieser Arbeit.

[315] BArch, BL 1/14647: Tgb. InspLw vom 4.10.1956 betr. Besprechung mit Vertreter North American, S. 2f.

[316] Ebd.

[317] BArch, BL 1/14647: Tgb. InspLw vom 7.3.1957 betr. Besuch General Gallois, S. 1ff.

[318] BArch, BL 1/14648: Tgb. InspLw vom 30.3.1957 betr. Besuch Mr. Parsons, Vizedirektor Northrop Aircraft und vom 3.7.1957 betr. Besuch Mr. Collins Präsident Northrop Aircraft.

[319] Ebd., S. 1f.

fragen beim SPD-Parteivorstand, Friedrich Beermann, im Oktober 1956 darlegte: Die Luftwaffe sei demnach moralisch verpflichtet, Flugzeuge aus den USA zu kaufen, da die Ausbildungsflugzeuge im Rahmen der Nash-Liste ja nun größtenteils Geschenke der US-Amerikaner waren. Daher sollte auch die Pilotenausbildung der Luftwaffe in den USA stattfinden[320]. Für Kammhuber war auch Ende des Jahres 1956 klar, welche Voraussetzungen der Flugzeugtyp erfüllen müsse: „Die Entscheidung fällt zugunsten der Maschine, die im Jahr 1959 die besten Flugeigenschaften besitzt, die für die deutschen Verhältnisse zutreffen und die vor allem den russischen Flugzeugen überlegen ist[321]." Zusätzlich stellte Kammhuber an das auszuwählende Flugzeugmuster die Anforderung, dass die technische Entwicklung eines solchen Typs abgeschlossen sein müsse, denn: „Für die deutsche Luftwaffe sei es uninteressant, in eine laufenden Entwicklung einzusteigen[322]."

Die ersten Detailbesprechungen zur Auswahl des neuen Flugzeugtyps fanden im Oktober 1956 in Großbritannien statt. Ziel des deutschen Interesses waren die hier produzierten Muster P-1 von English Electric, später unter der Bezeichnung *Lightning* der Standard-Abfangjäger der Royal Air Force, und die SR 177 von Saunders-Row[323]. Während einer Dienstreise nach Italien wurde der Luftwaffendelegation im Dezember 1956 der Prototyp des italienischen Abfangjägers *Saggitario* vorgestellt, der von der Firma SAI-Ambrosini entwickelt wurde[324]. – Bis auf die Lightning erreichte keines dieser Muster Serienreife.

Für die Auswahl des Nachfolgemusters bei der Erstausstattung der Bundeswehr waren offenkundig zwei Informationsreisen des Luftwaffeninspekteurs in die USA maßgebend. Der Eindruck Kammhubers von der ersten Reise, die in den Monaten Januar und Februar des Jahres 1957 stattfand[325], war positiv. Die US-amerikanischen Gesprächspartner hatten für eine zukünftige Zusammenarbeit mit der deutschen Luftfahrtindustrie scheinbar großes Verständnis[326]. – In diesem Zusammenhang wurde sehr deutlich, dass bei der Auswahl des zukünftigen Abfangjägers offenbar nicht nur militärische Bedürfnisse der Bundeswehr, sondern auch wirtschaftliche Anliegen der deutschen Luftfahrtindustrie zu beachten waren. – Eine wichtige Station der ersten Informationsreise war der Besuch des US-Luftverteidigungskommandos, des Air Defence Commands (ADC). Hier erhielt die Luftwaffendelega-

---

[320] BArch, BL 1/14647: Tgb. InspLw vom 27.10.1956 betr. Notiz Besprechung mit MdB Beermann, S. 1.

[321] BArch, BL 1/14647: Tgb. InspLw, Eintrag 15.11.1956 betr. Besprechung mit Mitarbeitern der Firma Klöckner-Humbold-Deutz betr. Jägerkauf, S. 1.

[322] Ebd.

[323] BArch, BL 1/14647: Tgb. InspLw, vom 12.10. und 8.10.1956: Besprechung in London betr. P-1 und SR 177.

[324] BArch, BL 1/14647: Tgb. InspLw vom 14.12.1956 betr. Dienstreise nach Italien, S. 2.

[325] Ein zusammenfassender Bericht der Reise findet sich in Aero 3/1957 „Nur allermodernste Waffen für die deutschen Luftstreitkräfte", S. 48.

[326] BArch, BL 1/14647: Tgb. InspLw vom 11.1.-18.2.1957 Bericht Informationsreise USA/Kanada, S. 1.

tion einen Einblick in den Aufbau und die Funktion der Luftverteidigung auf dem amerikanischen Kontinent. Das ADC setzte zum Zeitpunkt des Besuchs von Generalleutnant Kammhuber die Flugzeugmuster F-86 D *Sabre* und F-89 *Scorpion* ein. Diese Typen sollten allerdings in kürzester Zeit durch die Flugzeuge F-104 *Starfighter* und F-102 *Delta Dagger* abgelöst werden[327]. Am 18. Januar 1957 besichtigte Kammhuber im Lockheed-Werk in Palmdale/Kalifornien das Flugzeugmuster F-104 *Starfighter*, das im Reisetagebuch des Inspekteurs als „das derzeit leistungsfähigste, einmotorige Jagdflugzeug der Welt"[328] beschrieben wurde. Im später zusätzlich angefertigten Reisebericht bezeichnete der Führungsstab der Luftwaffe die F-104 allerdings als für die Luftwaffe nicht geeignet. Als Begründung gab der Reisebericht an, dass das Flugzeug technisch noch nicht ausgereift und vermutlich fliegerisch schwierig sei[329]. Ein in einer Luftfahrtzeitschrift abgedruckter Reisebericht machte diese Ablehnung des Musters F-104 öffentlich[330]. Zu dieser eher ablehnenden Haltung gegenüber der F-104 trug sicherlich bei, dass das Vorführflugzeug bei der Landung mit dem Heck aufschlug und beschädigt wurde[331].

Im weiteren Verlauf der Reise besuchte die Delegation noch zahlreiche andere Flugzeughersteller, die ihre jeweils aktuellen Erzeugnisse anboten. Dabei wurde der deutschen Delegation die Flugzeuge F-89 *Scorpion*, F-100 *Super Sabre* und N-156 der Firma North American Aviation, der Abfangjäger F-102 *Delta Dagger* von Convair, die F-105 *Thunderchief* von Republic Aircraft, den F-11 F *Super Tiger* von Grumman sowie das kanadische Muster CF-105 *Arrow* von AVRO-Canada präsentiert[332]. Zur Besichtigung der Grumman F-11 notierte Kammhubers Reisetagebuch: „Es [das Flugzeug F-11] erscheint in seiner gesamten Konstruktion verwendbar als Mehrzweck Jäger für Luftverteidigung und taktische Luftwaffe. (…) Der Einsatz ist auch als Jabo möglich[333]." Das Reisetagebuch untermauert, dass die Flugzeugmuster F-104 und F-11 auf die Delegation den größten Eindruck gemacht haben.

Neben der US-amerikanischen Luftfahrtindustrie, sozusagen den Marktführern, galt die Aufmerksamkeit auch der französischen Luftfahrtindustrie. Dabei war dieses Interesse kein Produkt der Suche nach einem geeigneten neuen Abfangjäger, sondern hatte sich bereits Anfang und Mitte der 1950er Jahre, vermutlich als Folge der Ver-

---

[327] Ebd., S. 4.

[328] Ebd., S. 5.

[329] BArch, BL 1/1755: Reisebericht InspLw nach den Vereinigten Staaten und Kanada vom 11.1.-19.2.1957, S. 4.

[330] Aero 3/1957 „Nur allermodernste Waffen für die deutschen Luftstreitkräfte", S. 48. Die Zeitschrift urteilte wie folgt: „Die Amerikaner haben ihn [Inspekteur Kammhuber] so verstanden, daß uns zur Zeit eine größere Menge der hierzulande angesehenen Nike-Geschosse […] lieber sei, als eine entsprechende Anzahl der Überschalljäger vom Typ F-104, des Stolzes der amerikanischen Luftwaffe."

[331] Schlußbericht der Arbeitsgruppe „Lockheed-Dokumente", S. 19.

[332] Ebd., S. 5ff.

[333] Ebd., S. 13.

handlungen über den EVG-Vertrag, herausgebildet. Gleichsam gingen die Überlegungen des Amts Blank zu einer möglichen Kooperation zwischen der deutschen und französischen Luftfahrtindustrie von der Annahme aus, dass eine gemeinsam strukturierte Luftrüstung auf Grund der in beiden Ländern fast gleichen luftstrategischen, bedrohlichen Lage logisch sei[334]. Die Situation der französischen Luftfahrtindustrie wurde in dem Bericht als weitgehend aussichtslos beschrieben, da interessante Produkte zwar vorhanden seien, aber wegen mangelnder Nachfrage nicht in Großserien gebaut werden könnten[335]. Der Führungsstab der Luftwaffe zog daraus den Schluss, dass auf dem Gebiet der Organisation der Luftverteidigung und im industriellen Sektor eine Kooperation der beiden Länder dringend notwendig sei[336]. Folge dieser Überlegungen war erst einmal der Lizenzbau des französischen Strahlflugzeugtrainers CM 170 *Fouga Magister* durch die deutsche Firma Messerschmitt[337].

Vor diesem Hintergrund war es nicht verwunderlich, dass unter den Flugzeugherstellern, die das Verteidigungsministerium auf ihre Produkte aufmerksam machten, auch der französische Hersteller der Mirage III C, die Firma Dassault, war. Trotzdem war die Art der Unterrichtung des Verteidigungsministeriums über die Mirage doch eher ungewöhnlich. Die Firma Dassault stellte die Mirage III anlässlich eines Besuchs ihres Vertreters Pierre Gallois im Verteidigungsministerium dem Inspekteur der Luftwaffe vor[338]. Die Mirage III wurde in vier Versionen – als Allwetterjäger, Tagjäger, Jagdbomber und leichter Bomber – angeboten. Eine Serienfertigung sei ab Anfang des Jahres 1959 möglich. Zusätzlich stellte Gallois die Beteiligung einer deutschen Firma in Aussicht, allerdings nur in begrenztem Umfang: „Die Firma Dassault bietet an, eine deutsche Firma gegebenenfalls mit in das Produktionsprogramm einzubeziehen. Flügelbau jedoch nur bei DASSAULT möglich, da Integrarbauweise [Integralbauweise], das heisst, aus dem vollen Metall gearbeitet (entsprechende Fräsmaschinen bei Firma

---

334 BArch, BL 1/1438: Fü L II/PI, 6.12.1954, Situation der französischen Luftrüstung (*geheim*), S. 1. Zur Entwicklung der französischen Luftfahrtindustrie in der Region um Toulouse vgl. die Darstellung passim Glaß, Schatten der Rüstung.

335 BArch, BL 1/1438: Fü L II/PI, 6.12.1954 Situation der französischen Luftrüstung (*geheim*), S. 2. Die daraus abgeleitete Kooperation zwischen den beiden Ländern war nur folgerichtig, da die deutsche Luftfahrtindustrie im Fall ihrer Wiederzulassung vor exakt dem gleichen Problem stehen würde, wie die französische.

336 Ebd., S. 2f.

337 Zum Lizenzbau der CM 170 Fouga Magister durch Messerschmitt/Heinkel vgl. Kapitel I.2 c.

338 BArch, BL 1/14647: Tgb. InspLw, Eintrag 7.3.1957, Aktennotiz betr. Besuch General Gallois zum Angebot der Mirage III zur Einführung in die deutsche Luftwaffe auch Strauß, Erinnerungen, S. 315. Pierre Gallois, Brigadegeneral a.D. der französischen Luftwaffe, gehörte zu den prägenden Gestalten der atomar bewaffneten französischen Luftwaffe. Während des 2. Weltkriegs flog er in der Royal Air Force Kampfeinsätze gegen das Deutsche Reich. In der Zeit nach 1945 war er maßgeblich an der modernen Ausgestaltung der französischen Luftwaffe beteiligt. 1957 nahm er seinen Abschied und wurde kaufmännischer Direktor bei Dassault Aviation, vgl. dazu Der Spiegel 45/1964, S. 62: „Pierre Gallois". Zur Beteiligung von Gallois an den Verkaufsverhandlungen in Bonn vgl. Lemke, Konzeption, S. 338.

DASSAULT vorhanden)[339]." Dabei war die Art der Vorstellung der Mirage III vor allem aus zwei Gründen ein besonderes Ereignis: Zum einen erfolgte die Präsentation des Flugzeugs in Deutschland vor der offiziellen Vorstellung beim französischen Verteidigungsministerium[340]. Zum anderen sollte in die Produktion eine deutsche Firma mit einbezogen werden, genauere Details waren hierzu allerdings noch nicht klar. Damit war unklar und unsicher, welchen Umfang eine deutsche Beteiligung an der Fertigung der Mirage überhaupt haben könnte. Da Gallois in seinen Äußerungen aber nur von einer zu beteiligenden deutschen Firma sprach, ergab sich das bereits dargestellte Problem der deutschen Luftfahrtindustrie nach einer ausreichenden Kapazitätenauslegung weiterhin.

Wie sehr Frankreich mit einer Entscheidung des Bundesverteidigungsministeriums für die Beschaffung der Mirage rechnete, zeigte eine Begebenheit aus dem Dezember 1957. Bei einem Besuch der Dassault-Werke wurde dem deutschen Luftwaffenattaché in Frankreich ein Fabrikationsplan vorgestellt, der die Bestellung von Mirage-Maschinen durch die Bundesrepublik sowie die Einschaltung deutscher Luftfahrtfirmen in den Produktionsablauf bereits einbezog[341]. – Die Mirage III sollte nicht nur bis zum Schluss des Auswahlprozesses ein heißer Kandidat für die Einführung in die Luftwaffe bleiben, sondern auch zu einem politisch-diplomatischen Problemfall werden.

Bereits vier Wochen nach dem Besuch Gallois im Verteidigungsministerium äußerte Kammhuber in einer Besprechung mit Vertretern der Luftfahrtindustrie jedoch bereits ernste Zweifel an der Einführung der Mirage für die Luftwaffe. Er gab US-amerikanischen Mustern generell den Vorzug, weil bei diesen Mustern die technische Entwicklung bereits abgeschlossen und bezahlt sei, während eine deutsche Beteiligung an der Mirage konsequenterweise auch die Beteiligung an den Entwicklungskosten nach sich ziehen müsse. Als Favoriten für die Auswahl des Abfangjägers nannte Kammhuber in diesem Gespräch das britische Muster SR-177 sowie die US-amerikanische N-156[342]. Die generelle Tendenz Kammhubers zu US-amerikanischen Mustern entsprach dabei auch seinen früheren Äußerungen zu diesem Thema.

Inwieweit die bereits angesprochenen wirtschaftlichen Dimensionen den Themenbereich der Jägerauswahl beeinflussten oder sogar dominierten, legte der Inspekteur wenige Tage später bei einer Besprechung mit Vertretern der Firma Messerschmitt dar: „General Kammhuber führte aus, daß aller Voraussicht nach der Anschluß-Auftrag [Auswahl Abfangjäger] die zweisitzige NORTHROP, ein Düsenjäger im Werte von 1,2 Mio DM pro Stück betreffen werde. Hier habe er die Chance,

<hr>

[339] BArch, BL 1/14647: Tgb. InspLw vom 7.3.1957, Notiz betr. Besuch General Gallois, S. 4.
[340] Ebd., S. 2.
[341] BArch, BL 1/1755: Luftwaffenattaché der Deutschen Botschaft in Frankreich an den Führungsstab der Bundeswehr, 18.12.1957, S. 1.
[342] BArch, BL 1/14648: Tgb. InspLw vom 3.4.1957, Notiz zur Vorsprache von Dr. Rothe.

daß der gesamte Lizenzbau in Deutschland durchgeführt werden könne, während bei dem französischen Flugzeug MIRAGE nur eine Teilfertigung zu erwarten sei, weil die Franzosen darauf beständen, Flächen und Rumpf in Frankreich fertigen zu lassen. Nachbauten würden bei der Verwendung des englischen Intercepters Santers Row 777 SR [gemeint war die SR-177 von Saunders-Row] nicht in Frage kommen[343]."

Somit stand bereits im Frühjahr 1957 definitiv fest, dass neben den militärischen Anforderungen, die das neue Flugzeugmuster zu erfüllen hatte, der wirtschaftliche Faktor durch die Einbeziehung der deutschen Luftfahrtindustrie in den Lizenzbau eine immer größere Bedeutung gewann. Dies wurde ebenso bei einer Besprechung des Führungsstabs der Luftwaffe mit der Abteilung Technik des Verteidigungsministeriums im Oktober 1957 deutlich. In einem Gespräch über die Situation der Luftfahrtindustrie stellte Ministerialrat Theodor Benecke fest, dass die Firmen durch den Nachbau des noch zu bestimmenden Jagdflugzeuges noch bis in das Jahr 1965 ausgelastet sein würden[344]. Folglich scheint zu diesem Zeitpunkt bereits im Führungsstab festgestanden zu haben, dass das auszuwählende Muster auf jeden Fall für die deutsche Industrie als Lizenzbau zur Verfügung stehen musste. Auch in einer Besprechung mehrerer Vertreter der Luftfahrtindustrie mit Generalleutnant Kammhuber wenige Tage später schien für den Führungsstab der Luftwaffe definitiv festgestanden zu haben, dass das auszuwählende Muster in der Bundesrepublik in Lizenz nachgebaut werden kann[345]. Ebenfalls im Oktober 1957 brachte der Führungsstab in der taktischtechnischen Forderung für das auszuwählende Jagdflugzeug deutlich zum Ausdruck, dass nur die Einführung eines ausländischen Musters möglich sei. Außerdem belegte das Schriftstück, dass der einzuführende Typ nur ein Kompromiss sein könne[346].

Zu Beginn des Jahres 1958 zeichnete sich bereits eine Vorentscheidung bei der Auswahl des Flugzeugtyps ab. Nach technischen Begutachtungen und Testflügen durch die Auswahlkommission lagen die Flugzeugmuster Lockheed F-104 und Grumman F-11 F im Rennen vorne. Die Ergebnisse des Vergleichs zwischen beiden Maschinen ließ sich Kammhuber im Januar 1958 vortragen. Dabei wurde allerdings

---

[343] BArch, BL 1/14648: Tgb. InspLw vom 11.4.1957, Vermerk betr. Reduzierung des mit der Firma Flugzeug-Union Süd GmbH geschlossenen Lizenznachbauvertrag, S. 4.

[344] BArch, BL 1/14648: Tgb. InspLw vom 15.10.1957, S. 1.
Der promovierte Physiker Theodor Benecke war ab 1936 bei der Deutschen Versuchsanstalt für Luftfahrt tätig, bevor er 1939 Abteilungsleiter im Reichsluftfahrtministerium wurde und mit der Erprobung der Abwehr von Minen durch Magnetfelder beschäftigt war. Ab 1953 wurde Benecke Beamter im Amt Blank und anschließend im Bundesverteidigungsministerium, von 1962 bis 1969 war er Präsident des BWB in Koblenz. Danach folgte der Wechsel in die Forschung zur Deutschen Forschungs- und Versuchsanstalt für Luft- und Raumfahrt und zur Deutschen Gesellschaft für Luft- und Raumfahrt. Von 1973 bis 1976 war er außerdem Präsidialgeschäftsführer und Vorstandsmitglied beim BDLI.

[345] BArch, BL 1/14648: Tgb. InspLw, Besprechung mit Vertretern der Flugzeugindustrie 23.10.1957, S. 2.

[346] BArch, BL 1/1560: Fü L VI A vom 27.9.1957, Führung betr. taktisch-technische Anforderung Allwetterjäger, S. 1.

schon in der Einleitung des Dokuments deutlich, wie das Testverfahren abgelaufen war: „Grundlagen für nachfolgende Bewertung sind im wesentlichen Firmenangaben, welche teilweise ergänzt wurden durch Diskussionen im USAF Flight Test Center und durch eigene Edwards-Nachfliegeergebnisse[347].“ Ohne die genauen Angaben der technischen Details zu kennen, die von den Firmen übermittelt wurden, ist anzunehmen, dass diese Details stark auf den möglichen Verkauf des Musters ausgerichtet waren und daher vermutlich zum Positiven korrigiert wurden. Zusätzlich lässt die Formulierung, dass die von den Firmen angegebenen Leistungsdaten nur „teilweise" durch Gespräche und eigene Tests von der deutschen Kommission bestätigt wurden, bereits hier erste Zweifel an der Objektivität der Ergebnisse aufkommen.

Die beurteilten Kriterien gliederten sich in die Punkte Start- und Landestrecken, Flugleistungen, Eindringtiefe, technische Ausstattung, Bewaffnung, Wartungsaufwand und Möglichkeiten der Lizenzfertigung[348]. Dabei waren die Leistungen der beiden Maschinen in den meisten Punkten ungefähr gleich. Unterschiede ergaben sich nur zugunsten der F-11 in der kürzeren Start- und Landestrecke und dem geringeren Wartungsaufwand. Auf der anderen Seite ergab der Vergleich der Flugleistungen einen deutlichen Vorteil für die F-104[349]. Der vorher bereits angesprochene wirtschaftliche Faktor der Einbeziehung deutscher Luftfahrtfirmen in den Lizenzbau wurde in dieser Bewertung auch zu einer wichtigen Vergleichsgröße: „Nach Aussage Abt. XII Teil- oder Voll-Lizenzbau in beiden Fällen möglich. Lizenzbau ab ca. 180 Stück (…) wirtschaftlich tragbar, wobei 100 Stück gekauft bzw. über Montage in Deutschland vorgesehen werden[350].“ In dieser Besprechung zeigte sich aber auch, dass Inspekteur Kammhuber mit dem Fortgang des Auswahlprozesses vor allem in Bezug auf den Vergleich zwischen F-104 und F-11 noch nicht zufrieden war: „Da der Vergleich F-104 mit Super-Tiger [F-11] noch viele ungelöste Probleme aufweist, entschliesst sich der Inspekteur (…) zu einem Besuch im Pentagon (…), um letzte Klarheit zu schaffen[351].“ Ferner wurde deutlich, dass bei der Beschaffung des neuen Flugzeugtyps nicht nur eine konventionelle Bewaffnung, sondern auch die Möglichkeit einer Ausrüstung mit atomaren Kampfmitteln zumindest in Erwägung gezogen wurde: „Sowohl F-104 als auch Super-Tiger sind in der Lage, mindestens 20 kt-Bombe zu tragen[352].“ – Dies war allerdings nicht die erste quellentechnisch belegte Diskussion über die Ausrüstung deutscher Verbände mit Atomwaffen. Bereits drei Monate zuvor hatte General Kammhuber mit Vertretern der deutschen Luftfahrtindustrie in einem Gespräch die

---

[347] BArch, BL 1/14648: Fü L A 5 vom 11.1.1958, Bewertung F 104 und F-11 F-1 F dem Inspekteur Luftwaffe am 10.1.1958 vorgetragen.
[348] Ebd.
[349] Ebd.
[350] Ebd.
[351] BArch, BL 1/14648: Tgb. InspLw vom 10.1.1958, Fortsetzung der Besprechung vom 6.1.1958.
[352] Ebd.

Möglichkeit einer zukünftigen Ausrüstung der Luftwaffe mit atomaren Sprengköpfen für Luft-Luft-Raketen erörtert[353].

Auf Grund der von der Auswahlkommission erstellten Bewertungen der Flugzeugmuster F-104 und F11F wandte sich der Führungsstab der Luftwaffe an die Military Assistance Advisory Group (MAAG) in der Bundesrepublik[354]. Bei der Beurteilung der beiden Flugzeugmuster waren weiter führende Fragen entstanden, die für die bevorstehende Entscheidung als von großer Bedeutung angesehen wurden[355]. So war für die Luftwaffenführung neben technischer Details der Flugzeuge auch die Frage der weiteren Verwendung in der U.S. Air Force von Bedeutung. Dabei war die Antwort des Pentagons auf die Frage der weiteren Verwendung der F-104 zum Teil eher ausweichend[356]. Offenbar war die Mirage III schon zu diesem Zeitpunkt, Anfang 1958, kein ernst zu nehmender Konkurrent für die US-amerikanischen Muster mehr. Zumindest finden sich in den Unterlagen des Luftwaffenführungsstabs keine entsprechenden Anfragen über den Wunsch von weiterführenden technischen Daten zum französischen Kampfflugzeug.

Ende des Monats Januar 1958 erfolgte in Großbritannien ein Testfliegen des Typs P-1 Lightning von English Electric durch Oberstleutnant Werner. Parallel liefen auch für diesen Flugzeugtyp Verhandlungen, in die sich auch das britische Versorgungsministerium eingeschaltet hatte, vermutlich um der anbietenden Firma für diesen Großauftrag staatliche Unterstützung zu gewähren. Kammhuber ordnete aber an, das Antwortschreiben an das Versorgungsministerium solange zurück zu stellen, „bis [die] fliegerische Überprüfung der P 1 erfolgt ist[357]." Ende Januar 1958 schaltete sich Verteidigungsminister Strauß ein und ordnete an, dass die Flugzeugmuster Mirage III und die schwedische Saab 35 erneut technisch geprüft werden sollten[358].

---

[353] BArch, BL 1/14647: Tgb. InspLw vom 27.10.1957, S. 1.

[354] Die Military Assistance Advisory Group (MAAG) war ein Stab von Militärberatern, die vor allem in Ländern eingesetzt wurden, in denen eine arbeitsfähige militärische Infrastruktur noch aufgebaut werden musste, wie beispielsweise auch in der Bundesrepublik ab 1955, vgl. dazu auch Schmidt, Amerikanisierung.

[355] BArch, BL 1/1755: Fü L an MAAG 14.1.1958 betr. Fragen an das Pentagon.

[356] BArch, BL 1/1755: Fü L an MAAG 14.1.1958 betr. Fragen an das Pentagon, Anlage zu Fü L an die MAAG, Question 3 (in seven parts), S. 8. Als Begründung für den Umstand, dass die U.S. Air Force nur ca. 250 Stück des Musters F-104 bestellen würde, wurde mit dem Umstand begründet, dass dem Flugzeug in Relation zu anderen Waffen eine niedrigere Priorität eingeräumt wurde. Letztlich hieß diese Formulierung aber nichts anderes, als dass die U.S. Air Force das Muster nicht in stärkerem Umfang einsetzen wollte. Das Pentagon führte aber auch ganz offen aus, dass die US-amerikanische Luftwaffe Muster in Dienst stellen werde, die besser für die gestellt Aufgabe als allwetterfähiger Abfangjäger geeignet war.

[357] BArch, BL 1/14648: Tgb. InspLw vom 21.1.1958 betr. Interceptor Electric P 1.

[358] BArch, BL 1/14648: Tgb. InspLw vom 31.1.1958 betr. Ministerbesprechung.

Von Anfang Februar bis Anfang März 1958 erfolgte dann die zweite Informationsreise des Inspekteurs in die USA[359]. Ziele dieser Reise waren vor allem die endgültige Auswahl eines neuen Abfangjägers, Informationen über neue Flugzeugentwicklungen in den USA und die Einweisung in die US-amerikanischen Einsatzgrundsätze der Luftwaffenführung[360]. Zur Auswahl des zukünftigen Abfangjägers hielt der Reisebericht fest, dass das Flugzeugmuster F-104 *Starfighter* den deutschen militärischen Forderungen am meisten entsprach[361]. Als besondere Vorteile der F-104 wurde hervorgehoben, dass die F-104 ein bereits erprobtes Waffensystem sei, für Defensive und Offensive – wenn auch mit leichten Einschränkungen – gleichermaßen geeignet sei. Zudem könne die F-104 als sehr modernes Flugzeug noch lange im Dienst bleiben[362]. Als weitere Vorzüge wurden die Verwendung der F-104 durch die US-amerikanische Luftwaffe in Europa – die sich nicht mehr nachweisen lässt –, die positiven Folgen für die Logistik wie auch die Ausbildung und die Führung sowie ferner die Möglichkeit der vollen Unterstützung durch die US-Luftwaffe und das Vorhandensein einer zweisitzigen Trainerversion zur Ausbildung genannt[363].

Damit klang die Beurteilung des F-104 im Reisebericht beinahe schon wie ein Lobgesang: „Von der technischen Seite aus sind besonders noch hervorzuheben, dass die F-104 bereits in Serienfabrikation ist, 600 Änderungen durchgeführt wurden, die Möglichkeit zur Weiterentwicklung durch stärkere Triebwerke gegeben ist und sie auch im Preis gegenüber der Super-Tiger etwa um 1/3 niedriger liegt[364]." Hiermit schien also auch eine der zentralen Forderungen der Luftwaffenführung erfüllt werden zu können, nämlich ein erprobtes Flugzeugmuster auszuwählen und nicht in eine laufende Entwicklung einzusteigen. Diese positive Beurteilung widersprach damit den Ergebnissen der USA-Reise 1957, als die F-104 noch als nicht geeignet für die Luftwaffe bezeichnet worden war[365].

Nach der Quellenlage schien die Auswahl des Nachfolgemusters für die Erstausstattung der Luftwaffe am Ende der Informationsreise Anfang März 1958 bereits abgeschlossen zu sein. Der Reisebericht des Inspekteurs notierte dementsprechend: „Der Herr Minister wurde am 3.3.1958 in Washington von diesem Ergebnis [den großen Vorteilen der F-104] unterrichtet. Ihm wurde vorgeschlagen, die F-104 als

---

[359] BArch, BL 1/14648: Tgb. InspLw vom 13.3.1958 betr. Reisebericht USA-Reise InspLw vom 7.2.-7.3.1958.

[360] Ebd., S. 1.

[361] Ebd. Wörtlich heißt es dort: „Ihre [F-104] Vorteile gegenüber der Grumman-Super-Tiger sind geradezu augenfällig." Diese Einschätzung erstaunt, weil Kammhuber noch einen Monat zuvor beim Vergleich beider Flugzeuge eine Reihe ungelöster Probleme angesprochen hatte.

[362] Ebd., S. 1f.

[363] Ebd., S. 2.

[364] Ebd.

[365] BArch, BL 1/14657: Tgb. InspLw, Eintrag 11.1.-18.2.1957 Bericht Informationsreise USA/Kanada, S. 4.

Flugzeugmuster für eine defensive und offensive Verteidigung für die Luftwaffe einzuführen. Der Herr Minister hat vor Offizieren des Pentagon am 4.3.1958 bekundet, dass er nach Zustimmung des Parlaments die F-104 einzuführen gedenkt[366]."

Damit schien die Entscheidung für den zukünftigen Abfangjäger der Bundesluftwaffe im März 1958 getroffen zu sein. Offenbar gelangte diese Information sehr schnell zu den Konkurrenten von Lockheed. Knapp zwei Wochen später ließ der Hersteller der F-11F, Grumman Aircraft, durchsickern, dass die Unternehmensführung im Fall des Kaufs des Musters einen Rabatt von 60.000 bis 100.000$ pro Maschine gewähren würde[367].

Diese Entscheidung für die F-104 hatte jedoch nur eine sehr begrenzte Gültigkeit – zumal ja der Bundestag und seine Ausschüsse die Entscheidung und die Bewilligung der damit zusammenhängenden Finanzmittel zu fällen hatten. So erläuterte Strauß Ende April dem Plenum des Deutschen Bundestages, dass eine Entscheidung zur Auswahl eines Flugzeuges noch nicht getroffen sei[368].

Was nun folgte, war ein äußerst turbulenter Zeitraum von ca. sechs Monaten Dauer, in dem nicht nur militärisch und wirtschaftlich, sondern auch diplomatisch um die Einführung des neuen Flugzeugmusters gerungen wurde, so dass erst Ende Oktober 1958 offiziell die Entscheidung für die Wahl des neuen Abfangjägers bekannt gegeben werden konnte.

Angesichts der Aktivitäten der Luftwaffe in diesem Zeitraum darf nicht übersehen werden, dass der Führungsstab der Luftwaffe nicht nur auf der Suche nach einem Abfangjäger, sondern ebenso nach einem Jagdbomber war oder möglichst nach *einem* Flugzeugmuster, das *mehrere Einsatzrollen* auf sich vereinen konnte. Die Hinweise darauf sind nicht zu übersehen: Zum einen diskutierte die Luftwaffenführung im Januar 1958 über die Verwendung sowohl der F-104 als auch der F-11 als Atomwaffenträger. Für einen militärischen eher defensiv ausgerichteten Abfangjäger waren keine atomaren Offensivkampfmittel nötig[369]. Zum anderen lässt das Reiseprotokoll des Luftwaffeninspekteurs keinen Zweifel daran, dass für den neu anzuschaffenden Flugzeugtyp auch eine offensive Verwendung geplant war und eben die F-104 auch für Offensiv-

---

[366] Ebd. Vgl. dazu auch die Darstellung bei Lemke, Konzeption, S. 340.

[367] Diese Unterrichtung erfolgte über den Militärattaché der deutschen Botschaft in Japan, Major Neumann, vgl. BArch, BL 1/1755: Telegramm Militärattaché deutsche Botschaft Tokyo an InspLw 18.3.1958, S. 1. Grumman war neben der Bundesrepublik auch an einem Verkauf der F-11 F an Japan interessiert. Die direkte Antwort an die deutsche Botschaft in Japan war allerdings, dass im Falle der Auswahl eines US-amerikanischen Musters der Luftwaffenführungsstab zur F-104 tendieren würde, vgl. BArch, BL1/1755: Fü L II an FüBw II 4, 20.3.1958, vgl. auch Lemke, Konzeption, S. 336.

[368] Bundestagsprotokoll 3. WP 24. Sitzung, S. 1313 B.

[369] Zum generellen Verständnis des Abfangjägers vgl. Müller, Luftverteidigung, S. 27f. sowie S. 90ff.

Missionen verwendbar wäre[370]. Und selbst Strauß sprach im US-amerikanischen Verteidigungsministerium davon, die F-104 sowohl für die defensive als auch für die offensive Verteidigung für die Luftwaffe einzuführen[371]. Für die *offensive Verteidigung* war aber im Einsatzkonzept der Luftwaffe die Verwendung von Jagdbombern vorgesehen, mit denen feindliche Truppenkonzentrationen und Nachschubwege angegriffen werden sollten. Selbst auf einer Kommandeurstagung der Luftwaffe im März 1958 äußerte sich Kammhuber zur offensiven Verwendung des anzuschaffenden Flugzeugmusters: „Die Verwendung des Interceptors ist nicht nur für eine defensive, sondern auch für eine offensive Verteidigung gedacht[372]." Strauß schrieb dazu in seinen Memoiren, dass die Anschaffung der F-104 auch unter dem Gesichtspunkt der atomaren Verwendbarkeit abgelaufen war: „Wir haben dann Zug um Zug die atomare Ausbildung der Strike-Verbände der Luftwaffe [die für einen atomaren Gegenschlag vorgesehen waren] [...] vorgenommen. [...] Nicht zuletzt unter diesen Gesichtspunkten haben wir dann den Starfighter F 104 G bestellt[373]."

Im Frühjahr 1958 wurde darüber hinaus deutlich, dass nicht nur die deutsche Luftfahrtindustrie zwecks des Einstiegs in den Lizenzbau eines modernen Militärflugzeugs Interesse am Auswahlprozess der Luftwaffe zeigte, sondern auch die Anbieter dieser Flugzeuge, ähnlich wie in dem bereits geschilderten Fall der Mirage. Am 20. März 1958 verzeichnete das Tagebuch des Inspekteurs der Luftwaffe: „Colonel Richmond [ein Vertreter der MAAG] legt Telegramm Pentagon vor, in dem ausgedrückt wird, dass USAF nur 300 F-104 für seine Verbände plant (nicht 400, wie bei Besuch Insp.Lw. in den USA angegeben). Aus Fabrikationsgründen ist Pentagon sehr daran interessiert, in welcher Weise und in welchem Umfang sich die deutsche Luftwaffe an dem Flugzeugmuster F-104 interessiert zeigt[374]." Dabei war es noch nicht einmal verwunderlich, dass sich die Herstellerfirma Lockheed für die Situation der deutschen Luftrüstung interessierte, schließlich lag ihr angebotenes Produkt nach wie vor im Rennen vorne. Außerdem stellte die Reduzierung der Stückzahlen, in denen die F-104 an die U.S. Air Force geliefert werden sollte, für Lockheed ein erhebliches wirtschaftliches Problem dar. Wesentlich ungewöhnlicher war, dass der Kontakt zwischen Lockheed und der deutschen Luftwaffe nicht von Lockheed selbst, sondern auf offi-

---

[370] BArch, BL 1/14648: Tgb. InspLw vom 13.3.1958 betr. Reisebericht USA-Reise Inspekteur Luftwaffe vom 7.2.-7.3.1958, S. 1f.

[371] Ebd., S. 2.

[372] BArch, BL 1/14705: Bericht Kommandeur-Besprechung 1/58 am 19.3.1958, S. 2.

[373] Strauß, Erinnerungen, S. 331.

[374] BArch, BL 1/14648: Tgb. InspLw vom 20.3.1958, S. 1. Die USAF begründete die Reduzierung der F-104 Stückzahlen bei ihren Verbänden damit, dass es mittlerweile schon deutlich weiter entwickelte Flugzeuge für das geforderte Einsatzspektrum geben würde, die dann zum Einsatz kommen sollten. Daher strich die USAF die F-104 als technisch limitiertes Flugzeugmuster zum Teil aus ihren Planungen, vgl. dazu BArch, BL 1/1755: Fü L an MAAG 14.1.1958 betr. Fragen an das Pentagon, Anlage zu Fü L an die MAAG, S. 16.

ziellem Weg von einem Vertreter des US-Verteidigungsministeriums hergestellt wurde. Damit erhielt die Frage nach der möglichen Verwendung der F-104 für die deutsche Luftwaffe eine wesentlich größere Gewichtung, als wenn die Anfrage nach dem deutschen Interesse direkt von Lockheed gekommen wäre. Dies musste natürlich im Umkehrschluss bedeuten, dass Lockheed in den Reihen des US-Ministeriums über einflussreiche Fürsprecher verfügte, die im Sinne Lockheeds bereit waren, sich für diese Firma einzusetzen.

Dies war und ist angesichts der Kombination von Wahlsystem und Lobbyismus im US-amerikanischen politischen System durchaus systemimmanent. Der Einfluss einzelner Interessengruppen in diesem politischen System ist wesentlich stärker als beispielsweise in Deutschland. Das politische System der USA verfügt nicht über ein straff durchorganisiertes Parteiensystem, wie es in Europa traditionell gewachsen ist. Es ist stärker als in Deutschland vorstellbar auf Spenden und wirtschaftlich vom Staat unabhängige Kandidaten abgestellt. Die Wahlkampfkosten werden von den Abgeordneten in den USA persönlich bestritten. Diese Situation öffnet Lobbyisten Tür und Tor für die politische Einflussnahme, da es natürlich ständig die Möglichkeit eröffnet, einen Abgeordneten mit finanzieller Unterstützung zum verlängerten Arm von Interessenverbänden zu machen[375]. In den USA sind demzufolge vor allem Abgeordnete, in deren Wahlkreis große Rüstungsfirmen ihre Werke betreiben, besonders für die Einflussnahme durch diese Firmen anfällig – diese Firmen sind häufig die größten Arbeitgeber der Region und die Abgeordneten haben wenig Chancen, sich um andere finanziell potente Unterstützer zu kümmern[376]. Somit scheint der Initiator dieser Anfrage möglicherweise nicht das Pentagon, sondern die Herstellerfirma Lockheed und ein ihr nahestehender Kongressabgeordneter gewesen zu sein.

Das Pentagon trat dennoch selbst als Akteur im Auswahlverfahren um einen neuen Abfangjäger für die deutsche Luftwaffe auf. Es versuchte offenbar, das Interesse der Deutschen Luftwaffe gezielt auf den Starfighter zu lenken, indem es bei anderen Flugzeugmustern eben nicht zur Preisgabe unbedingt nötiger technischer Details an die deutsche Auswahlkommission bereit war. Zu solchen Weigerungen zählte auch folgendes Beispiel: der Präsident der Firma Northrop versuchte bei einem Besuch, Generalleutnant Kammhuber zu einem positiven Entschluss zugunsten der Northrop N-156 zu bewegen. Kammhuber lehnte eine vorschnelle Entscheidung damals mit dem Hinweis ab, dass es der deutschen Auswahlkommission bisher nicht vom Pentagon gestattet worden sei, technische Daten der N-156 einzusehen. Ein ähnliches Verhalten ereignete sich bei dem Muster F-106 von Convair. Hier notierte das Tagebuch des Inspekteurs über ein Telefongespräch mit dem deutschen Luftwaffenattaché der

---

375 Steffanie, Der Kongreß, S. 132 sowie die Analyse bei Lehner/Widmaier, Vergleichende Regierungslehre, S. 105.
376 Ebd., S. 337.

Botschaft in Washington: „Pentagon zeigt ablehnende Haltung gegenüber Auskünften F-106[377].“

Die sich nach der zweiten USA-Reise von Inspekteur Kammhuber abspielenden Ereignisse um die Auswahl eines neuen Flugzeugmusters lassen sich auf Grund ihrer Dichte und der sachlichen Komplexität nur schwer in der Reihenfolge wiedergeben, in der sie sich tatsächlich ereignet haben. Dies gilt vor allem, weil Verteidigungsminister Strauß bereits im März 1958 während seiner USA-Reise im Pentagon verkündet hatte, dass er die F-104 für die Deutsche Luftwaffe einführen werde. Offenbar war diese Aussage aber nur von einer begrenzten Gültigkeit gewesen. Im Mai 1958 ordnete Kammhuber eine erneute Überprüfung der Mirage III an: „Insp.Lw bestimmt, dass MIRAGE III A taktisch und technisch einwandfrei zu überprüfen ist, bevor Minister und er an den geplanten Flugvorführungen teilnehmen[378].“ Der Minister ließ sich über die Ergebnisse der erneuten Erprobung ausführlich informieren[379]; die zuvor im März 1958 getroffene Entscheidung zu Gunsten der F-104 war offenbar wieder überholt. Die Entscheidung zwischen der Mirage III und dem Starfighter sollte sich bis zur endgültigen Bekanntgabe im Oktober 1958 hinziehen. Das Flugzeugmuster F-11 F der Firma Grumman spielte zu diesem Zeitpunkt offensichtlich in den Überlegungen des FüL keine Rolle mehr.

Die Gründe für die erneute Überprüfung der Leistungen der Mirage lagen offenkundig in der Person von Verteidigungsminister Franz-Josef Strauß begründet. Seit seiner Amtsübernahme hatte es Gespräche über den Kauf von französischen Rüstungsgütern für alle Teilstreitkräfte der Bundeswehr gegeben[380]. Die Mirage III war von Beginn des Auswahlprozesses an unter den Favoriten für die deutschen Luftstreitkräfte und wurde dem deutschen Verteidigungsministerium 1957 bereits offiziell zum Kauf angeboten. Zusätzlich wurde Generalleutnant Kammhuber die eventuelle Teilhabe der deutschen Luftfahrtindustrie an der industriellen Fertigung in Aussicht gestellt[381]. Strauß selbst war ein großer Freund des Gedankens, das Waffensystem Mirage III in die Bundesluftwaffe einzuführen: „Die Behauptung, daß ich für den Starfighter gewesen sei und ihn unbedingt wollte, ist falsch. Es gibt beim Militär eine Zwangsläufigkeit, der sich auch der Minister nicht entziehen kann. Wenn vom Testpi-

---

[377] BArch, BL 1/14648: Tgb. InspLw vom 29.1.1958 betr. Telefongespräch mit Lw.-Attaché USA, S. 2. Albrecht, Handel mit Waffen, S. 66, weist darauf hin, dass die US-amerikanischen Luftfahrtunternehmen außer im Fall der F-104 kaum Nachbaulizenzen erteilten. Die F-106 wurde auch von der USAF nicht in Vietnam eingesetzt, da ein eventuell abgestürztes Wrack nicht der Sowjetunion in die Hände fallen sollte, vgl. Fisch, Stärken und Schwächen, S. 6.
[378] BArch, BL 1/14649: Tgb. InspLw vom 14.5.1958, S. 1.
[379] BArch, BL 1/14649: Tgb. InspLw vom 3.6.1958.
[380] Strauß, Erinnerungen, S. 310. Wie bereits geschildert gab es bereits vor der offiziellen Indienststellung des Bundesverteidigungsministeriums umfangreiche Informationsreisen von Luftwaffendelegationen nach Frankreich, um sich über den Stand der französischen Luftrüstung zu informieren.
[381] BArch, BL 1/14647: Tgb. InspLw vom 7.3.1957 betr. Besuch General Gallois, S. 4.

loten angefangen bis hinauf zum General alle für den Starfighter sind und man selbst anderer Meinung ist, steht man auch als Minister auf verlorenem Posten. Die Gründe, weshalb ich die Mirage bevorzugte, habe ich bereits geschildert[382]." Dabei muss die Darstellung in Strauß' Memoiren allerdings hinterfragt werden. Die Erinnerungen erschienen posthum. Natürlich könnte Strauß dort niedergeschriebene Ansicht einen nachträglichen Versuch darstellen, sich bei der Beschaffung des Waffensystems aus der Verantwortung zu stehlen, vor allem da mittlerweile der ganze Umfang der Absturzserie des Flugzeugs bekannt war. Dem widerspräche allerdings die mehrfache Wiederaufnahme des französischen Flugzeugs in den Auswahlprozess im Sommer 1958, die eindeutig auf Strauß zurückzuführen waren.

Er wollte offensichtlich die Mirage für die Luftwaffe einführen, um mit Frankreich gemeinsam eine europäische Luftfahrtindustrie aufbauen zu können[383]. Ob bei ihm zu diesem Zeitpunkt wirklich schon eine langfristige Planung zur Errichtung einer europäischen Luftfahrtindustrie vorhanden war, mag bezweifelt werden. Zum einen war die deutsche Luftfahrtindustrie noch im Aufbau begriffen. Zum anderen war Strauß ja nicht der deutsche Luftfahrtminister, sondern hatte als Verteidigungsminister lediglich viele Berührungspunkte mit der Luftfahrtindustrie – wie auch mit anderen Rüstungsunternehmen. Der schwerwiegendste Grund, diese These von der Planung einer europäischen Luftfahrtindustrie zu verwerfen, waren aber die Äußerungen von Louis Gallois selbst bei seinem Besuch im Verteidigungsministerium zur Vorstellung der Mirage. Offensichtlich sollte die deutsche Luftfahrtindustrie bei der eventuellen Fertigung der Mirage lediglich die Rolle eines Zulieferers denn eines gleichberechtigten Partners einnehmen.

Gerade diese Details machen die offensichtliche Wiederaufnahme der Mirage in den Auswahlprozess so interessant, nachdem Anfang des Jahres 1958 alles auf einen Zweikampf zwischen den US-amerikanischen Mustern F-104 und F-11 hingedeutet hatte. Für die Luftwaffenführung war die Möglichkeit einer Lizenzfertigung der kompletten Flugzeugzelle ausschlaggebend. Nun aber wurde mit der Mirage wieder ein Flugzeug in die Auswahl aufgenommen, bei dem eine Lizenzfertigung nach eigener Aussage der Herstellerfirma allenfalls in einzelnen Komponenten und lediglich durch eine Firma der deutschen Luftfahrtindustrie möglich gewesen wäre.

Neben der Problematik der fehlenden Möglichkeit einer Lizenzfertigung durch die deutsche Luftfahrtindustrie war auch das Verhalten von Verteidigungsminister Strauß sowie des Führungsstabs der Luftwaffe während und kurz nach der bereits angesprochenen USA-Reise des Inspekteurs der Luftwaffe im Februar und März 1958 eher unverständlich. Strauß hatte im Pentagon im März 1958 seine Überzeugung geäußert, dem Bundestag die Einführung der F-104 für die deutsche Luftwaffe vorzu-

<hr>

382 Strauß, Erinnerungen, S. 376.
383 Schmückle, Ohne Pauken, S. 197.

schlagen[384]. In genau diesem Sinne äußerte sich auch Generalleutnant Kammhuber auf einer Kommandeurstagung der Luftwaffe im März 1958: „Von militärischer Seite wird der Ankauf des Typs F-104 vorgeschlagen, obgleich er nicht alle deutschen militärischen Forderungen erfüllt. Trotzdem spricht im Wesentlichen für die Maschine, dass sie aa) bereits in der Truppe eingeführt ist; bb) 600 Änderungen erfahren hat; cc) durch Abstürze dazu beigetragen [hat], auftretende Schwierigkeiten zu erkennen und abzustellen[385]." Gleichwohl stellte Kammhuber klar, dass sich zwar die Luftwaffenführung entschieden habe, die Entscheidung letztlich aber von anderer Stelle getroffen werde: „Die endgültige Flugzeugauswahl wird durch Parlament und Minister getroffen[386]."

Dieses Aussage des Inspekteurs der Luftwaffe ist aus drei Gründen von extrem großer Bedeutung: *Erstens* verdeutlichte Kammhuber, dass sich die Luftwaffenführung eindeutig für die Beschaffung der F-104 aussprach. – Dies könnte darauf hindeuten, dass zwar die Luftwaffenführung von der Maschine überzeugt war, aber nicht unbedingt Verteidigungsminister Strauß. Dementsprechend hätte Strauß sein Votum für die F-104 im März 1958 entgegen seiner persönlichen Überzeugung abgegeben, da er in seinen Memoiren mehrfach darauf hinweist, lieber die Mirage als den Starfighter wählen zu wollen[387]. Dies spricht, zumindest in diesem Fall, dafür, dass Franz-Josef Strauß nicht immer unbedingt der „autoritäre Dickschädel" sein musste, als der er häufig vor allem von seinen politischen Gegnern charakterisiert worden ist. – *Zweitens* verdeutlichte das Zitat zwar die Haltung der Luftwaffenführung zur Auswahl der F-104, zugleich wird aber auch deutlich, dass die F-104 nicht in allen Punkten den deutschen Anforderungen an das zukünftige Waffensystem der Luftwaffe gerecht wurde. *Drittens* wurde hier noch einmal einer der Hauptauswahlgründe für die F-104 genannt: Das Waffensystem war bereits in die Truppe eingeführt und nach Meinung der Luftwaffenführung ausreichend erprobt.

Trotz der Beteuerung von Minister Strauß für die Einführung der F-104 und der eindeutigen Stellungnahme der Luftwaffenführung im März 1958 wurde die Mirage III also im Mai 1958 erneut durch die deutsche Auswahlkommission in Augenschein genommen. Von der Chronologie her betrachtet war dabei der Zeitpunkt im Mai 1958 durchaus logisch. Während des Auswahlverfahrens wurde im Sommer des Jahres 1957 deutlich, dass das erste komplett fertige Versuchsmuster der Mirage erst im Mai 1958 hergestellt sein würde[388]. Das bereits seit Mitte 1957 bestehende Interesse an der Mirage III fand mittlerweile bemerkenswerterweise auch Anklang bei der In-

---

[384] BArch, BL 1/14648: Tgb. InspLw, Eintrag 13.3.1958 betr. Reisebericht USA-Reise Inspekteur Luftwaffe vom 7.2.-7.3.1958, S. 2.
[385] BArch, BL 1/14705: Bericht Kommandeur-Besprechung 1/58 am 19.3.1958, S. 2.
[386] Ebd.
[387] Vgl. Strauß, Erinnerungen, S. 376.
[388] Abschlussbericht „Lockheed-Dokumente", S. 23.

dustrie. Im April 1958 erhielt Verteidigungsminister Strauß ein Schreiben der Siebelwerke ATG aus Kassel, einem eher kleineren Luftfahrtunternehmen, das sich für einen Kauf der Mirage III für die Luftwaffe aussprach. Dabei präsentierte das Unternehmen dem Ministerium eine umfassende Aufstellung von Gründen für die Auswahl des französischen Musters, angefangen vom überzeugenden konstruktiven Aufbau der Maschine über das gleiche Maßsystem wie in Deutschland bis zur möglichen Pilotenausbildung in Frankreich[389]. Siebel stellte auch eine detaillierte finanzielle Planung über den Lizenzbau der Mirage vor, natürlich unter der Einbeziehung eigener Produktionskapazitäten. Mit dieser Kalkulation wollte Siebel natürlich nachweisen, dass ein Nachbau der Mirage im Gegensatz zu den anderen beiden US-amerikanischen Mustern F-104 und F-11 F bei einer anzunehmenden Stückzahl von 250 Maschinen eine Preisersparnis von 350 Millionen DM erbringen würde[390].

Am 3. Juni 1958 unterrichtete Generalleutnant Kammhuber Minister Strauß über den Verlauf der Erprobung. Was sich in den folgenden Wochen und Monaten ereignete, war ein unglaubliches Tauziehen zwischen der Entscheidung für die F-104 oder der Mirage III. Offenbar veranlasste die Unterrichtung über die erneute Überprüfung der Mirage Strauß dazu, sich nun endgültig für die F-104 zu entscheiden. Dazu notiert das Tagebuch des Luftwaffeninspekteurs am 10. Juni 1958: „Auf Anordnung des Herrn Ministers ist durch Abteilung T der Dreier-Ausschuss einzuberufen. Ihm ist Entschluss mit Begründung für Auswahl F-104 zu geben. Diskussion ist zu unterlassen[391]." Der Dreier-Ausschuss war ein deutsch-französisch-italienisches Koordinationsorgan für Rüstungsfragen[392]. Die Brisanz der Entscheidung von Strauß wurde dadurch deutlich, dass dem Ausschuss die Entscheidung zwar zu begründen war, aber eine Diskussion auf jeden Fall vermieden werden sollte. Offenbar befürchtete der Minister starke Kritik an der nunmehr von ihm getroffenen Entscheidung für ein US-amerikanisches Waffensystem.

Diese Entscheidung hatte allerdings nur wenige Tage Bestand! Bereits drei Tage später, am 13. Juni 1958, dem Tag der Beratung des Dreier-Ausschusses, hatte sich Strauß laut dem Tagebuch des Inspekteurs offenbar wieder komplett anders entschieden: „14.25 Uhr Telefongespräch mit dem Herrn Minister. Der Herr Minister ist damit einverstanden, dem Dreier-Ausschuss zu eröffnen, dass Interceptor-Auswahl bisher noch nicht abgeschlossen sei. Der französischen Industrie soll Gelegenheit gegeben werden, MIRAGE III bis August 1958 so zu verbessern, dass nach Möglichkeit die deutschen militärischen Forderungen erfüllt werden. [...] 16.00-18.30 Uhr

---

389 BArch, BW 1/347307: Brief Siebelwerke ATG an Verteidigungsminister Strauß betr. Jägerbeschaffung MIRAGE IIIA, S. 1f.

390 Ebd., S. 3ff.

391 BArch, BL 1/14649: Tgb. InspLw, Eintrag 10.6.1958 betr. Besprechung mit Oberst Steinhoff u. a.

392 Lemke, Konzeption, S. 341f. Hinweise auf die Arbeit des Dreier-Ausschusses finden sich auch bei Strauß, Erinnerungen, S. 313f.

Besprechung beim Herrn Minister über Interceptor-Auswahl. Dabei Bestätigung des Ergebnisses der vorangegangenen Besprechung im Dreier-Ausschuss. Der Herr Minister auferlegt allerdings den französischen Vertretern keinen Termin[393]." Zeitweise unternahm der Führungsstab der Luftwaffe auch den Versuch, sowohl die Mirage als auch die F-104 in die zukünftige Luftwaffenkonzeption einzubeziehen. Dabei sollten die Luftwaffenverbände für die Abfangjagd mit der Mirage und für den Jagdbombereinsatz mit der F-104 ausgerüstet werden[394]. Oberst Johannes Steinhoff[395] wies aber in der Besprechung sofort auf die Probleme hin, die eine solche Verbandsaufstellung mit sich bringen würde[396]. Er äußerte sogar die Ansicht, dass die Luftwaffe von der Umrüstung auf die F-104 komplett absehen sollte, falls Strauß unbedingt auf die Verwendung der Mirage bestehen sollte. Trotzdem gab der Inspekteur der Luftwaffe eine Machbarkeitsstudie in Auftrag, die über die oben angesprochene Verwendung beider Flugzeugmuster in der Luftwaffe Auskunft geben sollte[397]. Steinhoff war nicht nur als Unterabteilungsleiter Führung im Führungsstab für den Ablauf des Auswahlprozesses verantwortlich. Er nahm auch neben den beiden Piloten Werner und Krupinski aktiv an der Auswahl teil und führte selbst Testflüge durch[398].

---

[393] BArch, BL 1/14649: Tgb. InspLw vom 13.6.1958.

[394] Ebd. vom 14.6.1958 betr. Besprechung mit Oberst Steinhoff u. a.

[395] Johannes Steinhoff (1913-1994) trat nach Abitur und anfänglichem Studium in die Wehrmacht ein und durchlief die Ausbildung zum Offizier und Flugzeugführer. Bis zum Kriegsende war er ausschließlich in Truppenverwendungen und während des 2. Weltkriegs einer der erfolgreichsten deutschen Jagdflieger. Er führte im Jahr 1944 für wenige Wochen das erste Jet-Geschwader der deutschen Luftwaffe. Kurz vor Ende des Krieges wurde Steinhoff im April 1945 bei einem Flugzeugabsturz schwer verletzt und musste bis 1947 im Lazarett bleiben. Nach Tätigkeiten in der Privatwirtschaft war er ab dem 1.7.1952 Mitarbeiter im Amt Blank und 1955 mit der Aufstellung der Bundeswehr als Oberst übernommen. Er war im Führungsstab der Luftwaffe als Unterabteilungsleiter für den Ablauf des Auswahlprozesses der F-104 verantwortlich. Nach Dienstposten in hohen Stäben der Bundeswehr und der NATO wurde er schließlich 1966 auf dem Höhepunkt der so genannten „Starfighterkrise" als Nachfolger von Werner Panitzki der 3. Inspekteur der Luftwaffe (1966-1970) und anschließend bis 1974 Chairman des Military Committee der NATO. Danach war er ab 1974 im Aufsichtsrat von Dornier tätig, ab 1977 als dessen Vorsitzender. Vgl. zu Steinhoffs Vita eine erste Analyse von Möllers, „Ein unbequemer Mann!".

[396] Steinhoff sah unter anderem bei der Ausbildung von Flugzeugführern und technischem Personal auf die Luftwaffe zukommen, sollte noch ein zusätzliches Muster neben der F-104 und der G.91 angeschafft werden, vgl. dazu BArch, BL 1/14649: Tgb. InspLw vom 14.6.1958 betr. Besprechung mit Oberst Steinhoff u. a. Zu den im Fü L angestellten Planspielen zur Verwendung von F-104 und Mirage vgl. auch Lemke, Konzeption, S. 342.

[397] BArch, BL 1/14649: Tgb. InspLw vom 14.6.1958 betr. Besprechung mit Oberst Steinhoff u. a.

[398] Im Privatnachlass von Johannes Steinhoff findet sich ein Foto, auf der er vor einer F11F steht. Die Bildunterschrift lautet „Col Stunhoff flying F 11 F-1F". Das Flugzeug schien extra für den Flug von Steinhoff vorbereitet worden zu sein. An der Bordwand der F11F ist die Inschrift „HORRIDOH HERR OBERST" zu lesen, vgl. Nachlass General Johannes Steinhoff, Ordner 1. Der Schlußbericht der Arbeitsgruppe „Lockheed-Dokumente", S. 22 weist darauf hin, dass auch Steinhoff im Februar 1958 die F-104 „über den vollen Leistungsbereich" geflogen hat.

Der Auswahlprozess eines Nachfolgeflugzeugs für die Erstausstattung der Bundeswehr schien eigentlich im März 1958 mit der Entscheidung von Verteidigungsminister Strauß für die F-104 beendet zu sein. Die erneute Inaugenscheinnahme der Mirage im Mai 1958 war offensichtlich auf Strauß zurückzuführen. Trotzdem schien die Entscheidung Ende Mai 1958 erneut zu Gunsten der F-104 gefallen zu sein. Oberst Schmückle schilderte in seinen Memoiren, dass sich Strauß Ende Mai 1958[399] endgültig für die F-104 entschieden habe und diese Entscheidung auch veröffentlicht werden sollte: „Wenige Tage später eröffnete mir Strauß, seine Entscheidung sei gefallen. Widerwillig, aber endgültig wähle er den „Starfighter". Persönlich hätte er die „Mirage" bevorzugt, doch sehe er sich einer geschlossenen Front gegenüber. Angeführt vom Inspekteur der Luftwaffe, plädierten Piloten, Techniker, Finanzexperten, Wirtschaftler und Industrielle für die amerikanische Maschine[400]." Strauß ließ Schmückle eine Presseerklärung für den nächsten Tag vorbereiten, in der die Gründe der Entscheidung für die F-104 dargelegt werden sollten.[401] Schmückles Schilderung legt nahe, dass die Entscheidung für die US-amerikanische F-104 und gegen die französische Mirage sowohl von Strauß als auch von ihm selbst als politisch äußerst heikel angesehen wurde. Noch während Schmückle den Text der Erklärung verfasste, erreichte das Verteidigungsministerium die Nachricht, dass General Charles de Gaulle zum französischen Ministerpräsidenten ernannt worden war[402]. Dieser galt damals schon als unberechenbarer Politiker, der Deutschland gegenüber nicht gerade freundlich eingestellt sei[403]. Am nächsten Tag, kurz vor der Veröffentlichung der Pressemitteilung, erhielt Schmückle einen seiner Meinung nach beunruhigenden Anruf aus Paris. Der Anrufer teilte ihm mit, dass er von der bevorstehenden Presseerklärung wisse und erläuterte Schmückle, dass Marcel Dassault, der Konstrukteur der Mirage III, bereits seit 1951 die gaullistische Politik finanziell unterstützen würde. Daher würde eine Ablehnung des Flugzeugs zum jetzigen Zeitpunkt in Frankreich als Akt gegen die Regierung de Gaulle gesehen werden, was die fragilen deutsch-französischen Beziehungen mit Sicherheit zusätzlich stark belasten würde.[404] Als Schmückle Strauß über dieses Telefonat informierte, verschob dieser den Termin der Bekanntgabe zur Interceptor-Entscheidung. Laut Schmückles Erinnerungen löste die Nachricht von der

---

[399] Dabei lässt sich das genaue Datum der Entscheidung, das Schmückle beschreibt, mangels konkreter Datumsangaben in seinen Erinnerungen nur auf Grund der dann folgenden Ereignisse, deren Daten bekannt sind, in einen historischen Kontext einbinden.

[400] Schmückle, Ohne Pauken, S. 207. Diese Darstellung der breiten Front gegen die Anschaffung der Mirage deckt sich auch mit den Erinnerungen in Strauß, Erinnerungen, S. 317.

[401] Schmückle, Ohne Pauken, S. 207.

[402] Diese Ernennung erfolgte am 1.6.1958: „Am 1. Juni übernahm Charles de Gaulle die Macht." vgl. Strauß, Erinnerungen, S. 314.

[403] Schmückle, Ohne Pauken, S. 208. Hinweise auf den schwierigen Umgang mit de Gaulle finden sich auch bei Strauß, Erinnerungen, S. 314.

[404] Schmückle, Ohne Pauken, 208f.

Verschiebung der Bekanntgabe in der Luftwaffenführung große Unzufriedenheit und Kritik aus[405].

Strauß hatte Kammhuber im bereits genannten Telefonat zur strengsten Geheimhaltung in Bezug auf die Verschiebung der ja eigentlich bereits getroffenen Entscheidung verpflichtet[406]. Dementsprechend erklärte Kammhuber am 19. Juni 1958 vor dem Haushaltsausschuss des Bundestages, dass die Auswahl eines Abfangjägers von der militärischen Seite aus abgeschlossen sei und die Bekanntgabe der Entscheidung nur zurück gehalten werde, um durch Wettbewerb zwischen den konkurrierenden Flugzeugfirmen den besten Preis für das Verteidigungsministerium zu erzielen[407]. Diese Aussage entsprach nicht der Realität, da die Veröffentlichung der Entscheidung nicht aus preistaktischen, sondern aus politischer Rücksichtnahme gegenüber Frankreich veranlasst worden war.

In der Zwischenzeit gingen die Tests an der Mirage, wie von Strauß im Dreier-Ausschuss zugesagt, weiter. Natürlich liegt die Frage nahe, ob hinter der Fortführung der Erprobung durch die deutsche Auswahlkommission ein echtes Interesse an der Einführung des Flugzeugs steckte oder ob nur versucht werden sollte, Frankreich nicht stärker als nötig vor den Kopf zu stoßen, obwohl die Einführung der F-104 eigentlich schon beschlossene Sache war. Letztlich sind die Quellen zu dieser Frage eindeutig. Beim Antrittsbesuch von Colonel Bird von der MAAG äußerte sich Kammhuber zum Stand der Flugzeugbeschaffung Anfang Juli 1958 folgendermaßen: „Insp.Lw führt aus, dass Deutschland aus politischen Gründen gezwungen sein könnte, neben der F-104 auch eine kleine Zahl von Mirage III abzunehmen[408]." Diese Äußerung war nichts anderes als ein Versuch, die USA auf die schwierige deutsche Situation hinzuweisen und um Verständnis zu bitten, dass die Entscheidung noch nicht offiziell verkündet werden könne. Und die Idee, die Mirage und die F-104 in der Luftwaffe gleichzeitig zu verwenden, war vom Führungsstab zwar diskutiert, aber

---

405 Ebd., S. 209f. Vor allem Inspekteur Kammhuber soll nach Schmückles Erinnerung außer sich gewesen und dem Minister äußerst trotzig gegenüber getreten sein. In Strauß, Erinnerungen, fehlen die oben angeführten Details aus der Zeit der Regierungsübernahme von de Gaulle in Bezug auf die Entscheidung gegen die Mirage. Trotzdem besteht kein Anlass, an der Darstellung bei Schmückle trotz fehlender Belege bei Strauß zu zweifeln, da dessen Erinnerungen auch bestimmte andere Sachverhalte und Situation vielleicht nicht oberflächlich, aber durchaus in sehr knapper Form wiedergegeben haben. Zusätzlich sind die Regierungsübernahme von de Gaulle und die damit verbundene gespannte politische Situation zwischen Deutschland und Frankreich in Kombination mit der durchaus generellen Frankreich-freundlichen Einstellung von Franz-Josef Strauß absolut geeignet, das dauernde Tauziehen für und gegen die Einführung der Mirage in die deutsche Luftwaffe zu erklären. Diese Erklärung erscheint umso mehr einleuchtend, als der deutsche Verteidigungsminister sich schon im März 1958 auf die F-104 festgelegt hatte, wenn auch, wie geschildert, seiner Ansicht nach gegen die eigene Überzeugung.
406 Ebd.
407 BArch, BL 1/14649: Aktenvermerk vom 26.6.1958. Kammhuber wies in der Notiz auch darauf hin, dass er in der Sitzung des Ausschusses den ausgewählten Flugzeugtyp nicht genannt habe.
408 BArch, BL 1/14649: Tgb. InspLw vom 9.7.1958 betr. Antrittsbesuch Colonel Bird (MAAG).

auch mit durchweg sinnvollen Argumenten von Oberst Steinhoff erst kurz zuvor verworfen worden. Die Beschaffung einer „kleinen Zahl von Mirage" hätte ebenso aus logistischer Sicht keinerlei Sinn gemacht. Diese Ansicht vertrat auch Verteidigungsminister Strauß vor dem Verteidigungsausschuss des Bundestages[409].

Am deutlichsten wird die letztlich klar gefallene Entscheidung im Tagebuch des Luftwaffeninspekteurs im Zusammenhang mit einer Frankreichreise von Minister Strauß, in deren Verlauf er sich persönlich auf einem französischen Militärflugplatz von den Vorzügen der Mirage überzeugen sollte: „Interceptorenauswahl wird von Ministerbesuch in Frankreich nicht beeinflusst[410]." Oberst Schmückle stützt damit die Ansicht, dass die erwähnte Frankreichreise in keiner Weise dazu hätte beitragen können, die Entscheidung zugunsten der F-104 noch zu ändern[411].

Ende September 1958 wurden im Führungsstab der Luftwaffe trotzdem noch einmal die Ergebnisse der erneuten Überprüfung der Mirage diskutiert. Dabei trat zutage, dass die Mirage immer noch nicht den von der Luftwaffe gestellten militärischen Anforderungen genügte. Zudem habe sich die Firma Dassault auch offenbar nur wenig Mühe gegeben, die geforderten Änderungen vorzunehmen[412]. Doch selbst diese Informationen hatten praktisch keinen Wert mehr, da in der ersten Hälfte der Besprechung bereits konkret über die elektronische und waffentechnische Ausrüstung der F-104 beraten worden war, so dass nun keinerlei Zweifel mehr an der Anschaffung bestehen konnten[413]. Außerdem hatte Anfang September 1958 Der Spiegel einen sehr detailgetreuen und gut informierten Artikel über das Hin und Her zwischen Mirage und F-104 veröffentlicht[414].

Ebenfalls Ende September 1958 wurden die Unternehmen der deutschen Luftfahrtindustrie, denen im gesamten Auswahlprozess zumindest hinsichtlich der Zielsetzung große Bedeutung zukam, über den ungefähren Stand der Dinge in Kenntnis gesetzt. Dabei erhielten die Vertreter der Unternehmen allerdings keine vertraulichen Informationen, welches Muster die Industrie in den nächsten Jahren in Lizenz bauen sollte. Zur Frage der Modellauswahl wurde ihnen lediglich mitgeteilt, dass die Entscheidung über das zukünftige Flugzeugmuster innerhalb der nächsten beiden Monate

---

[409] BT-Archiv, VertAusschuss, Protokoll 3. WP, 7. Sitzung, 12.2.1958, S. 20.

[410] BArch, BL 1/14649: Tgb. InspLw vom 10.7.1958.

[411] Schmückle, Ohne Pauken, S. 211.

[412] BArch, BL 1/14649: Tgb. InspLw vom 30.9.1958, S. 3. Die Ablehnung der Änderungen begründete die französische Luftwaffenführung mit dem Umstand, dass dadurch die termingerechte Einschleusung des Musters in die französischen Verbände gefährdet sei, vgl. BArch, BL 1/1755: Fü L/Abt. T an BMVg Strauß vom 21.10.1958betr. Zusammenfassende Beurteilung des französischen Flugzeugmusters Mirage III C, S. 3. Zur Weigerung des Mirage-Herstellers, hinreichend auf die von Fü L gestellten technischen Forderungen einzugehen, vgl. auch die Darstellung bei Lemke, Konzeption, S. 343.

[413] BArch, BL 1/14649: Tgb. InspLw vom 30.9.1958 S. 1f.

[414] Der Spiegel 36/1958, S. 14-15: „Wer ist eher am Feind".

fallen würde[415]. Zum Zweck des Nachbaus des Jagdflugzeug sollten die Firmen Heinkel, Messerschmitt und Dornier eine Arbeitsgemeinschaft gründen, der auch noch die Firma Siebel ATG beitreten sollte, sobald diese nicht mehr in den Nachbau des Transportflugzeugs in der Nord-Gruppe eingebunden sei[416].

Innerhalb des Ministeriums erfolgte die endgültige letzte Entscheidung für die F-104 am 9. Oktober 1958: „Telefonat Insp.Lw. mit Minister. (…) b) Minister bestätigt, dass „MIRAGE III tot" ist. c) Minister stimmt zu, den Großauftrag für F-104 (Größenordnung 800-900) zu erteilen[417]." Am gleichen Tag ordnete Strauß an, Unterlagen zur Unterrichtung des Bundeskanzlers über die getroffene Entscheidung zusammen zu stellen[418]. Die politische Brisanz des gesamten Themas hatte sich trotzdem noch nicht gelegt. Vor einer Aussage Kammhubers vor dem Verteidigungsausschuss instruierte Strauß diesen sehr genau, was er sagen dürfe: „Minister ordnet an, dass Vortrag nicht auf gesamtes Flugzeugbeschaffungsprogramm der Luftwaffe abzustellen ist, sondern lediglich die in der Vorlage erbetene Zustimmung zu G 91, Alouette und Convair 440 betreffen soll. […] Hinweis auf Interceptor und mögliche Auswahlentscheidung unter allen Umständen vermeiden. (Minister weist darauf hin, dass Interceptorentscheidung zu Gunsten F-104 vom Bundeskanzler gebilligt, jedoch mit erheblicher politischer Auflage gegenüber Frankreich verknüpft worden sei (STRENG VERTRAULICH)[419]."

Der Prozess der Flugzeugbeschaffung, der 1957 noch unter rein technisch-militärischen Gesichtspunkten begann, hatte sich mittlerweile zu einem diplomatischen Minenfeld von extremer wirtschaftlicher Bedeutung entwickelt. Die Tatsache, dass die militärischen Kriterien der Auswahl längst hinter industriepolitischen Gesichtspunkten zurück stehen mussten, wurde dabei sogar in die Öffentlichkeit getragen. So äußerte Strauß im Juli 1958 vor dem Deutschen Bundestag in Bezug auf den Auswahlprozess folgende Ansicht: „Die Dringlichkeit [der Auswahl eines Flugzeugmusters] liegt dabei nicht in der Beschaffung von Flugzeugen für die Luftwaffe; wir sind noch auf sehr lange Zeit mit gebrauchsfähigen Flugzeugen in ausreichender Zahl versorgt. Die Dringlichkeit liegt darin, daß die Ansätze der wiedererstandenen Luftfahrtindustrie, die wir geschaffen haben und die auch für die Wirtschaft der Bundesrepublik, ihre Konkurrenzfähigkeit auf dem Weltmarkt und für das Ansehen Deutschlands insbesondere auch angesichts der Konkurrenzentwicklung in der sogenannten DDR von erheblicher Bedeutung sind, nicht durch eine Beschäftigungspause, in der

---

[415] BArch, B 102/107340: Aktenvermerk betr. Gemeinschaftsarbeit der Flugzeugfirmen im Südraum Projekte G 91 und Interceptor, S. 1.
[416] Ebd., S. 3.
[417] BArch, BL 1/14649: Tgb. InspLw vom 9.10.1958, S. 3.
[418] Ebd., S. 4.
[419] BArch, BL 1/14649: Tgb. InspLw vom 13.10.1958, S. 1. Vgl. Lemke, Konzeption, S. 343.

die Entwicklungsteams entlassen und die Facharbeiter anderswohin geschickt werden, von neuem zu Erliegen kommt[420]."

Strauß gab also ganz offen zu, dass es für die im Moment noch stattfindende Auswahl weniger eine militärische Notwendigkeit, sondern vor allem industriepolitische Überlegungen gab. Strauß erweiterte seine Begründung allerdings noch um die Sorge vor der wachsenden Konkurrenz durch die ostdeutsche Luftfahrtindustrie. – Diese Sorge findet sich in den damals geäußerten Begründungen zur Unterstützung der Industrie nirgendwo sonst. – Untermauert wurde die Ansicht der Bedeutung der Flugzeugauswahl für die Unternehmen der westdeutschen Luftfahrtindustrie durch ein Interview von Luftwaffeninspekteur Kammhuber im November 1958. Darin äußerte er, dass ihm aus Sicht der Luftwaffe eine spätere Auswahl und Einführung des neuen Waffensystems eigentlich lieber gewesen wäre, da die Luftwaffe zur Zeit noch nicht über eine ausreichende Zahl von ausgebildeten Piloten und Flugplätzen verfüge[421]. Auf diesen Mangel an ausgebildeten Piloten wiesen auch andere Quellen hin[422]. Auch ein führender Beamter des Bundesamtes für Wehrtechnik und Beschaffung fand im Oktober 1958 sehr klare Worte für die aktuelle industriepolitische Situation rund um die Auswahl des Starfighters: „Ein unmittelbarer Zwang für die „Interceptoren-Entscheidung" besteht seitens der Luftwaffe nicht, da diese für die beschriebenen Aufgaben mit der F-84 und der F-86 modern ausgerüstet ist. Für die Industrie jedoch, die den Nachbau ausführen soll, bedeutet jeder Tag einen Verlust, da sie nicht früh genug mit der neuen, größeren Aufgabe vertraut gemacht werden kann[423]."

Alle diese Äußerungen, die meisten stammen aus dem Zeitraum unmittelbar vor Verkündigung der Entscheidung des Auswahlprozesses durch das Verteidigungsministerium, belegen, dass von Seiten der Luftwaffe ein Bedarf für ein modernes Jagdflugzeug eigentlich noch nicht vorhanden schien, da sie weder über eine geeignete Infrastruktur noch über eine genügend starke Personaldecke verfügte[424]. Die militäri-

---

[420] Verhandlungen des Deutschen Bundestages 3. WP, 38. Sitzung, S. 2209.

[421] General Kammhuber in einem Interview im Oktober 1958, veröffentlicht in Flugwelt 11/1958, S. 834.

[422] Wehrtechnische Monatshefte 5/1958, Bundeswehr – es fehlt an Flugzeugführern, S. 244-245. Demnach erreichten „von etwa 100 Bewerbern (gedienten und ungedienten) nur etwa 15 das Ausbildungsziel". Bis zum 31.3.1963 benötige die Bundeswehr insgesamt etwa 2.800 Flugzeugführer. Im gleichen Kontext wurde auf die Gründung von „Luftwaffen-Sportfluggruppen" hingewiesen, die auch dazu dienen sollten, „aus dem Bodenpersonal auf den Horsten eine interessante Zahl von neuen Fliegern zu gewinnen."

[423] Flugwelt 11/1958, S. 830.

[424] Das Argument, dass die Luftwaffe zum damaligen Zeitpunkt auf Grund der personellen und infrastrukturellen Situation noch mit der Auswahl hätte warten können, ist sicherlich richtig. Dies sollte sich vor allem in den folgenden Jahren bis zur so genannten Starfighter-Krise im Jahr 1966 sehr deutlich zeigen. Andererseits ist zu beachten, dass sich die Bundesrepublik der NATO gegenüber verpflichtet hatte, in einem definierten Zeitraum eine bestimmte Anzahl funktionsfähiger Verbände aufzustellen. Auf Grund der ständig fortschreitenden technologischen Entwicklung, gerade auf dem Gebiet der Luftfahrt-

schen Erfordernisse traten damit hinter denen der Industrie zurück, die dringend auf die Erteilung weiterer Nachbauaufträge angewiesen war.

Am 15. Oktober 1958 ordnete Strauß gegenüber Kammhuber offiziell an, die F-104 in das Flugzeugbeschaffungsprogramm des Verteidigungsministeriums aufzunehmen und die Entscheidung in der Sitzung des Verteidigungsausschusses am 5. November 1958 zu vertreten. Gleichzeitig sollte der Führungsstab der Luftwaffe ein an den französischen Luftwaffenchef gerichtetes Schreiben entwerfen, das die Ablehnung der Mirage III durch die Bundesrepublik erklären sollte.[425] Daneben traf Strauß noch eine sehr erstaunliche Anordnung: „Abgeordnete der Koalitionsparteien (HH/V-Ausschuss) [des Haushalts- und Verteidigungsausschusses] werden vom Minister am 4.11. eingeladen, um über Flugzeugbeschaffungsprogramm unterrichtet zu werden[426].“ Dass die Ausschussmitglieder der Koalitionsparteien bereits einen Tag früher über die Gründe für die Auswahl des Waffensystems F-104 informiert wurden als deren übrige Mitglieder, lässt natürlich die Frage aufkommen, ob die Ausschussmitglieder der Koalitionsparteien in einer möglicherweise detaillierteren Form als ihre Kollegen unterrichtet werden sollten. Vom Standpunkt der parlamentarischen kollegialen Arbeit betrachtet, war dieses Verhalten von Verteidigungsminister Franz Josef Strauß kaum nachvollziehbar.

Am 24. Oktober 1958 erfolgte die Unterrichtung der Öffentlichkeit über die getroffene Flugzeugentscheidung. Während Strauß im Mai 1958 aber seinen Pressereferenten noch beauftragt hatte, in die Presseerklärung jede positive Begründung für die Auswahl der F-104 aufzunehmen, enthielt die offizielle Verlautbarung des 24. Oktober kaum Begründungen für die Entscheidung. Die Mitteilung enthielt lediglich die Aussage, dass die F-104 gegenüber der Super-Tiger einen geringfügigen Vorzug habe. Dieser Vorzug wurde nicht näher erläutert. Die Mirage III A schied nach dieser Erklärung komplett aus, weil sie die taktisch-technischen Forderungen der Luftwaffe nicht erfüllen konnte. Die Erklärung wies ebenfalls auf existierende, jedoch nur inoffizielle Höhen- und Geschwindigkeitsrekorde hin – die natürlich der Starfighter hielt. Darüber hinaus wurde nunmehr die F-104 als komplett erprobtes und einsatzfähiges Waffensystem dargestellt[427]. Dabei stieß die offizielle Bekanntgabe der Entscheidung

---

technik, und der permanent gesehenen Bedrohung aus dem Osten machte dabei die Suche nach einem moderneren Waffensystem auch zu diesem Zeitpunkt durchaus Sinn.

[425] BArch, BL 1/14649: Tgb. InspLw vom 15.10.1958 betr. Telefonat mit Minister, S. 4. Wie die nähere Zukunft noch zeigen sollte, war das Schreiben an den französischen Luftwaffenchef natürlich nicht im Ansatz dazu geeignet, den Zorn der Franzosen über die deutsche Entscheidung zu mildern. So warfen französische Politiker dem deutschen Verteidigungsministerium im Herbst 1959 vor, durch die gezielte Herausstellung der technischen Vorteile der F-104 die französischen Luftfahrtindustrie schwer zu schädigen; vgl. dazu BArch, BL 1/14650: Tgb. InspLw vom 21.10.1959.

[426] BL 1/14649: Tgb. InspLw vom 15.10.1958 betr. Telefonat mit Minister, S. 4.

[427] BArch, B 102/107345: Mitteilung an die Presse. Veröffentlicht durch das Presse- und Informationsamt der Bundesregierung 24.10.1958, S. 1. Zu einer kritischen Sicht des Fehlens einer inhaltlichen Be-

durchaus auf ministeriellen Widerspruch: Das Bundesfinanzministerium monierte intern den Vorgang, da sich die Bundesrepublik damit bei den anstehenden Lizenz- und Preisverhandlungen mit Lockheed auf Grund fehlender Konkurrenz in eine sehr defensive Position bringen würde[428].

Die Presselandschaft hatte bereits den Auswahlprozess vielfach kommentiert, ohne dass sich ein klarer Favorit in der Berichterstattung durchgesetzt hatte[429]. Im Herbst 1958, als die Entscheidung über die Beschaffung des Flugzeugs unmittelbar bevor stand, mehrten sich in den Zeitungen Hinweise, dass die Entscheidung des Verteidigungsministerium wohl zugunsten des Musters F-104 fallen würde[430].

Als die Entscheidung des Ministeriums schließlich zu Gunsten der Beschaffung des Musters F-104 gefallen und der Öffentlichkeit mitgeteilt worden war, waren die Pressereaktionen neutral oder positiv. In neutralen Artikeln wurde lediglich der Wortlaut der Presseerklärung des Verteidigungsministeriums wieder gegeben, ohne die Entscheidung zu kommentieren[431]. Die positiv eingestellten Artikel nahmen bei der Kommentierung Bezug auf die Weltrekordleitungen der F-104 in den Bereichen Gipfelhöhe und Geschwindigkeit sowie auf ihre Beschreibung als „bemannte Rakete“, die auf Grund des Aussehens aufkam[432]. Die einzig negative Berichterstattung zur Bekanntgabe der Entscheidung des Verteidigungsministeriums erschien in den Medien in der DDR. Hier wurde die Entscheidung unter Titeln wie „Strauß füttert Hitlers Lieferanten[433]“ oder „Strauß kalkuliert Weltkrieg ein[434]“ propagandistisch benutzt, um die Bundesrepublik als kriegstreibende, imperialistische Macht darzustellen.

Mit der offiziellen Presseerklärung des Bundesverteidigungsministeriums hatte ein über zwei Jahre andauernder Prozess zumindest vorläufig sein Ende gefunden. Wie stark die Luftwaffenführung den zeitlichen Umfang des Auswahlprozesses falsch eingeschätzt hatte, beweist eine Aussage von Inspekteur Kammhuber aus dem Sep-

---

gründung der Auswahl vgl. Schulz, Militarismus, S. 326. Das Fehlen der Begründung thematisierte auch die Fachzeitschrift *Interavia*, vgl. Interavia 1/1959 „Warum sich die Bundesrepublik für die Lockheed F-104 entschied“, S. 46.

[428] Schlußbericht der Arbeitsgruppe „Lockheed-Dokumente“, S. 30.

[429] Vgl. dazu passim FoLuft, Sammlung Schmitz I, Ordner 29a. Hier sind diverse Zeitungsausschnitte aus der Zeit ab 1957 gesammelt, die den Blick auf den Auswahlprozess aus Sicht der Berichterstatter widerspiegeln.

[430] FAZ, 20.10.1958: „Vor einer Entscheidung“. FAZ, 21.10.1958: „Luftverteidigung“. Flugwelt-Eildienst Nr. 193, 22.10.1958: „Spektakel um die Interceptor-Entscheidung“. Die Welt, 22.10.1958: „Starfighter – Der beste Jäger“. FAZ, 22.10.1958: „Auf Herz und Nieren“.

[431] Flugwelt-Eildienst Nr. 195, 24.10.1958. Nürnberger Zeitung, 26.10.1958. Die Welt, 25.10.1958. Berliner Morgenpost, 25.10.1958.

[432] FAZ, 25.10.1958: „Der schnellste Jäger der Welt für die Bundeswehr“;. Der Tagesspiegel, 25.10.1958: „Ein bemanntes Geschoß“; Kölner Rundschau, 25.10.1958: „Starfighter ist Spitzenklasse“; Frankfurter Neue Presse, 27.10.1958: „Ein bemanntes Geschoß – Der Starfighter kann eine Granate einholen“.

[433] Neues Deutschland, 26.10.1958: „Strauß füttert Hitlers Lieferanten“.

[434] Berliner Zeitung, 29.10.1958 „Strauß kalkuliert Weltkrieg ein“.

tember 1956. Zu diesem Zeitpunkt hatte er in einem Vortrag vor Vertretern der deutschen Luftfahrtunternehmen verkündet, dass der Abschluss des Prozesses spätestens am 1. Juli 1957 erfolgen würde[435]. Letztlich brauchte die Entscheidung aber noch 15 Monate länger. Am treffendsten beschreibt sicher ein Satz aus dem Geschäftsbericht des BDLI die „heiße Phase" des Auswahlprozesses im der zweiten Hälfte des Jahres 1958: „Durch die starke Inanspruchnahme aller Referate mit den Problemen Starfighter und G.91 sind wir bezüglich des Abschlussauftrages Noratlas anfangs nicht weitergekommen. Es war in den Monaten des Kampfes um den Interceptor auch gänzlich inopportun, den Minister auf die Noratlas anzusprechen[436]." Mit ziemlicher Sicherheit ist das Zitat noch eine starke Untertreibung der Stimmung, die in den Monaten März bis Oktober 1958 im Bundesverteidigungsministerium geherrscht hatte.

Der Auswahlprozess des zukünftigen Kampfflugzeugs für die Bundesluftwaffe erscheint in der Retrospektive teilweise als ein völlig planloser Vorgang. Entscheidungen wurden im Ministerium getroffen, teilweise unter Einbeziehung der Luftfahrtindustrie, um dann wieder verworfen zu werden. In der einen Woche bestimmte die politische Leitung des Verteidigungsministeriums das Handeln, um dann wieder komplett in den Hintergrund zu treten. Ein roter Faden, der zur Auswahl des Flugzeugmusters F-104 führte, ist nicht erkennbar.

Exkurs: Die Rolle Lockheeds im Beschaffungsprozess und die Bestechungsvorwürfe

Eine besondere Rolle beim Beschaffungsprozess der F-104 spielte selbstverständlich deren Herstellerfirma, der US-amerikanische Luftfahrtkonzern Lockheed Aircraft Cooperation. Beide Seiten verband eine durchaus wechselhafte Geschichte. Dazu trugen die immer wieder geäußerten Vorwürfe bei, Lockheed habe sich die Starfighter-Entscheidung des Verteidigungsministeriums mit Schmiergeldzahlungen an die CSU, die Partei des damaligen Verteidigungsministers Strauß, erkauft. Dabei waren die Auswahl der F-104 für die Verwendung in der bundesdeutschen Luftwaffe und ihr Lizenzbau durch die Unternehmen der deutschen Luftfahrtindustrie nicht die ersten Berührungspunkte zwischen Lockheed und der Bundesrepublik. Wegen dieser Gemengelage müssen die Beziehungen zwischen Lockheed und der Bundesrepublik vor Beginn des Auswahlprozesses betrachtet werden.

Erste belegte Kontakte zwischen beiden Parteien lassen sich in den Akten des BDLI, damals noch VzFdL, bis in das Frühjahr 1953 zurückverfolgen. Damals verhandelte die Bundesregierung mit der Vorläuferorganisation der Lufthansa, die offiziell wegen des Betätigungsverbots im Luftfahrtbereich noch nicht existieren durfte,

---

435 BArch, BL 1/1506: Koberner Luftfahrtgespräche, 27.9.1956: „Die Anforderungen der deutschen Luftverteidigung an Forschung und Entwicklung", S. 11.
436 FoLuft Sammlung Schmitz I, Ordner 8, Bericht der Geschäftsführung für die Zeit 1.10.58-28.2.59.

über später anzuschaffende Flugzeuge. Besondere Beachtung fanden dabei die Modelle Douglas DC 6 und DC 8 sowie die Lockheed Super-Constellation. Lockheed gründete zur besseren Koordination seiner Verkaufsbemühungen mit der Deutschen Commerz GmbH in Frankfurt am Main eine eigene, für Deutschland zuständige Niederlassung[437]. Die Bundesregierung wollte sich im Zuge dieser Verhandlungen auch nach der Möglichkeit der Vergabe von Lizenzfertigungen von Verkehrsmaschinen durch Unternehmen der deutschen Luftfahrtindustrie erkundigen. Lockheed sagte diese Möglichkeit zu, allerdings nur unter der Bedingung, dass für die Lufthansa auch Maschinen des Typs Super-Constellation angeschafft werden würden[438]. Der VzFdL hatte verhandlungsbegleitend bereits zu Beginn des Jahres 1953 gefordert, dass der Kaufvertrag über die Flugzeuge zur Ausrüstung der Lufthansa auf jeden Fall ein Lizenzbaurecht für die deutsche Luftfahrtindustrie enthalten müsse[439]. Lockheed fürchtete die Konkurrenz von Douglas beim Wettbewerb um die Ausrüstung der Lufthansa offenbar sehr. Dies mag vor allem in dem Umstand begründet gewesen sein, dass Lockheed die Vergabe von Lizenzproduktionen an die deutsche Luftfahrtindustrie an die Bedingung knüpfte, dass die Super-Constellation auch für die Lufthansa angeschafft wird. Douglas bot auch eine Lizenzfertigung an, falls die Muster DC-6 und DC-8 nicht für die deutsche Fluggesellschaft in Frage kommen sollten[440]. Offenbar war der Erfolgsdruck für Lockheed so groß, dass die Konzernleitung versuchte, die deutschen Stellen massiv unter Druck zu setzen: „Die Besprechung gipfelte in dem Verlangen der Lockheed-Leute, dass die Arbeitsgemeinschaft auf die Lufthansa einen Druck ausüben solle, um die Bestellung von Lockheed-Flugzeugen durchzusetzen. Dies hat die Arbeitsgemeinschaft abgelehnt. [Lockheed-]Präsident Robert E. Gross — eigens zu den Verhandlungen in Deutschland erschienen, um die Wichtigkeit der Aufträge für Lockheed zu untermauern — erklärte, dass er nur Lizenzen nach Deutschland vergeben würde, wenn eine solche Bestellung durch die Lufthansa erfolgen würde. Das Gleiche gelte für ein militärisches Trainingsflugzeug. Das vorgesehene gemeinsame Essen fand nicht statt[441].“

Letztlich entpuppte sich der Streit um die mögliche Lizenzfertigung von Verkehrsmaschinen in Deutschland aber als unnötig. Im weiteren Verlauf der Verhandlungen wurde deutlich, dass die Unternehmen der Luftfahrtindustrie wesentlich länger brauchen würden, um ihre Produktionskapazitäten aufzubauen. Daher wurden die

---

[437] FoLuft Sammlung Schmitz I, Ordner 25 b, Besprechung Lockheed-Aircraft-Cooperation mit Vertreter Arbeitskreis LH und Deutsche Commerz GmbH 23.3.1953, S. 1 sowie Schlußbericht der Arbeitsgruppe „Lockheed-Dokumente“, S. 9f.

[438] Ebd., S. 2.

[439] FoLuft Sammlung Schmitz I, Ordner 24 a, Brief Kastner an Dornier betr. Lufthansa-Flugzeugbeschaffungen 21.2.1953, S. 1.

[440] Ebd.

[441] FoLuft Sammlung Schmitz I, Ordner 26 a, Brief Popp an Jastrow bzgl. Treffen Arbeitsgemeinschaft mit Vertretern von Lockheed zu Nachbau Verkehrsflugzeuge für die Lufthansa, 27.3.1953, S. 1.

Flugzeuge für die Lufthansa direkt beim Hersteller gekauft. Den Vorzug bei den ersten Flugzeugen erhielt dabei die Super-Constellation von Lockheed, die laut der Aktenlage bereits seit Beginn der Verhandlungen über die besten Aussichten verfügt hatte[442].

Knapp anderthalb Jahre später versuchte Lockheed einen neuen Vorstoß auf dem deutschen Markt. Dabei ging es um eine mögliche Lizenzfertigung des Düsenschulflugzeugs T-33 durch Unternehmen der deutschen Luftfahrtindustrie. Zur Vorbereitung dieser Möglichkeit lud Lockheed im Dezember 1954, also noch vor der Wiederzulassung des Luftverkehrs und der Luftfahrtindustrie in der Bundesrepublik, eine Delegation der AERO-Union nach Kalifornien ein, um sie über den aktuellen Stand der Fertigungstechniken bei der T-33 in Kenntnis zu setzen[443]. Die AERO-Union war ein Zusammenschluss aus deutschen Luftfahrtfirmen, die sich 1953 ursprünglich für die Lizenzfertigung von Verkehrsmaschinen für die Lufthansa gegründet hatte[444]. Sie ging 1955 im Bundesverband der deutschen Luftfahrtindustrie auf[445]. Ein Auftrag für die T-33 ergab sich für Lockheed aus dem Besuch der deutschen Delegation nicht, weil als Düsenschulflugzeug anfänglich das französische Muster Fouga-Magister beschafft wurde.

Lockheed hielt in den nächsten Jahren über die Deutsche Commerz GmbH lockeren Kontakt zum Bundeswirtschaftsministerium, um die Regierungsbehörde über das aktuelle Produktionsprogramm der Firma Lockheed auf dem Laufenden zu halten[446]. Durch dieses Vorgehen war Lockheed zu Beginn des Flugzeugauswahlverfahrens in Deutschland bekannt und vertreten.

Die Kontakte intensivierten sich deutlich, als im Führungsstab der Luftwaffe ab Mitte 1957 die konkrete Suche nach einem Abfangjäger begann. Im August 1957 besuchte Lockheeds Präsident Robert E. Gross die Bundesrepublik und hielt sich sowohl zu Gesprächen im Wirtschafts- als auch im Verteidigungsministerium auf[447]. Dabei wies der Unternehmenschef darauf hin, dass die Firma Lockheed schon seit langem bestrebt sei, eine dauerhafte Verbindung mit der deutschen Luftfahrtindustrie einzugehen und führte dazu die Beispiele der Super-Constellation sowie des Trainingsflugzeugs T-33 an. Gross sah eine solche Zusammenarbeit als gewinnbringend für

---

[442] FoLuft Sammlung Schmitz I, Ordner 25 b, Interview in „Die Welt" am 13.6.53 mit dem Chef der Luftfahrtabteilung BMVg, Kreipe, S. 1.

[443] BArch, B-102-107345, Schreiben Deutsche Commerz GmbH an Bundeswirtschaftsminister Erhard, 12.9.1957.

[444] FoLuft Sammlung Schmitz I, Ordner 25 a, Gründungsmitteilung der AERO-Union an den VzFdL, S. 1.

[445] BArch, B 102/107345, Schreiben Deutsche Commerz GmbH an Bundeswirtschaftsminister Erhard, 12.9.1957.

[446] Vgl. dazu BArch, B 102/107345: Schreiben Deutsche Commerz an Regierungsdirektor Dr. Boecker, BMWi, 13.9.1957.

[447] BArch, B 102/107345: Schreiben Robert Gross an Bundeswirtschaftsminister Erhard 26.9.1957, S. 1.

beide Seiten an und brachte seine Hoffnung zum Ausdruck, dass damit die industrielle Zusammenarbeit innerhalb der westlichen Welt weiter gefestigt werden könnte[448]. Nach seiner Überzeugung bot sich die von Lockheed konstruierte F-104 für die Zusammenarbeit der beiden Industrien besonders an. Bei seinen Gesprächen im Bundeswirtschaftsministerium schlug er gar eine Lizenzproduktion dieses Musters vor. Und Gross war der Überzeugung, dass dieser in Deutschland in Lizenz gefertigte Typ nicht nur in Deutschland, sondern sogar europaweit auf den Märkten abgesetzt werden könnte[449].

In einem weiteren Schreiben vom Oktober 1957 an das Wirtschaftsministerium wiederholte Gross sein Angebot einer Lizenzfertigung der F-104. Darüber hinaus stellte er die Möglichkeit einer Kooperation auf dem Gebiet von militärischen und zivilen Transportflugzeugen mit der deutschen Luftfahrtindustrie in Aussicht[450]. Und zuvor, im Mai 1957, hatte sich bereits eine Delegation der bundesdeutschen Luftfahrtindustrie bei Lockheed nach der Möglichkeit einer Lizenzfertigung für die F-104 erkundigt[451].

Neben den Kontakten zum Bundeswirtschaftsministerium und zur Industrie wandte sich Lockheed auch an den Führungsstab der Luftwaffe. So versuchte der Verkaufs-Manager der militärischen Abteilung von Lockheed im November 1957, Generalleutnant Kammhuber schriftlich alle Vorteile der F-104 zu verdeutlichen; die F-104 sei momentan das modernste Waffensystem, das auf Grund seines Entwicklungsprogramms als komplett ausgereift bezeichnet werden konnte[452]. Ebenso betonte er das hervorragende Preis-Leistungsverhältnis des Flugzeugs. Der Hinweis auf Möglichkeiten einer Lizenzfertigung der F-104 durch die Industrie in Deutschland durfte in diesem Brief nicht fehlen[453]. Der Hintergrund dieses direkten Angebots der Lizenzfertigung an die Bundesrepublik Deutschland war jedoch allein darin zu sehen, dass die F-104 nicht, wie von Lockheed erwartet, in großem Umfang für die U.S. Air Force beschafft wurde; letztlich beschaffte die U.S. Air Force lediglich 296 Exemplare. Das Unternehmen war seit Ende des Zweiten Weltkrieges zu einem Großlieferanten der US-amerikanischen Luftwaffe geworden und musste nun Einbußen befürchten[454].

---

448 BArch, B 102/107345: Deutsche Commerz GmbH an Bundeswirtschaftsminister Erhard 12.9.1957.

449 Ebd., S. 2.

450 BArch, B 102/107345: Robert Gross an Bundeswirtschaftsministerium 28.10.1957, S. 1f.

451 Schlußbericht der Arbeitsgruppe „Lockheed-Dokumente", S. 20.

452 BArch, B 102/107345: Schreiben Allen Meyer, Manager Military Export Sales LAC, an Kammhuber, 18.11.1957.

453 Ebd., S. 2.

454 Walter J. Boyne: Lord of the Skunk Works, in: Air Force Magazine, Vol. 88 (2005), Nr. 6, S. 76-81, hier S. 79f. Lockheed produzierte mit der P-80 *Shooting Star* und der F-94 *Starfire* zwei der ersten in der U.S. Air Force eingesetzten Jetflugzeuge in einem Umfang von fast 2.500 Stück. Eine ähnliche Größenordnung hatte das Unternehmen für die F-104 auch erwartet, vgl. Gunston, Supersonic Fighters (wie Anm. 77), S. 184. Zu den Produktionszahlen der P-80 vgl. Boyne, Beyond the horizons, S. 158; zu den

Dabei ging die Idee zur Konstruktion des Musters noch nicht einmal auf eine Anforderung der Air Force zurück. Lockheed hatte nach Abschluss seiner Konstruktionsarbeiten im November 1952 von sich aus die F-104 der Air Force angeboten[455]. Sicher sorgte der Umstand, dass die F-104 nicht in dem von Lockheed prognostiziertem Umfang für die U.S. Air Force bestellt wurde, bei dem Unternehmen für starke finanzielle Einbußen[456]. Interessanterweise wurde der *Starfighter* in den USA offenbar als deutlich weniger spektakulär und zukunftsfähig angesehen, als es in der Bundesrepublik der Fall war[457].

Zusätzlich zu den offiziellen Kontakten ließ sich Lockheed aber auch über die Deutsche Commerz GmbH über den Stand des Auswahlprozesses informieren. Dabei nutzte Lockheed diese Verbindungen zwischen Persönlichkeiten der deutschen Luftfahrt und dem Verteidigungsministerium und war so stets zeitnah gut über den Stand der jeweiligen Verhandlungen und die Zusammensetzung und Arbeitsplanungen der Auswahlkommission informiert[458].

Alles in allem schien Lockheed bereits Ende des Jahres 1957 äußerst überzeugt von der Tatsache zu sein, den Auftrag für die Ausrüstung der deutschen Luftwaffe zu erhalten. Im Dezember 1957 nahm Lockheed mit dem BDLI Kontakt auf. Dabei äußerte das Unternehmen die Überzeugung, dass für eine Lizenzfertigung der F-104 in Deutschland die Unternehmen der süddeutschen Luftfahrtindustrie am meisten geeignet seien und wünschte, schnellstens konkrete Gespräche mit dem BDLI über die Modalitäten der Lizenzfertigung aufnehmen zu können, um nach Zustimmung der politischen Entscheidungsträger sofort mit der Vorbereitung der Produktion beginnen zu können[459]. Bereits im Sommer 1958, also noch vor dem offiziellen Abschluss der

---

Stückzahlen der F-94 ebd., S. 161. Zur Entwicklung von Lockheed nach dem Ende des 2. Weltkriegs auch Interavia 10/1961 „Robert Elsworth Gross", S. 1343.

[455] Boyne, Skunk Works, S. 80.

[456] So führte Walter Boyne in seiner Firmengeschichte von Lockheed aus: "Fortunately for Lockheed and NATO European countries did need a fighter with the F-104´s characteristics." vgl. Boyne, Horizons, S. 195. Die schweizer Fachzeitschrift Interavia meldete im April 1961, dass Lockheed sowohl das Jahr 1959 als auch das Jahr 1960 jeweils mit einem Verlust abgeschlossen hatte, vgl. Interavia-Luftpost Nr. 4711 vom 5.4.1961: „Lockheed: 1960 ebenfalls defizitär". Nach einer US-amerikanischen Studie wird auch deutlich, dass Lockheed in den folgenden Jahren bis 1976 im Geschäftsbereich des Flugzeugbaus immer weniger aktiv war, vgl. Todd/Simpson, World aircraft industry, S. 87. Die Begründung dafür liegt sicher in dem Umstand, dass Lockheed mit Beginn der 1960er Jahre stark im stark wachsenden Sektor der Entwicklung der Raumfahrttechnik tätig war.

[457] So nannte Boyne, Horizons, S. 193ff., in seinem Artikel über Lockheed-Chefkonstrukteur Kelly Johnson als positive Effekte der F-104 einige militärische Erfolge in Vietnam in den 60er Jahren, den Verkauf an zahlreiche NATO-Staaten, die Etablierung der legendären *Skunk-Works*-Forschungsabteilung bei Lockheed und die aus der F-104 resultierende Entwicklung des Spionageflugzeugs U-2 *Dragon Lady*. Hinweise auf eine größere Bedeutung des Abfangjägers für die U.S. Air Force gibt der Artikel nicht.

[458] Schlußbericht der Arbeitsgruppe „Lockheed-Dokumente", S. 29.

[459] BArch, B 102/107345: Vizepräsident Courtlandt Gross LAC an BDLI, 13.12.1957, S. 1f.

Auswahl, waren technische Berater der Firma Lockheed in Deutschland, um sich ein Bild der potentiellen Lizenznehmer zu machen[460]. Den Wunsch nach einer stärkeren Bindung zwischen Lockheed und der deutschen Luftfahrtindustrie äußerte auch Lockheed-Vizepräsident Dr. Hall L. Hibbard bei einem Vortrag bei der Arbeits- und Forschungsgemeinschaft „Graf Zeppelin" am 8. November 1957 in Stuttgart. – Hibbard war zum damaligen Zeitpunkt Chefingenieur der Lockheed-Werke und Mitkonstrukteur des Musters F-104. – Anlässlich seines Vortrages stellte er fest, dass die Luftfahrtindustrie der Welt die Mitarbeit deutscher Ingenieure vermisst hätte. Die Ausschaltung der deutschen Luftfahrtindustrie habe der Welt sehr geschadet[461].

Die Tatsache, dass Lockheed im Prinzip mit dem Beginn des konkreten Auswahlprozesses im Führungsstab der Luftwaffe begann, die Lizenzfertigung der F-104 sowohl im Wirtschaftsministerium als auch im Verteidigungsministerium anzubieten, könnte einer der entscheidenden Faktoren gewesen sein, die schließlich zur Auswahl des Flugzeugmusters F-104 für die Bundeswehr führten. Die F-104 war in den Überlegungen des Luftwaffenführungsstabes bereits seit 1956 präsent gewesen, und obwohl sie zweimal wegen technischer Nichteignung als für die Einführung in die Luftwaffe nicht geeignet bezeichnet worden war, blieb sie im Rennen[462]. Im Verlauf des Auswahlprozesses wurde in mehreren Besprechungen der Luftwaffenführung im Herbst 1957 deutlich, dass das auszuwählende Muster auf jeden Fall durch die Unternehmen der deutschen Luftfahrtindustrie nachgebaut werden sollte. Damit lag Lockheed mit seinem Angebot einer solchen Lizenzproduktion offensichtlich ungeachtet vorheriger mehrfacher Ablehnung der Maschine durch die Luftwaffe plötzlich wieder in einer sehr guten Position: Lockheed war nach Lage der Quellen die einzige Firma, die eine umfassende Lizenzfertigung zu einem so frühen Zeitpunkt anbot. Dies verdeutlicht ebenso, wie stark die militärischen Anforderungen hinter den wirtschaftlichen Gesichtspunkten dieses Auswahlverfahrens zurück zu treten hatten.

Natürlich versuchten auch andere Flugzeughersteller, den Auswahlprozess der Luftwaffe in ihrem Sinne zu beeinflussen. Ministeriumssprecher Gerd Schmückle beschreibt solche bei ihm in Gesprächen mehr oder weniger subtil vorgetragenen Werbeversuche für die jeweiligen Flugzeugmuster[463]. Interessant ist dabei insbesondere, dass die Werbeversuche nicht durch offizielle Firmenvertreter erfolgten, sondern durch als Vermittler fungierende Geschäftsleute. Auch war das Vorgehen Lockheeds im Ringen um den großen Rüstungsauftrag offenkundig viel drastischer, als das der

---

[460] BArch, B 102/107345: Bericht über die Dienstreise nach den Vereinigten Staaten von Amerika vom 1.-21.12.1958 Zweck: Untersuchung der Voraussetzungen für den Nachbau der Flugzeuge Lockheed F-104 und der dazugehörigen Motoren General Electric J-79, S. 10.

[461] Aero 12/1957 „Deutschlands Comeback. Lockheed-Chefingenieur würdigt deutschen Beitrag zum Fortschritt des Flugwesens und wünscht Zusammenarbeit mit Deutschland", S. 253ff.

[462] Vgl. dazu Kapitel I.2.c.

[463] Schmückle, Ohne Pauken, S. 195ff.

Konkurrenten: „Die Franzosen hatten im Hotel Königshof einige Zimmer belegt, die Amerikaner ganze Etagen[464]."

Angesichts solcher Wahrnehmungen gilt es an dieser Stelle, die häufig geäußerten Vorwürfe zu analysieren, Lockheed habe sich die Zustimmung des Verteidigungsministeriums zur Beschaffung des Waffensystems mit Schmiergeldzahlungen erkauft. Diese Vorwürfe fanden Eingang in zeitgenössische Publikationen[465]. So versuchte der britische Autor David Boulton in seinem 1979 erschienen Buch „Die Lockheed-Papiere" in einer breit angelegten Darstellung, der Firma Lockheed in beinahe jedem Land, in dem das Unternehmen an Rüstungsgeschäften und im Zivilflugzeugbereich beteiligt war, die Vergabe von Schmiergeldern nachzuweisen. Sein Tenor ist eindeutig: „Das vorliegende Buch handelt von der Dollardiplomatie eines multinationalen Konzerns[466]." Boulton glaubt, dass anlässlich der Beschaffung des Starfighters sowohl an die CSU als auch an Offiziere im Führungsstab der Luftwaffe Gelder geflossen seien[467]. Bernt Engelmann vertrat in zwei seiner tendenziösen Veröffentlichungen die Behauptung, Lockheed habe sich beim Beschaffungsprozess des Waffensystems F-104 mit Bestechungsgeldern den gewünschten Erfolg gekauft[468]. Gemeinsam war beiden Autoren dabei die Herstellung der Verbindung zwischen Strauß und Lockheed: Verbindungsmann soll Ernest F. Hauser, ein ehemaliger US-amerikanischer Geheimdienstoffizier, gewesen sein, den Strauß angeblich in seiner Zeit als Landrat in Schongau kennengelernt hatte und der ab den 1950er Jahren Mitarbeiter von Lockheed war[469]. Hauser sagte später vor einem Untersuchungssausschuss des US-Senats aus und belastete dabei Franz Josef Strauß wie auch eine große Anzahl weiterer

---

[464] Ebd., S. 198. Eine deutliche andere Sicht auf mögliche Bestechungen im Rüstungsbereich schildert Falck, Falckenjahre, S. 331f. Falck, während des 2. Weltkriegs ein erfolgreicher Nachtjagdflieger der Wehrmacht, war in den 1960er Jahren als Lobbyist für die US-amerikanischen Luftfahrtkonzerne North American und McDonnel-Douglas in Deutschland tätig. Er stellte in seinen Memoiren dar, dass er als Vertreter von McDonnel-Douglas von einem Vermittler aufgefordert worden sei, diesen für die Vermittlung der Auftragserteilung für die RF-4E *Phantom* zu bezahlen. Diese Offerte habe aber sowohl er persönlich als auch der Präsident von McDonnel-Douglas abgelehnt. Dabei muss aber beachtet werden, dass Falcks Schilderung durchaus darauf ausgelegt sein kann, die immer stark kritisierte Rüstungsindustrie in besserem Licht erscheinen zu lassen.

[465] Neben den hier näher dargestellten Autoren Boulton und Engelmann findet sich die Überzeugung, dass bei der Beschaffung des Starfighters Geld geflossen sei, auch bei Schulz, Militarismus, S. 280. Die von Schulz angebrachten Vorwürfe können als haltlos bezeichnet werden. So bezieht er sich auf Schilderungen, dass zur Beschaffung des Starfighters neben Zuwendungen an die CSU auch Geld an den Leiter des Arbeitsstabes F-104, Günther Rall, geflossen sein soll. Rall wurde allerdings erst Leiter des Arbeitsstabes, als die Beschaffung des Waffensystems bereits beschlossen war. Auch beziehen sich diese Behauptungen nicht auf Quellenmaterial, sondern geben lediglich Meinungen aus Presseartikeln wieder.

[466] Boulton, Lockheed-Papiere, S. 13.

[467] Boulton, Lockheed-Papiere, S. 112ff.

[468] Engelmann, Schützenpanzer HS 30, sowie ders., Onkel Franz.

[469] Engelmann, Onkel Franz, S. 8, sowie Boulton, Lockheed-Papiere, S. 110. Ein Lebenslauf von Hauser findet sich im Schlußbericht der Arbeitsgruppe „Lockheed-Dokumente", S. 43.

Personen wegen angeblicher Bestechlichkeit schwer. Dabei waren Hausers Schilderungen jedoch so widersprüchlich, dass der Ausschuss seinen Zeugenaussagen keinen Beweiswert zubilligte. Dazu trug auch Hausers angebliches Tagebuch bei, das viele Personen schwer belastete. Offenbar machte Hauser die Eintragungen aber nachträglich in Vorbereitung seiner Aussage vor dem Senatsausschuss[470].

Die Arbeit beider Autoren ist unwissenschaftlich. Es existiert zwischen beiden Verfassern jedoch ein gravierender Unterschied: der Entstehungszeitpunkt der jeweiligen Überlegungen. Die Theorien von Engelmann entstanden um 1966, während oder auch kurz nach der intensiven Debatte um die „Starfighter-Krise" in der Bundesrepublik. Boultons Buch dagegen erschien Ende der 1970er Jahre. In der Zwischenzeit hatte ein Untersuchungsausschuss des US-Senates 1975 und 1976 bei einer Reihe von Auslandsgeschäften der Firma Lockheed ein breit angelegtes System von Bestechungszahlungen zum Verkauf von zivilen und militärischen Flugzeugen aus der Lockheed-Produktpalette festgestellt. Der Abschlussbericht der nach ihrem Vorsitzenden benannten Church-Kommission stellte fest, dass Lockheed beim Verkauf ihrer Flugzeuge sowohl in den Niederlanden als auch in Italien und Japan Regierungsvertreter bestochen hatte, um an die Aufträge in Milliardenhöhe zu gelangen[471]. Das Bekanntwerden der Schmiergeldzahlungen sorgte in den beteiligten Ländern für politische Skandale mit dem anschließenden Rücktritt hoher Regierungspersönlichkeiten[472]. Da Boultons Buch 1979 erschien, handelt es sich bei ihm eher um eine journalistische Darstellung der Ereignisse um den Church-Untersuchungsausschuss aus den Jahren 1975 und 1976. Deswegen und auch weil in allen seinen Kapiteln entsprechende Nachweise zu den Behauptungen fehlen, kann dieses Werk keinen wissenschaftlich nachvollziehbaren Nachweis der angenommenen Bestechungen liefern. Ebenso führt Boulton in seinem Werk detailliert an, dass sich Lockheed in der Bundesrepublik durch Geldzahlungen die Beschaffung der F-104 erkauft habe. Dieser Umstand wurde allerdings im Untersuchungsbericht des US-Senates nicht nachgewiesen.

Offenbar motiviert durch die Ergebnisse des US-Senates und durch die Tatsache, dass die Bestechungsvorwürfe gegen Franz-Josef Strauß im Wahlkampf des

---

470 Schlußbericht der Arbeitsgruppe „Lockheed-Dokumente", S. 57.

471 Spiegel 8/1976 „Das sind Brüder, kann ich Ihnen sagen", S. 80-88.

472 In den Niederlanden war der Mann der Königin, Prinz Bernhard, in die Beschaffung des Flugzeugs F-104G für die holländische Luftwaffe verwickelt. Dafür erhielt er von Lockheed knapp 1,1 Millionen US-$. Nach einem Untersuchungsbericht des niederländischen Parlaments musste er sich 1976 aus allen öffentlichen Tätigkeiten zurück ziehen, vgl. ebd., S. 89ff. Der Untersuchungsbericht, der die Annahme des Geldes von Lockheed nachwies, blieb in den Niederlanden bis zu Prinz Bernhards Tod 2004 unter Verschluss. In Japan wurde dem Staatssekretär im Verkehrsministerium die Annahme von Geldgeschenken der Firma Lockheed nachgewiesen, er musste im Herbst 1977 sein Amt niederlegen, vgl. Berliner Zeitung vom 23.9.1977 „Vorbestrafter Minister muss abtreten". In Italien wurden zwei ehemalige Verteidigungsminister sowie der ehemalige Ministerpräsident unter Korruptionsverdacht angeklagt und verurteilt, vgl. Spiegel 3/1977 „Geld ins Büro", S. 93.

Sommers 1976 durch vermehrte Berichterstattung wieder in den Fokus der Öffentlichkeit rückten, führte ein Untersuchungsausschuss des Bundestages eine eigene Inaugenscheinnahme der kursierenden Vorwürfe durch. Die Arbeitsgruppe „Lockheed-Dokumente" legte ihren Schlussbericht am 22. Dezember 1977 vor, veröffentlicht wurde er im August 1978[473]. Die Untersuchungen, die sich neben eigener Ermittlungen der interministeriellen Arbeitsgruppe vor allem auf den Bericht einer Untersuchungskommission des US-Senats sowie der US-Börsenaufsicht stützten[474], erstreckten sich dabei aber nicht nur auf mögliche Zahlungen bei der Beschaffung des Flugzeugmusters F-104G, sondern auf alle von Lockheed in der Bundesrepublik getätigten Geschäfte und Vorgänge, bei denen Lockheed in der Bundesrepublik zwar verhandelt hatte, aber kein Geschäftsabschluss zustande gekommen war[475].

Abschließend kam der Untersuchungsausschuss zu dem Ergebnis, dass eine Zahlung von Bestechungsgeldern für die Beschaffung des Waffensystems F-104 für die Bundeswehr nicht nachgewiesen werden konnte und empfahl, den Vorwürfen nicht weiter nachzugehen[476]. Für das Ergebnis konnten aber nicht die Akten des Bundesfinanzministeriums zum Beschaffungsprozess geprüft werden, da diese in den Archiven nicht auffindbar sind. Möglicherweise befinden sich diese Archivalien im privaten Nachlass von Franz-Josef Strauß, der aber für die öffentliche Nutzung nicht zugänglich ist. Der Bericht listete dabei auch die Gerüchte um Personen auf, die angeblich Bestechungsgelder im Rahmen des Auswahlverfahrens erhalten haben sollen. Das Tagebuch von Ernst Hauser rückte dabei sogar Bundeskanzler Konrad Adenauer zumindest in den Dunstkreis der Kenntnis von Schmiergeldzahlungen durch Lockheed[477]. Selbst eine Reihe von Lockheed-Angehörigen sagte vor dem Senatsuntersu-

---

[473] Schlußbericht der Arbeitsgruppe „Lockheed-Dokumente", S. 1ff.

[474] Ebd., S. 1f.

[475] Dabei handelte es sich um die Prüfung des Verkaufs des Flugzeugmusters Super-Constellation an die deutsche Lufthansa, den Verkauf des Flugzeugmusters Jetstar an die Luftwaffe sowie die versuchten Verkäufe der Muster C-130 Hercules, L-1011 Tristar und S-3 Viking, vgl. dazu Schlußbericht der Arbeitsgruppe „Lockheed-Dokumente", S. IIff.

[476] Ebd., S. 78f. Auch der bekannte Rüstungskritiker Ulrich Albrecht kommt bei der Bewertung der Vorgänge zur Beschaffung des Starfighters zu dem Schluss, dass eine Zahlung von Bestechungsgelder hier nicht nachzuweisen ist, vgl. dazu Albrecht, Rüstung, S. 340. Auch Schmidt, Starfighter, S. 83f., weist darauf hin, dass eine Bestechung im Fall der Beschaffung des Waffensystems nicht nachgewiesen werden konnte.

[477] Schlußbericht der Arbeitsgruppe „Lockheed-Dokumente", S. 55. Hauser unterstellte dabei Adenauer, dass er Strauß im Rahmen der Spiegelaffäre nicht stärker unterstützen wollte, da die CDU im Gegensatz zur CSU kein Geld von Lockheed erhalten haben soll. Diese Ansicht scheint frei erfunden. Laut den gesammelten Gerüchten sollen unter anderem Dr. Theodor Benecke vom Bundesverteidigungsministerium, der spätere General Manager der NASMO Heinrich Sellschopp, Testpilot Oberst Albert Werner, der spätere Leiter des Arbeitsstabs F-104 Günther Rall und der persönliche Referent von Verteidigungsminister Strauß, Werner Repenning, Zuwendungen erhalten haben. Vgl. die Auflistung bei Schlußbericht der Arbeitsgruppe „Lockheed-Dokumente", S. 37ff. Dr. Benecke soll dabei sogar von Lockheed und Grumman bestochen worden sein, vgl. ebd., S. 37.

chungsausschuss aus, dass sie von in der Bundesrepublik getätigten Schmiergeldzahlungen nicht wussten. Diese Aussage machten sie, obwohl die Personen die Zahlung von Bestechungsgeldern in anderen Staaten bereits zugegeben hatten[478]. Trotz aller entlastenden Feststellungen fand der Abschlussbericht der Arbeitsgruppe „Lockheed-Dokumente" auch kritische Worte für das Verhältnis zwischen Industrie, Streitkräften und Politik bei Rüstungsprojekten[479].

Die Betrachtung der vorhandenen Informationen zur Thematik von eventuellen Schmiergeldzahlungen bei der Beschaffung des Waffensystems F-104G für die Bundesrepublik ergibt folgende Situation: Aus der Quellenlage lässt sich kein belastbarer Hinweis auf Bestechungstätigkeiten bei der Beschaffung des Starfighters für die Bundesluftwaffe entnehmen[480]. Bei der Untersuchung des US-Senates wurde eine mögliche Bestechung in der Bundesrepublik, vermutlich wegen fehlender Hinweise, gar nicht erst thematisiert. Die Erforschung der Thematik durch den Untersuchungsausschuss des Bundestages erbrachte auch keine Hinweise auf ein solches Verhalten. Gleichwohl wies die Untersuchung des US-Senates ein breit angelegtes System von Bestechungen in mehreren Staaten nach, in denen Lockheed unternehmerisch tätig war. Sicherlich ließe sich nun die Frage stellen, warum Lockheed in all diesen Ländern Schmiergelder gezahlt hat, in Deutschland aber ausgerechnet nicht. Die Antwort auf diese Frage liegt offenkundig in der Vorgehensweise der Firma Lockheed begründet:

Sollten in der Bundesrepublik im Zuge des Auswahlprozesses des zu beschaffenden Flugzeugmusters Gelder geflossen sein, so ist dies auf Grundlage der Quellen nicht nachweisbar[481]. Das schließt natürlich die Überlegung nicht aus, dass trotzdem Geldgeschenke verteilt worden sind. Auf Grund der von Lockheed betriebenen Netzwerktätigkeiten in Deutschland musste das Unternehmen sich bei dem bevorstehenden Geschäft in der Bundesrepublik um Bestechungsgelder aber gar keine Gedanken machen. Allein durch die Tatsache, dass Lockheed den Starfighter als volle Lizenz mit Triebwerk und Elektronik für den Nachbau in Deutschland anbot, war auf Grund der großen Bedeutung für den weiteren Aufbau der deutschen Luftfahrtindustrie mehr wert als ein eventueller Versuch von illegaler Einflussnahme. Bereits im Herbst 1957 war im Führungsstab der Luftwaffe klar, dass das auszuwählende Muster durch die deutsche Industrie in Lizenz gebaut werde sollte. Durch das entsprechende Angebot

---

[478] Schlußbericht der Arbeitsgruppe „Lockheed-Dokumente", S. 70.

[479] „Zum besseren Schutz von Vertraulichkeit und Geheimnis sollte ehemaligen Offizieren und Beamten die Tätigkeit für Firmen in ihrem früheren Dienstbereich zumindest auf Zeit untersagt werden. Außerdem wird es erforderlich sein, so weitgehende Kontakte von Amtsträgern mit Firmenvertretern wie sie die Arbeitsgruppe festgestellt hat, zu verhindern", vgl. Schlußbericht der Arbeitsgruppe „Lockheed-Dokumente", S. 131.

[480] Vgl. dazu auch die Darstellung bei Lemke, Konzeption, S. 339.

[481] Zu diesem Schluss kommt auch Lemke, Konzeption, S. 343, der den Gerüchten zu diesem Thema gerade mal eine halbe Seite widmet.

des Lizenzbaus der Firma Lockheed befand sich das Unternehmen im Gegensatz zu seinen Konkurrenten, die diese Option entweder gar nicht oder nur in Teilen anboten, in einer Position, die kaum angreifbar war.

2.   Präsentation und Begründung der Auswahl imVerteidigungsausschuss

Mit der Entscheidung von Bundesverteidigungsminister Strauß für die Beschaffung des Waffensystems F-104 Starfighter für die Deutsche Luftwaffe war der erste Schritt zur endgültigen Einführung des Flugzeugmusters getan. Nun folgte die Vorstellung des Auswahlprozesses und seines Ergebnisses im Verteidigungsausschuss des Deutschen Bundestages. Dabei wurde die Auswahl des zukünftigen Jagdflugzeugs der Luftwaffe nicht erst im Verteidigungsausschuss behandelt, nachdem im Oktober 1958 die Entscheidung zu Gunsten der Beschaffung der F-104 gefallen war. Bereits zu Anfang des Jahres 1958 wurden seine Mitglieder über den Stand des Auswahlprozesses in Kenntnis gesetzt.

Im Zuge eines Berichts von Minister Strauß vor dem Verteidigungsausschuss zum Stand des Aufbaus der Bundeswehr am 12. Februar 1958 kam dabei auch der Aufbau der Luftwaffe zur Sprache. Entgegen der in der damaligen Zeit geführten Diskussion, ob die bemannte Luftfahrt überhaupt noch sinnvoll sei oder die Luftwaffe lieber komplett auf Flugkörper umstellen solle, sprach sich Strauß für die erste Option aus[482]. Er sah keine Notwendigkeit, von der kombinierten Luftstreitmacht aus Abfangjägern und Jagdbombern Abstand zu nehmen. Vom zeitlichen Aspekt her führte Strauß an, dass vor allem der schwere Jagdbomber der Luftwaffe, die F-84, durchaus noch bis ca. 1962 auf der technischen Höhe der Zeit sei[483]. – Die weiteren Ausführungen von Franz Josef Strauß spiegeln die drei wichtigsten Punkte des Flugzeugbeschaffungsprogramms wieder, nämlich die Verwendung eines Mehrzwecktyps, die Beschränkung auf drei taugliche Muster und die Einbeziehung der deutschen Luftfahrtindustrie.

Zur Verwendung eines Mehrzwecktyps führte Strauß an, dass „die Zeit des reinen Interceptors [Abfangjägers] für unsere Aufgabenstellung vorbei ist, daß wir also zu einem Flugzeugtyp kommen müssen, der für drei Aufgaben verwendbar ist[484].“ Dabei gingen die Überlegungen des Verteidigungsministeriums in die Richtung, dass „ein Grundtyp genommen werden sollte, bei dem Zelle und Triebwerk gleich sind, wo nur die elektronische Ausstattung und das Waffensystem sich unterscheiden, je nach

---

[482] BT-Archiv, VertAusschuss, Protokoll 3. WP, 7. Sitzung, 12.2.1958, S. 10.
[483] Ebd., S. 11/12. Diese Einschätzung kann bezweifelt werden. Ein Großteil der Literatur bezeichnet die Erstausstattung der Luftwaffe schon bei ihrer Lieferung als veraltet; vgl. Lemke, Konzeption, S. 323.
[484] BT-Archiv, VertAusschuss, Protokoll 3. WP, 7. Sitzung, 12.2.1958, S. 13.

dem, für welche Aufgabenstellung das betreffende Flugzeug in Betracht kommt[485]." Strauß begründete diese Überlegungen damit, dass es aus Notwendigkeiten des Serienbaus, der Ersatzteilbeschaffung und des Nachschubs für die Bundeswehr nicht möglich sei, für jede Aufgabenstellung einen eigenen Flugzeugtyp zu wählen[486]. Weiterhin äußerte Strauß Zweifel am Sinn der Ausrüstung mit zu vielen unterschiedlichen Mustern[487]. Diese Ansicht hatte auch Oberst Johannes Steinhoff zu Ende des Auswahlprozesses vertreten, als im Luftwaffenführungsstab wegen der diplomatischen Schwierigkeiten mit Frankreich die Beschaffung einer kleinen Anzahl des Flugzeugmusters Mirage III diskutiert worden war[488].

In Bezug auf die zur Auswahl stehenden Flugzeugmuster wies Strauß auf den langen und intensiven Auswahlprozess hin. Dabei ging er aber nicht auf alle Muster ein, die im Verlauf des Verfahrens geprüft wurden, sondern präsentierte den Mitgliedern des Ausschusses vielmehr den Stand des Auswahlprozesses: „Der Kreis schließt sich zwischen Supertiger, F-104 und Mirage[489]." Bei den Erläuterungen zum Sachstand des neuen Flugzeuges wies Strauß auch darauf hin, dass es von besonderer Bedeutung sei, ein erprobtes Flugzeug zu kaufen, das bereits in Serie gebaut werde[490]. Diese Tatsache sollte natürlich vor allem dazu beitragen, dass eine laufende Serienfertigung die reibungslose Versorgung mit Ersatzteilen ermöglichte. Daneben war eine bereits abgeschlossene Entwicklung weit weniger kostenintensiv.

Strauß führte zum geplanten Umfang des Projektes aus, dass ein Drittel der Flugzeuge vom Hersteller direkt geliefert, während zwei Drittel durch die deutsche Luftfahrtindustrie im Lizenzbau hergestellt werden sollen. Dabei strich er vor allem die Bedeutung des Programms für die Luftfahrtindustrie heraus, die mit dem Nachbau an den momentanen Stand der technischen Entwicklung herangeführt werden solle[491].

Abschließend betonte Strauß die Sorgfältigkeit und den nicht vorhandenen Zeitdruck des Projektes. Durch die Militärlieferung der USA waren seiner Meinung nach die Bedürfnisse der Luftwaffe bis Anfang der 1960er Jahre gedeckt. Die bereits eingestellten Piloten könnten mit dem vorhandenen Gerät gut ausgebildet werden. Er legte die Auffassung des Ministeriums dar „daß wir lieber mit den jetzt gängigen, aber allmählich auslaufenden Typen noch ein halbes Jahr länger fliegen sollten, als eine Entscheidung zu treffen, die nicht nach sämtlichen Seiten hin hinsichtlich ihrer Hieb-

---

485 Ebd., S. 13.
486 Ebd.
487 Ebd., S. 20.
488 BArch, BL 1/14649: Tgb. InspLw vom 14.6.1958 betr. Besprechung mit Oberst Steinhoff u.a.
489 BT-Archiv, VertAusschuss, Protokoll 3. WP, 7. Sitzung, 12.2.1958, S. 20 S. 18.
490 Ebd., S. 17.
491 Ebd., S. 18.

und Stichfestigkeit geprüft worden ist und dann auch gegenüber allen mit tödlicher Sicherheit kommenden Vorwürfen abgeschirmt werden kann[492]."

Strauß erteilte auch der Bevorzugung eines bestimmten Musters aus politischen Gründen eine klare Ablehnung. Diese gipfelt in dem von ihm leicht überspitzt vorgebrachten Vergleich „Alle diese Dinge (...) müssen uns bei der Vorbereitung dieser Entscheidung völlig kalt lassen, sonst müsste man die Mirage wählen und sie ins Meer werfen, die SR 177 wählen und ins Depot nehmen und schließlich die amerikanische Maschine bestellen, um sie wirklich zu fliegen[493]."

In der sich dem Bericht anschließenden Debatte kam es zu einer inhaltlichen Auseinandersetzung zwischen Minister Strauß und dem Abgeordneten Helmut Schmidt. Dieser kritisierte die seiner Meinung nach zu großen Kompetenzen des Ministeriums und fordert eine stärkere Einbeziehung des Verteidigungsausschusses, damit Parlament und Regierung den Modus einer verbesserten Zusammenarbeit in Rüstungsangelegenheiten entwickeln können[494].

In seiner Entgegnung stellte Strauß eines der Kernprobleme der Zusammenarbeit zwischen Verteidigungsministerium und Ausschuss dar. So wünschenswert eine umfangreiche Unterrichtung des Ausschusses auch sei, umso schwieriger könne ein Sachverhalt, der im Ministerium in monatelanger Tätigkeit erarbeitet wurde, den Mitgliedern in wenigen Stunden umfassend nahe gebracht werden[495]. – Beide Sichtweisen hatten ihre Richtigkeit, ein Mittelweg musste noch gefunden werden.

Die zentralen Sitzungen des Verteidigungsausschusses zur Beschaffung des Waffensystems F-104 fanden Anfang November 1958 statt. In zwei aufeinander folgenden Sitzungen stellte das Verteidigungsministerium das Gesamtkonzept der Luftwaffe und die Überlegungen bezüglich der Flugzeugauswahl vor. Die Darstellung des militärischen Konzepts übernahm dabei Generalleutnant Kammhuber als Inspekteur der Luftwaffe. Demnach sollten die fliegenden Verbände der Luftwaffe mit einer Gesamtzahl von 1326 Flugzeugen in den Bereichen Abfangjagd, Jagdbombereinsatz, Aufklärung und Transport aufgestellt werden[496] Dabei unterschied Kammhuber die Verbände nach Taktischer Luftwaffe und Verteidigungsluftwaffe[497]. Der Verteidigungsluftwaffe fiel als Aufgabe die Abwehr von gegnerischen Bomberverbänden zu, die in den Luftraum der Bundesrepublik einfliegen. Für diesen Einsatzzweck benötigte

---

[492] Ebd., S. 19.

[493] Ebd., S. 20. Der Vergleich war auch in Bezug auf die später getroffene Auswahl der F-104 völlig ungeeignet. Kritiker könnten hier schon eine Vorentscheidung zu Gunsten eines US-amerikanischen Musters unterstellen.

[494] Ebd., S. 23ff.

[495] Ebd., S. 28f.

[496] BT-Archiv, VertAusschuss, Protokoll 3. WP, 30. Sitzung, 5.11.1958, S. 2.

[497] Ebd., S. 2 und die Ausführungen von General Steinhoff ebd., S. 17. Im Ausschuss benutzte Kammhuber den Begriff „Heimatluftverteidigung".

die Luftwaffe einen Abfangjäger, der leicht bewaffnet schnell auf große Höhe steigen konnte, um die feindlichen Verbände zu bekämpfen[498]. Für die Taktische Luftwaffe nannte Kammhuber drei unterschiedliche Aufgaben: den *counter-measure*, die *interdiction* und die unmittelbare Unterstützung des Heeres auf dem Schlachtfeld[499]. Für die letzte Aufgabe, die Luftnahunterstützung, war bereits die Fiat G.91 vorgesehen, die 1957 einen ausgeschriebenen NATO-Wettbewerb gewonnen hatte[500].

Für die beiden anderen Aufgaben wurde allerdings ein schwerer Jagdbomber als Nachfolger für die Republic F-84 Thunderstreak benötigt, die diese Rolle damals bei der Luftwaffe ausfüllte. Interessant war hier vor allem die Definition der ersten beiden Aufgaben durch Kammhuber. Beim *counter-measure* sollten feindliche Flugplätze und Raketenbasen zerstört werden. Die Aufgabe der *interdiction* bestand in der Abriegelung des Gefechtsfeldes, also einem Bombenangriff, um einzelne Feindverbände von der großen Masse abzuschneiden[501]. Hierbei, so führte Kammhuber weiter an, „braucht man eine schwere Maschine mit einem entsprechenden Wirkungsgrad[502]." Ein „entsprechender Wirkungsgrad" konnte und sollte in diesem Zusammenhang durch den Einsatz atomar Kampfmittel erreicht werden. Damit nannte Kammhuber erstmals außerhalb des Ministeriums die geplante *strike*-Rolle des F-104G der Bundeswehr. Zum Stand der Ausrüstung wies Kammhuber auf die von den USA gelieferten Typen F- 84 F, F-86 und RF-84 F hin. Wie Strauß im Februar sah Kammhuber das Jahr 1961 als notwendigen Zeitpunkt eines Typenwechsels an[503].

Zum näheren Ablauf des Auswahlverfahrens nahm Oberst Johannes Steinhoff Stellung. Ursprünglich wurden elf Muster betrachtet. Unter diesen befanden sich die britischen Muster SR 177 und P-1 B, die französische Mirage III A und Trident III, die schwedische Saab 35 Draken sowie die US-amerikanischen Muster F 102 Dagger, F 106 Dart, F-104, F-105, F-11 Supertiger und N-156 F. Aus diesen Flugzeugen blieben nach näherer Betrachtung die Mirage, die F-104 und die F-11 übrig[504].

Steinhoff erläuterte den Ausschussmitgliedern die technischen Details des Auswahlprozesses. Dabei wurde als erstes der Aktionsradius der Muster getestet. Hierbei hatte die F-104 beim Flug mit hohem Treibstoffverbrauch (im sogenannten Nachbrennerbereich) die besten Werte, beim Flug mit geringem Verbrauch die F-11[505]. Die F-104 wies darüber hinaus bei den Testflügen den größten nutzbaren Geschwindigkeitsbereich auf. Von großer Bedeutung war bei der Begutachtung die Ver-

---

498 Ebd., S. 31.
499 Ebd., S. 8f.
500 Ebd., S. 46.
501 BArch, BL 1/4027.
502 BT-Archiv, VertAusschuss, Protokoll 3. WP, 30. Sitzung, 5.11.1958, S. 8.
503 Ebd., S. 9.
504 BT-Archiv, VertAusschuss, Protokoll 3. WP, 30. Sitzung, 5.11.1958, S. 17f.
505 Ebd., S. 25f.

wendbarkeit der Muster auf normalen Flugplätzen, d.h. die Länge von Start- und Landestrecke. Bei der Startstrecke benötigten die Mirage und die F-11 die kürzeste Distanz. Bei der Landestrecke waren die Mirage und die F-104 gleichauf. Insgesamt wurde allen drei Mustern aber bescheinigt, von den vorhandenen Flugplätzen der Luftwaffe operieren zu können[506]. Einer der wichtigsten Punkte bei der Auswahl eines Waffensystems war naturgemäß auch die Bewaffnung, die beim Einsatz mitgeführt werden kann. Hier ergaben die Ausführungen von Oberst Steinhoff, dass die F-11 am schwersten bewaffnet werden könne, sich aber fast auf einer Ebene mit der F-104 bewegte. Die Möglichkeiten der Bewaffnung bei der Mirage blieben weit unter den Anforderungen, die die Luftwaffe gestellt hatte[507]. Die Vorstellung der technisch benötigten Komponenten Radar, Infrarotanlage, Radarnavigation, Höhenhinderniswarnung, Kopplernavigation, TACAN[508] und Autopilot ergab eine klare Überlegenheit der Muster F-104 und F-11. Dabei wurde darauf hingewiesen, dass bestimmte Geräte in die Mirage wegen Platzmangels gar nicht eingebaut werden konnten oder vom Hersteller für dieses Muster nicht vorgesehen waren[509].

Dr. Theodor Benecke, Abteilungsleiter Technik im Verteidigungsministerium, informierte die Mitglieder des Ausschusses über den Stand der Entwicklung der Flugzeuge F-104, F-11 und Mirage III A. Die Entwicklung der F-104 begann nach dem Ende des Koreakrieges im Februar 1954. Im März 1956 erfolgte der Erstflug des Erprobungsflugzeuges, das erste Serienflugzeug wurde Anfang des Jahres 1957 fertig gestellt. Bis November 1958 wurden insgesamt 58 Erprobungsträger gebaut, so dass die Eigenschaften des Musters auf breiter Basis getestet werden konnten[510]. Von der F-11 existierten nur zwei Erprobungsträger, die beide nicht flugfähig waren. Daher konnte zum damaligen Zeitpunkt keine weitere Erprobung durchgeführt werden.[511] Bei der Mirage wurde die Erprobungsserie auf zehn Flugzeuge beschränkt, wobei erst in das zehnte Muster alle elektronischen und waffentechnischen Komponenten, die später auch im Einsatz an Bord sein sollten, eingebaut werden sollten[512].

Benecke wies darauf hin, dass nur bei einem Flugzeug wie der F-104, das schon in Serie gebaut werde, die Erprobung so weit abgeschlossen sein könne, dass die Einführung in die Truppe ohne große Schwierigkeiten vollzogen werden könne: „Dadurch besteht eine große Sicherheit, daß das Flugzeug so erprobt ist, daß keine

---

506 Ebd., S. 26f.

507 Ebd., S. 27/30.

508 TACAN = Tactical Air Navigation; vgl. Dierich, Handbuch der Flieger, S. 175.

509 BT-Archiv, VertAusschuss, Protokoll 3. WP, 30. Sitzung, 5.11.1958, S. 35f.

510 Ebd., S. 36f. Benecke wies darauf hin, dass im 2. Weltkrieg kein deutsches Flugzeug in dieser Breite erprobt werden konnte, bevor es an die Front kam.

511 Ebd., S. 37.

512 Ebd.

Schwierigkeiten mehr auftreten[513]." Bei der Thematik der Serienfertigung ergab sich laut Benecke ein deutlicher Unterschied zwischen den USA und Frankreich, da bei den in den USA ansässigen Rüstungsfirmen ein viel größerer Mitarbeiterstab zur Ausarbeitung eines komplexen technischen Prozesses wie einer Flugzeugentwicklung zur Verfügung stand als bei einer französischen Firma[514].

Abschließend nahm Oberstleutnant Albert Werner[515] zur fliegerischen Beurteilung der Auswahlmuster Stellung. Demnach zeigten alle getesteten Leistungen ein deutliches Übergewicht zugunsten der F-104, teilweise auch allein deswegen, weil mit den anderen Mustern ein umfassender Testflug aus technischen Gründen nicht möglich war[516].

Konteradmiral Gerhard Wagner, der Stellvertretende Inspekteur der Marine, schloss sich den Überlegungen der Luftwaffenführung an und gab den Entschluss der Marine bekannt, die F-104 für die Marinefliegerverbände einzuführen[517]. – Diese Entscheidung war aber mehr ein Beitrag zur Standardisierung des militärischen Fluggeräts in der Bundeswehr, dies führte Wagner auch im Ausschuss so aus[518]. Die Marineflieger hätten wesentlich lieber die F-11F des Herstellers Grumman in Dienst gestellt, die auch als Marineflugzeug konzipiert war und in der U.S. Navy eingesetzt wurde. Die Vorzüge der F-11F lagen laut Konteradmiral Wagner vor allem in der Reichweite auf mittlerer Höhe und der Zweisitzigkeit[519]. Interessanterweise sollte sich während der Verwendung der F-104G durch die Marine zeigen, dass sie für das Einsatzspektrum wirklich nicht geeignet war[520].

---

[513] Ebd., S.38.

[514] Ebd.

[515] Albert Werner lässt sich bislang nicht durch Quellen erfassen. Vgl. Braatz, Walter Krupinski, S. 210-216.

[516] Ebd., S. 40ff.

[517] Ebd., S. 89.

[518] Ebd. Die Forderung nach der Verwendung des gleichen Flugzeugmusters wie in der Luftwaffe hatte der Führungsstab der Marine bereits Ende Mai 1958 aufgestellt, vgl. Johannes Berthold Sander-Nagashima, Die Bundesmarine 1950 bis 1972. Konzeption und Aufbau der kleinsten Teilstreitkraft der Bundeswehr, in: Sander-Nagashima (Hg.), Die Bundesmarine, hier S. 78.

[519] BT-Archiv, VertAusschuss, Protokoll 3. WP, 30. Sitzung, 5.11.1958, S. 89. Laut Wagner hatte Lockheed der Marine zugesichert, dass aus der existierenden zweisitzigen Trainerversion der F-104 ohne Probleme eine zweisitzige Kampfversion für die Marineflieger geschaffen werden konnte, ebd., S. 89f. Diese Version wurde nie umgesetzt.

[520] Bei einer Besprechung bezüglich der Verhandlungen über ein Nachfolgeflugzeug für die F-104G bei den Marinefliegern im Jahr 1970 machte der Marineführungsstab deutlich, dass die Umrüstung entweder auf die Phantom oder das NKF dringend nötig sei, da die F-104G für den Einsatz bei der Marine am wenigstens geeignet sei, vgl. BArch, BW 1/122375: Besprechungsprotokoll Fü L III 3 betr. Flugzeugbeschaffung, 12.6.1970, S. 1. Interessant war hierbei, dass die F-104 bei den Marinefliegern großflächig zur operativen Aufklärung eingesetzt werden sollte, vgl. Sander-Nagashima, Bundesmarine, S. 86. Nach der Einführung des F-104 zeigte sich jedoch, dass er für den Einsatz als Aufklärer am wenigsten geeignet war.

In der folgenden Sitzung erfolgte die Aussprache der Abgeordneten. Vor Beginn der Diskussion bedankte sich der Ausschuss für Ausführlichkeit der Unterrichtung durch das Verteidigungsministerium: „Abg. Merten (SPD) bezeichnet die Art, in der der Ausschuß am Vortage unterrichtet worden sei, als vorbildlich. (Beifall) Der Ausschuß würde dankbar sein, wenn er auch in Zukunft in ähnlichen Fällen in dieser Form unterrichtet werde. Die Zeit, die dafür benötigt werde, sei aufs beste angewandt[521].“ Er eröffnete die Aussprache dann mit einer Frage nach Anzahl und Umfang der Flugunfälle bei der F-104 und F-11 und welche Maßnahmen die Unfälle nach sich gezogen hätten[522]. Oberstleutnant Werner beantwortete die Frage als zuständiger Testpilot, der alle Auswahlmuster geflogen hatte. Im Rahmen der Flugerprobung hatten sich mit der F-104 insgesamt 14 Unfälle ereignet. Bei diesen Unfällen waren 5 Piloten ums Leben gekommen[523]. Dabei sei aber auch der Stand der Flugerprobung zu beachten. Mit der F-104 wurden mit 50 Erprobungsträgern mehr als 3.000 Stunden Testflüge durchgeführt worden, mit der F-11 mit zwei Flugzeugen ca. 200 Stunden[524].

Der Abgeordnete Georg Kliesing äußerte das Bedauern der CDU/CSU-Fraktion über die Tatsache, dass die Mirage offensichtlich deutlich schlechtere Leistungen als beide US-amerikanische Muster aufweise. Das sei zwar aus politischen Gründen sehr schade, aber angesichts der Bedeutung der Flugzeugauswahl nicht zu ändern[525]. Kliesing sah die F-104 als das am weitesten erprobte Muster an. So bedauerlich die Unfälle im Rahmen der Erprobung auch seien, werde es solche Unfälle immer geben und „immerhin sei es ihm lieber, daß sie bereits hinter uns lägen, als daß sie erst noch im Rahmen der Bundeswehr einträten[526].“ Der Abgeordnete sah in der Wahl für die F-104 auf Grund des Erprobungsstandes die einzig mögliche Option für die Bundeswehr. Alles andere sei nicht zu verantworten[527]. Er schloss seine Ausführungen mit einem Hinweis auf die Lobbyarbeit der internationalen Flugzeugindustrie. Dabei kam es im Vorfeld der entscheidenden Ausschusssitzung laut Kliesing zu einer in ihrer Art äußerst unangebrachten Informationskampagne von Vertretern der betroffenen Luftfahrtkonzerne, die offensichtlich in letzter Minute noch versuchten, Einfluss auf die Entscheidung des Ausschusses zu nehmen[528].

Auf die Nachfrage eines Abgeordneten äußerte sich Verteidigungsminister Strauß zum geplanten Ablauf des Lizenzbaus der F-104 durch die deutsche Luftfahrt-

---

[521] BT-Archiv, VertAusschuss, Protokoll 3. WP, 31. Sitzung, 7.11.1958, S. 1.
[522] Ebd., S. 2.
[523] Ebd., S. 3.
[524] Ebd., S. 3f.
[525] Ebd., S. 8.
[526] Ebd., S. 9.
[527] Ebd.
[528] Ebd., vgl. dazu auch die Ausführungen von Strauß zur Lobbyarbeit im Ministerium, gleiche Sitzung, S. 11.

industrie: Das Flugzeug sollte nicht im Montagebau, sondern in vollständiger Fertigung durch deutsche Unternehmen hergestellt werden[529]. Der Nachbau der Zelle war zu diesem Zeitpunkt bereits größtenteils abgeklärt. Noch ungewiss war der Nachbau des Triebwerks und der Elektronik.[530] Strauß wies noch einmal auf die große Bedeutung des Lizenzbauprogramms für die deutsche Luftfahrtindustrie hin: „Der Weg des Nachbaus des Hochleistungsjägers ist wahrscheinlich die letzte Chance für unsere Luftfahrtindustrie, den Anschluß an den Weltstand zu gewinnen. Auf dem Wege der Verkehrsfliegerei – also das Lufthansaprogramm – ist das ausgeschlossen; die Gründe im Einzelnen brauche ich hier wohl nicht darzulegen. Auch die Sportfliegerei ist in dieser Hinsicht uninteressant. [...] Wenn der Weg des Nachbaus des Hochleistungsjägers nicht eingeschlagen wird, sehe ich keinen Weg, eine deutsche Flugzeugindustrie auf dem Gebiet moderner Hochleistungsflugzeuge in Leben zu rufen[531]." Ein weiterer Vorteil der Lizenzfertigung lag für Strauß in den reduzierten Kosten. Die nachgebauten Flugzeuge sollten ca. 10 Prozent preiswerter sein als die im US-amerikanischen Werk gekauften[532].

Im Abschluss an die Beratungen stimmte der Ausschuss dem gesamten vom Verteidigungsministerium vorgeschlagenen Flugzeugbeschaffungsprogramm zu[533].

Ein Nachtrag zum Flugzeugbeschaffungsprogramm ergab sich in der nächsten Sitzung des Ausschusses. In mehreren deutschen Tageszeitungen waren am 26. November 1958 Berichte erschienen, die von einer mangelnden Eignung des Musters F-104 für die Bundeswehr sprachen. Der Abgeordnete Merten forderte daraufhin eine Stellungnahme des Inspekteurs der Luftwaffe[534]. Generalleutnant Kammhuber führte zu dieser Frage aus, dass die Entstehung dieser Berichte nicht klar zuzuordnen sei. Er vermutete allerdings eine Kampagne der nicht berücksichtigten Luftfahrtfirmen[535]. Zur Eignung der F-104 führte Kammhuber aus: „Herr Deunert ist nach Lockheed gegangen und lässt sich noch geben, was man zum Abschluß des Vertrages braucht. Dazu braucht man natürlich mehrere Einzelheiten. An der Maschine ist nichts mehr zu ändern[536]."

Auf eine Zwischenfrage des Abgeordneten Merten, ob die Gefahr bestehe, dass der Ausschuss vom Verteidigungsministerium hinters Licht geführt worden sei, ent-

---

[529] Ebd., S. 13.
[530] Ebd.
[531] Ebd., S. 13f.
[532] Ebd., S. 14.
[533] Ebd., S. 16. Zur Zustimmung des Ausschusses vgl. Süddeutsche Zeitung 07.11.1958 „Luftrüstungsprogramm gebilligt"; Frankfurter Neue Presse 7.11.1958 „Starfighter machte das Rennen"; Flugwelt-Eildienst Nr. 205 07.11.1958 „Die endgültige Entscheidung: Lockheed F-104", S. 695.
[534] BT-Archiv, VertAusschuss, Protokoll 3. WP, 32. Sitzung, 26.11.1958, S. 2.
[535] Ebd., S. 13.
[536] Ebd.

gegnete Kammhuber: „Es sind geringfügige Änderungen. Sie betreffen nicht die Zelle und den Motor, sondern ausschließlich das, was wir Ihnen bezüglich des Einbaus vorgetragen haben. Wir wollen eine ganze Reihe von Sachen eingebaut haben, weil wir die Maschine zu zwei Zwecken verwenden. (...) Wir wollen nicht zwei Maschinen haben, sondern setzen Interceptor und Jabo zu einer Maschine zusammen. Das verlangt nur, daß in die vorhandene Zelle alles hineingebaut wird, was wir brauchen. Es sind keine Änderungen notwendig[537].“

Direkt am nächsten Tag stand die Flugzeugauswahl der Luftwaffe beim Haushaltsausschuss des Bundestages, der an der Beschaffung von Rüstungsprojekten immer beteiligt war, auf der Tagesordnung. Die inhaltliche Analyse der Beratung kann an dieser Stelle nicht genauer darstellt werden, da sowohl im Parlamentsarchiv als auch im Bundesarchiv von dieser Sitzung keine wörtliche Mitschrift existiert, sondern nur ein Kurzprotokoll[538]. Das Ergebnis der Beratungen im Ausschuss lautete: „Nach eingehender Aussprache beschließt der Ausschuß auf Antrag des Abg. Dr. Stoltenberg mit Mehrheit bei mehreren Stimmenthaltungen, der Vorlage der Bundesregierung entsprechend dem Beschluß des Verteidigungsausschusses zuzustimmen. Er fordert die Bundesregierung auf, die Verhandlungen über den geplanten teilweisen Lizenzbau so zu führen, daß eine nennenswerte Erweiterung der Kapazitäten der Flugzeugindustrie nicht eintritt. Die Bundesregierung wird ferner aufgefordert, den Ausschuß – vor dem Abschluß der Verhandlungen – über die Kosten des Kaufs im Ausland und des Nachbaues im Inland zu orientieren und bei evtl. Bundesdarlehen und -bürgschaften an die in Frage kommenden Firmen über die vorgesehene Höhe zu konsultieren[539].“

Mit den Beratungen im Verteidigungs- und Haushaltsausschuss sowie der Zustimmung beider Gremien zur Beschaffungsvorlage konnte das Rüstungsprojekt F-104 Starfighter vom Verteidigungsministerium und der deutschen Luftfahrtindustrie offiziell in Angriff genommen werden.

3. Die Phase der Vorbereitung der Lizenznahme durch die deutsche Luftfahrtindustrie

Während der Verteidigungs- und der Haushaltsausschuss des Bundestages dem Beschaffungsprogramm der Luftwaffe zustimmten und damit den Weg zur Lizenzproduktion des Starfighters durch die deutsche Luftfahrtindustrie ebneten, wuchsen im Wirtschaftministerium die Sorgen über das Ausmaß des Projektes und die Probleme,

---

537 Ebd., S. 14f.

538 BT-Archiv, Bestand Haushaltsausschuss, Protokoll Haushaltsausschuss 3. WP, 45. Sitzung, 27.11.1958, S. 1ff.

539 Ebd., S. 10.

die sich damit ergeben könnten. Dabei stand vor allem die Befürchtung im Vordergrund, durch den Lizenzbau der G.91 und der F-104G könnten die Produktionskapazitäten der Luftfahrtindustrie in zu großer Form ausgeweitet werden[540]. Allerdings fanden auch politische Überlegung Eingang in die Diskussion. So wies ein Beamter im Rahmen einer Besprechung mit Industrievertretern auf die Gefahren hin, die eventuelle Entlassungen nach einer vorherigen Kapazitätsausweitung politisch mit sich bringen würden[541]. Die anwesenden Vertreter des BDLI gaben sich alle Mühe, die Befürchtungen des Ministeriums hinsichtlich einer Ausweitung der Fertigungskapazitäten zu zerstreuen[542]. Im Rahmen dieser Sitzung äußerte das Wirtschaftsministerium zum ersten Mal Zweifel, ob ein direkter Kauf beim Hersteller nicht billiger sei als der Lizenzbau in Deutschland[543]. Diese Befürchtung stand damit im vollkommenen Gegensatz zu der von Minister Strauß im Verteidigungsausschuss geäußerten Ansicht, der Nachbau sei auf jeden Fall billiger als der Kauf beim Hersteller.

Bereits drei Tage nach der Zustimmung des Haushaltsausschusses zum Beschaffungsvorgang der F-104 begannen die Vorbereitungen für den Nachbau der F-104 und des dazu gehörigen Triebwerks. Zu diesem Zweck reiste eine dreiköpfige Delegation, bestehend aus zwei Beamten des Bundesamts für Wehrtechnik und Beschaffung (BWB) und einem Mitarbeiter des Bundeswirtschaftministeriums, in die USA, um die Voraussetzungen für den Nachbau des Flugzeugs in Deutschland zu klären[544]. Parallel befand sich eine Gruppe militärisch-technischer Sachverständiger des Verteidigungsministeriums ebenfalls in den USA, um den Ausrüstungszustand des Flugzeugs für die Bundesluftwaffe festzulegen[545]. Auch die Sachverständigen des Verteidigungsressorts unterstützten die bereits im Verteidigungsausschuss von Minister

---

[540] BArch, B 102/107340: Niederschrift über eine Besprechung im Bundeswirtschaftsministerium am 25.11.1958. Thema: Auftragsvergabe für die Flugzeugmuster F-104 und G-91 an die Flugzeugfirmen des Südraums, S. 1.

[541] Ebd., S. 2.

[542] Ebd., S. 2f. Dabei führten Vertreter der Luftfahrtindustrie aus, dass vom Bundesamt für Wehrtechnik und Beschaffung teilweise ein falsches Bild des Auftragsvolumens gezeichnet werde. Es gehe lediglich darum, die vorhandenen Kapazitäten gleichmäßig auszulasten, aber nicht darum, neue Kapazitäten zu errichten. Darüber hinaus war sich Direktor Klein von der Firma Heinkel sicher, dass die vorhandenen Kapazitäten nach dem Auslaufen des Starfighter-Lizenzprogramms nicht leer stehen würden, sondern vom Verteidigungsministerium Aufgaben gestellt bekäme, damit die BRD mit der technisch-taktischen Entwicklung der Zukunft Schritt halten könne.

[543] BArch, B 102/107340: Niederschrift über eine Besprechung im Bundeswirtschaftsministerium am 25.11.1958. Thema: Auftragsvergabe für die Flugzeugmuster F-104 und G-91 an die Flugzeugfirmen des Südraums, S. 4.

[544] BArch, B 102/107345: Bericht über die Dienstreise nach den Vereinigten Staaten von Amerika vom 1.-21.12.1958 Zweck: Untersuchung der Voraussetzungen für den Nachbau der Flugzeuge Lockheed F-104 und der dazugehörigen Motoren General Electric J-79, S. 1ff.

[545] Ebd., S. 1. In dieser Gruppe befand sich auch der Leiter des Arbeitsstabes F-104, Oberstleutnant Günther Rall, der als erster deutscher Pilot vom Cheftestpiloten Lockheeds in das Flugzeugmuster eingewiesen wurde und erste Flüge unternahm; vgl. dazu Rall, Pilot, S. 585.

Strauß vorgebrachte Meinung, dass ein Lizenzbau in Deutschland auf jeden Fall billiger durchzuführen sei als der Kauf beim Hersteller im Ausland[546].

Im US-Verteidigungsministerium erfolgte eine Besprechung mit den zuständigen Beamten, die in der Beschaffungsabteilung für Fluggeräte im Ministerium verantwortlich waren, sowie mit dem militärischen Typenbegleiter des Musters F-104. Der Reisebericht lobte die offene Atmosphäre der Gespräche, die US-amerikanischen Gesprächspartner waren gegenüber den deutschen Beamten zu jeglicher Auskunft bereit[547]. Da eine kleinere Anzahl des Flugzeugmusters bereits vom Stammwerk in den USA gekauft werden sollte – die deutsche Industrie war selbstverständlich nicht in der Lage, sofort die Lizenzproduktion der F-104 aufzunehmen und nur so der baldmöglichste Beginn der Ausbildung der deutschen Fluglehrer auf der Maschine gewährleistet werden konnte – war für die deutsche Delegation die Frage interessant, ab wann mit der Produktion dieser Flugzeuge bei Lockheed begonnen werden konnte. Bei diesem Thema wurde der deutschen Delegation dargelegt, dass durch die Reduzierung des für die U.S. Air Force bestellten F-104-Kontingents ab Herbst 1959 Produktionskapazitäten frei werden würden[548]. Irritierend an diesem Sachverhalt war aber, dass die deutschen Vertreter die Reduzierung zwar ansprachen, ihre US-amerikanischen Gesprächspartner aber nicht nach deren Grund befragten. Immerhin handelte es sich bei der Reduzierung der F-104-Stückzahlen für die U.S. Air Force um eine knappe Halbierung[549]. Dies hätte den Delegationsmitgliedern vor allem vor dem Hintergrund, mit welcher Leistungsstärke die F-104 vorher in der internationalen Luftfahrtpresse und auch im Verteidigungsausschuss gepriesen worden war, eine Nachfrage durchaus wert sein müssen.

Bereits in diesem, knapp einen Monat nach dem Abschluss der Verhandlungen von Verteidigungs- und Haushaltsausschuss verfassten Bericht wird offenkundig, dass die Unterrichtung der Ausschüsse durch das Verteidigungsministerium nicht ganz der Wahrheit entsprochen hatte. Der Bericht schrieb wörtlich: „Die für die Bundesrepublik bestimmte Einsitzerserie enthält erhebliche Änderungen gegenüber der laufenden, für die USAF bestimmte Serie F-104C. Entsprechend den deutschen Forderungen müssen Musterflugzeuge gebaut und erprobt werden[550]." Im Verteidigungsausschuss dagegen war zuvor von Luftwaffeninspekteur Kammhuber behauptet worden, dass *nur geringfügige Änderungen* nötig seien, die außer der elektronischen Ausrüstung aber *weder die Zelle noch das Triebwerk betreffen* würden[551]. Auch die Eigenschaft der Serienrei-

---

[546] Ebd., S. 4.

[547] Ebd.

[548] Ebd., S. 2

[549] Ebd.: „Im Rahmen der allgemeinen Kürzungen des US-Luftwaffenprogramms ist die Gesamtstückzahl der F-104 von 580 […] auf 290 […] herabgesetzt worden."

[550] Ebd.

[551] BT-Archiv, VertAusschuss, Protokoll 3. WP, 32. Sitzung, 26.11.1958, S. 15.

fe, die im Ausschuss als absoluter Pluspunkt für die F-104 angeführt worden war, ließ sich nach der oben genannten Aussagen des Inspekteurs so nicht länger aufrechterhalten. Die Beamten des Pentagon wiesen die deutsche Delegation gleichfalls darauf hin, dass ein direkter Anschluss einer deutschen Bestellung an das US-amerikanische Produktionsprogramm auf Grund der „deutschen Änderungswünsche und der damit zusammenhängenden konstruktiven Arbeiten[552]" produktionstechnisch nicht möglich sei.

Bei einem Besuch der Firma General Electric stellte die Delegation abschließend fest, dass ein Lizenzbau des Triebwerks J-79 durch die deutsche Motorenindustrie kein Problem darstellen würde[553]. Während der Unterredungen mit Lockheed wurde ebenfalls deutlich, in welchem Rahmen sich die laut Generalleutnant Kammhuber überhaupt nicht nötigen Änderungen bewegten. Neben Änderungen in der Ausrüstung (neue Bewaffnung, Feuerleitsystem, Autopilot) mussten an der gesamten Flugzeugzelle Verstärkungen entsprechend des durch die neue Ausrüstung bedingten Gesamtgewichtes angebracht werden[554]. Dementgegen hatte noch im Januar 1958 das US-Verteidigungsministerium auf eine Anfrage der Luftwaffenführung bezüglich eventueller Änderungen beim Einbau zusätzlicher elektronischer Geräte zugesagt, dass bei der F-104 keine strukturellen Änderungen nötig sein würden[555]. Auch war Lockheed bei der Besprechung nicht in der Lage, einen fixen Preis für die geänderte Version der F-104 zu nennen, da die Kosten für die von der Bundesrepublik geforderten Änderungen noch nicht zu übersehen seien[556]. Wenn aber schon der Hersteller des Musters nicht in der Lage war, einen festen Preis für den Nachbau zu nennen, konnte Franz Josef Strauß unmöglich sicher sein, dass der Lizenzbau billiger sein würde als der Kauf ab Stammwerk.

Bei der Verhandlung über die Höhe der an Lockheed zu zahlenden Lizenzgebühren konnte die deutsche Delegation keine Einigung erzielen, da die von Lockheed geforderten Gebühren wesentlich höher lagen als die Summe, die das Verteidigungs-

---

[552] BArch, B 102/107345: Bericht über die Dienstreise nach den Vereinigten Staaten von Amerika vom 1.-21.12.1958 Zweck: Untersuchung der Voraussetzungen für den Nachbau der Flugzeuge Lockheed F-104 und der dazugehörigen Motoren General Electric J-79, S. 3.
[553] Ebd., S. 7.
[554] Ebd., S. 9.
[555] BArch, BL 1/1755: Fü L an MAAG vom 14.1.1958, betr. Fragen an das Pentagon, Anlage zu Fü L an die MAAG, Question 9, S. 7.
[556] BArch, B 102/107345: Bericht über die Dienstreise nach den Vereinigten Staaten von Amerika vom 1.-21.12.1958 Zweck: Untersuchung der Voraussetzungen für den Nachbau der Flugzeuge Lockheed F-104 und der dazugehörigen Motoren General Electric J-79, S. 10. In einer Stellungnahme des Regierungsdirektors Dr. Alfred Rennert vom BWB, der mit Lockheed über die Verträge verhandelte, Ende Dezember 1958 wurde deutlich, dass Lockheed offenbar nach der Bekanntgabe der Entscheidung für die F-104 höhere Preise verlangte als vor dem 24.10.1958, vgl. Schlußbericht der Arbeitsgruppe „Lockheed-Dokumente", S. 30.

ministerium zu zahlen bereit war[557]. Insgesamt kam die Delegation abschließend zu dem Urteil, dass aus Sicht des Wirtschaftsministeriums der Nachbau des Flugzeugmusters F-104 durch die deutsche Luftfahrtindustrie keine nennenswerte Schwierigkeit darstelle; dies aber nur unter der Bedingung, dass ein Minimum an zusätzlichen Investitionen und Arbeitskräften benötigt werde und dass die Aufteilung der Lizenzproduktion auf die einzelnen Firmen nach vorhandenen, also nutzbaren Kapazitäten erfolgen sollte. Offenbar wollte das Wirtschaftministerium so den Aufbau zusätzlicher Kapazitäten verhindern. – Aus den Unterlagen des Wirtschaftsministeriums geht hervor, dass die Unternehmen offenbar eine fixe Aufteilung von 25 Prozent der Produktion je Lizenzpartner geplant hatte[558]. Dies hätte bei einigen Firmen fraglos zu einer Ausweitung der Produktionskapazitäten geführt.

Unbeschadet der falschen Informationen, die den Mitgliedern des Verteidigungsausschusses offenbar zur Typenauswahl der Luftwaffe präsentiert wurden, fühlten sich die Abgeordneten von der Luftwaffenführung hervorragend informiert. Da die Abgeordneten ja offenbar nicht alle wichtigen Details kannten, ist diese Tatsache auch logisch. So bedankte sich ein Mitglied des Verteidigungsausschusses im Januar 1959 explizit bei Generalleutnant Kammhuber für die vorbildliche Unterrichtung zur Typenauswahl und führte weiter aus, dass die Luftwaffe bei den Parlamentariern im Ansehen der Teilstreitkräfte an erster Stelle stünde[559].

Doch nicht nur zwischen Luftwaffenführung und Verteidigungsausschuss bestand das Problem falscher und unvollständiger Informationen. Auch auf interministerieller Ebene wurden offenbar Details der nun anstehenden Typenbeschaffung nicht weitergegeben. In einer Sitzung des Ausschusses für wirtschaftliche Fragen der Verteidigung erklärte der Sachverständige der Abteilung Technik des Verteidigungsministeriums, dass *an der Flugzeugzelle keinerlei Änderungen erforderlich* seien, *lediglich die Ausrüstung sei eine andere* als bei der momentan in den USA produzierten Serienversion der F-104[560]. Diese Äußerung steht damit im genauen Gegensatz zum hier bereits angesprochenen Bericht der Delegation des Bundeswirtschaftsministerium über die Dienstreise in die USA, wo von *nötigen Änderungen auch der Flugzeugzelle* gesprochen wurde. Deutlich wurde in der Sitzung allerdings, dass der dem Verteidigungsausschuss genannte Stückpreis von 4,4 Millionen DM nicht zu halten war und nach oben abweichen würde[561].

---

[557] Ebd., S. 14.

[558] Ebd., S. 14.

[559] BArch, BL 1/14650: Tgb. InspLw vom 10.1.1959 betr. Besprechung mit MdB Gerns.

[560] BArch, B-102 107345 L-WV (BMVg 29.1.1959) an diverse Verteiler betr. Stand der Planungen über den Ankauf bezw. Nachbau der F 104 und des Triebwerks J 79. Bezug: Sitzung des Ausschusses für wirtschaftliche Fragen der Verteidigung am 14.1.1959, S. 2.

[561] Ebd. Dabei wurde noch keine Höhe der Abweichung nach oben genannt. Der spätere Vorsitzende des internationalen Starfighter-Produktionskonsortium, Hans Sellschopp, teilte dem Inspekteur der Luftwaffe

Im Verlauf dieser Sitzung kamen auch Parallelen zur Beschaffung des Schützenpanzers HS-30 für das Heer zur Sprache[562]. Vor allem von Seiten des Bundeswirtschaftsministeriums wurden Bedenken erhoben, ob es nicht auch beim Starfighter dazu kommen könne, dass ein Waffensystem beschafft werde, bei dem die Erprobung auf Grund noch zu ändernder technischer Details noch nicht abgeschlossen sei. Der zuständige Beamte der Abteilung Technik des Verteidigungsministeriums versicherte, dass „es ein in der Flugzeugindustrie durchaus übliches Verfahren sei, bei einem in der Serienfertigung laufenden Flugzeug Ausrüstungswünsche und -änderungen zu berücksichtigen[563]." Darüber hinaus erläuterte ein weiterer Beamter des Verteidigungsressorts, dass der Unterschied zum HS-30 darin liege, dass das System noch überhaupt nicht erprobt worden sei, während das Ministerium mit dem Starfighter ein erprobtes Waffensystem ausgewählt habe, an dem nur noch geringfügige Änderungen vorzunehmen seien. Beim HS-30 sei das Ministerium bewusst ein Risiko eingegangen, *bei der F-104G gebe es überhaupt kein Risiko*, das eingegangen werden könne[564].

Dass bei der F-104 trotz gegenteiliger Aussage im Verteidigungsausschuss eine große Zahl von technischen Änderungen durchgeführt werden musste, um das Flugzeug an die taktischen Forderungen der Deutschen Luftwaffe anzupassen, wurde im Januar 1959 auch mit Minister Strauß im Verteidigungsministerium diskutiert: „Der Umfang der an dem Einsitzer [F-104] vorzunehmenden Entwicklung gab zu einer eingehenden Diskussion Anlaß[565]." Strauß war nach eigener Aussage der Umgang der nötigen Konstruktionsänderungen bis zu diesem Zeitpunkt überhaupt nicht bewusst. Er bestätigte auch, dass die Ausschüsse des Parlaments über den Umfang der geplanten Änderungen nicht unterrichtet worden seien[566]. Strauß gab also offen zu, dass die

---

aber bereits im Januar 1959 mit, dass mit dem damaligen Ausrüstungszustand der Nachbau ca. 6 Millionen DM pro Stück kosten würde; vgl dazu BArch, BL 1/14650: Tgb. InspLw vom 17.1.1959, S. 2.

[562] Die Beschaffung des Schützenpanzers HS-30 war der erste, große Rüstungsskandal der Bundesrepublik. Dabei wurde dem Verteidigungsausschuss das Modell HS-30 als technisch ausgereiftes Waffensystem beschrieben, obwohl noch kein erprobter Prototyp existierte. Im Laufe der Beschaffung wurden immer mehr technische Mängel des Fahrzeugs deutlich, wodurch es zu einer langen Verzögerung der Auslieferung an die Truppe kam. Bereits während dieser Zeit existierten Gerüchte, dass mehrere Personen im Umkreis von Verteidigungsminister bestochen worden seien, um die Einführung des noch unfertigen Waffensystems voranzutreiben. Ende der 1960er Jahre veröffentliche ein Untersuchungsausschuss des Bundestages seinen Bericht zu den Bestechungsvorwürfen. Zur Thematik der Beschaffung des HS-30 vgl. passim Kollmer, Rüstungsgüterbeschaffung, sowie Barth, Rüstung und Öffentlichkeit.

[563] BArch, B-102 107345 L-WV (BMVg 29.1.1959) an diverse Verteiler betr. Stand der Planungen über den Ankauf bezw. Nachbau der F 104 und des Triebwerks J 79. Bezug: Sitzung des Ausschusses für wirtschaftliche Fragen der Verteidigung am 14.1.1959, S. 3.

[564] Ebd., S. 3f.

[565] BArch, BL 1/14650: BMVg - W I 4, Vermerk über eine Sitzung unter Vorsitz des Herrn Minister am 22.1.1959 im Bundeshaus, S. 2.

[566] Ebd. Ganz im Gegenteil, es wurde während der Ausschusssitzung vor allem von General Kammhuber vehement bestritten, dass an der F-104 für die Deutsche Luftwaffe noch etwas zu ändern sei.

Vertreter des Ministeriums die Parlamentsausschüsse unzureichend informiert hatten. Hinzu kam, dass es sich bei diesen vorenthaltenen Informationen um äußerst wichtige Details des Auswahlprozesses gehandelt hat. Diese Äußerung von Strauß lässt sich auf zwei Weisen interpretieren. Zum einen könnte er wirklich nicht gewusst haben, dass an der F-104 eine so große Zahl technischer Änderungen nötig wären. In diesem Fall stellt sich die Frage, ob ein oder mehrere Mitarbeiter des Verteidigungsministeriums bewusst versucht haben, ihrem obersten Dienstherren diese Information vorzuenthalten. Zum anderen könnte Strauß natürlich trotzdem intern über den Stand der technischen Entwicklung informiert worden sein, sich aber aus vermutlich industriepolitischen Gründen bewusst für die F-104 entschieden haben. In diesem Fall wäre sein Leugnen die logische Konsequenz aus der Tatsache, dass die nötigen technischen Änderungen nun auch anderen Ministerien zur Kenntnis gelangt waren.

Die erforderlichen Änderungen führten noch zu einem weiteren Problem, das bei der oben angeführten Sitzung im Verteidigungsministerium eingehend diskutiert wurde. Durch den knappen Zeitrahmen, der bis zur geplanten Einführung der F-104 in die Luftwaffe gegeben war, musste die Produktion der ersten 66 Flugzeuge, die noch in den USA von Lockheed erworben werden sollten, parallel zur technischen Entwicklung der von Deutschland gewünschten Änderungen erfolgen. Dies hatte den Nachteil, dass das Entwicklungsergebnis bei Fertigstellung nicht von den technischen Beamten des Verteidigungsministeriums abgenommen und dann erst in die zu produzierenden Flugzeuge eingearbeitet werden konnte[567]. Strauß selbst ordnete in dieser Sitzung an, dass „die Einhaltung der Liefertermine den Vorrang hat und demgemäß auf die Abnahme des Entwicklungsergebnisses verzichtet werden muss[568]." Weitere Probleme ergaben sich aus dem Sachverhalt, dass sich die Firma Lockheed weigerte, eine Garantie dafür zu übernehmen, dass die vorgesehenen Entwicklungsergebnisse auch wirklich erreicht würden.

Innerhalb des Verteidigungsministeriums wurde das gesamte Projekt Nachbau F-104 auch wesentlich kritischer gesehen, als die Beamten dies bei der Sitzung des Ausschusses für wirtschaftliche Fragen der Verteidigung gegenüber anderen Ressortvertretern dargestellt hatten. Während noch vor wenigen Tagen dort von einem Beamten des Verteidigungsministeriums die Ansicht vertreten worden war, dass die Bundesrepublik mit dem Nachbau der F-104 keinerlei Risiko eingehen könne, weil überhaupt kein Risiko vorhanden sei, fiel das Urteil des Staatssekretärs Josef Rust[569]

---

[567] Ebd., S. 2f.
[568] Ebd., S. 3.
[569] Josef Rust (1907-1997) war nach Abitur und Studium der Rechts- und Staatswissenschaften in der öffentlichen Verwaltung des „Dritten Reiches" tätig, so z.B. als Militärverwaltungsoberrat im „Reichsministerium für die besetzten Ostgebiete". Nach Gelegenheitstätigkeiten nach dem Krieg war er ab 1948 Oberregierungsrat im niedersächsischen Finanzministerium, ab 1949 Ministerialrat und Referatsleiter des Bundeskanzlerbüros im Bundeskanzleramt. Von 1955-59 war er Staatssekretär im Bundesministerium für

um einiges düsterer aus: „Nachdem der Herr Minister die Sitzung verlassen hatte, wies der Herr Staatssekretär noch einmal auf die Risiken hin, die mit dem Abschluß dieser Verträge verbunden seien. Er bat die anwesenden Abteilungsleiter, jeder müsse für seinen Geschäftsbereich am Ende der Verhandlungen die Verantwortung übernehmen. Es dürfe nicht noch einmal passieren, daß, wie im Falle Hispano Suiza [HS-30], einzelnen Herren des Hauses die Verantwortung für das gesamte Objekt zugeschoben werde[570]."

Im Januar 1959 entstanden im Verteidigungsausschuss des Bundestages auch die ersten kritischen Stimmen zur Beschaffung des Waffensystems F-104. Nach Bekanntgabe der Entscheidung zugunsten der F-104 waren neben fast euphorischen Pressestimmen auch kritische Anmerkungen aufgekommen, die dem Waffensystem die nötige Eignung für die Luftwaffe im Rahmen der NATO-Vorgaben absprachen. Im Zuge dieser Entwicklung forderte Helmut Schmidt Verteidigungsminister Strauß im Februar 1959 im Verteidigungsausschuss zu einer Stellungnahme auf[571].

Strauß, der sich durch die Art von Schmidts Nachfrage offensichtlich auch persönlich angegriffen fühlte, warf ihm vor, sich mit seinen Äußerung „unwissentlich und unwillentlich" zum Lobbyisten der französischen Flugzeugindustrie zu machen[572]. Er äußerte erneut sein Bedauern darüber, dass die Mirage die von der Luftwaffe gestellten Forderungen nicht erfüllen könne, obwohl er persönlich eine erneute Überprüfung des Flugzeugs angeordnet hatte[573].

Strauß führte weiter aus, dass er nach Gesprächen mit Mitarbeitern des Ministeriums keinen Anlass sehen könne, von der bereits getroffenen Entscheidung für den Starfighter abzuweichen und verteidigte vehement die Ablehnung der Mirage: „Es wäre – um es noch schärfer zu sagen – hinausgeworfenes Geld, wenn wir einen Typ der Billigkeit wegen auswählen würden. Die Mirage hat fast keine Elektronik[574]." Die fehlende Elektronik stellte für Strauß eines der Hauptprobleme der Mirage dar, da ein Einbau zusätzlicher Komponenten nicht ohne eine Veränderung der Zelle und der damit einhergehenden Veränderung der aerodynamischen Flugeigenschaften zu bewerkstelligen sei. Dadurch würde aber ein ganz anderes Flugzeug entstehen als jenes, das in Frankreich getestet wurde. Die Elektronik der F-104 müsse zwar auch noch

---

Verteidigung und ab 1959 Vorstandsvorsitzender der Wintershall AG in Kassel, ab 1966 dessen Aufsichtsratsvorsitzender sowie von 1966 bis 1974 Aufsichtsratsvorsitzender bei Volkswagen.

[570] Ebd. Zum HS 30 umfassend: Kollmer, Rüstungsgüterbeschaffung.

[571] BT-Archiv, VertAusschuss, Protokoll 3. WP, 43. Sitzung, 5.2.1959, S. 37.

[572] Ebd.; offensichtlich war es in der Zwischenzeit zu massiver Kritik der französischen Presse wegen der Nichtbeachtung der Mirage gekommen.

[573] Ebd., S. 38. Strauß beschreibt ebd., S. 39, die Mirage wörtlich: „Ich muss hier noch einmal feststellen, daß die Mirage III a oder III b als Tagjäger mit begrenzter Allwetterfähigkeit ohne Zweifel eine brauchbare Maschine ist".

[574] Ebd., S. 40.

getestet werden, aber dies wäre in einem relativ kurzen Zeitraum möglich[575]. Letztlich beschrieb der Minister hier genau den Zustand, in dem sich das Projekt F-104 zu diesem Zeitpunkt befand. Die Ausschussmitglieder konnten dies auf Grund der unzureichenden Informationen, über die sie verfügten, allerdings nicht wissen.

Zum Nachbau und zur Lizenzproduktion wies der Minister erneut darauf hin, dass ein Nachbau in Deutschland billiger sei, als der direkte Kauf beim Hersteller in den USA[576]. Dabei gab Strauß den Preis, anders als bei der 31. Sitzung des Ausschusses, mit ca. 15 Prozent unter dem Niveau des US-amerikanischen Herstellers an[577]. – Dabei hatte der Hersteller zu diesem Zeitpunkt den Preis des Waffensystems noch gar nicht genau beziffert!

Im weiteren Verlauf der Sitzung entwickelte sich zwischen Strauß und Helmut Schmidt ein Streit über den Wiederaufbau der deutschen Luftfahrtindustrie. Der Minister wies zum wiederholten Mal auf die Bedeutung des Lizenzbauprogramms für die heimische Luftfahrtindustrie hin: „Es ist auch nicht die Frage „Nachbauen oder nicht?", sondern es ist die Frage: „Auflösung oder nicht[578]?" Der Nachbau, und damit das Aufholen des technischen Fortschritts der anderen Nationen, eines militärischen Musters sei wichtig, um so einen Zugang zum zivilen Markt überhaupt erst zu ermöglich[579].

Schmidt wandte sich ganz offen gegen den Aufbau einer Hochleistungsjäger-Produktion in Deutschland. Dazu führte er eine Reihe von Argumenten an. Erstens sie die These, ein Nachbau in Deutschland sei billiger als der Kauf beim Hersteller, eine völlige Illusion[580]. Für ihn ergab sich der höhere Preis aus den Investitionen, die in Deutschland vor Anlaufen der Produktion noch zu tätigen seien. Zweitens befürchtete er eine Reihe von technischen Schwierigkeiten und begründete diese Auffassung mit dem Auftreten ähnlicher Probleme beim Nachbau der Noratlas durch die Nordgruppe der deutschen Luftfahrtindustrie; obwohl die Noratlas eine wesentlich weniger komplizierte Maschine als der Starfighter war[581]. Das wesentlichste Problem sah Schmidt aber im Aufbau der Produktionskapazitäten der Luftfahrtindustrie. Für diese Kapazitäten müsse es logischerweise auch nach dem Auslaufen der Lizenzfertigung eine Beschäftigung geben. Daraus entwickle sich für Schmidt eine wirtschaftliche Anhängigkeit von staatlichen Aufträgen[582].

---

[575] Ebd., S. 45.
[576] Ebd., S. 42.
[577] Ebd., S. 45.
[578] Ebd., S. 46.
[579] Ebd., S. 47.
[580] Ebd., S. 49.
[581] Ebd.
[582] Ebd., S. 49f.

Vor allem in der Südgruppe der Industrie, wo der Nachbau der F-104 stattfinden sollte, sah Schmidt die große Gefahr, dass diese Industrie allein für militärische Aufträge verwendet werden könne. Im Unterschied dazu sei ein großer Vorteil der Nordgruppe, dass dort Transporter gefertigt würden, deren Know-how auch zivil nutzbar sei[583]. Abschließend forderte Schmidt eine genauere Beobachtung der Entwicklung der Luftfahrtindustrie durch das Parlament[584].

Bei seiner Entgegnung wehrte sich Strauß gegen den indirekten Vorwurf, er habe den Wiederaufbau der deutschen Flugzeugindustrie im Alleingang vorangetrieben. Die Nord- und Südgruppe der Industrie hätten auch schon bei seinem Amtsantritt existiert. Wenn das Verteidigungsressort aber keine neuen staatlichen Aufträge an die Industrie vergebe, bleibe in der momentanen Situation nur die Liquidation der beteiligten Luftfahrtfirmen und der daran hängenden Triebwerks- und Ausstattungsfirmen übrig[585]. Erneut zog Strauß die Problematik aus seiner Sicht zu einem Kernsatz zusammen: „Die Frage heißt also: Schluß mit der Flugzeugindustrie, oder aber Nachbau – in Grenzen – in Deutschland. Eine andere Alternative ist nicht gegeben; oder man flüchtet sich in den Bereich der Propaganda, der Utopie und des Aberglaubens[586]."

Diese Diskussion verdeutlichte eines der Kernprobleme bei der Auseinandersetzung um die Beschaffung des Abfangjägernachfolgemusters. Auf der einen Seite gab Verteidigungsminister Strauß zu bedenken, dass sich nur die Alternative zwischen Beschäftigung der Luftfahrtindustrie über Lizenzbau oder aber Liquidation der Unternehmen stelle. Auf der anderen Seite befürchtete Helmut Schmidt neben technischen Problemen der Lizenzfertigung ein unkontrolliertes Aufblähen der Luftfahrtindustrie, das logischerweise dazu führen musste, dass diese allein mit der künstlich geschaffenen Nachfrage des Verteidigungsministeriums wirtschaftlich am Leben erhalten werden konnte.

Mitte Februar 1959 bestimmte Generalleutnant Kammhuber Oberstleutnant Günther Rall zum militärischen Typenbegleiter für das Projekt F-104, der die Einführung des Waffensystems in die Deutsche Luftwaffe organisieren sollte[587].

Anfang März 1959 kam es im Verteidigungsausschuss des Bundestages zum ersten Mal zu heftigen verbalen Auseinandersetzungen zwischen den Abgeordneten und Verteidigungsminister Strauß. Im Rahmen der Beratung über den Haushaltsplan

---

[583] Ebd., S. 50.
[584] Ebd.
[585] Ebd., S. 55.
[586] Ebd., S.56.
[587] BArch, BL 1/14650: Tgb. InspLw, Eintrag 18.2.1959. Vgl. auch die Darstellung bei Rall, Flugbuch, S. 264.

1959 referierte Ministerialdirektor Volkmar Hopf[588], Abteilungsleiter Haushalt im Verteidigungsministerium, über den Sachstand des Flugzeugprogramms. Er wies darauf hin, dass die Verträge über die Weiterentwicklung zum Mehrzweckflugzeug, über den Kauf von 66 Maschinen vom Herstellerwerk und die Lizenzverträge in der Endphase der Vorbereitung seien[589]. Die Weiterentwicklung werde einen geschätzten Zeitrahmen von einem Jahr plus einem Jahr bis zur Auslieferung der ersten Maschine betragen. Der Kostenfaktor für die Weiterentwicklung sei noch nicht ganz übersehbar, werde aber wahrscheinlich ca. 120 Millionen DM betragen[590]. Hopf wies zudem darauf hin, dass sich die Weiterentwicklung zum allergrößten Teil auf die in der Zelle verwendete Elektronik bezog.

Die Diskussion entbrannte nun am Preis für das Gesamtwaffensystem. Im Zuge des Vortrages machte Hopf deutlich, dass der reale Preis für den Nachbau in Deutschland wesentlich höher sei, als der im November 1958 im Ausschuss genannte Preis von ca. 5 Millionen DM: „Ich möchte ganz vorsichtig sagen: Wenn man überhaupt eine Zahl nennen wollte, sollte man sagen, dass es – alles zusammengerechnet, mit auf das Stück umgelegte Entwicklungskosten – zwischen 6 und 7 Millionen DM sind[591]." Bei diesem Preis bestand ferner das Problem, dass die genauen Entwicklungskosten, die von Lockheed erhoben wurden, dem Verteidigungsministerium noch nicht bekannt waren und somit nur eine annähernde Schätzung des Gesamtpreises möglich war.

In der sich anschließenden Debatte warfen mehrere Mitglieder den Vertretern des Verteidigungsministeriums vor, den Ausschuss nicht richtig informiert zu haben. Diese entgegneten auf die Vorwürfe, dass aus den Aussagen vor dem Ausschuss klar hervorgegangen sei, dass sich der im November 1958 genannte Preis auf die aktuelle Version der F-104, die C-Version, beziehe und noch keine Kosten für die Weiterentwicklung enthalten seien[592].

Diese Diskussion stellte eines der Kernprobleme in der Behandlung der Starfighter-Thematik im Verteidigungsausschuss dar: Beide Parteien, die Ausschussmitglieder und die Vertreter des Verteidigungsministeriums, redeten offensichtlich aneinander vorbei. Dabei war es noch nicht einmal so, dass einer der beiden Parteien eine

---

[588] Volkmar Hopf (1906-1997) war nach dem Jurastudium in der öffentlichen Verwaltung des nationalsozialistischen Deutschlands tätig, dabei ab 1939 Oberlandrat im besetzten „Protektorat Böhmen und Mähren" und im Krieg zeitweilig in der Luftwaffe als Fluglehrer und Staffelkapitän eingesetzt. Nach der Kriegsgefangenschaft Syndikus der Düngemittelindustrie war er ab 1951 Beamter im Bundesinnenministerium und ab 1956 im BMVg Leiter der Haushaltsabteilung, bevor er ab 1959 Staatssekretär wurde. Im Nachgang zur Spiegel-Affäre wurde Hopf zum Präsidenten des Bundesrechnungshofes ernannt, was er bis 1971 blieb. Biographisch ist er bislang nicht untersucht; vgl.: Klee, Personenlexikon, S. 269.
[589] BT-Archiv, VertAusschuss, Protokoll 3. WP, 49. Sitzung, 4.3.1959, S. 37.
[590] Ebd., S. 38.
[591] Ebd., S. 48.
[592] Ebd., S. 49ff.

besondere Schuld unterstellt werden könnte. Natürlich ging aus der vom Verteidigungsministerium gebrauchten Formulierung nicht deutlich hervor, dass es sich bei dem genannten Stückpreis von 4,7 Millionen DM um den Preis für die bereits erprobte F-104C handelt, und nicht um das noch zu entwickelnde Mehrzweckflugzeug, das erst später die Bezeichnung F-104G erhielt[593]. Sicherlich kann dem Verteidigungsministerium der Vorwurf gemacht werden, die Mitglieder des Ausschusses nicht richtig informiert zu haben. Andererseits stellt sich hingegen die Frage, warum die Ausschussmitglieder nicht genau nachgefragt haben – so wie sie es bei anderen Details durchaus taten.

Mitte Februar 1959 waren zudem vermehrt Presseartikel zu einer Auseinandersetzung zwischen Verteidigungsminister Strauß und Wirtschaftsminister Erhardt im Bundeskabinett erschienen. Danach sollte wegen des Aufbaus der deutschen Luftfahrtindustrie eine Meinungsverschiedenheit entstanden sein, die Erhardt mit seiner Ablehnung der starken Förderung eines einzelnen Industriezweiges ausgelöst habe. Hopf widersprach diesen Meldungen und betonte, dass es bezüglich der Luftfahrtindustrie zwischen dem Verteidigungs- und dem Wirtschaftsministerium keinerlei Unstimmigkeiten gebe[594].

Zum Schluss der Sitzung machte Hopf eine bewundernswert aufschlussreiche Bemerkung zur zukünftigen wirtschaftlichen Eigenständigkeit der deutschen Luftfahrtindustrie. Im Gegensatz zu Strauß, der mehrfach geäußert hatte, dass sich die Luftfahrtindustrie nach einer gewissen militärisch dominierten Anlaufphase auch oder gerade wegen der Betätigung auf dem militärischen Gebiet auch auf dem zivilen Markt werde durchsetzen können, glaubte Hopf an eine dauerhafte Abhängigkeit dieser Industriesparte von Aufträgen des Verteidigungsministeriums zu etwa 90 Prozent[595]. Interessant war diese Einschätzung allein deswegen, weil Hopf damit offensichtlich seinem Minister widersprach.

Nachdem direkt nach der Entscheidung des Verteidigungsministeriums für die Auswahl des Starfighters im Oktober 1958 die Verhandlungen um den Nachbau des Flugzeugs begonnen hatten[596], wurde am 18. März 1959 der Lizenzbauvertrag mit der Herstellerfirma Lockheed unterzeichnet[597]. Am gleichen Tag hatte bereits der Haus-

---

[593] Dabei steht das G für German, eigentlich trug die Maschine auch nicht den Beinamen *Starfighter*, sondern *Superstarfighter*, vgl. Gunston, Supersonic Fighters, S. 200. Dieser Beiname wurde in der Presse aber kaum verwendet. Ein Grund dafür könnte durchaus die schlechte Sicherheitslage der Maschine sein.

[594] BT-Archiv, VertAusschuss, Protokoll 3. WP 49. Sitzung 4.3.1959, S. 55.

[595] Ebd., S. 56f. Die verbliebenen 10 Prozent stellen auch sicher eher den Markt der Sportfliegerei als die Beteiligung an Zivilflugzeugen für Passagier- und Frachttransport dar.

[596] Die Arbeit der Delegationen, die die Verhandlungen über das Vertragswerk geführt hatten, wurde zum Teil vorher in diesem Kapitel schon geschildert.

[597] FoLuft Sammlung Schmitz I, Konvolut F-104 neu: Entwicklungs- und Beschaffungsvertrag zwischen der Bundesrepublik Deutschland und der Firma Lockheed Aircraft Cooperation (18.3.1959). Dabei war die Vergabe der Lizenz der F-104 an die bundesdeutsche Luftfahrtindustrie die erste in einer längeren

haltsausschuss des Bundestages dem Vertragswerk zugestimmt. – Die inhaltliche Gestaltung des Vertrages sollte in den nächsten Jahren noch Anlass zu vielfältigen Diskussionen bieten.

Der Vertrag enthielt zwei unterschiedliche Arbeitsvorgänge, zum einen die Abmachungen über die Entwicklung des von der Deutschen Luftwaffe bestellten Flugzeugmusters und zum anderen den Kauf von Doppel- und Einsitzern des Typs F-104. Genau diese Zusammenlegung der beiden Arbeitsgebiete bildete ein Problem, da sich das Verteidigungsministerium damit der Möglichkeit beraubte, auf das Entwicklungsergebnis vor der Produktion der ersten Serienmaschinen Einfluss zu nehmen[598]. Darüber hinaus bedeutete dieser Vertrag, dass die ersten, noch bei Lockheed produzierten Maschinen auf keinen Fall mit den vom Führungsstab der Luftwaffe geforderten technischen Spezifikationen ausgerüstet sein konnten.

Der Entwicklungsvertrag legte fest, welche Eigenschaften die Weiterentwicklung der von der USAF verwendeten F-104-Version aufweisen sollte: „Das Flugzeug ist ein Allwetter-Jäger mit Jabo-Eigenschaften, Einsitzer, ausgerüstet mit einem Strahl-Triebwerk[599].“ Dieses Flugzeug sollte die Typenbezeichnung F-104G erhalten, das G stand dabei für Germany. Zu Ausbildungszwecken sollten bereits 66 Einsitzer und 30 Doppelsitzer bei Lockheed direkt beschafft werden[600]. Diese Beschaffung beim Hersteller war nötig, weil sich die deutsche Luftfahrtindustrie in den Lizenzbau erst einarbeiten musste und nicht sofort mit der Produktion beginnen konnte. Die beim Hersteller georderten Flugzeuge wurden aber dringend benötigt, um mit der Ausbildung der Fluglehrer für die F-104G beginnen zu können.

Wie bereits bei der Diskussionen mit Lockheed über die technische Auslegung des Flugzeugs, wollte die Herstellerfirma keine Garantien für den Verlauf der technischen Entwicklungsarbeit übernehmen. Im Vertragswerk schlug sich dieser Sachverhalt folgendermaßen nieder: „(1) Der Auftragnehmer [Lockheed] gewährleistet, dass die von ihm gelieferten Flugzeuge in allen Teilen sowie die etwa gelieferten Ersatzteile, Bodendienst- und Prüfgeräte sowie Lehrmaterial frei von Fehlern sind. Diese Gewährleistung bedeutet, dass der Auftragnehmer dafür einsteht, daß die bestgeeigneten und einwandfreien Materialien verwendet und alle anfallenden Arbeiten einwandfrei ausgeführt sind. (2) Andere Gewährleistungen übernimmt der Auftragnehmer nicht. Insbesondere ist die in Anlage A gegebene Beschreibung der Flugzeuge nicht als Zusicherung von Eigenschaften anzusehen[601].“ – Überspitzt ausgedrückt bedeutete diese

---

Reihe von Rüstungskooperationen der US-Militärindustrie, vgl. die kritische Sicht bei Dietl, Waffen, S. 28.

[598] Johannson, Starfighter, S. 23 sowie Gutowski, Konstruktions- und Entwicklungsaufträge, S. 21.

[599] FoLuft Sammlung Schmitz I, Konvolut F-104 neu: Entwicklungs- und Beschaffungsvertrag zwischen der Bundesrepublik Deutschland und der Firma Lockheed Aircraft Cooperation (18.3.1959), § 1 (1).

[600] Ebd., § 2.

[601] Ebd., § 9 (1) und (2).

Vertragsklausel nichts anderes, als dass Lockheed dafür die Garantie übernahm, dass die Maschine mit hochqualitativen Materialien gebaut und einwandfrei montiert wurde, aber nicht, dass das Flugzeug auch in der Lage war zu fliegen!

Natürlich kann ein Flugzeugkonstrukteur keine Garantie auf bestimmte Flugdaten geben. Es wäre zum Beispiel nicht nachvollziehbar, einem Flugzeug eine bestimmte Höchstgeschwindigkeit vertraglich zusichern zu wollen, ohne sicher zu sein, ob diese aus aerodynamischen Gründen überhaupt erreicht werden kann. Aber dass gewisse technische Eigenschaften, wie die für die europäischen Schlechtwetterverhältnisse unerlässliche Allwettereignung von Lockheed nicht gewährleistet werden wollten oder konnten, stellte ein riesiges Problem dar. Für die Bundesrepublik hieß diese Vertragsklausel letztlich nichts anderes, als dass es passieren konnte, dass sie als Auftraggeber eine technische Entwicklung teuer bezahlte, die sich eventuell gar nicht umsetzen ließ. Damit könnte letztlich die komplette Eignung des Waffensystems Starfighter für die Deutsche Luftwaffe in Frage gestellt werden. – Und wenn Lockheed hinsichtlich der Machbarkeit der von der Bundesrepublik gewünschten technischen Weiterentwicklung wirklich so unsicher war, wäre es vielleicht besser gewesen, den Auftrag als undurchführbar nicht anzunehmen.

Anfang März 1959 informierte Verteidigungsminister Strauß den Vorsitzenden des Haushaltsausschusses bereits in einem Schreiben über den Fortgang der Verhandlungen mit Lockheed, wie es der Ausschuss bei seiner Zustimmung zur Auswahl des Starfighters im November 1958 auch zu Bedingung gemacht hatte[602]. Die Zusammenstellung der Informationen für den Haushaltsausschuss war im Prinzip lediglich eine kurze Zusammenfassung des zukünftigen Entwicklungs- und Beschaffungsvertrages. Interessanterweise wies Strauß den Ausschuss zwar auf Teile der Gewährleistungspflichten hin, die sich auf die Qualität des Materials und des Zusammenbaus bezogen. Die Tatsache jedoch, dass Lockheed für das Ergebnis der technischen Entwicklung keinerlei Garantien übernehmen wollte, fehlte in seiner Darstellung der Verhandlungsergebnisse allerdings[603].

Bereits im Sommer 1959 wurde deutlich, dass sich die deutsche Nachbau-Produktion des Starfighters zu einem Projekt von internationaler Größenordnung entwickeln könnte. Die Luftwaffenchefs der Niederlande und Belgiens hatten gegenüber Generalleutnant Kammhuber vertraulich bestätigt, dass beide Länder prinzipiell großes Interesse an einer eigenen Produktion der F-104 hätten, diese aber für beide Staaten zu kostenintensiv sei. Kammhuber ordnete daraufhin an, diese Information an

---

[602] BArch, B 102/188362: Bundesminister der Verteidigung an den Haushaltsausschuss des deutschen Bundestages z. Hd. des Vorsitzenden Herrn Bundestagsabgeordneten Schoettle.
[603] Ebd., S. 2.

das Pentagon weiter zu geben und im Sinne der Standardisierung der NATO-Luftstreitkräfte um Unterstützung für die Niederlande und Belgien zu bitten[604].

Im Juni 1959 schloss die Abteilung Wirtschaft des Verteidigungsministeriums ihre Überlegungen zum Lizenzbau der F-104G in Deutschland ab[605]. Insgesamt sah die Planung nunmehr vor, dass insgesamt 210 Flugzeuge des Typs F-104G in Deutschland zwischen Oktober 1961 und März 1965 produziert werden sollten[606]. Dazu hatte sich mittlerweile eine Arbeitsgemeinschaft, die Arge 104 Süd, bestehend aus den Firmen Messerschmitt, Heinkel, Dornier und Siebel ATG gegründet. Nach der Planung des Ministeriums sollte die Fertigungsaufteilung folgendermaßen aussehen: Bei Messerschmitt sollten Vorder- und Endteil des Rumpfes gefertigt werden; zusätzlich übernahm die Firma die Endmontage und der Einflugbetrieb. Heinkel fertigte Flächen und Seitenleitwerke, Dornier das Rumpfmittelteil und das Fahrwerk, Siebel ATG das Rumpfoberteil, die Führerkabine und die Luftführung. Diese Aufteilung stand unter Änderungsvorbehalt, um auf eventuelle Schwierigkeiten bei der anzustrebenden gleichmäßigen Auslastung der Betriebe reagieren zu können[607].

Nach diesem Bericht des Verteidigungsministeriums war für alle Firmen, die am Nachbau der F-104G beteiligt werden sollten, eine Gesamtinvestition in Höhe von ca. 4,9 Millionen DM nötig. Dieses Geld wurde zum allergrößten Teil für den Erwerb neuer und die Instandsetzung alter Produktionsanlagen benötigt[608]. Als Stückpreis für den Nachbau in der BRD nannte der Bericht die Summe von 4.633.000 DM pro Flugzeug. Dabei wies das Verteidigungsministerium erneut darauf hin, dass diese Summe im Gegensatz zum Kaufpreis von 5.900.000 DM direkt bei Lockheed in den USA wesentlich günstiger sei[609].

Mittlerweile zeigte sich, dass die Luftwaffenführung sich bei ihren Entscheidungen immer stärker an den Erfordernissen der deutschen Luftfahrtindustrie orientieren musste. Im Juni 1959 waren bei deren Unternehmen in Norddeutschland Beschäftigungslücken abzusehen, die momentan noch durch den Lizenzbau des französischen Transportflugzeugs Noratlas ausgefüllt wurden. Generalleutnant Kammhuber wurde daraufhin vorgeschlagen, zusätzlich 40 Maschinen vom Typ Noratlas für die

---

[604] BArch, BL 1/14650: Tgb. InspLw vom 10.6.1959, S. 1f. Wie diese Unterstützung aussehen sollte, erwähnte das Tagebuch des Inspekteurs allerdings nicht.

[605] BArch, B-102-107340: BMVg W I 5: Untersuchungs-Ergebnis des Nachbaues der Flugzeugmuster Fiat G 91 und F 104 (einschl. Triebwerk) in der Bundesrepublik Deutschland.

[606] Ebd., S. 2f.

[607] Ebd., S. 4. Hierbei wurde deutlich, dass es im Gegensatz zur Planung, die im September 1958 bestanden hatte, eine grundlegende Änderung geben sollte. Damals sollten die Endmontage und das Einfliegen noch bei Dornier erfolgen. Zur Aufteilung der Produktionskomponenten vgl. die graphische Darstellung in Interavia 4/1960 „Eine Industrie sucht ihre Bestimmung", S. 480.

[608] Ebd., S. 4f.

[609] BArch, B-102/107340 BMVg W I 5: Untersuchungs-Ergebnis des Nachbaues der Flugzeugmuster Fiat G 91 und F 104 (einschl. Triebwerk) in der Bundesrepublik Deutschland, S. 5f.

Transportverbände zu bestellen, weil die produzierenden Firmen ab Mitte 1960 ohne Beschäftigung seien[610]. Er verweigerte diesem Vorschlag jedoch seine Zustimmung, denn damit würde die zukünftige Ausrüstung der Transportverbände mit wesentlich modernerem Gerät auf Jahre blockiert werden. Schließlich stimmte er dennoch nach großem Zögern einer Erweiterung des Auftrages um 10 Maschinen zu. Der Stabsoffizier, der Kammhuber diesen Vorschlag unterbreitet hatte, vertrat sogar die Ansicht, dass es sich lohnen würde, bis zum Bau eines modernen Transportflugzeugs bei der Nordgruppe der Luftfahrtindustrie Leerkapazitäten im Produktionsbereich zu bezahlen, um das große technische Reservoir zu erhalten und ein Abfließen der Spezialisten ins Ausland zu verhindern[611].

Bereits im Verlauf des Jahres 1959 deutete sich – neben allen schon auftretenden Fragen und Unwägbarkeiten – an, dass die deutsche Luftfahrtindustrie den technischen Prozess des Lizenzbaus eventuell von seiner Komplexität her unterschätzt haben könnte. Bei einer Besprechung mit dem Inspekteur der Luftwaffe über den Zeitplan des F-104-Nachbaus in Deutschland versicherte Direktor Dr. Leo Rothe, damals Vorstandsmitglied bei Messerschmitt, dass die Auslieferung der ersten, in Deutschland gebauten F-104G ab Mai 1961 erfolgen könnten. Dagegen nannte Heinrich Sellschopp[612], Koordinator für den Lizenzbau im Verteidigungsministerium, den Monat Oktober 1961, also fast ein halbes Jahr später, als Zeitpunkt für den Beginn der Auslieferung[613].

In der Zwischenzeit wuchs im Bundeswirtschaftsministerium die Sorge über die zukünftige Form der Kapazitätsauslastung bei der deutschen Luftfahrtindustrie. Bei einer Sitzung des Länderausschusses Luftfahrzeugbau im Oktober 1959 diskutierten die Teilnehmer dieses Problem, wobei sich das Wirtschaftsministerium für eine verstärkte Förderung ziviler Flugzeugprojekte durch den Bund aussprach. Dadurch, dass der größte Teil der Industrie durch militärische Aufträge ausgelastet sei, bestehe die ständige Gefahr von Beschäftigungslücken, wenn beim Auslaufen eines Auftrages nicht schon längst ein Nachfolgeprojekt in Planung sei[614]. Dabei wurde auch vor allem

---

610 BArch, BL 1/14650: Tgb. InspLw, Eintrag 22.6.1959 betr. Arbeitslage Nordflug, S. 3.

611 Ebd.

612 Heinrich Sellschopp war nach seinem Ingenieursstudium bis Mai 1933 bei den Heinkel-Flugzeugwerken tätig. Während des „Dritten Reichs" tat er als Berater Dienst im Reichsluftfahrtministerium, leitete die Planungsgruppe für Industriebetriebe beim Heereswaffenamt und war kurz vor dem Ende des Krieges Berater bei BMW. Nach dem Krieg betrieb er mehrere Reifenhandelsunternehmen. Mit Beginn des Jahres 1956 wurde Sellschopp Berater beim BWB in Koblenz. Von 1958 bis September 1961 leitete er im BWB die Abteilung „Luftfahrtgerät" und war vom 1.10.1961 bis zum 1.4.1966 General Manager bei der NASMO, vgl. Schlußbericht der Arbeitsgruppe „Lockheed-Dokumente", S. 37.

613 BArch, BL 1/14650: Tgb. InspLw, Eintrag 8.7.1959 betr. F-104G (deutsche Fertigung), S. 4 sowie Eintrag vom 6.7.1959 betr. Besprechung bei Messerschmitt in Augsburg, S. 1.

614 BArch, B 102/15555: Heft 1 Niederschrift über die Länderausschußsitzung Luftfahrzeugbau am 27.10.1959 in Bonn, S. 5.

auf die Lage der Firmen in Norddeutschland hingewiesen, für die im Moment nach Auslaufen der Noratlas-Produktion im Juli 1961 keine Anschlussaufträge vorhanden seien. Daher sei ab April 1960 die Gefahr von Entlassungen gegeben[615]. Im Zeitalter der aufkommenden Vollbeschäftigung in der Bundesrepublik schien dies undenkbar.

Im September 1959 manifestierte sich das bereits angesprochene Interesse der Niederlande und Belgien an der F-104G. Sellschopp informierte das Bundeswirtschaftsministerium, dass zwischen dem BWB und den Niederlanden sowie Belgien konkrete Verhandlungen über den Kauf von ca. 200 Flugzeugen aus deutscher Lizenzproduktion stattfinden würden[616]. Zur Fertigung der Maschinen sollten die Luftfahrtfirmen der Nordgruppe eingesetzt werden, die nach dem Auslaufen der Noratlas-Produktion nicht ausgelastet wäre[617]. Begünstigt wurde die Entscheidung zu Gunsten der norddeutschen Luftfahrtindustrie, und damit gegen eine größere Produktion im Südraum, neben dem bekannten Fehlen von Anschlussaufträgen offenkundig dadurch, dass sich die Kapazitäten der süddeutschen Industrie ansonsten noch stärker vergrößern würden, als es bis dato ohnehin schon der Fall war. Die technische Expertise hätte sicher für die Fertigung der niederländischen und belgischen Maschinen im Südraum gesprochen. Deren Firmen verfügten bereits über detaillierte technische Kenntnisse für den Lizenzbau, die sich die norddeutschen Firmen erst noch aneignen mussten.

Dem Verteidigungsministerium war unterdessen längst klar, dass sich das Nachbauprogramm der F-104 in Deutschland stetig verteuerte. Im Rahmen einer abteilungsübergreifenden Besprechung des Verteidigungsministeriums mit dem Bundesamt für Wehrtechnik und Beschaffung im Oktober 1959 wurde deutlich, dass sich mittlerweile eine wesentliche Preiserhöhung bei der F-104G gegenüber dem Voranschlag/Angebot ergeben habe[618]. Oberregierungsrat Kipper (BMVg Abt. W) führte dazu weiter aus, dass den Bundestagsausschüssen Ende 1958 mitgeteilt worden sei, dass der Preis für eine F-104 aus deutscher Lizenzproduktion bei 5 Millionen DM

---

[615] Ebd., S. 9. In dieser Zeitplanung war die Fertigung von zusätzlichen Mustern des Typs Noratlas bereits eingearbeitet; vgl. dazu Kapitel I.2 c dieser Arbeit.

[616] BArch, B 102/107340: BMWi IV A 3: Vermerk betr. Nachbau F-104 – deutsche Version – hier: Erhöhung der Stückzahlen durch Aufträge aus Holland und Belgien (4.9.1959). Der Inspekteur der Luftwaffe hatte bereits im Juni das Interesse der beiden Nationen an der F-104G vertraulich mitgeteilt bekommen. Es bestand allerdings die Möglichkeit, dass sich beide Länder aus finanziellen Gründen für die billigere N-156 von Northrop entscheiden würden. Kammhuber ließ daraufhin das US-Verteidigungsministerium über den Sachstand informieren und bat um im Rahmen der geplanten NATO-Standardisierung um Unterstützung der beiden Länder beim Kauf der F-104G; vgl. dazu BArch, BL 1/14650: Tgb. InspLw, Eintrag 10.6.1959, S. 1f. Ob dabei wirklich die Intervention von Kammhuber den Ausschlag dazu gab, dass sich die beiden Staaten für den Kauf der F-104G entschieden, ist zu bezweifeln

[617] BArch, B 102/107340: BMWi IV A 3: Vermerk betr. Nachbau F-104 – deutsche Version – hier: Erhöhung der Stückzahlen durch Aufträge aus Holland und Belgien (4.9.1959).

[618] BArch, BW 1/1639: Niederschrift zu der am 6.10.1959 bei der Abt. W stattgefundenen Besprechung betreffend F 104, S. 1.

liege. Mittlerweile sei der realistisch angenommene Durchschnittspreis pro Maschine auf 7,3 Millionen DM gestiegen. Die erhebliche Preissteigerung von 46 Prozent(!) resultiere daraus, dass die Kosten für die Ersatzeilgrundausstattung der Maschine im Oktober 1958 in der Berechnung wesentlich zu niedrig angesetzt worden sei[619]. Und nun, im September 1959, wies die Abteilung W in einem Rundschreiben an die mit der Beschaffung der F-104G befassten Abteilungen auf die wesentlich höheren Kosten hin, über die die beiden Bundestagsausschüsse in dieser Höhe bislang nicht informiert worden waren[620]. Als Gründe für die Teuerung nannte der Abteilungsleiter neben den höheren Kosten für die Ersatzteilausstattung auch gestiegene Kosten für elektronische Ausrüstungsgeräte sowie das unkontrollierte Ansteigen der Entwicklungskosten[621]. Zudem sei bei einigen elektronischen Ausrüstungskomponenten immer noch nicht klar, welche Geräte verwendet werden sollen, so dass der Preis dafür noch gar nicht darstellbar sei[622]. Im Dezember 1959 wurde dem Führungsstab der Luftwaffe nebenbei inoffiziell mitgeteilt, dass sich die Niederlande und Belgien für die Ausrüstung ihrer Luftstreitkräfte mit der F-104G entschieden hätten[623].

Am 9. Dezember 1959 befasste sich der Verteidigungsausschuss mit der geplanten Beschaffung weiterer 364 Maschinen vom Typ F-104G für die Deutsche Luftwaffe. Dabei handelte es sich um diejenigen Flugzeuge, die als Nachfolgemuster für den technisch veralteten Jagdbomber des Typs F-84F Thunderstreak benötigt wurden[624]. Generalleutnant Kammhuber erläuterte die Beschaffungsvorlage im Ausschuss und zeigte dabei auf, dass eine zusätzliche Beschaffung von 364 Maschinen im Gesamtkonzept der Luftwaffe nur Sinn machen würde, wenn die personellen und infrastrukturellen Voraussetzungen für die Flugzeuge gegeben seien[625]. Und er zeigte den Ausschussmitgliedern detailliert auf, dass diese Voraussetzungen bereits zur vollen Zufriedenheit vorhanden seien. Dazu erläuterte der Inspekteur den Abgeordneten, dass im letzten Jahr kein Entschluss über die Nachfolge des Jagdbombers gefällt worden sei, da man nach eigener Auffassung noch über ein größeres Zeitpolster verfügt

---

[619] Ebd.

[620] BArch, BW 1/1639: Abteilung W an div. Verteiler betr. Fiat G 91 und Lockheed F 104 G, S. 1.

[621] Ebd. So soll kurz vor der Abfassung des Schreibens der Preis für ein Radargerät um mehr als 100 Prozent gestiegen sein.

[622] Ebd., S. 2.

[623] BArch, BL 1/14650: Tgb. InspLw vom 2.12.1959 betr. Bericht Holland-Reise Oberst Steinhoff.

[624] Auf die benötigte Nachfolge des Jagdbomber F-84 war bereits in der Sitzung des Verteidigungsausschusses am 5.11.1958 von Verteidigungsminister Strauß hingewiesen worden: BT-Archiv, VertAusschuss, Protokoll 3. WP, 30. Sitzung, 5.11.1958, S. 9: „Wir brauchen uns über diese Frage [der Nachfolge F-84] aber erst im nächsten Jahr schlüssig zu werden. Da die Technik so schnell weiterläuft und wir immer neue und bessere und entschieden ausgereiftere Dinge auf dem Weltmarkt entdecken, sollten wir ruhig dieses Jahr noch abwarten und uns erst dann überlegen, welche Maschinen hier als Nachfolge in Frage kommen. Es kann sein, daß es die F-104 ist, es kann sein, daß etwas besseres gefunden wird".

[625] BT-Archiv, VertAusschuss, Protokoll 3. WP 69. Sitzung 19.12.1959, S. 4f.

habe. Der Luftwaffenführungsstab habe für die Nachfolge des aktuellen Jagdbombers F-84F auch die US-amerikanische Maschine F-105 in Augenschein genommen.[626] Die Fachleute der Luftwaffe seien allerdings zu einem ablehnenden Urteil gekommen: „Fliegerisch sei die F-105 der F-104 weit unterlegen. Der Entschluß, die F-104 als Nachfolgemaschine für die Jabos zu wählen, sei dem BMVtg deshalb sehr leicht geworden[627].“ Nach der Diskussion nahm der Ausschuss die Beschaffungsvorlage des Ministeriums mit 18 Stimmen bei 3 Enthaltungen an[628].

Die Entscheidung des Verteidigungsausschusses zur Beschaffung weiterer 364 Flugzeuge des Typs F-104G stellte für die Bundesluftwaffe wie auch für die deutsche Luftfahrtindustrie einen entscheidenden Schritt nach vorne dar. Für die Luftwaffe war nun klar, dass der Starfighter nunmehr auch in der Einsatzrolle als Jagdbomber eingeführt werden konnte. Und für die norddeutsche Luftfahrtindustrie bedeutete diese Entscheidung den lange ersehnten Anschlussauftrag für ihre Werke; die eben erst mühsam aufgebauten Fertigungskapazitäten mussten nun nicht sobald wieder aufgegeben werden.

Dabei war die Entscheidung für die Aufstockung des deutschen Starfighter-Produktionsprogramms keineswegs so überraschend, wie es den Anschein haben könnte[629]. Eher das Gegenteil war der Fall. Bereits im November 1958 hatte Minister Strauß ja bereits im Verteidigungsausschuss angekündigt, dass eine Entscheidung über die Nachfolge des Jagdbombers für die deutsche Luftwaffe in der nächsten Zeit noch anstehen würde. Darüber hinaus war die Bundesrepublik gegenüber der NATO auch die Verpflichtung der Aufstellung von Jagdbombergeschwadern eingegangen, die schließlich auch mit modernem Gerät ausgerüstet werden mussten[630].

Trotzdem ergab sich aus dieser Ausweitung der Starfighter-Produktion eine Reihe von Unklarheiten. Dass ein neuer Jagdbomber beschafft werden musste, war unstrittig. Verwunderlich ist aber die Tatsache, dass die Luftwaffe sich mehrere Monate, von Juli bis Oktober 1959, ernsthaft mit der Frage auseinander setzte, ob nicht die F-105 Thunderchief des US-amerikanischen Herstellers Republic Aircraft die richtige Wahl sei[631]. Dabei kursierte im Führungsstab teilweise sogar das Gerücht, die US-Regierung würde sich an den Kosten dieses Flugzeugs anteilig beteiligen, um die Standardisierung der NATO-Luftflotte zu fördern[632]. Dieses Gerücht erwies sich aber als unwahr. Schließlich lehnte die Luftwaffenführung die Einführung der F-105 ab, weil

---

[626] Zu den Gedankenspielen im Fü L hinsichtlich der eventuellen Beschaffung der F-105 vgl. auch die Darstellung bei Lemke, Konzeption, S. 349f.
[627] Ebd., S. 6.
[628] Ebd, S. 29.
[629] Johannson, Starfighter, S. 25.
[630] Schlotter, Rüstungskontrolle, S. 22f.
[631] BArch, BL 1/14650: Tgb. InspLw vom 8.7., 24.7., 27.9., 19.10 und 23.10.1959.
[632] BArch, BL 1/14650: Tgb. InspLw vom 24.7.1959.

sie der F-104 fliegerisch weit unterlegen sei. – Dazu muss angemerkt werden, dass die F-105 über zehn Jahre lang zur vollsten Zufriedenheit der US-Luftwaffen in deren Geschwadern eingesetzt wurde, während die F-104 nicht nur in einer mehr als halbierten Stückzahl eingeführt, sondern auch innerhalb kürzester Zeit wieder aus den aktiven Geschwadern entfernt und in die Nationalgarde abgeschoben wurde.

Die intensive Beschäftigung mit der eventuellen Anschaffung der F-105 erscheint weiterhin auch deshalb unverständlich, weil sie den von Strauß und der Luftwaffenführung gemachten Aussagen während des Jahres 1958 komplett widersprach: Der Minister hatte seinerzeit explizit darauf hingewiesen, dass mit der F-104 ein Flugzeug ausgewählt wurde, das mehrere Einsatzrollen, nämlich Abfangjäger, Jagdbomber und Aufklärer aufeinander vereinen könne. Die Luftwaffe könne es sich auch gar nicht leisten, für jedes Einsatzprofil ein eigenes Flugzeugmuster in Dienst zu stellen. Angesichts einer solchen Argumentation ergab eine detaillierte Prüfung der F-105 für die Deutsche Luftwaffe überhaupt keinen Sinn.

Darüber hinaus hatte Generalleutnant Kammhuber im Verteidigungsausschuss erklärt, die Luftwaffe sei personell und auf dem Gebiet der Infrastruktur so aufgestellt, dass sie den Zulauf der zusätzlichen Flugzeuge ohne Probleme verarbeiten könne. Im Oktober 1958 klang das noch anders: Kammhuber hatte damals in einem Zeitschrifteninterview darauf hingewiesen, dass die Entscheidung über die Auswahl eines Abfangjägers für die Luftwaffe keine Eile habe, weil sie weder über genug ausgebildete Piloten noch über eine ausreichende Zahl geeigneter Flugplätze verfügen würde. Dass sich diese Situation innerhalb nur eines Jahres grundlegend geändert haben soll, war wenig wahrscheinlich. Ganz im Genenteil gab es auch in der Luftwaffe kritische Stimmen: Oberst Johannes Steinhoff, der als Leiter der Unterabteilung II des Führungsstabes der Luftwaffe für die Auswahl der F-104 mit verantwortlich war, warnte seinen Inspekteur bereits im Jahr 1959 „vor einer zu hastigen und zu umfangreichen Aufstellung und Umrüstung auf F 104 [633].“ – Die nähere Zukunft sollte noch zeigen, wie recht Steinhoff und wie unrecht Kammhuber mit ihrer Einschätzung der Lage gehabt hatten.

In der Zwischenzeit hatte die technische Erprobung der F-104G begonnen. Sie sollte in drei Stufen durchgeführt werden, zuerst durch den Hersteller Lockheed, dann durch ein Testteam aus deutschen und US-amerikanischen Testpiloten und in der dritten Stufe durch die erste, mit der F-104G ausgerüsteten deutschen Staffel in der Truppenerprobung. Die erste Stufe der Erprobung sollte dabei in den Monaten Dezember 1959 bis Januar 1961 abgewickelt werden[634].

Dass sich die Problematik der extrem erhöhten Preise für die F-104G bewahrheiten sollte, wurde in der Beschaffungsanweisung für die zusätzlichen 364 F-104G-

<hr>

[633] Nachlass Johannes Steinhoff, Brief Steinhoff an Verteidigungsminister v. Hassel, 1.9.1966.
[634] BArch, BL 1/14651: Tgb. InspLw vom 20.1.1960, S. 3f.

Flugzeuge deutlich, die im März 1960 dem BWB zuging. Das Dokument belegt, dass zum damaligen Zeitpunkt noch nicht einmal der Grundpreis für das Flugzeug feststand. Dieser wurde nur mit etwa 4.633.000 DM bezeichnet. Der Preis für das komplette System inklusive aller benötigten Ersatzteile lag schon bei 6.949.500 DM[635]. Der Gesamtumfang des deutschen F-104G-Nachbauprogramms betrug zu diesem Zeitpunkt 574 Flugzeuge mit einem Finanzvolumen von 3,9 Milliarden DM[636].

In der Zwischenzeit hatten die trinationalen Verhandlungen zwischen der Bundesrepublik, den Niederlanden und Belgien zum Erfolg geführt. Beide Staaten schlossen sich dem deutschen Lizenzbau an. Zur Produktion wurden nun auch belgische und niederländische Luftfahrtunternehmen eingeschaltet. Am 5. März 1960 hatten die Verteidigungsminister der drei Länder sich in Bonn auf die Grundsätze der gemeinsamen Lizenzproduktion geeinigt[637]. Zur Koordinierung des europäischen Starfighter-Nachbauprogramms wurde in Koblenz die Organisme de Direction et de Contrôle (O.D.C) mit Sitz in Koblenz errichtet[638]. Mit der Unterzeichnung dieses Dokuments wurde aus dem deutschen Starfighter-Nachbau ein internationales Produktionskonsortium. Dass der Nachbau in Lizenz nicht reibungslos ablief, wurde erstmals im März 1960 deutlich: Im Verteidigungsausschuss wies Oberregierungsrat Kipper vom Verteidigungsministerium darauf hin, dass sich die ersten Auslieferungen aus dem Lizenzbauprogramm verzögerten[639].

---

[635] BArch, B 102/107340: BMVg an BWB, Beschaffungsanweisung Nr. 1977/1 betr. F-104G 16.3.1960, S. 1.
[636] Ebd., S. 4.
[637] BArch, BW 1/1513: Protokoll der Sitzung der Verteidigungsminister der BRD, Belgiens und der Niederlanden in Bonn am 5.3.1960, S. 2.
[638] Ebd., S. 5. Zur Errichtung der ODC vgl. auch die Darstellung in Interavia 5/1961 „Koblenz – Nervenzentrum des europäischen „Starfighter"-Bauprogrammes", S. 553.
[639] BT-Archiv, VertAusschuss, Protokoll 3. WP, 81. Sitzung. 23.3.1960, S. B 6.

III.   Die deutsche Lizenzproduktion des Flugzeugmusters F-104G

Mit der Übernahme der Lizenzproduktion des Waffensystems F-104G hatte die deutsche Luftfahrtindustrie das erreicht, was spätestens seit Gründung des Verbandes zur Förderung der Luftfahrt 1951, wohl aber auch schon früher das mittelfristige Ziel der Unternehmen gewesen war: Nach dem totalen Produktions- und Betätigungsverbot nach Ende des Zweiten Weltkrieges war nicht nur die deutsche Luftfahrtindustrie wieder aufgebaut worden, sondern sie hatte nun die Möglichkeit, sich durch den Lizenzbau der Flugzeugmuster G.91 und F-104G mit der Realisierung technischer Projekte der allerneuesten Generation wieder dem technischen Niveau der führenden Nationen im Bereich Luftfahrt anzunähern. Zweifelsohne wäre es der Industrie lieber gewesen, zu diesem Zeitpunkt bereits eigene technische Konzepte in die Realität umzusetzen[640]. Dies war aber noch nicht möglich.

Nun hatte die Luftfahrtindustrie gegenüber der Fiat G.91 mit der Fertigung der F-104G ein wesentlich komplizierteres technisches Gesamtsystem zu bauen und endlich die lang ersehnte Chance, genau das Leistungsspektrum zu zeigen, was sie seit der Wiederzulassung der Industrie im Jahr 1955 stets für sich proklamiert hatte: Die Luftfahrtindustrie sah es als selbstverständlich an, dass sie die gestellten Aufgaben ohne wesentliche Probleme würde meistern können.

Dabei verbanden sich mit der Situation der deutschen Luftfahrtindustrie zu Beginn des Lizenzbaus des Starfighters zwei bedeutende, ja sogar überlebenswichtige Fragen für den Fortbestand dieser Branche.

Zum einen würde die nun kommende Zeit zeigen, ob die Industrie wirklich in der Lage war, die an sie gestellten technischen Aufgaben, vor allem aber auch die selbst gestellten Ansprüche erfüllen zu können. Dabei muss berücksichtigt werden, dass die Selbsteinschätzung der Industrie und die Sichtweise von außen – insbesondere durch das Verteidigungsministerium als Hauptauftraggeber der Industrie – in den Jahren bis 1958 stark voneinander abwichen. Für die Industrie stand es außer Frage, dass ihre Firmen nach einer geringen Einarbeitungszeit sofort wieder in der Lage sein würden, auf dem technischen Niveau der Weltspitze zu agieren. So forderten Vertreter des BDLI bereits 1956, ihre Unternehmen bei der anstehenden Auswahl eines Abfangjägers zu beteiligen und reichten eigene Konstruktionsvorschläge ein. Jedoch schaffte es nicht einer dieser Vorschläge in die engere Wahl des Verteidigungsministeriums. Im Gegensatz zur Selbsteinschätzung der Industrie schien das Verteidigungs-

---

[640] Trotzdem bezeichnet die Literatur die Phase der Lizenzbauprojekte und ersten Eigenkonstruktionen durchaus passend als Phase der „technologischen Mündigkeit", vgl. Bontrup/Zdrowomyslaw, Die deutsche Rüstungsindustrie, S. 130.

ministerium also keineswegs von der technischen Leistungsfähigkeit der Branche überzeugt zu sein, zumindest nicht zu dieser Zeit.

Zum anderen war die Zukunft der Luftfahrtindustrie trotz der eben erteilten Lizenzaufträge unsicher. Zwar waren die Firmen der Südgruppe und nach der Ausweitung des Lizenzprogramms auch die der Nordgruppe bis ca. Mitte 1965 mit der Auslastung ihrer Produktionskapazitäten versorgt. In der Zwischenzeit würden die Firmen der Industrie aber nach Möglichkeiten suchen müssen, ihre Kapazitäten auch unabhängig von den Aufträgen des Verteidigungsministeriums auszulasten. Dies forderte vor allem das Bundeswirtschaftsministerium. Dabei hatte ein Verwaltungsbeamter des Verteidigungsministeriums 1959 im Verteidigungsausschuss bereits die Befürchtung geäußert, dass die Luftfahrtindustrie auch weiterhin zu 90 Prozent von den Aufträgen der Bundeswehr abhängig sein würde. Bei der bedeutsamen Frage der Anschlussaufträge würde sich zeigen müssen, in welcher Art und Weise die Luftfahrtindustrie auf dem hart umkämpften Markt für zivile Flugzeuge Fuß fassen konnte. Ein militärischer Auftrag für die Zukunft war allerdings schon so gut wie sicher. Mehrere Firmen der süddeutschen Luftfahrtindustrie hatten den Auftrag, ein senkrechtstartfähiges Nachfolgemuster für die F-104G zu entwickeln. Dieses sollte ab Mitte der 1960er Jahre serienreif sein und dann auch von der deutschen Industrie produziert werden.

1. Das Anlaufen der Lizenzproduktion

Bereits im Verlauf des Jahres 1959 hatten sich erste Anzeichen ergeben, dass die deutsche Luftfahrtindustrie bei der Vorbereitung des Lizenzbaus des Flugzeugmusters F-104G nicht so schnell voran kam wie ursprünglich angenommen. Bei mehreren Gelegenheiten wurde deutlich, dass es hinsichtlich der Auslieferungstermine für die Flugzeuge bei der Industrie und im Verteidigungsministerium unterschiedliche Ansichten gab. Dabei wurde die Leistungsfähigkeit der Industrie vom Ministerium deutlich geringer eingeschätzt als von der Industrie selbst. Im März 1960 ergab sich der nächste Hinweis auf die bei der Lizenzfertigung der F-104G auftretenden Probleme. In einer Sitzung des Verteidigungsausschusses wies ein Beamter des Verteidigungsministeriums die Abgeordneten darauf hin, dass sich der Beginn der in Lizenz gebauten Flugzeuge wahrscheinlich noch weiter nach hinten verschieben würde und mit dem Beginn der Auslieferung nicht vor Anfang des Jahres 1962 zu rechnen war[641]. Einige Monate später wurde diese Vermutung bei einem Gespräch von Direktor Sellschopp

---

[641] BT-Archiv, VertAusschuss, Protokoll 3. WP, 81. Sitzung 23.3.1960, S. B 6.

von der ODC beim Luftwaffenführungsstab bestätigt. Auch er rechnete mit einer weiteren Verzögerung beim Produktionsanlauf der F-104G[642].

Selbst bei der Preisfrage für den Starfighter zeigte sich im Herbst 1960, dass über die genaue Höhe des Nachbaupreises noch keine annähernd konkrete Auskunft getroffen werden konnte. In einer Besprechung im Verteidigungsministerium hatte Direktor Sellschopp von der ODC versichert, dass der Nachbaupreis der F-104G unter dem in der parlamentarischen Vorlage genannten Preis liegen würde[643]. Wenige Tage später teilte ein Mitarbeiter der Arge 104 Süd dem Verteidigungsministerium jedoch mit, dass sich der von Sellschopp genannte Preis nur auf die direkt bei Lockheed gekauften Flugzeuge beziehen könne und nicht auf den Nachbaupreis bei der Arge 104 Süd. Von dieser könne noch überhaupt kein Nachbaupreis genannt werden, da die Kalkulationen noch nicht abgeschlossen seien: „Der mitunter im Zusammenhang mit der ARGE 104 genannte, aber nicht von ihr stammende Preis von DM 4.633 Mio ist vermutlich identisch mit dem vom BDLI für o.a. Vorlage genannten Schätzpreis, dem jedoch für die F 104G jede verbindliche Unterlage fehlte, sondern von der F 104C ausging[644]." Zur Begründung des noch nicht genau zu beziffernden, aber deutlich höheren Nachbaupreises nannte die Arge 104 Süd eine fehlerhafte Kalkulation bei den Arbeitsstunden. Ursprünglich sei die Arbeitsgemeinschaft davon ausgegangen, dass für den Nachbau in Deutschland eine wesentlich geringere Zahl an Arbeitsstunden benötigt werden würde[645]. Darüber hinaus existiere bis zu diesem Zeitpunkt immer noch keine verbindliche Aussage über den Preis für die im Gegensatz zur F-104C wesentlich kompliziertere Elektronikausstattung, was die Kosten zusätzlich erhöhe[646]. Dass die Industrie wesentlich mehr Arbeitsstunden auf den Nachbau einer F-104G verwenden musste als ursprünglich geplant, war ein deutlicher Hinweis dafür, dass die Industrie längst nicht auf dem Leistungsstandard angekommen war, von dem sie ursprünglich ausging.

Dies sollte sich im Herbst 1960 an einem konkreten Beispiel zeigen: Im Oktober 1960 beschloss das Verteidigungsministerium, bei der Herstellerfirma Lockheed zusätzlich zu den schon georderten 66 Flugzeugen weitere 30 Exemplare des Musters F-104G zu beschaffen. Der Grund dafür lag in den Defiziten der deutschen Luftfahrt-

---

[642] BArch, BL 1/14651 Tgb. InspLw, Eintrag vom 8.8.1960 betr. Besprechung mit Direktor Sellschopp, S. 2.

[643] BArch, BW 1/1639 Fernschreiben Oberst Dierich an Direktor Sellschopp 13.10.1960, S. 1.

[644] Ebd. Aus dem Dokument geht auch der mangelhafte Leistungsstand der deutschen Luftfahrtindustrie hervor.

[645] Ebd.

[646] Ebd., S. 2. Bereits Anfang Oktober hatte das Verteidigungsministerium in einem Schreiben an das Bundesamt für Wehrtechnik und Beschaffung angemerkt, dass die Preise für die Elektronikausstattung der F-104G teilweise exorbitant gestiegen waren, vgl. hierzu BArch, BW 1/1639 Schreiben BMVg Abt. W III 5 an BWB 3.10.1960, S. 1.

industrie, die für das Verteidigungsministerium immer offener zu Tage traten. Der Führungsstab der Luftwaffe benötigte diese zusätzlichen Flugzeuge dringend, um den Zeitplan für die Aufstellung des ersten deutschen F-104G-Geschwaders einhalten zu können[647]. Auf Grund der immer weiter ausgreifenden Verzögerungen beim Anlauf des Lizenzbaus in Deutschland konnten die Unternehmen der deutschen Luftfahrtindustrie nicht rechtzeitig genug für das geplante Aufstellungsdatum des ersten Geschwaders die benötigten Flugzeuge liefern.

Der BDLI sandte darauf ein Fernschreiben an Verteidigungsminister Strauß, in dem die Unterzeichner Dr. Leo Rothe, zu dieser Zeit Präsident des BDLI, und Claudius Dornier jr. an den Minister die Frage richteten, weshalb die Luftfahrtindustrie von der geplanten Bestellung der Flugzeuge direkt beim Hersteller keine Kenntnis erhalten habe[648]. Das Fernschreiben brachte die Verärgerung des BDLI über die Bestellung der 30 zusätzlichen F-104G beim Hersteller – die dann von der deutschen Industrie entsprechend weniger zu produzieren wären – unmissverständlich zum Ausdruck. Es gipfelte in der Formulierung, in der Industrie und im BDLI würde in steigendem Maße eine Verbitterung über die Handlungsweise des Verteidigungsministeriums aufkommen[649]. Die Arge 104 Süd teilte dem Verteidigungsministerium sechs Tage nach dem Fernschreiben des BDLI außerdem mit, „dass wir ohne kapazitätsausweitung und ohne zusätzliche investierungen imstande sind, die von lockheed genannten termine unter berücksichtigung zusaetzlicher ca. 4 monate für transport, remontage, elektronikprüfung und einfliegerei, die bei einem bezug von lac [Lockheed Aircraft Cooperation] anfallen würden, in etwa zu halten[650].“ Laut der Arge sollte dabei die Lieferung zu einem Preis erfolgen, der wesentlich unter dem Kaufpreis beim Hersteller liegen sollte[651]. Dabei lässt aber schon die Formulierung des Fernschreibens, die Arge 104 Süd könnte die von Lockheed genannten Termine „in etwa“ halten, ernste Zweifel an der Durchführbarkeit dieses Unterfangens erkennen.

---

[647] BArch, BL 1/9075: Protokoll über die Besprechung bei Fü L (General Kammhuber) am 9.11.1960 betr. Stückzahl und Anlauf des F-104-G-Programms, S. 2, sowie auch BArch, BL 1/9075: BMVg Abteilung W III 5 an Unterabteilungsleiter W III betr. Zusätzliche Bestellung von 30 F 104 G bei Lockheed 27.3.1961, S. 2. Ohne dass die Quellen des Führungsstabes der Luftwaffe explizit darauf eingehen, kann angenommen werden, dass die Aufstellung des ersten komplett mit F-104G ausgerüsteten Geschwaders eher eine psychologische und öffentlichkeitswirksame Bedeutung hatte als eine militärische Notwendigkeit. Diese Vermutung untermauert Kammhuber im Dezember 1960, als er nach dem Eintreffen der ersten von Lockheed produzierten F-104G anordnete, dass deren Flugfähigkeit absoluten Vorrang habe. Es sei jedoch nicht unbedingt notwendig, dass alle Komponenten eingebaut, getestet und einsatzbereit seien; vgl. dazu BArch, BL 1/14651: Tgb. InspLw, Eintrag vom 16.12.1960 betr. Besprechung mit OTL Rall, S. 1.
[648] BArch, BL 1/9075: BDLI an Verteidigungsminister Strauß, 24.10.1960, S. 1.
[649] Ebd., S. 2.
[650] BArch, BL 1/9075: Arge 104 an BMVg betr. Nachlieferung, 30 F-104G, S. 1.
[651] Ebd., S. 2.

144

Kurze Zeit vorher war die Arbeitsgemeinschaft vom BWB aufgefordert worden, einen neuen Lieferplan einzureichen[652]. Wie der Leiter der Abteilung Wirtschaft im Verteidigungsministerium Minister Strauß im Rückblick auf die Ereignisse im November 1960 mitteilte, standen die Terminangaben des Plans in starkem Gegensatz zu allen bisher von der Arge 104 Süd gemachten Aussagen und ließen erkennen, dass nach seiner Ansicht eine zeitgerechte Auslieferung der vom Führungsstab der Luftwaffe zusätzlich benötigten Flugzeuge nicht möglich sei[653].

Bei einer Besprechung des Luftwaffenführungsstabes unter der Leitung von Generalleutnant Kammhuber, die am 9. November 1960 stattfand, legte die Luftwaffe nochmals die Problematik dar, dass mit dem momentanen Vorbereitungsstand der Luftfahrtindustrie eine zeitgerechte Aufstellung des ersten „reinrassigen" Geschwaders für die Luftwaffe nicht möglich sei[654]. In dieser Besprechung empfahl der Inspekteur der Luftwaffe Verteidigungsminister Strauß, den Protest der Arge 104 Süd und des BDLI zurückzuweisen, da die von der Arge genannten Termine für die zusätzliche Lieferung im vollkommenem Widerspruch zu den bisher genannten Zeitplänen stünden[655]. Mit der Beschaffung von 30 zusätzlichen F-104G direkt bei Lockheed wurde die haushaltsrechtlich gedeckte Menge der zu beschaffenden Flugzeuge um 20 Stück überschritten[656]. Der Führungsstab kam nach eingehender Diskussion zu dem Ergebnis, dass es nicht zweckmäßig wäre, mit einer erneuten Beschaffungsvorlage an den Haushaltsausschuss des Bundestages heran zu treten. Vielmehr sollten bei dem Auftrag der Nordgruppe 20 Flugzeuge aus dem Lieferumfang gekürzt werden, was hier aus vertraglichen Gründen ohne größere Probleme möglich sei[657].

Die Nichteinschaltung der Ausschüsse des Parlaments zeigte, dass die Luftwaffenführung diesen Weg bewusst nicht gehen wollte. Dabei waren die Gründe, weshalb

---

[652] BArch, BL 1/9075: Leiter Abt. W BMVg an Minister Strauß, 6.4.1961, S. 1.

[653] Ebd.

[654] BArch, BL 1/9075: Protokoll über die Besprechung bei Fü L (Generalleutnant Kammhuber) am 9.11.1960 betr. Stückzahl und Anlauf des F-104-G-Programms, S. 2. Der Begriff „reinrassig" bezieht sich dabei auf die Tatsache, dass die von Lockheed hergestellten Flugzeuge sowie die Flugzeuge aus dem Nachbauprogramm alle einen anderen technischen Zustand hatten. Dies begründete sich auf der Tatsache, dass die Erprobung des Flugzeugs parallel zum Beginn der Serienfertigung sowohl bei Lockheed als auch zunächst im deutschen, später dann im europäischen Nachbau verlief. Damit hatten von Lockheed hergestellten Flugzeuge in Bezug auf technische Änderungen, die auf Grund der noch laufenden Flugerprobung in die Flugzeuge eingebaut werden mussten, einen anderen Fertigungsstand als die Maschinen des Nachbauprogramms. In den folgenden Jahren kam noch erschwerend das Problem dazu, dass die einzelnen Konsortiumsländer bei technischen Änderungen entschieden, ob diese in die Flugzeuge ihres Landes eingebaut werden sollten, oder nicht. Damit konnte es sein, dass in einer Arge 104 zwei modifizierte Versionen des gleichen Flugzeugs entstanden.

[655] Ebd., S. 4.

[656] Ebd., S. 1f und S. 4.

[657] Ebd., S. 5.

zusätzliche Flugzeuge bei Lockheed bestellt werden mussten, völlig einleuchtend. Sie wären ohnehin nicht der Luftwaffe anzulasten gewesen. Eventuell befürchtete die Luftwaffenführung aber eine Verlagerung auf andere Themen im Ausschuss, wie beispielsweise das ständige Steigen des Preises. In einer Besprechung mit Vertretern der Arge 104 Süd wurden diesen am 21. November 1960 die Gründe für die zusätzliche Bestellung der Flugzeuge direkt bei Lockheed dargelegt[658].

Strauß' Antwortschreiben an den Präsidenten des BDLI, Dr. Leo Rothe, war höflich, aber direkt. Der Minister legte ihm dar, dass aus zwingenden militärischen Anforderungen die Bestellung der zusätzlichen Flugzeuge bei Lockheed unumgänglich gewesen sei. Und zwar vor allem deswegen, weil die Industrie auf Grund von Anlaufschwierigkeiten offenkundig gar nicht in der Lage sei, eine rechtzeitige Lieferung sicherzustellen[659]. Strauß unterstrich, dass er sich immer für die Belange der Industrie eingesetzt habe, betonte jedoch: „In der Planung für die Durchführung des F 104-Programms ist es stets mein Bestreben gewesen, die deutsche Industrie weitestgehend einzuschalten, selbst auf die Gefahr hin, daß hierdurch gewisse Kapazitätsausweitungen eintreten, die uns zu einem späteren Zeitpunkt vor große Probleme stellen können[660]." Damit gab der Minister offen zu, bewusst gegen das Parlament zu handeln, da der Haushaltsausschuss dem Nachbau der F-104G in Deutschland nur unter der Prämisse zugestimmt hatte, dass eine Ausweitung der Kapazitäten vermieden werde.

Strauß wies Dr. Rothe ferner darauf hin, dass die deutsche Luftfahrtindustrie seit ihrer Wiederzulassung im Mai 1955 bis einschließlich Oktober 1960 vom Verteidigungsministerium ein Auftragsvolumen von insgesamt fast 2 Milliarden DM erhalten habe. Aus diesem Grund verstehe er noch weniger, dass sich bei der Industrie in steigendem Maße eine Verbitterung breit mache[661]. Zusätzlich hob Strauß in seinem Brief noch hervor, dass die beiden Nachbauprojekte Fouga-Magister und Noratlas zu Gunsten der deutschen Luftfahrtindustrie durchgeführt worden seien, obwohl die Preise für den Nachbau in Deutschland deutlich höher gewesen seien als der direkte Bezug beim Hersteller in Frankreich[662].

Die momentan noch nicht ausreichenden technischen Fähigkeiten der deutschen Luftfahrtindustrie gaben nur knapp einen Monat später im Luftwaffenführungsstab erneut Anlass, vom ursprünglich geplanten Ablauf des Projektes F-104G abzuweichen. Bislang war geplant, den Zusammenbau der ersten von Lockheed gelieferten Flugzeuge in Ingolstadt-Manching bei Messerschmitt durchführen zu lassen.

---

[658] BArch, BL 1/14651: Tgb. InspLw, Eintrag vom 20.11.1960 betr. Besprechung mit Oberst Hempel und Herrn Eberhard (Arge 104 Süd), S. 1.
[659] BArch, BL 1/9075: Minister Strauß an BDLI (Dr. L. Rothe), 25.11.1960, S. 1.
[660] Ebd., S. 2.
[661] Ebd., S. 2.
[662] Ebd., S. 3.

Nach einem Besuch des Einführungsbeauftragten für das Waffensystem F-104G, Oberstleutnant Günther Rall, ordnete der Inspekteur der Luftwaffe hingegen an, dass der Zusammenbau der Maschinen nicht mehr in Manching, sondern bei der 4. Staffel der Waffenschule 10 der Luftwaffe in Nörvenich stattfinden sollte. Auf Grund der Informationen, die Rall erhalten hatte, konnte laut Kammhuber die termingerechte Fertigstellung der Flugzeuge in Manching nicht sichergestellt werden[663].

Zu Beginn des Jahres 1961 wurde dann aber auch deutlich, dass nicht nur die deutsche Luftfahrtindustrie Probleme bei der Durchführung des Lizenzbaus der F-104G hatte. Zur Koordinierung der Entwicklungsarbeiten, die an der F-104G parallel zum Beginn des Serienbaus noch vorgenommen werden mussten, hatte das Bundesverteidigungsministerium in Los Angeles eine Verbindungsstelle eingerichtet. Diese sollte das Ministerium über die Fortschritte bei den Konstruktionsarbeiten und der Flugerprobung unterrichten[664].

In einem Schreiben der Verbindungsstelle an das Verteidigungsministerium drückte der Leiter, Ministerialrat Dr. Goetze, seine Besorgnis über den unzureichenden Fertigungszustand der F-104G aus. Dieser Zustand war im Dezember 1960 bei einem Besuch von Direktor Sellschopp bei der Verbindungsstelle bereits ein Thema gewesen[665]. Der noch nicht befriedigende Entwicklungszustand wurde durch einen Bericht der Joint Test Force, dem aus US-Amerikanern, Kanadiern und Deutschen bestehenden Flugerprobungsteam, das die zweite Stufe der Flugzeugerprobung bei der F-104G durchführte, noch weiter erhärtet[666]. Infolge der noch nicht abgeschlossenen Entwicklung der F-104G kam es beim Flugbetrieb zu vermehrten Störungen – die Erprobung konnte folglich nicht wie geplant durchgeführt werden. Der Leiter der Verbindungsstelle befürchtete auf Grund dieser Schwierigkeiten sowohl Verzögerungen bei der Auslieferung der ersten von Lockheed gefertigten Flugzeuge als auch beim europäischen Nachbau. Das jedoch gefährde die vorgesehene militärische Aufstellungsplanung für die deutschen Geschwader in höchstem Maße[667].

Den nicht zureichenden Fertigungszustand der Maschinen bestätigte Major Heinz Birkenbeil. Er war neben Oberleutnant Erhard Gödert einer von zwei deutschen Testpiloten, die im Rahmen der Joint Test Force die Flugerprobung der F-104G

---

663 BArch, BL 1/14651: Tgb. InspLw, Eintrag vom 16.12.1960 betr. Besprechung mit OTL Rall, S. 1.
664 Zur Aufstellung der Dienststelle vgl. passim den Dokumentenbestand BArch, BW 1/384142 Verbindungsstelle des Bundesministers für Verteidigung in Los Angeles zur Fa. Lockheed.
665 BArch, BW 1/1639: Verbindungsstelle des BMVg in Washington an Verteidigungsminister Strauß betr. Unzureichender Fertigungszustand der F 104G, 9.1.1961, S. 1.
666 Ebd.
667 Ebd.

durchführten[668]. Er beschrieb, wie groß die vorzunehmenden Arbeiten im Rahmen der Umkonstruktion zur Version F-104G waren: „Dazu gehörte u.a.: Ein stärkeres Fahrwerk mit größeren Rädern, (…) verstärkte Zelle an verschiedenen Stellen, verändertes Leitwerk, [...] verbessertes Triebwerk, Air-to Air/Air-to-Ground-Radar, Trägheitsplattform (…), TACAN-Navigation, Autopilot, Air-Data-Computer, Bomb-Release-Computer, Standby-Attitude-Indicator, (…) Dies alles zusammen brachte eine Gewichtszunahme gegenüber der ursprünglichen F-104 in der Größe von ca. 3.600 lbs [ca. 1600 kg], bei gleich bleibender Tragflächengröße und nicht viel anderem Triebwerkschub[669]."

Damit konterkarierte er die von General Kammhuber immer wieder und vor allem während der Begründung des Auswahlprozesses im Verteidigungsausschuss vertretene Ansicht, an der ausgewählten Maschine sei nichts mehr zu ändern, vollkommen. Besonders schwerwiegend waren dabei die Probleme beim Radar und beim Stand-By-Attitude-Indicator[670]. Die Unzulänglichkeiten beim Radar führten dazu, dass das Flugzeug bei Schlechtwetter nicht einsatzfähig war. Gleiches galt für die Probleme des Indicators; zu Beginn der Einführung der F-104G in Deutschland durfte das Flugzeug daher nicht unter Instrumentenflugbedingungen geflogen werden, was sich erheblich auf die Einsatzbereitschaft auswirkte[671]. Flüge bei Nacht oder schlechtem Wetter waren damit nicht möglich.

Birkenbeil kritisierte seinerzeit auch den Beschaffungsvorgang. Die für den Kauf zuständigen Personen hätten nicht die nötige Fachkenntnis besessen und blind den Angaben der Herstellerfirma vertraut[672]. Die von Lockheed propagierten Missionsfähigkeiten [Leistungsbeschreibungen] seien nicht annähernd erreichbar gewesen. Nach Äußerung dieser Ansicht musste der Major zur Berichterstattung bei Luftwaffeninspekteur Kammhuber erscheinen. Dieser drohte Birkenbeil die Entlassung aus der Luftwaffe an, falls er diese Meinung weiterhin äußern würde. Erst das Einschreiten des Leiters des Arbeitsstabes F-104, Oberst Günther Rall, konnte die Situation durch die Bestätigung des Zustands des Waffensystems beruhigen. Birkenbeil leitete den deutschen Teil der Joint Test Force weiterhin[673].

---

[668] Birkenbeil, Der Anfang, S. 30f. Dabei ist zu erwähnen, dass Birkenbeil im Gegensatz zu Krupinski und Werner, die als Piloten den Auswahlprozess der F-104 begleiteten, ein in den USA ausgebildeter Testpilot war.

[669] Ebd., S. 32. Auch Oberstleutnant Rall erwähnt im Rückblick von Birkenbeil angesprochenen Änderungskatalog, vgl. Rall, Pilot, S. 586.

[670] Künstlicher Horizont, das Gerät ermöglicht die Bestimmung der Fluglage auch bei schlechten Sichtbedingungen oder Dunkelheit.

[671] Ebd., S. 38f.

[672] Ebd., S. 42.

[673] Ebd.

Auf Grund dieser Schwierigkeiten ordnete Goetze eine Besprechung zwischen den Gruppenleitern der Verbindungsstelle und der Joint Test Force beim Präsidenten der Firma Lockheed, Robert Gross, an, um diesen aufzufordern, die technischen Mängel zu beseitigen[674]. Interessanterweise schien Gross über den schlechten technischen Zustand des Waffensystems F-104G überhaupt nicht informiert zu sein. Er sagte dennoch zu, dass Lockheed für die Beseitigung der technischen Mängel die Verantwortung übernehmen würde, *„obwohl deutscherseits trotz der Hinweise der Firma Lockheed Ausrüstungsforderungen gestellt worden seien, die dem Stand der Technik vorgreifen und daher schwierige und langwierige Entwicklungsarbeiten*[675]*“* bedingen würden. – Es scheint, als wäre für Groß die Umkonstruktion der ursprünglichen Version des Starfighters zu einem Mehrzweckflugzeug gegen den Rat der Herstellerfirma erfolgt. – Sollte dies wirklich so gewesen sein, hätte der Führungsstab der Luftwaffe den Verteidigungsausschuss des Bundestages im November 1958 falsch informiert. Damals war den Parlamentariern noch erläutert worden, dass technisch an der Maschine nichts mehr zu ändern sei und die Luftwaffe ein erprobtes System kaufen würde. Bemerkenswert erscheint heute ebenso, dass Günther Rall als damaliger Leiter des Arbeitsstabes F-104 und zeitweiliger Testpilot in Kalifornien die technischen Schwierigkeiten der Erprobung nicht erwähnt[676]!

Von der Zusammenarbeit der Verbindungsstelle mit der Firma Lockheed zeichnen die Quellen ein diffuses Bild, das eine genaue Einordnung der Vorgänge zu dieser Zeit deutlich erschwert. So kann einem Brief Goetzes an das Verteidigungsministeriums entnommen werden, dass er Lockheed unterstellte, bei technischen Problemen zu versuchen, den Fall herunter zu spielen: „Lockheed ist eine sehr smarte Firma. Sie versteht es meisterhaft, sehr elegant um gewisse Dinge herum zu reden[677].“ Der Leiter des Arbeitsstabes F-104 schilderte hingegen ein deutlich anderes Bild von der Situation in Kalifornien: „LAC [Lockheed] arbeitet in Schichten und der Stab Goetze feiert deutsche und amerikanische Feiertage[678].“ Ein Abnahmepilot des BWB

---

[674] Ebd. BArch, BW 1/1639: Schreiben Verbindungsstelle des BMVg in Washington an Verteidigungsminister Strauß betr. Unzureichender Fertigungszustand der F 104G, 9.1.1961, S. 1.

[675] Ebd.

[676] Rall, Mein Flugbuch, S. 274f.

[677] BArch, BW 1/384142: Brief Dr. Goetze an Leiter Abteilung T BMVg betr. Situation in Burbank, 10.7.1961, S. 1.

[678] BArch, BW 1/384142: Brief Leiter Arbeitsstab F-104 OTL Rall an MinRat Deunert BMVg Abt. T IV 2, 15.6.1961, S. 1. Dass Lockheed Sonderschichten zum Einhalten der Lieferfristen ansetzte, geht auch aus einem anderen Dokument der Verbindungsstelle in Los Angeles hervor, vgl. BArch, BW 1/384061: Verbindungsstelle BMVg L.A. an BMVg Abt. T betr. Zwischenbericht zu verschiedenen, mit der Gruppe Deunert Anfang Februar 1961 hier besprochenen Fragen, 15.3.1961, S. 1.

hingegen beschwerte sich bei seinen Vorgesetzten über die von Lockheed bei Fragen nach technischen Problemen angewendete Hinhaltetaktik[679].

Der unzureichende Fertigungsstand der F-104G war Mitte Januar 1961 auch Thema im Führungsstab der Luftwaffe. Dabei ordnete Kammhuber an, dass der Aufstellungsplan der Luftwaffenverbände auf jeden Fall Vorrang vor der technischen Vervollständigung der Maschinen haben und unter allen Umständen eingehalten werden müsse. Daher sollten die Maschinen entsprechend des Lieferplans ohne Rücksicht auf den technischen Zustand des Flugzeugs oder der Elektronik an die Truppe ausgeliefert werden! Technische Mängel wären dann Schritt für Schritt nach dem jeweiligen Abschluss der Erprobung auszubessern[680]. Eine vorgeschlagene technische Entfeinerung des Flugzeugs lehnte Kammhuber ab, „da sonst der hohe technische Einsatzwert des Flugzeuges in Frage gestellt wird[681]."

In der Zwischenzeit war die internationale Zusammenarbeit auf dem Gebiet des Lizenzbaus noch weiter ausgebaut worden. Bereits kurze Zeit nach Gründung der ODC wünschte auch die italienische Regierung, sich am Nachbau der F-104G in Europa beteiligen zu können. Im November 1960 schloss sich Italien schließlich der Lizenzbaugemeinschaft an[682]. Etwa zur gleichen Zeit traten auch die USA offiziell dem Produktionskonsortium bei[683]. Mit der Teilnahme der USA an der ODC legten die teilnehmenden Staaten in einer Erklärung die Absicht fest, die europäische Lizenzproduktion der F-104G zu einem Projekt auf NATO-Ebene zu erklären und die ODC als NATO-Körperschaft anerkennen zu lassen[684]. Dabei erfolgte die Erweiterung der ODC zu einem NATO-Programm auf den ausdrücklichen Wunsch der USA, die dies schon im November 1960 bei der NATO zum Ausdruck gebracht hatten[685]. Die neue Körperschaft sollte den Namen *NATO Starfighter Production Organisation*

---

[679] BArch, BW 1/384142: Bericht über Flugleistungen von Abnahmepilot Dietrich Naef (BWB), 4.12.1961, S. 1.

[680] BArch, BL 1/14652: Tgb. InspLw, Eintrag vom 19.1.1961 betr. F-104-Bericht von Min.Rat Dr. Goetze, S. 2.

[681] Ebd.

[682] Interavia 8/1963, S. 1193: „Die F-104G – Ein vieldiskutierter Kampfeinsitzer".

[683] Aus welchen Beweggründen die USA der Produktionsgemeinschaft beitraten, ist aus den ausgewerteten Quellen nicht einwandfrei zu entnehmen. Laut dem „Übereinkommen (Memorandum of Agreement) über das Produktionsvorhaben NATO F-104G Starfighter", zu finden in BArch, BW 1/56554e, traten die USA auf Wunsch der anderen teilnehmen Staaten bei, um diese bei dem Produktionsvorhaben zu unterstützen, ebd., S. 3. Aus der Literatur geht aber auch hervor, dass die USA von sich aus der ODC beitraten, vgl. dazu Johannson, Starfighter, S. 26. Es ist jedoch wahrscheinlich, dass die USA auf Grund der stetig wachsenden Bedeutung des Lizenzbauprogrammes zur Wahrung ihrer Interessen einen eigenen Sitz in der Produktionskoordination beansprucht haben.

[684] BArch, BW 1/56554e: Übereinkommen (Memorandum of Agreement) über das Produktionsvorhaben NATO F-104G Starfighter 17.12.1960, S. 3.

[685] BArch, BW 1/56554 e: Fernschreiben NATO an Bundesverteidigungsministerium 23.11.1960, S. 1.

(NASPO) erhalten[686]. Offiziell zum NATO-Programm erhoben wurde der europäische Starfighter-Lizenzbau am 1. Oktober 1961[687]. Die Organisation bestand aus dem Lenkungsausschuss, der sich aus Vertretern der nationalen Behörden der Teilnehmerstaaten und einem Sondervertreter der USA zusammensetzten, sowie dem Management Office, das für die Organisation des Nachbaubetriebes zuständig war[688].

Die Schwierigkeiten, die die Umkonstruktion des Flugzeugs mit sich brachten, blieben jedoch weiter bestehen. Anfang April 1961 berichtete ein Angehöriger der Joint Test Force dem Inspekteur der Luftwaffe, dass weiterhin große Abstimmungsprobleme beim Einbau der einzelnen Elektronikkomponenten bestehen würden: „Bei den Flugtesten mit F-104 ergeben sich besondere Schwierigkeiten bei NASARR [Radargerät], inertal navigator, Litton-Plattform, computer für Autopilot, TACAN [Funk-Navigationsgerät]; beim Schießen mit Kanone fallen nahezu alle Geräte aus[689]." Kammhuber führte dazu aus, dass diese Probleme bekannt seien und die F-104G als gesamtes Waffensystem nur schrittweise technisch vervollständigt werden könne. Dabei lagen die großen Probleme aber im Zusammenwirken der einzelnen Fluginstrumente. Major Birkenbeil von der Joint Test Force bezeichnete das Flugzeug als fliegerisch und navigatorisch voll einsatzbereit[690]. Bei dieser Besprechung erfolgte auch ein Hinweis darauf, dass der Einsatzzweck der F-104G von der Luftwaffenführung im Wesentlichen beim offensiven Jagdbombereinsatz und nicht bei der Abwehr gegnerischer Flugzeuge gesehen wurde. Auf den Hinweis von Major Birkenbeil, dass beim Schießen mit der Bordkanone fast alle elektronischen Systeme ausfallen würden, erwiderte Kammhuber, dass ein Schießen mit der Bordkanone ohnehin nicht beabsichtigt sei[691]. Da die Bordkanone primär für das Einsatzprofil der Abfangjagd benötigt wurde, deutet diese Änderung auf eine wesentlich stärkere Gewichtung der offensiven Aufgaben hin[692].

---

686 Ebd., S. 5.

687 Flugwelt 7/1961, S. 454: „NATO-Rat erhebt Starfighter-Programm zum NATO-Programm" sowie Schlieper, Wechselwirkung, S. 563. Die Umwandlung der ODC in eine NATO-Behörde brachte den teilnehmenden Luftfahrtfirmen den Vorteil der Zollfreiheit beim Transport von Waren unter den Teilnehmerstaaten. Nach James war die Errichtung der NATO-Organisation auch nötig, um Schwierigkeiten durch die unterschiedliche Gesetzgebung in den Produktionsstaaten zu umgehen, vgl. James, Standardization, S. 15.

688 BArch, BW 1/56554d: Satzung der NATO F-104G Starfighter-Produktionsorganisation 12.4.1961, S. 1.

689 BArch, BL 1/14652: Tgb. InspLw, Eintrag vom 10.4.1961, S. 1.

690 Ebd.

691 Ebd.

692 So nannte Kammhuber bei einem Vortrag vor Bundespräsident Heinrich Lübke über die Aufgabenstellung der Luftwaffe den Kampf gegen feindliche Flugzeuge erst an dritter Stelle. Die beiden ersten Aufgaben waren rein offensiver Natur, wobei Kammhuber bei diesen Aufgaben die Verwendung von atomaren Kampfmittel offen ansprach; vgl. dazu BArch, BL 1/14652: Kurzvortrag über Aufgabe und

Der Ausrüstungszustand der F-104G war auf Grund der noch laufenden Erprobung so unklar, dass Generalleutnant Kammhuber auf eine Anfrage der 4. NATO-Luftflotte, der Teile der deutschen F-104G-Verbände unterstellt waren, nach Einsatzmöglichkeiten und Ausrüstung der deutschen Verbände die Anweisung gab, momentan noch keine Auskünfte dieser Art weiter zu geben[693].

Am 10. August 1961 wurde die erste in den USA produzierte und in Deutschland endmontierte F-104G in Manching bei der Firma Messerschmitt eingeflogen[694]. – Der erste Start eines Starfighters in Deutschland hatte zuvor bereits im Juli 1960 stattgefunden. Hierbei handelte es sich allerdings nicht um ein Flugzeug der Typenreihe F-104G, sondern um eine zweisitzige, rein für die Ausbildung bestimmte Trainerversion F-104F. Dieser Erstflug, den Generalleutnant Kammhuber mit dem Cheftestpiloten der Firma Lockheed durchgeführt hatte, war vom Verteidigungsministerium als Großereignis mit entsprechender Pressepräsenz inszeniert worden[695].

Einige Tage vor dem Flug der ersten einsitzigen F-104G in Deutschland hatte Kammhuber offiziell bestimmt, dass das Flugzeugmuster die Bezeichnung „Super-Starfighter" erhalten sollte, vermutlich um die erfolgte Umkonstruktion gegenüber der ursprünglichen Maschine als Verbesserung deutlich zu machen[696]. Die Benennung als „Super-Starfighter", die bereits vorher die Presse nutzte[697], wurde allerdings nur in den folgenden Monaten benutzt und verschwand danach wieder[698]. Möglicherweise war die 1962 einsetzende Absturzserie ein Grund dafür, diese Bezeichnung nicht weiter zu verwenden.

Im Oktober 1961 erfolgte schließlich die offizielle Übergabe der ersten, von der Arge 104 Süd komplett in Deutschland gefertigten F-104G an die Luftwaffe. Inspekteur Kammhuber übernahm die Maschine stellvertretend für das Jagdbombergeschwader 31 auf dem Flugplatz in Manching[699].

Die technischen Schwierigkeiten hielten unverändert an. Neben den Problemen der Konstruktion und dem schleppenden Anlauf der europäischen Serienproduktion

---

Stand der Luftwaffe vor dem Herrn Bundespräsidenten am 23.1.1961 durch Inspekteur der Luftwaffe, S. 2ff.

[693] BArch, BL 1/14652: Tgb. InspLw, Eintrag vom 19.4.1961.

[694] BArch, BL 1/14652: Tgb. InspLw, Eintrag vom 10.8.1961; vgl auch Aero 9/1961, S. 203: „Erster Starfighter eingeflogen".

[695] Aero 8/1960, S. 191f.: „Die ersten Lockheed F-104 starteten in Nörvenich. Generalleutnant Josef Kammhuber durchbrach die Schallmauer"; Rall, Mein Flugbuch, S. 274.

[696] BArch, BL 1/14652: Tgb. InspLw, Eintrag vom 4.8.1961.

[697] Vgl. dazu unter anderem Aero 8/1960, S. 191: „Die ersten Lockheed F-104 starteten in Nörvenich. Generalleutnant Josef Kammhuber durchbrach die Schallmauer"; Aero 9/1960, S. 203: „Die ersten Lockheed F-104 für Westdeutschland"; Aero 12/1960, S. 271: „Die erste ´Super-Starfighter´ für die Bundeswehr".

[698] Interavia 4/1962, S. 480: „Die deutsche Luftfahrtindustrie 1962".

[699] BArch, BL 1/14652: Tgb. InspLw, Eintrag vom 16.10.1961, vgl. auch Rebhan, Aufbau, S. 610.

152

ergaben sich nun auch Schwierigkeiten bei der Umwandlung der ODC in eine NATO-Behörde. Direktor Hans Sellschopp berichtete von diesen Problemen im Oktober 1961 beim Führungsstab der Luftwaffe. Es haben sich demnach bei der Aufstellung des der NASPO unterstellten Management Office starke zeitliche Verzögerungen ergeben, die auf ungeklärte Rechtsverhältnisse, zu später Aufstellung erst nach Anlaufen des Nachbauprogramms und zu langsamer Bearbeitung durch die NATO selbst zu Stande gekommen seien[700]. Die Folge dieser Missstände war eine fast völlige Entscheidungsunfähigkeit der Koordinierungsorganisation, aus der vor allem für das deutsche Nachbauprogramm extreme Schwierigkeiten bei den Sachgebieten Ersatzteile, Ausrüstung und der Durchführung von technischen Änderungen erwachsen würden. Keine Schwierigkeiten durch die verzögerte Aufstellung der NATO-Behörde ergaben sich laut Sellschopp für die Komponenten Zelle und Triebwerk[701].

Ende November 1961 zeigte eine Besprechung im Führungsstab der Luftwaffe erneut, dass die Einführung des Waffensystems F-104G in die Deutsche Luftwaffe alles andere als reibungslos ablief. Dabei wurde die aktuelle Situation des Beschaffungsprozesses als äußerst ernst dargestellt: „Die in letzter Zeit bei Fü L V [Führungsstab der Luftwaffe, Abteilung V, Zuständigkeitsbereich Logistik] aufgekommenen und auch im Schreiben an BWB und andere Stellen zum Ausdruck gebrachten Befürchtungen wurden dabei in einem nicht erwarteten Ausmaß erstmals offiziell bestätigt[702]."

Die Probleme bezogen sich dabei auf die Lieferung von Ersatzteilen für die ersten 66, noch bei Lockheed bestellten Maschinen sowie von technischen Prüfgeräten für Wartung und Reparatur.[703] Dabei war die Situation offenbar so kritisch, dass die Arbeitsfähigkeit der 4. Staffel der Waffenschule 10 der Luftwaffe in Nörvenich sowie derjenigen fliegenden Staffeln, die in der Folgezeit ausgerüstet werden sollten, ernsthaft in Gefahr war[704]. Bei dieser Staffel handelte es sich um die Einheit, in der die zukünftigen Fluglehrer für die F-104G ausgebildet werden sollten[705]. Die Abteilung Logistik im Führungsstab diskutierte eine Reihe von Vorschlägen, wie die rechtzeitige Ausrüstung der Verbände doch noch bewerkstelligt werden könnte. Abschließend hielten die Teilnehmer fest, „daß trotz großer Anstrengungen aller am F-104-Programm beteiligten Stellen ein zeitlicher Gleichlauf der verschiedenen und in vielfa-

---

[700] BArch, BL 1/14652: Tgb. InspLw, Eintrag vom 26.10.1961 betr. Management Office als NATO-Agentur für F-104G, S. 1.

[701] Ebd. Der deutsche Lizenzbau war von diesen Schwierigkeiten deshalb besonders betroffen, weil in der Bundesrepublik wesentlich früher als in den anderen europäischen Staaten mit der Lizenzproduktion begonnen worden war.

[702] BArch, BW 1/1639: Fü L V an Inspekteur der Luftwaffe betr. Bericht über die Beschaffungslage F-104G 25.11.1961, S. 1.

[703] Ebd., S. 2.

[704] Ebd., S. 3.

[705] Rall, Mein Flugbuch, S. 274.

cher Hinsicht komplizierter Einzelmaßnahmen zu einem geschlossenen Programm *nicht* gelungen ist[706]." Eine der zentralen Forderungen, um die offensichtlichen Missstände des Programms beseitigen zu können, war die Forderung nach der Einrichtung eines Waffensystem-Managements nach US-amerikanischem Vorbild[707]. – Diese Forderung sollte sich in den folgenden Jahren noch als außerordentlich bedeutsam herausstellen und letztlich erst 1966 klären.

Nunmehr war die deutsche Luftfahrtindustrie, wenn auch nach relativ großen Anlaufschwierigkeiten, in die Phase der Lizenzfertigung des Waffensystems F-104G eingetreten. Mittlerweile war diese Fertigung allerdings keine rein deutsche Angelegenheit mehr – in Europa nahmen vier Nationen an diesem offiziellen NATO-Programm bei gleichzeitiger Unterstützung durch die Regierung der USA teil. Für die deutsche Luftfahrtindustrie war diese Leistung allerdings kein Grund sich auszuruhen. Selbst wenn der Lizenzbau des Starfighters sowohl die Fertigungskapazitäten der süddeutschen als auch der norddeutschen Flugzeugfirmen auslastete, mussten die Firmen sich jetzt schon für die Zeit nach dem mittelfristigen Auslaufen des Lizenzbauprogramms über die nächsten unternehmerischen Schritte klar werden, wenn die Industrie den technischen Standard, den sie durch den Nachbau gewonnen hatte, auch halten wollte. Dazu bot sich sowohl der militärische als auch der zivile Markt an.

Exkurs: Die Senkrechtstarter-Projekte zu Beginn der 1960er Jahre

Die Aufstellung der Bundeswehr erfolgte im Zeitalter der *massive retaliation*. Der Luftwaffe kam dabei nicht allein die Aufgabe zu, gegnerische Streitkräfte aus der Luft zu bekämpfen. Wesentlich wichtiger wäre es geworden, offensive Schläge gegen deren militärische Infrastruktur zu führen, um ihre Luftstreitkräfte möglichst auszuschalten[708]. Damit einher ging eine zunehmend komplizierter werdende Flugzeugtechnik. – Noch im Ersten Weltkrieg konnten Kampfflugzeuge ohne größere Probleme auf Äckern und Wiesen notlanden. Im Zweiten Weltkrieg konnten bei Bedarf Notlandeplätze auf ebenen, weitläufigen Geländeflächen errichtet werden. Mit der allgemeinen Umrüstung auf Strahlflugzeuge, die nach dem Ende des Zweiten Weltkrieges in allen

---

[706] BArch, BW 1/1639: Fü L V an Inspekteur der Luftwaffe betr. Bericht über die Beschaffungslage F-104G, 25.11.1961, S. 3.

[707] Ebd., S. 5.

[708] Entsprechende Aussagen machte der Inspekteur der Luftwaffe, Generalleutnant Kammhuber, beispielsweise im Verteidigungsausschuss des Bundestages 1958 und bei einem Vortrag zur generellen Aufgabenstellung der Luftwaffe vor dem Bundespräsidenten 1961; vgl. dazu BT-Archiv, VertAusschuss, Protokoll 3. WP, 30. Sitzung 5.11.1958, S. 8f., sowie BArch, BL 1/14652: Kurzvortrag über Aufgabe und Stand der Luftwaffe vor dem Herrn Bundespräsidenten am 23.1.1961 durch Inspekteur der Luftwaffe, S. 2ff. Bei beiden Gelegenheiten bezeichnete Kammhuber es als wichtigste Aufgabe der Luftwaffe, die gegnerische Luftwaffe durch Zerstörung der Einsatzflugplätze, Raketenstellungen und ähnlicher Einrichtungen nachhaltig zu schädigen.

154

technisch entsprechend weit entwickelten Industrienationen stattfand, war diese Möglichkeit ausgeschlossen. Auf Grund immer höherer Geschwindigkeiten der Flugzeuge, benötigten diese deutlich längere Landebahnen als früher, damit genug Strecke zum Ausrollen nach der Landung vorhanden war. Darüber hinaus mussten die Start- und Landebahnen grundsätzlich betoniert und asphaltiert sein, um dem Flugzeug die nötige Stabilität geben zu können. Eine Maschine wie der Starfighter, der eine Anfluggeschwindigkeit von ca. 250 bis 300 km/h besaß, benötigte zur sicheren Landung eine asphaltierte Landebahn von ca. 2500 Meter Länge. Eine Landung auf einer Wiese oder einem Notlandeplatz war mit ihm technisch unmöglich.

Dies unterstreicht die Bedeutung intakter Flugplätze für die Führung eines bewaffneten Konflikts mit dem Ostblock. Zum anderen wird deutlich, dass auf Grund des für eine solche militärische Auseinandersetzung angenommenen massiven Atomschlags diese Flugplätze nicht mehr zur Verfügung stehen könnten. Deswegen gingen die militärischen Überlegungen parallel zur Entwicklung der Doktrin der *massive retaliation* dazu über, einen neuartigen Flugzeugtyp in Betracht zu ziehen, der keinerlei Landebahn mehr benötigen würde, sondern in der Lage wäre, sowohl vertikal zu starten als auch zu landen[709].

Die Bundeswehr beteiligte sich an solchen Überlegungen bereits kurz nach ihrer Gründung Mitte der 1950er Jahre. Bereits bei den Koberner Luftfahrtgesprächen im September 1956 erwähnten Vertreter der Luftwaffe die Konzeption eines solchen Waffensystems: als Forderung nannten sie eine sehr geringe Start- und Landestrecke, obwohl das Flugzeug noch nicht über die Fähigkeit zum Senkrechtstart verfügen sollte[710]. Dennoch war unstrittig, in welche Richtung die Entwicklung nach Meinung des Führungsstabes der Luftwaffe gehen sollte, nämlich die Start- und Landestrecken so kurz wie nur möglich zu halten.

Daher begannen die Firmen der deutschen Luftfahrtindustrie relativ schnell nach ihrer Wiederzulassung im Jahr 1955 eigene Flugzeugkonstruktionen zu entwickeln. Dazu hatte das Verteidigungsministerium den so genannten Interceptoren-Wettbewerb ausgeschrieben[711]. Im Oktober 1957 erhob das Verteidigungsministerium als Zusatz zu diesem Wettbewerb die Forderung, dass der zu entwickelnde Allwetter-

---

[709] Generell zur Technik des Senkrechtstarts Hafer/Sachs, Senkrechtstarttechnik.

[710] BArch, BL 1/1506: Koberner Luftfahrtgespräche am 27.9.1956 „Die Anforderungen der deutschen Luftverteidigung an Forschung und Entwicklung".

[711] Vgl. BArch, BL 1/14647: Tgb. InspLw, Eintrag vom 14.5.1957 betr. Besprechung über die Entwicklung eines eigenen deutschen Interceptors, S. 1ff. Hier erfolgt der Hinweis darauf, dass unter anderem auch die Firma Messerschmitt an dem Wettbewerb teilnahm; BArch, BL 1/14648: Tgb. InspLw, Notiz zur Besprechung am 7.6.1957, S. 1, zur Teilnahme der Firma Heinkel. Sowohl Ernst Heinkel als auch Willy Messerschmitt vertraten dabei die Ansicht, dass ihre Entwicklungen in einem Zeitrahmen zwischen 1960 und 1962 serienreif sein könnten.

jäger die Fähigkeit zu vertikalen Starts und Landungen beinhalten[712] und die Serienreife bis ins Jahr 1965 erreichen sollte[713]. Die beteiligten Entwicklungsbüros nahmen diese Forderung daraufhin in ihre Überlegungen auf[714]. Für das Verteidigungsministerium war schnell klar, dass nicht jede Firma ein eigenes Modell bis zur Serienreife entwickeln musste. Vielmehr sollten die interessierten Firmen ihre Entwicklungskapazitäten zusammenfassen, um die gestellte Aufgabe gemeinschaftlich lösen zu können[715]. Daher legte Kammhuber im Oktober 1957 fest, dass nur ein Entwicklungsteam den Auftrag zur Konstruktion des Senkrechtstarters erhalten sollte[716].

Ende Oktober 1957 erhielten Vertreter der deutschen Luftfahrtindustrie Kenntnis über die aktuellen Überlegungen des Führungsstabes der Luftwaffe bezüglich der Entwicklung des zukünftigen Hochleistungsjagdflugzeugs für die Deutsche Luftwaffe. Generalleutnant Kammhuber forderte dabei die Zusammenlegung der Entwicklungskapazitäten der einzelnen Unternehmen zu einer einzigen Arbeitsgemeinschaft, da die „hohen taktisch-technischen Forderungen nur bei engster Zusammenarbeit der beteiligten Firmen und bei Zusammenschluss zu einem Arbeitsteam gelöst werden könnten[717]." Die Firmen der Luftfahrtindustrie bekamen von der Luftwaffenführung eine Frist bis Anfang Dezember 1957 eingeräumt, um eine Machbarkeitsstudie zur Erfüllung der technisch-taktischen Anforderungen zu erstellen[718]. Den Firmen Messerschmitt, Heinkel und Bölkow hatte das Verteidigungsministerium bislang die größte Leistungsfähigkeit auf dem Gebiet der Konstruktion eines militäri-

---

[712] BArch, BL 1/14648: Tgb. InspLw, Eintrag vom 15.10.1957 betr. Entwurf und Bau eines deutschen Interceptors, S. 1; vgl. auch Ebert/Kaiser/Peters, Willy Messerschmitt, S. 347.

[713] BArch, BL 1/14648: Tgb. InspLw, Eintrag vom 15.10.1957 betr. Entwurf und Bau eines deutschen Interceptors, S. 2.

[714] Andres, Luft- und Raumfahrtindustrie, S. 236.

[715] So wies der Inspekteur der Luftwaffe bereits im März 1957 in einem Gespräch mit Prof. Georg Madelung, zur damaligen Zeit einer der führenden deutschen Theoretiker auf dem Gebiet der Flugzeugkonstruktion, auf die Notwendigkeit hin, dass sich bei der Entwicklung moderner, militärischer Hochleistungsflugzeuge mehrere Firmen zur Entwicklungs- und Produktionsarbeit an einem Modell zusammen finden müsste, statt in jeder Firma ein eigenen Typ zu entwickeln; vgl. dazu BArch, BL 1/14647: Tgb. InspLw, Eintrag vom 13.3.1957 betr. Besprechungsnotiz InspLw. mit Prof. Madelung, S. 1. In diesem Zusammenhang dachte der Führungsstab der Luftwaffe sogar schon über eine europäische Zusammenarbeit bei der Entwicklung eines eigenen Hochleistungsflugzeugs nach; vgl. BArch, BL 1/14647: Tgb. InspLw, Eintrag vom 22.2.1957 betr. Interne Besprechung über das Messerschmitt-Interceptor-Projekt, S. 2. Die Überzeugung der Luftwaffenführung, dass die Firmen der Luftfahrtindustrie auf dem Gebiet von neuen Konstruktionen generell kooperieren sollten, findet sich auch an anderen Stellen in den Akten des Führungsstabs der Luftwaffe; vgl. z.B. BArch, BL 1/14648: Tgb. InspLw, Notiz zur Besprechung am 16. Mai 1957, S. 2.

[716] BArch, BL 1/14648: Tgb. InspLw, Eintrag vom 15.10.1957 betr. Entwurf und Bau eines deutschen Interceptors, S. 1.

[717] BArch, BL 1/14648: Tgb. InspLw, Notiz Besprechung mit Vertretern der Flugzeugindustrie am 23.10.1957, S. 2.

[718] Ebd.

156

schen Hochleistungsflugzeugs zugetraut[719]. Die anwesenden Vertreter der Luftfahrtindustrie zeigten, im Gegensatz zu früheren Verhaltensweisen untereinander, bemerkenswert viel Willen zur Zusammenarbeit. Ihr Tenor war, bis auf eine Ausnahme, dass sie die gestellte Aufgabe bei einer entsprechenden Koordination der Tätigkeiten problemlos bewältigen könnten[720].

Mitte Dezember 1957 trafen sich die beteiligten Luftfahrtfirmen unter der Leitung des Führungsstabes der Luftwaffe erneut in Bonn. Minister Strauß unterstrich erneut die Bedeutung des Zusammenschlusses der beteiligten Firmen zur Bewältigung der anstehenden Aufgabe[721]. Er gab auch zu bedenken, dass die von der Luftwaffe aufgestellten taktisch-technischen Forderungen mit Ausnahme der Senkrechtstartfähigkeit zum Teil von ausländischen Flugzeugen bereits erfüllt würden. Daher sei in der nächsten Zeit zu prüfen, ob das demnächst für die Luftwaffe auszuwählende Flugzeugmuster eventuell von der deutschen Industrie zu einem Senkrechtstarter weiter entwickelt werden könne[722]. Strauß unterstrich, dass das Verteidigungsministerium nach dem Zusammenschluss der deutschen Firmen auch eine europäische Kooperation wünsche. Die Luftfahrtindustrie warf dazu ein, dass sie zu einer europäischen Kooperation durchaus bereit sei; allerdings nur, wenn die deutschen Firmen maßgeblich an der Umsetzung der Projekte beteiligt werden und nicht nur Handlangerdienste leisten müssten[723].

Zu dieser Zeit deutete sich bereits eine enge Zusammenarbeit zwischen Deutschland, Italien und Frankreich an. Von der Luftfahrtindustrie forderte Strauß, alle Anstrengungen zu unternehmen, damit die Entwicklung des Senkrechtstarters ein Erfolg werde: „Wir müssen uns in Deutschland so verhalten, dass die englische Entwicklung auf dem Gebiete des Interceptors getötet wird[724]." Damit spielte er auf die in Großbritannien seit dem Jahr 1957 laufende Entwicklung des Senkrechtstarterprojektes P 1127 an, aus dem schließlich Mitte der 1960er Jahre der bis heute im Einsatz befindliche Hawker-Harrier hervorging. Auch wenn die Formulierung, die britische

---

[719] Dabei war die Bölkow-Entwicklungs-KG die einzige teilnehmende Firma, die nicht am bisherigen Flugzeugbeschaffungsprogramm des Verteidigungsministeriums beteiligt gewesen war. Ludwig Bölkow, der Inhaber der Firma, war während des Zweiten Weltkrieges Ingenieur im Konstruktionsbüro der Firma Messerschmitt gewesen und unter anderem an der Entwicklung des Strahlflugzeugs Me 262 beteiligt. Nach dem Ende des Krieges gründete Bölkow ein eigenes Ingenieurbüro, befasste sich aber vorerst nicht wieder mit der Luftfahrttechnik. Nach der Konstruktion einiger ziviler Kleinflugzeuge befasste sich Bölkow zunehmend mit Hochleistungsraketentechnik und entwickelte beispielsweise unbemannte Lenkwaffenträger; vgl. dazu passim Bölkow, Erinnerungen.

[720] Ebd., S. 3ff.

[721] BArch, BL 1/14648: Tgb. InspLw, Protokoll über die Besprechung mit Vertretern der deutschen Luftfahrt-, Motoren- und Elektronik-Industrie am 11.12.1957, S. 4.

[722] Ebd., S. 3.

[723] Ebd., S. 5.

[724] Ebd., S. 9.

Entwicklung töten zu wollen, sicherlich überspitzt formuliert war, zeigt dieses Zitat trotzdem, welche Bedeutung der Minister dem deutschen Entwicklungsprojekt zumaß.

Im Verlauf des Jahres 1958 trieben die einzelnen Entwicklungsbüros ihre Konstruktionen voran. Messerschmitt und Heinkel arbeiteten jeweils an eigenen Entwürfen[725]. Ludwig Bölkow, nach eigener Aussage an der Entwicklung und am Bau von bemannten Flugzeugen Ende der 1950er Jahre gar nicht mehr interessiert, begleitete die Arbeiten der Entwicklungsteams eher beratend und diskutierte unbefangen mit[726]. Dabei war er bei den bisherigen Besprechungen zum Senkrechtstarter der einzige Teilnehmer, der die gestellte Aufgabe nicht enthusiastisch begrüßt hatte, sondern eher mahnend auf die Schwierigkeiten und den enormen Umfang eines solchen Objektes hingewiesen hatte.[727]

Ende des Jahres 1958 trafen sich Industrie und Luftwaffenführung erneut, um den Sachstand der einzelnen Entwicklungen zu diskutieren. Die Entwicklungsingenieure von Heinkel und Messerschmitt präsentierten ihre Entwürfe für den Senkrechtstarter. Nach Bölkows Aufzeichnungen stellte Willy Messerschmitt für sein Projekt einen äußerst unrealistischen Zeit- und Kostenplan auf: innerhalb von zwei Jahren könnten zwei Prototypen seines Senkrechtstarters fliegen! Dazu würde er ein genauso großes Team benötigen wie zur Entwicklung der Me 109 und die Entwicklung würde ca. 25 Millionen DM kosten. Bölkow beurteilte sowohl die Personalstärke des Entwicklungsteams als auch die geplanten Kosten als lächerlich niedrig[728]. Auf Nachfrage von Franz-Josef Strauß erläuterte Bölkow, dass er die Kosten für die Entwicklung eines Senkrechtstarters auf mindestens 250 Millionen DM, eher aber noch höher schätzen würde. Willy Messerschmitt verlor nach Bölkows Kostenschätzung fast völlig die Fassung[729].

---

[725] Bölkow, Erinnerungen, S. 179.

[726] Ebd., S. 179. Auch wenn der Name von Ludwig Bölkow im Bereich der Luftfahrttechnik mit äußerst innovativen Eigenkonstruktionen im Flugzeugbereich in Verbindung gebracht wird, so wurde bei Bölkow das erste Segelflugzeug in Faserverbundbauweise in Serie gefertigt, erfolgte die erneute eigenständige Betätigung in der Flugzeugproduktion erst ab Beginn der 1960er Jahre; vgl. dazu die Darstellung bei Bölkow, Erinnerungen, S. 177ff.

[727] BArch, BL 1/14648: Tgb. InspLw, Notiz Besprechung mit Vertretern der Flugzeugindustrie am 23.10.1957, S. 2.

[728] Bölkow, Erinnerungen, S. 180. Die Gedanken Messerschmitts, die Konstruktion eines senkrechtstartfähigen Strahlflugzeugs mit der Entwicklung des Propellerflugzeugs Me 109 gleichzusetzen, ist ein gutes Beispiel für die schon häufiger angesprochene Art der Selbstüberschätzung der deutschen Luftfahrtindustrie, die meistens auf vergangenen Leistungen fußte und die die zehnjährige Zwangspause durch das Produktionsverbot offenbar völlig außer Acht ließ. Vor allem im Fall von Willy Messerschmitt kam bei dieser Selbstüberschätzung noch dazu, dass er seine Konstruktionstätigkeit teilweise im Ausland in der Zeit von 1945 bis 1955 noch fortgesetzt hatte.

[729] Ebd.

Nach der Vorstellung des Führungsstabes der Luftwaffe sollten die Firmen Heinkel, Messerschmitt und Bölkow nun eine Entwicklungsarbeitsgemeinschaft gründen und gemeinsam einen Senkrechtstarter konstruieren. Die Komponenten des Flugzeugs sollten, nach Vorbild der auch beim Starfighter praktizierten Aufteilung der Produktion, später in den Werken von Messerschmitt und Heinkel produziert werden. Die Endmontage und der Einflugbetrieb sollte auf dem Flugplatz Ingolstadt Manching stattfinden, da hier die Firma Messerschmitt ein Montagewerk unterhielt und zusätzlich an diesem Standort auch noch die Wehrtechnische Dienststelle für Luftfahrzeuge (WTD 61) als Erprobungsstelle aufgebaut wurde[730]. Ludwig Bölkow hatte am Beitritt zu dieser Entwicklungsgemeinschaft kein Interesse und stimmte erst zu, nachdem er von Minister Strauß und dem Abteilungsleiter Technik im Ministerium darauf hingewiesen worden war, dass seine Firma einen Großauftrag zur Entwicklung und zum Bau von Panzerabwehrraketen erhalten hatte und das Verteidigungsministerium nun die Mitarbeit in der Entwicklungsgemeinschaft als Gegenleistung verlange[731]. Willy Messerschmitt reagierte auf Bölkows Beteiligung relativ heftig. Er wolle die Entwicklung nur mit einem sehr kleinen Team unter seiner direkten Führung durchführen. Letztlich blieben die Forderungen von Seiten des Verteidigungsministeriums nach einer industriellen Zusammenarbeit aber unumstößlich[732].

Im Februar 1959 gründete sich nach weiteren Verhandlungen die Arbeitsgemeinschaft Entwicklungsring Süd (EWR). Ihr Auftrag war es, ein senkrechtstartfähiges Jagdflugzeug bis zur Serienreife zu entwickeln und zu erproben. Jede der drei Firmen Bölkow, Messerschmitt und Heinkel war zu gleichen Teilen daran beteiligt. Örtlich fanden die Arbeiten in Teilen der Bibliothek des Deutschen Museums in München statt, die Arbeitsgemeinschaft hatte zu Beginn eine Stärke von ungefähr 50 Mitarbeitern[733]. Heinkel wie auch Messerschmitt führten jedoch ihren eigenen Entwicklungsentwurf zunächst fort. Die beiden Entwürfe wurden vom Verteidigungsministerium unter den Bezeichnungen VJ-101A und VJ-101B geführt[734]. Von beiden Entwürfen sollte ein Modell schließlich bis zur Serienreife entwickelt werden[735]. Nach Aussage des leitenden Direktors vom EWR, Robert Lusser, hatte dabei das Projekt der Firma Heinkel die besseren Flugleistungen. Der Terminplan des EWR sah vor, dass An-

---

[730] Ebd., S. 181.
[731] Ebd.
[732] Ebd., S. 182.
[733] Ebd., S. 182; Andres, Luft- und Raumfahrtindustrie, S. 237f. Der an diesem Projekt mitarbeitende Entwicklungsingenieur Otto E. Pabst spricht dagegen von 80 bis 90 Mitarbeiter, vgl. Pabst, Senkrechtstarter, S. 189. Letztlich kann sicher festgehalten werden, dass die personelle Grundausstattung des EWR unter 100 Personen lag.
[734] Die Abkürzung VJ steht für Vertikaljäger.
[735] BArch, BL 1/14650: Tgb. InspLw, Eintrag vom 4.7.1959 betr. Besprechung mit Südgruppe im Beisein von Herrn Minister, S. 1.

fang des Jahres 1962 die ersten Versuchsflugzeuge gefertigt sein sollten, um mit der Flugerprobung beginnen zu können, die 1965 mit der Erprobung in der ersten, komplett aufgestellten Staffel enden sollte. Ab 1966 könnte Umrüstung der Luftwaffenverbände folgen[736]. Im Sommer 1959 entschied sich das Verteidigungsministerium jedoch, nur noch ein Projekt bis zur Serienreife zu fördern. Da sich das Ministerium zudem zu keinem der beiden Vorschläge klar positionierte, mussten sich die am EWR beteiligten Firmen auf einen aus beiden Versionen bestehenden Kompromissvorschlag einigen. Nach längeren Verhandlungen war schließlich eine Lösung gefunden, die sie unter der Bezeichnung VJ-101 C weiter entwickelten[737].

Von der Entwicklungstechnischen Arbeit des EWR drang nahezu nichts an die Öffentlichkeit. – Bereits im Winter 1957 hatte Luftwaffeninspekteur Kammhuber auf die extrem große Bedeutung des Entwicklungsprojektes hingewiesen und von den Beteiligten der Luftfahrtindustrie allerschärfste Geheimhaltung gefordert[738] und diese Geheimhaltung wurde offensichtlich von allen Beteiligten penibel eingehalten. In der Fachpresse findet sich im Jahr 1959 nichts zur Entwicklungsarbeit an einem deutschen Senkrechtstarter. Der erste Hinweis auf die Entwicklung eines solchen Projektes tauchte erst ab 1960 in den einschlägigen Fachzeitschriften auf[739]. Die Unternehmen schwiegen sich damals selbst in offiziellen Artikeln des BDLI dazu vollkommen aus[740].

In der Zwischenzeit war die Entwicklung in Großbritannien auf dem Gebiet der Senkrechtstartertechnik einen Schritt weiter als die deutsche Luftfahrtindustrie. Im Oktober 1960 konnte der Prototyp P 1127 seinen ersten erfolgreichen Schwebeflug durchführen. Das Flugzeug war damit das erste militärische senkrechtstartfähige Flugzeug der Welt[741]. Dieses Ereignis hatte auf die Arbeit des EWR an der VJ 101C aber keine Auswirkung. Während die P 1127 als Erdkampfflugzeug im Bereich der Unterschallgeschwindigkeit konzipiert war, hatte die Konstruktionsarbeit des EWR ein

---

[736] Ebd.

[737] Andres, Luft- und Raumfahrtindustrie, S. 238f. Zur zunächst parallel laufenden Entwicklung der Entwürfe von Heinkel und Messerschmitt vgl. auch Bölkow, Erinnerungen, S. 182. Zur Entscheidung der Luftwaffenführung für die Fortführung eines gemeinsamen Projektes vgl. BArch, BL 1/14650: Tgb. InspLw, Eintrag vom 4.7.1959, S. 2.

[738] BArch, BL 1/14648: Tgb. InspLw, Protokoll über die Besprechung mit Vertretern der deutschen Luftfahrt-, Motoren- und Elektronik-Industrie am 11.12.1957, S. 9.

[739] Aero 2/1960, S. 42: „Deutsch-englischer Senkrechtstartjäger". Interavia 4/1960, S. 475: „Eine Industrie sucht ihre Bestimmung". Bemerkenswert für die lange Zeit, in der keine diesbezüglichen Meldungen in der Fachpresse erschienen, ist aber die Tatsache, dass im April 1960 in der Zeitschrift Aero eine Kurzmeldung erschien, die den damaligen Stand der Entwicklung äußerst präzise beschreiben konnte; vgl. Aero 4/1960, S. 83: „Kurzberichte aus Industrie und Wirtschaft".

[740] Aero 8/1960, S. 169f. „Die deutsche Luftfahrtindustrie legt Rechenschaft ab".

[741] Aero 12/1960, S. 271: „Erste Schwebeversuche des britischen VTOL-Kampfflugzeuges Hawker P-1127 erfolgreich".

Flugzeug zum Ziel, das den Leistungen der F-104G mit Senkrechtstartfähigkeit entsprach[742].

Im März 1961 folgten dann die ersten Flugversuche mit der VJ-101C. Dabei handelte es sich aber noch nicht um Flugbewegungen im eigentlichen Sinne, sondern um Erprobungen des Schwebezustands, die noch an einer Teleskopsäule sowie im Fesselflug, also mit Sicherung des Flugzeugs durch Seile am Boden, erfolgten. Die ersten freien Flüge waren für Juli 1962 geplant. Diese Zeitverschiebung, im Gegensatz zu der ursprünglich für Anfang 1962 geplanten Fertigstellung des Flugzeugs, ergab sich aus Lieferschwierigkeiten bei mehreren Zuliefererbetrieben[743].

Überlegungen zu senkrechtstartfähigen Flugzeugen gewannen im weiteren Verlauf des Jahres 1961 innerhalb der NATO immer stärker an Bedeutung. Dessen Höhepunkt war ein von der NATO ausgeschriebener Konstruktionswettbewerb im Jahr 1961, bei dem ein senkrechtstartfähiges Kampf- sowie ein Transportflugzeug gesucht wurden[744]. Im Zuge dieses Wettbewerbs berichteten diverse Fachzeitschriften über die laufenden Entwicklungen auf dem Gebiet der vertikalen Starttechnik[745]. Am Wettbewerb beteiligten sich Herstellerfirmen aus den USA, der Bundesrepublik, Frankreich, den Niederlanden und Großbritannien.

Im Dezember 1961 berichteten die leitenden Ingenieure des Entwicklungsrings dem Führungsstab der Luftwaffe über den Stand der VJ-101. Zu diesem Zeitpunkt hatte das Modell an den Probestationen Teleskopsäule und Bodenfesselung insgesamt 127 Flugstunden durchgeführt. Der Zeitplan für den ersten freien Flug hatte sich erneut um sechs Wochen nach hinten verschoben. Auslöser dieser Verschiebung waren Probleme beim Bau der Triebwerke[746]. Die Schwierigkeiten beim Bau des Versuchs-

---

[742] Zur Einsatzplanung der P 1127 vgl. Interavia 1/1961, S. 77: „Deutsche und amerikanische S/VTOL-Kampfflugzeuge". Zur taktischen Konzeption der Entwicklung beim EWR vgl. BArch, BL 1/14650: Tgb. InspLw, Eintrag vom 4.7.1959 betr. Besprechung mit Südgruppe im Beisein von Herrn Minister: „Die Luftwaffe benötigt einen senkrechtstartenden und -landenden Jagdbomber mit Eigenschaften der F-104G", S. 2 sowie BL 1/14652: Tgb. InspLw, Eintrag vom 6.7.1961: „Inspekteur Luftwaffe stellt fest, daß seit 1957 die Forderung auf einen Senkrechtstarter mit gleichen Leistungen wie die der F 104 besteht", S. 1; zur taktischen Konzeption vgl. ebenfalls BArch, BL 1/14652: Tgb. InspLw, Eintrag vom 19.10.1961, Technisch-taktische Forderungen der deutschen Luftwaffe für AC 169 - Nachfolgemuster F-104G, S. 2.

[743] BArch, BL 1/14652: Tgb. InspLw, Eintrag vom 6.7.1961 betr. Vorbesprechung mit Entwicklungsring Süd, S. 1f.

[744] Interavia 10/1961, S. 1343: „S/VTOL-Flugzeuge für die NATO".

[745] Die bekanntesten Vertreter dieser Entwicklung waren die Firma Lockheed, die Versuche unternahmen, die F-104 in eine Senkrechtstartversion umzukonstruieren sowie das französische Unternehmen Dassault, das die Mirage III für diese Startart weiter zu entwickeln versuchten; vgl. dazu Interavia 1/1961, S. 78 und 81: „Deutsche und amerikanische S/VTOL-Kampfflugzeuge".

[746] BArch, BL 1/14652: Tgb. InspLw, Eintrag vom 18.12.1961 betr. Besprechung mit dem Herrn Minister beim Entwicklungsring Süd, S. 1.

flugzeugs zur Erprobung hielten aber auch in den folgenden Monaten unvermittelt an. So konnte der erste freie Flug der VJ-101C erst am 10. April 1963 erfolgen[747].

Diese Verschiebung bewies, wie unrealistisch die von Messerschmitt und dem Entwicklungsteam Heinkels Ende der 1950er Jahre aufgestellten Zeitpläne für die Entwicklung des Senkrechtstarters gewesen waren. Beide Firmen hatten eine Entwicklungszeit von zwei, höchstens drei Jahren eingeplant, bis das Flugzeug in Serie gebaut werden könnte[748]. Mittlerweile waren es vier Jahre und die Flugerprobung des ersten Prototypen im freien Flug konnte jetzt erst beginnen. Selbst die von Willy Messerschmitt aufgestellte Personalplanung erwies sich als wesentlich zu niedrig – nun hatte der EWR fast 1000 Mitarbeiter[749]. Die Zeit bewies außerdem, dass Ludwig Bölkow 1959 eine fast prophetische Voraussage getroffen hatte: Ein leitender Mitarbeiter des EWR bezifferte die bisher ausgegebenen Entwicklungskosten in einem Gespräch mit der Zeitschrift Aero im Juni 1963 auf bisher ca. 250 Millionen DM, also die Summe, von der Bölkow 1959 gesprochen hatte[750].

Den größten Erfolg des Entwicklungsprojektes konnte der EWR im Juli 1964 feiern. Als erstes senkrechtstartfähiges Flugzeug durchbrach die VJ-101C die Schallmauer und flog mit Überschallgeschwindigkeit[751]. Die deutsche Entwicklung sollte schließlich auch der einzige Senkrechtstarter bleiben, der jemals mit Überschallgeschwindigkeit erreichte.

In der Zwischenzeit entwickelte die deutsche Luftfahrtindustrie außerdem einen zweiten Senkrechtstarter-Prototypen, um in absehbarer Zeit das Flugzeugmuster G.91 als leichtes Kampfflugzeug und Aufklärer in der Luftwaffe durch ein senkrechtstartfähiges Muster zu ersetzen[752]. Dieses Flugzeug sollte ebenfalls an dem von der NATO ausgeschriebenen Wettbewerb für ein senkrechtstartfähiges Flugzeug teilnehmen. Zu Beginn der Entwicklungsarbeiten beschäftigten sich auch in diesem Fall wieder zwei Entwicklungsteams parallel, zum einen der EWR in Kooperation mit der

---

[747] Interavia 6/1963, S. 911: „Der Senkrechtstartjäger VJ 101 C". Aero 6/1963, S. 160: „VTOL-Erprobung im Entwicklungsring Süd".
[748] Bölkow, Erinnerungen, S. 181.
[749] Ebd., S. 183.
[750] Aero 6/1963,„VTOL-Erprobung im Entwicklungsring Süd", S. 165. Zu den explodierenden Kosten im Bereich der Kosten für die Flugzeugentwicklung vgl. Todd, Simpson, Aircraft Industry, S. 157 sowie Koch, Technologie, S. 19. In einer Darstellung von Ulrich Albrecht gab das Verteidigungsministerium im Weißbuch 1970 an, dass sich sowohl Beschaffungskosten als auch die Kosten für Forschung und Entwicklung bei modernen Waffensystemen im Schnitt alle 10 Jahre verdoppeln; vgl. Ulrich Albrecht: Prioritäten in der Rüstungsforschung, in: Pohrt, Wissenschaftspolitik, S. 125.
[751] Aero 7/1964: „VJ-101 fliegt mit Überschallgeschwindigkeit", S. 171.
[752] Die Planung, das Muster G.91 durch ein senkrechtstartfähiges Flugzeug zu ersetzen, stammen bereits aus dem Jahr 1959; vgl. BArch, BL 1/14650: Tgb. InspLw, Eintrag vom 4.7.1959 betr. Nachfolgemuster Fiat G-91, S. 2.

italienischen Firma Fiat, zum anderen die Firma Focke-Wulf aus Bremen[753]. Im Dezember 1961 gab das Verteidigungsministerium seine Entscheidung bekannt: Focke-Wulf sollte sein Flugzeugs in den folgenden Jahren zum Serienflugzeug fertig entwickeln. Dennoch sollte der EWR trotzdem an den Arbeiten beteiligt werden. Das Flugzeug wurde in den folgenden Jahren zunächst unter der Typenbezeichnung Fw-1262 geführt[754]. Eine anfänglich geplante Kooperation des deutschen Konstruktionsteams mit der britischen Firma Hawker scheiterte Anfang des Jahres 1963. Danach nahm das Verteidigungsministerium wieder Gespräche über eine Zusammenarbeit mit der Firma Fiat auf. Im April 1964 konnten sich die Verteidigungsminister beider Länder nach zähen Verhandlungen auf den ursprünglich von Focke-Wulf konstruierten Vorschlag einigen, der mittlerweile unter der Typenbezeichnung VAK-191B geführt wurde. Er sollte bis zur Serienreife entwickelt werden[755]. Dabei wurde die deutsche Firma Vereinigte Flugtechnische Werke (VFW), die 1963 aus einer Fusion der bremischen Unternehmen Weser-Flugzeugbau und Focke-Wulf hervorgegangen war, der Hauptauftragnehmer für das Projekt. Die Flugzeugzelle wurde von beiden Staaten gemeinsam entwickelt, der Bundesrepublik oblag zusätzlich die Entwicklung der Triebwerke und der elektronischen Ausrüstung[756].

Ein drittes Unternehmen, das sich während der 1960er Jahre mit der Weiterentwicklung der Senkrechtstarttechnik beschäftigte, war die Firma Dornier. Im Gegensatz zu den Entwicklungsprojekten VJ-101 und VAK-191 betätigte sich Dornier aber auf dem Gebiet der Transportflugzeuge. Das Projekt trug den Namen Do 31. Die Anfänge des Projektes gingen dabei auf Überlegungen in der Konstruktionsabteilung von Dornier aus dem Jahr 1959 zurück[757]. Dabei arbeitete Dornier zu Beginn der 1960er Jahre mit den Firmen Weser-Flugzeugbau, Focke-Wulf und Hamburger Flugzeugbau zusammen, die durch die Produktion des deutsch-französischen Transporters Transall bereits über wichtige Erfahrungen bei der Produktion von Transportflugzeugkomponenten verfügten[758]. Die technischen Erprobungen wurden teilweise in Deutschland, teilweise aber auch bei Erprobungsstellen der US-amerikanischen

---

[753] Zur Planung des EWR vgl. BArch, BL 1/14652: Tgb. InspLw, Eintrag vom 6.7.1961, S. 3; zur Konzeption bei Focke-Wulf vgl. Andres, Luft- und Raumfahrtindustrie, S. 245.

[754] Andres, Luft- und Raumfahrtindustrie, S. 245.

[755] Die Abkürzung VAK stand dabei für „Vertikalstartendes Aufklärungs- und Kampfflugzeug".

[756] Andres, Luft- und Raumfahrtindustrie, S. 248f. Die Schwierigkeiten bei den Verhandlungen zwischen Deutschland und Italien resultierten aus dem Umstand, dass natürlich jede Nation versuchte, den von ihrer Luftfahrtindustrie entwickelten Konstruktionsvorschlag auch für die weitere Entwicklung durchzusetzen. Wie schwierig eine hochtechnologische, bilaterale Entwicklung sein konnte, ergibt sich generell aus der Darstellung bei Köppl, Rüstungsmanagement.

[757] Andres, Luft- und Raumfahrtindustrie, S. 243; Interavia 1/1964, S. 59: „Der V/STOL-Strahltransporter Dornier D0 31". Aero 4/1964, S. 50: „Do 31".

[758] Interavia 4/1964, S. 62: "Deutschlands Luft- und Raumfahrtindustrie".

Raumfahrtbehörde NASA durchgeführt[759]. Selbst die VFW beschäftigten sich ab Mitte der 1960er Jahre mit der Umsetzung eines senkrechtstartfähigen Transportflugzeugs. Dabei war das Projekt VC 400 allerdings kein strahlgetriebener Transporter, sondern besaß vier Propeller-getriebene Motoren. Ebenso wie die Do 31 wurde dieses Projekt vom Verteidigungsministerium durch die Vergabe von Studienaufträgen finanziert[760]. Die ungefähren Entwicklungskosten bezifferte die Fachzeitschrift Interavia 1968 auf 300 Millionen DM[761].

Keines der hier angeführten Senkrechtstarterprojekte ging jemals in Serienproduktion.[762] Es ist nicht das Ziel dieser Arbeit, den Grund des Scheiterns der deutschen Senkrechtstarterprojekte zu erläutern. Was sich rekonstruieren lässt, soll dennoch kurz zusammengefasst werden. Dies ist notwendig, weil das Nichtanlaufen der Produktion dieser Muster die Unternehmen der deutschen Luftfahrtindustrie fertigungstechnisch vor ein ernstes Problem stellte. Ein Grund für die Nichtumsetzung der Projekte schien die hohe Komplexität der Infrastruktur zu sein, die mit der Aufstellung solcher Verbände verbunden gewesen wäre. Auch wenn diese Flugzeuge auf jeder Wiese oder Waldlichtung hätten starten können, benötigten sie trotzdem zur Betankung und Bewaffnung sowie für kleinere Reparaturen eine entsprechende logistische Infrastruktur. Diese hätte an vielen Orten gleichzeitig zur Verfügung stehen müssen, um das Flugzeug im Einsatzfall zu einem wirklich wirksamen Waffensystem zu machen. Diese benötigte Infrastruktur hätte finanziell jeden vorhandenen Rahmen gesprengt. Ludwig Bölkow äußerte diese Befürchtung bereits kurze Zeit nach seiner Beteiligung an der Entwicklung der VJ-101[763]. Hinweise auf die kaum zu bewältigende Problematik der Logistik dieser Systeme äußerte Generalleutnant Kammhuber 1962 in einem Gespräch mit einem amerikanischen Luftwaffengeneral[764].

Zur Verhinderung der Umsetzung der deutschen Senkrechtstartprojekte trug ferner bei, dass die deutsche Luftwaffe während der Entwicklung eines Projektes teilweise mehrfach ihre militärischen Anforderungen änderte. Dies führte vor allem beim

---

[759] Ebd., S. 61.

[760] Interavia 4/1968, S. 434: "Aufwind für die deutsche Luftfahrtindustrie".

[761] Ebd., S. 435.

[762] Die Gründe dafür sind vielschichtig und können nicht im Rahmen dieser Untersuchung erfolgen. Zudem wird eine umfassende Auswertung der Quellen zu den deutschen Senkrechtstartern derzeit durch die Quellenlage vor allem im Bundesarchiv-Militärarchiv weitgehend verhindert. Die meisten Quellen zu den deutschen Senkrechtstarterprojekten, vor allem die Unterlagen zur VJ-101 und zur VAK 191, sind zum Teil als geheim oder sogar streng geheim der Bearbeitung durch nicht zum Militär gehörende Historiker entzogen. Aus den zugänglichen Archivalien der Luftwaffe lassen sich die Ereignisse leider nur teilweise konstruieren. In den angefragten Firmenarchiven waren nach Auskunft der Archivare überhaupt keine Dokumente zu dieser Thematik mehr vorhanden.

[763] Bölkow, Erinnerungen, S. 182.

[764] BArch, BL 1/14653: Tgb. InspLw, Eintrag vom 18.7.1962 betr. Besuch von General Schriever, Commander AFSC, S. 4.

Projekt VAK-191 dazu, dass die jeweils aktuelle Version des Flugzeugs nicht den von der Luftwaffenführung gestellten Anforderungen entsprechen konnte und eine aufwendige Umkonstruktion nötig war[765]. Auch die VJ-101 war von einem ähnlichen Schicksal betroffen. Da sich die Luftwaffe mit diesem Flugzeugtyp stärker an bestimmte NATO-Forderungen angleichen wollte, wurden die Versionen JC-101C und VJ-101D parallel entwickelt[766]. Durch die immer wieder abgeänderten Forderungen des Verteidigungsministeriums verzögerte sich die Entwicklung des Projektes natürlich, auch die Kooperation mit Firmen aus anderen NATO-Staaten wurde dadurch erschwert[767].

Ebenfalls problematisch für die Zukunftsaussichten der deutschen Senkrechtstarter war die Tatsache, dass sich alle großen Industrienationen der westlichen Welt zu Beginn der 1960er Jahre selbst auf dem Gebiet der Senkrechtstarttechnik betätigten und jedes Land ein eigenes Modell entwickelte. Dies galt zumindest für die beiden Modelle VJ-101 und VAK-191, die zeitlich wesentlich früher entwickelt und erprobt wurden als die Do 31 und die VC-400. Auf Grund der hohen Kosten einer solchen Fertigung hätte sich vermutlich die Herstellung einer kleinen Serie nur dann wirtschaftlich gelohnt, wenn der Bund nicht nur die Entwicklung, sondern auch die Produktion bezuschusst hätte[768].

Einer der Gründe für den Entwicklungsstopp deutscher Senkrechtstarter war die Änderung der allgemeinen NATO-Strategie – von der so genannten *Massive Retaliation* hin zur *Flexible Response*[769]. Der seit 1961 amtierende US-Präsident John F. Kennedy verfolgte militärisch einen anderen Kurs gegenüber dem Warschauer Pakt als sein Amtsvorgänger Dwight D. Eisenhower. Dies wurde schon kurze Zeit nach seinem Amtsantritt deutlich, als er General Maxwell Taylor, einen Kritiker der bisherigen Strategie der *Massive Retaliation*, zum Chairman der Joint Chief of Staff berief, dem höchsten militärischen Gremium in den USA[770]. Die Militärpolitik der Kennedy-Administration führte zur Abkehr von der dogmatischen Notwendigkeit des Einsatzes atomarer Waffen unmittelbar nach Ausbruch eines bewaffneten Konflikts. Vor allem

---

[765] Andres, Luft- und Raumfahrtindustrie, S. 249.

[766] BArch, BL 1/14652: Tgb. InspLw, Eintrag vom 18.12.1961 betr. Besprechung mit Herrn Minister beim Entwicklungsring Süd, S. 2f.

[767] Andres, Luft- und Raumfahrtindustrie, S. 254.

[768] Zur Aussage General Kammhubers, dass die Industrie vermutlich bei einer Einführung der VJ-101 C wesentlich weniger Modelle fertigen würde als vom Muster F-104G, vgl. BArch, BL 1/14653: Tgb. InspLw, Eintrag vom 25.11.1962, S. 1.

[769] Zur generellen Darstellung dieses Strategiewechsel vgl. Krüger, Strategiewechsel der Nordatlantischen Allianz, S. 61ff.; Krüger, Schlachtfeld Bundesrepublik; Tuschhoff, Deutschland, Kernwaffen und die NATO, S. 225ff.; MacArdle Kelleher, Politics, S. 206ff.

[770] Pommerin, Strategiewechsel, S. 533; vgl. dazu auch Taylor, Und so die Posaune. Vgl. zum Strategiewechsel auch Dormann, Demokratische Militärpolitik, S. 224ff.

Waffensysteme, die im taktischen Bereich ausschließlich für den Nuklearwaffeneinsatz gedacht waren, sollten auch für konventionelle Nutzung ausgerüstet und ihr Personal dazu ausgebildet werden. Diese Überlegung stieß bei mehreren europäischen Bündnispartnern, unter anderem bei der Bundesrepublik, auf großen Widerstand[771]. Trotz des teilweise großen Widerstandes einiger europäischer NATO-Mitglieder verabschiedete der NATO-Rat 1967 mit dem Dokument MC 14/3 die neue Bündnisstrategie der *Flexible Response*[772].

Zwar bestand immer noch die Gefahr eines totalen Atomkriegs, aber im Gegensatz zu den früheren Planungen des Bündnisses war ein nuklearer Gegenschlag jetzt nicht die automatische Reaktionsart des Bündnisses. Ein beispielsweise lokal begrenzter Angriff auf einen NATO-Staat sollte auch ohne den Einsatz atomarer Waffen bekämpft werden können[773]. Im Zuge der Verhandlungen über die neue Strategie schwand in den Reihen der NATO-Staaten auch die Begeisterung für senkrechtstartfähige Flugzeuge[774], auch weil der Strategiewandel für einige Bündnismitglieder mit erheblichen Mehrkosten für die zunehmende Konventionalisierung ihrer Streitkräfte verbunden war. Bedingt durch die Abkehr von einem möglicherweise bedingungslos zu führenden Atomkrieg, passten die Senkrechtstarter nun nur noch bedingt in die militärischen Überlegungen der meisten Mitgliedsstaaten.

Dieses erlahmende Interesse untermauerte ebenfalls der von der NATO ausgeschriebene Konstruktionswettbewerb für Senkrechtstarter, der zunehmend an Bedeutung verlor. Hierzu stellt sich jedoch prinzipiell die Frage, welche Auswirkungen der Sieg eines bestimmten Flugzeugmusters für die weitere Zukunft überhaupt gehabt hätte. Das beste Beispiel für die Aussagekraft solcher NATO-Wettbewerbe sind die Beispiele Fiat G.91 und Lockheed Starfighter. Die G.91 hatte Ende der 1950er Jahre einen NATO-Wettbewerb gewonnen, der auch eine Standardisierung der Waffensysteme der Allianz zum Ziel hatte[775]. Tatsächlich aber geschah genau das Gegenteil: Außer Italien, wo das Flugzeug konstruiert worden war, und der Bundesrepublik Deutschland, deren Luftfahrtindustrie die G.91 in Lizenz produzierte, rüstete kein NATO-Staat seine Luftwaffe mit der G.91 aus. Im Gegensatz dazu war die F-104G zu Beginn der 1960er Jahre in sechs NATO-Staaten und darüber hinaus noch in Japan im Einsatz oder wurde gerade eingeführt. Die F-104G hatte nie an einem Konstruktionswettbewerb teilgenommen. Insofern darf durchaus bezweifelt werden, ob der Sieger des NATO-Senkrechtstarter-Wettbewerbs wirklich Chancen auf eine groß angelegte Serienfertigung gehabt hätte.

---

[771] Pommerin, Strategiewechsel, S. 534.
[772] NATO Strategy Documents, S. 345-370.
[773] Pommerin, Strategiewechsel, S. 541.
[774] Andres, Luft- und Raumfahrtindustrie, S. 250.
[775] Vgl. dazu die Darstellung in Kapitel II.3 dieser Arbeit.

Für die westdeutsche Luftfahrtindustrie waren aber die Gründe, aus denen die Senkrechtstarterprogramme nicht in die Serienproduktion übergingen, wesentlich weniger wichtig, als die Tatsache des Scheiterns der Projekte an sich. Für ihre Unternehmen war die Beteiligung an den Senkrechtstarterprogrammen viel eher Fluch und Segen zugleich. Auf der einen Seite hatten die Unternehmen vor dem Hintergrund der zehnjährigen Zwangspause zwischen 1945 bis 1955 eine unvorstellbare Leistung erbracht. Knapp fünf Jahre nach ihrer Wiederzulassung waren sie nicht nur in der Lage, auf dem Weltniveau mitzuarbeiten, sondern auch anderen westlichen Luftfahrtindustrien die Stirn zu bieten und selbst technische Ausrufezeichen auf höchstem Niveau zu setzen. Der Überschallflug der VJ-101 im Jahr 1964 als erstes senkrechtstartfähiges Flugzeug der Welt ist das beste Beispiel dafür. Die Entwicklungsabteilungen der Unternehmen hatten fraglos Großes geleistet.

Dabei sollte sich in den nächsten Jahren erst zeigen, wie groß der Nutzen der Senkrechtstarttechnologie für die deutsche Luftfahrtindustrie wirklich sein sollte. Obwohl keiner der beiden Prototypen VJ-101 und VAK-191 schließlich in die Serienfertigung ging, arbeiteten die Entwicklungsteams weiter an der technischen Verbesserung der Projekte. Dabei wurde die VJ-101 unter der Beteiligung des EWR und der US-amerikanischen Firma Fairchild-Hiller zum so genannten AVS-Programm weiter entwickelt[776]. Obwohl das Programm von beiden Regierungen ab Anfang des Jahres 1968 nicht mehr gemeinsam fortgesetzt wurde, konnten die Entwicklungsergebnisse gemeinsam mit der weiteren Entwicklung des Musters VAK-191 ab Ende der sechziger Jahre in ein Projekt zusammengelegt werden, aus dem, zuerst unter Bezeichnung „Neues Kampfflugzeug (NKF)" schließlich Mitte der 1970er Jahre das Muster MRCA Panavia 200 Tornado hervorging[777], dem späteren Standardjagdbomber der Luftwaffe, der Royal Air Force, der italienischen Aeronautica Militare sowie der Royal Saudi Air Force.

Auf der anderen Seite hatte die Industrie seit Ende der 1950er Jahre fest damit gerechnet, nach der erfolgreichen Entwicklung der Prototypen diese auch in ihren eigenen Werken in Serie bauen zu können und damit ihre Produktionskapazitäten nach dem Auslaufen der Starfighter-Lizenzproduktion Mitte der 1960er Jahre weiterhin auslasten zu können. Nun wurden zwei sicher geglaubte Großaufträge nicht in die

---

[776] Andres, Luft- und Raumfahrtindustrie, S. 253 ff. Die Abkürzung AVS stand dabei für Advanced Vertical- and Short Takeoff; vgl. dazu auch Aero 6/1967, S. 136: „EWR Fairchild International" sowie Interavia 5/1967, S. 778: „Das deutsch-amerikanische V/STOL-Projekt".

[777] Andres, Luft- und Raumfahrtindustrie, S. 256. Die Weiterentwicklung der beiden Projekte zum Tornado lässt sich vor allem auch daraus ableiten, dass der Tornado optisch extreme Ähnlichkeit mit dem AVS-Muster hat, vgl. Interavia 5/1967, S. 779: „Das deutsch-amerikanische V/STOL-Projekt". Aero 6/1967, S. 136: „EWR Fairchild International". Zur generellen Entwicklung des Waffensystems Tornado vgl. Mechtersheimer, Rüstung und Politik, sowie eine sehr rüstungskritische Sicht des Projektes bei Grossner/Schierholz, Projekt MRCA.

Serienproduktion umgesetzt, von denen die westdeutschen Luftfahrtunternehmen hofften, dass sich wie beim Starfighter auch andere NATO-Staaten anschließen würden. Auf dem militärischen Gebiet erhielt die deutsche Luftfahrtindustrie also Mitte der 1960er Jahre eben keine neuen Fertigungsaufträge des Verteidigungsministeriums.

2. Fehlende Anschlussaufträge und das Verhältnis der Luftfahrtindustrie zur Bundesregierung

Für die Unternehmen der deutschen Luftfahrtindustrie war die Entscheidung für den Lizenzbau des Flugzeugs F-104G in Deutschland aus mehreren Gründen ein Segen. Zum einen konnten die Fertigungskapazitäten in mehreren Werken mit der Produktion dieses Musters ausgelastet werden. Zum anderen hatten die Firmen die Möglichkeit, durch den Nachbau dringend benötigte technische Erfahrung zu sammeln, um den deutschen Flugzeugbau in der Zukunft wieder mit eigenen Projekten dahin führen zu können, wo er ihrer Meinung hingehörte: An die Weltspitze dieser Industriesparte.

Zu Beginn der 1960er Jahre schienen die Anschlussaufträge für die Produktionsstätten der Unternehmen der Branche aber schon weitgehend gesichert zu sein. Neben einigen Eigenentwicklungen auf dem Gebiet des Verkehrsflugzeugbaus, von denen sich die beteiligten Unternehmen vor allem Chancen beim Verkauf an die Lufthansa erhofften, waren die Auftragsbücher der Unternehmen vor allem durch die militärischen Flugzeugprojekte gut gefüllt. Wichtig ist an dieser Stelle allerdings auch der Hinweis, dass sich die Industrie nicht auf ein gemeinsam konstruiertes Flugzeugmuster für den Personenverkehr einigen konnte. Auch die Finanzierung der Projekte stellte die Unternehmen vor große, letztlich nicht lösbare Probleme[778]. Auf der einen Seite sorgten die Betreuung der Einsatzflugzeuge der Luftwaffe sowie die Lizenzbauten mehrerer Flugzeugtypen für die Auslastung der Produktionskapazitäten. Auf der anderen Seite waren Entwicklungsteams der führenden deutschen Flugzeughersteller dabei, auf dem Gebiet der Senkrechtstarttechnik zukunftsfähige Technologie zu erschaffen, die es bis zu diesem Zeitpunkt weltweit noch nicht gab. Die Auslastung der Produktionskapazitäten schien durch den geplanten Serienbau dieser Senkrechtstartmodelle auch nach dem Auslaufen der beiden großen Lizenzprojekte F-104G und G.91 gesichert zu sein.

Diese von den Luftfahrtunternehmen gehegten Hoffnungen auf eine gesicherte wirtschaftliche Zukunft sollten sich allerdings nicht erfüllen. Zu Beginn des Jahres 1962 hatten sich noch keine gesicherten Anschlussaufträge für die Auslastung der

---

[778] Vgl. grundlegend zum Verkehrsflugzeugbau in der Bundesrepublik Rosenthal, Luft- und Raumfahrtindustrie, S. 119ff. sowie Andres, Luft- und Raumfahrtindustrie, S. 299ff.

168

Produktionskapazitäten ergeben. Zwar liefen die Lizenzproduktionen von F-104G und G.91 auf vollen Touren, sie sollten erst 1963 den Höhepunkt der Produktion erreichen. Aber von den geplanten technischen Anschlussprojekten konnte noch keines so realisiert werden, dass es eine wirkungsvolle Auslastung der Produktionskapazitäten hätte gewährleisten können. Trotzdem blickte der Präsidialgeschäftsführer des BDLI, Karl Frydag[779], zum Jahreswechsel 1961/62 noch verhalten optimistisch in die Zukunft. Vor allem war es seiner Aussage nach das feste Ziel der deutschen Luftfahrtindustrieunternehmen, sich neben der Betätigung auf dem Sektor der militärischen Flugzeugfertigung und -entwicklung auch stärker im zivilen Bereich zu engagieren[780]. Problematisch war dabei die Situation, in der sich die Unternehmen der Luftfahrtindustrie hinsichtlich der Finanzierung ihrer zivilen Entwicklungsarbeiten befanden[781].

Mitten in der Diskussion um die generelle Förderung ziviler Flugzeugentwicklungen durch die Bundesregierung wandte sich der BDLI im März 1962 mit einem Memorandum an Politiker und die breite Öffentlichkeit[782]. In dem Schreiben wies der BDLI auf die immer schwieriger werdende Situation der deutschen Unternehmen in der Luft- und Raumfahrtbranche hin und kritisierte das Verhalten der Bundesregierung. Kernpunkt der Kritik war das Fehlen einer für die Luftfahrtindustrie zuständigen behördlichen Instanz auf Ministeriumsebene in Deutschland sowie die Forderung nach stärkerer finanzieller Unterstützung durch den Bund als bisher. Dieses Fehlen einer koordinierenden Instanz war nach Meinung des BDLI dafür verantwortlich, dass von deutschen Luftfahrtfirmen auf den Weg gebrachte zivile Projektentwürfe auf Grund der Zersplitterung von Zuständigkeiten nicht in die Tat umgesetzt werden konnten[783]. Das Memorandum wies darauf hin, dass die Möglichkeit für die Unternehmen der deutschen Luftfahrtindustrie, als aktiver Partner von den Luftfahrtindustrien anderer westlicher Industriestaaten wahrgenommen zu werden, nur noch für eine

---

[779] Karl Frydag kam nach seiner Tätigkeit für ein kleineres Flugzeugwerk 1933 zu den Henschel-Flugzeugwerken, wo er bis zum technischen Direktor aufstieg. 1941 wurde er in den Industrierat des Reichsmarschalls für die Fertigung von Luftwaffengerät, Abteilung Flugzeugbau, berufen, ab 1942 war er Leiter des Hauptausschusses Flugzeugzelle. Im November 1942 übernahm er als Direktor die Leitung der Heinkel-Werke. Nach der Wiederzulassung der Luftfahrtindustrie in Deutschland wurde er 1959 neben Herrmann Kastner Geschäftsführer des BDLI, der kurze Zeit später in Pension ging. Später übernahm Frydag den Vorsitz des technischen Ausschusses im BDLI, leitete die Studiengruppe Airbus und wurde schließlich Mitgeschäftsführer der Deutschen Airbus GmbH.

[780] FoLuft, Sammlung Schmitz I, Ordner 82 b, Wirtschafts-Korrespondent vom 21.12.1961: „Die deutsche Luft- und Raumfahrtindustrie zur Jahreswende“.

[781] Vgl. dazu die Darstellung bei Andres, Luft- und Raumfahrtindustrie, S. 321-342

[782] FoLuft, Sammlung Schmitz I, Ordner 28, Memorandum des BDLI „Die Situation der deutschen Luft- und Raumfahrtindustrie“, 25.3.1962.

[783] Ebd., S. 2. Der BDLI hatte Mitte Dezember 1962 ebenfalls die Umbildung des Kabinetts Adenauer zum Anlass genommen, erneut eine zentrale Behörde für die Koordinierung der Angelegenheiten von Luft- und Raumfahrt zu fordern, um Aufgaben besser durchführen zu können; vgl. dazu Verkehrs-Wirtschaft vom 16.12.1962 „Regierungszuständigkeit für Luft- und Raumfahrt“.

kurze Zeit bestehe. Daher müsse von Seiten der Bundesregierung jetzt gehandelt werden, um diese günstige Gelegenheit nicht ungenutzt verstreichen zu lassen[784]. Nur so könne verhindert werden, dass sich die Bundesrepublik auf dem Gebiet der Luftfahrtindustrie international isoliere. Von der generellen Kritik an der Bundesregierung nahm der BDLI in seinem Memorandum das Verteidigungsministerium allerdings ausdrücklich aus und dankte dem Ressort für seine Unterstützung und das entgegengebrachte Vertrauen der vergangenen Jahre[785]. In der Presse fand das Memorandum des BDLI großen Niederschlag[786].

Trotz dieser öffentlichkeitswirksamen Kritik änderte sich an der Grundsituation der Industrie im Jahr 1962 nichts. Die Lizenzbauprogramme F-104G und G.91 liefen unverändert weiter, ebenso die Entwicklung der beiden Senkrechtstarter-Flugzeuge. Im Bereich der zivilen Flugzeuge konnten sich die deutschen Entwicklungen auf dem Weltmarkt nicht etablieren und die Unternehmen waren nicht in der Lage, die von der Bundesregierung geforderte Eigenkapitalquote zur Finanzierung der Entwicklungskosten aufzubringen. Im Frühjahr 1963 gab es immer noch keine Anschlussaufträge für die Unternehmen der Luftfahrtindustrie, die eine kontinuierliche Auslastung der Produktionskapazitäten in den jeweiligen Werken hätte gewährleisten können. Unterdessen hatte der Lizenzbau der militärischen Muster F-104G und G.91 seinen Höhepunkt überschritten und lief langsam aus. Ein reibungsloser Übergang von einem Fertigungsprojekt zum nächsten, also ohne Personal kurz- oder längerfristig entlassen zu müssen, war zu diesem Zeitpunkt ohnehin nicht mehr möglich. Die schweizerische Luftfahrtzeitschrift Interavia wies in einem ihrer Artikel im Juni 1963 nach, dass dazu bereits im Jahr 1961 weitere Produktionsaufträge der deutschen Luftfahrtunternehmen hätten erteilt werden müssen; die Situation der Industrie hätte nur durch die sofortige Erteilung neuer Militäraufträge verbessert werden können. Diese würden aber von der Führung der Bundeswehr in keinem Fall in Aussicht gestellt[787].

Eine Reihe von Presseartikeln befasste sich bereits ab dem Frühjahr des Jahres 1963 mit der problematischen Situation der Unternehmen der deutschen Luftfahrtbranche. Dabei gaben sie häufig die Meinungen von Vertretern des BDLI wieder, wonach auf Grund des Auslaufens der aktuellen Lizenzbauprojekte und dem Ausbleiben neuer Aufträge eine größere Entlassungswelle in der Industrie im Prinzip nicht mehr zu vermeiden sei. Die Funktionsträger des Industrieverbandes wiesen vor allem

---

[784] FoLuft, Sammlung Schmitz I, Ordner 28, Memorandum des BDLI „Die Situation der deutschen Luft- und Raumfahrtindustrie", 25.3.1962, S. 2.
[785] Ebd., S. 3.
[786] Vgl. dazu Industriekurier, 29.3.1962: „Warnung vor Luftfahrt-Isolierung", Westdeutsche Allgemeine 28.3.1962: „Raumfahrtprojekte in der Schublade". Die Welt, 29.3.1962: „Luft- und Raumfahrtindustrie warnt". FAZ, 28.3.1962: „Eine Regierungsinstanz für Luftfahrt und Raumfahrt". Aero 4/1962: „BDLI fordert Regierungsmaßnahmen für die Luft- und Raumfahrtindustrie", S. 92.
[787] Interavia 6/1963: „Sorgen – auch in der Luftfahrtindustrie", S. 829.

auch darauf hin, dass wegen der fehlenden Aufträge technisches Personal entlassen werden müsse, das vorher mühsam auf den neuesten technischen Stand gebracht worden sei[788]. Ein häufiger Diskussionspunkt dieser Presseveröffentlichung war auch die aktuelle personelle Größe der deutschen Luftfahrtindustrie. Dabei wurde in den Beiträgen die Frage diskutiert, in wieweit die Ausweitung der Produktionskapazitäten auf den im Frühjahr 1963 aktuellen Stand von knapp 32.000 Mitarbeitern gerechtfertigt sei oder nicht[789].

Die in Deutschland erschienenen Artikel legen nahe, dass ihre Verfasser entweder klar auf Seiten der Unternehmen der Luftfahrtbranche und des BDLI standen oder zumindest bei der Berichterstattung stark von ihnen beeinflusst worden waren. Dies schlug sich in teilweise plakativ gewählten Titeln nieder wie „Ende der Luftfahrtindustrie[790]“, „Deutsche Flugzeugindustrie steht jetzt am Scheideweg[791]“, „Flugzeugindustrie: dunkle Zukunft[792]“, „Startbahn für deutsche Luftfahrtindustrie zu kurz[793]“ oder „Schwarze Wolken über den Flugzeugwerken[794]“. Auch der Tenor der Artikel war durchweg ähnlich: Zuerst wurde die Situation der Unternehmen der deutschen Luftfahrtindustrie mit ihrem mühsamen Aufbau nach zehnjährigem Betätigungsverbot beschrieben. An der momentanen Situation, also dem baldigen Auslaufen der militärischen Lizenzbauaufträge und dem Fehlen von Anschlussaufträgen, wurde die Schuld, entweder direkt oder indirekt, der mangelnden Unterstützung der Bundesregierung zugeschoben. Dazu wurde das Szenario diskutiert, dass die Branche der deutschen Luftfahrtindustrie momentan deutlich Gefahr laufe, sich von Produkten des Auslands, vor allem von den USA, dauerhaft abhängig zu machen.

Dabei trieb die Argumentation zu Gunsten der Situation der Luftfahrtunternehmen in der publizistischen Öffentlichkeit teilweise obskure Blüten. Im Oktober 1963 verunglückte Björn Stender, ein deutscher Segelflugzeugkonstrukteur, bei der Flugerprobung eines neuen Flugzeugtyps tödlich. Diesen Unfall nahm eine Zeitschrift zum Anlass, um eine Parallele zur generellen Situation der deutschen Luftfahrtindustrie zu ziehen: „Ein Segelflugzeug stürzte ab und zerschellte. Mit ihm starb sein junger Konstrukteur Björn Stender. Er hatte kein Geld, um sich einen manuellen Fallschirm zu kaufen. Ein tragischer Unfall, der sich in den Pioniertagen der Fliegerei, nicht aber im Jahr 1963 ereignen durfte! Er ist ein Symptom für die deutsche Luftfahrtindustrie,

---

[788] General-Anzeiger, 27.4.1963: „Alarmruf der Luftfahrt-Industrie“. Stuttgarter Nachrichten, 27.4.1963: „Luftfahrtindustrie bangt um ihre Existenz“. Die Welt, 27.4.1963: „Mehr Mittel für Raumforschung“.

[789] General-Anzeiger, 27.4.1963: „Alarmruf der Luftfahrt-Industrie“. Stuttgarter Nachrichten, 27.4.1963: „Luftfahrtindustrie bangt um ihre Existenz“.

[790] Bild-Zeitung, 27.4.1963: „Ende der Luftfahrtindustrie“.

[791] Freie Presse, 29.8.1963: „Deutsche Flugzeugindustrie steht jetzt am Scheideweg“.

[792] Nürnberger Nachrichten, 27.9.1963: „Flugzeugindustrie: dunkle Zukunft“.

[793] Saarbrücker Zeitung, 27.9.1963: „Startbahn für deutsche Luftfahrtindustrie zu kurz“.

[794] Die Welt, 5.10.1963: „Schwarze Wolken über den Flugzeugwerken“.

die nur noch durch ein Wunder zu retten ist[795]." Neben der äußerst geschmacklosen, boulevardzeitungsähnlichen Darstellung des Artikels, in dem versucht wurde, aus dem tragischen Unfalltod des jungen Konstrukteurs Kapital für die Situation der Unternehmen der deutschen Luftfahrtindustrie zu schlagen, kann dieser Vergleich nur als hinkend bezeichnet werden. Die Situation der Unternehmen des Segelflugzeugbaus in Deutschland war wesentlich besser als im Bereich der Fertigung von Militär- und Verkehrsflugzeugen. In der Zwischenzeit waren die Unternehmen der Luftfahrtbranche gezwungen, die ersten Mitarbeiter zu entlassen, weil die Fertigungskapazitäten der einzelnen Firmen nicht mehr ausreichend ausgelastet waren[796].

Neben der Öffentlichkeitsarbeit über die Printmedien suchte der BDLI auch direkten Kontakt zu Politikern. In den Monaten Mai und Juni 1963 wandte sich der Verband in mehreren Briefen an das Verteidigungsministerium, um auf die immer schwieriger werdende Situation der Branche wegen der fehlenden Anschlussaufträge hinzuweisen[797]. Dabei wandte sich 1963 auch der bayerische Staatsminister für Wirtschaft und Verkehr aus Sorge um die Zukunft des Wirtschaftsstandorts Bayern stellvertretend für den BDLI an das Verteidigungsministerium, um auf die Beschäftigungsverhältnisse hinzuweisen[798]. Der Verteidigungsminister reagierte auf alle Schreiben gleich: Er antwortete mit großem Verständnis für die Sorgen der Industrie, äußerte sich aber nur ausweichend zu möglichen Gegenmaßnahmen durch die Bundesregierung[799]. Da die schwierige wirtschaftliche Situation der Luftfahrtindustrie nicht nur die Branche selbst, sondern auch deren Zulieferer betraf, wandte sich im Sommer 1963 auch der Zentralverband der Elektrotechnischen Industrie an das Verteidigungsressort. Neben der Sorge um die Situation der Industrie nach dem Auslaufen der F-104-Lizenzproduktion – außer der Flugzeugzelle und dem Triebwerk wurde auch der größte Teil der Bordelektronik von deutschen Firmen in Lizenz gefertigt –, war das Präsidium des Zentralverbandes auch wegen der sich verzögernden Auslieferung der

---

[795] Hobby - Wissen, Technik, Unterhaltung, Nr. 24/1963, S. 25: „Björn Stender tödlich verunglückt".

[796] Mainzer Anzeiger, 27.9.1963: „Die Flugzeugindustrie entläßt monatlich 300 Arbeiter" sowie auch Düsseldorfer Nachrichten, 28.9.1963: „Flugzeugindustrie hängt buchstäblich in der Luft".

[797] Vgl. dazu BArch, BW 1/1615: BMVg Abteilung W II an W III betr. Fernschreiben Präsident BDLI an BMVg über die kritische Situation der deutschen Luftfahrtindustrie, 7.5.1963; Schreiben Präsidium BDLI an BMVg betr. Aktuelle Situation des deutschen Flugzeugbaus, 10.6.1963.

[798] BArch, BW 1/1615: Schreiben des bayerischen Staatsministers für Wirtschaft und Verkehr an Bundesverteidigungsminister von Hassel, 23.2.1963, S. 1.

[799] BArch, BW 1/1615: Schreiben Bundesverteidigungsminister von Hassel an Präsidium BDLI, 20.6.1963 sowie Schreiben Bundesverteidigungsminister von Hassel an bayerisches Staatsministerium für Wirtschaft und Verkehr, 10.3.1963.

Flugzeuge und der damit verbundenen schlechten Kapazitätsauslastung ihrer Firmen irritiert[800].

Der im Frühjahr und Sommer 1963 erfolgte Schriftverkehr deutete einen Wandel in den bisher immer relativ guten Beziehungen zwischen BDLI und Bundesverteidigungsministerium an. Der Nachfolger von Bundesverteidigungsminister Strauß im Amt, Kai-Uwe von Hassel, brachte den Unternehmen der deutschen Luftfahrtindustrie sowie der Führung des BDLI weniger Sympathie und Verständnis entgegen als Strauß. Während dieser allein schon aus einer großen Technikbegeisterung den Unternehmen der Luftfahrtindustrie sehr gewogen war, brachte von Hassel diese Begeisterung offenbar nicht auf.[801.]

Im Oktober 1963 beschäftigte sich auch der Verteidigungsausschuss des Bundestages mit den Problemen der Luftfahrtindustrie. Der Staatssekretär im Verteidigungsministerium, Volkmar Hopf, legte den Abgeordneten in einer längeren Ausführung die Gedanken seines Hauses zur aktuellen Situation der deutschen Luftfahrtindustrie dar. Dabei zeichnete er ein relativ düsteres Bild sowohl der aktuellen Situation als auch für die Zukunft. Für ihn befanden sich die Unternehmen der Branche in Deutschland nicht in einer besonderen Situation im Vergleich zu den Luftfahrtindustrien anderer westlicher Industriestaaten. Auch für diese sei die momentane Lage auf dem Weltmarkt für Luftfahrzeuge angespannt. In der Bundesrepublik stehe die Luftfahrtindustrie dazu vor dem Problem, dass sie zu 99 Prozent von den Aufträgen des Verteidigungsministeriums abhängig sei[802]. Zusätzlich sei vor allem im süddeutschen Raum die Struktur der Industrie äußerst nachteilhaft, da hier relativ kleine Unternehmen mit nur geringer Finanzkraft ansässig seien. Die momentane Situation der ausbleiben Anschlussaufträge sowohl im militärischen als auch im zivilen Bereich führten zu ersten Entlassungen. Während aber die Luftfahrtindustrie in anderen Staaten, Hopf nannte hier als Beispiele Frankreich und Großbritannien, in solchen Situationen durch Steuermittel unterstützt würden, sei diese Möglichkeit in der Bundesrepublik eben

---

[800] BArch, BW 1/1615: Schreiben Zentralverband der Elektrotechnischen Industrie an Minister von Hassel betr. Situation der deutschen Elektroindustrie 6.7.1963, S. 1 sowie Memorandum zur Lage der deutschen Elektroindustrie 2.7.1963, S. 1f.

[801] Strauß, Erinnerungen, S. 224f. führte zum Thema Technikbegeisterung im Allgemeinen und Luftfahrttechnik im Besonderen aus: „Die Faszination der modernen Technik hat mich sehr früh erfasst und nie mehr losgelassen. Entscheidend war für mich dabei die Einsicht, daß nur die Mittel der modernen Technik dem Menschen bei seiner oft mühseligen, entwürdigenden Arbeit Erleichterung und Ersatz bringen. [...] Aber auch Luft- und Raumfahrt haben mich schon damals angezogen, und der Gedanke, ein Luftfahrtministerium zu schaffen, erschien mir durchaus sinnvoll".

[802] BT-Archiv, VertAusschuss, Protokoll 4. WP, 58. Sitzung 16.10.1958, S. 18. Diese Abhängigkeit war allerdings keine deutsche Eigenheit. Die Industrie hatte in Großbritannien eine Abhängigkeit von Staatsaufträgen in Höhe von 65-70 Prozent und in den USA von ca. 90 Prozent; vgl. Klingemann, Wirtschaftliche und soziale Probleme, S. 256.

gerade nicht vorgesehen. Das Verteidigungsressort könne maximal als Auftraggeber in Erscheinung treten[803].

Als eines der größten Probleme der deutschen Luftfahrtindustrie nannte der Staatssekretär die zu starke Zersplitterung der Branche in kleine Unternehmen mit geringer Finanzkraft, die kaum von internationalen Partnern als attraktiver Gesprächspartner wahrgenommen würden. Daher habe das Verteidigungsministerium versucht, den deutschen Flugzeugfirmen den Gedanken einer Fusion näher zu bringen[804]. Bei der Aufgabe, die Unternehmen der Luftfahrtbranche auf eine Fusion vorzubereiten, traf das Verteidigungsministerium laut den Ausführungen des Staatssekretärs allerdings auf ungeahnte Schwierigkeiten: „Um die Konzentration voranzutreiben, habe man [das Verteidigungsministerium] zunächst versucht, im süddeutschen Raum eine Zusammenarbeit auf dem Gebiet der Entwicklung und Forschung zu erreichen, um die zum Teil recht eigenwilligen Unternehmerpersönlichkeiten – z.B. Dornier, Heinkel und Messerschmitt – an ein Zusammenrücken zu gewöhnen. In einer zweiten Stufe wolle man dann eine echte Fusionierung auch der Produktionszweige herbeiführen[805]." Die hier von Hopf beschriebene Situation unterschied sich also in keiner Form von der Problematik, mit der die Unternehmen der deutschen Luftfahrtindustrie und der BDLI seit ihrer Wiederzulassung bzw. Gründung zu kämpfen hatten: Die persönlichen Unstimmigkeiten und gegenseitige Ablehnung unter den „großen Namen" der Luftfahrtunternehmen.

Hopf rechnete aber selbst bei einer erfolgreichen Fusion sowohl auf dem Gebiet der Forschung und Entwicklung als auch der Produktion damit, dass sich die deutsche Luftfahrtindustrie in den kommenden Jahren einem starken Schrumpfungsprozess unterwerfen müsse. Diese Annahme begründete er vor allem damit, dass nach dem Auslaufen der Lizenzbauprogramme von F-104G und G.91 keine Anschlussaufträge von Wirtschafts- oder Verteidigungsministerium vergeben werden könnten, um diese Lücke nahtlos zu schließen. Im militärischen Bereich liege dies vor allem auch daran, dass der Senkrechtstarter VJ-101 nicht als Nachfolger für die F-104G in Dienst

---

[803] Ebd., S. 18f. Zur Finanzierung der Luftfahrtindustrie in anderen Staaten außerhalb der Bundesrepublik; vgl. Koch, Technologie, S. 32ff.

[804] Ebd., S. 19. Die einzige Ausnahme bildete in diesem Zusammenhang die Firma Bölkow-Entwicklungs KG. Der Inhaber der Firma, Ludwig Bölkow, war zwar kein Hersteller von Großflugzeugen wie beispielsweise Messerschmitt oder Dornier. Seine Betätigungsfelder lagen im Segelflugzeugbau und in der Raketentechnik. Dazu war er Mitglied des Entwicklungsteams, das den Senkrechtstarter VJ-101 konstruierte. Bölkows wirtschaftlicher Erfolg, der einerseits auf einer Reihe von Bundeswehraufträgen für eine von ihm konstruierte Panzerabwehrrakete und andererseits auf einer großzügigen Finanzierung seiner Aktivitäten durch eine bayerische Privatbank beruhte, sorgte dafür, dass sich der US-Flugzeugbauer Boeing Anfang Januar 1965 mit einem Anteil von 8 Millionen DM an seiner Firma beteiligte. Bölkow war der einzige Unternehmer der deutschen Luftfahrtindustrie, dem eine Investition einer ausländischen Firma in einer solchen Größenordnung gelang; vgl. dazu Bölkow, Erinnerungen, S. 148ff.

[805] BT-Archiv, VertAusschuss, Protokoll 4. WP, 58. Sitzung 16.10.1958, S. 19.

gestellt werden könne. Das Programm sei für eine Einführung in die Luftwaffe sowohl zu komplex als auch zu teuer[806]. Damit hatte sich bereits im Oktober 1963 eines der technischen Projekte, auf das die beteiligten Unternehmen der Luftfahrtindustrie extrem große Hoffnungen für einen Anschlussauftrag des Verteidigungsministeriums setzten, zerschlagen. Bereits in der vorangegangenen Sitzung des Ausschusses[807] hatte der Inspekteur der Luftwaffe, Generalleutnant Werner Panitzki, den Abgeordneten mitgeteilt, dass nach einer vom Führungsstab der Luftwaffe ausgearbeiteten Operation-Research-Studie für die zukünftige Konzeption der Luftwaffe das Nachfolgemodell für die F-104G nicht unbedingt ein senkrechtstartfähiges Muster sein müsse[808].

Der Staatssekretär erläuterte den Mitgliedern des Ausschusses, dass die Unternehmen der Luftfahrtindustrie auf die vom Ministerium geäußerten Gedanken zu einer schrittweisen Fusion der Firmen mit äußerst großen Bedenken reagiert hätten. Angesichts der bisherigen Beziehungen der Unternehmen zueinander war diese Tatsache keineswegs überraschend. Hopf gab allerdings der Hoffnung Ausdruck, dass die zunehmende Erkenntnis der Aussichtslosigkeit der eigenen wirtschaftlichen Lage bei den Unternehmen den Willen zu einer engeren Zusammenarbeit stärken würde[809]. Die Lage der norddeutschen Industrie war dabei nach Meinung des Verteidigungsministeriums etwas günstiger als in Süddeutschland. Die beiden Bremer Flugzeugwerke seien bereits miteinander fusioniert, hier sei auch in geringem Maße ausländisches Kapital beteiligt. Ein Zusammenschluss mit dem Flugzeugbau in Hamburg sei momentan nicht möglich, da hier wegen des zivilen Flugzeugprogramms noch erheblich Meinungsverschiedenheiten bestehen würden. Hopf stellte aber klar, dass den Unternehmen sowohl im Norden als auch im Süden der Standpunkt des Verteidigungsministeriums unmissverständlich klar gemacht worden sei: Bei einem Ausbleiben des Zusammenschlusses würden die Unternehmen in Zukunft keine größeren Aufträge mehr vom Verteidigungsressort erhalten, da sonst auf diesem Sektor die Gefahr eines wirtschaftlichen Zusammenbruchs bestehe[810].

Hopf machte in seinen Ausführungen unüberhörbar deutlich, dass sich das Ministerium bei der Frage der Fusionierung einerseits zurückhalte, da dies eine Angelegenheit der einzelnen Firmen untereinander sei. Andererseits weise das Ministerium

---

[806] Ebd., S. 20. Staatssekretär Hopf bestätigte auch in der nächsten Sitzung des Verteidigungsausschusses die Planung des Ministeriums, dass vom Senkrechtstarter VJ-101 nur bis zu zwei Prototypen gebaut werden sollten, um die deutschen Entwicklungsteams auf diesem Gebiet technische Erfahrungen sammeln zu lassen. Eine Serienfertigung mit anschließender Einführung in die Verbände der Luftwaffe sei aber nicht vorgesehen; vgl. dazu BT-Archiv, VertAusschuss, Protokoll 4. WP, 59 Sitzung 17.10.1963, S. 5 sowie die weiteren Ausführungen, ebd., S. 16.
[807] Vgl. passim BT-Archiv, VertAusschuss, Protokoll 4. WP, 57. Sitzung 11.10.1963.
[808] Ebd., S. 5.
[809] BT-Archiv, VertAusschuss, Protokoll 4. WP, 58. Sitzung 16.10.1958, S. 20.
[810] Ebd., S. 21.

die Unternehmen aber auch deutlich auf die Folgen des Unterbleibens des Zusammenschusses hin. Diese doppelte Aufgabe sei wegen der Uneinsichtigkeit der beteiligten Unternehmen äußerst mühselig[811].

In der folgenden Sitzung diskutierten die Mitglieder des Ausschusses den Situationsbericht des Verteidigungsministeriums zur Lage der deutschen Luftfahrtindustrie – ganz im Tenor der Ausführungen von Hopf: Die Abgeordneten hielten die Fusionierung der Flugzeugwerke in der Nord- und Südgruppe für dringend geboten und schlossen sich der Drohung des Ministeriums an, in Zukunft größeren technischen Projekten die Zustimmung zu verweigern, wenn von Seiten der beteiligten Luftfahrtunternehmen kein erkennbarer Wille zu einer stärkeren Zusammenarbeit vorhanden sei[812]. Zusätzlich wies ein Ausschussmitglied aber auch darauf hin, dass eine kaufmännische oder juristische Konzentration allein die Schwierigkeiten wohl kaum beheben könne. Entscheidend sei, ob die Flugzeugindustrie durch entsprechende Aufträge am Leben zu erhalten sei[813]. Dieses Argument war allerdings beim Vortrag des Verteidigungsstaatssekretärs offenbar nicht Teil der Überlegungen des Ministeriums gewesen. Natürlich gilt es dabei aber auch zu bedenken, dass nicht das Verteidigungsministerium allein für eine ausreichende Auslastung der Produktionskapazitäten der Unternehmen der Luftfahrtindustrie verantwortlich gemacht werden konnte.

Ministerialdirektor Werner Knieper[814] vom Verteidigungsministerium wies erneut auf die Probleme der starken Zersplitterung der Unternehmen und ihre Folgen für den zivilen Markt hin. Für moderne Großprojekte der Luftfahrt wurden seiner Meinung nach mittlerweile Ressourcen benötigt, die die Möglichkeiten selbst eines Industriestaates wie der Bundesrepublik übersteigen würden. Eine wirksame Projektentwicklung und Umsetzung könne sich also nur in einer internationalen Zusammenarbeit entfalten. Stattdessen würde es aber den deutschen Flugzeugfirmen eher darum gehen, in jedem Unternehmen ein eigenes Projekt zu entwickeln, die aber weder eine Chance auf dem Weltmarkt noch auf Grund der meist extrem schwachen finanziellen Situation der Firmen eine Chance auf eine finanzielle Umsetzung hätten. Die einzige

---

[811] Ebd.

[812] BT-Archiv, VertAusschuss, Protokoll 4. WP, 59. Sitzung 17.10.1963, S. 2.

[813] Ebd.

[814] Werner Knieper (1909-1977) trat nach dem Jurastudium in den Verwaltungsdienst ein und hatte ab 1955 verschiedene Positionen im Verteidigungsministerium inne. Bis 1966 war er Hauptabteilungsleiter für Rüstungsangelegenheiten, bis Dezember 1968 Staatssekretär im Bundeskanzleramt, danach wechselte er in die Luftfahrtindustrie als Vorsitzender der Geschäftsführung bei VFW. Nach der Fusion von VFW und Fokker wurde er Vorstandsvorsitzender und saß von 1970 bis 1974 auch im Aufsichtsrat. Von 1973 bis 1974 war er außerdem Präsident des BDLI.

Chance für deutsche Flugzeugfirmen auf dem zivilen Markt sah Knieper in einer Festlegung auf ein Gemeinschaftsprojekt mit anderen europäischen Partnern.[815]

Zur Frage der weiteren Auslastung der Produktionskapazitäten durch das Verteidigungsministerium führte Staatssekretär Hopf weitergehend aus, dass die Haushaltslage des Bundes solche Aktivitäten auf keinen Fall zulassen würde. Nach Berechnung der Haushaltsabteilung des Ministeriums müsste für die Bundeswehr für das Haushaltsjahr 1964 ein Betrag von 21,5 Milliarden DM eingeplant werden, damit die Bundesrepublik ihren NATO-Verteidigungsverpflichtungen einigermaßen nachkommen könne. Auf Grund der Haushaltslage sei aber schon die Verwendung dieses Betrages nach Aussage des Bundesfinanzministeriums keinesfalls möglich. Zusätzliche Mittel für die Erteilung weiterer Staatsaufträge bei der Luftfahrtindustrie seien schlichtweg nicht vorhanden[816]. Aus Hopfs Sicht schien es keine andere Lösung zu geben, als dass die Luftfahrtindustrie auf Grund des Ernstes der momentanen Situation keine andere Möglichkeit besäße, als einen sehr harter Schrumpfungsprozess zu durchlaufen: Entweder auf der Basis der Freiwilligkeit im Zuge von Fusionen oder ohne eigenes Handeln der beteiligten Luftfahrtfirmen im Rahmen der Insolvenz[817].

In der Aussprache beschäftigten sich die Mitglieder des Ausschusses auch mit der personellen Größe der deutschen Luftfahrtindustrie. Laut Aussagen von Vertretern des Verteidigungsministeriums waren in den Betrieben dieser Branche in der Bundesrepublik zum damaligen Zeitpunkt 22.000 Mitarbeiter in der Flugzeugfertigung beschäftigt waren. Zusammen mit den Entwicklungsabteilungen, der Triebwerksindustrie sowie der auf den Flugzeugbau bezogenen Zulieferer umfasste die komplette Industriesparte ungefähr 32.000 Mitarbeiter[818]. Im Gegensatz zu Beschäftigungszahlen in anderen europäischen Industrienationen besaß die deutsche Luftfahrtindustrie keine besonders hervorstechende Größe[819].

Zur generellen Größe dieser Industrie, die bereits im Frühjahr und Sommer 1963 in der deutschen Presselandschaft häufiger unter dem Vorwurf der unnötigen Ausweitung von Produktionskapazitäten seitens der Industrie selbst diskutiert worden war, stellte der Ausschuss fest: die momentane Mitarbeiterzahl liege deutlich über dem Maß, das bei der Vergabe der Lizenzbauaufträge Ende der 1950er Jahre im Ausschuss

---

[815] Ebd., S. 3. Letztlich beschrieb Knieper hier genau die Situation, die sich einige Jahre später bei der Verwirklichung des europäischen Gemeinschaftsprojekts Airbus ab den 1970er Jahren auch so einstellen sollte.

[816] Ebd., S. 8.

[817] Ebd., S. 9.

[818] Ebd., S. 14.

[819] Als Vergleich nannte Staatssekretär Hopf die französische Luftfahrtindustrie mit ca. 75.000 sowie Großbritannien mit ca. 280.000 Beschäftigten, vgl. dazu ebd., S. 13. Zahlen dieser Größenordnung wurden auch auf einer Sitzung des Länderausschusses für Luftfahrzeugbau Anfang Januar 1965 genannt; vgl. BArch, B 102/107270: Protokoll Sitzung Länderausschuss Luftfahrzeugbau, 20.1.1965, S. 3.

besprochen worden sei. Und der Ausschuss hätte überdies die Industrie auch nie zu einer Ausweitung der vorhandenen Kapazitäten ermuntert[820]. Staatssekretär Hopf erklärte dazu, dass ein Teil dieser Ausweitung auf die stärkere Betätigung auf dem Gebiet der Entwicklung von Raumfahrttechnologien zurückgehen würde. Die deutsche Industrie habe sich auf diesem noch relativ jungen Technologiegebiet rasch in den internationalen Wettbewerb einschalten wollen und sei dabei vielleicht etwas zu eifrig vorgegangen. Diese Ausweitung wolle das Verteidigungsministerium der Industrie aber nicht weiter vorwerfen, da auch im eigenen Haus durchaus die grundlegende Überzeugung bestanden habe, dass sich die deutsche Industrie in diesen technologischen Wachstumsmarkt stärker einschalten solle[821]. Den Teil der Kapazitätsausweitung, der nicht in Relation zur Raumfahrttechnologie stehe, habe die Industrie dagegen selbst zu verantworten. Das Verteidigungsministerium habe zu keiner Zeit auf eine derartige Maßnahme gedrängt. Im Gegenteil habe es in Zusammenarbeit mit dem BWB sowie den Bundesministerien für Wirtschaft und Verkehr bereits vor zwei Jahren die Unternehmen über den BDLI vor einer zu schnellen und starken Ausweitung der Kapazitäten warnen lassen, da es noch keine definitiven Anschlussaufträge für die Unternehmen gebe[822]. Interessant hierbei ist, dass der BDLI 1958 noch selbst versucht hatte, die gegen den geplanten militärischen Lizenzbau erhobenen Einwände einer zu erwartenden Kapazitätserweiterung auf dem Fertigungssektor zu entkräften: „Gegen die vorgesehenen Lizenzbauten der F-104 und der G.91 wurden nun die Einwände laut, daß mit diesen Aufträgen die Kapazität der deutschen Luftfahrtfirmen über Gebühr ausgeweitet wird und somit nach Abschluß des Bauprogramms unausgelastet der staatlichen Hilfe anheimfallen könnte. Derartige Überlegungen lassen außer acht, daß die Kapazität der vorhandenen Werke in absehbarer Zeit mit dem Auslaufen der derzeitigen Verträge, spätestens von 1960 an, in zunehmendem Maße frei wird. Aus diesem Grund sind die Flugzeugfirmen schon heute bemüht, Anschlußaufträge

---

[820] BT-Archiv, VertAusschuss, Protokoll 4. WP, 59. Sitzung 17.10.1963, S. 19.

[821] Ebd.

[822] Diese Auffassung bestätigt auch ein Briefwechsel zwischen dem bayerischen Ministerpräsidenten und Verteidigungsminister von Hassel aus dem Sommer 1964. Inhalt des Schreibens war die Sorge der bayerischen Landesregierung um den Fortbestand der in Bayern beheimateten Luftfahrtindustrie, da sich noch keine Anschlussaufträge für die militärische Lizenzfertigung ergeben hatten. Der Ministerpräsident forderte daher beim Verteidigungsminister eine paritätische Beteiligung der in Bayern ansässigen Luftfahrtfirmen an der Produktion des Transportflugzeugs Transall, die nur für die Firmen der Nordgruppe vorgesehen war. Von Hassel äußerte in seinem Antwortschreiben Verständnis für die Sorgen der bayerischen Landesregierung. Er wies aber gleichzeitig darauf hin, dass bei der Lizenzfertigung der F-104G die Produktionskapazitäten der süddeutschen, also auch der bayerischen, Luftfahrtindustrie ausgeweitet worden waren, obwohl das Verteidigungsministerium wegen fehlender Anschlussaufträge stärkste Bedenken gegen dieses Vorgehen angemeldet hatte. Vgl. dazu den Schriftverkehr in BArch, BW 1/1615: Schreiben des bayerischen Ministerpräsidenten an Verteidigungsminister von Hassel betr. Sorge um bayerische und deutsche Flugzeugindustrie, 27.7.1964, sowie das Antwortschreiben von Hassels, 2.9.1964.

178

zu erhalten. [...] Auch die für die Durchführung der Nachbauten bei der Zellenindustrie notwendig werdende Vermehrung der Arbeitskräfte bleibt weit den Behauptungen zurück[823]."

Hopf stellte abschließend fest, dass weder das Verteidigungsressort oder die Regierung insgesamt noch das Parlament oder eine der Fraktionen künftig die moralische oder rechtliche Verantwortung hätten, der Industrie einen Mindestbeschäftigungsstand von 32.000 Mann für alle Zukunft zu garantieren[824]. Die Mitglieder des Ausschusses teilten diese Ansicht: Die aktuelle Mitarbeiterzahl von 32.000 Personen sei zu hoch und weder Regierung noch Parlament könnten eine Garantie für eine weitergehende Beschäftigung dieser Personenzahl geben, vor allem nicht, wenn sich die Luftfahrtindustrie weiter wie bisher gegen eine Fusion sperre. Nicht einig waren die Ausschussmitglieder bei der Frage, welche Größenordnung die deutsche Luftfahrtindustrie in Zukunft haben sollte[825].

Bei der Begründung für die vorgenommene Kapazitätsausweitung blieb aber eine wichtige Frage offen: Staatssekretär Hopf führte aus, dass das Verteidigungsministerium der Ausweitung der Fertigungskapazitäten sehr ablehnend gegenüber gestanden habe und die Industrie darüber hinaus auch vor diesem Schritt gewarnt habe. Da die Kapazitätsausweitung aber offensichtlich trotzdem erfolgte, stellt sich hier dennoch die Frage nach der Verantwortung des Verteidigungsministeriums. Natürlich hatte es gegenüber den Unternehmen der Luftfahrtindustrie keine Weisungsbefugnis und konnte höchstens seine Besorgnis über die geplante Ausweitung der Fertigungskapazitäten zum Ausdruck bringen, für die noch keine zukünftigen Aufträge abzusehen waren,. Da die Ausweitung aber trotz der vom Ministerium geäußerten Bedenken erfolgte, muss die Frage gestellt werden, ob die Bedenken des Verteidigungsressorts den Vertretern der Industrie deutlich genug gemacht wurden. Oder hoffte das Ministerium, mehrere verhaltene Ermahnungen an die Unternehmen würden ausreichen? Im Vorgriff auf die Ereignisse, die auf die Sitzungen des Verteidigungsausschusses im Oktober 1963 folgen sollten, war sicherlich die zweite Annahme die richtige. Denn obwohl der Verteidigungsstaatssekretär im Ausschuss den Willen des Ministeriums, die Unternehmen der Luftfahrtindustrie zu einem Zusammenschluss zu motivieren oder sogar mit Sanktionen zu zwingen unterstrich, geschah zunächst überhaupt nichts.

Die Situation vor allem der süddeutschen Unternehmen der Luftfahrtbranche blieb dabei in der Presselandschaft unvermindert präsent[826]. Dabei bestand durchaus

---

[823] Flugwelt-Eildienst, 9.12.1958: „Der BDLI zum Aufbau der Luftfahrtindustrie, S. 250f.

[824] BT-Archiv, VertAusschuss, Protokoll 4. WP, 59. Sitzung 17.10.1963, S. 19.

[825] Ebd., S. 21f.

[826] Das Ausbleiben adäquater Folgeaufträge traf die Unternehmen der süddeutschen Luftfahrtindustrie wegen ihrer Konzentration auf die militärischen Lizenzbauprojekte F-104G und G.91 wesentlich härter als die Unternehmen im Norden. Zwar waren auch in die Nordgruppe Anteile der F-104-Fertigung ver-

ein Tenor fort, der der Bundesregierung einen nicht unerheblichen Anteil der Verantwortung für die immer schwieriger scheinende Auftragslage und das Fehlen ausreichender Anschlussaufträge für die militärische Lizenzfertigung zuwies. Im Gegensatz zu der Berichterstattung im Frühjahr und Sommer 1963, die relativ einseitig die Schuld dem Nichthandeln der Bundesregierung zuschob, diskutierten diverse Artikeln nun auch eine Mitschuld der Unternehmen der Luftfahrtindustrie. Ihnen warfen die Veröffentlichungen vor, zu sehr auf die Lizenzfertigung gesetzt zu haben und zu wenig sowohl im Bereich des Flugzeugbaus und auch der Raumfahrt auf eigene Projekte geachtet zu haben[827].

In der Zwischenzeit machte der neue Präsident des BDLI, Karl Thalau, bei einer Rede während einer Veranstaltung des Verbandes deutlich, was er von dem vom Verteidigungsministerium geforderten Schrumpfungsprozess der Industrie hielt: Gar nichts. Thalau bezeichnete das momentan umgehende Schlagwort von der Gesundschrumpfung der deutschen Luftfahrtindustrie als Unsinn. Die Industrie brauchte laut seinen Ausführungen eine bestimmte Mindestgröße, um das momentan vorhandene Fluggerät in Ordnung halten zu können und um eine wirtschaftliche Fertigung zu garantieren[828]. Diese Mindestgröße sah Thalau aber in den aktuell bei den Mitgliedsfirmen des BDLI beschäftigten knapp 25.000 Mitarbeiter (ohne Triebwerks- und Ausrüstungsindustrie) und keinesfalls darunter, wie vom Verteidigungsausschuss- und Ministerium im Oktober 1963 gefordert. Der Präsident des BDLI wies bei dieser Gelegenheit darauf hin, dass sich die Industrie bemühen würde, über die Betätigung auf dem Gebiet des zivilen Flugzeugbaus ein zweites Standbein zu schaffen[829]. Somit hatte der Interessenverband der deutschen Luftfahrtindustrie offiziell bestätigt, dass die Industrie selbst an einer Verkleinerung ihrer Mitarbeiterzahlen, ob nun mit oder ohne Fusion, nicht interessiert sei. Eine andere Einstellung wäre auch angesichts der Tatsa-

---

geben worden, die generelle Auftragslage sah hier aber wegen des Baus des Transportflugzeuges *Transall* sowie der anstehenden Beteiligung an der Fertigung des Passagierflugzeugs Fokker F-28 etwas günstiger aus als in der Südgruppe. Keine Probleme mit der Auslastung hatten die jeweiligen Entwicklungsabteilungen der jeweiligen Firmen, da sowohl in der Nord- als auch in der Südgruppe jeweils ein Senkrechtstarterprojekt konstruiert und erprobt wurde; vgl. dazu BArch, B 102/107270: Protokoll Länderausschuss Luftfahrzeugbau, 20.1.1965, S. 2.

[827] In einem groß angelegten Beitrag beschäftigte sich Der Spiegel, 3/1964, S. 26f.: „Geschäft in der Lücke", mit der Problematik der fehlenden Anschlussaufträge in der Luftfahrtindustrie und beleuchtete dabei sowohl den Standpunkt der Bundesregierung als auch den der Luftfahrtindustrie. Andere Publikationen zu dieser Thematik fanden sich Anfang des Jahres 1964 beispielsweise Süddeutsche Zeitung, 18.1.1964: „Dem deutschen Flugzeugbau fehlt der Aufwind"; Süddeutsche Zeitung 24.1.1964: „Im europäischen Verbandsflug durch die Krise"; Frankfurter Neue Presse vom 24.1.1964: „Gesundschrumpfen ist Unsinn".

[828] Frankfurter Neue Presse, 24.1.1964: „Gesundschrumpfen ist Unsinn" sowie Blick durch die Wirtschaft, 25.1.1964 „Die Flugzeugindustrie braucht kontinuierliche Beschäftigung".

[829] Frankfurter Neue Presse, 24.1.1964: „Gesundschrumpfen ist Unsinn".

che, dass die Luftfahrtunternehmen ihre Fertigungskapazitäten bewusst ausgedehnt hatten, äußerst überraschend gewesen.

Der Präsident des BDLI wurde zu Beginn des Jahres 1964 in der Presse ebenfalls mit dem Satz zitiert, dass die deutsche Luftfahrtindustrie unweigerlich auf ein „Tal der Tränen" zusteuere, wenn bei der Bundesregierung nicht bald ein Umdenken in Bezug auf eine bessere Unterstützung der Industriesparte erfolgen würde[830].

Neben dem Präsidenten des BDLI äußerte sich auch einer der bekanntesten deutschen Flugzeugkonstrukteure, Professor Willy Messerschmitt, Anfang Januar 1964 in einem Spiegel-Interview zur Zukunft der deutschen Luftfahrtindustrie. Die Überlegungen des Verteidigungsministeriums, die Unternehmen der Luftfahrtbranche zu einer stärkeren Zusammenarbeit sowohl auf dem Fertigungs- als auch auf dem Entwicklungssektor zu bewegen, die schließlich in einer Fusion enden sollte, fanden bei ihm keinen großen Anklang. So beklagte Messerschmitt, dass die Arbeit beim Senkrechtstarter VJ-101 nur sehr mühsam vorangehe. Schuld daran sei die gemeinsame Arbeit im Entwicklungsteam. Messerschmitt glaubte als alleiniger Entwickler die gestellte Aufgabe wesentlich effektiver lösen zu können[831]. Diese Ansicht hatte er bereits Ende der 1950er Jahre während der ersten Verhandlungen über die Konstruktion des Senkrechtstarters VJ-101 postuliert. Die mögliche Fusion der deutschen Luftfahrtfirmen bezeichnete er als schwierigen Prozess, der nicht übereilt werden dürfe, sondern sich von selbst entwickeln müsse. Die Nachfrage des Redakteurs, ob nicht seit 1955 genug Zeit dafür vergangen sei, verneinte Messerschmitt. Eine Fusion der Unternehmen, die nur auf äußerem Druck beruhen würde, wäre keine dauerhaft leistungsfähige Lösung. Messerschmitt sagte ebenfalls, dass die Zusammenarbeit unter den Firmen zum militärischen Lizenzbau nur auf Druck des Verteidigungsministeriums zu Stande gekommen sei. Sie sei nicht Wunsch der einzelnen Firmen gewesen[832].

Diese Ansichten spiegelten genau das Szenario wieder, das die Vertreter des Verteidigungsministeriums im Oktober 1963 im Verteidigungsausschuss skizziert hatten: Die Unternehmen vor allem der süddeutschen Luftfahrtunternehmen hatten kein reelles Interesse an der Zusammenarbeit mit anderen Firmen. Eine Kooperation erfolgte nur auf Druck von außen oder wenn sich die jeweilige Firma davon für sich selbst einen Vorteil versprach. Selbst wenn die Auftragslage, und damit die unmittelbare und mittelfristige Zukunft der Unternehmen, mehr als düster war, lehnten die Unternehmen Fusionen ab. Diese sollten, wenn überhaupt, mit der Zeit wachsen und nicht erzwungen werden. Das Interview mit Messerschmitt war letztlich symptoma-

---

830 Die Welt vom 19.3.1964: „Flugzeugbau ohne Risiko?", Frankfurter Rundschau, 28.2.1964: „Luftfahrtindustrie steht auf einem Bein".
831 Der Spiegel 3/1964, S. 36: „Kein Platz für deutsche Flugzeuge? Spiegel-Gespräch mit Prof. Willy Messerschmitt".
832 Ebd., S. 36f.

tisch für die Realitätsfremde der führenden Unternehmer der Luftfahrtbranche, die Staatssekretär Hopf im Verteidigungsausschuss höchst diplomatisch als „zum Teil recht eigenwillige Unternehmerpersönlichkeiten[833]“ bezeichnet hatte.

Im Frühjahr 1964 hatte trotz mehrfacher Aufforderung von Seiten der Bundesregierung eine Zusammenlegung der Entwicklungsabteilungen der süddeutschen Luftfahrtfirmen noch nicht begonnen. Der einzige bisher stattgefundene Firmenzusammenschluss war jener der beiden in Bremen ansässigen Werke Weser-Flugzeugbau und Focke-Wulff zu den Vereinigten Flugtechnischen Werken (VFW). Die Welt bemerkte dazu in einem Kommentar äußerst bissig unter Bezugnahme auf das Ausbleiben von Fusionstätigkeiten im süddeutschen Raum: „Nur die beiden Bremer Gesellschaften [...] haben sich im letzten November [...] zusammengeschlossen, wohl deshalb, weil hier keine in Traditionen befangenen Eigentümer im Weg standen[834].“ Diese Äußerung trifft den Kern der Sache – unnötige Ressentiments bei der süddeutschen Luftfahrtindustrie – äußerst genau. Dabei war Focke-Wulff in der deutschen Luftfahrtgeschichte nicht weniger traditionell bedeutend, als Messerschmitt, Heinkel oder Dornier.

Wie schlecht sich zudem das persönliche Verhältnis zwischen Verteidigungsminister von Hassel und dem BDLI seit seinem Amtsantritt entwickelt hatte, zeigte eine Episode aus dem Frühjahr 1964: Der Verband hatte von Hassel dazu eingeladen, auf der Jahrestagung im Juni 1964 zu sprechen. Diese Rede des Bundesverteidigungsministers auf der Jahrestagung des BDLI hatte quasi schon Tradition. Franz-Josef Strauß war in seiner Amtszeit häufiger Redner auf Veranstaltungen des Verbandes gewesen. Von Hassel wollte an dieser Veranstaltung aber nicht teilnehmen. Offensichtlich fürchtete er, bei dieser Gelegenheit zum wiederholten Mal auf mögliche Aufträge für die Luftfahrtindustrie angesprochen zu werden. Auf Anraten des Leiters der Abteilung Wirtschaft im Ministerium nahm von Hassel doch als Redner an der Veranstaltung teil; offenbar konnte ihn der Abteilungsleiter davon überzeugen, dass seine Teilnahme als positives Zeichen des Verteidigungsministeriums an die Luftfahrtindustrie unverzichtbar sei[835]:

Neben von Hassels Haltung zu dieser Veranstaltung zeugten auch weitere Briefwechsel aus dem Jahr 1964 von der mittlerweile gespannten Stimmung zwischen dem Verteidigungsressort und dem Industrieverband. Dabei schaltete sich, wie schon Anfang des Jahres 1963, die bayerische Landesregierung auf der Seite des BDLI in die

---

[833] Vgl. dazu BT-Archiv, VertAusschuss, Protokoll 4. WP, 58. Sitzung 16.10.1958, S. 2f.

[834] Die Welt, 19.3.1964: „Flugzeugbau ohne Risiko?“.

[835] BArch, BW 1/1615: Schreiben Abteilungsleiter W an Herrn Minister von Hassel 2.4.1964 betr. Stellungnahme zur Rede des Herrn Minister auf Jahrestagung BDLI am 16.6.1964; diese Rede findet sich in Hassel, Verantwortung für die Freiheit, S. 349ff. Auch in dieser Rede rückte er nicht von seiner Ansicht betreffend der Luftfahrtindustrie ab.

Diskussion ein, diesmal in der Person des bayerischen Ministerpräsidenten Alfons Goppel. In einem Schreiben an Bundesverteidigungsminister von Hassel wies er auf die immer schlechter werdende Auftragslage in der süddeutschen, vor allem aber bei der in Bayern ansässigen Luftfahrtindustrie hin. Daher forderte er eine paritätische Beteiligung der in Bayern ansässigen Luftfahrtunternehmen an der Fertigung des militärischen Transportflugzeugs *Transall* C-160. Dafür war bislang allein die Nordgruppe vorgesehen[836].

In seinem Antwortschreiben bemühte sich Minister von Hassel, Verständnis für Goppels Sorgen um die Zukunft der deutschen Luftfahrtindustrie auszudrücken. Eine von diesem sicherlich gewünschte positive Stellungnahme des Verteidigungsministeriums in Form klarer Aussagen zu zukünftigen militärischen Aufträgen für die Unternehmen der Luftfahrtbranche blieb allerdings aus. Vielmehr wies von Hassel darauf hin, wie wichtig die Betätigung der deutschen Luftfahrtindustrie in Zukunft auf dem zivilen Markt sei. Auf dem militärischen Sektor sah von Hassel in den nächsten Jahren keine Möglichkeiten zur Vergabe größerer Fertigungsprojekte[837]. Unterstützt wurde von Hassel in dieser Angelegenheit von Bundeswirtschaftsminister Kurt Schmücker, der sich in einem eigenen Schreiben an den Ministerpräsidenten wandte. Dessen Schreiben ähnelte im Tenor genau den Ausführungen seines Amtskollegen aus dem Verteidigungsressort: Minister Schmücker äußerte großes Verständnis für die Zukunftssorgen der Unternehmen der Luftfahrtindustrie. Er wies aber gleichzeitig darauf hin, dass sich die Industrie wesentlich stärker als bisher auf dem zivilen Markt betätigen müsse[838].

Auch in der zeitlichen Komponente dieser Korrespondenz zwischen dem Ministerpräsidenten und dem Verteidigungsminister offenbarte sich das geringe Interesse von Hassels an der Luftfahrtindustrie. Während Verteidigungsminister Strauß während der Vergabe der militärischen Lizenzbauaufträge 1958 zum Teil die Beamten seines Hauses in handschriftlichen Anmerkungen auf Dokumenten in durchaus harschem Ton aufforderte, Arbeitsgänge zu beschleunigen, damit die Industrie endlich mit der ersehnten Fertigung beginnen konnte, ließ von Hassel sieben Wochen verstreichen, bevor er überhaupt antwortete.

Obwohl die eben beschriebene Korrespondenz zwischen Teilen der Bundesregierung und dem bayerischen Ministerpräsidenten ablief, ist davon auszugehen, dass

---

[836] BArch, BW 1/1615: Schreiben des bayerischen Ministerpräsidenten an Verteidigungsminister von Hassel betr. Sorge um bayerische und deutsche Flugzeugindustrie, 27.7.1964, S. 1.

[837] BArch, BW 1/1615: Antwortschreiben Verteidigungsminister Von Hassel an den bayerischen Ministerpräsidenten Goppel bzgl. dessen Sorge um die deutsche und bayerische Luftfahrtindustrie 2.9.1964, S. 1.

[838] BArch, BW 1/1615: Antwortschreiben Bundeswirtschaftsminister Schmücker an bayerischen Ministerpräsidenten betr. Sorge um deutsche und bayerische Luftfahrtindustrie, hier Durchschrift Brief an Bundesverteidigungsministerium, 4.9.1964.

der Anstoß dazu vom BDLI erfolgte. Der inhaltliche Ablauf des Briefwechsels stimmte nicht nur mit den Korrespondenzen überein, die das Verteidigungsministerium im Jahr 1963 mit dem BDLI und dem bayerischen Staatsministerium für Verkehr und Wirtschaft führte. Er ist auch beispielhaft für eine Art der schriftlichen Auseinandersetzung, die sich bis Mitte des Jahres 1965 zwischen dem BDLI und dem Verteidigungsministerium so fortsetzen sollte. Der Industrieverband wandte sich in der Regel an den Minister persönlich, um auf die immer schwieriger werdende Lage der Unternehmen der Branche hinzuweisen und direkt oder indirekt um Erteilung von Anschlussaufträgen im militärischen Bereich zu bitten. Die Antwortschreiben waren vom Tenor her immer gleich: Der Industrie wurde großes Verständnis für die Besorgnis der Unternehmen um eine dauerhafte Auslastung der Produktionskapazitäten zugesichert. Gleichzeitig wies man den BDLI aber auch darauf hin, das größere militärisch geprägte Fertigungsaufträge in der nächsten Zeit auf Grund der Haushaltslage des Bundes nicht zu erwarten seien und dass die Luftfahrtunternehmen als einzige Chance eine Betätigung im Bereich der Fertigung von zivilen Flugzeugen hätten, dies am besten nach einer erfolgten Fusion[839].

Im Verlauf des Jahres 1965 sollte sich zum einen zeigen, wie wenig die Drohung, keine Aufträge mehr an fusionsunwillige Firmen zu vergeben, bei den Unternehmen wirkte – und zum anderen, wie das Verteidigungsministerium selbst diese Drohung ad absurdum führte. Im Februar 1965 debattierte der Verteidigungsausschuss über die Beschaffung eines Transporthubschraubers für die Bundeswehr und die Lizenzfertigung durch deutsche Luftfahrtfirmen. Hauptauftragnehmer dieses Lizenzauftrages war die Firma Dornier[840]. Auf Nachfrage mehrerer Ausschussmitglieder war der anwesende Vertreter des Verteidigungsministeriums gezwungen zuzugeben, dass der Hauptauftrag bei der Hubschrauberfertigung an die Firma Dornier gegangen war, obwohl sie sich beharrlich weigerte, mit anderen Firmen zu fusionieren: „In Bezug auf die Frage des Abg. [Fritz Rudolf] Schultz [FDP] bemerkt Dr. Bode, dem Ministerium wäre es lieber gewesen, wenn statt eines Außenseiters eine integrationsfreudigere Firma oder Firmengruppe die Voraussetzungen [für die Lizenzproduktion] am besten erfüllt hätte, doch sollte bei solch kostenträchtigen Projekten, die eine Fülle

---

[839] In den Akten des Militärarchivs in Freiburg finden sich aus den Jahren 1964 und 1965 zahlreiche Schriftverkehre, die genau diesem genannten Muster entsprechen, vgl. exemplarisch dazu BArch, BW 1/1615: Schreiben des BDLI an das Bundesverteidigungsministerium 12.11.1964, 5.1.1965, 14.1.1965 und 23.3.1965 mit den jeweiligen Antwortschreiben des Verteidigungsministeriums.
[840] BT-Archiv, VertAusschuss, Protokoll 4. WP, 105. Sitzung 25.2.1965, S. B 3. Selbst in der Ende der 1960er Jahre beginnenden Fusionswelle innerhalb der deutschen Luftfahrtindustrie gelang es Dornier am längsten, sich einer Fusion oder einer Übernahme zu widersetzen. Erst Ende der 1980er Jahre ging die Firma Dornier in der DASA auf.

von Klippen aufwiesen, kein erzieherischer Maßstab angelegt, sondern die Entscheidung nach objektiven Erkenntnissen getroffen werden[841]."

Mehrere Ausschussmitglieder brachten daraufhin ihre Verwunderung über das Verhalten des Ministeriums zum Ausdruck und argumentierten, dass fusionsunwillige Firmen nur durch Druck in Form von Verweigerung von Auftragsvergaben zu einer stärkeren Zusammenarbeit zu zwingen seien. Die Vertreter des Ministeriums sprachen daraufhin der Bundesregierung das Recht ab, ein Privatunternehmen zu einem gewissen Verhalten zu zwingen[842]. Sie bekräftigten zwar im weiteren Verlauf der Ausschusssitzung die unverändert bestehende Haltung des Hauses, die eine Fusion unter den deutschen Luftfahrtfirmen für unbedingt nötig, ja sogar für überlebenswichtig hielt. In dem hier vorliegenden Fall der Hubschrauberlizenzproduktion, „einem ganz speziellen, sehr konkreten Projekt, gehe es aber nicht darum, irgend jemanden zu privilegieren oder andere zurückzusetzen, sondern darum, die optimale Lösung zu finden[843]."

Diese Episode zeigt, wie absurd die Denkweise im Verteidigungsministerium zur Frage der Firmenfusion in der Luftfahrtindustrie aussah. Trotz der im Oktober 1963 im Ausschuss gemachten Zusagen, fusionsunwillige Firmen nicht mehr an Aufträgen des Ministeriums teilhaben zu lassen, erteilte die Behörde nun gerade mit Dornier der Firma den Hauptauftrag für die Hubschrauberproduktion, die sich bisher am wenigstens zugänglich für die Thematik der Fusion gezeigt hatte. Die Begründung des Ministeriums, Dornier habe aus technischer Sicht die besten Voraussetzungen für dieses Produktionsvorhaben geboten, mag zutreffend sein. Aber da Dornier wie alle anderen Luftfahrtunternehmen dringend auf Staatsaufträge angewiesen war, hätte das Ministerium Druck auf die Unternehmensführung in Bezug auf eine Zusammenlegung mit anderen Firmen ausüben können und müssen. Dennoch hatte das Ministerium offensichtliche Gewissenbisse, dies zu tun, obwohl der damalige Staatssekretär im Oktober 1963 genau dieses Vorgehen noch explizit angekündigt hatte. Vielmehr setzte man im Ministerium auf die freiwillige Bereitschaft der Firmen, sich zusammen zu schließen. Gerade das war aber absolut nicht der erklärte Wille der Mehrzahl der Unternehmen, wie sich bei der Darstellung des Verteidigungsministeriums im Ausschuss im Herbst 1963 gezeigt hatte. Mit dieser Einstellung machte es das Ministerium den Firmen der Luftfahrtbranche denkbar leicht, sich weiter nicht für Fusionen zu interessieren. Schließlich zeigte die Vergabe des Hubschrauberauftrages an Dornier, dass das Verteidigungsministerium im Konfrontationsfall den Weg des geringsten Widerstandes wählte, nämlich die Vergabe des Auftrages an die Firma mit dem besten Anforderungsprofil, und zwar unabhängig von einer eventuellen Fusionsbereitschaft. Das

---

[841] Ebd., S. B 22.
[842] Ebd.
[843] Ebd., S. B 28.

Verteidigungsministerium schwächte damit freiwillig seine Verhandlungsposition für zukünftige Fälle deutlich.

Somit befanden sich Luftfahrtindustrie und Verteidigungsministerium ab 1963 in einer Pattsituation, die von der Verhärtung der einzelnen Standpunkte und gegenseitigen Vorhaltungen geprägt war[844]. Der BDLI warf als Vertreter der einzelnen Firmen dem Verteidigungsministerium vor, der Industrie nicht genügend Aufträge zu erteilen. Das Verteidigungsministerium warf den Unternehmen vor, sich nicht in ausreichendem Maße auf dem zivilen Markt zu engagieren und sich zusätzlich gegen Firmenfusionen zu sperren.

Damit hatte sich die Haltung des BDLI gegenüber dem Verteidigungsressort *grundlegend* geändert. Noch Anfang des Jahres 1963 war dieses Ministerium vom Präsidium des BDLI von der breit angelegten Kritik am Verhalten der Bundesregierung bei der Frage der Unterstützung der heimischen Luftfahrtindustrie noch explizit ausgenommen worden. Das Nachrichtenmagazin Der Spiegel sprach in diesem Zusammenhang sogar von einem *Kalten Krieg* zwischen Luftfahrtunternehmen und der Bundesregierung[845].

Interessanterweise zeigt ein Blick auf die Beschäftigungssituation der Firmen der deutschen Luftfahrtindustrie bis 1966, dass der Gang in das von BDLI-Präsident Thalau beschworene „Tal der Tränen" offenbar doch nicht angetreten werden musste[846]. Wie in der Presse angekündigt, entließen die Unternehmen der Luftfahrtindustrie ab 1964 verstärkt Arbeiter des Fertigungssektors[847]. Die Gesamtanzahl der in den Unternehmen der Luftfahrtbranche beschäftigten Personen blieb allerdings konstant und stieg im Verlauf der nächsten Jahre sogar an[848]. Denn während die Luftfahrtindustrie wegen der fehlenden Anschlussaufträge gezwungen war, Fertigungspersonal abzubauen, vergrößerten die Unternehmen die Bereiche von Forschung und Entwicklung bedeutend[849]. Ein wichtiges Element für die kontinuierliche Steigerung der Belegschaft war hier die Raumfahrtentwicklung[850]. In diesem Bereich stieg die Zahl der

---

[844] Zu einer sehr kritischen Analyse der Situation zwischen Luftfahrtindustrie und Bundesregierung vgl. Vilmar, Rüstung, S. 102.

[845] Der Spiegel 3/1964, S. 27: „Geschäft mit der Lücke".

[846] Der Ausdruck „Tal der Tränen" findet sich in Zeitungsartikeln wie Die Welt, 19.3.1964: „Flugzeugbau ohne Risiko?" sowie Frankfurter Rundschau, 28.2.1964: „Luftfahrtindustrie steht auf einem Bein".

[847] Schlotter, Rüstungspolitik, S. 26.

[848] Ebd., S. 27.

[849] Diese Entwicklung der Verlagerung von Kapazitäten aus der Fertigung in den Bereich Forschung und Entwicklung ist auch für die Luftfahrtindustrie in den USA nachgewiesen, vgl. Klingemann: Wirtschaftliche und soziale Probleme, S. 249.

[850] Die ersten Schritte der deutschen Luftfahrtindustrie auf dem Gebiet der Raumfahrttechnik war die Beteiligung an der Entwicklung des Trägerraketensystems *Europa*, vgl. Gutowski, Thiel, Weilepp, Subventionspolitik, S. 52. Zur Entwicklung der Europa-Rakete vgl. auch Schulte-Hillen, Luft- und Raumfahrtpolitik, S. 120.

Beschäftigten in der deutschen Luftfahrtindustrie von 1963 bis 1966 um knapp 2.000 Personen an[851].

Diese Entwicklung schlug sich ebenso bei der Zahl der Gesamtbeschäftigten nieder, da die Einstellung der neuen Beschäftigten im Bereich Forschung und Entwicklung höher waren, als die entlassenen Fertigungskräfte. So stieg die Anzahl der Beschäftigten von knapp 24.500 im Jahr 1963 auf fast 30.000 Mitarbeiter Mitte des Jahres 1966. In diesen Zahlen sind die Beschäftigten der Triebwerks- und Ausrüstungsindustrie nicht enthalten[852]. Diese Episode zeigte, dass die deutsche Luftfahrtindustrie trotz fehlender Anschlussaufträge im Fertigungsbereich in der Lage war, neue Betätigungsfelder für sich zu erschließen, auch wenn diese Situation die Firmen finanziell zunächst stärker belastete[853]. Trotzdem wurde die Situation der Unternehmen der deutschen Luftfahrtindustrie aus zeitgenössischer Sicht durchaus kritisch betrachtet[854].

---

[851] Ebd.

[852] Ebd. Eine Zusammenstellung der Beschäftigungszahlen der Luftfahrtindustrie findet sich auch bei Gutowski, Thiel, Weilepp, Subventionspolitik, S. 129.

[853] Schlotter, Rüstungspolitik, S. 27. Zum einen verdienten die höher qualifizierten Mitarbeiter des Bereichs Forschung und Entwicklung mehr Geld als ein Fertigungsarbeiter. Zum anderen werden durch die Entlassung der Produktionskräfte die Fertigungskapazitäten nicht mehr vollständig ausgelastet, was den Umsatz generell mindert. Die Kapazitätsauslastung der deutschen Luftfahrtindustrie ging von 1964 bis 1966 um 55 Prozent zurück, vgl. dazu die Darstellung bei Schmidt, Staatsapparat und Rüstungspolitik, S. 197.

[854] Koch, Technologie, S. 84: „Dennoch hängt diese Industrie nach wie vor hauptsächlich von militärischen Aufträgen ab. Wegen der wechselnden Wehranforderungen bedeutet dies (...) Instabilität der Existenz. Die Herausbildung einer zentralen, genügend tragfähigen Aufgabe für die zivile Luftfahrt ist bisher nicht erfolgt. (...) Sie kommt (...) über das aufgestellte technische ‚Lernprogramm' ihrer Projektentwürfe – die ihr im Fachjargon den Namen der ‚besten Modellbauer' eintrugen – nicht wesentlich hinaus." Diese Ansicht stammt aus dem Jahr 1968.

IV. Der Weg in die Krise. Die Entwicklung der Sicherheitslage des Waffensystems F-104G

1. Die Einführung der F-104G in die Verbände der Luftwaffe

Während die deutsche Luftfahrtindustrie mit den Vorbereitungen und der Aufnahme der Serienproduktion für die F-104G beschäftigt war, liefen auch im Führungsstab der Luftwaffe die Vorbereitungen zur Einführung des Waffensystems in den Verbänden der Luftwaffe. Eindrucksvoll war bei diesen Vorbereitungen die Tatsache, dass Luftwaffeninspekteur Kammhuber schon seit Januar 1960 bei fast jeder Besprechung zum Thema F-104G in Deutschland beinahe panikartig den Bemühungen seiner technischen Stabsoffiziere eine Absage erteilte, so schnell wie möglich mit dem Ausbildungsbetrieb zu beginnen. Offenbar hatte er große Sorgen bei einen zu schnellen Anlauf der fliegerischen Ausbildung mit dem Starfighter. So wies Kammhuber eben im Januar 1960 die Mitglieder des Arbeitsstabes F-104 an, die Umschulung auf das neue Muster so anzulegen, dass Unfälle auf jeden Fall vermieden werden können[855]. Dieser Hinweis war streng genommen eine der unsinnigsten Anweisungen, die Kammhuber je erteilte hatte. Denn der Arbeitsstab war ja eingerichtet worden, um einen reibungslosen und möglichst unfallfreien Ablauf bei der Einführung des Waffensystems zu gewährleisten[856].

Offenbar hatte der Inspekteur aber gute Gründe, sich vor Unfällen bei der Einführung des Flugzeugs zu fürchten. In einer Ende Januar 1960 im Führungsstab der Luftwaffe stattfindenden Besprechung wurde die Unfallvoraussage des neuen Waffensystems erörtert. Dabei wurde festgestellt, dass bei der F-104G auf 100.000 Flugstunden mit 42 Unfällen gerechnet werden musste, während bei der F-105 *Thunderchief*, die von den US Air Force zu dieser Zeit eingeführt wurde, mit 23 Unfällen nur knapp die Hälfte an Vorfällen angenommen wurde[857]. Im Juni 1960 stand schließlich die erste, noch in den USA bei Lockheed gebaute Trainerversion der F-104G zusammengebaut und abgenommen für den Erstflug bereit. Der Leiter des Arbeitsstabes F-104, Oberstleutnant Rall, bat Kammhuber um eine möglichst baldige Freigabe des Flugbetriebs, um die Umschulung der Fluglehrer beginnen zu können. Der Inspekteur antwortete: „Unbedingte Sicherheit beim Start der ersten F-104 hat Vorrang gegenüber allen anderen Gesichtspunkten. Zeitdruck für den ersten Start liegt nicht vor. Ab 15. Juli ist damit zu rechnen, dass Insp.Lw. [Inspekteur der Luftwaffe] persönlich den ersten

---

[855] BArch, BL 1/14651, Tgb. InspLw, Eintrag vom 6.1.1960 betr. Ausbildung F-104 F, S. 5.

[856] Hier ist auch klar der Meinung von Bernd Lemke zu folgen, der urteilt, dass sich die Luftwaffenführung von Anfang an selbst unter Druck setzte, vgl. Lemke, Konzeption, S. 360.

[857] BArch, BL 1/14651, Tgb. InspLw, Eintrag vom 28.1.1960 betr. Besprechung über F-104G, S. 3.

Start freigibt[858]." Bei einer Besprechung Ende Juli 1960 wurde bei einer Besprechung zum ersten Mal deutlich, dass Inspekteur Kammhuber mögliche Schwierigkeiten bei der Umrüstung befürchtete: Er [Kammhuber] „stellt zusammenfassend fest, dass für F-104-Verbände das beste Personal, die beste Materialausstattung und die besten Vorbereitungen notwendig sind, *um die Schwierigkeiten zu meistern. Keinerlei Zeitdruck besteht*[859]."

Gegen Ende des Jahres 1960 schien sich die Ansicht von Kammhuber bezüglich der Aufnahme des Flugbetriebs gewandelt zu haben. Nachdem er Ende November die Mitarbeiter des Arbeitsstabes F-104 noch einmal darauf hingewiesen hatte, dass bei der Ausbildung auf der Maschine mit Sorgfalt vorgegangen werden müsse, damit keine Unfälle entstehen könnten[860], ordnete er Mitte Dezember wegen der Zeitverzögerung der Montage der ersten aus den USA gelieferten Maschinen durch die Industrie an, dass es vorrangig sei, die Maschinen zum Fliegen zu bringen, *ohne dass alle Komponenten eingebaut und getestet sind*[861].

Dieser Sinneswandel schien aus den erheblichen technischen Schwierigkeiten der deutschen Luftfahrtindustrie zu resultieren. Offenbar war es Kammhuber nun doch lieber, unfertige Flugzeuge zu erhalten als noch länger auf die Auslieferung zu warten. Es handelte sich bei den geschilderten Gegebenheiten im Jahr 1960 um zwei unterschiedliche Versionen des Starfighters. Während Kammhuber bei der Aufnahme des Flugbetriebs mit der doppelsitzigen Trainerversion F-104F ständig zur Vorsicht mahnte, forderte er am Ende des Jahres 1960 bei der einsitzigen F-104G eine zeitnahe Auslieferung ohne Rücksichtnahme auf die technische Vollkommenheit der Maschinen.

Im März 1961 ereignete sich der erste schwere Unfall eines Starfighters in Deutschland. Im Rahmen der bei der 4. Staffel der Waffenschule 10 der Luftwaffe in Nörvenich durchgeführten Fluglehrerausbildung verunglückte am 29. März 1961 eine doppelsitzige Trainermaschine F-104F bei Korbach auf Grund einer Störung der Treibstoffversorgung. Die Piloten konnten sich mit dem Schleudersitz retten, die Maschine wurde zerstört[862]. Zu diesem Zeitpunkt ahnte offensichtlich noch niemand, welchen Niederschlag die an diesem Tag beginnende Absturzserie in der öffentlichen Meinung während der nächsten Jahre noch finden sollte. Bis Ende des Jahres 1961 verlor die Bundesluftwaffe eine weitere F-104F bei einem Unfall, glücklicherweise wieder ohne Personenschaden[863].

---

858 BArch, BL 1/14651, Tgb. InspLw, Eintrag vom 2.6.1960, S. 1.
859 BArch, BL 1/14651, Tgb. InspLw, Eintrag vom 21.7.1960 betr. 4./WS 10, S. 2.
860 BArch, BL 1/14651, Tgb. InspLw, Eintrag vom 21.11.1960 betr. Ausbildung auf F-104 F, S. 4.
861 BArch, BL 1/14651, Tgb. InspLw, Eintrag vom 16.12.1960, S. 1.
862 Rall, Mein Flugbuch, S. 282; Kropf, Deutsche Starfighter, S. 139.
863 Kropf, Deutsche Starfighter, S. 139.

Für die deutsche Luftfahrtindustrie ergab das Jahr 1961 eine wichtige neue Aufgabe. Der Entwicklungsring Süd erhielt vom Verteidigungsministerium den Auftrag, die technische Betreuung des neuen Waffensystems zu organisieren. Dazu wurde Ende Juli 1961 beim EWR Süd das Technische Büro F-104 (TB 104) gegründet[864]. Dessen personelle Ausstattung gestaltete sich indes relativ schwierig. Wie aus den Unterlagen des Inspekteurs der Luftwaffe hervorgeht, standen zum Zeitpunkt der Aufstellung des TB 104 in Deutschland nur sehr wenige Fachingenieure zur Verfügung. Die im Ausland arbeitenden Techniker waren für die deutsche Gehaltsstruktur zu teuer[865]. Auch dieser Sachverhalt deutet an, dass die Unternehmen der deutschen Luftfahrtindustrie zu diesem Zeitpunkt noch nicht ihre volle Leistungsfähigkeit erreicht hatten.

Offenbar gab es aber nicht nur bei den deutschen Luftfahrtfirmen technische Schwierigkeiten, die die Produktion der F-104G betrafen. Ludwig Bölkow berichtet in seinen Erinnerungen, dass die von Lockheed in den USA gefertigten Maschinen teilweise unter erheblichen Qualitätsmängeln gelitten haben sollen. Qualitative Probleme schildert Bölkow auch bei den zur F-104G gehörenden technischen Dokumenten wie Betriebs- und Wartungsanleitungen: „Auch diese Unterlagen entsprachen weder den vertraglich zugesicherten Leistungen noch qualitativ dem Stand der Technik in den 60er Jahren[866]."

Im Januar 1962 kam es im Rahmen der Umschulung auf die F-104G bei der Waffenschule 10 in Nörvenich zum ersten Unfall eines Starfighters mit tödlichem Ausgang: Am 25. Januar 1962 fiel bei einem Schulungsflug mit einer doppelsitzigen F-104F beim Startvorgang der Nachbrenner aus. Während sich der Flugschüler noch mit dem Schleudersitz retten konnte, verunglückte der Fluglehrer bei diesem Unfall tödlich[867].

Die technischen Schwierigkeiten bei den Unternehmen der deutschen Luftfahrtindustrie und der Lizenzproduktion des Starfighters waren auch im Jahr 1962

<hr>

[864] Bölkow, Erinnerungen, S. 183; vgl. dazu auch BArch, BL 1/14652, Tgb. InspLw, Eintrag vom 6.7.1961 betr. Technisches Büro F 104, S. 4.

[865] Ebd.

[866] Bölkow, Erinnerungen, S. 183. So erläuterten Firmenvertreter von Messerschmitt beispielsweise auch im Februar 1962 dem Inspekteur der Luftwaffe, dass auch aus den USA gelieferte Prüfgeräte teilweise stark veraltet und nicht voll funktionstüchtig seien; vgl. dazu BArch, BL 1/14653, Tgb. InspLw, Eintrag vom 21.2.1962 betr. F-104G-Auslieferungsprogramm der Fa. Messerschmitt, S. 1. Diese Darstellung findet sich auch einige Wochen später erneut in den Akten des Luftwaffenführungsstabes bei einer Besprechung mit Oberst Stockla von der NASMO. Stockla wies bei dieser Gelegenheit auch darauf hin, dass die erheblichen Mängel der aus den USA gelieferten Geräte auf die Zuverlässigkeit und die Wartungsfähigkeit des Waffensystems entscheidenden Einfluss haben würden; vgl. dazu BArch, BL 1/14653, Tgb. InspLw, Eintrag vom 21.3.1962 betr. Bericht Oberst Rall über Besprechung bei Messerschmitt am 19.3.1962, S. 2.

[867] Kropf, Deutsche Starfighter, S. 139; Rall, Mein Flugbuch, S. 282f.

noch nicht zur vollen Zufriedenheit des Führungsstabs der Luftwaffe behoben. Ende Februar 1962 hatte die Firma Messerschmitt einen Lieferverzug von fünf Monaten, was die für Mitte 1962 geplante Umrüstung des Jagdbombergeschwaders 31 „Boelcke" auf das Flugzeugmuster F-104G stark gefährdete[868]. Der Führungsstab der Luftwaffe forderte das Unternehmen auf, zusätzliche Arbeitsschichten und Wochenendarbeiten zu veranlassen, um den Zeitverzug in Grenzen halten zu können. Dabei schien der Zeitdruck so groß zu sein, dass die Luftwaffenführung anordnete, auf dem Flugplatz Manching, wo der Einflugbetrieb der Firma Messerschmitt stattfand, die Mindestanforderungen für den Sichtflugbetrieb herunter zu setzen, um an mehr Tagen den Flugbetrieb zu ermöglichen[869]. Vertreter der Firma Messerschmitt wiesen bei dieser Gelegenheit aber auch darauf hin, dass sich ein Großteil der Schwierigkeiten, die für den Zeitverzug bei der Auslieferung der Maschinen verantwortlich seien, erst nach dem Zusammenbau während des Einflugbetriebs ergeben würden[870]. – Mittlerweile wurde das Jagdbombergeschwader 31 in Nörvenich bei den Vorbereitungen für die Einführung der ersten Starfighter durch eine große Anzahl technischer Berater der Herstellerfirma Lockheed unterstützt[871].

Die Luftwaffe stellte dieser Zeitverzug vor ein riesiges Problem. Ihr Inspekteur, Kammhuber, ordnete an, die Auslieferung der neuen Maschinen ab dem zweiten umzurüstenden Geschwader um jeweils ein Quartal nach hinten zu schieben. Dies erforderte aber natürlich, dass das Vorgängermuster F-84F Thunderstreak länger im Flugdienst bei den umzurüstenden Verbänden behalten werden musste, als ursprünglich geplant. Daher mussten für dieses Muster zusätzliche Ersatzteile beschafft werden, obwohl sie zum Teil überhaupt gar nicht mehr produziert wurden[872]. Zusätzlich beklagte der Führungsstab der Luftwaffe die mangelnde Kommunikation zwischen der NASMO und dem BWB mit ihr selbst. Offenbar hatten die beiden anderen Dienststellen schon länger von der Zeitverzögerung beim Umrüstplan gewusst, dies aber der Luftwaffe nicht mitgeteilt[873].

Im März 1962 nahm Luftwaffeninspekteur Kammhuber im Verteidigungsausschuss des Bundestages Stellung zum Stand des Starfighter-Beschaffungsprogramms.

[868] BArch, BL 1/14653 Tgb. InspLw, Eintrag vom 21.2.1962 betr. F-104G-Auslieferungsprogramm der Fa. Messerschmitt, S. 1.

[869] Ebd. Für die Sicherheit des Flugbetriebs gelten Mindestanforderungen an das Wetter, wie eben auch die Sichtweite. Der Führungsstab der Luftwaffe ordnete an, die Mindestsichtweite für Manching von 4,3 auf 3 Nautische Meilen herab zu setzen. Damit konnte also auch bei deutlich schlechteren Wetterbedingungen geflogen werden, was aber natürlich auch eine höhere Herausforderung für die Testpiloten darstellte.

[870] Ebd.

[871] Merkel, Flugzeugführer, S. 79 und S. 81.

[872] Ebd., S. 1f.

[873] Ebd., S. 2.

Dabei legte er den Abgeordneten dar, dass das Flugzeug F-104G zurzeit ein Gegenstand des allgemeinen Interesses sei, für den es sowohl Lob als auch Tadel gebe[874]. Die Begeisterung der Piloten für die fliegerischen Eigenschaften der Maschine sei groß, während die Elektronik, die sich zum großen Teil noch in der Entwicklung und Erprobung befinde, auf weniger Zuspruch stoßen würde[875]. Die von Lockheed vorgenommene Weiterentwicklung zum *Mehrzweckkampfflugzeug* schilderte Kammhuber zu diesem Zeitpunkt als weitgehend abgeschlossen. Die zweite Stufe des Erprobungsprogramms zur Koordination der Elektronik war indes noch nicht abgeschlossen[876]. Ungeachtet dessen wies der Inspekteur darauf hin, dass die Produktion der Zellenteile trotzdem schon angelaufen sei. Durch noch laufende Erprobung müssten natürlich Flugzeuge, die bereits gefertigt worden seien, noch mal umgerüstet werden. Insgesamt fliege die F-104G aber einwandfrei und die Produktion sei gut angelaufen[877].

Kammhuber erklärte, dass die Weiterentwicklung länger gedauerte hätte; dies habe der Führungsstab aber aus Gründen der Sicherheit in Kauf genommen: „Im Frieden gelte der Grundsatz safety first[878]." Es bestehe allerdings kein Anlass zur Sorge, dass die Einsatzbereitschaft der F-104G nicht gegeben sei. Die Deutsche Luftwaffe sei einsatzbereit.

In der anschließenden Diskussion stellte der Abgeordnete Wolfgang Döring erstmals offen im Ausschuss die Frage nach der Eignung der F-104G als echtes Mehrzweckkampfflugzeug[879]. Er hielt die F-104G grundsätzlich für einen guten Abfangjäger, zweifelte aber die Eignung als Jagdbomber und Aufklärer an. – Interessant waren nun weniger Kammhubers technische Entgegnungen auf die Frage des Abgeordneten, sondern vielmehr seine Ausführungen zur Einsatzpriorität des Flugzeugs. Der Inspekteur machte deutlich: „Die F 104 soll also in erster Linie ein Jabo, in zweiter Linie Intercepter [!] sein; die Aufklärung kommt erst an dritter Stelle[880]."

Kammhubers Aussage widersprach allem, was der Führungsstab der Luftwaffe selbst im November 1958 vor den Mitgliedern des Verteidigungsausschusses ausgesagt

---

[874] BT-Archiv, Vert-Ausschuss, Protokoll 4. WP, 11. Sitzung 22.3.1962, S. A 23.

[875] Ebd.

[876] Ebd.

[877] Ebd., S. A 24.

[878] Ebd.

[879] Ebd., S. B 3.

[880] Ebd., S. B 4. Aus Dokumenten des Luftwaffenführungsstabs aus dem Jahr 1959 geht allerdings bereits der Umstand hervor, dass die F-104G nicht als Aufklärerversion ausgelegt war und nur notdürftig dafür umgerüstet werden konnte; vgl. BArch, BL 1/1755, Aktenvermerk Inspizient Aufklärer betr. Besprechung zur Klärung von taktischen und technischen Fragen der Aufklärung 03.10.1959, S. 2.

hatte. Hier war den Ausschussmitgliedern die Auswahl der F-104 vor allem unter dem Hinweis auf die Fähigkeiten als Abfangjäger präsentiert worden[881].

Offensichtlich bestanden im Verteidigungsausschuss unterschiedliche Auffassungen zum Begriff Mehrzweckkampfflugzeug. Der Abgeordnete Karl-Wilhelm Berkhan (SPD) machte deutlich, dass er Mehrzweckflugzeug in dem Sinne verstanden habe, dass jedes Flugzeug für alle drei Einsatzaufgaben ausgerüstet sei. Deshalb sei er sehr erstaunt darüber, dass offensichtlich ein Flugzeug nun primär für einen Einsatzzweck ausgerüstet werde[882]. Daraufhin erläuterte Kammhuber, dass die Flugzeuge zwar für alle drei Einsatzarten ausgerüstet seien, die Piloten sich aber natürlich auf eine Aufgabe spezialisieren müssten[883].

Der weitere Verlauf der Diskussion im Verteidigungsausschuss führte zu der vom Abgeordneten Berkhan aufgeworfenen Frage nach den Einsatzkonzepten für die F-104G. Der Abgeordnete zog aus den vorher von Kammhuber gemachten Äußerungen den Schluss, dass die bundesdeutsche Luftwaffe im Kriegsfall auch in den taktischen *strike*-Auftrag der NATO, also dem Angriff mit atomaren Kampfmitteln, eingebunden sei[884]. Kammhuber widersprach deutlich: „Zur Frage der NATO-Aufträge erklärt General Kammhuber, in dem Augenblick, in dem ein Verband „assigned" werde, bekomme er seine Aufgabe. Natürlich ändere sich die Aufgabe des Verbandes, wenn er z.B. von der F 84 auf die F 104 umgerüstet werde. Die Luftwaffe wisse also heute noch nicht [!], welche Aufgabe ihre sechs Jabo-Verbände bekämen, sobald sie auf die leistungsfähigeren Maschinen umgerüstet und assigned seien[885]."

Damit sagte General Kammhuber den Mitgliedern des Verteidigungsausschusses nicht die Wahrheit. Schon bei der Auswahl der F-104 sowie der weiteren Muster, die auf ihre Verwendbarkeit überprüft wurden, hatte die Luftwaffenführung darauf hingewiesen, dass das Muster auch in der Lage sei, Nuklearwaffen mitzuführen. Aus

---

[881] BT-Archiv, Vert-Ausschuss, Protokoll 3. WP, 30. Sitzung 05.11.1958, S. 25ff. Als Auswahlkriterien wurden hier u.a. das schnelle Herausfliegen gegen Luftziele sowie die Steigfähigkeit genannt.

[882] BT-Archiv, Vert-Ausschuss, Protokoll 4. WP, 11. Sitzung 22.3.1962, S. B 9. Karl-Wilhelm Berkhan (1915-1994) war seit 1957 Mitglied des Bundestages für die SPD und Experte für Sicherheits- und Verteidigungsfragen. Im Verteidigungsausschuss nahm Berkhan bei den Beratungen über den Zustand des Waffensystems F-104G stets eine kritische Distanz zu dem Flugzeug ein. Unter den sozialdemokratischen Verteidigungsministern Helmut Schmidt und Georg Leber war er von 1969 bis 1975 Parlamentarischer Staatssekretär im Verteidigungsministerium und zum Abschluss seiner politischen Laufbahn von 1975 bis 1985 Wehrbeauftragter; vgl. dazu die Biographie Vogel, Karl Wilhelm Berkhan.

[883] BT-Archiv, Vert-Ausschuss, Protokoll 4. WP, 11. Sitzung 22.3.1962, S. B 10.

[884] Ebd., S. B 9. Dabei bezog sich Berkhan auf eine Bemerkung Kammhubers, dass es beim Jagdbombereinsatz nicht so tragisch sei, wenn beim Navigationsgerät die Abweichung auf das Ziel einen Kilometer betragen würde. Berkhan schloss daraus, dass die Luftwaffe durch die Inkaufnahme dieser Abweichung im Zielbereich in den atomaren Kampfauftrag der NATO im Rahmen eines offensiven Gegenschlages eingebunden sei.

[885] Ebd., S. B 12.

den Akten des Führungsstabes der Luftwaffe, die nach der Auswahl der F-104 für die Bundesrepublik entstanden, geht hervor, dass im Bundesverteidigungsministerium von Anfang an fest mit der Einbindung der F-104G-Verbände der Luftwaffe in die atomaren Verteidigungsvorbereitungen der NATO gerechnet wurde. So war auf einer Besprechung des Luftwaffenführungsstabes im Januar 1961 vorgeschlagen worden, für die Starfighter-Verbände lediglich eine beschränkte Menge konventioneller Bomben in den Depots zu lagern[886]. Kammhuber erteilte diesen Überlegungen jedoch postwendend eine klare Abfuhr: „Konventionelle Ausrüstung passt nicht in die Konzeption der Luftwaffe, da sonst die Strikeverbände der Luftwaffe zur örtlichen Heeresunterstützung eingesetzt würden. Insp.Lw. ordnet konventionelle Ausrüstung für Interceptors und Aufklärer an, Jabos [Jagdbomber] werden als strategische Reserve nur atomar bevorratet[887]." In diesem Sinne äußerte auch Generalleutnant Werner Panitzki, Kommandierender General der Luftwaffengruppe Nord, im Sommer 1962 in einem Zeitungsinterview die Überzeugung, dass bei einem Hochleistungsflugzeug wie der F-104G die Ausrüstung mit konventionellen Waffen in krassem Gegensatz zu seinen eigentlichen Einsatzmöglichkeiten stehen würde[888]. Schon im Januar 1962 hatte der Inspekteur der Luftwaffe die Auffassung gebilligt, dass zu gegebener Zeit alle deutschen Jagdbombergeschwader, die mit der F-104G ausgerüstet worden waren, in den atomaren Strike-Plan des SACEUR aufgenommen werden sollten[889]. Bereits im Januar 1959 hatte der Führungsstab der Luftwaffe die Bedeutung der atomaren Bewaffnung der Luftwaffe in einem streng geheimen Dokument zum Ausdruck gebracht. Als Begründung wurden Zweifel an der Bereitschaft der USA und Großbritanniens genannt, die Bundesrepublik auch im Fall eines begrenzten Konflikts mit Atomwaffen zu unterstützen[890].

Die Äußerung Kammhubers spiegelte die Angst der Luftwaffe wider, keine wirklich eigenständige Teilstreitkraft zu sein, sondern zu einer Art „Heeresflieger-Luftwaffe" degradiert zu werden. Diese Abneigung der Luftwaffe gegen die direkte

---

[886] BArch, BL 1/14652, Tgb. InspLw, Eintrag vom 19.1.1961 betr. Ausrüstung F-104G mit konventionellen Bomben, S. 1. Dabei deutet schon der Ausdruck einer beschränkten Menge konventioneller Bomben darauf hin, dass die wesentlich größere Menge der zu lagernden Bomben einer anderen Waffenart zuzurechnen ist.

[887] Ebd.

[888] FAZ, 13.7.1962, „Interview mit Luftwaffeninspekteur Werner Panitzki". Im Gegensatz dazu äußerte Generalmajor Johannes Steinhoff in einem Schreiben an Panitzki die Überzeugung, dass der konventionell bewaffnete Einsatz des Musters F-104G durchaus stärker in die Überlegungen der Luftwaffenführung einfließen müsse, vgl. BArch, BL 1/1753a, Schreiben Generalmajor J. Steinhoff, Deutscher Militärischer Vertreter (DMV) im NATO-Militärausschuss, an InspLw Panitzki 15.3.1963, S. 6ff.

[889] BArch, BL1/1888, StellvInspLw Generalmajor Kurt Kuhlmey an Fü L betr. Einsatzplanung F-104 G Jabo-Geschwader 29.1.1962, S. 1.

[890] BARch BL 1/1753c, InspLw an GenInspBw (streng geheim) betr. Gedanken zur weiteren Entwicklung strategischer Pläne und ihre Auswirkungen auf die Aufstellungsplanungen der Bw 16.10.1959, S. 5f.

Unterstützung des Heeres hatte, zumindest in der Deutschen Luftwaffe, eine lange Tradition und entsprach zum großen Teil dem Selbstverständnis dieser jungen, unter US-amerikanischem Einfluss stehenden Teilstreitkraft, das sich teilweise in einem äußerst überheblichen Habitus gegenüber Soldaten anderer Teilstreitkräfte ausdrückte[891].

So findet sich in den Akten des Luftwaffenführungsstabes ebenfalls aus dem Jahr 1961 der Hinweis, dass Inspekteur Kammhuber den Auftrag gab, beim Pentagon die Frage zu klären, warum die Freigabe der deutschen F-104G-Verbände für den atomaren Kampfeinsatz noch nicht erfolgt sei[892]. Der deutlichste Hinweis auf eine Kenntnis der Luftwaffenführung, für welche Aufgabe die deutschen F-104G-Jagdbomberverbände vorgesehen waren, findet sich aber in einer Bemerkung Kammhubers auf der Kommandeur- und General-Besprechung der Luftwaffe im Mai 1962. Hier äußerte Kammhuber, nur knapp sechs Wochen nach seiner oben dargestellten Aussage vor dem Verteidigungsausschuss, die Ansicht: „Durch die Strike Role sind wir eng in den NATO-Rahmen mit eingeschaltet. Wenn die deutsche Luftwaffe die Strike Role nicht bekommen hätte, hätten wir die F-104 gecancelt[893]." – Kammhuber war über die genaue Verwendung der deutschen F-104G-Verbände im Kampfauftrag der NATO sehr wohl orientiert, aber nicht willens, die Mitglieder des Verteidigungsausschusses offen darüber zu informieren.

Im Verlauf der Diskussion, die sich aus den Ausführungen des Inspekteurs ergaben, wurde aus den Reihen der Abgeordneten der FDP erstmals direkte Kritik an der Art und Weise der Beschaffung des Waffensystems F-104G geäußert: „Abg. Döring erklärt, aus den ganzen Darlegungen über die Entwicklung und die Einführung der Maschine habe er den Eindruck gewonnen, daß das Ganze nicht ausreichend durchgeplant und durchüberlegt worden sei, daß man die mit der Einführung der Maschine verbundenen Deponderabilien nicht richtig eingeschätzt habe[894]." Er wies darauf hin, dass die Regierung in diesem Haushaltsjahr zum ersten Mal seit Gründung der Bundesrepublik einen unausgeglichenen Staatshaushalt mit einem Defizit von 1,7 Milliarden DM vorlegen müsse. Die im Starfighter-Programm entstandenen Mehrkosten würden sich schon auf 500 Millionen DM, also knapp auf ein Drittel des Defizits belaufen[895]. Nach seiner Meinung seien bei der Beschaffung des Waffensystems er-

---

[891] Vgl. dazu Gunston, Supersonic Fighters, S. 2. Deutliche Hinweise auf den Waffenstolz der Jagdflieger, der teilweise auch stark machohafte Züge annahm, finden sich auch bei Fisch, Stärken und Schwächen, S. 2 und S. 4. Vgl. zu dieser Thematik auch die Ausführungen bei Sura, Selbstbild, S. 78f. Eine Analyse zur Entstehung dieses Selbstbildnisses findet sich bei Rink, Aufstellungsphase, S. 134ff.

[892] BArch, BL 1/14652 Tgb. InspLw, Eintrag vom 19.10.1961, S. 1.

[893] BArch, BL1/14653, Tgb. InspLw, Eintrag vom 5.5.1962 betr. Kommandeur- und General-Besprechung, S. 1.

[894] BT-Archiv, Vert-Ausschuss, Protokoll 4. WP, 11. Sitzung 22.3.1962, S. B15.

[895] Ebd., S. B 15f.

hebliche Unregelmäßigkeiten aufgetreten: „Alle Mitglieder dieses Ausschusses seien sicherlich bereit, alles, aber auch alles zu tun, was für die Landesverteidigung notwendig sei. Aber alle Mitglieder würden, das glaube er sagen zu können, ohne ausdrücklich dazu ermächtigt worden zu sein, bitterböse werden, wenn sie das Gefühl bekommen müssten, daß vielleicht bei den Planungen Imponderabilien nicht rechtzeitig einkalkuliert worden seien, daß hier Summen durch den Schornstein gingen, die eigentlich kaum mehr zu vertreten seien. Irgendwo, erklärt Abg. Döring, müsse ein eklatanter Fehler gemacht worden sein[896]."

Kammhuber setzte sich im Folgenden intensiv mit der Kritik der Abgeordneten auseinander und versuchte die Entscheidung zur Beschaffung der F-104 zu rechtfertigen. Er legte den Ausschussmitgliedern dar, dass auf jeden Fall ein Flugzeug als Ersatz für die veraltete Erstausstattung der fliegenden Verbände hätte beschafft werden müsse, da für diese Maschinen in naher Zukunft keine Ersatzteile mehr beschafft werden könnten. Wenn das nicht die F-104 gewesen wäre, hätte trotzdem ein anderes Muster beschafft werden müssen[897]. Im Rahmen seiner Rechtfertigungen machte er jedoch zwei Anmerkungen, die vor dem Hintergrund seiner früheren Aussagen im Ausschuss nicht zutreffend waren. Zum einen führte Kammhuber zu dem Ende der 1950er Jahre stattgefundenen Auswahlprozess aus: „E i n [Hervorhebung im Original] Flugzeug musste gewählt werden. Wir haben uns dabei zwei Jahre Zeit gelassen. [...] Nach reiflicher Prüfung haben wir dem Verteidigungsausschuß die F 104 vorgeschlagen, obwohl wir wussten, *daß die Maschine noch nicht fertig entwickelt war*[898]." Diese Äußerung widerspricht seiner früheren Darstellung des Ablaufs des Auswahlprozesses im Verteidigungsausschuss. Der Führungsstab der Luftwaffe war sich bereits im Januar 1958, also knapp zehn Monate vor der Entscheidung zur Anschaffung des Musters F-104, darüber im Klaren, dass bei der F-104 auch konstruktive Veränderungen notwendig sind, wenn sie den militärischen Anforderungen der Deutschen Luftwaffe entsprechen sollte. Kammhuber selbst erläuterte aber den Mitgliedern des Verteidigungsausschusses im November 1958, *dass an dem Flugzeug keinerlei technische Veränderungen nötig seien*, lediglich die elektronische Ausstattung sollte nach seinen Aussagen an die Einsatzbedürfnisse der Luftwaffe angepasst werden[899]. Damals hatte er den Ausschussmitgliedern weder die Tatsache genannt, dass die Entwicklung noch nicht abgeschlossen war, noch dass für die Durchführung der Entwicklung *auch Veränderungen an der Flugzeugzelle* nötig seien. Streng genommen wussten Kammhuber und alle Beteiligten im Führungsstab der Luftwaffe bereits 1958, als er die Maschine zur Beschaffung vorschlug, dass

---

[896] Ebd.

[897] Ebd., S. B 17.

[898] Ebd.

[899] Vgl. dazu Kapitel II.2 dieser Arbeit.

196

sie noch nicht fertig entwickelt war. Darüber aber hätte die Luftwaffenführung den Verteidigungsausschuss informieren müssen!

Zum anderen erklärte der Inspekteur den Abgeordneten, für welche Flugzeuge er sich entschieden hätte, wenn er einen unbegrenzten Wehretat zur Verfügung gehabt hätte und für jeden Einsatzzweck ein eigenes Muster hätte gewählt werden können: „Wir wollten ein Mehrzweckflugzeug für Intercepter-, Jabo- und Aufklärungsaufgaben haben. Wenn Sie mir freie Hand gegeben hätten, hätte ich anders gewählt; dann wäre die F 105 die Jabo-Maschine, die F 106 Intercepter-Maschine und die F 101, die „Voodoo", die Aufklärungsmaschine geworden. Dann wäre aber das finanzielle Volumen um das Fünffache gestiegen[900]." Diese Aufzählung Kammhubers war aus verschiedenen Gründen widersprüchlich: Einerseits fehlte in dieser Auflistung die F-104 völlig, obwohl der Inspekteur den Abgeordneten gegenüber im November 1958 noch die F-104 als das aktuell beste Kampfflugzeug der Welt gepriesen hatte. Diese Meinung vertrat er noch im Januar 1961 bei einem Vortrag vor dem Bundespräsidenten über den Stand des Aufbaus der Luftwaffe[901]. Offenbar befand sich die F-104 nun, im März 1962, nicht mehr unter den Flugzeugen, die für die Erfüllung der Luftwaffenaufgaben am besten geeignet waren. *Kurzum: der für die Auswahl eine wesentliche Verantwortung tragende Inspekteur stellte die Eignung des Starfighters für die ihm zugedachten Aufgaben vollkommen in Frage!*

Dass General Kammhuber als Jagdbomber für die Luftwaffe lieber die F-105 gewählt hätte, wenn es finanziell möglich gewesen wäre, konterkariert ebenfalls seine eigenen Aussagen vollkommen. Denn noch im Dezember 1960 hatte er die F-105 noch abgelehnt; allerdings nicht wegen zu hoher Kosten, sondern weil sie weniger geeignet sei als die F-104[902]!

Kammhuber versuchte den Ausschussmitgliedern auch die Richtigkeit der Entscheidung für die F 104G zu illustrieren, indem er Schwierigkeiten anderer westlicher Nationen mit der Einführung neuer Flugzeugmuster erklärte. Dabei sprach er gezielt Flugzeugmuster an, die die Auswahlkommission der Luftwaffe ebenfalls begutachtet hatte[903]. Und selbst hierbei verstrickte sich der Luftwaffeninspekteur in Widersprüche.

---

[900] BT-Archiv, Vert-Ausschuss, Protokoll 4. WP, 11. Sitzung 22.3.1962, S. B 17.

[901] BArch, BL 1/14652, Kurzvortrag Inspekteur Luftwaffe vor dem Herrn Bundespräsidenten am 23.1.1961. Hier heißt es auf Seite 7: „Der Starfighter ist z. Zt. nachweislich das beste Flugzeug der Mach-2-Klasse in der westlichen Welt, das sowohl den Geschwindigkeitsrekord als auch den Weltrekord in der Dienstgipfelhöhe hält."

[902] Hierbei muss allerdings darauf hingewiesen werden, dass die F-105 seit ihrer Indienststellung im Mai 1958 in den Verbänden der US Air Force und der Air National Guard bis 1984 mit großem Erfolg eingesetzt wurde. Im Vietnamkrieg flog das Muster F-105 einen Großteil der Angriffe auf das Gebiet des Nordvietnam.

[903] BT-Archiv, VertAusschuss, Protokoll 4. WP, 11. Sitzung 22.3.1962, S. B 17. Bei den von Kammhuber genannten Beispielen handelte es sich um die Mirage III, die F-11 Super Tiger und die P-1 Lightning.

Seiner Darstellung nach war die Ablehnung der Muster F-11 Super Tiger und P-1 Lightning der richtige Schritt, da sich diese Muster ungeachtet seinerzeitiger technischer Schwächen eben noch in der Entwicklung befanden. Dementsprechend hätte die Bundesrepublik die kompletten Entwicklungskosten selbst tragen müssen[904]. – Genau dieser Effekt trat aber bei der Weiterentwicklung der F-104G auch auf. Selbst wenn das Verteidigungsministerium mittlerweile eine Reihe von europäischen Partnern hatte, die sich anteilig an der Übernahme der Entwicklungskosten beteiligen konnten, so war diese Entwicklung bei der Entscheidung für die Beschaffung des Starfighters im Herbst 1958 noch nicht abzusehen. Das Verteidigungsministerium musste sich also damals darüber im Klaren gewesen sein, dass die anfallenden Kosten der Weiterentwicklung voll von der Bundesrepublik zu tragen sein würden. Im Führungsstab der Luftwaffe war zu diesem Zeitpunkt bereits bekannt, dass eine konstruktive Weiterentwicklung des Starfighters unbedingt notwendig war.

Äußerst aufschlussreich waren auch Kammhubers Bemerkungen zum Ankauf der F-104G durch weitere NATO-Staaten: „Ganz objektiv glaube ich sagen zu können, daß unser Beschluß richtig war, auch wenn nicht alles heute schon in der Perfektion da ist. Die Kanadier, Holländer, Belgier und Italiener haben ebenfalls die F 104 genommen; nicht unserer schönen Augen wegen, sondern weil sie sich überzeugt haben, daß das die *wirtschaftlichste* Maschine ist, die sie einsetzen können[905].“ Offenbar hatte der Starfighter innerhalb von zwei Jahren eine Verwandlung von einem der besten Kampfflugzeuge der damaligen Zeit zum zwar limitierten, aber wirtschaftlich besten Muster vollzogen.

Ganz ähnliche Bemerkungen machte der Inspekteur wenige Wochen später auf der im Mai 1962 stattfindenden Kommandeurtagung der Luftwaffe[906]. Kammhuber erläuterte den Tagungsteilnehmern, dass das Hamburger Nachrichtenmagazin Der Spiegel Material über die F-104G sammele und in den nächsten Wochen mit einem negativen Artikel zu rechnen sei. Zur Rechtfertigung der Auswahl der F-104G führte er aus, dass dieses Flugzeug zum Zeitpunkt der Auswahl in Relation zu den vorhandenen Geldmitteln das beste Flugzeug für die Luftwaffe gewesen sei[907]. Auch hier findet sich der direkte Hinwies, dass der Inspekteur bei einer anderen haushaltstechnischen Lage ein anderes Flugzeug vorgezogen hätte.

In der Zwischenzeit publizierten mehrere Zeitschriften, natürlich auch Der Spiegel, Beiträge rund um die Beschaffung und die Vorbereitung der Einführung des Starfighters in die Truppe. Dies steigerte offenbar im Führungsstab der Luftwaffe die

---

[904] Ebd., S. B 17f.

[905] Ebd., S. B 18.

[906] Vgl. dazu BArch, BL 1/14653, Tgb. InspLw, Eintrag vom 5.5.1962 betr. Kommandeur- und General-Besprechung, S. 1.

[907] Ebd.

Nervosität, vor allem wegen der bevorstehenden offiziellen Indienststellung des ersten auf die F-104G umgerüsteten Geschwaders der Luftwaffe deutlich. Daher empfahl der Inspekteur der Luftwaffe auf der eben schon angesprochenen Tagung ebenfalls, „Journalisten des 'Spiegels'" o.ä. Blätter nicht mehr zu empfangen und grundsätzlich an das Pressereferat BMVtg zu verweisen, andererseits aber mit der seriösen und neutralen Presse eine gute Zusammenarbeit zu gewährleisten[908]." Welche Presseorgane außer dem Spiegel für Kammhuber „ähnliche" waren, ist unklar. Offensichtlich waren solche Printmedien gemeint, die überwiegend kritisch oder negativ über das Flugzeug F-104G berichteten. Der Inspekteur sah also offenbar nur solche Medien als seriös an, die sich positiv oder neutral über die Luftwaffe äußerten. – Auf sein Verständnis von Presse- und Meinungsfreiheit wirft dieser Umstand ein äußerst kritisches Licht[909].

Bereits im April 1962 hatte es zudem im Bundestag erste scharfe Kontroversen um den Sachstand der Beschaffung des Flugzeugmusters F-104G gegeben. Die erste große politische Auseinandersetzung, der noch einige folgen sollten, fand im Rahmen der 2. Lesung des Bundeshaushalts am 6. April 1962 statt. Ausgangspunkt der Diskussion war in diesem Fall die Aussage des SPD-Wehrexperten Fritz Erler, dass sich die SPD-Fraktion bei der Abstimmung über das Kapitel 1419 des Bundeshaushalts, der die Beschaffung von Flugzeugen zum Inhalt hatte, der Stimme enthalten werde. Laut Erler stimmte bei der Beschaffung der F-104G das Verhältnis von Kosten und Wirksamkeit längst nicht mehr überein[910]. Darauf entgegnete der Abgeordnete Georg Kliesing (CDU), dass die gegenüber der NATO übernommenen Verpflichtungen in den folgenden Jahren nicht erfüllt werden könnten, wenn für die Luftwaffe nicht der Flugzeugtyp F-104 angeschafft worden wäre[911]. Im weiteren Verlauf der Debatte räumte Verteidigungsminister Strauß ein, wie zuvor bereits Luftwaffeninspekteur Kammhuber im Verteidigungsausschuss, dass bei einer besseren finanziellen Situation zum Zeitpunkt der Auswahl der F-104 entweder mehrere Flugzeuge mit der F-104 zusammen oder die F-104 gar nicht angeschafft worden wäre[912].

Genau wie sein Vorredner Kliesing erinnerte Strauß die Abgeordneten der SPD-Fraktion daran, dass auch die sozialdemokratischen Mitglieder des Verteidi-

---

[908] Ebd.

[909] Bellers, Königsberg, Skandale.

[910] Bundestagsprotokoll 4. WP, 24. Sitzung, S. 924 B; vgl. dazu auch Johannson, Starfighter, S. 30f.

[911] Ebd., S. 926 C.

[912] Ebd., S. 936 C. An einer anderen Stelle der Debatte sagte Strauß: „Wenn wir größere Zahlen in Dienst stellen könnten und mehr Geld für diesen Zweck hätten, dann hätten wir an Stelle des einen Typs Starfighter für die drei Aufgaben drei verschiedene Typen mit besserer Eignung für diese spezifische Aufgabe genommen." Vgl. ebd., S. 948 A. Damit gab Strauß indirekt zu, dass es zum Zeitpunkt der Auswahl geeignetere Modelle als die F-104 für die Bundeswehr gegeben habe, diese aber nicht bezahlbar gewesen seien. Dies deckt sich nicht mit seinen Aussagen im Verteidigungsausschuss, wo er den Starfighter als das beste und geeignetste Flugzeug der Welt bezeichnete.

gungsausschusses im Herbst 1958 mit großer Mehrheit für die Anschaffung der F-104G gestimmt hätten[913]. Der SPD-Abgeordnete Friedrich Schäfer ging im Anschluss an Strauß´ Ausführungen erneut auf die Frage ein, ob die Beschaffung des Starfighters mit der nötigen Sorgfalt durchgeführt worden war. Er fragte den Minister direkt, wann die technische Entwicklung der F-104G abgeschlossen sein würde, wie viel Geld diese Entwicklung noch kosten würde und ob das dann fertig gestellt Flugzeug überhaupt noch den militärischen Anforderungen der NATO entsprechen würde oder ob es dann schon wieder durch einen viel moderneren Typ abgelöst werden müsse[914].

Zum Stand des Modernisierungsgrades des Typs F-104G antwortete Strauß: „Es wird immer so sein, daß eine in Einführung befindliche Type durch eine in der Entwicklung befindliche Konstruktion bereits überholt ist, so wie die in der Entwicklung befindliche Konstruktion ebenfalls bereits durch die auf dem Reißbrett entworfene Konstruktion überholt ist. […] Dabei gebe ich von vornherein zu, daß einige Teile der Elektronik noch nicht unseren Forderungen entsprechen. Aber auch hier gilt der alte Grundsatz: Entweder wir nehmen die Elektronik, die im Augenblick voll entwickelt ist – dann ist sie zum Zeitpunkt der Produktion nicht mehr modern –, oder wir greifen voraus und haben dann bei den ersten Verbänden gewisse technische Schwierigkeiten, die ich hier nicht leugnen kann[915].“

Prinzipiell hatte Strauß Recht. Die Kritik der SPD-Abgeordneten bezog sich aber nicht auf das generelle Problem, dass technische Innovationen bereits nach kürzerer Zeit wieder überholt sein können. Vielmehr kritisierten sie, dass die F-104 beim Auswahlprozess im Verteidigungsausschuss so dargestellt worden war, als gäbe es an dem Flugzeug technisch überhaupt nichts mehr zu ändern. Dann dürfte es doch jetzt keinen Grund geben, weshalb das Flugzeug noch nicht voll einsatzfähig war. Strauß wich aus und lud im Verlauf der Debatte die Mitglieder des Verteidigungsausschusses zur Indienststellung des ersten mit der F-104G ausgerüsteten Geschwaders am 20. Juni 1962 in Nörvenich ein. Dann könnten sie sich von der Brauchbarkeit des Waffensystems überzeugen[916].

Die sich durch technische Schwierigkeiten immer wieder verzögernde Umrüstung dieses Geschwaders führte unterdessen zu einigen grotesken Situationen innerhalb der Truppe, wie sich Oberleutnant Joachim Ziegler vom Jagdbombergeschwaders 31 erinnert: „Im Ganzen jedoch saß unser Geschwader auf dem „Trockenen“

---

[913] Bundestagsprotokoll 4. WP, 24. Sitzung, S. 936 C.

[914] Ebd., S. 944 A-B. Zu diesem Zeitpunkt hatten sich die durch die Weiterentwicklung der F-104G verursachten Kosten schon auf knapp 315 Millionen DM aufsummiert. Diese Summe Enthielt die ursprünglich eingeplanten Entwicklungskosten, Kosten für die Weiterentwicklung der Bordelektronik sowie technische Veränderungen an dem Flugzeug, die sich aus der Erprobungsbetrieb ergeben hatten; vgl. BArch, BW 1/384 033, Interner Bericht BMVg für Haushaltsdebatte des Bundestages 10.5.1962, S. 1ff.

[915] Ebd., S. 948 B.

[916] Ebd.

200

und wartete händeringend auf unsere F-104 „Gustavs". So bemühten sich unsere fliegerischen Vorgesetzten, uns mit anderen Dingen in Bewegung zu halten. Von täglichen Volleyballspielen vor dem Staffelgefechtsstand über lange Einweisungen in die Probleme der Schlacht von Cannae [...] bis zur Gründung eines echten Piloten-Chors wurde alles gemacht. [...] Beim Ball [des Geschwaders] präsentierte sich dann dennoch der 20 Mann starke „Teuerste Chor der Welt" mit geschätzten Ausbildungskosten von US $ 250000,- pro Mann in ausgezeichneter Form und erhielt den entsprechenden Beifall."[917]

Während der Führungsstab der Luftwaffe die Feierlichkeiten zur Indienststellung dieses Geschwaders vorbereitete, veröffentlichte der Stern im Mai 1962 „Die Super-Pleite[918]." Der Autor setzte sich darin mit der Umkonstruktion des Starfighters zu einem Mehrzweckkampfflugzeug und den damit verbundenen Problemen auseinander. Die Reaktion des Verteidigungsministeriums auf diesen Artikel war ein Leserbrief des Pressereferenten, Oberst Gerd Schmückle, der die vom Stern aufgestellten Behauptungen in Abrede stellte[919]. Ähnlich wie Verteidigungsminister Strauß lud Schmückle die Mitarbeiter des Sterns zur Indienststellungsfeier des ersten umgerüsteten Starfighter-Geschwaders im Juni 1962 ein[920]. Die Feier sollte am 20. Juni 1962 auf dem Luftwaffenstützpunkt Nörvenich stattfinden[921].

Die Feierlichkeiten mussten allerdings abgesagt werden. Obwohl General Kammhuber den Kommodore des Jagdbombergeschwaders 31 telefonisch zu besonderen Vorsichtsmaßnahmen aufgefordert hatte, damit bis zum 20. Juni 1962 F-104-Unfälle vermieden werden[922], stürzten am 19. Juni 1962 vier Flugzeuge vom Typ F-104F beim Training für eine am nächsten Tag geplante Kunst- und Formationsflugübung in der Nähe des Fliegerhorstes Nörvenich ab. Der US-amerikanische Formationsführer sowie die weiteren drei deutschen Piloten kamen dabei ums Leben[923]. Der genaue Unfallhergang lässt sich dabei aus den zur Verfügung stehenden Akten des Verteidigungsministeriums nicht einwandfrei rekonstruieren. Der offizielle Unfallbe-

---

[917] Zitiert nach Kropf, Deutsche Starfighter, S. 35. Zur Unzufriedenheit unter den Piloten durch die Zeitverzögerung bei der Umrüstung vgl. auch Merkel, Flugzeugführer, S. 80.

[918] Der Stern 21/1962 „Sie Super-Pleite", S. 34f.

[919] Vgl. dazu Schmückles Leserbrief in Stern 23/1962, S. 4. Der Artikel löste in diversen Referaten des Verteidigungsministeriums eine hektische Betriebsamkeit aus; vgl. BArch, BW 1/384 033, Schreiben BMVg Abt. T IV an T IV 2 und 8 betr. Stern-Artikel 22.5.1962 F-104 24.5.1962, S. 1.

[920] Ebd.

[921] Rall, Mein Flugbuch, S 282.

[922] BArch, BL 1/14653, Tgb. InspLw, Eintrag vom 15.6.1962 betr. Telefongespräch InspLw mit Kommodore JaboG 31.

[923] Ebd., S. 283; Johannson, Starfighter, S. 33. Neben der Resonanz in diversen Tageszeitungen erfuhr das Ereignis auch im Spiegel eine äußerst kritische Behandlung; vgl. Der Spiegel 26/1962 „Tod am Nachmittag", S. 16ff.

richt ist auch heute immer noch nicht frei zugänglich[924]. Offenbar hatte der Formationsführer beim Abschluss des letzten Manövers in einer Wolkenansammlung die Orientierung verloren. Beim Austritt aus den Wolken hatte die Formation dann einen steilen Anstellwinkel in niedriger Höhe, so dass ein Abfangmanöver nicht mehr erfolgreich beendet werden konnte[925]. Die Unfallursache war demnach und laut eines internen Schreibens des Verteidigungsministeriums kein technischer Defekt der Flugzeuge[926]. Sowohl der Formationsführer wie auch die übrigen Piloten waren erfahrene Fluglehrer und verfügten auf dem eingesetzten Muster über große Flugerfahrung[927]. In der Presse kursierten aber auch abweichende Informationen über den Hergang des Unfalls. So berichtete der Spiegel, eine Kollision von zweien der Flugzeuge in einer Wolkenformation habe die Formation zum Absturz gebracht[928].

Der damalige Leiter des Arbeitsstabes F-104, Oberst Rall, beurteilte in seinen Memoiren mehr als vierzig Jahre später die Idee, mit einer Starfighter-Formation eine Kunstflugvorführung durchzuführen, als negativ: „Der Starfighter ist das faszinierendste Flugzeug, das ich je geflogen bin, aber für ein Kunstflugprogramm eignet er sich ungefähr so wie ein Formel 1-Rennwagen für die Rallye Monte Carlo[929]." Rall führte dies an dieser Stelle aber nicht weiter aus. An gleicher Stelle gibt er jedoch Einblick in den internen und der Öffentlichkeit nicht zugänglichen Berichts zur Untersuchung des Unfalls: „Es gibt eine Untersuchung und einen Abschlußbericht, der alles und nichts erklärt. Jon Speer [der Führer der Flugzeugformation] soll zu wenig Erfahrung als Leader im Formationskunstflug gehabt haben. Er soll versehentlich in die Wolken geraten sein und habe darauf die räumliche Orientierung verloren. Der Scheitelpunkt des Manövers sei zu niedrig angesetzt gewesen, sein Radius zu eng, das Abfangen zu spät... [...]. „It´s an honest airplane", sagte einer seiner Testpiloten einmal über den Starfighter, „if you make a mistake, it will kill you." Der entscheidende Fehler jedoch, der hier gemacht wurde, wurde vor dem Flug gemacht[930]." Der Absturz der

<hr>

[924] Sämtliche Flugunfallakten der Bundeswehr werden beim General Flugsicherheit in der Bundeswehr, einer Dienststelle des Luftfahrtamtes der Bundeswehr, früher des Luftwaffenamtes, archiviert. Eine Einsichtnahme ist in der Regel nicht möglich.

[925] BArch, BW 1/384 141, BMVg Abteilung T IV 8 an Abteilungsleiter T betr. Flugzeugunfall in Nörvenich 13.7.1962, S. 1; Rall, Mein Flugbuch, S. 284. Eine Schilderung des Unfallhergangs findet sich auch bei Weiß, Karl Heinz: Vier auf einen Schlag, in: Flugsicherheit, Heft 2/2012, S. 17.

[926] BArch, BW 1/384 141, BMVg Abteilung T IV 8 an Abteilungsleiter T betr. Flugzeugunfall in Nörvenich 13.7.1962, S. 1: „Auf Grund der amerikanisch-deutschen Ermittlungen kann mit Sicherheit festgestellt werden, daß der Unfall nicht durch technische Mängel hervorgerufen wurde."

[927] Weiß, Schlag, S. 17.

[928] Der Spiegel 26/1962 „Tod am Nachmittag", S. 19.

[929] Rall, Mein Flugbuch, S. 283.

[930] Ebd., S. 284. Entgegen dieser von Rall geäußerten Ansicht der Nichteignung dieses Musters für den Formationskunstflug erfolgte bei den Marinefliegern ab Ende der 1970er Jahre die Bildung einer Zweierformation zum Showkunstflug mit dem Namen „Vikings"; dazu passim Ostermann, Vikings for take off,

Formation war fraglos der schlechteste Ausgangspunkt für die Verwendung des Flugzeugmusters in der Luftwaffe. Trotzdem lässt dieses Unglück allein noch keine generellen Rückschlüsse auf die Unfallträchtigkeit des Starfighters zu[931].

Mit dem Hergang des Unfalls beschäftigte sich der Verteidigungsausschuss des Bundestages in einer Sitzung am 29. Juni 1962[932]. Kammhuber hatte zuvor sein Memorandum „Ist Kunstflug in der Luftwaffe notwendig?" an die Mitglieder verteilen lassen und bezog sich nun in seiner Schilderung des Unfalls darauf[933]. Er nahm ebenfalls anlässlich des schweren Flugzeugunglücks in Nörvenich Stellung zu den in einer breiteren Öffentlichkeit diskutierten Fragen, ob die Ausbildung von Kunstflug in einer Luftwaffe nötig und was unter dem oft zitierten Begriff der Kunstflug-Teams zu verstehen sei[934]. Direkt zu Beginn seiner Ausführungen verklausulierte er den Unfall als einen normalen Umstand der Fliegerei, der vorkommen könne: „Die Grenzen der Anforderung [der Fliegerei] sind daher fließend und ändern sich mit jedem neu erscheinenden Flugzeugtyp. In der Fliegerei muß es deshalb immer Piloten geben, die diese Grenzen aufsuchen und beispielhaft festlegen. Ohne Opfer geht es dabei leider nicht ab; ohne die Bereitschaft zu diesem Opfer gäbe es heute noch keine Fliegerei[935]." Mit seiner Bemerkung hatte er prinzipiell Recht. In der Fliegerei hat es immer Unfälle gegeben und es wird sie immer wieder geben. Den Unfalltod der vier Piloten aber als eine Art Opfertod zu verklären, beruhigte die Ausschussmitglieder angesichts der ohnehin schon schwierigen Situation um die F-104G kaum.

Im weiteren Verlauf des Memorandums gab General Kammhuber einen Überblick über die in der Luftwaffe verwendeten „Kunstflugfiguren[936]" und unterschied die Figuren dabei in taktisch notwendige Manöver und in solche, die zur vollständigen

---

sowie die Darstellung bei Kropf, Deutsche Starfighter, S. 114ff. Es ist aber unerlässlich darauf hinzuweisen, dass nicht nur bei der F-104G ein Fehler dramatische, wenn nicht tödliche Folgen haben könnte. Diese Regel galt zum damaligen Zeitpunkt auf Grund des unglaublich anspruchsvollen Fliegens bei Höchstgeschwindigkeiten für jeden militärischen Flugzeugtypen. Dies kann man auch den Schilderungen des US Air Force-Testpiloten Charles Yeager entnommen werden, vgl. Yeager, Janos, Schall, S. 248. Auch der bei dem Unfall in Nörvenich anwesende F-104G-Pilot Hubert Merkel äußert die Ansicht, dass der Unfall nicht auf den Flugzeugtypen zurück zu führen sei, vgl. Merkel, Flugzeugführer, S. 87.

[931] So ist Wolfgang Schmidt nicht zuzustimmen, der in dem Vorfall ein „dramatisches Warnzeichen für das, was Mitte der 1960er Jahre als Starfighter-Skandal für Schlagzeilen sorgen sollte" sah, vgl. Schmidt, Starfighter, S. 77.

[932] BT-Archiv, Vert-Ausschuss, Protokoll 4. WP, 19. Sitzung 29.6.1962, S. A 4ff.

[933] BArch, BL 1/14653, Tgb. InspLw, Memorandum über die Frage „Ist Kunstflug in der Luftwaffe nötig?" 25.6.1962; zur Entstehung des Memorandums vgl. BL 1/14653 Tgb. InspLw, Eintrag vom 25.6.1962, S. 1.

[934] Ebd.

[935] Ebd.

[936] Der Begriff Kunstflug wird in Zusammenhang mit diesem Ereignis in Anführungszeichen benutzt, da hier genau zwischen sportlichem und militärischem Kunstflug zu unterscheiden ist. Beide Flugarten haben eine völlig andere Zielsetzung.

fliegerischen Beherrschung des Flugzeugs dienten. Dabei wies er auch darauf hin, dass diese Figuren nicht nur einzeln, sondern auch in Gruppen für ein „Kunstflugmanöver" eingesetzt werden könnten. Dabei sei für die Größe der Gruppe nur das Können der Piloten ausschlaggebend, nicht aber der Flugzeugtyp[937]. Damit stand Kammhubers Meinung aber in genauem Gegensatz zu jener, die der damalige Leiter des Arbeitsstabes F-104 in seinen später veröffentlichten Memoiren geäußert hatte. Nach Ralls Ansicht eignete sich der Flugzeugtyp F-104 weder für Kunstflug in einer Formation noch für normalen Kunstflug[938]. Wenn diese Äußerungen nun aber mit den Ausführungen des Inspekteurs über die Notwendigkeit von „Kunstflugmanövern" im taktischen Einsatz verglichen werden, so dürfte nach Ralls Meinung der Starfighter für die Deutsche Luftwaffe überhaupt nicht geeignet gewesen sein. Denn für den Einsatz von konventionellen wie nuklearen Bomben war beispielsweise der „Schulterwurf" vorgesehen, der einer „Kunstflugfigur" absolut nahe kam[939].

Zusammenfassend bezeichnete Inspekteur Kammhuber die *„Kunstflugausbildung" der Luftwaffenpiloten als unbedingt notwendig*, sowohl im Einzel- als auch im Verbandsflug. Diese Übungen dienten zur Schulung der vollkommenen Beherrschung des Luftfahrzeugs durch den Piloten und von Formationsflügen unter schwierigen Bedingungen sowie der Beherrschung bestimmter Einsatzszenarien für den Bombenabwurf[940]. Kammhuber nutzte sein Memorandum ebenfalls, um auf eine besondere Formation hinzuweisen: In der Deutschen Luftwaffe gab es bis dahin, anders als in vielen anderen westlichen Luftwaffen, kein so genanntes „Kunstflugteam", das allein zu Vorführungen bei Flugtagen und ähnlichen Veranstaltungen ausgebildet sei. Laut Kammhuber habe die Luftwaffe die Aufstellung eines solchen Teams, das keinerlei militärischen Wert habe, stets abgelehnt, obwohl vom Kommando der Schulen der Luftwaffe in den letzten Jahren häufiger an ihn die Bitte herangetragen wurde, ein solches reines Kunstflugteam auch für die Deutsche Luftwaffe aufzustellen[941]. Der Inspekteur kritisierte mit seinem Memorandum auch den öffentlichen Umgang mit den Umständen des Unfalls. Seiner Ansicht nach sei es in der Presse danach zu einer Diskussion über die Frage gekommen, ob es sich bei der Übung um das Training einer eigenen (unnötigen) Kunstflugstaffel der Bundeswehr gehandelt habe und ob dieses Unglück (deswegen) vermeidbar gewesen wäre[942].

---

[937] BArch, BL 1/14653, Tgb. InspLw, Memorandum über die Frage „Ist Kunstflug in der Luftwaffe nötig?" 25.6.1962, S. 1f.

[938] Rall, Mein Flugbuch, S. 282ff.

[939] BArch, BL 1/14653 Tgb. InspLw, Memorandum über die Frage „Ist Kunstflug in der Luftwaffe nötig?" 25.6.1962, S. 3; Rall, Mein Flugbuch, S. 254.

[940] BArch, BL 1/14653 Tgb. InspLw, Memorandum über die Frage „Ist Kunstflug in der Luftwaffe nötig?" 25.6.1962, S. 4.

[941] Ebd.

[942] Ebd., S. 5.

Vor den Mitgliedern des Verteidigungsausschusses bezog sich Kammhuber zunächst sehr stark auf den Inhalt seines Memorandums und ging dabei noch einmal auf die Ereignisse des 19. Juni sowie auf die Bedeutung des „Kunst"- und Formationsflugs für die Pilotenausbildung bei der Luftwaffe ein. Ebenfalls wies er die Ausschussmitglieder wie auch in seiner schriftlichen Ausführung darauf hin, dass es sich bei der abgestürzten Formation auf keinen Fall um ein besonderes „Kunstflugteam" der Luftwaffe gehandelt habe[943]. Vielmehr hätten die verunglückten Piloten diese Formationsübung zusätzlich – quasi nebendienstlich – zu ihrer normalen Tätigkeit als Fluglehrer bei der Waffenschule 10 durchgeführt. Die vier Piloten seien alle erfahrene Fluglehrer gewesen und hätten den Verbandsflug in einer Viererformation lange vorher schon geübt. Die Unfallursache sei auf jeden Fall nicht auf einen Fehler des Flugzeugs, sondern auf menschliches Versagen zurückzuführen. Kammhuber gab aber auch zu, dass ihre Vorführung am 20. Juni dazu dienen sollte, den in der Zwischenzeit häufiger in der Öffentlichkeit geäußerten Zweifeln an der Leistungsfähigkeit der F-104G entgegen zu treten[944].

Der Abgeordnete Kliesing (CDU) untermauerte in seinem Beitrag, dass der Ausschuss durch seine Zustimmung zur Starfighter-Beschaffung eine gewisse Verantwortung an der Ausrüstungssituation der Luftwaffe trage[945]. Die anschließende Diskussion entwickelte sich allerdings weniger zur Unfallerörterung. Vielmehr ergab sich eine Debatte über die generelle Eignung des Waffensystems Starfighter für die Bundeswehr. Ausgangspunkt war dabei die Vermutung, dass eventuell die Eignung des Flugzeugs in Frage stehen würde, wenn der Unfall nicht allein auf die Durchführung von Kunstflugfiguren zurück zu führen sei[946].

General Kammhuber rief wieder seine Rede für eine differenzierte Flugzeugbeschaffung in Erinnerung: für das dreifache Aufgabenspektrum der Luftwaffe habe zum Zeitpunkt der Entscheidung für den Starfighter jeweils ein am besten geeigneter Flugzeugtyp zur Verfügung gestanden. Die Anschaffung dieser drei verschiedenen Flugzeugtypen sei allerdings aus finanziellen und logistischen Gründen nicht möglich gewesen. Deshalb habe die Luftwaffe mit dem Starfighter ein Mehrzweckkampfflugzeug vorgeschlagen, das *alle geforderten Voraussetzung optimal in einem Flugzeug* vereine.[947]

Ein an der Auswahl maßgeblich beteiligter Testpilot, Oberst Albert Werner, stellte den Abgeordneten erneut die Fakten des Auswahlverfahrens dar. Die Ausfüh-

---

[943] Im Gegensatz zu Kammhubers Ausführung findet sich bei Weiß, Schlag, S. 19 die Darstellung, dass die am 20.6.1962 abgestürzte Starfighter-Formation als Keimzelle eines eigenen Kunstflugteams der Luftwaffe geplant war.
[944] BT-Archiv, VertAusschuss, Protokoll 4. WP, 19. Sitzung 29.6.1962, S. A 4ff.
[945] Ebd.
[946] Ebd., S. A 11.
[947] Ebd., S. A 12.

rungen des Piloten entsprachen dem, was dem Ausschuss auch im November 1958 präsentiert worden war[948]. Anschließend wies Dr. Theodor Benecke vom Verteidigungsministerium die Ausschussmitglieder darauf hin, dass die Entscheidung für den Starfighter „vom technischen Standpunkt aus nach wie vor als richtig zu bezeichnen [sei][949]." Er erläuterte allerdings auch, dass an der Maschine eine Reihe von technischen Entwicklungen habe durchgeführt werden müssen, damit das Flugzeug die ihm zugedachte Rolle als Mehrzwecksystem erfüllen könne. Diese von Benecke angesprochenen Änderungen schlossen auch eine Änderung an der Flugzeugzelle ein[950].

Auch jetzt zeigte sich, dass sich die Luftwaffenführung offenbar nicht mehr daran erinnern konnte oder wollte, dass sie den Starfighter im Herbst 1958 so nicht vor dem Verteidigungsausschuss präsentiert hatte. Damals hieß es noch, das Flugzeug sei geradezu optimal, lediglich an der Elektronik müsse noch gearbeitet werden.

Neben der nochmaligen Schilderung der seinerzeitigen Auswahlkriterien und der damaligen Begründung für die Auswahl der F-104G nahm General Kammhuber noch einmal umfassend zum Stand der europäischen Lizenzbauproduktion des Flugzeugs Stellung[951].

In der Nachmittagssitzung folgte eine Diskussion über „Kunst"- und Formationsflug. Der Abgeordnete Hans Merten konfrontierte Kammhuber mit einer Einladung des Kommandos der Schulen der Luftwaffe[952] zu einem Großflugtag auf dem Fliegerhorst Fürstenfeldbruck am 24. September. In dieser Einladung wurden mehrere Kunstflugteams – auch der Luftwaffe – angekündigt, unter anderem auch ein Kunstflugteam mit der F-104[953]. Mertens forderte vom Inspekteur eine Erklärung, da dieser ja erklärt habe, dass die Bundeswehr nicht über ein Kunstflugteam zu Show-Zwecken verfügen würde[954].

Die Antwort des Inspekteurs war vieldeutig: „General Kammhuber bejaht die Frage des Abg. Dr. Kliesing (Honnef) (CDU/CSU), ob die Erklärung dahin zu verstehen sei, daß Kunstflug innerhalb der Bundeswehr überhaupt nur im Rahmen des

---

[948] Ebd., S. A 12ff.

[949] Ebd., S. A 26.

[950] Ebd., S. A 26f.

[951] Ebd., S. A 31ff.

[952] Das Kommando der Schulen der Luftwaffe war übergeordnete Dienststelle für alle Ausbildungseinheiten der Luftwaffe.

[953] So sprach die in einer Luftfahrtzeitschrift abgedruckte Einladung neben zahlreichen ausländischen Kunstflugteams auch von einem Kunstflugteam F-104 der Waffenschule 10 der Luftwaffe aus Nörvenich: „Erstmalig werden heuer auch deutsche Schulen und Geschwader Verbands- und Kunstflug vorführen: Die Waffenschule 10 wird sich mit einem Schwarm F-104 […] beteiligen". Das Programm wies auch darauf hin, dass das Programm den Punkt „Kunstflugvorführungen deutscher und internationaler Gruppen" enthielt, vgl. Aero 7/1962 „Großflugtag in Fürstenfeldbrück am 22.7.1962", S. 167.

[954] BT-Archiv, VertAusschuss, Protokoll 4. WP, 19. Sitzung 29.6.1962, S. B 1.

für die Erfüllung militärischer Aufgaben Notwendigen geübt werde[955]." Die Ausschussmitglieder erkundigten sich bei den anwesenden Luftwaffenoffizieren ebenfalls, ob die F-104G für ein Kunstflugprogramm überhaupt zugelassen gewesen sei. Oberst Werner bejahte dies[956].

Hinsichtlich des professionellen Kunstflugs blieben die Mitglieder des Ausschusses in ihren Nachfragen äußerst hartnäckig. So wies der Abgeordnete Berkhan darauf hin, dass im offiziellen Einladungsschreiben des Kommandos der Schulen der Luftwaffe von Vorführungen von insgesamt *drei* deutschen Kunstflugteams die Rede gewesen sei, unter anderem auch von einem Kunstflugteam F-104 Waffenschule 10[957]. Dabei kritisierte Berkhan auch die anwesenden Luftwaffenoffiziere, die seiner Ansicht nach die Bedeutung dieser Kunstflugübungen als Ausbildung des Verbandsflugs herunter zu spielen versuchten. Er erinnerte aber daran, dass der ursprüngliche Hintergrund dieser Vorführung doch gewesen sei, den Mitgliedern des Verteidigungsausschusses am nächsten Tag mit diesen Manövern die uneingeschränkte Leistungsfähigkeit des Flugzeugs F-104G demonstrieren zu wollen[958]. Zur gesamten Auseinandersetzung mit dem Unfall äußerte Berkhan die Meinung, alle diese Vorgänge seien sehr undurchsichtig und er habe Zweifel an der Richtigkeit der verschiedenen Aussagen[959].

In der folgenden Diskussion wurde deutlich, dass bei Abgeordneten der CDU/CSU ein wesentlich anderes Bild der Auswahl und Tauglichkeit der F-104G für die Deutsche Luftwaffe bestand als bei denen der SPD. Während ein CDU-Abgeordneter die Entscheidung für die Auswahl der F-104 auch nach vier Jahren immer noch auf der Grundlage der im Herbst 1958 angelegten Maßstäbe für richtig hielt und auch zu diesem Zeitpunkt so wieder entscheiden würde, wandten sich mehrere SPD-Abgeordnete mit Zwischenrufen gegen diese Position und machten damit deutlich, dass sie nicht wie 1958 der Beschaffung des Starfighters unter Berücksichtigung ihres heutigen Kenntnisstandes erneut zustimmen würden[960].

Verteidigungsminister Franz Josef Strauß führte aus, dass der Unfall zwar bedauerlich sei. Dennoch könnten aus einem einzelnen Unfall niemals Rückschlüsse auf den Flugzeugtyp gezogen werden, „solange nicht eine Häufung von Unfällen und klare Indizien vorlägen[961]." Auch er halte die Entscheidung jetzt noch für richtig und

---

[955] Ebd., S. B 3.
[956] Ebd., S. B 3f.
[957] Ebd., S. B 6.
[958] Ebd., S. B 6.
[959] Ebd.
[960] Ebd., S. B 8. Dabei hatte der CDU-Abgeordneten Draeger die anwesenden Ausschussmitglieder der SPD-Fraktion noch indirekt darauf hingewiesen, dass der Ausschuss die Entscheidung für die Beschaffung der F-104 im Herbst 1958 mit großer Mehrheit getroffen hatte und somit auch die Abgeordneten der SPD bei dieser Thematik in der gleichen Verantwortung stünden wie die der CDU/CSU-Fraktion.
[961] Ebd., S. B 10.

er würde jederzeit wieder so entscheiden[962]. Dann wandte er sich gegen die Darstellung der Entwicklung des Starfighters in Teilen der deutschen Presselandschaft, die seiner Ansicht nach nur aus Sensationssucht entstehen würde. Vor allem kritisierte der Minister aber den seiner Ansicht nach unangebrachten Umstand, dass einige Ausschussmitglieder auch unseriöse Berichterstattung als eine der Grundlagen ihrer Arbeit im Ausschuss verwenden würden[963].

Auf einen Hinweis des Abgeordneten Berkhan, dass die F-104 bei den Amerikanern schon wieder außer Dienst gestellt sei, entgegnete Strauß, dass die F-104 sehr wohl noch bei der US Air Force eingesetzt werde[964]. Unter Bezugnahme auf alle in der Diskussion vorgebrachten Gegenargumente und Kritikpunkte zur F-104G erinnerte der Verteidigungsminister die Abgeordneten daran, dass Kritik auch immer die Frage einer Alternative aufwerfe. Diese Alternative habe es aber im Herbst 1958 zum Starfighter nicht gegeben und es gebe sie auch jetzt vier Jahre später nicht[965].

Diese Sitzung des Verteidigungsausschusses stellt aus zwei unterschiedlichen Gründen einen wichtigen Punkt in der parlamentarischen Auseinandersetzung mit dem Waffensystem F-104G dar: Zum einen offenbarte die Diskussion die Irritation, der die Ausschussmitglieder teilweise über die Entwicklung der Situation des Waffensystems F-104G unterlegen waren. Der eigentliche Hergang des Unfalls wurde kaum behandelt. Stattdessen entwickelte sich eine Debatte über die generelle Eignung des Waffensystem F-104G. Dabei schienen die Zweifel einiger Abgeordneter so gravierend gewesen zu sein, dass sich der Führungsstab der Luftwaffe genötigt sah, noch einmal versuchsweise die Auswahl der F-104 in leicht verkürzter Form zu rechtfertigen. Vor allen Dingen kam es zu einer ersten, deutlichen Positionierung von SPD-Abgeordneten gegen die 1958 getroffene Entscheidung für das Waffensystem. Während von CDU/CSU-Abgeordneten ein deutliches Bekenntnis zur Beschaffung des Waffensystems abgaben, machten einige Ausschussmitglieder aus der SPD-Fraktion unmissverständlich klar, dass sie nach ihrem heutigen Kenntnisstand keine Entscheidung zugunsten der F-104G treffen würden. Damit reagierten die sozialdemokratischen Abgeordneten auch auf Unstimmigkeiten, die sich im Rahmen des Beschaffungsprozesses immer wieder ereignet hatten und die auch zahlreichen Eingang in die Beratungen des Verteidigungsausschusses gefunden hatten.

---

[962] Ebd. S. B 11.

[963] Ebd.

[964] Ebd. S. B 12. Strauß hat mit dieser Entgegnung Recht. Die US-Amerikaner stellten allerdings weit weniger Starfighter als ursprünglich angekündigt in Dienst. Dabei muss aber darauf hingewiesen werden, dass die Abfangjägerversion der F-104 in den USA bereits nach knapp einem Jahr durch die F-102 *Delta Dagger* ersetzt wurde. Gründe hierfür waren die mangelnde Allwettertauglichkeit und zu geringe Reichweite. Die Jagdbomberversion der F-104 war dagegen noch ein paar Jahre länger im Dienst der US Air Force, vgl. Müller, Luftverteidigung, S. 108.

[965] Ebd., S. B 15.

Zum anderen wirft die Vorgehensweise von General Kammhuber im Verteidigungsausschuss zur Aufstellung professioneller Kunstflugteams Fragen auf. Er gab das geplante Kunstflugprogramm zwar zu, wies aber mit Vehemenz darauf hin, dass es sich dabei um eine einmalige Aktion gehandelt habe, die eine Gruppe von Fluglehrern für den besonderen Anlass der Feier zur Geschwaderumrüstung am 20. Juni 1962 einstudiert hätte. An die Aufstellung eines professionellen Kunstflugteams in der Bundesluftwaffe sei nicht gedacht gewesen. In seinem Memorandum hatte er jedoch schon zugegeben, dass vom Kommando der Schulen der Luftwaffe mehrfach die Bitte um die Etatisierung eines solchen Teams an ihn herangetragen worden sei. Diese Bitte wolle er aber immer abgelehnt haben.

Nichtsdestotrotz lässt sich auch aufgrund der vorliegenden Programme zu den Großflugtagen 1961 und 1962 in Fürstenfeldbruck die Existenz eines Kunstflugteam, wenigstens bei der Waffenschule 10, kaum von der Hand weisen. Die von der Luftwaffenführung dagegen vorgebrachte Erklärung, es habe sich lediglich um die Vorführung einer Formationsflugübung zur Demonstration des erreichten Ausbildungsstandes der Piloten gehandelt, nicht aber um die Vorführung eines luftwaffeneigenen Kunstflugteams, war hingegen nicht überzeugend. Die Einladung hatte anderes suggeriert.

Es gab noch weitere Umstände, die vom Luftwaffenführungsstab und damit von Kammhuber genehmigte Aufstellung einer Kunstflugeinheit nahelegen: Den ersten Umstand nennt Franz Josef Strauß in seinen Erinnerungen: „Was konnte ich dafür, daß General Josef Kammhuber hinter meinem Rücken eine Kunstflugstaffel der Luftwaffe aufbaute und dann alle drei Maschinen mitsamt des amerikanischen Instrukteurs mit tausend Stundenkilometern vertikal in den Boden rasten[966]?" Hätte es sich bei diesem Unfall wirklich nur um eine Formationsflugübung gehandelt, so hätte dies vermutlich kaum Eingang in Strauß´ Memoiren gefunden. Aus dem Zitat spricht eine deutliche Verärgerung über die Eigenmächtigkeit des Luftwaffeninspekteurs, dessen Eigenmächtigkeit auf Strauß als Verteidigungsminister zurückfiel.

Auch in der Darstellung eines zum damaligen Zeitpunkt auf dem Flugplatz Nörvenich stationierten Flugzeugführers des Jagdbombergeschwaders 31 finden sich ausdrückliche Hinweise auf den Umstand, dass die erwähnten Flugübung mittelfristig die Aufstellung eines eigenen Kunstflugteams für die Luftwaffe zum Ziel hatten[967].

Zum dritten sind die Aufzeichnungen im Tagebuch des Inspekteurs der Luftwaffe zum Sachverhalt der eventuellen Aufstellung eines Kunstflugteams widersprüchlich. Noch am 4. Juni 1962 ordnete Kammhuber zur Feier der Indienststellung des Jagdbombergeschwaders 31 an: „Außer Kunstflugschwarm [!] sind 8 F-104G bei

---

[966] Strauß, Erinnerungen, S. 292.
[967] Vgl. dazu die umfangreiche Darstellung des damaligen Oberleutnants Joachim Ziegler, zitiert in Kropf, Deutsche Starfighter, S. 34f.

Flugveranstaltung vorzusehen[968]." Nur wenige Tage später genehmigte der Inspekteur die Beteiligung von Maschinen des Typs F-104 auf dem für Ende Juli 1962 geplanten Großflugtag auf dem Fliegerhorst Fürstenfeldbruck. Auch hier war die offizielle Bezeichnung in den Akten wieder „Kunstflugschwarm[969]". Wenn es sich aber wirklich nur um eine Formationsflugübung gehandelt haben sollte, wie Kammhuber vor dem Verteidigungsausschuss ausgesagt hatte, hätte dies in den Akten ja auch so vermerkt werden können. Einige Tage nach dem Absturz der Formation in Nörvenich traf der Inspekteur folgende Anordnung: „Anweisung an KdS [Kommando der Schulen der Luftwaffe]: Übungen der sogenannten *Kunstflugteams* im Bereich KdSLw sind ab sofort bis auf weiteres einzustellen[970]." Während der Führungsstab der Luftwaffe vor dem Unfall offenbar keine Probleme damit hatte, die Formation als Kunstflugschwarm zu bezeichnen, sollte nun offenbar der sprachliche Eindruck erweckt werden, dass nur in der Öffentlichkeit von Kunstflugeinheiten der Luftwaffe gesprochen werde, diese Bezeichnung aber nicht zutreffend sei. Interessant ist an diesem Zitat vor allem auch der Hinweis, dass im Zuständigkeitsbereich des Kommandos der Schulen der Luftwaffe mehrere Einheiten trainiert zu haben scheinen[971].

Der vierte Umstand ist ein Fernsehinterview mit dem damaligen Pressesprecher des Verteidigungsministeriums, Gerd Schmückle. Dieser erzählte, dass sich einige Wochen nach dem Unfall ein Schneider aus Bonn bei ihm gemeldet habe, um zu erfahren, wer ihm jetzt die Uniformen für die Kunstflugstaffel bezahlen würde. Schmückle beschrieb daraufhin ein Kleidungsstück, in das auf einer Brustseite die Worte „Kunstflugteam der Luftwaffe" eingestickt waren. Er gab in dem Interview auch zu, jetzt – mehr als dreißig Jahre später – zum ersten Mal über diesen Umstand zu sprechen[972].

---

[968] BArch, BL 1/14653, Tgb. InspLw, Eintrag vom 4.6.1962 betr. F-104-Vorführungen am 20.6.1962 in Nörvenich.

[969] BArch, BL 1/14653, Tgb. InspLw, Eintrag vom 8.6.1962 betr. F-104-Beteiligung an Großflugtag in Fürstenfeldbruck am 22.7.1962, S. 2. Allerdings war das Wort diesmal in Anführungszeichen gesetzt worden, die nachträglich von Hand in das maschinengeschriebene Dokument eingefügt worden waren.

[970] BArch, BL 1/14653, Tgb. InspLw, Eintrag vom 25.6.1962, S. 1.

[971] Lemke, Konzeption, S. 361. Eine Abbildung auf der angegeben Seite erhärtet diese Vermutung. Auf ihr sind zwei Viererformationen F-104 zu sehen, die definitiv Formationskunstflug praktizieren.

[972] Interview mit Gerd Schmückle in der Reportage „Der Tod war schneller – Die Starfighter-Affäre" (NDR 1998). Vgl. dazu auch Schmückle, Ohne Pauken, S. 291. Nach Schmückles Äußerungen lag die Schuld dafür bei Luftwaffeninspekteur Kammhuber, der nach Schmückles Darstellung der Initiator der Aufstellung der Kunstflugformation gewesen sein soll: „Schon unter Franz-Josef Strauß waren vier Starfighter-Piloten, die Kammhuber zu einem Kunstflugteam hatte machen wollen, abgestürzt – einen Tag, bevor sie ihre Akrobatik hätten vorführen sollen". Auch in seinen Memoiren aus dem Jahr 1982 führte er die Tatsache an, dass die in Nörvenich verunglückte Formation später als Luftwaffenkunstflugteam hätte fungieren sollen.

Als Gesamtbild ergibt sich aus den oben dargestellten Umständen, dass die Deutsche Luftwaffe im Jahr 1962 sehr wohl ein professionelles Kunstflugteam zu Showzwecken etablieren wollte. Die Veranstaltung in Nörvenich zur Indienststellung des ersten auf die F-104G umgerüsteten Geschwaders der Bundesluftwaffe war die Generalprobe für die ersten Piloten dieser Kunstflugeinheit, bevor diese beim Großflugtag in Fürstenfeldbruck ca. einen Monat später der Öffentlichkeit vorgestellt werden sollten.

Dass diese Planungen vom Kommandeur der Luftwaffenschulen ohne das Wissen und die Zustimmung von General Kammhuber unternommen wurden, scheint unglaubwürdig. Dies hätte dem militärischen Gehorsamsprinzip und der Persönlichkeit Kammhubers widersprochen. Es bleibt nur der Schluss, dass General Kammhuber sehr wohl über die Aufstellungspläne der Einheit informiert war, sie vielleicht sogar selbst angeordnet hat. Dann aber hat Kammhuber sowohl in dem von ihm verfassten Memorandum zum Kunstflug in der Luftwaffe als auch vor dem Verteidigungsausschuss den Abgeordneten nicht die Wahrheit gesagt, vermutlich allein, um unangenehme Fragen der Ausschussmitglieder und Schuldzuweisungen zu vermeiden.

Kurze Zeit nach dem Unfall wurde Kammhuber in den Ruhestand versetzt[973]. Trotz der Ereignisse am 19. Juni 1962 in Nörvenich war sein Lebensalter von 66 Jahren der Anlass dazu[974]. Es ist anzunehmen, dass er trotz der Überschreitung der Altersgrenze so lange im Dienst bleiben sollte, bis die Umrüstung des ersten Luftwaffengeschwaders auf die F-104G abgeschlossen war. Allerdings war General Kammhuber bereits im Mai 1962 wegen des Vorfalls der Grenzverletzung der DDR durch zwei bundesdeutsche Jagdbomber in die Kritik des Verteidigungsausschusses geraten[975]. Sein Nachfolger wurde der bisherige Befehlshaber der Luftwaffengruppe Nord, Generalleutnant Werner Panitzki[976].

---

973 Rall, Mein Flugbuch, S. 284; Aero 8/1962 „General Kammhuber scheidet aus", S. 185.

974 Kammhuber wurde am 19.8.1896 geboren. Zur Person: Schmidt, Seines Wertes bewusst.

975 Bei dem Zwischenfall waren 2 Jagdbomber des Jagdbombergeschwaders 32 aus Lechfeld auf Grund von Navigationsfehlern über das Staatsgebiet der DDR geflogen und mussten in Berlin-Tegel notlanden. Auf Grund des Vorfalls hatte Verteidigungsminister Strauß den Geschwaderkommodere, Siegfried Barth, ablösen lassen, vgl. Der Spiegel 19/1962: „Strauß-Befehl Bier-Order 61", S. 26f. Im Zusammenhang mit diesem Vorfall wurde Kammhuber im Verteidigungsausschuss scharf kritisiert, ihm wurde schlechte Menschführung vorgeworfen; vgl. Der Spiegel 21/1962 „Menschenführung", S. 12. Strauß stelle den Ausschussmitgliedern daraufhin in Aussicht, dass die Ablösung Kammhubers als Inspekteur in Kürze erfolgen werde.

976 Aero 8/1962 „General Kammhuber scheidet aus", S. 185.

2. Der technische Zustand des Gesamtwaffensystems F-104G im Jahr 1962: Wirklich nur „bedingt abwehrbereit"?

Die deutsche Luftfahrtindustrie übernahm im Jahr 1961 einen Großteil der Verantwortung für die technische Betreuung des Waffensystems F-104G von Lockheed. Die Übernahme dieser Aufgabe führte schließlich zur Gründung des Technischen Büros F-104 (TB 104) beim Entwicklungsring Süd. Dabei sollten die Entwicklungen des Jahres 1962 aber zeigen, dass der Zustand des Waffensystems und dessen Produktion durch die europäische Luftfahrtindustrie weit weniger ausgereift war, als es beispielsweise Luftwaffeninspekteur Kammhuber gegenüber den Mitgliedern des Verteidigungsausschusses dargestellt hatte. In Wirklichkeit befand sich der technische Status des Flugzeugs und seiner Produktion auf einem wesentlich schlechteren Level.

Diese Tatsache wurde bereits Anfang Februar 1962 auf einer Sitzung der Arbeitsgemeinschaft F-104 Süd deutlich[977]. Der Vorsitzende des Ständigen Ausschusses der Arge, Professor Thalau, wies erneut auf die Bestimmung des TB 104 hin, „im Auftrag des BWB an der Truppenreifmachung und der technisch-konstruktiven Betreuung der F 104 mit aller Kraft mitzuwirken[978]." Dabei legte Thalau aber auch dar, wie ernst der momentane Sachstand des Waffensystems und wie beunruhigt die Bundesregierung darüber sei: „Diese Aufgabe sei von äußerster Dringlichkeit. Die F 104 mache dem Ministerium und dem EWR weit mehr Sorgen als die VJ 101. Wenn das F 104 Waffensystem nicht zum Erfolg gebracht werde, so brauche sich der EWR um die VJ 101 keine Sorgen mehr zu machen[979]." Die Tatsache, dass der reibungslose technische Ablauf bei der Einführung der F-104G in die Luftwaffe für das Verteidigungsministerium eine Aufgabe von äußerster Dringlichkeit darstellte, verstand sich von selbst. Immerhin handelte es sich hier um die Einführung eines äußerst komplexen Waffensystems in die technisch noch unerfahrene Bundeswehr, an deren reibungslosen Erfolg natürlich auch die Einhaltung von gegenüber der NATO zugesagten strategischen Verpflichtungen abhing[980]. Erstaunlich ist hierbei aber der Umstand, dass das Bundesverteidigungsministerium über den aktuellen technischen Zustand des Flugzeugs so beunruhigt war, dass es dem EWR drohte, den Entwicklungsauftrag für den Senkrechtstarter VJ-101 nicht weiter zu finanzieren, wenn es den Ingenieuren nicht gelingen würde, die technischen Schwierigkeiten bei der F-104G zu meistern. Da

---

[977] Sammlung Lusser, Aktennotiz des Ständigen Ausschußes und der Arge am 1. Februar 1962 in der Tölzer Straße, 2.2.1962, S. 1ff.

[978] Ebd., S. 1.

[979] Ebd.

[980] Dabei muss darauf hingewiesen werden, dass ein Waffensystem zu diesem Zeitpunkt generell wesentlich komplexer war als ein Kampfflugzeug während des Zweiten Weltkriegs, da mittlerweile wesentlich mehr technische Komponenten nötig waren, vgl. Schunk, Luft- und Raumfahrtindustrie, S. 45.

die Unternehmen der Luftfahrtindustrie auf die erfolgreiche Entwicklung der VJ-101 nach Abschluss der Starfighter-Lizenzfertigung dringend angewiesen waren, stellte dies eine Drohung mit schwerwiegenden Konsequenzen für die Industrie dar.

Die Situation wurde allerdings von den anwesenden Teilnehmern aus der Luftfahrtindustrie ähnlich kritisch eingeschätzt. So forderte Ludwig Bölkow, dass als erste Notwendigkeit bei der gesamten F-104-Thematik ein Skandal zu vermeiden sei[981]. Dabei kam in der Diskussion auch deutlich zum Ausdruck, dass die Anwesenden mit der Zusammenarbeit zwischen dem BWB und der Luftfahrtindustrie bei der F-104G nicht zufrieden waren. Nach Ansicht von Bölkow agierte das BWB in vielen Bereichen nur äußerst zögerlich. Er forderte daher die Anwesenden auf, selbst zur Verbesserung der Lage der F-104G aktiv zu werden und nicht erst auf Aufforderungen seitens des BWB zu warten[982]. Allerdings schien es auch innerhalb der Industrie-Organisation Defizite im Bereich der Zusammenarbeit zu geben. Dabei warfen sich Vertreter des TB 104 und der Arge gegenseitig vor, die Arbeit der jeweils anderen Institution nicht genug zu schätzen, teilweise auch als nutzlos zu bezeichnen[983]. Professor Karl Thalau wies beide Konfliktparteien darauf hin, dass es eine glatte Zusammenarbeit zwischen allen Beteiligten geben müsse. Dies sei auch sicher völlig im Interesse des BWB[984].

Schon bei den Erprobungsflügen der Joint Test Force in Kalifornien hatte sich angedeutet, dass das große Problem der F-104G weniger in der Zuverlässigkeit der Flugzeugzelle als vielmehr im Bereich der Elektronik lag. Um diesem Problem Herr werden zu können, sollte durch das TB 104 ein umfassendes Versagerberichtswesen aufgebaut werden, um so einen Überblick über die betroffenen Elektronikkomponenten zu erhalten und möglichst wirkungsvoll gegen Störungen vorgehen zu können. Nach einem vom EWR zu diesem Thema verfassten Bericht ergaben sich dabei aber gravierende Schwierigkeiten. Zum einen kritisierte die Abhandlung die Überlastung der meisten deutschen und ausländischen Fachkräfte auf dem Gebiet der Elektronik, was vermehrt Oberflächlichkeit, allgemeine Nervosität und daraus resultierend die Erschließung neuer Fehlerquellen zur Folge hatte[985].

---

981 Ebd., S. 2. Der von der Firma Messerschmitt entsandte Direktor Bauer äußerte sogar seine Überzeugung, dass eine Katastrophe verhindert werden müsse.
982 Ebd., S. 3.
983 Ebd.
984 Ebd.
985 Sammlung Lusser, Aktennotiz EWR betr. Stand des Versagerberichtswesens der F-104 Elektronik 4.5.1962, S. 1.

Auch die schlechte Bevorratungslage im Bereich der Ersatzteile sorgte bei der Ausrüstung der F-104G für große Probleme[986]. So mussten teilweise mehrere Maschinen elektronisch ausgeschlachtet werden, um eine Maschine flugfähig machen zu können. Dazu kritisierte der Bericht, dass dieses Verhalten gegen die Grundprinzipien der Wartung verstoße[987]. Ebenfalls problematisch war offenbar die Zusammenarbeit zwischen den Mitarbeitern des TB 104 und den produzierenden Luftfahrtunternehmen. So schrieb der Bericht, dass die Mitarbeiter des TB 104 bei ihrer Suche nach Versagerursachen häufig von den anderen Mitarbeitern als „lästige Eindringlinge[988]" behandelt worden seien. Es sei nur in den wenigsten Fällen gelungen, durch persönliche Kontakte eine Vertrauensbasis in den Betrieben aufzubauen. Darüber hinaus seien weder die Mitarbeiter der Firma Lockheed noch die der Hersteller von Elektronikkomponenten sonderlich daran interessiert, für das TB 104 technisch wichtige Informationen weiter zu geben. Dabei sei eine äußerst übliche Begründung, dass auf Grund der geltenden Verträge von ihrer Seite keinerlei Verpflichtung zur Erteilung einer Auskunft bestehen würde[989].

Über das gleiche Problem berichtete auch der damalige Leiter des Arbeitsstabes F-104, Oberst Rall, im Falle technischer Details zum Bombenabwurfrechner. Der Hersteller verweigerte dem Arbeitsstab F-104 und der deutschen Industrie jegliche Weitergabe von technischen Informationen zu dem Gerät. Das Problem konnte erst später durch die Beschwerde des deutschen Verteidigungsministers aus der Welt geschafft werden[990]. Vor allem das Verhalten Lockheeds war hierbei unverständlich: Das Unternehmen hatte dem TB 104 für die Übergangszeit, in der die technische Betreuung des Waffensystems von der Herstellerfirma an das TB 104 übergeben wurde, eine besondere Hilfestellung zugesagt[991]. Umso erschütternder war aber die Einschätzung des Berichtes des EWR, weshalb die Entwicklungsingenieure von Lockheed nicht gewillt sein könnten, diese wichtigen Informationen weiter zu geben: „Vielleicht sind den Lockheed-Ingenieuren die Hände gebunden. Wahrscheinlicher ist aber, daß sie uns die Versagerursachen nicht mitteilen, weil sie sie selbst nicht kennen[992]."

Weiterhin litt der konsequente Aufbau eines umfassenden Berichtwesens nach Ansicht des EWR auch unter der Problematik, dass fast alle Monteure und viele Inge-

---

[986] So berichtet der ehemalige F-104G-Pilot Hubert Merkel, dass das Jagdbombergeschwader 31 in Nörvenich während der Geschwadererprobung des Musters innerhalb von 6 Monaten den gesamten Ersatzteilvorrat der Bundeswehr aufgebraucht hatte, vgl. Merkel, Flugzeugführer, S. 81.
[987] Lusser, Aktennotiz EWR betr. Stand des Versagerberichtswesens der F-104 Elektronik 4.5.1962, S. 1.
[988] Ebd., S. 1f.
[989] Ebd., S. 2.
[990] Rall, Mein Flugbuch, S. 245.
[991] Sammlung Lusser, Aktennotiz EWR betr. Stand des Versagerberichtswesens der F-104 Elektronik (4.5.1962), S. 2.
[992] Ebd.

214

nieure nicht gewillt waren, die Ergebnisse ihrer Prüfungen und damit die Gründe für das Versagen elektronischer Komponenten schriftlich festzuhalten. Diesbezügliche Forderungen wurden offenbar nur allzu oft als lästiger Papierkrieg bezeichnet und nicht weiter verfolgt.[993] Insgesamt bezeichnete der Bericht des EWR die Gesamtsituation des Versagerberichtswesens als wesentlich verbesserungswürdig: „Ein Versagerberichtwesen, das den wirklichen Ursachen nicht auf den Grund geht, ist aber nutzlos. Das TB 104 kann sie nur lösen, wenn es von allen beteiligten Ministerien, Firmenchefs, Fertigungsingenieuren, Konstrukteuren, Inspektoren und Monteuren voll unterstützt wird. Es kann sie auch nur lösen, wenn alle daran Beteiligten neben umfassendem fachlichen Wissen und Können auch über allgemein menschliche Qualitäten, wie Pflichtgefühl, Umsicht, Takt und Teamgeist verfügen. Leider fehlt es hier noch vielerorts[994]."

Neben aller Kritik an den oben erwähnten beteiligten Stellen sah der EWR die Tätigkeit des TB 104 auch durchaus selbstkritisch und beurteilte die Voraussetzungen für eine erfolgreiche Zusammenarbeit auch von Seiten des TB 104 als nicht zufriedenstellend[995]. Ursächlich dafür waren die Ingenieure des TB 104, die oft mit den komplizierten elektronischen Geräten noch nicht vertraut waren. Dabei war laut dem Bericht des EWR selbst bei besten fachlichen Kenntnissen eine Einarbeitungszeit von sechs Monaten notwendig – aber auch nur dann, wenn sowohl von Lockheed als auch von den Herstellern der elektronischen Komponenten jegliche Art von Unterstützung ermöglicht würde[996].

Dieses Problem fehlender Experten war bereits bei der Gründung des TB 104 im Sommer 1962 durch den Führungsstab der Luftwaffe diskutiert worden. Offenbar hatte sich die Lage rund ein Jahr später kaum grundlegend geändert. Die schwierige Situation des TB 104 infolge fehlender Fachleute gibt ebenfalls ein Dokument des EWR wieder, das aus dem Herbst des Jahres 1962 stammt. Darin bemängelte das TB 104 die Tatsache, dass die wenigen, erfahrenen Luftfahrtingenieure teilweise mit der Ausbildung und Führung der im Flugzeugbau unerfahrenen neu eingestellten Nachwuchsingenieure so beschäftigt seien, dass sie andere Aufgaben vernachlässigen müssten[997]. Weitere Probleme bereitete dem TB 104 die Tatsache, dass selbst erfahrene Mitarbeiter teilweise keine Freigabe für geheime Dokumente bekamen und die Möglichkeit des Mitarbeitereinsatzes damit stark eingeschränkt wurde[998].

---

[993] Ebd., S. 3.
[994] Ebd.
[995] Ebd.
[996] Ebd., S. 4.
[997] Sammlung Lusser, Aktennotiz TB 104 betr. Konstruktive Betreuung der bei der Arge 104 befindlichen Ersatzteilkartei durch TB-104-Angehörige (Konstrukteure) 14.9.1962, S. 1f.
[998] Ebd., S. 2.

Der EWR wies in diesem internen Papier auch darauf hin, dass der Aufbau des TB-104 durch zahlreiche, von außen kommende Störungen außerordentlich behindert und verzögert worden war. Erschwerend zu dieser Tatsache wurde dem TB 104 gegenüber ein Einstellungs-stopp verfügt[999]. Damit befand sich das Büro knapp ein Jahr nach seiner Gründung in einer personell völlig unzureichenden Situation: „Anstelle der im Februar [1962] geplanten 150 bis 200 Fachkräfte verfügt daher das TB 104 zur Zeit über nur 92. Es ist somit offensichtlich, daß das TB 104 außerstande ist, neben der umfangreichen Aufbau- und Ausbildungsarbeit die rasch wachsende Zahl von Aufgaben zu bewältigen[1000]." Dieser Umstand wog angesichts der Situation der Luftwaffe umso schwerer. Nach der erfolgten Umrüstung des ersten F-104G-Geschwaders im Juni 1962 sollten nun auch die nächsten Verbände der Luftwaffe mit dem neuen Waffensystem ausgerüstet werden. Dieses Vorhaben wurde durch das Fehlen einer effektiven technischen Betreuung erheblich erschwert.

Das Dokument zur Personalsituation im TB 104 aus dem Herbst des Jahres 1962 machte weiterhin deutlich, dass die Arge 104 und das TB 104 ihre Differenzen immer noch nicht beigelegt hatten. Das TB 104 äußerte deutliche Kritik an Direktor Hederer von der Arge 104. Laut der Darstellung des TB 104 verfolgte dieser seit ihrer Gründung das Ziel, das TB in die Struktur seiner Lizenzfertigungsorganisation ein- und unterzuordnen: „Es ist bekannt, daß Herr Hederer auch heute noch seinen alten naiven Standpunkt verficht, das TB 104 sei ein Anhängsel der Fertigung und müsse daher der Arge, d.h. ihm selbst unterstellt werden. [...] Wir benutzen diese Gelegenheit darauf aufmerksam zu machen, daß Herr Hederer nach wie vor überall versucht, das Ansehen des TB 104 zu untergraben und die Arbeitsfreudigkeit seiner leitenden Herren herabzusetzen[1001]." Selbst bei einer ausreichenden Personaldecke hätte das TB 104 also offenbar nicht in Ruhe arbeiten können, sondern musste sich zu den anfallenden technischen Aufgaben, die sicherlich alleine umfangreich genug waren, mit internen Streitigkeiten und Anfeindungen aus der Industrie auseinandersetzen.

Wie bedeutsam der Aufbau einer arbeitsfähigen technischen Betreuung eines Waffensystems in der Bundeswehr wirklich war, verdeutlichte der EWR in einem weiteren Schriftstück aus dem Sommer 1962. Der Verfasser legte hier dar, dass ein nicht hinreichend durchgeführtes Zuverlässigkeitsprogramm nicht nur weit reichende Folgen für die Einsatzbereitschaft des Waffensystems haben müsste, sondern auch eventuell den Rüstungshaushalt durch Mehrausgaben wesentlich stärker belasten würde, als es mit einer funktionierenden technischen Betreuung der Fall sei[1002]. Der EWR

---

[999] Ebd.

[1000] Ebd., S. 3.

[1001] Ebd., S. 1f.

[1002] Sammlung Lusser, EWR Abteilung Zuverlässigkeit an Direktor Lusser betr. Zuverlässigkeit und Kosten eines Waffensystems 13.6.1962, S. 1.

216

forderte daher intern von der Bundesregierung, mehr Geld für ein funktionsfähiges Zuverlässigkeitsprogramm der F-104G auszugeben, um letztlich damit die Ausgaben für nicht arbeitsfähige Komponenten des Flugzeugs zu senken[1003].

In einem weiteren Bericht wies das TB 104 im Juni 1962 erneut auf die offenbar eklatanten Schwächen des aktuell existierenden Versagerberichtswesens bei der F-104G hin. Zur Beurteilung der Zuverlässigkeit der Elektronik des Waffensystems, die aus insgesamt ca. 50.000 Komponenten bestand, wurden zum damaligen Zeitpunkt fünf unterschiedliche Informationsquellen herangezogen[1004]. Dabei bezeichnete das TB 104 drei dieser fünf Informationsquellen als unzureichend, um ein effektives Versagerberichtwesen zu betreiben[1005].

Aber selbst mit den zur Verfügung stehenden, einigermaßen arbeitsfähigen Informationsquellen zeichnete der Bericht ein äußerst düsteres Bild der Gesamtsituation. So war ein wichtiger Bestandteil zur Analyse der Zuverlässigkeit eines Waffensystems die statistisch errechnete Mittlere Zeit zwischen zwei Versagern (MTBF[1006]). Laut einer Berechnung von Lockheed kam danach das System F-104G auf einen Zuverlässigkeitsstand von 76 bis 84 Prozent; der genaue Wert der Zuverlässigkeit hing dabei von der jeweils geflogenen Mission und den dabei benötigten Elektronikkomponenten ab. Das TB 104 bildete aus diesen Berechnungen den groben Zuverlässigkeitsmittelwert von 80 Prozent. Dies bedeutete, dass ungefähr bei 20 Prozent der geflogenen Missionen ein Elektronikausfall bei einer F-104G stattfinden würde. Die Ingenieure wiesen aber auch auf die schwerwiegenden Folgen hin, die der Ausfall einer Elektronikkomponente bei einem Flugzeug der Überschallklasse nach sich ziehen würde: „Da die F 104-Elektronik bei Nacht- und Schlechtwetterflug lebenswichtig ist, muß somit bei einem von fünf Schlechtwettereinsätzen mit Totalverlust [sic!] gerechnet werden[1007].“

Aber selbst diese Annahme bewertete das TB 104 noch zu optimistisch. Da ein Gesamtsystem aus den unterschiedlichsten Komponenten mit jeweils eigenen MTBFs bestand, ergab sich für den Klarstand der elektronischen Systeme der F-104G eine mehr als beunruhigende Prognose der Entwicklungsingenieure: „Im Falle der F 104 beträgt die Gesamt-MTBF 4 Stunden. Nach dieser Betriebszeit würden zwei Drittel aller eingesetzten Flugzeuge einen elektronischen Defekt aufweisen. Im Gegensatz dazu haben Turbotriebwerke Dart und Avon während 1,5 Millionen Flugstunden im

---

[1003] Ebd., S. 3.

[1004] Sammlung Lusser, TB 104 Vorschläge für ein Zuverlässigkeitsprogramm für die F 104G-Elektronik, ohne Datum, S. A 1.

[1005] Ebd., S. A 1ff.

[1006] Die Abkürzung bedeutet „mean time between failure"; vgl. die Darstellung bei BArch, BL 1/14653, Tgb. InspLw, Logistischer Lagebericht für das Waffensystem F-104G Stand 15.10.1962, S. 28.

[1007] Sammlung Lusser, TB 104 Vorschläge für ein Zuverlässigkeitsprogramm für die F 104G-Elektronik, ohne Datum, S. A 4.

Luftverkehr eine MTBF von 20.000 bzw. 23.500 Stunden erreicht[1008]!" Selbst wenn ein direkter Vergleich zwischen einem Triebwerk und dem elektronischen Gesamtsystems eines Flugzeugs fragwürdig ist, verdeutlichte er dennoch, wie wenig truppenreif das Flugzeug F-104G 1962 alleine im Bereich seiner Elektronik zu sein schien. Dieser Umstand wog natürlich umso schwerer, da im Überschallzeitalter an die erfolgreiche Durchführung eines Fluges bei einem Ausfall bedeutender elektronischer Komponenten nicht mehr zu denken war und, wie vom TB 104 auch angesprochen, mit einem Totalverlust der Maschine gerechnet werden musste.

Das vorhandene Versagerberichtswesen konnte nach Ansicht des TB 104 unmittelbar nur sehr wenig zur Verbesserung der Zuverlässigkeit der F-104G-Elektronik beitragen[1009]. Dafür gab es nach Meinung der Verantwortlichen unterschiedliche Gründe: Die aktuell durchgeführten Untersuchungen drangen häufig nicht bis auf den Grund des Problems vor, sondern untersuchten das Problem eher oberflächlich, so dass etwa nur in zehn Prozent der Fälle sofort die defekte Komponente aufgeklärt werden konnte[1010]. Ein weiteres Problem war der im TB unternommene Versuch, die Versagerberichte statistisch auszuwerten, um Regelmäßigkeiten feststellen zu können. Bei einem derart komplexen technischen System mit rund 50.000 Komponenten war dies aber offenbar nicht möglich, weil die Fehlerquellen einfach zu vielfältig waren. So berichteten die Ingenieure des TB 104: „Beispielsweise haben wir seit Anfang April *unter 406 Versagensfällen keine einzige Dublette* feststellen können[1011]." Daher sei die statistische Auswertung von Fehlerquellen so gut wie nicht geeignet, um dauerhaft auftretende Fehlerquellen zu erkennen. Ein anderes Problem stellten die technischen Beschaffenheit elektronischer Komponenten dar. Während beispielsweise bei der Flugzeugzelle Art und Ursache vieler Versager durch reine Inaugenscheinnahme festgestellt werden konnten, war dies bei der Elektronik meistens nicht der Fall. Hier waren die einzelnen Bauteile zum einen mit undurchsichtigem Lack überzogen und zum anderen so miteinander verbaut, dass sie oft nicht ohne Beschädigung vom Rest des Bauteils getrennt werden konnten[1012]. Zudem waren die Baugruppen nicht nur mechanisch, sondern auch elektronisch miteinander verbunden und brachten sich häufig gegenseitig zum Versagen. Daher ließ sich nach Meinung des TB 104 nur selten mit der nötigen Gewissheit erkennen, „ob die defekte Komponente schlecht konstruiert, mangelhaft gefertigt, oder falsch gewartet oder gehandhabt wurde.[1013]."

[1008] Ebd., S. A 5.
[1009] Ebd., S. B 1.
[1010] Ebd.
[1011] Ebd.
[1012] Ebd., S. B 2.
[1013] Ebd.

218

Da bei der Flugzeugelektronik, im Gegensatz zu Zelle und Triebwerk, zwischen Fehlerermittlung und -behebung zum Teil Monate oder sogar Jahre lagen, bezeichnete das TB 104 das Wachstum der Gesamtzuverlässigkeit als außerordentlich träge[1014]. Trotz dieser grundsätzlichen Schwächen wurde das Versagerberichtswesen aber als außerordentlich notwendig erachtet, um eine dauerhafte Steigerung der Gesamtzuverlässigkeit erreichen zu können. Dazu schlug das TB 104 vor, das Berichtswesen zu zentralisieren, um so eine möglichst effektiv Aufarbeitung der technischen Probleme leisten zu können. Dabei sollte aber auf keinen Fall eine Aufteilung in einzelne Sachgebiete, nach Organisationen oder nach Nationalitäten erfolgen. Nach Ansicht der Ingenieure des TB 104 würde diese Aufteilung zu einem völligen Chaos und absoluten Misserfolg des Waffensystems F-104G führen[1015]. Der Aufbau eines effektiven Berichtswesens würde nach der Einschätzung der Entwicklungsingenieure mindestens zwei Jahre, vermutlich aber sogar noch länger dauern. Hier kritisierte das TB 104 auch den Umstand, dass die ersten Flugzeuge bereits an die Luftwaffe ausgeliefert worden seien, bevor von Seiten der Industrie mit dem Aufbau eines solchen Systems begonnen wurde. Dementsprechend sei nun einiges an Arbeit nachzuholen. Bei einer ungefähren Gesamtzahl von 1.000 herzustellenden Flugzeugen vom Typ F-104G schätzte das TB 104 die benötigte Größe des Berichtteams auf 550 Mitarbeiter[1016].

Durch die Kompliziertheit des elektronischen Systems der F-104G war es nach Meinung des TB 104 unbedingt nötig, dass das Berichtsteam aus erfahrenen, vielseitig begabten Ingenieuren bestand: „Ein schlecht ausgebildetes oder schlecht geleitetes Team würde sicher versagen. Es muß ein Elite-Team herangezüchtet werden. Dies muß sich auch in den Gehältern ausdrücken, sowie in der Unterstützung, die es von allen maßgebenden Stellen erfährt[1017]." Weiterhin erhob das TB 104 die Forderung, dass das Berichtswesen so lange aufrechterhalten werden müsse, wie das Waffensystem F-104G in der Bundeswehr genutzt würde. Dabei sei mit fortschreitender Zeit auch nicht mit einer Abnahme der Arbeitsbelastung zu rechnen. Mit laufendem Dienstalter des Systems sei eher mit einer Erhöhung zu rechnen, da dann zudem das Problem des Verschleißes ins Gewicht falle[1018].

Nach Meinung des TB 104 sollte die hoch komplizierte Elektronik der F-104G, die die Ingenieure als Ultrarisikogerät betrachteten, so lange nicht mehr eingesetzt werden, bis die Zuverlässigkeit um mehrere Zehnerpotenzen erhöht worden wäre. Um dies zu erreichen, schlug das TB 104 eine ziemlich tief greifende Maßnahme vor. Das Gesamtsystem sollte in einem ersten Schritt radikal vereinfacht werden, indem

---

[1014] Ebd.
[1015] Ebd., S. B 4.
[1016] Ebd., S. B 5.
[1017] Ebd., S. B 6.
[1018] Ebd., S. B 6.

mehrere komplizierte Teilsysteme einfach außer Kraft gesetzt werden sollten, „selbst wenn dies den Kampfwert des F 104-Waffensystems herabsetzt[1019]." In einem zweiten Schritt sollten die dann noch verbleibenden Teilsysteme und deren Komponenten einem umfangreichen Zuverlässigkeitsprogramm unterzogen werden. Dabei wäre die Entscheidung, welche Teilsysteme zunächst nicht mehr genutzt werden sollten, vom Führungsstab der Luftwaffe zu treffen sein, der ja für die militärische Grundlagenplanung des Waffensystems verantwortlich war. Für die Durchführung des Zuverlässigkeitsprogramms läge die Verantwortung bei der Industrie, die Koordination beim TB 104[1020].

Ein solcher Vorschlag war möglicherweise aus industriell-technischer Sicht eine der am besten geeigneten Möglichkeiten, um die Kompliziertheit des Waffensystems F-104G in den Griff zu bekommen. Wenn das System zunächst auf ein unkompliziertes, arbeitsfähiges Level gebracht werden sollte, um dann nach und nach weitere Komponenten dazu zu schalten, hätte dies vermutlich auf längerfristige Sicht eine Steigerung der Zuverlässigkeit erwirken können. Vom militärischen Standpunkt allerdings war diese Forderung des TB 104 schlicht und ergreifend unerfüllbar. Es verlangte vom Führungsstab der Luftwaffe nicht weniger, als das neue „Flaggschiff" der Deutschen Luftwaffe elektronisch zunächst stark zu simplifizieren, selbst wenn dadurch der Kampfwert des Flugzeugs für die Zeit der Verbesserung der Zuverlässigkeit drastisch gesenkt werden würde. Damit hätte die Luftwaffe aber die von der Bundesrepublik gegenüber der NATO übernommenen Verteidigungsverpflichtungen nicht erfüllen können. Paradoxerweise war es hier für die Deutsche Luftwaffe günstiger, den Empfehlungen des TB 104 nicht zu folgen und keine Vereinfachung des Waffensystems F-104G vorzunehmen. Denn obwohl die elektronische Ausrüstung des Flugzeugs zu diesem Zeitpunkt offensichtlich nicht einsatzfähig war, konnte durch das alleinige Vorhandensein der sich langsam aufbauenden F-104G-Verbände, die ja auch für den atomaren Einsatz bestimmt waren, eben die Art von Abschreckung erreicht werden, auf die die NATO einen großen Teil ihrer Verteidigungsstrategie ausgelegt hatte. Der Krieg sollte eben schon im Vorfeld dadurch verhindert werden, dass dem Gegner angesichts der atomaren Schlagkraft des westlichen Bündnisses und der zu erwartenden Folgen eines Atomkrieges die Motivation für militärische Aktionen genommen werden sollte[1021]. Voraussetzung für das Gelingen dieser Abschreckung war natürlich der Umstand, dass der Warschauer Pakt um die tatsächliche Einsatzbereitschaft der Starfighter-Elektronik nicht wusste.

Der Verfasser des Berichts, der Direktor des TB 104 Robert Lusser, wies im weiteren Verlauf seiner Darstellung darauf hin, dass eine Reihe im Ausland bereits

---

[1019] Ebd., S. C 1.
[1020] Ebd., S. C 1f.
[1021] Vgl. dazu Kapitel I.1.a dieser Arbeit.

durchgeführter Zuverlässigkeitsprogramme sowohl personell als auch von den anfallenden Kosten sehr umfangreich gewesen waren. Er sprach hier von mehreren hundert Mitarbeitern und Kosten bis hin zu 250 Millionen US $[1022]. Damit warnte er vor der Illusion, dass ein solches Programm mit wenigen Mitarbeitern oder geringen Kosten zu realisieren sei. Lusser wies angesichts der zu erwartenden hohen Kosten eines Zuverlässigkeitsprogramms für die F-104G darauf hin, dass es äußerst unwirtschaftlich sei, zu wenig Geld für diesen Bereich auszugeben. Selbstverständlich dürften keine Gelder verschwendet werden. Eine genaue Kostenberechnung könne auf Grund der Komplexität der gesamten Thematik nicht erstellt werden, sondern lediglich eine ungefähre Schätzung[1023]. Das TB 104 ging dabei für die ersten zwei Jahre des Zuverlässigkeitsprogramms von Kosten in Höhe von 100 Millionen DM pro Jahr, also insgesamt 200 Millionen DM für die erste Phase des Programms, aus[1024]. Die Kosten sollten paritätisch unter den am F-104G-Lizenzbauprogramm teilnehmenden Staaten aufgeteilt und getragen werden. Diese Dokumente untermauern den unzureichenden technischen Gesamtzustand des Waffensystems F-104G im Jahr 1962.

Die Luftwaffenführung fühlte sich unterdessen in der Wahl des Flugzeugs bestätigt. Der Leiter einer die Bundesrepublik besuchende Delegation der US Air Force, General Bernard A. Schriever, berichtete General Kammhuber in einem vertraulichen Gespräch, dass ein Besuchsgrund die Schwierigkeiten seien, vor der die US Air Force momentan bei der Einführung des schweren Jagdbombers Republic F-105 *Thunderchief* in die Verbände stünden. Dabei galt die Sorge des Generals nicht den Komponenten Zelle und Triebwerk, sondern vielmehr einer falschen Planung während der Einführung dieses Waffensystems[1025]. – Dabei war die F-105 nach der F-100 *Super Sabre* das zweite hoch komplexe Waffensystem, mit dem die US Air Force bei der Einführung große Probleme hatte[1026]. – General Schriever glaubte, die Deutsche Luftwaffe hätte hier die Chance, aus den Fehlern der US Air Force zu lernen und ähnliche Probleme bei der Einführung der F-104G zu vermeiden[1027]. Er bot daher Kammhuber an, die

---

[1022] Sammlung Lusser, TB 104 Vorschläge für ein Zuverlässigkeitsprogramm für die F 104G-Elektronik, ohne Datum, S. C 2.

[1023] Ebd., S. F 2.

[1024] Ebd., S. F 3.

[1025] BArch, BL 1/14653 Tgb. InspLw, Eintrag vom 18.7.1962 betr. Besuch von General B.A. Schriever, Commander AFSC, S. 1f. Diese Schwierigkeiten waren auch einige Monate später erneut Thema auf einer deutsch-amerikanischen Luftwaffentagung; vgl. dazu BArch, BL 1/14653 Tgb. InspLw, Bericht über Tagung „Logistische Probleme von US-Waffensystemen in der Luftwaffe" 9.10.1962, S. 3; vgl. dazu auch die Darstellung bei Lemke, Konzeption, S. 454.

[1026] Zu den Problemen bei der Einführung der F-100 in den USA vgl. Buchan, The Implications, S. 11 sowie Yeager, Janos, Schall, S. 255.

[1027] BArch, BL 1/14653 Tgb. InspLw Eintrag vom 18.7.1962 betr. Besuch von General B.A. Schriever, Commander AFSC, S. 1f. Die von General Schriever angesprochenen Versäumnisse bezogen sich dabei

Ergebnisse, die in den folgenden Monaten von einer Expertenkommission erarbeitet werden sollten, an das deutsche Verteidigungsministerium weiter zu leiten[1028].

Kammhuber dankte Schriever sowohl für das Angebot des Informationsaustausches als auch für die generelle Unterrichtung bezüglich dieser Problematik. Er bewertete die Schwierigkeiten der US Air Force mit der F-105 für die Bundesluftwaffe als besonders hilfreich, da der Luftwaffe von einer Reihe von Kritikern vorgeworfen worden war, mit der F-104 die falsche Wahl getroffen zu haben. Dabei sei das Hauptargument dieser Kritiker, die Deutsche Luftwaffe hätte die größten Schwierigkeiten schon überstanden, wenn die Entscheidung gegen die F-104 und für die F-105 gefallen wäre[1029]. Der Inspekteur wies ebenfalls auf den Umstand hin, dass die technische Betreuung eines Waffensystems bei der US-amerikanischen Luftwaffe wesentlich effektiver gehandhabt werden könnte. General Schriever verfügte dazu nach Kammhubers Ansicht über eine Kommandostelle, bei der alle Entscheidungsstränge zusammenliefen, „während im deutschen System mehrere Stellen mit diesen Fragen befasst seien. Dies führe zu einer Streuung anstelle einer gemeinsamen Linie[1030]."

Im Oktober war die Problematik der nicht arbeitsfähigen Elektronik der F-104G ein Besprechungspunkt der deutsch-amerikanischen Luftwaffentagung, die unter dem Thema „Logistische Probleme von US-Waffensystemen in der Luftwaffe" stattfand[1031]. Hierbei wies der Inspekteur der Luftwaffe darauf hin, dass sich die 3. Stufe des Erprobungsprogramms der F-104G auf Grund von Schwierigkeiten bei der Elektronik weiter nach hinten verschieben würde. Bei dieser 3. Stufe musste ein Geschwader vollständig mit einsatzfähigen Flugzeugen ausgerüstet sein, da hier die Erprobung im Verbandsrahmen durchgeführt werden sollte. Dies war momentan aber unmöglich, weil unter anderem nicht genügend funktionsfähige Navigationsgeräte zur Verfügung standen[1032]. In der Diskussion wurde allerdings auch deutlich, dass die Deutsche Luftwaffe sich teilweise gezwungen sah, gewisse Entscheidungen auf Grund der gegenüber der NATO eingegangenen Verteidigungsverpflichtungen zu treffen. So wies auf der Besprechung General Marc Bradley, Kommandeur des US Air Force Logistic Command, darauf hin, dass die Deutsche Luftwaffe bei der Abnahme eines Flugzeugs den Kaufpreis nicht bezahlen sollte, so lange technisch nicht alles in Ordnung sei. Der Inspekteur der Luftwaffe entgegnete daraufhin, dass aber NATO-

---

auf logistische Schwierigkeiten, die Bereitstellung von Prüfgeräten für die Elektronik und der nicht richtig durchgeführten Ausbildung von Mechanikern.

[1028] Ebd., S. 2.

[1029] Ebd.

[1030] Ebd., S. 2f. Sicherlich spielte Kammhuber damit auch auf die schon erwähnte Streitigkeiten zwischen dem EWR und dem TB 104 an.

[1031] Vgl. dazu BArch, BL 1/14653, Tgb. InspLw, Bericht über Tagung „Logistische Probleme von US-Waffensystemen in der Luftwaffe" 9.10.1962, S. 1ff.

[1032] Ebd., S. 3.

Zeitplanungen eingehalten werden müssten[1033]. Kammhuber hatte bereits 1960 bei der Frage, ob F-104-Doppelsitzer teurer bei Lockheed gekauft oder preiswerter mit Zeitverzug von der deutschen Industrie nachgebaut werden sollten, den Standpunkt vertreten, dass in diesem Fall lieber ein höherer Kaufpreis in Kauf genommen werden sollte, anstatt eventuell Schwierigkeiten mit einem NATO-Zeitplan zu bekommen[1034].

3. Der „Logistische Lagebericht über das Waffensystem F-104G"

Im Oktober 1962 befasste sich ein Bericht der Unterabteilung Logistik des Führungsstabes der Luftwaffe mit dem Titel „Logistischer Lagebericht über das Waffensystem F-104G" umfassend mit den technischen Problemen des Waffensystems F-104G[1035]. Einleitend wies er auf die Umstände hin, unter denen das Waffensystem 1958 ausgewählt worden war. Durch die Verwendung nur eines Flugzeugmusters für die Einsatzarten Abfangjagd, Jagdbomber und Aufklärung sollte ursprünglich die Möglichkeit geschaffen werden, die Logistik des Waffensystems auf „eine breite, sichere und kostensparende Basis zu stellen[1036]." Dieser Bericht des Führungsstabes der Luftwaffe kritisierte den Ablauf des Beschaffungsprogramms für die F-104G aber auch erstmals in äußerst scharfer Weise und betonte dabei seinen besonderen Charakter als Entwicklungs- und Beschaffungsprogramm – auch zugunsten der westdeutschen Luftfahrtindustrie. Durch den parallelen Ablauf von Entwicklung und Beschaffung konnten eine Reihe von Arbeitsschritten erst nach Beschaffungsbeginn vorgenommen werden, beispielsweise die Vorklärung technischer Probleme, Entwicklung und Erprobung des Systems oder die Auswertung technischer Testprogramme[1037]. Der Bericht konstatierte bei diesem Verfahren Vor- aber auch gravierende Nachteile: „Durch die parallel laufenden Vorgänge (Entwicklung/Beschaffung) wird eine erhebliche Zeitspanne für die Ausstattung der Truppe gewonnen. Dieser Zeitgewinn hat jedoch empfindliche nachteilige Auswirkungen auf Qualität und Leistung sowie zeitgerechte Verfügbarkeit der Geräte und Baugruppen sowie Richtigkeit und Vollständigkeit der benötigten logistischen Hilfsmittel. Damit aber werden die Lieferprognosen unzuver-

---

[1033] Ebd., S. 3.

[1034] Vgl. dazu Kapitel III.1 dieser Arbeit.

[1035] BArch, BL 1/1755, Logistischer Lagebericht über das Waffensystem F-104G Stand 15.10.1962, S. 1-66. Der Hauptteil des Berichtes war auf Grund seines äußerst brisanten Inhalts als streng geheim klassifiziert.

[1036] Ebd., S. 5. Die Frage der Kostenersparnis war schon früh auch ein Bestandteil der Diskussion im Verteidigungsausschuss des Bundestages gewesen. Verteidigungsminister Strauß hatte bei mehreren Gelegenheiten darauf hingewiesen, dass die Anschaffung von zwei oder sogar drei Flugzeugmustern für verschiedene Einsatzzwecke den Verteidigungshaushalt um ein Vielfaches überstrapazieren würde.

[1037] Ebd.

lässig, und *die Versorgung des Waffensystems wird in Frage gestellt*[1038]." Zugleich unterstrich der Lagebericht, dass genau eben die zitierten Faktoren für die momentane ungenügende Einsatzbereitschaft ausschlaggebend seien. Darüber hinaus könne zum jetzigen Zeitpunkt immer noch nicht festgestellt werden, wann alle Baugruppen als truppenreif bezeichnet werden könnten[1039]. Dem Vorteil eines (durch ein solches Verfahren erhofften oder gar erwarteten) Zeitgewinns stand eine ungenügende Einsatzbereitschaft des Waffensystems gegenüber, wobei auch noch keine Aussage getroffen werden konnte, wann diese Mängel abgestellt sein würden.

Zusätzlich kritisierte der Bericht, dass der Logistikbereich der Luftwaffe nicht an der Ausarbeitung der militärischen Forderungen, die an das Waffensystem gestellt worden waren, beteiligt worden sei: „So konnten eine Reihe von Bedingungen, die die Grundlagen der Sicherstellung der Versorgung betrafen, nicht eingebracht werden[1040]." Selbst die Tatsache, dass ein Großteil der Flugzeuge und der Elektronik des Typs F-104G von europäischen Firmen in Lizenz hergestellt werden sollte, stieß in dem Bericht des Führungsstabs der Luftwaffe auf breite Kritik. Hierzu wurde bemängelt, dass offenbar ohne genaue Prüfung Nachbauaufträge vor allem im Bereich Elektronik vergeben worden waren. Eine gewissenhafte vorherige Prüfung hätte aber offen gelegt, dass für einige Geräte keine Nachbaukapazitäten in Europa zur Verfügung gestanden hätten oder die befragten Firmen wegen der geringen Stückzahlen an einer Lizenzfertigung gar nicht interessiert gewesen seien. Die Folge davon sei nun, dass mit großem zeitlichen Druck versucht werde, die Geräte anderswo, vermutlich durch Ankauf im Ausland, zu beschaffen, um überhaupt eine einsatzfähige Ausrüstung der ersten Luftwaffenverbände gewährleisten zu können[1041].

Zudem sei beim Führungsstab der Luftwaffe schon früh der Eindruck entstanden, dass bei den am Nachbau der Flugzeuge beteiligten Firmen, vor allem aber bei der Arge-104, der anstehende Nachbau leichtfertig angegangen worden sei. Zahlreich eingetretene technische Probleme und Auslieferungsverzögerungen ließen nach Ansicht des Berichtes „von Anfang an eine unrealistische und ungenügende Durchleuchtung der übernommenen Aufgabe vermuten[1042]." Als grundsätzliches Problem bei der Beschaffung und Einführung des Waffensystems F-104G in die Deutsche Luftwaffe sah der Bericht die Tatsache an, dass kein mit umfassenden Befugnissen ausgestatteter

---

[1038] Ebd., S. 5f.

[1039] Ebd., S. 6.

[1040] Ebd., S. 6.

[1041] Ebd., S. 6f.

[1042] Ebd., S. 7. Hierbei lässt der Bericht der Unterabteilung Logistik die Problematik außer Acht, dass die in den USA vom Hersteller Lockheed gefertigten Muster zwar zeitlich rechtzeitig geliefert wurden, aber offenbar in einem technischen Qualitätszustand eintrafen, über den sich Ludwig Bölkow äußerst unzufrieden äußerte; vgl. hierzu die bereits erwähnte Darstellung bei Bölkow, Erinnerungen, S. 131.

Systemstab für das Waffensystem etabliert worden sei[1043]. Mit einer rechtzeitigen Aufstellung eines solchen Stabes hätten nach Meinung der Unterabteilung Logistik die wesentlichen Schwierigkeiten und Versäumnisse, mit denen das Waffensystem nun zu kämpfen habe, vermieden werden können[1044]. Insgesamt kritisierte der Bericht den Umgang mit der Einführung eines so komplexen Waffensystems in die noch unerfahrene Bundeswehr mit äußerst scharfen Worten: *„Es muß überraschen, daß für ein Programm von so großer Tragweite für die Verteidigungskraft der Bundeswehr und so erheblicher wirtschaftlicher Bedeutung ein entsprechendes Management nicht vorgesehen worden ist[1045]."* – Diese Aussage trifft die Problematik, mit der sich die Führung der Luftwaffe im Herbst 1962 bei der F-104G auseinander zu setzen hatte, äußerst präzise. Auf der einen Seite war der Starfighter eines der komplexesten Waffensysteme der damaligen Zeit. Er war das sowohl technisch als auch fliegerisch anspruchsvollste Flugzeug der Luftwaffe zum damaligen Zeitpunkt. Ebenso groß wie die militärische Bedeutung für die Luftwaffe war auch die wirtschaftliche Komponente für die Firmen der deutschen Luftfahrtindustrie, bei denen die Lizenzfertigung des Flugzeugs nicht nur für Auslastung der Produktionskapazitäten sorgte, sondern die beteiligten Firmen auch auf das aktuelle technische Niveau des Weltmarktes hob. Trotz aller dieser Komponenten hielt es das Verteidigungsministerium offenbar nicht für notwendig, eine dem Waffensystem in seiner Kompliziertheit angemessene technische und logistische Betreuung an die Seite zu stellen oder unterschätzte die Bedeutung eines solchen völlig.

Die Unterabteilung Logistik kritisierte damit wie zuvor das TB-104 die Zersplitterung von Kompetenzen zur technischen Betreuung des Waffensystems F-104G und seiner Komponenten im Verteidigungsministerium wie auch in der Industrie. Und ebenso wie anlässlich der Problematik des fehlenden Waffensystem-Managements in der Luftwaffe fand der Bericht der Unterabteilung Logistik hier deutlich Worte: *„Ohne eine zielstrebige, starke Hand ist ein derartig großes Entwicklungs- und Beschaffungsprogramm nicht ohne empfindliche Pannen abzuwickeln. Wenn es um die Verteidigungskraft der Bundesrepublik und um Milliardenbeträge geht, sollte die Ermessensfreiheit einzelner Stellen und Personen einzuschränken sein[1046]."* Für die Tatsache, dass ein fehlender Systemstab sich negativ auf den Zustand des Waffensystems F-104G auswirken würde, gab es nach Meinung der Unterabteilung Logistik bereits klare Hinweise. So war die Luftwaffe nach ihrer Ansicht nur

---

[1043] Damit wird auch indirekt eine Kritik an der Aufstellung des Arbeitsstabes F-104, der von Oberstleutnant Günther Rall ab 1959 geleitet wurde, deutlich. Obwohl diese Dienststelle vorhanden war, sah der Bericht sie offenbar in keiner Weise als geeignet an, die anstehenden technischen Probleme des Waffensystems zu beseitigen. Zur Aufstellung des Arbeitsstabes F-104 vgl. Rall, Mein Flugbuch, S. 231. Ein eigens für das Waffensystem F-104 arbeitender Stab wurde erst im Januar 1966, als die Krise gar nicht mehr zu übersehen war, eingesetzt; Vgl. Lemke, Konzeption, S. 286.

[1044] BArch, BL 1/1755, Logistischer Lagebericht über das Waffensystem F-104G Stand 15.10.1962, S. 7.

[1045] Ebd.

[1046] Ebd., S. 8.

mittelbar in der Lage, auf den Gang der Ereignisse zwischen der Aufstellung der militärischen Forderung für das Waffensystem und dem Beginn der Auslieferung des Materials Einfluss zu nehmen. Vor allem dieser Zeitabschnitt wurde aber von ihr als der entscheidende sowohl für die spätere materielle Einsatzbereitschaft als auch für die Güte und Leistung des Materials und damit „der tatsächlichen Kampffähigkeit und Schlagkraft der Truppe[1047]" bezeichnet. Auf die Problematik des Fehlens eines Systemstabes wies der Bericht in seinem weiteren Verlauf noch bei einer Reihe von Gelegenheiten hin[1048].

Insgesamt hatte die Untersuchung der Unterabteilung Logistik im Führungsstab der Luftwaffe drei zentrale Kritikpunkte herausgearbeitet, an denen die aktuell existierenden Probleme des Waffensystems F-104G fest gemacht wurden: *Erstens* die ungenügende Planung und Vorbereitung der Nachbauindustrie, *zweitens* die nicht abgeschlossene Entwicklung und Erprobung der Elektronikausrüstung sowie *drittens* das Fehlen eines koordinierenden Systemstabs mit umfassenden Handlungsspielräumen.

Mit diesen Umständen setzte sich der Bericht noch genauer auseinander. Dabei positionierte sich die Unterabteilung bei der Problematik der unzureichenden Vorbereitungen der Lizenzbaufirmen deutlich auf Seiten des Herstellers Lockheeds! Dieser sei im Gegensatz zu einzelnen Firmen der deutschen Industrie stets in der Lage gewesen, zugesagte Liefertermine auch wirklich einzuhalten[1049]. Erneut griff der Bericht auch die unvollständige Planung des Lizenzbauverfahrens durch die Unternehmen der Luftfahrtindustrie auf. Dabei wiesen die Logistikexperten der Luftwaffe darauf hin, dass sich die für den Nachbau zunächst allein verantwortliche Arge-104 nicht um eine Bevorratung mit Ersatzteilen und Bodendienstgeräten gekümmert habe. Die Lizenzproduktion habe überhaupt nur Anlaufen können, weil die Luftwaffe den Unternehmen mit bereits für die Truppe beschafften Ersatzteilen, ganzen Elektronik-Baugruppen sowie Bodendienstgeräte ausgeholfen habe[1050]! Auch die von der Industrie vorgenommenen Planungen bezüglich der kontinuierlich gleichen, monatlichen Auslieferungszahlen sowie der Einstellung von Testpiloten kritisierte der Bericht. Die deutschen Teilnehmer am Lizenzbauprogramm des Starfighters hatten offenbar bei der Langzeitplanung für die Auslieferung der fertigen Modelle für jeden Monat des Jahres den zahlenmäßig gleichen Ausstoß an Flugzeugen geplant. Naturgemäß konnten in den Wintermonaten klimabedingt in der Bundesrepublik aber nur eine begrenzte Anzahl von Abnahmeflügen durchgeführt werden. Diese Tatsache ließ den Bericht auf *mangelnde Sorgfalt bei der Vorbereitung des Nachbauprozesses* durch die beteiligten Fir-

---

[1047] Ebd.

[1048] Vgl. dazu die Ausführungen in BArch, BL 1/1755, Logistischer Lagebericht über das Waffensystem F-104G Stand 15.10.1962, S. 19, 28, 59, 63.

[1049] Ebd., S. 16.

[1050] Ebd., S. 17.

men schließen[1051]. Weiterhin kritisierte wurde der Umstand, dass sich die an der Endmontage der F-104G beteiligten Firmen offenbar nicht frühzeitig um die Verpflichtung geeigneter Testpiloten für den Einflugbetrieb gekümmert hätten. Daher musste die Luftwaffe „laufend mit Piloten aushelfen[1052].“ Hinzu kam eine firmenbedingte Untätigkeit bei der dringend notwendigen Kommunikation mit der Herstellerfirma Lockheed[1053].

Der zweite große Block, zu dem sich der Bericht des Luftwaffenführungsstabes kritisch ausführlich äußerte, war die Problematik der nicht abgeschlossenen Entwicklung und Erprobung auf dem Gebiet der Elektronikausrüstung. Hier stand die Industrie nach Meinung des Berichtes vor allem bei der Navigationsanlage Litton LN-3 und dem Radargerät NASARR vor einer kaum zu lösenden Aufgabe[1054]. Diese Komponenten waren aus militärischer Sicht für die volle Einsatzbereitschaft des Waffensystems unverzichtbar. Dennoch war die Entwicklung dieser beiden bedeutenden Komponenten noch nicht abgeschlossen und ihre Zuverlässigkeit noch weit vom erwarteten Standard entfernt[1055]. Diese Zeitverzögerung resultierte nach Meinung der Unterabteilung aus ständigen Änderungen an den Baugruppen während der Lizenzproduktion. Dieses war aber nach Ansicht des Berichts vorhersehbar und wäre kalkulierbar gewesen. Dabei wurde die Schuld nicht allein auf Seiten der Nachbauindustrie gesehen, weil Zulieferbetriebe Baugruppen von unzureichender Qualität geliefert hatten[1056]. Der Bericht wies auf eine am 27. September 1962 stattgefundene Krisenbesprechung zwischen dem BWB und den beteiligten Unternehmen der Nachbauindustrie hin. Dabei hatte Direktor Bauer von der Firma Messerschmitt die teilweise erschreckend geringe Qualität der gelieferten Baugruppen hervorgehoben und verdeutlicht, dass die für das Gesamtsystem geforderte Einsatzbereitschaft auf keinen Fall

---

1051 Ebd. Bereits im Jahr 1960 war die in der Bundesrepublik in den Wintermonaten vorherrschende Witterungssituation eine Erklärung dafür gewesen, dass die Industrie ihre Liefertermine nicht einhalten konnte. Ein Hinweis auf die im Winter auf Grund der Witterung entstehenden Probleme mit dem Einflugbetrieb findet sich auch in den Akten des Inspekteurs der Luftwaffe. General Kammhuber setzte auf Antrag die Mindestanforderungen für den Sichtflugbetrieb herunter, damit auch bei schlechterem Wetter der Einflugbetrieb stattfinden konnte. Die Problematik des schlechten Wetters im Winter und der daraus resultierenden Beschränkungen für den Einflugbetrieb bei der Luftfahrtindustrie spielten schon bei einem Bericht des Luftwaffenführungsstabes von Januar 1962 eine Rolle. Hier wurde darauf hingewiesen, dass die Firma Messerschmitt in Manching im Dezember 1961 nur an 5 Tagen und im Januar 1962 nur an 4 Tagen den Einflugbetrieb der neu gefertigten Maschinen durchführen konnte, was natürlich bei der Auslieferung der Flugzeuge für eine erhebliche Verzögerung sorgte; vgl. dazu BArch, BL 1/14653, Tgb. InspLw, Auszug aus der Besprechungsniederschrift der Arge-104, Nachbaubüro, über eine Besprechung am 30./31. Januar 1962, S. 1.
1052 BArch, BL 1/1755, Logistischer Lagebericht über das Waffensystem F-104G Stand 15.10.1962, S. 17.
1053 Ebd.
1054 Ebd.
1055 Ebd., S. 18.
1056 Ebd.

erreicht werden könne, wenn sich die Qualität der Einzelteile der Komponenten nicht entscheidend verbessere[1057].

Die Ursache dieses Problems lag für die Luftwaffenlogistiker jedoch nur zum Teil bei den Zulieferbetrieben. Ebenfalls problematisch war offenbar die Vertragslage zwischen den einzelnen Partnern. Die zwischen dem BWB und den Zulieferern geschlossenen Verträge waren offenbar dehnbar und die Produzenten konnten es sich leisten, technisch minderwertige Komponenten zu liefern, ohne dafür in irgendeiner Art in Regress genommen zu werden. Daher wollte die Unterabteilung Logistik auch keine Prognose abgeben, ob diese skandalösen Zustände durch politischen Druck von deutscher Seite ausgeräumt werden könnten. Dies hätte einen Eingriff in gültige Vertragswerke erfordert[1058].

Für die Verfasser des Berichtes war die logische Konsequenz aus den zuvor aufgeführten Problemen und Versäumnissen die Einführung eines mit umfassenden Kompetenzen ausgestatteten Systemstabes, dessen rechtzeitige Indienststellung wesentlich dazu beigetragen hätte, die erwähnten Schwierigkeiten gar nicht entstehen zu lassen.[1059]

Ein ebenso erschreckendes Bild zeichnete der Bericht über den aktuellen Sachstand des Lizenzfertigungsprogramms der deutschen Luftfahrtindustrie. Diese hatte zum Stichtag 30. September 1962 die Auslieferung von insgesamt 40 Maschinen des Typs F-104G zugesagt. – Ausgeliefert wurden dagegen nur 6 Flugzeuge. Diese Maschinen befanden sich technisch zudem in einem so ungenügenden Rüstzustand, dass die Luftwaffe sie umgehend an die Industrie zurückgab[1060]. Auf einer Sitzung der NASMO Mitte September 1962 legte die Arge-104 einen überarbeiteten Lieferplan vor. Diese Planung erschien wesentlich realistischer als die vorangegangen, da sie unter anderem die im Winter zu erwartenden Schlechtwetterperioden berücksichtigte[1061]. Trotzdem warnte der Bericht der Unterabteilung Logistik wegen der bisherigen Erfahrungen mit dem Lizenzbauprogramm vor zu großer Euphorie. Offenbar konnten nämlich auch die neu gemachten Zusagen von der Arge-104 nicht eingehalten werden. Während die neue Planung für den Monat September 1962 die Auslieferung von 12 einsatzbereiten Flugzeugen vorsah, konnte in diesem Monat tatsächlich keine einzige Maschine an die Luftwaffe übergeben werden. Ende September 1962 wurde die

---

[1057] Ebd.

[1058] Ebd. Die Problematik der Unerfahrenheit deutscher Dienststellen bei der Aushandlung von Rüstungsverträgen war auch schon von Verteidigungsminister Strauß während der Beschaffung der F-104G Ende der 1950er Jahre angesprochen und kritisiert worden. Offenbar hatte sich in den vergangenen fünf Jahren an der Situation kaum etwas verändert; vgl. dazu die bereits erwähnte Darstellung bei Schmückle, Ohne Pauken, S. 124.

[1059] BArch, BL 1/1755, Logistischer Lagebericht über das Waffensystem F-104G Stand 15.10.1962, S. 19.

[1060] Ebd., S. 20.

[1061] Ebd.

NASMO von der Luftwaffenführung aufgefordert, bis zum 15. Oktober 1962 erneut einen Lieferplan vorzulegen, der diesmal die Grundlage für eine verlässliche Planung der Luftwaffe bilden sollte[1062]. Insgesamt befanden sich Mitte 1962 21 Maschinen im Einflugbetrieb. Aus Mangel an funktionsfähigen Elektronikkomponenten konnten diese Flugzeuge aber nicht auf den erforderlichen Rüstzustand gebracht werden. Als Folge wurden die Maschinen zunächst abgestellt und mit erheblicher Verzögerung ab Januar 1963 an die Verbände der Luftwaffe ausgeliefert[1063].

Die Nichteinhaltung aufgestellter Lieferplanungen begrenzte sich nach Sicht des Berichtes aber nicht allein auf die deutsche Luftfahrtindustrie. Auch in den anderen Arbeitsgruppen der niederländischen sowie der belgischen Lizenzbauproduktion erkannte die Unterabteilung Logistik ähnliche Versäumnisse und Probleme wie bei den deutschen Nachbaufirmen. Trotz dieser Schwierigkeiten ging die Unterabteilung davon aus, dass die an der Nord-Produktionsgruppe beteiligte niederländische Flugzeugindustrie ihre aufgestellte Planung größtenteils einhalten könne. Bei der belgischen Luftfahrtindustrie sei die Sachlage nur sehr schwierig zu beurteilen. Die italienische Luftfahrtindustrie hatte mit der Lizenzproduktion erst im Oktober 1962 begonnen, daher konnte auch hier nach Meinung des Berichtes noch keine Aussage getroffen werden. Die Unterabteilung ging aber davon aus, dass bis zum Beginn der Lieferung von Flugzeugen aus italienischer Produktion an die Deutsche Luftwaffe ab Januar 1964 die Produktionsprozesse planmäßig laufen sollten[1064].

Ein weiterer unhaltbarer Zustand des Lizenzbauprogramms fand nur am Rande Eingang in den Bericht zum technischen Zustand des Waffensystems F-104G: Die Unterabteilung Logistik des Fü L wies darauf hin, dass die Aufteilung der Produktion nach Produktionslinien für die drei verschiedenen Einsatzmuster der Luftwaffe – Jagdflugzeug, Jagdbomber, taktischer Aufklärer – bisher noch nicht hinreichend geklärt worden war: „Bis etwa Ende 1963 muß in Kauf genommen werden, daß die Verbände im geringen Umfang auch andere Einsatzmuster als vorgesehen erhalten[1065]." Das bedeutete im Prinzip, die Aufklärungsgeschwader erhielten eine F-104G, die für die Abfangjagd ausgerüstet war, aber nicht für einen Aufklärungseinsatz. Damit erhielt ein Geschwader zwar die vorgeschriebene Anzahl an Flugzeugen. Dennoch war es nicht voll einsatzfähig für seinen vorgesehenen Einsatzzweck. Die im Bericht benutzte Formulierung, dass diese Tatsache *in Kauf* genommen werden müsse, deutete darauf hin, dass hier im Vorfeld eklatante Planungsversäumnisse unterlaufen waren, deren Folgen offensichtlich nun nicht mehr kurzfristig zu ändern waren.

[1062] Ebd.
[1063] Ebd.
[1064] Ebd., S. 21f.
[1065] Ebd., S. 22.

Neben den Versäumnissen und Fehlern bei Planung, Beschaffung und Produktion des Waffensystems F-104G ging der Bericht auch detailliert auf den aktuellen technischen Zustand des Flugzeugs ein. Er stellte fest, dass wegen der vorher schon erwähnten Problematiken momentan in der Bundesluftwaffe *nur wenige Flugzeuge dieses Typs sich völlig gleichen* würden. Daraus ergäben sich zwangsläufig für die Truppe und die Logistik unüberwindbare Schwierigkeiten[1066]. Das widersprach der angestrebten Standardisierung dieses Gerätes, die während des Auswahlprozesses bei unterschiedlichen Gelegenheiten im Verteidigungsausschuss als Vorteil der Beschaffungsmaßnahme herausgestellt worden war. Sie war bislang nicht erreicht worden und würde auch auf nicht absehbare Zeit unerreichbar bleiben.

Im Gegensatz zur Elektronik bezeichnete der Bericht das Flugwerk der F-104G, also Flugzeugzelle und Triebwerk, als erprobt und ausgereift. Sicherlich müssten auch hier laufend technische Änderungen durchgeführt werden, dies sei aber bei einem modernen Kampfflugzeug der normale Gang der Dinge, auch wenn der Arbeitsaufwand für die Änderungen teilweise beträchtlich hoch sei[1067]. Das Flugzeug werde von den Piloten auch gerne geflogen, die Technik habe mit Pflege, Wartung und Instandsetzung des Gerätes keine übermäßigen Schwierigkeiten[1068].

Im weiteren Verlauf beschäftigte sich der Bericht dann detailliert mit einer Reihe von Baugruppen[1069]. Hier wurde offenkundig, wie schlecht der technische Zustand der Elektronik wirklich war:

Die *Trägheitsnavigationsanlage LN-3 der Herstellerfirma Litton* bildete, zumindest für den Jagdbombereinsatz, eine der zentralen Komponenten zur Gewährleitung der vollen Einsatzbereitschaft des Waffensystems. Beim Erprobungsbetrieb im Jagdbombergeschwader 31 in Nörvenich ergab sich innerhalb kürzester Zeit eine unglaublich große Zahl an Ausfällen: „So wurde beispielsweise das für 3 Staffeln auf 2 Fliegerhorsten für 2 Jahre gekaufte Kreislaufgerät innerhalb weniger Wochen verbraucht[1070]." Eine Anschlussversorgung mit diesem dringend benötigten Gerät war zu diesem Zeitpunkt nach Stellungnahme der Unterabteilung Logistik weder zeitlich noch in der Frage der zu entstehenden Kosten übersehbar. Dieses Problem betraf aber nicht nur die Flugzeuge der Deutschen Luftwaffe. Die Royal Canadian Air Force verwendete dieses Gerät ebenfalls. Hier kam es im August 1962 auf Grund der Ausfälle bei dem Navigationsgerät dazu, dass 80 Prozent der kanadischen Starfighter nicht einsatzbereit waren[1071].

[1066] Ebd., S. 23.
[1067] Ebd., S. 23f.
[1068] Ebd., S. 33.
[1069] Ebd., S. 24ff.
[1070] Ebd., S. 25.
[1071] Ebd., S. 23.

230

Ein ebenfalls erschreckendes Bild zeichnete der Bericht des Luftwaffenführungsstabes zum *Mehrzweck-Bordradarsystem NASARR*[1072]. Die technische Entwicklung dieses Gerätes war zum Zeitpunkt der Berichtserstellung *noch nicht ansatzweise abgeschlossen*, obwohl die Verbände der Luftwaffe in Kürze mit dem Flugzeug ausgerüstet werden sollten und das Gerät dringend benötigten. Dabei traten in allen Betriebsarten des Geräts schwere Fehler oder zumindest mangelhafte Ergebnisse auf. Damit kam eine Verwendung im normalen Flugbetrieb kaum in Frage. Die noch laufende Entwicklung des Geräts führte dazu, dass in den bereits ausgelieferten oder sich in der Produktion befindenden Flugzeugen insgesamt fünf unterschiedliche Versionen dieses Gerätes befanden. Zu diesem Zeitpunkt waren an dem Gerät bereits 3.000 technische Änderungen durchgeführt worden! Nach Angaben des Geräteherstellers benötigte die Anlage in einem regelmäßigen Zeitraum von 7 bis 10 Tagen eine neue Kalibrierung. Diese beschäftigte drei Techniker und dauerte 16 Stunden[1073]. Damit wäre eine mit dem Gerät ausgerüstete F-104G im schlechtesten Fall alle sieben Tage für fast zwei Drittel des nächsten Tages nicht einsatzbereit. Die Kompliziertheit der gesamten Radaranlage führte auch bei der Behebung von festgestellten Störungen zu extremen Schwierigkeiten. So war es nicht selten der Fall, dass eine Reparatur die Verschlechterung des Gerätes bei einer anderen Subkomponente zur Folge hatte. Die logistische Unterabteilung beurteilte es sogar als fraglich, ob das Gerät überhaupt jemals bis zur Erfüllung der 100%igen Einsatzbereitschaft entwickelt werden könnte.[1074]

Obwohl das *Funknavigationsgerät TACAN*[1075] in den letzten Monaten ständig verbessert worden war, arbeitete das Gerät weiterhin nur bedingt fehlerfrei. Die MTBF sollte eigentlich 200 Stunden betragen – im Mai 1962 lag dieser Wert aber noch bei 42 Stunden[1076]. Der Zweifachrechner für den Bombenabwurf, der sowohl für atomare als auch konventionelle Bewaffnung genutzt werden konnte, wurde ohne technische Unterlagen an die Truppe ausgeliefert. Damit waren die Techniker der Geschwader nicht in der Lage, dieses Gerät in irgendeiner Art und Weise zu betreuen[1077].

[1072] Die Abkürzung steht für North American Search and Ranging Radar.

[1073] BArch, BL 1/1755, Logistischer Lagebericht über das Waffensystem F-104G Stand 15.10.1962, S. 27.

[1074] Ebd., S. 28.

[1075] Die Abkürzung steht für Tactical Air Navigation.

[1076] BArch, BL 1/1755, Logistischer Lagebericht über das Waffensystem F-104G Stand 15.10.1962, S. 28. Trotzdem konnten bei dieser Komponente schon bemerkenswerte Steigerungen der Zuverlässigkeit durchgeführt werden. Noch im Januar 1962 lag die MTBF bei nur 16, im April dann bei 38 Stunden. Trotzdem war das Gerät natürlich noch weit davon entfernt, die volle Einsatzbereitschaft zu erreichen.

[1077] Ebd., S. 30. Eine Darstellung dieser Problematik findet sich auch bei Rall, Mein Flugbuch, S. 251. Offenbar hatte das US-amerikanische Verteidigungsministerium sich lange geweigert, die technischen Begleitdokumente des Bombenrechners auf Grund seiner Verwendbarkeit im atomaren Einsatz für die Ddeutsche Luftwaffe freizugeben. Die Freigabe der Unterlagen erfolgte erst nach Ausüben erheblichen Drucks von Seiten der deutschen Regierung.

Zusammenfassend äußerte sich der Bericht positiv über den technischen Reifezustand von Flugzeugzelle und Triebwerk. Dagegen sei ein Großteil der Elektronik noch weit davon entfernt, die in den Pflichtenheften festgelegten Forderungen erfüllen zu können. Problematisch war dabei nach Meinung der Unterabteilung Logistik vor allem die enge Verschränkung der Baugruppen untereinander: „Da das Elektroniksystem der F-104G in seiner Funktion nur als Gesamtheit betrachtet werden kann, ist es für die Arbeitsweise des Systems bedeutungslos, ob ein Teil der Bordkomponenten keine Veränderung mehr erfahren wird[1078]." Zusätzlich wies der Bericht auf den Umstand hin, dass eine Qualitätssteigerung auf dem Gebiet der elektronischen Komponenten nur von den jeweiligen Herstellern erfolgen könne. Die Luftwaffe dagegen sei durch kontinuierliche Wartung und Betreuung allenfalls in der Lage, einen einmal erreichten Zuverlässigkeitsstand zu erhalten; verbessern könne sie ihn nicht[1079]. In diesem Zusammenhang bezeichnete der Bericht die Qualität der in der Truppe durchgeführten Wartungs- und Instandsetzungsarbeiten als ausgezeichnet, vor allem unter dem Gesichtspunkt der unvollständigen Ausstattung der Einheiten mit Ersatzteilen sowie Bodendienst- und Werkstattgeräten[1080].

Schwierigkeiten bei der vielgestaltigen Problemlösung bereitete nach Meinung des Berichtes zudem das zu zögerliche Verhalten des BWB bei der Organisation von Betreuungsaufträgen für elektronische Komponenten durch die Industrie. Diese Betreuung durch die Unternehmen wurde aber vor allem in der Anfangsphase der Umrüstung auf die F-104G noch dringend benötigt. So stand beispielsweise das als erster Verband umgerüstete Jagdbombergeschwader 31 in Nörvenich vor dem Problem, dass auf Grund der fehlenden industriellen Betreuung die Einsatzbereitschaft des Geschwaders kontinuierlich sank, obwohl alle zur Verfügung stehenden Geräte an diesen Verband geliefert wurden[1081]. Auch die Planung der militärischen Infrastruktur der Luftwaffe gab nach Ansicht des Berichtes Anlass zur Sorge. So benötigte ein F-104G-Geschwader auf dem Fliegerhorst ein Elektronikgebäude und eine Wartungshalle, um die anfallenden Wartungs- und Instandsetzungsarbeiten effektiv ausführen zu können. Die militärische Forderung für diese Gebäude war schon im Dezember 1961 vom Führungsstab der Luftwaffe genehmigt worden. Die Unterabteilung Logistik, die nun deutliche Kritik an anderen übte, ging damals jedoch davon aus, dass diese Gebäude auf den Flugplätzen erst Anfang des Jahres 1964 fertig gestellt sein würden.

[1078] BArch, BL 1/1755, Logistischer Lagebericht über das Waffensystem F-104G Stand 15.10.1962, S. 34.

[1079] Ebd., S. 36.

[1080] Ebd., S. 48. Auch wenn die ungünstige technische Situation offenbar von der Luftwaffe zu diesem Zeitpunkt gut gemeistert wurde, sah diese Bemerkung doch stark nach Eigenlob aus. Innerhalb weniger Jahre sollte sich diese Situation, wie der weitere Verlauf der Arbeit noch zeigen wird, aber ins Gegenteil umkehren. Während der so genannten Starfighter-Krise des Jahres 1966 stand vor allem auch die schlechte technisch-personelle Infrastruktur der Luftwaffe in der Kritik.

[1081] Ebd., S. 49.

So lange müssten sich die Verbände mit provisorischen Einrichtungen aushelfen und so lange eine erhebliche Einschränkung ihrer Einsatzbereitschaft in Kauf nehmen[1082].

Die abschließende Zusammenfassung des logistischen Sachstandes zum Waffensystem F-104G offenbarte die Schwächen des Systems dann noch einmal in voller Deutlichkeit. Dabei war das Ergebnis mehr als ernüchternd: *„Es gilt zu erkennen, daß das Elektroniksystem auch in den nächsten 2 bis 3 Jahren nicht bis zur Erfüllung der Pflichtenheft-Forderungen weiterentwickelt sein wird. Dies bedeutet, daß die in dieser Zeit mit F-104G ausgestatteten Verbände unter keinen Umständen die von der NATO gewünschte Einsatzbereitschaft erreichen können.* Unter der Voraussetzung, daß die von der Logistik geforderten Instandsetzungskapazitäten für elektronisches Gerät und Instrumente (um den Fluß der Kreislaufgeräte zu erhöhen) bis Mitte 1963 erstellt sind und der vernachlässigte Aufbau der Versorgungseinrichtungen endlich forciert wird (Personal, Infrastruktur!), wird eine *Einsatzbereitschaft bis zu 20%* erreichbar sein. *Flugfähig* wird eine höhere Zahl Flugzeuge sein[1083].“

Vor allem widerlegte der Bericht bereits im Oktober 1962 damit die vom Inspekteur der Luftwaffe, General Kammhuber, noch im März 1962 vor dem Verteidigungsausschuss gemachte Aussage, die F-104G sei voll einsatzbereit[1084]! Zudem ging er mit den am Beschaffungsprozess maßgeblich beteiligten Dienststellen der Bundeswehr sowie den Unternehmen der Luftfahrtindustrie hart ins Gericht: „Vor allem aber ist sie [die aktuelle Situation des Waffensystems] jedoch [...] auf den – an sich verständlichen – Wunsch zurückzuführen, das „Gerät von morgen" zu wollen (anstatt erprobtes, vielleicht aber leistungsschwächeres Gerät zu nehmen und später nachzurüsten) und zum anderen auf die vom Profitdenken diktierten Zusagen der Hersteller in Bezug auf Erfüllung der gestellten Forderungen. Da diese Situation in absehbarer Zeit nicht geändert werden kann, muß die Führung die notwendigen Konsequenzen ziehen. Entweder wird die geringe Einsatzbereitschaft in Kauf genommen oder es werden diejenigen Maßnahmen umgehend getroffen, die eine Besserung der Lage versprechen[1085]."

Damit zeichnete der Bericht abschließend ein katastrophales Bild von der momentanen und wohl auch der zukünftigen Einsatzbereitschaft des Waffensystems F-104G. Nach den Berechnungen der Unterabteilung Logistik würde vermutlich erst Mitte des Jahres 1965 die volle Einsatzbereitschaft der bis dahin umgerüsteten F-104G-Verbände der Deutschen Luftwaffe hergestellt werden können. Diese Aussage

---

1082 Ebd., S. 51.

1083 Ebd., S. 58.

1084 Vgl. dazu BT-Archiv, VertAusschuss, Protokoll 4. WP, 11. Sitzung 22.3.1962, S. A 24f. zu den falschen Aussagen Kammhubers vor dem Verteidigungsausschuss.

1085 BArch, BL 1/1755, Logistischer Lagebericht über das Waffensystem F-104G Stand 15.10.1962, S. 34 und S. 49.

muss natürlich vor allem im Zusammenhang mit der Präsentation der Auswahl des Waffensystems vor dem Verteidigungsausschuss des Deutschen Bundestages im November 1958 gesehen werden. Damals war den Abgeordneten versichert worden, dass das Flugzeug nicht mehr verändert werden müsste. Die damals gebrauchte Formulierung, *„in die Maschine müsse nur noch die benötigte Elektronik eingebaut werden"*, wird 1962 durch den Bericht der Unterabteilung Logistik in vollkommener Weise konterkariert und Kammhuber nachträglich völlig desavouiert.

Um auf die untragbare Situation des technischen Zustands des Flugzeugs zu reagieren, hatte die Luftwaffe selbst, wie der Bericht vorher schon angesprochen hatte, im Prinzip kaum eigene Einflussmöglichkeiten. Die Unterabteilung Logistik sah insgesamt drei unterschiedliche Handlungsmöglichkeiten, auf die aktuelle Lage zu reagieren: *Erstens* könnten fertig produzierte Flugzeuge von der Luftwaffe nur übernommen werden, wenn sie in allen Komponenten den von der militärischen Seite aufgestellten Forderungen entsprechen würden. Dies sei eigentlich die einzige Forderung, die der Truppe zugemutet werden dürfte. Dies würde aber alleine aus dem Grund schon ausscheiden, dass dann in den nächsten zwei bis drei Jahren aus Flugzeugmangel kein einziger Verband umgerüstet werden könnte[1086]. *Zweitens* könnten Flugzeuge nur dann abgenommen werden, wenn zum Zeitpunkt der Abgabe an die Luftwaffe „alle Baugruppen für sich <u>und</u> im Zusammenwirken einwandfrei funktionieren[1087]." Die Konsequenz dieses Vorgehens wäre, dass im Jahr 1963 vermutlich nur etwa 20 bis 25 Prozent der vorgesehenen Anzahl an neuen Flugzeugen von der Truppe übernommen werden könnten. Die in den Verbänden bereits vorhandenen Muster müssten dann aber zum Nachrüsten aus dem Flugbetrieb heraus gezogen werden[1088]. Die *dritte Möglichkeit* bestand in der Vorgehensweise, Flugzeuge zu übernehmen, selbst wenn die einzelnen Komponenten während der Testflüge lediglich einmal für sich und nicht im Zusammenspiel mit den anderen Komponenten funktioniert haben. Diese Maßnahme komme aber im Moment bei den ausgelieferten Mustern zur Anwendung und sei „ein untragbarer Zustand!"[1089]

Alle drei – zum damaligen Zeitpunkt ansatzweise realisierbare – Optionen stellten jedoch niemals auch nur ansatzweise akzeptable Lösung für die Bedürfnisse der Luftwaffe dar. Jede dieser Optionen löste zwar irgendwie eines der grundlegenden Probleme des Waffensystems, bereitete aber für die Luftwaffe an anderer Stelle eine neue Baustelle: Offenbar befand sich die Deutsche Luftwaffe mit dem technischen Zustand des Waffensystems F-104G im Herbst 1962 in einer Lage, die ohne große Zugeständnisse an die Einsatzbereitschaft der fliegenden Verbände nicht zu verbes-

---

[1086] Ebd., S. 60.

[1087] Ebd.

[1088] Ebd.

[1089] Ebd.

234

sern war. Mit der Einsatzbereitschaft der fliegenden Verbände stand und fiel aber natürlich die von der Bundesrepublik gegenüber der NATO zugesagte Übernahme der Luftverteidigung des mitteleuropäischen Luftraums.

Zum Abschluss des umfangreichen Berichtes unterbreitete die Unterabteilung Logistik eine ganze Reihe von Verbesserungsvorschlägen. Diese beschränkten sich auf solche Arbeitsgebiete, die von der Luftwaffe angeordnet werden konnten oder deren Durchführung sie aktiv beeinflussen konnte[1090]. Der Bericht forderte Konsequenzen vom Verteidigungsministerium, dem BWB und dem Materialamt der Luftwaffe; diese sollen eine Wertigkeit zugunsten der F-104G festzulegen und so dem Programm Priorität einräumen: „Eine eindeutige Weisung des Ministers (…) erscheint unerlässlich. Arbeiten im Zusammenhang mit dem Waffensystem F-104G müssen Vorrang haben. Die beteiligten Stellen des Hauses haben sich umgehend entsprechend zu organisieren, die Stellenbesetzung ist anzupassen[1091]."

Darüber hinaus forderte der Bericht, dass eine umgehende Entscheidung getroffen werden müsse, in welchem Zustand die Flugzeuge künftig von der Nachbauindustrie übernommen werden sollten. Dabei war den Verfassern des Berichtes durchaus bewusst, dass sie damit ein heikles Thema ansprachen: „Da diese Entscheidung auch politische und wirtschaftliche Konsequenzen hat, müsste sie mit der Leitung des Hauses abgesprochen werden[1092]." Die Bundesregierung forderte der Bericht auf, über die Regierung der USA Druck auf die Herstellerfirmen der elektronischen Komponenten auszuüben, um diese so zu Verbesserungen der Qualität der Geräte zu bewegen und deren technische Weiterentwicklung mit allen zur Verfügung stehenden Mitteln voran zu treiben[1093]. Zum Stand des dreistufigen Erprobungsprogramms schlug der Bericht vor, die dritte, nun anstehende Stufe beim Jagdbombergeschwader 31 so lange zu verschieben, bis die personellen und materiellen Voraussetzungen für eine sinnvolle Durchführung dieser Erprobungsstufe gegeben waren[1094]. Die Unterabteilung Logistik wies darauf hin, dass ein mit unzulänglichen Mitteln betriebenes Testprogramm kein aufschlussreiches Ergebnis über die Erreichung der geforderten technischen und taktischen Leistung des Geschwaders geben könne[1095].

[1090] Ebd., S. 62.

[1091] Ebd.

[1092] Ebd.

[1093] Ebd., S. 64.

[1094] Das Erprobungsprogramm sah dabei zuerst die Erprobung durch die Herstellerfirma Lockheed vor. Im zweiten Schritt sollte die Maschine von Piloten der US Air Force sowie einer Gruppe von deutschen und kanadischen Piloten, der Joint Test Force, geflogen werden. Der dritte Schritt des Erprobungsprogramms beinhaltete den Testlauf eines voll umgerüsteten Geschwaders der Bundesluftwaffe, um nach den Einzeltests auch Ergebnisse über Schwierigkeiten bei der Verwendung des Flugzeugs in einem Verband gewinnen zu können.

[1095] BArch, BL 1/1755, Logistischer Lagebericht über das Waffensystem F-104G Stand 15.10.1962, S. 64.

Zur Problematik der nicht technisch zufrieden stellend entwickelten elektronischen Ausrüstung schlug der Bericht vor zu prüfen, ob die Einsatzforderungen für die verschiedenen Versionen der F-104G – Abfangjäger, Jagdbomber und Aufklärer – nicht zeitlich befristet herabgesetzt werden könnten, um einen Teil der nicht fertig entwickelten Geräte für diesen Zeitraum entbehrlich zu machen und so den Druck auf die Herstellerunternehmen zu verringern. Zusätzlich sollte geprüft werden, ob nicht einige der besonders komplizierten und momentan gar nicht einsatzfähigen Geräte zeitlich befristet durch erprobtes, wenn auch einfacheres Gerät ersetzt werden könnten[1096]. Damit ging der Vorschlag der Unterabteilung Logistik in die gleiche Richtung, wie es auch schon das TB-104 im Sommer des gleichen Jahres geäußert hatte. Geplant war eine „Entfeinerung" des Waffensystems, um dann nach und nach die dann funktionierenden Komponenten nachzuliefern. Dieser Vorschlag stellte aber den Führungsstab der Luftwaffe vor ein beispielloses Dilemma.

Der abschließende Hinweis des Berichtes warf noch eine äußerst unangenehme Frage auf, deren Beantwortung aber auch eines der absoluten Kernprobleme der gesamten Thematik darstellte: „Es erscheint unerlässlich, umgehend untersuchen zu lassen, ob auf Grund der in den kommenden Jahren sehr angespannten Haushaltslage es überhaupt möglich sein wird, die vorgesehene Anzahl F-104G materiell zu erhalten. Abgesehen von erheblichen, hier nicht gemeinten und zurzeit nicht überblickbaren Kosten für die Vervollkommnung des Waffensystems, fallen für die Unterhaltung des Waffensystems weitaus höhere Kosten an, als zu erwarten waren[1097]."

Der im Oktober 1962 verfasste Bericht der Unterabteilung Logistik des Führungsstabs der Luftwaffe offenbarte die aktuellen Mängel und Schwierigkeiten des Waffensystems F-104G in erschütternd offener Weise. Der für die Luftwaffe am schwersten wiegende Missstand war die nicht gegebene Einsatzbereitschaft. Das Waffensystem F-104G war unabhängig von der Einsatzrolle als Abfangjäger, Jagdbomber oder Aufklärer zu diesem Zeitpunkt weit davon entfernt, einsatzfähig zu sein. Noch erschreckender war die *perspektivische* Sicht auf die Einsatzbereitschaft, die im schlimmsten Fall erst ab dem Jahr 1965 gegeben wäre. Damit könnte die Luftwaffe die gegenüber der NATO übernommenen Verteidigungsverpflichtungen für den mitteleuropäischen Raum entweder gar nicht oder nur unzureichend erfüllen können.

Zum Teil deckten sich die Ansichten der Unterabteilung Logistik sehr genau mit den Vorstellungen, die das TB-104 im Laufe des Jahres 1962 schon zur Behebung der Probleme bei der F-104G entwickelt hatte. Dabei überrascht vor allen Dingen, dass der Bericht zwar auf sehr breiter Front die Schuld für die meisten Versäumnisse bei den Unternehmen der Luftfahrtindustrie auf Grund unzureichender Vorbereitung

---

[1096] Ebd., S. 65.
[1097] Ebd., S. 66.

236

sah, aber auch vor Kritik sowohl an der Führung der Luftwaffe als auch dem Verteidigungsministerium selbst nicht zurückschreckte.[1098]

Einige Wochen nach der Entstehung des logistischen Lageberichtes nahm Oberst Rall als Leiter des Arbeitsstabes F-104 Stellung zu den darin angesprochenen Themen. Dabei bezeichnete er den Bericht als „einen klaren und umfassenden Aufschluß über Wert, Produktionsstand und die gesamte logistische Situation des gegenwärtigen Waffensystems F-104G."[1099] Kritik übte Rall allerdings an der Tatsache, dass er den Bericht nicht sofort nach dessen Erstellung, sondern erst einige Wochen später erhalten hatte. Die vielfältigen Schwierigkeiten waren nach Ralls Ansicht nicht neu oder unbekannt; vielmehr zeichneten sie sich auch für ihn seit längerer Zeit schon ab. Alle mit dem Projekt F-104G betrauten Dienststellen wurden seiner Aussage zufolge in der Vergangenheit auch laufend über diese Schwierigkeiten informiert. Maßnahmen zur Veränderung dieser Situation seien aber auf Grund des bestehenden Geschäftsgangs trotz mehrfacher Bitte um Veränderung nicht möglich gewesen. Auch Rall bestätigte den Wunsch nach einem handlungsfähigen zentralen Management für das Waffensystem[1100]. Ebenfalls wie der Bericht der Unterabteilung Logistik sprach Rall von einer Unterschätzung der Größenordnung des gesamten Projektes. Dabei bezog er sich aber nicht nur, wie im vorgelegten Bericht, auf das Verfehlen der am Nachbauprozess beteiligten Luftfahrtunternehmen[1101]. Rall kritisierte auch die mangelhafte Einschätzung des Projektes „durch Dienststellen innerhalb und außerhalb des Ministeriums[1102]." Gleichsam hätte die Ausweitung der Lizenzbauproduktion die generelle Situation des Projektes noch weiter kompliziert. Das Problem der Parallelität von Entwicklung, Produktion und Umrüstung eines modernen Waffensystems bezeichnete Rall als bekannt. Trotzdem musste dieser Verlauf auch unter Inkaufnahme eines hohen Risikos durchgeführt werden. Für Rall lag das Hauptproblem in der Logistik. Er wies ausdrücklich darauf hin, dass ohne Änderungen der bestehenden Organisationen und Dienstwege auf diesem Gebiet keine Verbesserung zu erwarten sei. Die Erfahrungen der US Air Force zeigten nach seiner Ansicht, dass die Durchführung eines technischen Projektes einer solchen Größenordnung nur von einer speziell dafür per-

---

[1098] Dieses Verhalten überrascht vor allem deshalb, weil einige Jahre später das Kritikverhalten der am Projekt F-104G beteiligten Parteien eigentlich nur in eine Richtung ging und beispielsweise Luftfahrtindustrie und Luftwaffenführung sich nur gegenseitige Vorwürfe machten, ohne einmal einen Blick auf ein eventuell selbst verursachtes Verschulden zu richten.

[1099] BArch, BL 1/14653, Tgb. InspLw, Leiter Arbeitsstab F-104 an Inspekteur Luftwaffe betr. Stellungnahme zum logistischen Lagebericht über das Waffensystem F 104 G 24.10.1962, S. 1.

[1100] Ebd.

[1101] Der logistische Lagebericht (BArch, BL 1/1755, Logistischer Lagebericht über das Waffensystem F-104G Stand 15.10.1962) hatte explizit nur von einer Unterschätzung auf Seiten der Industrie gesprochen.

[1102] BArch, BL 1/14653, Tgb. InspLw, Leiter Arbeitsstab F-104 an Inspekteur Luftwaffe betr. Stellungnahme zum logistischen Lagebericht über das Waffensystem F 104 G 24.10.1962, S. 1.

sonell und materiell ausgestatteten und in dieser Hinsicht omnipotenten Dienststelle in Angriff genommen werden konnte, die dafür auch mit allen Vollmachten und Verantwortlichkeiten ausgestattet sei. In dieser Dienststelle sollten alle operationellen, entwicklungstechnischen, logistischen und beschaffungstechnischen Funktionen koordiniert und wahrgenommen werden.[1103]

Der Leiter des Arbeitsstabs wies aber auch auf den Umstand hin, dass die in den USA praktizierte Form dieser Organisation vermutlich nicht unverändert auf deutsche Verhältnisse anwendbar sein werde. Um auf der einen Seite eine größere Strukturänderung des Bundesverteidigungsministeriums und des BWB zu vermeiden, auf der anderen Seite aber möglichst schnell eine gesteuerte Zusammenarbeit im Bereich des Waffensystems zu erreichen, stellte Oberst Rall *zwei zentrale Forderungen* auf: *Erstens* sollten in den Dienststellen der Abteilung Technik im Ministerium, im BWB und in der Unterabteilung Logistik beim Führungsstab der Luftwaffe Zentralreferate zum Thema F-104G geschaffen werden, die durch langfristig angelegte personelle Planung eine Kontinuität gewährleisten und innerhalb ihrer verschiedenen Dienststellen eine Kontrolle über den jeweiligen Sachstand des Projektes ausüben sollten. *Zweitens* sollte eben die häufig angesprochene zentrale Managementebene für das Waffensystem F-104G, also der Systemstab, geschaffen werden, die dringend benötigte Priorität des Projektes durchsetzen zu können[1104].

Im Dezember des Jahres 1962 fand eine Tagung der Luftwaffen-Oberbefehlshaber aus Belgien, Italien, den Niederlanden und der Bundesrepublik statt. Neben den Oberbefehlshabern und ihren Mitarbeitern nahmen auch Vertreter des BWB sowie der Produktionsorganisation NASMO teil. Generalleutnant Panitzki, der die Nachfolge von General Kammhuber als Inspekteur der Luftwaffe angetreten hatte, formulierte schon in seiner Begrüßungsansprache als Grund der Zusammenkunft die Beseitigung der vielfältigen Schwierigkeiten des F-104-Programms und der Erarbeitung einer gemeinsamen Lösung[1105].

Der niederländische Oberst Stockla, Chef der NASMO, gab einen Überblick über die Tätigkeit der Produktionskoordinierungsorganisation[1106]. Er wies ausdrücklich darauf hin, dass zum momentanen Zeitpunkt mehr als 200 Flugzeuge des Typs F-104G bei der Industrie und den Luftwaffenverbänden im flugfähigen Zustand vor-

---

[1103] Ebd., S. 2.

[1104] Ebd., S. 3.

[1105] BArch, BL 1/14653, Tgb. InspLw, Protokoll über die Konferenz der Lw-Oberbefehlshaber Belgiens, Italiens, der Niederlande und der Bundesrepublik am 5.12.1962 in Wahn, S. 1.

[1106] Im Rahmen des 1976 in den Niederlanden diskutierten Lockheed-Skandals tauchte auch Stocklas Name in Zusammenhang mit von Lockheed gezahlten Bestechungsgeldern in der Presse auf. Bewiesen werden konnten diese Vorwürfe gegen ihn letztlich nicht, vgl. Flight International 1/1976, S. 51.

handen seien[1107]. – Diese Behauptung wird vermutlich zutreffend gewesen sein. Die Anzahl von mehr als 200 Flugzeugen war dennoch bedeutungslos, weil schon der logistische Lagebericht des deutschen Luftwaffenführungsstabes im Oktober 1962 auf den unübersehbaren Unterschied zwischen flugfähigen und einsatzbereiten Flugzeugen hingewiesen hatte. Für die Luftwaffen selbst hatten die „flugfähigen Muster" hinsichtlich ihrer Einsatzfähigkeit keinen großen Nutzen. Stockla wies, wie auch der logistische Lagebericht, darauf hin, dass das momentan existierende Hauptproblem des gesamten Programms in der Situation der Elektronik begründet liege – und diese sei eben durch Planungsmängel entstanden. Um diese Situation zu verändern, werde nach seiner Auffassung dringend ein koordinierendes Programm zwischen militärischen und industriellen Stellen benötigt[1108].

Auch ein Vertreter der Logistic Working Group der NASMO, nach dessen Aussage sich das F-104-Programm in einer kritischen Phase befand, forderte eine zentrale Koordinierungsinstanz. Problematisch sei doch, dass die militärische Seite nicht in der Lage sei, die Probleme alleine zu lösen. Dies zeige sich insbesondere bei der Verflechtung von militärischen und zivilen Stellen bei allen Fragen der gemeinsamen Beschaffung des Anschlussbedarfs sowie der Reparatur- und Instandsetzungsprogramme[1109].

Ein lebhaftes Streitgespräch entwickelte sich aus der deutschen Beteiligung an der Luftverteidigung im Kommandobereich AFCENT und ihrer Probleme infolge der nicht leistungsfähigen Elektronik. Dabei ging es um die Frage, in wieweit die Systeme der F-104G einsatzfähig sein würden, um eine Verwendung des Flugzeugs als Abfangjägers, vor allem in der Konfiguration als Allwetterjäger, zu ermöglichen[1110]. Vor allem wurde die Überlegung der deutschen Luftwaffenführung deutlich, dass sich die eigenen Verbände nicht an einer integrierten NATO-Luftabwehr beteiligen sollten. In diesem Zusammenhang führte ein Vertreter des Luftwaffenführungsstabes unterschiedliche Gründe an. Zum einen bezeichnete er die Erfolgsaussichten für den Abfangeinsatz mit Flugzeugen für den mitteleuropäischen Raum als äußerst gering. Um die Überlebensfähigkeit der Abfangjagdverbände unter dem gegebenen Kriegsbild zu

---

[1107] BArch, BL 1/14653, Tgb. InspLw, Protokoll über die Konferenz der Lw-Oberbefehlshaber Belgiens, Italiens, der Niederlande und der Bundesrepublik am 5.12.1962 in Wahn, S. 2.

[1108] Ebd.

[1109] Ebd., S. 3.

[1110] Dabei kam der Verwendung der F-104G als Allwetterjäger, der so genannten AWX-Capability, wegen des vor allem im Herbst und Winter in Europa äußerst wechselhaften Wetters eine besondere Bedeutung zu. Für die Verwendung der F-104G als Allwetterjagdflugzeug war die einwandfreie Funktion des Radargerätes NASARR von besonders große Bedeutung; vgl. dazu BArch, BL 1/14653, Tgb. InspLw, Protokoll über die Konferenz der Lw-Oberbefehlshaber Belgiens, Italiens, der Niederlande und der Bundesrepublik am 5.12.1962 in Wahn, S. 5. Zur Problematik der Nichteignung der F-104 für die Abfangjagd aus Pilotensicht vgl. auch Fisch, Stärken und Schwächen, S. 6.

verbessern, müssten finanziell außerordentlich hohe Aufwendungen getätigt werden[1111]. Die jetzt schon anstehenden Kosten, die zur Herstellung der vollen Einsatzbereitschaft der aufzustellenden zwei deutschen Jagdgeschwader ausgegeben werden müssten, würden bei einer Höhe von 275 Millionen DM im Verhältnis zum zu erzielenden Erfolg nicht zu rechtfertigen sein. Auch der zu erwartenden Zeitansatz wurde von der Deutschen Luftwaffe als äußerst kritisch beurteilt. Vom jetzigen Zeitpunkt an (Dezember 1962) würde die Industrie noch mindestens zwei Jahre benötigen, um überhaupt eine leistungsfähige Verbesserung der Radarversion herzustellen. Also könnten die Verbände der Luftwaffe vor Beginn des Jahres 1965 gar nicht mit diesen Geräten ausgerüstet werden und würden bis dahin auch nicht einsatzbereit sein. Zudem sei eine der wichtigsten Voraussetzungen für „einen einigermaßen wirksamen Einsatz der F-104 als AWX[allwetterfähiger Abfangjäger][1112]“ die völlige Fertigstellung eines höchst aufwändigen Ground Environment Systems, das im Kommandobereich AIRCENT nicht vor 1967/68 fertig gestellt sein würde. – Tatsächlich erreichte die Jagdversion bis zu ihrer Außerdienststellung die volle Allwettereinsatzfähigkeit nie, ein für die in Mitteleuropa vorherrschenden klimatischen Zustände unhaltbarer Zustand[1113].

Aus dieser Situation leitete die deutsche Luftwaffenführung die Überlegung ab, von deutscher Seite aus auf eine Weiterentwicklung des Radarsystems NASARR zu verzichten und eine Umschichtung der Verteidigungsaufgaben innerhalb des atlantischen Bündnisses durchzuführen: „Die deutsche Luftwaffe schlägt daher vor, die Interceptor-Aufgaben vorwiegend von den Ländern im AIRCENT-Bereich übernehmen zu lassen, die günstigere geographische Lagebedingungen aufweisen und der Bundesrepublik im Sinne einer echten Arbeitsteilung neben dem SAM-Gürtel[1114] vorwiegend Aufgaben des Strike [des Nuklearwaffeneinsatzes] und der Luftaufklärung zuzuweisen. Die Entscheidung darüber müsse SHAPE treffen[1115].“ Dieser, vom Inspekteur der Luftwaffe, Generalleutnant Werner Panitzki, vorgebrachte Vorschlag traf naturgemäß auf breiten Widerspruch unter den Konferenzteilnehmern. Am heftigsten fiel dabei die Kritik der Luftwaffenoberbefehlshaber von Italien und den Niederlanden aus. Vor allem der niederländische Luftwaffenchef General Hendrik P. Zielstra wies darauf hin, dass die Luftverteidigung nicht nur national gesehen werden dürfe und auch keine Angelegenheit für die ersten fünf Minuten eines anzunehmenden

---

[1111] BArch, BL 1/14653, Tgb. InspLw, Protokoll über die Konferenz der Lw-Oberbefehlshaber Belgiens, Italiens, der Niederlande und der Bundesrepublik am 5.12.1962 in Wahn, S. 5.
[1112] Ebd.
[1113] Lemke, Konzeption, S. 364f. Zur Bedeutung des Wetters in Mitteleuropa für den Einsatz von Luftwaffenverbänden vgl. Steinhoff, NATO, S. 162f.
[1114] Die Abkürzung SAM steht für „surface to air missle“.
[1115] BArch, BL 1/14653, Tgb. InspLw, Protokoll über die Konferenz der Lw-Oberbefehlshaber Belgiens, Italiens, der Niederlande und der Bundesrepublik am 5.12.1962 in Wahn, S. 5.

Krieges sei. Das NATO-Hauptquartier SHAPE habe allein für die 2. Alliierte Taktische Luftflotte (ATAF) im mitteleuropäischen Raum die Aufstellung von 14 Jagdstaffeln gefordert. Diese Forderungen dürfe nun nicht aus nationalen Überlegungen beschnitten werden. Derartige Überlegungen hätten im Jahr 1958 im Rahmen des Auswahlprozesses des Flugzeugs erfolgen müssen[1116]. General Zielstra wies darauf hin, dass ein immer wieder hervorgehobener Auswahlgrund für die F-104G deren Vielzweckeignung gewesen sei. Die niederländische Luftwaffe sei fest entschlossen, die F-104G bis 1970 trotz wesentlich höherer Kosten als geplant in der Luftverteidigung zu nutzen[1117].

Generalleutnant Panitzki gab den Plan der Deutschen Luftwaffe, die F-104G nicht in der Luftverteidigung einzusetzen, aber noch nicht auf. Er wies allerdings darauf hin, dass diese Überlegungen zusammen mit dem US-Verteidigungsministerium, der US-amerikanischen Luftwaffe, dem NATO-Kommando SHAPE sowie den beteiligten Verteidigungsministern abgesprochen werden müssten. Parallel solle versucht werden, mit finanziell geringeren Mittel zumindest teilweise eine Verbesserung der Situation herbeizuführen. Sollte die NATO allerdings an der von ihr aufgestellten Forderung nach den Luftverteidigungsverbänden festhalten, müssten von ihr aber auch die Finanzierung und Durchführung der Programme übernommen werden[1118].

Diese von der deutschen Luftwaffenführung geäußerten Überlegungen waren mehr als überraschend. Das Flugzeugmuster F-104 war den Mitgliedern des Verteidigungsausschusses im November 1958 doch primär unter der Berücksichtigung der Leistungsdaten als Abfangjäger vorgestellt worden. Die Auswahl der F-104G für den Einsatz als Jagdbomber erfolgte erst ein knappes Jahr später. Nun sollte nach dem Willen der deutschen Luftwaffenführung dieses angeblich so vielseitige Flugzeug nicht mehr für die Luftverteidigung eingesetzt werden, sondern nur noch für den atomaren Jagdbombereinsatz und für Aufklärungsflüge. Der Führungsstab der Luftwaffe gab dazu zwei Gründe an: die als äußerst gering eingeschätzte Erfolgswahrscheinlichkeit der Abfangjagd auf Grund der geographischen Lage der Bundesrepublik und die hohen Kosten für die Fertigentwicklung des dringend für diese Einsatzkomponente benötigten Radargerätes[1119]. Dass die Luftwaffenführung bei den anderen beteiligten

---

[1116] Ebd.

[1117] Ebd., S. 6. Im Rückblick urteilte der ehemalige Leiter des Arbeitsstabes F-104, Günther Rall: „Dies [die Verwendung der F-104 für 3 Einsatzrollen] bedeutete Modifikation und Kompromiß, natürlich auch Kompromiß in jeder der Einsatzkonfigurationen – und nicht Optimierung", vgl. Rall, Pilot, S. 586.

[1118] BArch, BL 1/14653, Tgb. InspLw, Protokoll über die Konferenz der Lw-Oberbefehlshaber Belgiens, Italiens, der Niederlande und der Bundesrepublik am 5.12.1962 in Wahn, S. 6.

[1119] Die Überzeugung, auf Grund der ungünstigen militärgeographischen Lage der Bundesrepublik und der hohen zu erwartenden Kosten für die Weiterentwicklung der Radaranlage, auf den Einsatz der F-104G als Allwetterjäger zu verzichten, äußerte Verteidigungsminister von Hassel auch im März 1963 vor den Mitgliedern des Verteidigungsausschusses des Deutschen Bundestages, vgl. dazu BT-Archiv, Vert-

Nationen mit diesem Vorschlag auf wenig Verständnis stieß, überraschte nicht. Schließlich standen diese Länder vor einem ähnlichen Problem wie die Deutsche Luftwaffe; ihre Versionen der F-104G befanden sich auf dem gleichen technischen Entwicklungsstand wie die der Deutschen Luftwaffe. So musste sich der deutsche Luftwaffeninspekteur von seinem niederländischen Kollegen fragen lassen, ob diese Überlegungen nicht bereits 1958 hätten gemacht werden sollen und wurde von ihm mit dem Vorwurf der oft beschworenen Vielseitigkeit der F-104G praktisch moralisch vorgeführt. Dabei war dieser von den Bündnispartnern eingebrachte Vorwurf nur allzu begründet.

Von all diesen Problemen um den äußerst schlechten technischen Zustand des Waffensystems F-104G erfuhr der Verteidigungsausschuss des Bundestages zunächst nichts, zumindest nicht von Seiten der Truppe. Nach der Stellungnahme des Luftwaffeninspekteurs zum Flugzeugunglück in Nörvenich im Juni 1962 war die Situation des Waffensystems bis zum Ende des Jahres 1962 kein Thema mehr auf den Tagesordnungen des Ausschusses. Nachdem der Inspekteur der Luftwaffe den Ausschussmitgliedern im Zusammenhang mit den vier abgestürzten Maschinen die technische Situation des Starfighters als gut bezeichnet hatte, liegt hier die Vermutung nahe, *dass die Luftwaffe an einer detaillierten Unterrichtung des Kontrollgremiums nicht interessiert* war. Im Verlauf des Jahres 1962 ereigneten sich nach dem eben genannten schweren Unfall in Nörvenich nur noch ein weiterer schwerer Unfall mit einer F-104G, auch dieser mit tödlichem Ausgang für den Piloten[1120].

4. Der Starfighter im Verteidigungsausschuss und das Aufkommen stärkerer Kritik

Das Jahr 1963 begann für den „Starfighter" relativ ruhig. Maßgeblich für diese Tatsache war sicherlich unter anderem der Umstand, dass in den ersten Monaten des Jahres 1963 keinerlei schwere Unfälle bei Flugzeugen dieses Typs vorkamen[1121].

Erst im Februar 1963 beschäftigte sich der Verteidigungsausschuss wieder intensiv mit dem Waffensystem F-104G. In einem umfassenden Bericht legte Verteidigungsminister von Hassel, der 1962 Franz-Josef Strauß nach dessen Rücktritt wegen der Spiegel-Affäre im Amt nachgefolgt war, die Grundzüge der Verteidigungspolitik

---

Ausschuss, Protokoll 4. WP, 33. Sitzung 14.2.1963, S. A 34f. In derselben Sitzung des Ausschusses bezeichnete auch der Inspekteur der Luftwaffe die Einsatzrolle Allwetterabfangjagd bei der F-104G als diejenige Einsatzrolle mit der geringsten Bedeutung für die deutsche Luftwaffe; vgl. dazu ebd., S. B 2.
[1120] Kropf, Deutsche Starfighter, S. 138.
[1121] Kropf, Deutsche Starfighter, S. 138.

der Bundesrepublik Deutschland dar[1122]. In diesem Bericht wies er gegenüber den Mitgliedern des Ausschusses erstmals direkt auf die Einbindung deutscher Luftwaffenverbände in eine atomar geprägte Aufgabenstellung der NATO hin, die bisher im Ausschuss von verschiedenen Vertretern des Verteidigungsministeriums immer elegant umgangen worden war: „Sie wissen, daß die F 104G zwei Bereiche hat. Sie besteht aus dem nuklearen Teil mit einer striking force und dem nicht nuklearen Teil mit anderen Aufgaben[1123]."

Luftwaffeninspekteur Panitzki erläuterte dann den Abgeordneten noch einmal die Teilnahme der deutschen Luftstreitkräfte am atomaren Einsatzkonzept: „Sie [die Luftwaffe] fliege vorgeplante Einsätze atomarer Art bei dem zu erwartenden Gegenschlag, führe die Luftverteidigung und Kampfaufträge durch, die aus dem Kampf gegen feindliche Luftverbände und der Interdiction bestünden, und unterstütze das Heer unmittelbar[1124]." Die Reihenfolge, in der Panitzki die Aufgaben der Luftwaffe definierte, verdeutlicht, dass die Teilnahme am atomar geführten Gegenschlag die Hauptaufgabe der F-104G-Verbände sein solle. Er untermauerte diese Position wenig später nochmals: „Die wesentliche Kom[p]onente der deutschen Luftwaffe bestehe aus den F 104-Strike-Verbänden[1125]." Auch auf Nachfrage des Abgeordneten Berkhan, welche Einsatzrolle den Starfighterverbänden primär zugedacht sei, bestätigte Panitzki, dass die Hauptaufgabe des Starfighters auf Grund der NATO-Forderung in erster Linie als Bomber für den atomaren Einsatz bestimmt wurde[1126].

Die Aussagen sowohl des Ministers als auch des Luftwaffeninspekteurs spiegeln dabei allerdings eine bemerkenswerte Tatsache wieder: Dass die F-104 von Beginn des Auswahlprozesses an auch auf ihre Fähigkeit zur Bewaffnung mit atomaren

---

[1122] Strauß war wegen der Spiegel-Affäre im Dezember 1962 als Verteidigungsminister zurückgetreten. Bei der Affäre um den angeblichen Geheimnisverrat im Artikel „Bedingt abwehrbereit" im Spiegel 41/1962 vom 8.10.1962, S. 34-53 hatte der Minister seine Kompetenzen weit überschritten. In einem Gutachten des Verteidigungsministeriums für den Generalbundesanwalt zur Vorbereitung der Anklage wegen Geheimnisverrats war bezüglich der Luftwaffe der einzige Kritikpunkt, dass der Artikel den Umstand enthüllt hatte, dass nur ein kleiner Teil der deutschen Jagdbombergeschwader bisher für den atomaren Einsatz ausgerüstet waren; vgl. BMVg VR II 7 an den Generalbundesanwalt betr. Verdacht des Landesverrats durch die an einem Artikel „Bundeswehr" der Nr. 41/62 der Wochenzeitschrift „Der Spiegel" beteiligten Redakteure u.A. 18.10.1962, S. 16. Das Gutachten befindet sich im Spiegel-Online-Archiv http://www.spiegel.de/media/0,4906,28352,00.pdf (10.10.2015).

[1123] BT-Archiv, VertAusschuss, Protokoll 4. WP, 33. Sitzung 14.2.1963, S. A 10. Dabei wurde aber schon allein in der Tatsache, dass der Verteidigungsminister die „anderen Aufgaben" nicht näher definierte, sehr deutlich, dass diese Aufgaben für die Luftwaffe nur eine untergeordnete Bedeutung hatten und die politische Führung der Bundeswehr in der Fähigkeit des Atomschlags die wichtigste Aufgabe der Luftwaffe sah. Diese Auffassung bestätigte auch die etwas später im Text erwähnte Darstellung des Inspekteurs der Luftwaffe, Generalleutnant Panitzki.

[1124] Ebd.

[1125] Ebd., S. B 2.

[1126] Ebd., S. B 5.

Kampfmitteln hin untersucht wurde, wurde bereits dargestellt. Ebenfalls wurde bereits darauf hingewiesen, dass sich die Luftwaffenführung zur möglichen Einbindung der deutschen F-104G-Verbände in den atomaren Kampfauftrag der NATO im Gremium des Verteidigungsausschusses immer sehr ausweichend äußerte. Dabei leugneten im Ausschuss befragte Soldaten nie die geplante Beteiligung von Luftwaffenverbänden am atomaren Gegenschlag, sie wurde dennoch selbst bei direkter Nachfrage nie im Ausschuss bestätigt; die befragten Personen wichen der Antwort auf solche Fragen mehr oder weniger geschickt aus[1127]. Vielmehr aber besaß die Ausrüstung der Luftwaffe mit atomaren Waffen und ihre Einbindung in den atomaren Strike-Plan der NATO für die Führung der Deutschen Luftwaffe absolute Priorität[1128].

Bemerkenswert sind die klaren Bekenntnisse der Teilnahme von Luftwaffenverbänden am atomaren Gegenschlag der NATO aber deshalb, weil trotz beharrlichen Leugnens oder zumindest des Umgehens einer eindeutigen Antwort auf diese im Ausschuss gestellte Frage sowohl Inspekteur Kammhuber als auch Generalleutnant Panitzki im Sommer 1962 in unterschiedlichen Zeitungsinterviews eindeutig die Planungen einer deutschen Beteiligung am atomaren Gegenschlag ansprachen: Kammhuber beschrieb gegenüber der Zeitschrift Stern, dass die Hauptaufgaben der Deutschen Luftwaffe nicht in der Unterstützung der Heeresverbände, sondern in der gezielten Abriegelung des Gefechtsfeldes in den Einsatzarten *Counter Air* und *Interdiction* liegen

---

[1127] Sicherlich kann man in diesem Zusammenhang den Mitgliedern des Verteidigungsausschusses vorhalten, dass sie sich auch zu schnell mit den teilweise dürftigen Erklärungen der Vertreter der Luftwaffenführung zufrieden gaben. So antwortete General Kammhuber in einer Sitzung des Ausschusses auf eine Abgeordnetenfrage, ob die Luftwaffe in den atomaren strike-Auftrag der NATO eingebunden werden sollte, ausweichend: „… in dem Augenblick, in dem ein Verband „assigned" werde, bekomme er seine Aufgabe. Natürlich ändere sich die Aufgabe des Verbandes, wenn er z.B. von der F 84 auf die F 104 umgerüstet werde. Die Luftwaffe wisse also heute noch nicht, welche Aufgabe ihre sechs Jabo-Verbände bekämen, sobald sie auf die leistungsfähigeren Maschinen umgerüstet und assigned seien", vgl. dazu BT-Archiv, VertAusschuss, Protokoll 4. WP„ 11. Sitzung 22.3.1962, S. B 12. Trotz dieser nur bedingt aussagekräftigen Antwort gab sich der Verteidigungsausschusses mit ihr zufrieden. Dabei war sie sogar noch falsch! Die Ausstattung der Verbände hatte mit der Erteilung nuklearer Aufgaben nichts zu tun, vgl. Lemke, Konzeption, S. 177ff. Lemke beschreibt, dass bereits einer der ersten aufgestellten Jagdbomberverbände, das Jagdbombergeschwader 33, eine nukleare Aufgabe erhielt und ebenso in Braatz, Jagdflieger, S. 234.

[1128] So hatte Inspekteur Kammhuber im Führungsstab der Luftwaffe die Aussage getroffen, dass die Umrüstung und Produktion der F-104G wieder gestoppt worden wäre, falls die NATO der deutschen Luftwaffe keine Aufgaben im Rahmen des atomaren Gegenschlages erteilt hätte, vgl. dazu BArch, BL 1/14653, Tgb. InspLw, Eintrag vom 5.5.1962 betr. Kommandeur- und General-Besprechung, S. 1. Dieses Detail spricht aber deutlich dafür, dass Kammhuber zum Zeitpunkt seiner Äußerung vor dem Verteidigungsausschuss sehr wohl bewusst war, für welche Aufgaben die deutschen Jagdbomber vom Typ F-104G verwendet werden sollten. Zusätzlich drängte er beim US-Verteidigungsministerium im Verlauf des Jahres 1961 häufiger auf die Freigabe von detaillierten Informationen, die für die Luftwaffe für den Einsatz der F-104G als atomar ausgerüstetem Jagdbomber unbedingt nötig waren; vgl. dazu BArch, BL 1/14652, Tgb. InspLw, Eintrag vom 19.10.1961, S. 1.

würden[1129]. Damit nahm er zum ersten Mal in der deutschen Öffentlichkeit Stellung zum offensiven, atomar ausgeprägten Charakter des geplanten Kampfauftrages für mit der F-104G ausgerüsteten Luftwaffenverbände[1130]. Panitzki wurde in einem Interview mit der Frankfurter Allgemeinen Zeitung im Juli 1962 noch deutlicher: ein Hochleistungsflugzeug wie die F-104G müsse von der Natur der Sache her mit einem atomaren Kampfauftrag ausgestattet sein, da der Einsatz mit konventionellen Waffen in keinem Verhältnis zur offenbar vergeudeten Leistungsfähigkeit des Flugzeugs stünde[1131]. Diese beiden Interviews waren zwar die ersten direkten Stellungnahmen von Luftwaffengeneralen zur deutschen Teilnahme an einem möglichen Atomschlag. Im Jahr zuvor hatte allerdings schon Oberst Gerd Schmückle, Pressesprecher von Verteidigungsminister Strauß, mit einer äußerst düsteren Beschreibung des Ablaufs einer möglichen Auseinandersetzung mit atomaren Waffen in der Bundesrepublik für große Aufregung gesorgt[1132].

Abgesehen von der Tatsache, dass beide Generale hier eindeutiger über die deutsche Beteiligung an möglichen Atomwaffeneinsätzen sprachen als vor den Mitgliedern des Verteidigungsausschusses, überrascht vielmehr die Zeitspanne zwischen den Interviews und der Unterrichtung des Ausschusses. Beide Interviews erschienen im Sommer 1962, während die erste offizielle Unterrichtung des Verteidigungsausschusses erst im März 1963 erfolgte, also knapp acht Monate nach den Veröffentlichungen. Es kann als Zeichen fehlender Wertschätzung für die Arbeit und die Bedeutung des Verteidigungsausschusses gewertet werden, dass die Abgeordneten die Antworten auf ihre häufig gestellten Fragen nach einer atomaren Ausprägung der Luftwaffe zuerst in unterschiedlichen Zeitungsinterview lesen konnten und die Unterrichtung durch den Verteidigungsminister und den Inspekteur der Luftwaffe erst knapp ein dreiviertel Jahr später erfolgte.

Im weiteren Verlauf der Sitzung kamen die Kernprobleme der Starfighter-Thematik zur Sprache, die bereits in unterschiedlichen früheren Sitzungen des Ausschusses auf der Tagesordnung standen: die Frage der Weiterentwicklung der im Ausschuss vorgestellten Version der F-104 zur F-104G und die Protegierung der deutschen Luftfahrtindustrie durch den Lizenzbau des Starfighters[1133]. Zur Weiterentwicklung des Typs F-104 zur Version F-104G wiesen Vertreter der SPD-Fraktion auf den

---

[1129] Stern 24.6.1962, S. 34.

[1130] Bereits im Verteidigungsausschuss des Bundestages hatte Kammhuber darauf hingewiesen, dass vor allem für den Auftrag der *Interdiction* ein schweres Kampfflugzeug mit „einem entsprechenden Wirkungsgrad" benötigt würde.

[1131] Johannson, Starfighter, S. 34.

[1132] Der Artikel mit dem Titel „Der Wandel der Apokalypse" erschien in der Zeitschrift Christ und Welt am 24.3.1962; zur Entstehung des Artikels und den teilweise auch internationalen Reaktionen darauf vgl. Schmückle, Ohne Pauken, 241ff.

[1133] BT-Archiv, VertAusschuss, Protokoll 4. WP,, 11. Sitzung 22.3.1962, S. B 10.

Umstand hin, dass dem Ausschuss in der Sitzung über die Entscheidung für oder gegen die Beschaffung der F-104 im November 1958 vom Verteidigungsministerium suggeriert worden sei, dass die Entwicklung der Version G kurz vor dem Abschluss gestanden hätte. Nun aber, im Jahr 1963, sei diese Entwicklung immer noch nicht zufrieden stellend abgeschlossen. Gegen diese Ansicht erhob sich aus den Reihen der CDU/CSU-Abgeordneten Einspruch[1134].

Zum Sachverhalt der Protegierung der deutschen Luftfahrtindustrie durch den Lizenzbau der F-104G merkte ein Vertreter des Verteidigungsministeriums an, dass die Lizenzfertigung unbedingt nötig gewesen sei, um der Industrie den Anschluss an den technischen Weltstandard zu ermöglichen: „Bei der F 104 sei versucht worden, die deutsche Industrie an die moderne Technik heranzuführen. Die aufgetretenen Anlaufschwierigkeiten seien nicht vermeidbar gewesen. Die amerikanische und die deutsche Industrie hätten mehr versprochen, als sie gehalten hätten. Insgesamt sei es aber notwendig gewesen, so zu verfahren, wie es geschehen sei, um die deutsche Industrie an dieses Niveau heranzuführen[1135]."

Vor allem diese Bemerkung machte offensichtlich, dass es sich bei der Beschaffung des Waffensystems F-104G nicht allein um eine militärische, sondern in sehr starkem Maße offensichtlich auch um eine wirtschaftspolitisch geprägte Entscheidung gehandelt habe, vielleicht sogar stärker um eine wirtschaftlich geprägte als um eine militärische. Offenkundig war das den Abgeordneten zum Zeitpunkt der Entscheidung im Herbst 1958 nicht deutlich geworden, zumindest kamen in den entsprechenden Sitzungen, abgesehen von den Einwänden des Abgeordneten Helmut Schmidt, der deutliche Zweifel an der Beschaffung des Waffensystems vor allem wegen der starken Einbindung der deutschen Luftfahrtindustrie und dem damit verbundenen Aufbau von Produktionskapazitäten äußerte, kaum Anmerkungen oder Nachfragen zu dieser Thematik. Vor allem zu den „zu erwartenden Anlaufschwierigkeiten" bei der deutschen Lizenzproduktion war im Herbst 1958 weder vom Verteidigungsministerium noch von Seiten der Luftwaffe in irgendeiner Art und Weise Stellung genommen worden.

[1134] BT-Archiv, VertAusschuss, Protokoll 4. WP, 33. Sitzung 14.2.1963, S. B 8. Dabei trifft der Einwurf der CDU/CSU-Abgeordneten nicht den Kern der Debatte, wie sie im November 1958 abgelaufen ist. Kammhuber äußerte vor den Ausschussmitgliedern die Meinung, dass an dem Flugzeug nichts mehr konstruktiv zu ändern sei und man lediglich die elektronischen Komponenten einbauen müsste, die zur Erfüllung der militärischen Aufgaben notwendig seien. Dass ein Großteil der elektronischen Komponenten zu diesem Zeitpunkt weder entwickelt noch erprobt war, verschwieg der General im Ausschuss, vgl. dazu die Darstellung in Kapitel II.2 dieser Arbeit. Die Behauptung, an der Maschine müsse konstruktiv nichts mehr geändert werden, ließ sich auf Dauer aber nicht aufrechterhalten. In mehreren Sitzungen musste General Kammhuber nach und nach zugeben, dass doch einige technische Änderungen an der Flugzeugzelle notwendig seien.
[1135] BT-Archiv, VertAusschuss, Protokoll 4. WP, 33. Sitzung 14.2.1963, S. B 10.

In dieser Sitzung des Verteidigungsausschusses wurden zwei Argumentationslinien deutlich, mit denen im Ausschuss versucht wurde, Kritiker des Rüstungsprojektes F-104G anzugreifen. Einzelne Wortmeldungen aus dem Protokoll der Ausschusssitzung verdeutlichen diese beiden Vorgehensweisen: „Abg. <u>Dr. Kliesing</u> (Honnef) (CDU/CSU) fragt Abg. Berkhan, für welches Flugzeug er sich heute entscheiden würde. Abg. <u>Berkhan</u> entgegnet, es gehe nicht um das Flugzeug, sondern um die Verträge. Bei diesem Geschäft werde etwas bezahlt, was im Gegensatz zu der Leistung stehe. Man hätte bei den alten [Flugzeug]Mustern bleiben müssen, anstatt einen halbfertigen Typ zu kaufen. Abg. Dr. Kliesing (Honnef) (CDU/CSU) wirft die Frage auf, wie sich in diesem Verfahren mit dem Grundsatz der loyalen Erfüllung der NATO-Verpflichtungen vereinbaren lasse[1136]."

Diesen Entgegnungen Kliesings war eine kritische Anmerkung des SPD-Abgeordneten Karl-Wilhelm Berkhan vorausgegangen. Er hatte in Bezug auf die immer noch laufende Entwicklung der F-104G und die damit verbundenen hohen Kosten für die Bundesrepublik angemerkt, dass die Lizenzbauverträge vom Verteidigungsministerium offenbar nicht sorgfältig genug vor der Unterzeichnung durchgearbeitet worden seien[1137]. Generell verliefen die Konfliktlinien zur Thematik des Starfighters im Ausschuss zwischen den Abgeordneten von CDU/CSU und denen der SPD. Kritische Anmerkungen zum Sachstand des Waffensystems kamen in den meisten Fällen von Abgeordneten der SPD-Fraktion, der damaligen Opposition[1138]. Die in solchen Fällen seitens der CDU/CSU-Abgeordneten initiierte Gegenfrage nach der Auswahl eines anderen Flugzeugtyps stellte im Prinzip die Forderung dar, nicht nur Kritik zu üben, sondern gleichzeitig auch Alternativen zu nennen. Der Kritik stand also stets die Aufforderung gegenüber, einen Verbesserungsvorschlag zu positionie-

---

[1136] Ebd., S. B 10f.

[1137] Ebd., S. B 10.

[1138] Dass die Konfliktlinien bei der Thematik dieses Rüstungsprojektes in den meisten Fällen zwischen den Vertretern von Regierungskoalition und Opposition verliefen, liegt darin begründet, dass im politischen System der BRD keine Gewaltenteilung im engeren Sinne wie beispielsweise in den USA vorgenommen wird. Vielmehr sind Exekutive und Legislative nicht klar voneinander getrennt, sondern in einander verschränkt. So sind oftmals Mitglieder der Exekutive (Kanzler und Minister), gleichzeitig als Abgeordnete des Bundestages Teil der Legislative. Da in der Gewaltenteilung aber ursprünglich eine der Aufgaben des Parlaments auch die Kontrolle der Arbeit der Regierung sein sollte, kam es hier zum Interessenkonflikt. Damit wird die Arbeit der Regierung im Parlament nahezu nur von der Opposition überwacht. Da sie aber nicht im Besitz der Parlamentsmehrheit war, blieb die Kontrolle teilweise oberflächlich und wirkungslos. Vgl. zur Problematik der Gewaltenteilung und -verschränkung im politischen System der Bundesrepublik Sontheimer/Bleek, Grundzüge des politischen Systems, S. 284ff. sowie Bald, Sahner, Zimmer, Parlamentarische Kontrolle, S. 82ff. Auf die Problematik, dass die Abgeordneten der Regierungsparteien im Allgemeinen wenig geneigt sind, die Arbeit der eigenen Regierung zu kritisieren vgl. Bielfeldt/Schlotter, Die militärische Sicherheitspolitik, S. 116. Diese bemerken dazu ebd.: „Der Informations- und Planungsvorsprung der Bürokratie gegenüber den Abgeordneten ist so groß, daß diese – selbst wenn sie wollten – kaum in der Lage wären, das BMVg effektiv zu kontrollieren".

ren, in oben geschildertem Fall also, ein zum Zeitpunkt der Auswahl besser geeignetes Flugzeugmuster als die F-104 vorzuschlagen. Die darauf folgende Erwiderung, dass sich die Kritik auf den Inhalt der geschlossenen Verträge und nicht auf das Flugzeugmuster bezogen habe, machte deutlich, wie vorschnell der Vorwurf einer fehlenden Alternative hier geäußert wurde. Dieser Umstand spricht auch sicher für die Tatsache, dass die Auseinandersetzung mit der Thematik des Starfighters bei einigen Abgeordneten der CDU/CSU-Fraktion langsam aber sicher die Nerven stark strapazierte und zu einer relativ unbeherrschten Erwiderung führte.

Die zweite Argumentationslinie wurde in dieser Sitzung nur angedeutet, dafür in späteren Sitzungen des Jahres 1965 immer ausführlicher zur Anwendung gebracht. Den Kritikern des Flugzeugs wurde dabei vorgeworfen, dass eine Beanstandung des Waffensystem F-104G gleichzeitig einer Ablehnung der von Deutschland in der NA-TO übernommenen Verteidigungsverpflichtungen gleichkäme. In diesem frühen Fall hatte der Einwand im Zitat Kliesings durchaus seine Richtigkeit. Die Flugzeuge, die die Bundeswehr als Erstausstattung erhielt, waren schon zum Zeitpunkt der Lieferung teilweise stark veraltet. Die in diesem Fall vom Abgeordneten Berkhan aufgestellte Forderung, die Luftwaffe hätte lieber bei diesen veralteten Mustern bleiben sollen anstatt ein halbfertiges Flugzeug zu kaufen, entbehrt so gesehen jeglicher sinnvollen Grundlage. Denn weder mit dem unzureichend entwickelten Muster F-104G noch mit den technisch längst veralteten Mustern der Flugzeugerstausstattung konnten die von der NATO aufgestellten Verteidigungsverpflichtungen effektiv wahrgenommen wer-den[1139]. Die Forderung nach der Beibehaltung der älteren Flugzeugmuster war somit kein weiterführender Debattenbeitrag um die Problematik des Waffensystems. Diese Argumentationslinie sollte in den noch folgenden Auseinandersetzungen im Verteidigungsausschuss in der Diskussion um den Starfighter aber noch eine wesentlich gewichtigere Rolle spielen.

Im März 1963 (!) erfolgte die erste offizielle Unterrichtung des Verteidigungsausschusses über die geplante Einbindung der Luftwaffe in die nuklear abgestützte NATO-Verteidigungsplanung für Europa. Problematisch daran war, dass in den USA zu diesem Zeitpunkt seit mittlerweile fast zwei Jahren eine Debatte im Gange war, die von der momentan noch gültigen Verteidigungsstrategie der NATO deutlich abrückte.

Im Januar 1961 wurde John F. Kennedy als Nachfolger von Dwight D. Eisenhower als Präsident der Vereinigten Staaten im Amt vereidigt. Zu diesem Zeitpunkt galt innerhalb des westlichen Verteidigungsbündnisses immer noch die Doktrin der

---

[1139] Hier zeigte sich der sprichwörtliche Spagat der westdeutschen Verteidigungspolitik, einerseits aus dem Nichts eine effiziente Streitmacht aufzustellen, andererseits aber von der NATO angehalten zu sein, die übernommenen Verpflichtungen auch umsetzen zu können.

248

massive retaliation[1140]. Im Fall eines Angriffs des Warschauer Pakts sah sie den möglicherweise bedingungslosen und umfassenden Einsatz atomarer Kampfmittel auf allen Ebenen des Gefechtsfelds, taktisch wie strategisch, vor. Mit Amtsantritt der Kennedy-Administration setzte sich in verteidigungspolitischen Kreisen aber langsam die Überzeugung durch, dass ein solches Vorgehen bei einer entsprechenden sowjetischen Reaktion zwangsläufig zu einer vollständigen atomaren Vernichtung der Erde führen müsse. Träger dieser neuen Überlegungen waren vor allem Präsident Kennedy und sein Verteidigungsminister Robert McNamara. Eine erste öffentlich vorgetragene Ausformulierung dieser Überlegungen erfolgte durch den amerikanischen Verteidigungsminister in einer Rede an der Universität von Michigan im Juni 1962[1141]. Seine NATO-Amtskollegen hatte McNamara bereits im Mai des gleichen Jahres über die US-amerikanischen Überlegungen informiert. Dabei geben die Erinnerungen des deutschen Verteidigungsministers Strauß auch einen Einblick in seine Gedanken zu den von den US-Amerikanern geäußerten Überlegungen[1142]. Auch wenn diese in bestimmten Kreisen der US-amerikanischen Administration diskutierten Überlegungen im Sommer des Jahres 1962 natürlich noch keine bindende Wirkung für die westliche Verteidigungsallianz hatten, zeigten sie dennoch die generelle Richtung auf, in die sich die NATO-Strategie nach Wunsch des US-amerikanischen Präsidenten entwickeln sollte[1143] und sich dann auch tatsächlich entwickelte. Fast wie zum Beweis der Überlegungen endete das Herbstmanöver der NATO *Fallex 1962*. Hier gelang es den Verteidigungsverbänden der NATO trotz des erheblichen Einsatzes von atomaren Kampfmitteln nicht, den Vormarsch der Truppen des Warschauer Paktes wirksam zu stoppen oder zu verlangsamen[1144]. Mit dem Ergebnis dieses Manövers wurden die Kritiker der bisherigen Ausrichtung der Verteidigungsstrategie der NATO noch weiter in der Richtigkeit ihrer Überlegungen bestärkt.

Damit ergab sich aber vor allem für die verteidigungspolitische Ausrichtung der Bundeswehr und somit auch der Luftwaffe eine wesentlich andere Perspektive, wie

---

[1140] Vgl. das Originaldokument dazu unter http://www.nato.int/docu/stratdoc/eng/a680116a.pdf (23.12.2015).

[1141] Johannson, Starfighter, S. 35. Vgl. generell zur Entstehung der *flexible response* Krüger, Schlachtfeld, S. 212.

[1142] Strauß, Erinnerungen, S. 355ff., stand den US-amerikanischen Überlegungen durchaus vorsichtig, wenn nicht misstrauisch gegenüber. Er befürchtete offensichtlich, dass das Heraufsetzen der Hemmschwelle für den totalen atomaren Krieg von der Sowjetunion als Schwäche ausgelegt werden könnte und somit auf mittelfristige Sicht ein Angriff auf das Gebiet der Bundesrepublik wahrscheinlicher werden könnte. Diese Sichtweise teilte Strauß mit vielen westdeutschen Politikern.

[1143] Vgl. dazu die Darstellung bei Krüger, Strategiewechsel, S. 61 ff.

[1144] Der Spiegel 41/1962 „Bedingt abwehrbereit", S. 32ff.; vgl. dazu auch die Ausführungen bei Johannson, Starfighter, S. 35. Dieser Spiegelartikel sorgte für die so genannte Spiegelaffäre, in deren Konsequenz Verteidigungsminister Strauß sein Amt niederlegen musste. Zur Affäre vgl. Doerry/Janssen (Hrsg.), Die Spiegel-Affäre.

Kurt Johannson völlig richtig bewertete: „Wenn auch (…) noch nicht zur offiziellen NATO-Doktrin erhoben, entwerteten die amerikanischen Vorstellungen zu einer Strategie der flexiblen Antwort doch die atomare Konzeption der deutschen Militärs: Diese befanden sich plötzlich im Widerspruch zu derjenigen militärischen Macht, die als einzige ihnen die atomaren Waffen hätte überlassen können[1145]."

Bis zum Mai 1963 wurden im Verteidigungsschuss keine Themen diskutiert, die das Waffensystem F-104G direkt betrafen. In der 43. Sitzung trug Brigadegeneral Wilhelm Hubert Hoffmann als Vertreter des Verteidigungsministeriums einen Bericht über den Stand des Starfighter-Beschaffungsprogramms vor. Die Ausschussmitglieder baten aus aktuellem Anlass um Klärung der Vorwürfe, die in den zurückliegenden Wochen in der Öffentlichkeit und im Plenum des Bundestages während der Haushaltsdebatte erhoben worden waren[1146].

Einen echten Anlass für die erneut in der Öffentlichkeit aufgeflammte Debatte um die Zuverlässigkeit des Waffensystems F-104G erkannte der Vertreter des Verteidigungsministeriums bei seinen Ausführungen allerdings nicht. Seiner Ansicht nach beruhte die Diskussion auf einem technischen Missverständnis. Er legte den Mitgliedern des Ausschusses dar, dass es momentan wirklich Schwierigkeiten mit dem neuen Bodenleitsystem, das von der NATO initiiert auch in der Bundesrepublik installiert werden sollte, geben würde. Diese Schwierigkeiten führten zu technischen Unzuverlässigkeiten, die sich dann eben auch auf die Leistungsfähigkeit des von der Luftwaffe verwendeten Flugzeugtyps F-104G auswirken würden. Dies sei aber auf die Unzuverlässigkeiten des Bodenleitsystems zurück zu führen und habe keine Ursache in den Leistungsparametern des Flugzeugs. Andere Flugzeugtypen, wie die britische P-1 oder die französische Mirage, würden von den technischen Mängeln des Systems ebenso in ihrer Leistungsfähigkeit eingeschränkt wie der Starfighter[1147].

Hoffmann stellte vor allem heraus, dass sich seit sieben Monaten kein Unfall mit einem Starfighter ereignet habe. Dies führe in der Auswertung zu einer sehr guten Unfallquote[1148]. Diese schien allerdings für den Führungsstab der Luftwaffe selbst sehr überraschend zu sein, wie Hoffmann gegenüber den Ausschussmitgliedern äußerte: Er „bemerkt, er selber sei von den ihm gemeldeten Zahlen so überrascht, daß er sie laufend überprüfen lasse, um festzustellen, ob nicht irgendwo ein Übermittlungsfehler vorliege[1149]." Dieses Zitat sprach nicht gerade für das überragende Vertrauen, das der Führungsstab der Luftwaffe dem Waffensystem entgegen brachte. Als er vom Aus-

---

[1145] Johannson, Starfighter, S. 35.
[1146] BT-Archiv, VertAusschuss, Protokoll 4. WP, 43. Sitzung 16.5.1963, S. C 10.
[1147] Ebd.
[1148] Ebd., S. C 12.
[1149] Ebd.

schussvorsitzenden gefragt wurde, ob er heute die 1958 getroffene Entscheidung für das Flugzeug für richtig und gut halte, bejahte er diese Frage[1150].

Der General sah für die starke Kritik in der Öffentlichkeit zwei Ursachen. Zum ersten seien die Konkurrenzfirmen, deren Modelle 1958 gegen den Starfighter verloren hätten, stark enttäuscht und versuchten nun, wenigstens in den Ländern, in denen die F-104 noch nicht eingesetzt werde, den Markt zu erobern. Dabei käme es in der Presse natürlich zu lancierten Angriffen seitens dieser Unternehmen[1151]. Der zweite Grund sei eine allgemeine negative Grundhaltung in der Presse: „Zudem werde in den Zeitungen so viel Unfug und Halbausgegorenes geschrieben, daß man sehr häufig den Eindruck gewinne, es habe wieder einmal an Stoff gefehlt und die Spalten seien mit Angriffen gegen das Starfighter-Programm gefüllt worden, weil dabei immer etwas herauskomme[1152]."

Damit hatte das Verteidigungsministerium aus seiner Sicht eine bemerkenswert einfache Begründung für die anhaltenden – und künftig noch vermehrt folgenden – Diskussionen um das Waffensystem gefunden: Die beleidigte Konkurrenz, die um einen Millionenauftrag gebracht worden war, und die zu kritische Presse, die mit Halbwahrheiten die Auflage der Zeitungen steigern wollte. Dabei lässt sich das Argument, die Presse versuche nur, mit schlecht recherchierten Beiträgen Aufmerksamkeit zu gewinnen, relativ einfach widerlegen. Allein im Nachrichtenmagazin Der Spiegel des Jahres 1962 finden sich mehrere ausgesprochen detaillierte und kenntnisreiche Beiträge zum Leistungszustand des Waffensystems F-104G sowie zur generellen Unfallsituation der Luftwaffe[1153].

Zum Abschluss der Debatte äußert der CDU-Abgeordnete Heinrich Draeger eine äußerst interessante Sichtweise zur Starfighter-Thematik. Er empfahl seinen Kollegen „die Aussprache zu beenden. Nach all den langwierigen Diskussionen sei allmählich der Zeitpunkt gekommen, beim Starfighter einmal fünf gerade sein zu lassen. Schließlich komme es auf die Effizienz an. Man könne nicht das Letzte herausholen, sondern müsse mit dem zur Verfügung stehenden finanziellen und technischen Mitteln den größten Erfolg erzielen[1154]."

Unklar blieb, ob es sich hierbei um die persönliche Sicht des Abgeordneten handelte oder um eine von Teilen der CDU/CSU-Fraktion getragene Ansicht. Hierzu erfolgten keine weiteren Äußerungen. Im Hinblick auf die Probleme, die sich sowohl auf industrieller als auch militärischen Seite seit dem Beschluss zur Beschaffung des

---

[1150] Ebd., S. C 14.

[1151] Ebd.

[1152] Ebd.

[1153] Vgl. dazu Spiegel 44/1962, S. 31-33: „Flugzeugabstürze – Rote nicht im Spiel" sowie Ausgabe 49/1962, S. 44-47: „Einsatzmängel – Kein Geheimnis".

[1154] BT-Archiv, Vert-Ausschuss, Protokoll 4. WP, 43. Sitzung 16.5.1963, S. C 18.

Starfighters ergeben hatten, war vor allem der ersten Teil von Draegers Aussage in Bezug auf ein Rüstungsprojekt im Wert von mehreren Milliarden DM extrem gewagt. Zudem legt diese „Schlussstrich-Debatte" nahe, dass dem Verteidigungsausschuss die großen technischen Probleme des Rüstungsprogramms nicht bekannt gewesen waren. Angesichts der erheblichen Schwierigkeiten vor allem bei der elektronischen Ausstattung des Flugzeugs und dessen damit verbundenen Leistungseinschränkungen konnte man kaum von einer vorhandenen Effizienz sprechen. Obwohl zahlreiche Vertreter des Verteidigungsministeriums bis hin zu Minister Strauß im Ausschuss mehrfach ausgesagt hatten, sie würden den Starfighter jederzeit wieder wählen, äußerte der SPD-Abgeordnete Berkhan 1963 erstmals offene Zweifel an der Sinnhaftigkeit der damaligen Entscheidung: „Er [Berkhan] respektiere den Standpunkt des Ministeriums, das erkläre, es würde den Starfighter, wenn es noch einmal vor der gleichen Entscheidung stünde, wieder kaufen. Er, Berkhan, würde es nach den Auskünften, die er erhalten habe, nicht tun; er müsse sich immer wieder fragen, ob es nicht besser gewesen wäre, ein fertig entwickeltes Flugzeug zu kaufen[1155]." – Welches dieses hätte sein können, sagte er nicht.

[1155] Ebd., S. D 1.

V.   Die Zuspitzung der Situation des Waffensystems F-104G durch die stärkere Beachtung in der Öffentlichkeit – Die Presse als Wegbereiter der Krise von 1966?

1.   Von Navigationsproblemen in die Krise? Das Navigationssystem LN-3

In den ersten beiden Jahren der Umrüstung der Luftwaffengeschwader auf den Starfighter ereigneten sich in der Bundeswehr fünf schwere Unfälle mit Maschinen des Typs F-104. Dabei wurden acht Flugzeuge völlig zerstört oder mussten auf Grund der Schwere der Beschädigungen als Totalverlust gerechnet werden. Fünf Piloten der Bundeswehr verloren bei diesen Unfällen ihr Leben[1156]. Neben den Artikeln in Zeitungen und Zeitschriften, die sich mit dem stark beachteten Absturz der Viererformation im Juni 1962 beschäftigten, war das Interesse der Medienlandschaft an den Ereignissen des Waffensystems noch gering. Außer einem kritischen Artikel im Stern im Juni 1962[1157] befasste sich lediglich noch ein Artikel der Flug-Revue im Dezember 1962 in nennenswert kritischer Weise mit dem „Starfighter-Dilemma“. Darin übte der Autor umfangreich Kritik an der Beschaffung des Musters sowie an der Lizenzproduktion durch die deutsche Luftfahrtindustrie[1158]. Das Jahr 1963 sollte das einzige unfallfreie Jahr der Umrüstung auf den neuen Flugzeugtyp sein[1159]. – Darüber hinaus war es auch das einzige unfallfreie Jahr dieses Musters bis 1987, als das Muster aus der Luftwaffe ausgephast und durch den MRCA Tornado ersetzt worden war[1160]. – Die gute Flugsicherheitsstatistik des Flugzeugmusters bis 1964 schlug sich auch in der Wahrnehmung durch die Presse nieder. Nur in wenigen Artikeln kam es in Zeitschriften zu kritischen Anmerkungen in Bezug auf die Einsatzfähigkeit des Starfighters[1161].

Im Jahr 1964 sollte die Luftwaffe von Unfällen mit dem Starfighter allerdings nicht verschont bleiben. Der erste schwere Zwischenfall des Flugzeugmusters ereignete sich bereits im Januar 1964. Insgesamt sollten im weiteren Verlauf des Jahres neun Maschinen zerstört werden und drei Piloten ums Leben kommen[1162]. Trotz des ja geradezu sprunghaften Anstiegs der Unfallzahlen im Vergleich zum komplett unfallfreien Jahr 1963 fand die Flugsicherheitslage des Starfighters noch keinen nennens-

---

[1156] Vgl. dazu die Aufstellung bei Kropf, Deutsche Starfighter, S. 138f. Johannson, Starfighter, S. 36, spricht von 9 Abstürzen, die sich bei Kropf nicht ermitteln lassen.
[1157] Stern vom 16/1962, „Start der Stunde X“.
[1158] Flug-Revue 12/1962, S. 12ff. „Starfighter-Dilemma“.
[1159] Kropf, Deutsche Starfighter, S. 139.
[1160] Ebd., S. 139ff. Zu diesem Zeitpunkt befanden sich so gut wie keine Flugzeuge vom Typ F-104G mehr im operativen Dienst der Bundeswehr.
[1161] Vgl. dazu Stern vom 5.5.1963: „Wieder Ärger mit dem Starfighter“, S. 12f.
[1162] Kropf, Deutsche Starfighter, S. 139.

werten Eingang in die Presselandschaft. Diese Tatsache änderte sich aber auf Grund der im weiteren Verlauf des Jahres 1964 stattfindenden Ereignisse um das Waffensystem F-104G.

Der Stein des Anstoßes war dabei der technische Zustand des Navigationsgerätes LN-3 der Firma Litton, eines bodenunabhängigen Trägheitsnavigationssystems. Es wurde hauptsächlich im Jagdbomber benötigt, da das Flugzeug beim Eindringen in den gegnerischen Luftraum nicht mehr von eigenen Radarstationen auf dem Weg zum Ziel und wieder zurück geleitet werden konnte[1163]. Im März 1964 fand in Bonn ein Meeting jener Luftwaffen statt, die die F-104G in ihren Verbänden einsetzten. Dabei bezeichnete ein Vertreter der Deutschen Luftwaffe, Oberst Walter Krupinski, die Navigationsplattform auf Grund ihrer technischen Unzulänglichkeit als nicht einsatzfähig[1164]. Die Fehlerquote und die technischen Ausfallzeiten waren offenbar so hoch, dass das Gerät von Krupinski nur als Navigationseinrichtung von zweiter, eventuell sogar nur von dritter Klasse bezeichnet wurde. Dabei wurde dem Gerät eine maximale Kursabweichung von 1.000 Fuß zugestanden. Die Abweichungsfehler im Testbetrieb lagen aber wesentlich höher. Weiterhin wies Krupinski darauf hin, dass die deutschen Piloten durch die Unzuverlässigkeiten des Gerätes das Vertrauen in die Anlage komplett verloren hätten[1165]. Die anwesenden Vertreter sowohl der kanadischen als auch der niederländischen Luftwaffe bestätigten seine Ausführungen in vollem Umfang. Auch ihre Luftwaffen betrachteten das Gerät als unzulänglich und nicht einsatzfähig für den Navigationsbetrieb[1166].

Untersuchungen des Führungsstabes der Luftwaffe und des BWB in den Monaten nach der Konferenz im März offenbarten schwerwiegende Fehler bei der Entscheidung über die Einführung des Gerätes durch die Führungsspitze der Bundeswehr. Bereits bei der Auswahl des Gerätes bestanden von Seiten mehrerer am Beschaffungsprozess der F-104 und ihrer Komponenten beteiligten Referate, in diesem Fall die Abteilung Technik und der Arbeitsstab F-104, im Mai 1960 „stärkste technische Bedenken[1167]“ gegen die Auswahl dieses Gerätes. Der Beschaffungsreferent der Abteilung Wirtschaft im Ministerium weigerte sich sogar, die Anschaffung des Gerätes mitzuzeichnen. Grund dieser breiten Ablehnung im Ministerium war, dass das Gerät LN-3 zu diesem Zeitpunkt noch nicht erprobt war, geschweige denn ein Prototyp vorgelegen hätte. Minister Strauß ordnete dennoch die Beschaffung dieses nur auf

---

1163 Dierich, Handbuch, S. 175ff.

1164 Oberst Walter Krupinski war zu diesem Zeitpunkt Referatsleiter „Kampfverbände“ im Führungsstab der Luftwaffe, vgl. dazu Braatz, Jagdflieger, S. 250f.

1165 FoLuft Sammlung Schmitz I, Ordner 82, Fü L V 5 Aktenvermerk über das Pre-Airstaff-Meeting F-104, Bonn Hardthöhe am 11.3.1964, S. 1.

1166 Ebd., S. 2f.

1167 FoLuft Sammlung Schmitz I, Ordner 82, Fü L V 1 an Abteilung W III 5 mit Durchschrift an BWB betr. F-104G Navigationsanlage hier: LN-3-Status 13.5.1964, S. 1.

dem Reißbrett existenten Gerätes dann Ende Mai 1960 gegen den erheblichen Widerstand der drei Referate an[1168].

Die Abteilung Wirtschaft des Ministeriums versuchte in den folgenden Wochen, die mit dem Beschaffungsvorhaben verbundenen besonderen Risiken wenigstens durch entsprechende vertragliche Absicherung mit dem Hersteller zu minimieren. So sollte nach dem Willen der Abteilung eine Funktionsgarantie vertraglich vereinbart werden. Strauß lehnte diese Forderung allerdings im September 1960 ab[1169]. Das BWB schlug im Februar 1961 vor, mit dem Hersteller zunächst einen Vorvertrag über eine zu fertigende Teilserie des Gerätes abzuschließen, um so wenigstens eine gewisse Erprobung des Gerätes sicherstellen zu können. Die ODC, als damalige Koordinierungsinstanz der Starfighter-Lizenzproduktion in Europa, lehnte dieses Anliegen ab, obwohl ihr die technischen Bedenken des BWB durchaus berechtigt erschienen. Die Ablehnung wurde aber mit der vagen Einhaltung der Fertigungstermine begründet[1170]. Laut der 1964 angestellten Nachforschungen soll bereits die erste Erprobungsserie des Gerätes 1961 äußerst schwerwiegende technische Mängel offenbart haben, die auch in einem entsprechenden Bericht weiter gegeben worden sein sollen. Angeblich wurde der Bericht kurze Zeit später in wesentlichen Teilen geschönt und der zuständige Berichterstatter auf weg versetzt[1171]. Das BWB erhob kurz nach der Ablehnung des Vorschlages durch die ODC erneut Protest gegen die Vorgehensweise bei der Beschaffung des Gerätes. Nach dessen Meinung war bereits absehbar, dass an dem Gerät umfangreiche Änderungen vorgenommen werden müssten. Diese würden aber im Nachhinein von der Bundesrepublik zu bezahlen sein, obwohl sie jetzt schon offensichtlich wären und damit in die Verantwortung des Herstellers fielen[1172].

Die von April bis Juni 1963 durchgeführte weitere Erprobung des Geräts zeigte eine Versagerquote von fast 42 Prozent. Dies führte im September 1963 bei einem Airstaff-Meeting F-104 zu der Feststellung, dass die LN-3-Anlage taktisch und logistisch nicht zufriedenstellend sei.[1173] Ein daraufhin angeordneter Test, von Januar bis März 1964 von Luftwaffentestteams der Bundesrepublik, Kanada und den Niederlanden durchgeführt, kam neben der Auswertung von über 5.000 bereits mit diesem Ge-

---

[1168] Ebd.

[1169] Ebd., S. 2.

[1170] Ebd.

[1171] Ebd., S. 3.

[1172] FoLuft Sammlung Schmitz I, Ordner 82, BWB Abteilung LG IV 3, Aktenvermerk betr. Mitzeichnung des Vorvertrages mit der Firma Litton über Trägheitsnavigationsgerät 6.3.1961. Eine noch detaillierte Analyse der Vorgänge bei der Beschaffung des LN-3 aus Sicht des BWB bietet das Dokument in FoLuft Sammlung Schmitz I, Ordner 82, BWB Referat LG IV 4 8.6.1964 „Historie der LN-3, soweit sie in die Zeit fällt, in der das Referat LG IV 3 kommissarisch durch LG IV 4 wahrgenommen wurde".

[1173] FoLuft Sammlung Schmitz I, Ordner 82, Fü L V 1 an Abteilung W III 5 mit Durchschrift an BWB betr. F-104G Navigationsanlage hier: LN-3-Status 13.5.1964, S. 3.

rät durchgeführten Flügen zu dem Ergebnis, dass Zuverlässigkeit und Genauigkeit des Gerätes ungenügend waren[1174]. Auf diese Testreihe folgte die bereits erwähnte Besprechung in Bonn im März 1964. Die entstanden Kosten für die Entwicklung, die Beschaffung und für den laufenden Betrieb betrugen bis zu diesem Zeitpunkt nach Berechnung des Verteidigungsministeriums etwa 800 Millionen DM und die noch auf die Luftwaffe zukommenden Kosten für die nächsten Jahre wurden mit 400 Millionen DM veranschlagt[1175]! Dass das Navigationsgerät LN-3 in keinem Fall den gedachten Anforderungen des Führungsstabes der Luftwaffe gerecht wurde, bestätigte sich in den folgenden Monaten noch auf mehreren weiteren Besprechungen[1176]. Dabei wurde auch darauf hingewiesen, dass die Deutsche Luftwaffe die ihr zugedachten Aufgaben im Rahmen des atomaren Gegenschlages der NATO nicht erfüllen könne, da der Einsatzwert des Navigationsgerätes ungenügend sei[1177]. Die Begründung für die nicht vorhandene Einsatzbereitschaft des Gerätes sah der Führungsstab in dem Umstand, dass das Gerät vor dem Einbau in das Gesamtsystem F-104G nicht ausreichend lange erprobt worden war[1178].

Im Juli 1964 teilte das BWB dem Verteidigungsministerium mit, dass nach sorgfältiger Prüfung der bisherigen Vorgänge festgestellt werden müsse, dass es zwischen der Bundesrepublik und dem Hersteller des Gerätes keine Verträge gebe, die Aussagen zur Genauigkeit und Zuverlässigkeit des LN-3 festschreiben würden. In verschiedenen Umschreibungen werde lediglich die erhoffte Annäherung an das Entwicklungsziel des Navigationsgerätes ausgedrückt[1179]. Der Bericht führte dabei äußerst kritisch aus, dass die Firma Litton von Beginn der Verhandlungen an nicht daran interessiert gewesen schien, bestimmte technische Mindestanforderungen an das Gerät vertraglich zu fixieren. Andererseits drängte das Unternehmen aber auf eine baldige Auftragserteilung[1180].

Neben den Problemen bei der Elektronik wurden im Laufe des Jahres 1964 noch weitere technische Schwierigkeiten beim Flugzeugtyp F-104G festgestellt. Offenbar bestanden größere Probleme mit dem Fahrwerk der Maschine. Daraufhin war der Inspekteur der Luftwaffe im Oktober 1964 gezwungen, für 200 Maschinen des Flugzeugtyps ein Startverbot zu erlassen, um die Schwierigkeiten beheben zu kön-

[1174] Ebd.

[1175] Ebd., S. 6.

[1176] Ebd., S. 2ff. sowie FoLuft Sammlung Schmitz I, Ordner 82, Protokoll über eine Sitzung der NASMO, Litton und dem Viererkonsortium am 28.10.1964.

[1177] BArch, BL 1/6781, Protokoll Fü L betr. Besprechung wg. Litton LN.3 23.6.1964, S. 5.

[1178] Ebd., S. 7.

[1179] FoLuft Sammlung Schmitz I, Ordner 82, BWB LG I 8 an BMVg betr. Gemeinschaftsprogramm F-104G hier Trägheitsnavigator LN-3 der Firma Litton, S. 1.

[1180] Ebd., S. 10.

nen[1181]. Die beiden großen technischen Problemfelder, das Fahrwerk und das damit
verbundene Startverbot sowie die Schwierigkeiten bei der elektronischen Ausrüstun-
gen, sollten in den nächsten Monaten dafür sorgen, dass sowohl der technische Zustand als auch die Flugsicherheitssituation des Flugzeugtyps F-104G in den Fokus der
Öffentlichkeit in der Bundesrepublik rückte.

2.   Das wachsende öffentliche Interesse an der Sicherheit des Starfighters

Ende November 1964 erschien in der Zeitschrift Interavia in der Rubrik Luftpost ein
Artikel, der sich äußerst kritisch mit dem Zustand der elektronischen Ausrüstung des
Flugzeugs F-104G auseinandersetzte, vor allem mit dem Zustand des Navigationsgerätes LN-3[1182]. Dieser Artikel sorgte im Führungsstab der Luftwaffe nach seinem Erscheinen für größere Unruhe. In einem Sprechzettel für Verteidigungsminister Kai
Uwe von Hassel bezeichnete der Führungsstab die in dem Bericht angesprochenen
Probleme als „äußerst zutreffend[1183]". Dem Minister wurde dazu geraten, den Bericht
zunächst weder zu bestätigen noch zu kommentieren, da dieser geheimhaltungsbe-
dürftige Daten enthalte. Eine öffentliche Kommentierung dieser Details müsse erst
mit allen an der Lizenzfertigung der F-104G beteiligten Konsortiumsländern abge-
stimmt werden[1184]. Diese brisanten Daten kann die Zeitschrift nur durch eine Indiskretion von Seiten der Industrie oder der Luftwaffe erhalten haben. Die in dem Artikel veröffentlichen Informationen waren mit so vielen Details versehen, dass die Annahme plausibel erscheint, der Autor habe die Berichte des Luftwaffenführungsstabes
zum LN-3 aus dem Jahr 1964 selbst gelesen.

Ebenfalls kritisch hatte sich die Zeitschrift Wehrdienst Ende November 1964
geäußert. Die dabei geäußerten Kritikpunkte am LN-3 entsprachen ungefähr denen,
die auch die Interavia ins Feld geführt hatte[1185]. Die Firma Litton versuchte nach der
Veröffentlichung, weitere Kritik in dem Magazin gerichtlich verhindern zu lassen:
„Um weitere Veröffentlichungen, unter anderem in dem Bonner Artikeldienst „Wehrdienst" zu verhindern, hat die Firma Litton dem Wehrdienst am 7. Dezember durch
einen Anwalt mit einer einstweiligen Verfügung gedroht und eine „Stillhaltefrist" bis
Anfang Januar verlangt. Litton war jedoch nicht in der Lage, die bisher im Wehrdienst
gemachten Angaben zu widerlegen. Führende Stellen im Bonner Verteidigungsministerium haben außerdem vertraulich verlauten lassen, daß die bisher in der Öffentlich-

---

[1181] Johannson, Starfighter, S. 38.
[1182] Interavia-Luftpost Nr. 5633, 27.11.1964 „Probleme der Trägheitsplattform LN-3 in der F-104G".
[1183] BArch, BL 1/6781 Sprechzettel Fü L für Herrn Minister betr. Artikel in Interavia-Luftpost wg. Litton
LN-3, S. 1.
[1184] Ebd.
[1185] Vgl. dazu Wehrdienst 4/1964, „350 Millionen Mark für unbrauchbares Navigationssystem", S. 3f.

keit vorwiegend in einem Luftfahrt-Informationsdienst veröffentlichten Details über das Versagen des von Litton gelieferten Geräts zutreffend sind[1186]." Die Drohung mit einer einstweiligen Verfügung zeigt, dass der Artikel den Kern der Problematik getroffen haben musste. Dass das Verteidigungsministerium vertraulich verlauten ließ, die in dem Bericht vorgebrachten Kritikpunkte entsprächen der Wahrheit, darf hingegen wohl bezweifelt werden. Dies legt die zwei Wochen vorher vom Führungsstab der Luftwaffe ausgesprochene Empfehlung, den Artikel nicht zu kommentieren, nahe. Zum anderen versuchte das Verteidigungsministerium in den folgenden Wochen, die kritischen Berichte als haltlos hinzustellen. Ob die Firma Litton auch versuchte, die Zeitschrift Interavia mit der Drohung einer Klage einzuschüchtern, ist nicht bekannt.

Anfang Januar 1965 erschien in der Illustrierten Stern ein umfangreicher Bericht des SPD-Bundestagsabgeordneten und stellvertretenden Vorsitzenden des Verteidigungsausschusses Karl Wienand[1187]. Er kritisierte darin die grundsätzliche Rüstungspolitik der Bundesrepublik Deutschland anhand mehrerer Beispiele, unter anderem auch am Rüstungsprojekt F-104G. Hierbei warf er dem Verteidigungsministerium vor, mehr als 500 Millionen Mark an Beschaffungs- und Entwicklungskosten, vor allem bei der F-104G, sinnlos ausgegeben zu haben: „Diese Verwandlung [die Umkonstruktion der ursprünglichen Starfighter-Version zur F-104G] kostete nicht nur Unsummen, sondern auch Zeit, und gelang obendrein nicht ganz: Die teuer gewordenen Maschinen sind bis heute allenfalls bedingt einsatzfähig[1188]." Dieser Artikel löste hektische Betriebsamkeit im Verteidigungsministerium aus. Gleich mehrere Referate wurden mit der Ausarbeitung einer Stellungnahme zu Wienands Vorwürfen beauftragt, insbesondere zu jenen gegen den Starfighter[1189]. Dabei wurden ministeriumsintern sogar Überlegungen angestellt, inwieweit parteiinterne Stimmungen gegen Wienand in der SPD für die eigene Sache nutzbar seien[1190]. Zur Frage der finanziellen Verschwendung wies ein interner Bericht des Ministeriums nach, dass weder bei der Flugzeugzelle noch beim Triebwerk, wie von Wienand in dem Artikel behauptet,

---

[1186] Wehrdienst 6/1964, S. 1f.: „Neue Starfighter-Affäre kommt ins Rollen".
[1187] Karl Wienand (1926-2011) war 1953-1974 MdB für die SPD, Verteidigungs- und Sicherheitsexperte der Fraktion und zeitweise stellvertretender Vorsitzender des Verteidigungsausschusses. Nach seinem Ausscheiden aus dem Bundestag war Wienand in eine Reihe von Skandalen wegen Schmiergeldzahlungen und Steuerhinterziehung verwickelt. Seit 1959 soll er als Spion für die DDR-Staatssicherheit gearbeitet haben. 1996 wurde er zu zweieinhalb Jahren Haft und Geldstrafe wegen Spionage verurteilt. Die Haftstrafe wurde zur Bewährung ausgesetzt, da Bundespräsident Herzog Wienand begnadigte. Bis zu seinem Tod bestritt er die Anschuldigung des Landesverrats.
[1188] Stern 4/1965:„Die ganz große Verschwendung", S. 12.
[1189] BArch, BW 1/373859, Abteilungsleiter BMVg W an persönlichen Referenten des Ministers betr. Wienand-Artikel, hier einige Vorschläge zur Beantwortung 22.1.1965, sowie ebd. Ministerbüro an alle Abteilungen mit der Bitte um Auflistung aller von Wienand aufgestellten Behauptungen 21.1.1965.
[1190] BArch, BW 1/373859, Abteilungsleiter BMVg W an den persönlichen Referenten des Herrn Ministers betr. Wienand-Artikel im Stern; hier: Einige Hinweise zur Beantwortung, vom 18.01.1965, S. 1f.

überhöhte Lizenzgebühren gezahlt worden waren[1191]. Dabei urteilte der Bericht abschließend über die geäußerten Vorwürfe zur Rüstungspolitik des Verteidigungsministeriums: „Jeder Kundige weiß, welches Risiko man eingeht, wenn man ein modernes Waffensystem entwickeln und beschaffen will[1192]." Diese Sichtweise konnte der Bericht allerdings nur aus der Retrospektive äußern. Gerade die Ereignisse während der Beschaffung und der Einführung des Waffensystems F-104G hatte mehr als deutlich gezeigt, dass die Luftwaffenführung sich zum Zeitpunkt der Entscheidung 1958 nicht über die Komplexität ihrer Entscheidung im Klaren war.

Schon einige Wochen vor Erscheinen des Stern-Artikels von Wienand hatte der Inspekteur der Luftwaffe in einem Rundschreiben Stellung zur Behandlung der Thematik des LN-3 genommen. Die darin getätigten Äußerungen offenbarten, wie die Luftwaffenführung die Lage bei dem Navigationsgerät wirklich einschätzte: „In Tages- und Fachpresse erscheinen eine Reihe von Veröffentlichungen über das Navigationssystem der F-104G. Leider sind dabei auch Fakten bekanntgegeben worden, die auf Tatsachen beruhen, die jedoch nicht für die Öffentlichkeit bestimmt sind. [...] Es ist selbstverständlich, daß wir im Falle der LN-3 zwei Sprachen sprechen müssen: a) gegenüber Industrie und Firma Litton hart und fordernd unter Aufführung aller Fehler und Mängel und mit ganz erheblichem Druck auf deren Beseitigung. b) gegenüber der Öffentlichkeit in einer mehr allgemeinen Art, die zwar gewisse bestehende Mängel zugibt, jedoch klar zum Ausdruck bringt, daß die F-104G voll einsatzbereit ist[1193]." Diese Sprachregelung lässt die Vermutung zu, dass auch der Inspekteur der Luftwaffe die F-104G nicht als voll einsatzbereit betrachtete.

Einige Tage nach dem Erscheinen des Artikels von Wienand kam es im Bundestag zu einer hitzigen Debatte um den Zustand des Waffensystems F-104G. Diese erfolgte dabei im Zuge einer Anfrage der FDP-Fraktion über die generelle Lage der Bundeswehr[1194]. Als erster sprach Verteidigungsminister von Hassel über das Waffensystem F-104G[1195]. Der Abgeordnete Wienand hatte die F-104 trotz seines kurz zuvor erschienenen kritischen Artikels nicht angeschnitten. In seiner Rede wies von Hassel die von Wienand erhobenen Vorwürfe entschieden zurück. Seiner Auffassung nach habe die Luftwaffe bei der Modellauswahl in den Jahren 1957 und 1958 größtmögliche Sorgfalt walten lassen und mit dem Starfighter jenes Flugzeug ausgesucht, das den verteidigungstechnischen Vorstellungen der Bundesrepublik am ehesten entsprochen

---

[1191] Ebd., S. 6 sowie ebd., Anlage 1 „Lizenzgebühren F-104G", S. 1. Die Lizenzgebühren für die Zelle lagen bei 2,97 Prozent, für das Triebwerk bei 3,3 Prozent. Laut dem Bericht des Ministeriums war für Lizenzgebühren international drei Prozent der gängige Standard.
[1192] BArch, BW 1/373859, Abteilungsleiter BMVg W an den persönlichen Referenten des Herrn Ministers betr. Wienand-Artikel im Stern; hier: Einige Hinweise zur Beantwortung, vom 18.01.1965, S. 10.
[1193] Nachlass Johannes Steinhoff, Blauer Brief InspLw vom 8.1.1965, S. 1f.
[1194] BT-Archiv, Protokoll Bundestagssitzung 4. WP, 156. Sitzung, S. 7667 A.
[1195] Ebd., S. 7678ff.

habe. Dabei betonte er auch, dass die Entscheidung für den Starfighter entgegen der politischen Empfehlung seines damaligen Amtsvorgängers Strauß getroffen worden war[1196]. Zum Navigationsgerät LN-3 räumte von Hassel zwar Mängel des Systems ein, wies aber auch gleichzeitig darauf hin, dass das Flugzeug nicht ausschließlich auf dieses Gerät angewiesen sei.

Während der Rede des Verteidigungsministers machte eine Zwischenfrage aus der CDU/CSU-Fraktion allerdings deutlich, dass dieses Thema bei der Regierungskoalition nicht willkommen war: „Herr Minister, pflegen die Parlamente unserer potentiellen Gegner ihre Rüstung in ähnlicher Weise zu diskutieren, wie das hier, erzwungen von der SPD, geschieht? (Beifall bei der CDU/CSU)[1197]." Damit wurde der SPD-Fraktion indirekt vorgeworfen, dem „potentiellen Gegner" wichtige Informationen über den Stand der bundesdeutschen Rüstungsindustrie zu verschaffen. – Der Vergleich mit den (Schein-)Parlamenten des Ostblocks hinkte jedoch so sehr, dass von Hassel den Einwurf des Kollegen aus seiner Fraktion in seiner Rede mit keinem Satz kommentierte.

Bei der Debatte war von Hassel offensichtlich nicht souverän auf alle möglichen Themengebiete vorbereitet. Auf eine Nachfrage Wienands zu den seiner Meinung nach überhöhten Lizenzgebühren reagierte der Minister zunächst äußerst ausweichend und bot Wienand schließlich anstelle einer konkreten Antwort an, zum einen die Leistungsfähigkeit der F-104G bei einem Flug selbst zu testen und zum anderen eine Fernsehdiskussion „mit einem Mann der Wehrtechnik, einem vom Führungsstab der Bundeswehr und vielleicht einem Piloten der F-104G gemeinsam [zu] machen, damit Sie dann mit denen en face darüber diskutieren können, was denn bei diesem von Ihnen so angegriffenen Waffensystem wirklich schlecht ist[1198]." – Weshalb von Hassel den Vorwürfen nicht einfach mit den im Ministerium erarbeiteten Zahlen zu den Lizenzgebühren entgegentrat, wird hier zunächst nicht klar. Möglicherweise waren die Details vertraulich, so dass der Minister damit nicht ohne weiteres an die Öffentlichkeit gehen konnte. Zur Fernsehdiskussion kam es allerdings nie. Wienand war wohl klar, dass die vom Ministerium ausgewählten Diskussionsteilnehmer nicht auf seiner Seite gestanden hätten. Auch das Mitflugangebot in der F-104G war sicher ein mutiger, aber fragwürdiger Schritt des Ministers[1199]. Was damit bezweckt werden sollte, blieb unklar. Wienand hätte vielfältige Einblicke gewinnen können.

[1196] Ebd., S. 7680 D.

[1197] Ebd., S. 7681 C.

[1198] Ebd., S. 7671 C.

[1199] In einer ähnlichen Situation hatte der Pressereferent Oberst Gerhard Schmückle 1961 einem Stern-Journalisten nach dessen kritischen Artikel angeboten, sich beim Flug in einer F-104G selbst von deren Einsatzfähigkeit zu überzeugen. Einen Tag vor der geplanten Veranstaltung stürzte eine Viererformation von F-104F bei Nörvenich ab. Der dem Verteidigungsministerium daraus entstandene Imageschaden dürfte kaum zu ermessen gewesen sein.

Mit der Rede des früheren Verteidigungsministers Franz-Josef Strauß wandelte sich die Debatte zu einer leidenschaftlichen Auseinandersetzung zwischen ihm und Wienand[1200]. Strauß eröffnete seinen Beitrag direkt mit einem Angriff auf den von Wienand verfassten Artikel im „Stern": „Ich gehe aber gleich auf einen konkreten Satz ein, den der Kollege Wienand in Zusammenhang mit der F-104 [...] geschrieben hat: „Der teuerste Missgriff, den je ein Minister getan hat" und ich sage Ihnen in demselben Jargon, daß das der größte Unsinn ist, der je über Luftwaffenrüstung gesprochen worden ist[1201]." Beim folgenden Schlagabtausch bediente sich der ehemalige Verteidigungsminister dann einer Vorgehensweise, die zuvor schon im Verteidigungsausschuss zu beobachten war. Strauß forderte Wienand dazu auf, nicht nur am Flugzeugtypen Starfighter herum zu kritisieren, sondern eine reelle Alternative zu nennen, welches Flugzeug stattdessen hätte gekauft werden sollen[1202]. Daneben wies Strauß die Abgeordneten der SPD-Fraktion ausdrücklich darauf hin, dass die Entscheidung für die Beschaffung des Flugzeugtyps F-104G im November 1958 auch von den SPD-Ausschussmitgliedern *einstimmig* mitgetragen worden sei[1203]. Wienand hielt dagegen, dass er sich mit seinen Ausführungen nicht gegen das Waffensystem F-104G an sich wenden würde, sondern nur gegen die Art und Weise des Ablaufes des Beschaffungsvorgangs[1204]. Auch im Verteidigungsausschuss waren SPD-Politiker, nachdem sie Kritik am Waffensystem F-104G geäußert hatten, von ihren Kollegen aus den Reihen der CDU/CSU aufgefordert worden, eine Alternative zum Starfighter zu nennen, oder zu schweigen. Gegen diese Art der Behandlung wehrte sich im weiteren Verlauf der Debatte auch der SPD-Abgeordnete Erler energisch[1205].

Franz-Josef Strauß machte ebenfalls einige Aussagen zur Einsatzrolle der F-104G in der Bundeswehr, die so definitiv nicht den 1958 bei der Darstellung der Entscheidung im Verteidigungsausschuss an die Abgeordneten weiter gegeben worden waren. Strauß führte aus, dass der Einsatz des Starfighters als Jagdflugzeug „nur eine zusätzliche, eine Notkapazität sein sollte[1206]." Diese Darstellung war aber schlicht und einfach falsch! Den Mitgliedern des Verteidigungsausschusses wurde der Flugzeugtyp F-104 im November 1958 rein unter den militärischen Gesichtspunkten seines Einsatzes in der Rolle als Jagdflugzeug vorgestellt. Die damals erläuterten Leistungskomponenten des Flugzeugs bezogen sich ausschließlich auf diese Einsatzrolle[1207]. Zwar wurde im November 1958 bereits klar, dass die Bundeswehr es sich finanziell nicht

---

1200 Protokoll Bundestagssitzung 4. WP, 156. Sitzung S. 7701 Bff.
1201 Ebd., S. 7701 B.
1202 Ebd., S. 7702 A sowie S. 7703 C.
1203 Ebd., S. 7703 C.
1204 Ebd., S. 7702 C.
1205 Ebd., S. 7715 C.
1206 Ebd., S. 7702 D.
1207 Vgl. dazu Kapitel II.2.

erlauben könne, für jede Einsatzrolle der Luftwaffe einen eigenen Flugzeugtyp anzuschaffen und deswegen ein Mehrzweckkampfflugzeug beschaffen müsse. Die vorgestellten Flugeigenschaften bezogen sich aber nur auf einen Einsatz des Starfighters als Jagdflugzeug. Auf einen Einwurf von Seiten der SPD-Fraktion, dass General Kammhuber diesen Umstand im Ausschuss nie so dargestellt habe, widersprach Strauß heftig[1208]. Dabei hatte der Abgeordnete die Fakten jedoch unzweideutig auf seiner Seite.

Im weiteren Verlauf stellte Strauß die Zuverlässigkeit der F-104G unter ein besonders gutes Licht: „Heute hat die F 104 die höchste Sicherheitsquote aller deutschen Militärflugzeuge, die höchste Sicherheitsquote aller F 104 in der NATO und insgesamt die höchste Sicherheitsquote von sämtlichen modernen Kampfflugzeugen im Westen, ganz gleich, welchen Typ man nimmt[1209]." Für die Deutsche Luftwaffe stimmten diese Behauptungen sogar, allerdings nur für den Zeitpunkt, zu dem Strauß diese vor dem Bundestag aussprach. Der Grund dafür lag in dem Umstand, dass zu dieser Zeit bei mehreren anderen Flugzeugen der Bundesluftwaffe die Unfallstatistik wesentlich schlechter war als bei der F-104G. Doch schon im Laufe dieses Jahres sollte sich die F-104G zum Flugzeug mit der höchsten Unfallrate der Luftwaffe entwickeln. Für die anderen NATO-Luftwaffen kann diese Behauptung nicht kommentiert werden, weil für den entsprechenden Zeitraum keine Vergleichszahlen vorliegen.

Die öffentliche Kritik am Waffensystem Starfighter hielt unterdessen an. Die Zeit veröffentlichte am 22. Januar 1965 einen umfangreichen Artikel des Journalisten Peter Stähle mit dem Titel „Was ist los mit dem Starfighter?" Neben dem schlechten technischen Zustand des Flugzeugs nahm er auch die Kosten der Beschaffung unter die Lupe. Er errechnete dabei einen ungefähren Preis für das Flugzeug von 8 Millionen DM, dies sei immerhin ein Unterschied von 2,6 Millionen mehr zu der Summe, die vom Verteidigungsministerium für den Kampfjet angegeben würde[1210]. Der Artikel zitierte ebenfalls einen auf den Konferenzen zur Thematik LN-3 anwesenden deutschen Luftwaffenoffizier mit der Aussage: „Das System LN-3 (Modell 9) ist für Navigationszwecke wegen seiner Unzuverlässigkeit unbrauchbar[1211]."

Ende Januar 1965 stand zum ersten Mal nach längerer Pause erneut der Starfighter auf der Tagesordnung des Verteidigungsausschusses[1212]. Der amtierende Inspekteur der Luftwaffe, Generalleutnant Panitzki, nahm zunächst zur Frage des Sachstandes beim Navigationsgerät Litton LN 3 Stellung, das die Öffentlichkeit zu diesem Zeitpunkt stark bewegte. Er stellte dabei die technische Bedeutung des Navigationssystems heraus: „Das auf dem Trägheitsprinzip beruhende Navigationssystem

---

[1208] BT-Archiv, Protokoll Bundestagssitzung 4. WP, 156. Sitzung S. 7703 A.

[1209] Ebd., S. 7704 Df.

[1210] Die Zeit vom 22.1.1965: „Was ist los mit dem Starfighter?"

[1211] Ebd.

[1212] BT-Archiv, VertAusschuss, Protokoll 4. WP,, 101. Sitzung vom 27.01.1965.

– LN 3 – sei die Plattform für eine Reihe weitere Systeme, so für das ordnungsgemäße Funktionieren der Kompaßanlage, der Waffenanlage, der Radaranlage, des Datenrechners, usw.[1213].“ Das LN 3 nahm, wie Panitzki darstellte, in der elektronischen Ausrüstung des Starfighters eine zentrale Rolle ein. Es war unverzichtbar für den Einsatz als Jagdbomber, da dieser ein von einer Bodenstation unabhängiges Navigationsverfahren erforderte[1214]. Für diese Einsatzoption sei das LN 3 heute schon ohne Fehler arbeitsfähig, jedoch auch stark störanfällig und erfordere einen hohen Kostenaufwand[1215]. In diesem Zusammenhang wurde mit der Firma Litton an einer entsprechenden Verbesserung des Gerätes gearbeitet. Von einer dieser technischen Besprechungen waren Informationen an die Presse gelangt, die in die oben erwähnten Presseartikel mündeten. Panitzki führte dazu aus, dass in der Besprechung zwar harte Worte zwischen den Parteien gewechselt worden seien, die Presse diese Angelegenheit im Nachhinein aber noch verfremdet und künstlich zugespitzt habe[1216]. Panitzki kritisierte die Berichterstattung zum Thema Starfighter stark und bat die Abgeordneten, den anerkannten Fachleuten aus Industrie und Militär mehr Glauben zu schenken als „den Journalisten, die aus gewissen Gründen oft bewußt einseitige Darstellungen gäben[1217].“ Diese übertriebenen Darstellungen würden in der Truppe zu einer gewissen Resignation führen.

Der Vorsitzende pflichtete Generalleutnant Panitzki bei, dass die meisten Presseveröffentlichungen zum Thema Starfighter eine sehr negative Wirkung hätten[1218]. Der Abgeordnete Hans Merten (CDU) schlug sogar vor, dass die Luftwaffe über die Bundespressekonferenz einen Appell an die Presse richten solle, in der um wahrheitsgemäße Berichterstattung gebeten werde[1219].

Die Kritik des Inspekteurs an den zahlreichen Veröffentlichungen zum Starfighter spiegelte offensichtlich die schlechte Stimmung wider, die zum damaligen Zeitpunkt im Verteidigungsministerium geherrscht haben muss. Panitzki schien befürchtet zu haben, die Abgeordneten würden den Presseartikeln mehr Glauben in strittigen Fragen schenken als den Aussagen von ihm selbst oder Mitarbeitern des Ministeriums. Möglicherweise schätzte Panitzki die Entwicklung des Starfighter-Programms deutlich schwieriger ein, als er es im Ausschuss zugeben wollte. Die Zuweisung eines Großteils der Schuld an die Presse war dabei sicher ein Versuch, sich der Unterstützung der Mitglieder des Verteidigungsausschusses zu versichern. Seine

---

[1213] Ebd., S. 3.
[1214] Ebd.
[1215] Ebd., S. 3f.
[1216] Ebd., S. 4.
[1217] Ebd., S. 5.
[1218] Ebd.
[1219] Ebd.

Argumentation verlief dabei nach dem nicht immer überzeugenden Muster: Das Flugzeug ist nicht schlecht, aber es wird von der Presse schlecht geredet.

Die Reaktionen des Verteidigungsministeriums auf die Berichterstattung über technische und wirtschaftliche Unregelmäßigkeiten beim Waffensystem F-104 standen unter dem Ziel, die in der Presse dargestellten Informationen als unrichtig darzustellen. Innerhalb von sieben Tagen gab das Pressereferat des Ministeriums gleich zwei Mitteilungen an die Presse heraus, die sich mit dem in der Presse formulierten technischen Zustand des Waffensystems F-104G beschäftigten. Die Kritik am Navigationssystem Litton LN-3 wies das Pressereferat dabei als haltlos zurück und vermerkte, dass dieses System nach dem derzeitigen Stand der Technik das Beste dieser Art sei[1220]. Von besonderer Bedeutung war für das Ministerium offenbar die zitierte Aussage des deutschen Luftwaffenoffiziers, das LN-3 sei unbrauchbar. Laut Aussage des Ministeriums sei diese durch fehlende Sachkenntnis der Autoren falsch ausgelegt worden[1221]. Dabei zeigt ein genauer Blick in die Quellen jedoch, dass der Offizier keinesfalls falsch wiedergegeben worden war. Der Artikel gab die Aussage des Offiziers vielmehr so wieder, wie sie auch aus dem Protokoll der Sitzung zu entnehmen ist.

Weiterhin ging die Luftwaffenführung mit eigenen Darstellungen in die Offensive. So erschien im Februar 1965 in einer Luftfahrtfachzeitschrift ein Artikel über das Navigationssystem der F-104G. Verfasst wurde der Text vom Kommodore des Jagdbombergeschwaders 34, Oberst Günther Rall, und dem Fernmeldeleiteinsatzoffizier seines Verbandes, Oberleutnant Manfred Kaiser[1222]. Neben einer technisch äußerst detaillierten Darstellung der Arbeitsweise des Systems machten die beiden Autoren schon im ersten Absatz deutlich, was neben der technischen Beschreibung des Geräts auch ein Ziel ihrer Darstellung war – die bisher erschienen Artikel als inkompetent darzustellen: „Diese Veröffentlichungen widerlegen oder sie diskutieren zu wollen, ist beim besten Willen nicht möglich, einmal wegen ihrer geradezu lapidaren Kürze, aus der wenig Beschäftigung mit den aufgetretenen Problemen heraus zu lesen ist, zum Zweiten wegen der offensichtlich vorhandenen Unkenntnis der Materie seitens der Berichterstatter[1223]." Dabei waren in den Protokollen der technischen Konferenzen aus dem Jahr 1964, die technischen Mängel des Systems zum Teil nicht nur sehr anschaulich, sondern zum Teil genau im Detail wieder gegeben. Es liegt nahe, dass die beiden Autoren mit Detailinformationen entweder aus dem Verteidigungsministerium oder aus der beteiligten Industrie versorgt worden waren.

[1220] FoLuft Sammlung Schmitz I, Ordner 29, BMVg Pressereferat Mitteilungen an die Presse Nr. II/16 2.2.1965, S. 1.

[1221] Ebd. sowie die persönliche Darstellung von Oberstleutnant Paul in FoLuft Sammlung Schmitz I, Ordner 29, BMVg Pressereferat Mitteilungen an die Presse Nr. II/12 27.1.1965, S. 1.

[1222] Luft- und Raumfahrttechnik 2/1965: „Das bodenunabhängige Navigationssystem der F-104G", S. 29-33.

[1223] Ebd., S. 29.

Die folgenden Monate brachten eine große Anzahl an Artikeln, die sich zum Teil sehr kritisch mit dem Zustand des Waffensystems auseinandersetzten. Es können im Folgenden natürlich nicht alle Veröffentlichungen zu diesem Thema behandelt werden. An dieser Stelle soll eine Beschränkung auf die Beiträge erfolgen, die wegen ihres Inhalts oder der Reaktion auf die Veröffentlichung besonders hervorstachen[1224]:

Im April 1964 brachte Die Zeit erneut einen umfangreichen Beitrag von Peter Stähle. Er griff Verteidigungsminister von Hassel wegen seiner am 20. Januar 1965 vor dem Bundestag getätigten Aussagen zur F-104G an und warf ihm vor, das Parlament wider besseres Wissen falsch unterrichtet zu haben. Seine Kritik bezog sich dabei auf die Themengebiete des Navigationsgerätes LN-3 und der gezahlten Lizenzgebühren, die Stähle als wesentlich zu hoch bezeichnete. Er wies ebenfalls darauf hin, dass im Herbst 1964 bereits eine qualitativ hochwertig besetzte Kommission des Bundesrechnungshofs in die USA zu den Firmen Lockheed und Litton gereist war, um Nachforschungen bezüglich der Lizenzgebühren anzustellen[1225]. – Dieser Artikel setzte eine ganze Flut von pressetechnischen Reaktionen in Gang. General Panitztki antwortete mit einem Leserbrief an die Redaktion der Zeit und wandte sich darin in die von Stähle in seiner Veröffentlichung erhobenen Vorwürfe gegen das Waffensystem[1226]. In einer direkten Antwort, die zusammen mit Panitzkis Leserbrief abgedruckt wurde, kommentierte Stähle die Äußerungen des Inspekteurs[1227].

Ende April 1965 brachte Die Zeit einen weiteren Artikel, der in weiten Teilen ihre bisher erschienene Darstellung der Situation des Starfighters wiederholte. Der Autor bezeichnete erneut die Ausführungen Panitzkis zum LN-3 als weitgehend falsch und warf dem Luftwaffeninspekteur vor, zum einen äußerst schlecht informiert zu sein und zum anderen Presseberichte bewusst als falsch zu klassifizieren, obwohl er genau wüsste, dass dies nicht zutreffend war. Zusätzlich kritisierte der Autor die Äußerungen Panitzkis, wonach das Waffensystem F-104G für die Luftwaffe von großem Wert und *darüber hinaus auch komplett einsatzfähig sei*. Der Verfasser untermauerte seine Aussagen mit einem Prüfbericht des Materialamtes der Luftwaffe vom Dezember 1964. Darin wurden angeblich nicht nur bei der Elektronik des Flugzeugs schwere Mängel festgestellt, sondern noch 10 bis 12 weitere technische Schwierigkeiten, die die Einsatzbereitschaft des Flugzeugs erheblich schwächen würden[1228]. Überraschend war dabei aber nicht nur der detaillierte Inhalt des Artikels zu den technischen Schwächen

---

[1224] Zur Bedeutung der öffentlichen Wahrnehmung der F-104 ab 1965 vgl. Schmidt, Starfighter, S. 80.

[1225] Die Zeit, 2.4.1965, S. 2: „Der allzu teure Vogel".

[1226] Vgl. dazu Stuttgarter Nachrichten, 9.4.1965: „Eine Lanze für den Starfighter" sowie den Abdruck des Leserbriefes mit der entsprechenden Antwort von Peter Stähle in der Zeit 16.4.1965 „Wie teuer ist der Vogel?"

[1227] Die Zeit, 16.4.1965: „Wie teuer ist der Vogel?"

[1228] Die Zeit, 23.4.1965: „In Sachen Starfighter – Eine Antwort an den Luftwaffeninspekteur Panitzki", S. 4.

des Systems, sondern auch sein Urheber: Laut der Einleitung des Artikels handelte es sich bei dem Autor, der der Zeitschrift "Die Zeit" bei der Auseinandersetzung mit der Luftwaffenführung helfend zur Seite sprang, um „einen hohen Offizier" aus dem Verteidigungsministerium[1229].

Ebenso sorgte ein weiterer Beitrag in der Zeitschrift „Wehr und Wirtschaft" im Verteidigungsministerium für Unruhe. Dieser trug den provokanten Titel „Illustrierten-Demokratie oder echte Wehrdebatten?". Der Artikel versuchte nachzuweisen, dass der Bundestagsabgeordnete Karl Wienand mit seinen im „Stern" erhobenen Anschuldigungen wegen zu hoher Kosten und verschwendeter Haushaltsmittel im Rüstungsbereich, unter anderem auch bei der F-104G, völlig Recht hatte[1230]. Bereits in der Debatte am 20. Januar 1965 hatte Wienand von Hassel aufgefordert, ihm Zugang zu klassifizierten Dokumenten zu gewähren, um seine Anschuldigungen beweisen zu können[1231]. Da von Hassel daran laut Aussage Wienands aber nicht interessiert war, hatte der Minister sich auf mehrere schriftliche Anfragen des Abgeordneten bezüglich der Aktenfreigabe nicht mehr bei Wienand gemeldet[1232]. Bereits im Februar 1965 hatte Wienand in einem Artikel der Zeitschrift Atomzeitalter Unterstützung für sein Vorgehen gegen den Verteidigungsminister erhalten und dabei auch die Informationspolitik des Ministeriums deutlich kritisiert: „Mit einer zweiten Reaktion auf seinen Illustriertenartikel *musste* Wienand rechnen: daß nämlich das so attackierte Verteidigungsministerium zum Gegenschlag ausholen würde. Wienand hatte in seinem Artikel Zahlen genannt, die er nicht belegen *konnte*; Minister von Hassel wies Wienands Angaben mit neuen, noch „geheimeren" Zahlen zurück, die er nicht zu belegen *brauchte*. [...] So scheiterte Wienand im Bundestag, weil der Minister in die Trickkiste griff und mit im Augenblick nicht widerlegbaren Gegenargumenten operierte. Denn Vorwürfe solcher Art, das heißt zunächst eine belegte Einzelkritik an bestimmten Methoden der Beschaffungspolitik, kann immer nur ein amtierender Verteidigungsminister gegen sich selber erheben; nur er hat vollen Zugang zu den geheimen Vorgängen – auch wenn diese skandalös sind[1233]."

Als Reaktion auf den Artikel in Wehr und Wirtschaft wurden alle Referate im Verteidigungsministerium dazu aufgefordert, zu den Vorwürfen entsprechende interne Stellungnahmen zu verfassen[1234]. Die Stellungnahme von Ministerialrat Fritz Goetze

---

[1229] Ebd.

[1230] Wehr und Wirtschaft 5/1965: „Illustrierten-Demokratie oder echte Wehrdebatten?", S. 23.

[1231] Protokoll Bundestagssitzung 4. WP, 151. Sitzung, S. 7701 B.

[1232] Lügt von Hassel oder weiß er wirklich nichts? Der Bericht des Abgeordneten Wienand, in: Zeitung – Ein deutsches Magazin, 19/1965, S. 11-16, vgl. hier S. 11.

[1233] Armin Halle: Herrn von Hassels Vorwärtsverteidigung. Die Rüstungspolitik der Bundesregierung, in: Atomzeitalter. Information und Meinung, Nr. 2/1965, S. 37.

[1234] BArch, BW 1/373859, Ministerbüro Rundschreiben betr. Stellungnahme zu den in der Zeitschrift Wehr und Wirtschaft erhobenen Vorwürfen 23.5.1965.

aus der Abteilung Wirtschaft eröffnete eine erschreckende Sichtweise auf Details zur Beschaffung des Waffensystems F-104G[1235]. Goetze führte an, dass das Ziel der Beschaffung, das fehlerlose Funktionieren der F-104G in allen drei Einsatzversionen, ohne Kompromiss bei der Leistungsfähigkeit nicht erreichbar gewesen sei. Die Entwicklung des kompletten Systems sei von Lockheed sowie den Herstellern der Elektronikkomponenten deutlich unterschätzt worden. Dieses Problem zeige sich vor allem im Ablauf des Erprobungsprogramms[1236]. Goetze kritisierte weiterhin das Verhalten des Ministeriums bei der Aushandlung des Entwicklungs- und Beschaffungsvertrages sowie bei der Beschaffung der ersten 96 Flugzeuge beim Hersteller Lockheed deutlich[1237]. Eine entsprechende öffentliche Stellungnahme oder eine Gegendarstellung zu dem Artikel erfolgte allerdings durch das Ministerium nicht. Dies macht mehr als deutlich, wie nah an der Wahrheit die Darstellung der Zeitschrift gelegen haben muss[1238]. Mit der Weigerung, Wienand – und damit einem Mitglied des Verteidigungsausschuss des Deutschen Bundestages und damit der parlamentarischen Kontrollinstanz für die Bundeswehr! – Zugang zu den geforderten Dokumenten zu erlauben, setzte sich von Hassel natürlich starker Kritik aus. Er musste sich zu Recht in der Presse den Vorwurf gefallen lassen, er wolle peinliche Offenlegungen verhindern[1239].

Die Flugsicherheitslage der F-104G verschlechterte sich unterdessen mit jedem Monat mehr. Am Ende des Jahres 1965 hatte die Bundeswehr insgesamt 27 Maschinen vom Typ F-104G bei Unfällen verloren, 17 Piloten waren dabei ums Leben gekommen[1240]. Damit war ganz nebenbei Franz-Josef Strauß' Behauptung aus dem Januar 1965 vollkommen widerlegt, die Starfighter der Bundeswehr hätten die höchste Sicherheitsquote unter allen Bundeswehrflugzeugen[1241]. Ganz im Genenteil hatte der

---

1235 Fritz Goetze war der Leiter der Verbindungsstelle zum BMVg in Los Angeles und als solcher mit den Details der Entwicklung und Erprobung des Waffensystems vertraut, vgl. BArch, BW 1/1639, Schreiben Verbindungsstelle des BMVg in Washington an Verteidigungsminister Strauß betr. Unzureichender Fertigungszustand der F 104 G 9.1.1961, S. 1.

1236 BArch, BW 1/373859, Ministerialrat Fritz Goetze an Herrn Abteilungsleiter W BMVg betr. Stellungnahme zu dem Aufsatz „Illustrierten-Demokratie oder echte Wehrdebatten" 14.06.1965, Anlage 2 Stellungnahme des Berichterstatters, S. 1f. So mussten die vorgesehenen 575 Erprobungsflüge mehr als verdoppelt werden. Hierbei muss allerdings darauf hingewiesen werden, dass das BMVg den Umfang des Projektes offenbar genauso unterschätzte wie die Hersteller, was Goetze in seinem Bericht aber nicht erwähnte. Die Sichtweise war hier also sehr subjektiv.

1237 Ebd., S. 2f.

1238 Die Zeit, 30.7.1965: „Die Geheimniskrämerei des Ministers". Allerdings gilt es auch hier den bereits angesprochenen Umstand zu beachten, dass es sich bei den Informationen möglicherweise um vertrauliche Informationen handelte, mit denen das Ministerium ohne Zustimmung von Lockheed gar nicht an die Öffentlichkeit gehen durfte.

1239 Ebd.

1240 Vgl. dazu Kropf, Deutsche Starfighter, S. 138f. Die Flugsicherheitslage des Flugzeugs sorgte auch unter den Piloten der Luftwaffe für zunehmende Verunsicherung, vgl. ebd., S. 41.

1241 Vgl. dazu Strauß Ausführungen in Protokoll Bundestagssitzung 4. WP, 150. Sitzung, S. 7704 Df.

Starfighter die schlechteste Sicherheitsquote aller Bundeswehrflugzeuge[1242]. Die sich häufenden Abstürze fanden nun vermehrt durch mediale Berichterstattung Eingang in das öffentliche Bewusstsein[1243]. In diesem Zusammenhang wurde im Herbst 1965 in der Presse auch zum ersten Mal die Forderung erhoben, dass sich wegen der schlechten Sicherheitslage des Flugzeugs das Plenum des Bundestages mit dieser Angelegenheit befassen sollte[1244].

Neben den sich mehrenden Abstürzen hatte das Waffensystem F-104G, wie schon im Herbst 1964, mit weiteren technischen Schwierigkeiten zu kämpfen. Im Oktober 1965 musste der Führungsstab der Luftwaffe erneut ein Startverbot für die Starfighter-Verbände verhängen. Neben hydraulischen Problemen gab es dieses Mal auch Schwierigkeiten mit dem Fahrwerk, dem Schleudersitz sowie dem Kabinendach[1245]. Das Verhältnis zwischen der Luftwaffenführung und der Luftfahrtindustrie war angespannt. Grund dafür war auch, dass Generalleutnant Panitzki sich öffentlich derart zum Zustand des Waffensystems F-104G äußerte, was die vom BDLI und den an der Fertigung und Wartung beteiligten Firmen nur als Schuldzuweisungen an die Industrie bewerten konnten. Diese forderten folgerichtig eine genaue Überprüfung der vom Inspekteur der Luftwaffe erhobenen Vorwürfe[1246]. In einem internen Aktenvermerk an den Inspekteur vom Dezember 1965 äußerte der Führungsstab der Luftwaffe für diese Forderung des BDLI und der Luftfahrtindustrie wenig Verständnis. Nach seiner Ansicht war die Außendarstellung der Angelegenheit durch die Luftwaffe neutral gehalten, der Industrie warf der Führungsstab dabei vor, mit einer Rechtfertigung zu reagieren, die überflüssig sei. Dabei hätten die Vertreter der Industrie sofort vehement jede Schuld für den schlechten Zustand des Waffensystems abgestritten und sowohl den Konstrukteur der Maschine als auch die ausländische Industrie belastet[1247].

Schließlich brachte die SPD-Fraktion Ende November 1965 eine kleine Anfrage in den Bundestag ein, die sich in 11 Punkten mit der Situation des Waffensystems F-104G auseinandersetzte[1248]. Das Augenmerk der Anfrage galt dabei der Absturzserie

---

des Flugzeugs. Aus dieser Anfrage entwickelte sich mit 11 Sitzungen des Verteidigungsausschusses und einer langen Bundestagsdebatte Ende März 1966 die intensivste parlamentarische Auseinandersetzung, die es in der Geschichte der Bundesrepublik bis dato zu einem einzelnen Waffensystem der Bundeswehr gegeben hatte.

VI. Die „Starfighter-Krise" des Jahres 1966

1. Die Beratungen des Verteidigungsausschusses über den Zustand des Waffensystems F-104G von Januar bis März 1966

Nachdem die Bundeswehr 1963 ein vollständig unfallfreies Jahr mit dem Starfighter erlebt hatte, wandelte sich dieser Umstand ab 1964 komplett. Im Zeitraum bis Dezember 1965 verloren die Kampfverbände der Luftwaffe und die Marienflieger 37 Maschinen durch Abstürze und Unfälle, 17 Piloten kamen dabei ums Leben. Das war vergleichsweise nicht weniger als ein komplettes Geschwader. Nimmt man die vorherigen Unfälle und Abstürze hinzu, erhöhte sich die Verlustrate auf 46 Maschinen. Hierbei darf zwar nicht übersehen werden, dass die Flugunfallrate pro 10.000 Stunden aufgrund des steigenden Flugstundenaufkommens im Bereich des Normalen lag. Dennoch erzeugten die absoluten Verlustzahlen gerade infolge der fortlaufenden Berichterstattung in den Medien wie auch durch deren „Zählung" in der Öffentlichkeit ein vollkommen anderes Bild. So gesehen schwappte die in den Medien gezeichnete Katastrophenstimmung in das Militär über. – Insgesamt fällt gerade auch in der Nachbetrachtung auf, dass die Probleme mit dem Starfighter in erster Linie als Luftwaffenkrise wahrgenommen wurden. In der historischen Darstellung wie auch der öffentlichen Wahrnehmung seinerzeit werden dabei die Marineflieger, die teilweise ebenfalls den Starfighter nutzten, meist verdrängt. Nichtsdestotrotz stand in erster Linie „die Luftwaffe" im Fokus auch der parlamentarischen Behandlung; dies ist dadurch zu erklären, dass der Inspekteur der Luftwaffe nach heutigem wie damaligem Verständnis als höchster „Nutzungsverantwortlicher" für fliegendes Gerät der Bundeswehr betrachtet wird.

In den ersten drei Monaten des Jahres 1966 befasste sich der Verteidigungsausschuss des Bundestages deswegen in mehreren Sitzungen intensiv mit dem Zustand des Waffensystems F-104G. Die Beratungen erfolgten mit einer Intensität und Emotionalität, die es bis dahin bei der Diskussion um ein Rüstungsprojekt in der jungen Parlamentsgeschichte der Bundesrepublik Deutschland noch nicht gegeben hatte. Die Mitglieder des Ausschusses wollten sich so von der Situation des Flugzeugs ein möglichst umfassendes Bild machen können. Auch wenn dies nicht offiziell angesprochen wurde, nahm er damit quasi die Rolle eines Untersuchungsausschusses ein.

Die zentralen Sitzungen des Verteidigungsausschusses, in denen sich die Abgeordneten mit der Problematik der Starfighter-Krise auseinandersetzten, fanden im Januar 1966 statt[1249]. Am 12. Januar 1966 hielt Generalleutnant Panitzki einen ausführlichen Vortrag, um den Abgeordneten einen Überblick zum aktuellen Sachstand des

---

[1249] BT-Archiv, VertAusschuss, Protokoll 5. WP 3., 4., 6., 9., 12. Sitzung.

Starfighters zu geben. In den darauf folgenden Sitzungen informierten sich die Ausschussmitglieder durch eine große Zahl von Zeugen und Sachverständigen noch eingehender.

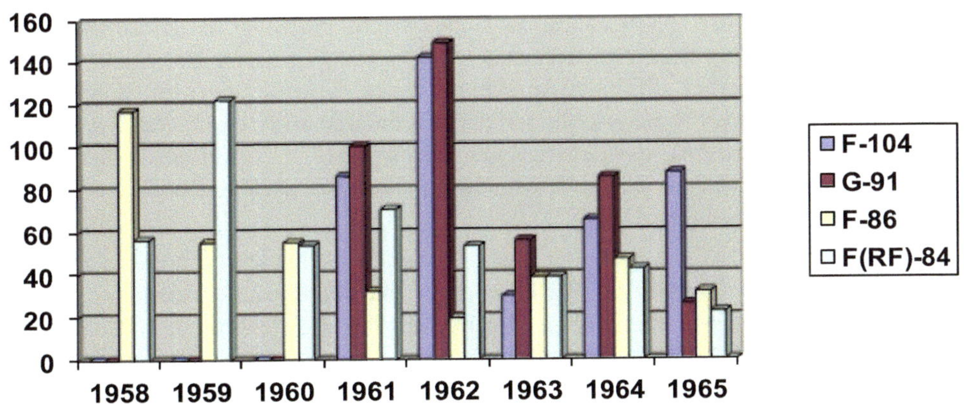

Tabelle Unfallraten (leichte, schwere Unfälle und Totalverluste) Jet-Flugzeuge Luftwaffe 1958-62, Stand: 28.2.1966, eigene Grafik. Quelle: BArch BL 1/5374

Der Ausschussvorsitzende Friedrich Zimmermann (CSU) bat die Mitglieder zu Beginn der Sitzung, von Äußerungen in der Öffentlichkeit Abstand zu nehmen, die zu einer weiteren Anheizung der sowieso schon extrem kontrovers geführten Debatte um den Starfighter führen könnten[1250]. In einer längeren Diskussion über den Grad der Vertraulichkeit der Sitzung, die sich an einer sarkastischen Bemerkung des Abgeordneten Helmut Schmidt entzündete[1251], wurde der gesamte Inhalt der Sitzung gar für vertraulich, und damit zur amtlichen Verschlusssache erklärt[1252].

Generalleutnant Panitzkis Vortrag gliederte sich in die Bestandteile der Flugsicherheitslage, die technischen Probleme des Waffensystems, das technische und Überwachungspersonal, die Infrastruktur und eine Schlussbetrachtung[1253].

[1250] BT-Archiv, VertAusschuss, Protokoll 5. WP 3. Sitzung 12.1.1966, S. 9.

[1251] „Abg. Schmidt (Hamburg) (SPD) stellt die Frage, wodurch die abschreckende Wirkung im Falle des Bekanntwerdens vertraulicher Mitteilungen auf der Gegenseite gefährdet werde: durch Bekanntwerden dessen, was militärisch geleistet werde, oder dessen, was nicht geleistet werden könne." Vgl. ebd., S. 10.

[1252] Ebd., S. 13.

[1253] Ebd., S. 13f. Ein Teil des Berichtes unterlag allerdings der besonderen Geheimhaltung und wurde nicht protokolliert; vgl. dazu ebd., S. 14.

Panitzki bezeichnete die Sicherheitslage des Starfighters trotz der öffentlichen Wahrnehmung und medialen Berichterstattung als weniger gravierend: „Von der öfter zitierten katastrophalen Flugunfallsituation kann keine Rede sein. Die derzeitige Unruhe in der Öffentlichkeit über die häufigen Unfälle ist nicht begründet[1254].“ Für die Unfälle gäbe es keine Hauptursache, vielmehr entstünden diese meist durch eine Anhäufung von Mängeln, Fehlern und Unzulänglichkeiten[1255]! Einen der entscheidenden Faktoren für die generelle Flugsicherheit der Luftwaffe sah deren Inspekteur in der Zahl der Pilotenbewerber: „[Piloten]Anwärter, die den Anforderungen nicht genügen, werden zwar nach wie vor ausgeschlossen, jedoch müssen andererseits auf Grund des Bedarfs Zugeständnisse bei der Auswahl gemacht werden[1256].“ – Offensichtlich hatte die Luftwaffe – gleiches galt für die Marineflieger – nicht konsequent verfolgte Anforderungen an Pilotenbewerber.

Als erste Konsequenz aus der nicht zufrieden stellenden Sicherheitslage des Starfighters kündigte Panitzki eine Erhöhung des Flugstundenaufkommens an. Diese Erhöhung sollte durch Veränderungen im personellen und technischen Bereich erreicht werden[1257]. Im weiteren Verlauf seiner Erklärung nahm der Inspekteur zu den bis zum Zeitpunkt des Vortrags erfolgten 26 Totalverlusten des F-104G Stellung. Bei der detaillierten Aufschlüsselung der Haupt-, einleitenden und beitragenden Unfallursachen, sofern deren Untersuchungen schon abgeschlossen waren, bestand laut seinen Ausführungen nur in 2 der 26 Fälle eine Parallelität der Unfallgründe.[1258] Damit ergab sich ein Konglomerat von Problemen, aber keine Hauptursache[1259].

Im Bereich der technischen Änderungen führte Panitzki aus, dass entsprechende Möglichkeiten zur Verbesserung der Flugsicherheit[1260] beschleunigt durchgeführt würden[1261]. Diese Bemerkung gehörte zu den größten Widersprüchen des gesamten Starfighter-Programms. Ihr standen spätere Aussagen von Luftwaffen-[1262] als auch

---

[1254] Ebd., S. 19.

[1255] Ebd., S. 19.

[1256] Ebd.

[1257] Ebd., S. 20.

[1258] Ebd., S. 21.

[1259] Dass es beim Waffensystem F-104G zu keiner Zeit eine Hauptunfallursache gab, erklärte 1969 Panitzkis Nachfolger als Inspekteur der Luftwaffe, Generalleutnant Johannes Steinhoff, vgl. Der Spiegel 43/1969 vom 20.10.1969: „Wir haben eine Unfallsituation, die tragbar ist. Spiegel-Interview mit dem Inspekteur der Luftwaffe, Generalleutnant Johannes Steinhoff“, S. 103 sowie Schmidt, Starfighter, S. 80 und auch Schlieper, Wechselwirkung, S. 567 sowie Lemke, Konzeption, S. 363 und Möllers, Ringen um Kompetenzen; Möllers, Auswege aus der „Starfighter-Krise“.

[1260] Generalleutnant Panitzki führte hier im Ausschuss als technische Änderungen u.a. Verbesserungen des C2-Schleudersitzes, des Bugfahrwerks, des Nachbrennersystems sowie des Schubdüsennotschließsystems an, vgl. BT-Archiv, VertAusschuss, Protokoll 5. WP 3. Sitzung 12.1.1966, S. 22.

[1261] Ebd.

[1262] Vgl. dazu Rall, Mein Flugbuch, S. 279.

Industrievertretern[1263] entgegen. Dabei wurde folgendes deutlich: Eines der größten Probleme des Starfighter-Programms war das sogenannte „Änderungswesen". Vom Vorschlag einer Änderung bis zu ihrer Verwirklichung am Flugzeug dauerte es oftmals mehr als zwei Jahre. Bei einer technischen Änderung, die für die Sicherheit des Flugbetriebes von Bedeutung wäre, konnten nach bei einer Laufzeit von mehr als zwei Jahren die Äußerung Panitzkis: „Soweit technische Möglichkeiten zur Verbesserung der Flugsicherheit erkannt sind, werden sie beschleunigt durchgeführt"[1264] kaum Verständnis erzeugen. Offensichtlich lag ein „Fehler" hier auch im „System Luftwaffe".

Der Ausbildungsstand des technischen Personals war nach Panitzkis Darstellung – im Januar 1966 – auf einem sehr guten Niveau. Dies spiegelte sich auch in der Tatsache wider, dass bei den bis zum Januar 1966 zu verzeichnenden 26 Totalverlusten der F-104G Fehler des technischen Personals nur in einem (!) Fall einleitende und in einem weiteren Fall beitragende Unfallursache waren[1265]. Problematisch sei allerdings, dass der Luftwaffe und den Marinefliegern insgesamt technisches Personal gerade in den Starfighter-Verbänden in erheblichem Umfang fehle, um alle Flugzeuge auf einem gleichermaßen technisch einwandfreien Stand halten zu können. Dieser Umstand wirke sich natürlich auch negativ auf die Anzahl der geflogenen Flugstunden aus[1266].

Der Inspekteur legte den Abgeordneten wiederholt dar, warum 1958 die Entscheidung zur Anschaffung des Starfighters getroffen worden war:

1. Die Erstausstattung der Luftwaffe bestand durchgehend aus Flugzeugen, die zum Zeitpunkt der Indienststellung in Deutschland schon nicht mehr den militärischen Standard darstellten, der für den deutschen Beitrag im Rahmen der europäischen Luftverteidigung nötig war[1267].

2. Um Kosten und Aufwand für die Bundesrepublik so gering wie möglich zu halten, übersprang die Luftwaffenführung eine Flugzeuggeneration und entschied sich, die Luftwaffe nach der Erstausstattung sofort mit einem hochtechnologischen Flugzeug auszurüsten, das mit zweifacher Schallgeschwindigkeit flog[1268].

3. Für eine Luftwaffe von der Größenordnung wie in der Bundesrepublik war aus unterschiedlichen Gründen nur die Indienststellung eines Mehrzweckflugzeuges möglich. Die mittlerweile von der US-amerikanischen Luftwaffe gemachten Erfahrungen mit mehreren Flugzeugen bestätigten diese Überlegung[1269].

[1263] BT-Archiv, VertAusschuss, Protokoll 5. WP 4. Sitzung 14.1.1966, S. 65/67.

[1264] BT-Archiv, VertAusschuss, Protokoll 5. WP 3. Sitzung 12.1.1966, S. 22.

[1265] Ebd., S. 23.

[1266] Ebd.

[1267] Ebd., S. 25.

[1268] Ebd.

[1269] Ebd.

Generalleutnant Panitzki wies die Abgeordneten erstaunlich phrasenhaft darauf hin, dass die Deutsche Luftwaffe keinesfalls die einzige sei, bei der es leider während der Einführung eines komplizierten Waffensystems zu Problemen gekommen sei: „Die mit der fortschreitenden Technik parallel laufende Vergrößerung der Zahl der Elemente [i.S. der technischen Baugruppen des Flugzeugs] vergrößert auch die Wahrscheinlichkeit von Fehlerquellen[1270]." Gleichwohl zeigte sich der Inspekteur zuversichtlich, dass sich mit zunehmender Erfahrung der Piloten und Verbesserung der technischen, personellen und sonstigen Voraussetzungen auch die Unfallrate verbessern werde[1271].

Zum Abschluss dieser ersten Starfighter-Sitzung 1966 äußerte sich der Staatssekretär im Bundesverteidigungsministerium – und damalige faktische Ministerstellvertreter – Karl Gumbel[1272] zum Starfighter[1273]. Er erinnerte die Abgeordneten daran, wie groß und notwendig der Schritt der Luftwaffe von einer zwölfjährigen Zwangspause im militärischen Bereich zur Einführung eines Mach-2-Flugzeuges gewesen sei[1274]. Er erinnerte in seinen Ausführungen ebenfalls daran, dass bei der Auswahl des Waffensystems nicht allein militärische, sondern auch wirtschaftliche Überlegungen eine zentrale Rolle gespielt hätten: „Ein weiterer Gesichtspunkt sollte bei der kommenden Diskussion nicht außer Betracht gelassen bleiben: die Situation bei der deutschen Luftfahrtindustrie. Sie lebt zu rund 85 % von den Aufträgen des Verteidigungsministeriums. Sie war nur durch einen namhaften, zahlenmäßig erheblichen Auftrag überhaupt lebensfähig zu machen und am Leben zu erhalten[1275]." Der Staatssekretär schloss sich insgesamt den Ausführungen Panitzkis an, dass jeder Unfall eine Reihe von Faktoren zur Ursache habe[1276]. – Damit hat er seinen Inspekteur der Luftwaffe zwar gestützt, aber nicht wirklich erkennen lassen, dass er (mangels Sachkenntnis?) kritischer als dieser mit der Situation umgehe.

[1270] Ebd., S. 26.

[1271] Ebd., S. 26.

[1272] Die Rolle Gumbels in der „Starfighter-Krise" ist bislang sträflich vernachlässigt worden. Dies lässt sich jedoch durch einen Mangel an Quellen und biographischer Dokumente erklären. Der nach der „Spiegel-Affäre" und dem danach erfolgten Rücktritt seines Vorgängers Volkmar Hopf vom Abteilungsleiter Personal des Bundesverteidigungsministeriums zum Staatssekretärs aufgerückte Gumbel wurde seinerzeit von den Militärs als „verlängerter Arm der zivilen Herrschaft über das Militär" empfunden.

[1273] Karl Gumbel (1900-1984) war als Verwaltungsjurist und nach verschiedenen Verwendungen im Bundeskanzleramt und seit 1955 im Verteidigungsministerium von 1964 bis 1966 Staatssekretär im Verteidigungsministerium. In Folge der „Starfighter-Krise" wurde er nach dem Abschied von Minister von Hassel 1966 ins Bundesministerium des Inneren versetzt. Diese Versetzung war auch durch den Umstand begründet, dass der neue Verteidigungsminister Gerhard Schröder einen eigenen Staatssekretär mit ins Ministerium brachte. Zur Vita von Gumbel vgl. auch Zimmermann, Führungskrise in der Bundeswehr.

[1274] Ebd., S. 32.

[1275] Ebd., S. 33.

[1276] Ebd., S. 33f.

Zum Abschluss der Sitzung legten die Abgeordneten die Vorgehensweise für die weiteren Beratungen zum Thema Starfighter fest. Sie beschlossen Generalleutnant Steinhoff, mittlerweile Chef des Stabes beim Kommandeur der Luftstreitkräfte in Europa-Mitte (AIRCENT), in einer der nächsten Sitzungen als Zeugen zu hören. Steinhoff galt seit Beginn der Starfighter-Beschaffung als einer der am meisten engagierten Befürworter dieses Waffensystems[1277]. Darüber hinaus wollte der Ausschuss auch Offiziere aus Starfighter-Verbänden sowie Vertreter der Luftfahrtindustrie anhören[1278].

Die nächste Sitzung des Gremiums am 14. Januar 1966 begann mit der Anhörung von Steinhoff. Gleichzeitig waren Vertreter der deutschen Luftfahrt- und Elektroindustrie anwesend[1279]. Vor Eintritt in die Sachdebatte brüskierte Steinhoff den Ausschuss: „Ich wundere mich etwas darüber, daß ich hier eine Erklärung abgeben soll. Der Bericht [den General Panitzki in der letzten Ausschusssitzung gegeben hatte] als solcher ist mir nur vom flüchtigen, diagonalen Durchsehen her bekannt. Ich bin gestern aus Paris herüberzitiert worden und ad hoc eingetroffen. Insofern bin ich gar nicht in der Lage, zu dem ganzen Komplex eine Erklärung abzugeben[1280]." Der Abgeordnete Karl Wienand erklärte Steinhoff, dass er nicht den Bericht des Verteidigungsministeriums kommentieren, sondern darüber Auskünfte geben solle, inwieweit die Krise der deutschen Starfighter auch die NATO-Kommandobehörde Luftstreitkräfte Europa-Mitte (AIRCENT) beschäftige[1281]. Dabei bezog sich Wienand auf einen Brief des Oberbefehlshabers der Luftstreitkräfte Europa-Mitte (AIRCENT), Air Chief Marshal Sir Edmund Hudleston, an Luftwaffeninspekteur Panitzki, der dieses thematisierte[1282].

Steinhoff führte danach, wie bereits zuvor Panitzki aus, dass in deutschen Luftwaffenverbänden wesentlich zu wenig geflogen werde. Von der Qualität der Ausbildung her lägen die deutschen Verbände im „guten oberen Bereich". Die Situation der kanadischen und US-amerikanischen Verbände sei zum Teil wesentlich besser, was vermutlich am höheren Wehretat dieser Staaten liege[1283]. Er wurde im Folgenden von den Abgeordneten zu seiner Sichtweise des Auswahlprozesses befragt. Ferner wollten die Abgeordneten von ihm wissen, ob er die in das Waffensystem F-104G gesetzten Erwartungen, sowohl in Deutschland, als auch in den anderen NATO-Staaten, als erfüllt ansehen würde[1284].

[1277] Ebd., S. 36.
[1278] Ebd., S. 39f.
[1279] BT-Archiv, VertAusschuss, Protokoll 5. WP 4. Sitzung 14.1.1966, S. 1.
[1280] Ebd., S. 1.
[1281] Ebd., S. 2.
[1282] Ebd.
[1283] Ebd., S. 10.
[1284] Ebd., S. 11.

Steinhoff bedauerte die seiner Meinung nach zu hohe Unfallrate in der Bundesrepublik, deutete aber an, dass es in Zukunft noch eine Menge weiterer Schwierigkeiten geben werde[1285]. In den anderen Staaten, in denen der Starfighter gebaut und geflogen werde, sei die Situation grundsätzlich besser. Dies läge für ihn vor allem an der dort vorhandenen fliegerischen und technischen Basis: „Sie haben auf eine fliegerische Basis zurückgreifen können, die bei uns nicht existierte. Sie haben auf technischem Gebiet personelle Quellen gehabt, die für uns nicht verfügbar waren, und haben nicht eine 10jährige Pause gehabt[1286]." Nach Steinhoffs Meinung sei die Deutsche Luftwaffe, gemessen an den eben geschilderten Problemen, dennoch sehr gut vorangekommen. Abschließend äußerte Steinhoff die Überzeugung, dass die Flugzeugauswahl die richtige gewesen sei. Natürlich müsse im Rückblick die Sachlage analysiert werden, um aus Fehlern zu lernen[1287].

Generalleutnant Panitzki verlas auf Wunsch der Abgeordneten den Brief von Air Marshal Edmund Hudleston zur deutschen Starfighter-Situation. Dieser zeigte sich über die Unfälle tief betroffen. Abgesehen von den Verlusten personeller und materieller Natur befürchtete er eine sinkende Moral innerhalb der Truppe, die das Vertrauen in ihr Fluggerät verlieren würde und eine wachsende Unruhe in der Bevölkerung, die eine wirkungsvolle Anwerbung neuer Piloten erschwere[1288]. Die Hauptprobleme sah der Air Marshal dabei im Bereich der Flugerfahrung. Zum einen wurde seiner Ansicht nach in deutschen F-104-Geschwadern auf das Jahr gerechnet zu wenig geflogen. Dabei absolvierten deutsche Piloten teilweise nur die Hälfte der jährlichen Flugstunden im Vergleich zu Piloten in Kanada und den USA. Resultierend daraus hätten die deutschen Piloten wesentlich weniger fliegerische Gesamterfahrung als Piloten in anderen NATO-Staaten[1289]. – Diesen Befund untermauerte bereits im Oktober 1963 der Führungsstab der Luftwaffe. Dabei zeigte sein Vergleich zwischen deutschen und ausländischen Piloten, die auf die F-104G umgeschult wurden, dass die ausländischen Piloten deutlich besser auf diese Ausbildung vorbereitet waren. Auf den Lehrgängen hatten die deutschen Flugschüler auch eine höhere Ablösequote als die ausländischen. Ebenfalls hatten ausländische Flugschüler generell eine wesentlich höhere Gesamtstundenflugzahl erreicht, bevor sie mit der Umschulung auf das Waffensystem F-104 beginnen würden[1290].

Hudleston sah nur einen Weg, um dieses Problem zu lösen: Die deutschen Piloten müssten mehr Flugerfahrung sammeln. Dies sei aber teilweise nur eingeschränkt

---

[1285] Ebd., S. 12.
[1286] Ebd.
[1287] Ebd., S. 16.
[1288] Ebd., S. 17.
[1289] Ebd.
[1290] BArch, BL 1/4251 Fü L IV 2 an Fü L IV 3 betr. Bericht Cat III-Test Programm Abschlußbericht, 12.10.1963.

möglich, da sich die Flugzeuge nicht immer in einem technisch einwandfreien Zustand befänden[1291]. Diese Situation könne trotzdem bereinigt werden, auch wenn dafür drastische Maßnahmen nötig seien. Daher schlug Hudleston folgende Maßnahmen vor:

1. Da zu wenig technisches Personal vorhanden sei, müssten die noch vorhandenen Flugzeuge des Typs F-86 sofort aus mehreren Geschwadern abgezogen werden, die sich momentan in der Umrüstung auf die F-104G befänden. So könne das technische Personal [in solchen typenreinen Geschwadern] entlastet werden und müsse sich nicht mit zwei Flugzeugtypen zur gleichen Zeit befassen[1292].

2. Für jedes Geschwader müsse ein Technikerteam, bestehend aus Mitarbeitern von Lockheed und der US Air Force, eingestellt werden, um die Arbeit vor Ort zu unterstützen[1293].

3. Die Flugzeuginstandhaltung der Stufen 3 und 4 sollten vorübergehend in der Industrie und nicht mehr in der Luftwaffe durchgeführt werden[1294].

4. Deutsche Piloten seien nach ihrer Ausbildung in den USA bei überwiegend gutem Wetter zwingend intensiver auf die in Mitteleuropa herrschenden Wetterverhältnisse vorzubereiten.

Alle angeführten Maßnahmen seien von extremer Dringlichkeit.

In der anschließenden Diskussion wies Panitzki noch einmal darauf hin, wie groß die Bedeutung einer ausreichenden Flugerfahrung auf dem Gebiet der Unfallverhinderung sei: „Während Flugzeugführer mit 200 bis 1000 Flugstunden an 73 Prozent aller Flugunfälle beteiligt sind, weist die Statistik nach, daß der Anteil an Flugunfällen nach 2000 Flugstunden auf etwa 2 Prozent absinkt[1295]."

In der Diskussion gingen mehrere Abgeordnete mit detaillierten Nachfragen auf den Vortrag von Generalleutnant Steinhoff ein. Der SPD-Abgeordnete Karl-Wilhelm Berkhan fragte Steinhoff, wann er persönlich erkannt habe, dass die Komplexität des Waffensystems die Bundeswehr überfordere und welche Maßnahmen er

---

[1291] BT-Archiv, VertAusschuss, Protokoll 5. WP 4. Sitzung 14.1.1966, S. 17f.

[1292] Ebd., S. 18.

[1293] Ebd.

[1294] Ebd. Dabei handelt es sich um tiefergehende Instandhaltungsarbeiten jenseits des reinen Modulwechsels (Line Replaceable Units, LRU) bis hin zu Reparaturen auf Bauelementebene durch Wechsel von Einzelbauteilen z.B. auf Platinen. Arbeiten der Materialerhaltungsstufen 3 und 4 verlangen eine wesentlich tiefergehende Ausbildung (Meisterniveau) und meist die Anwendung von Löt- oder schweißtechnischen Fügeverfahren gemäß der höchsten Qualitätsstufe für die Luft- u. Raumfahrt. Solche Tätigkeiten können sowohl im Rahmen der störungsbedingten wie auch routinemäßigen Instandsetzungen von Luftfahrzeugen anfallen. – Ich danke Oberstleutnant Jochen Wiesner, Kommando Luftwaffe, für diese Erläuterung.

[1295] Ebd., S. 31.

daraufhin eingeleitet habe[1296]. Zudem erinnerte sein Kollege Wienand daran, dass der Ausschuss zu Beginn des Programms gerade von Steinhoff unterrichtet worden sei, dass die Luftwaffe eine so große Zahl an Flugzeugen ohne Probleme aufnehmen könne: „[W]ir mußten den Eindruck haben: wenn die Maschinen zulaufen, haben Sie genügend eingeflogene, erfahrene Piloten. Auf meine Frage [...] ob an das technische Personal gedacht sei [...] hat General Kammhuber geantwortet, wir sollten uns keine Sorgen machen, auch an das technische Personal sei gedacht, es liefe alles zum besten[1297]." Berkhan äußerte sich erstaunt darüber, dass bestimmte Verbesserungsvorschläge auf personellem und technischem Gebiet erst aufgrund der erhöhten Unfallrate des Jahres 1965 vorgelegt würden[1298].

Der Abgeordnete Fitz-Rudolf Schultz (FDP) fragte Steinhoff, ob die F-104G auch in den anderen Staaten in einer Mehrzweck-Rolle eingesetzt werde und wenn ja, welche Erfahrungen diese Länder damit gemacht hätten[1299]. Zur Beantwortung führte Steinhoff an, dass nicht nur die Bundeswehr bei der Einführung eines komplexen Waffensystems mit Schwierigkeiten zu kämpfen gehabt habe. Auch bei der Einführung der F-105 in den USA habe am Anfang eine hohe Unfallrate bestanden. Dass die Einführung dieses Systems in Deutschland nicht so einfach von statten gehen würde, wie angenommen, sei ihm klar geworden, als die ersten Verbände der Luftwaffe umgerüstet worden seien[1300]. Fehler, die dabei entstanden seien, habe es aber auch in anderen europäischen Staaten gegeben[1301].

Mit dieser Antwort umging Steinhoff die Probleme und sprach wider besseren Wissens! Aus seinem persönlichen Nachlass geht hervor, dass er sich bereits im April 1960 mit großen Bedenken auf Grund der angespannten Personallage der Luftwaffe an den Inspekteur gewandt hatte: „Die Komplexität und der Schwierigkeitsgrad der Einführung der F 104 [...] und FIAT G 91 werden allgemein unterschätzt[1302]." In einem späteren Brief an den Verteidigungsminister schrieb Steinhoff im September 1966, dass er sogar bereits 1959 vor einer zu schnellen Umrüstung auf das Muster F-104G gewarnt habe. Diese Warnungen an den Inspekteur der Luftwaffe seien aber

---

[1296] Eng mit dieser Frage verknüpfte der Abgeordnete die zahlenmäßige Größe des Starfighter-Programms.

[1297] BT-Archiv, VertAusschuss, Protokoll 5. WP 4. Sitzung, S. 32f.

[1298] Ebd.

[1299] Ebd., S. 34.

[1300] Ebd., S. 36f.

[1301] Ebd., S. 37a. Die hier angesprochenen Schwierigkeiten der USAF bei der Einführung des Flugzeugs in den operativen Dienst kamen bereits 1962 bei einem Besuch eines Generals der US-amerikanischen Luftwaffe beim damaligen Luftwaffeninspekteur Kammhuber zur Sprache; vgl. dazu BArch, BL 1/14653 Tgb. InspLw Eintrag vom 18.7.1962 betr. Besuch von General Schriever, Commander AFSC, S. 4.

[1302] Nachlass General Johannes Steinhoff, Band 2.1, Brief Steinhoff an InspLw 22.4.1960, S. 2.

278

nicht weiter beachtet worden[1303]. Dass Steinhoff diese Information dem Verteidigungsausschuss verschwieg, hatte offenbar Methode. So schrieb er in einer persönlichen Aktennotiz im Februar 1966, also noch während der Untersuchungen zum Starfighter durch den Verteidigungsausschuss: „Es gibt im Zusammenhang mit den Unfällen [der Starfighter] einen Bereich, der nur die [Luft]Waffe angeht und nicht vor den Mitgliedern des Verteidigungsausschusses ausgebreitet werden darf[1304]." Auch in dieser Notiz wies Steinhoff erneut auf seine Überzeugung hin, dass beim Aufbau der Deutschen Luftwaffe ab 1955 trotz eindringlicher Warnungen bedenkliche Fehler gemacht worden seien[1305]. Diese Dokumente lassen es so erscheinen, als wolle Steinhoff dem Verteidigungsausschuss nicht die Rolle als demokratisches Kontrollorgan zugestehen, die dem Ausschuss eigentlich zugedacht war. Dem Ausschuss bewusst bei einer laufenden Untersuchung Details zur Unfallsituation des Starfighters vorzuenthalten, lässt in der Nachbetrachtung durchaus Zweifel an der Akzeptanz des Parlaments als Kontrollinstanz der Streitkräfte durch Steinhoff aufkommen.

Zum Einsatz der F-104G in den anderen Konsortiumsländern erklärte Steinhoff weiterhin vor dem Ausschuss, dass Holländer und Belgier den Starfighter im gleichen Einsatzspektrum einsetzten wie die Bundesluftwaffe. Die kanadische Luftwaffe beschränke den Einsatz der F-104G auf den atomaren Strike-Auftrag[1306]. Steinhoff sprach auch die hervorstechende Rolle des Starfighters bei der Ausrüstung verschiedener NATO-Staaten an[1307]. Interessant war dabei vor allem, dass der Starfighter offenbar gut genug war, um einem Großteil der NATO-Staaten zum Kauf oder zum Lizenzbau angeboten zu werden, die U.S. Air Force aber dieses Muster nach kurzer Zeit wieder ablöste. Hier lässt sich nicht nur in der Nachbetrachtung berechtigterweise die Frage stellen, weshalb der Starfighter nicht mehr oder nur noch in sehr geringem Umfang von der Nationalgarde der USA genutzt wurde[1308].

Zum Abschluss seiner Ausführungen resümierte Steinhoff: „Ich darf hier einen Gedanken ausführen und ihn sehr klar ausdrücken: man muß Maßnahmen ergreifen, wenn wir uns in diesem Raum nicht in einem halben Jahr wieder treffen wollen. Man muß diese Verbesserungen machen. Niemand konnte 1958 voraussagen, daß der wirtschaftliche Boom zu einer solchen Überbeschäftigung führen würde. [...] Jedenfalls wurde, glaube ich, der Umfang der Luftwaffe in einem Zeitpunkt festgelegt, als niemand sagen konnte, wie es 1964, 1965 aussehen würde. [...] Aber es ist keine Frage,

---

[1303] Nachlass General Johannes Steinhoff, Ordner 2.2, Brief Steinhoff an Verteidigungsminister von Hassel 1.9.1966, S. 2.
[1304] Ebd., Notiz Steinhoff 10.2.1966, S. 1.
[1305] Ebd., S. 2.
[1306] BT-Archiv, VertAusschuss, Protokoll 5. WP 4. Sitzung 14.1.1966, S. 37.
[1307] Ebd.
[1308] Flugwelt-Eildienst 7/1964, S. 3.

daß man vor allem auf dem Gebiete der Wartung und Instandsetzung dieser Flugzeuge etwas tun muß[1309]."

Steinhoffs Auffassung, zum Zeitpunkt der Entscheidung für die F-104 hätte die Arbeitsmarktlage zum Zeitpunkt der Einführung nicht klar prognostiziert werden können, war mehr als unverständlich. Bereits ab Mitte der 1950er Jahre zeigten sich in Deutschland deutliche Merkmale des Wirtschaftswunders. Die deutsche Industrie, mit Ausnahme der Luftfahrtindustrie, stand der Wiederbewaffnung relativ reserviert gegenüber, weil sie angesichts der abzusehenden Vollbeschäftigung die Abwanderung von Arbeitskräften in die Bundeswehr befürchtete[1310]. Damit erscheint Steinhoffs Anspielung umso mehr unverständlich. Offensichtlich war der Bundeswehr nicht klar, wie sie qualifiziertes Personal für den Dienst in den Streitkräften gewinnen und dieses dann so ausbilden könnte, wie es erforderlich war – insbesondere galt dies für das technische Personal der Luftwaffe. Generalleutnant Panitzki ergänzte Steinhoffs Ausführungen dahin gehend, dass das Ministerium bereits eine ganze Reihe von Maßnahmen ergriffen habe, um die Personalsituation zu verbessern. Diese lasse sich aber nicht sofort umsetzen[1311]. Den Vorschlag eines Abgeordneten, die Anzahl der Geschwader für eine gewisse Übergangszeit zu reduzieren, um den Piloten die ausreichende Gelegenheit zum Fliegen zu geben, wiesen Panitzki und Steinhoff übereinstimmend zurück. Dies sei im Rahmen der NATO-Verteidigungsplanung vertretbar[1312]. – Diese Äußerung war exemplarisch für einen Großteil der Schwierigkeiten, die die Deutsche Luftwaffe zur Verbesserung der Gesamtsituation des Waffensystems F-104G eigentlich hätte ergreifen müssen, aber auf Grund der gegenüber der NATO eingegangenen Verpflichtungen nicht ergreifen konnte. Dies war ein Dilemma, das nur sehr wenige Ansätze zu einer realistischen Lösung bot[1313].

Auf eine Nachfrage des Abgeordneten Helmut Schmidt (SPD) stellte Steinhoff noch einmal klar, dass es in den anderen F-104-Nutzerstaaten im Kommandobereich von AIRCENT zu wesentlich weniger Problemen und Unfällen käme. Und dies führte Steinhoff ausschließlich auf den höheren Anteil an erfahrenen Piloten in diesen Staaten zurück[1314]. Nach seiner Meinung zum weiteren Vorgehen befragt, forderte er, dass der Flugbetrieb weitergehen müsse. Zur Lösung der Probleme beim technischen Personal fehlten ihm allerdings auch die Ideen[1315]. Steinhoff wies die Abgeordneten

---

[1309] BT-Archiv, VertAusschuss, Protokoll 5. WP 4. Sitzung 14.1.1966, S. 37a.

[1310] Vgl. dazu Gerhard Brandt, Rüstung und Wirtschaft in der Bundesrepublik, S. 58ff.

[1311] BT-Archiv, VertAusschuss, Protokoll 5. WP 4. Sitzung 14.1.1966, S. 38.

[1312] Ebd., S. 49f.

[1313] Inwiefern die zu geringe Flugerfahrung der Piloten und der schlechte technische Klarstand der Maschinen bei der Erfüllung der NATO-Verpflichtungen helfen sollte, muss an dieser Stelle dahingestellt bleiben.

[1314] BT-Archiv, VertAusschuss, Protokoll 5. WP 4. Sitzung 14.1.1966, S. 52.

[1315] Ebd., S. 53.

auch auf eine finanzielle Schieflage im Besoldungssystem der Bundeswehr hin. Piloten seien hoch qualifizierte Spezialisten, würden aber nicht als solche bezahlt: „Wir haben Unteroffiziere, die kommen aus amerikanischer Ausbildung, wo sie über 1 Millionen Mark gekostet haben, die werden Stabsunteroffizier und kommen in den Verband. Der Mann, der sie im Omnibus an ihr Flugzeug fährt, bekommt mehr Geld als dieser Unteroffizier. […] Auch der Wachmann, der den Hund um den Stacheldraht herumführt, bekommt mehr Geld als der Unteroffizier mit Fliegerzulage[1316].“

Als nächste Zeugen wurden Vertreter der Luftfahrtindustrie gehört. Der Präsident des Bundesverbandes der Luftfahrtindustrie, Professor Thalau, schilderte den Abgeordneten die Situation der Starfighter-Problematik aus Sicht der fertigenden Unternehmen. Er begann seine Stellungnahme mit einigen generellen Kritikpunkten der Luftfahrtindustrie. Thalau bat um eine genauere Präzisierung des Begriffs „technische Mängel“. Dazu verwendete er folgendes Beispiel: „Wenn bei einem solchen Flugzeug [F-104G] ein Triebwerksschaden auftritt, so ist das selbstverständlich zunächst einmal ein technischer Mangel. Wir stehen aber auf dem Standpunkt: wenn dieser Triebwerkschaden primär dadurch hervorgerufen wird, daß ein Fremdkörper in das Triebwerk hineingekommen ist […], dann handelt es sich um einen technischen Mangel, sondern um einen Mangel, der auf einer anderen Ursache beruht. Er wird aber als „technischer Mangel“ klassifiziert[1317].“ Offenbar fürchtete die Luftfahrtindustrie, dass ihr auf Grund ungenauer Begriffsbezeichnungen Fertigungsmängel unterstellt würden, für die sie aber gar keine Verantwortung tragen konnte und wollte. Diese Haltung Thalaus resultierte ganz offensichtlich auch aus Unstimmigkeiten zwischen BDLI und Luftwaffenführungsstab, die sich aus Äußerungen von General Panitzki Ende 1965 ergeben hatten. Panitzki hatte die Luftfahrtindustrie öffentlich zum Teil scharf für den technischen Zustand des Waffensystems kritisiert und damit indirekt eine Schuldzuweisung getätigt[1318]

Ein deutlicher Mangel war in Thalaus Augen auch die Zusammenarbeit von Industrie und Bundeswehr im Falle eines konkret geschilderten Unfalls. Dabei seien zwar Mitarbeiter der Triebwerks-, aber nicht der Zellenindustrie zu Unfalluntersuchungen herangezogen worden. Erst im November 1965 sei auf Drängen der Industrie vom Verteidigungsministerium beschlossen worden, diesen Missstand zu ändern[1319]. Zudem erhalte die Industrie auch keinen Einblick in die Unfallberichte. Daher könne sie keine Auswertung der Ereignisse betreiben, womit die Mitwirkung der Industrie an Verbesserungen erheblich erschwert sei[1320].

[1316] Ebd., S. 54.
[1317] Ebd., S. 61.
[1318] Vgl. dazu Kapitel V.2 dieser Arbeit.
[1319] Ebd.
[1320] Ebd.

Thalau monierte ganz offen die schlechte Kooperation zwischen Industrie und Ministerium: „In meinem Brief an General Panitzki habe ich mir erlaubt, einige Vorschläge zur Verbesserung der Kontakte zwischen der Luftfahrtindustrie und der Truppe zu unterbreiten. Ich darf hier offen aussprechen, daß diese Kontakte nicht so sind, wie sie sein sollten und wie sie auch hergestellt werden könnten."[1321] Nach Thalaus Ansicht sei die Industrie zwar in der Lage, beim Starfighter einen sehr guten Service zu leisten, diese Kompetenz dürfe sie aber nicht anwenden.[1322] Die Äußerungen des BDLI-Präsidenten drängen geradezu den Eindruck auf, dass die Ursachen für die Starfighter-Probleme bei der Luftwaffe und dem Verteidigungsministerium zu suchen waren.

Einige Monate später im Juni des Jahres 1966 sollte sich allerdings zeigen, dass die Luftfahrtindustrie teilweise sehr unglücklich agierte, als sie ihre Kompetenzen dann tatsächlich anwenden durfte und sollte: Im März 1966 kam es zu zwei Unfällen, bei denen eine Fehlfunktion des automatischen Aufbäumreglers als mögliche Unfallursache in Betracht gezogen wurde[1323]. Der EWR-Süd zog allerdings Anfang Mai sein Personal aus der Untersuchungskommission ab, weil es wegen dringender eigener Vorhaben im Bereich Forschung und Entwicklung angeblich selbst benötigt wurde. Zur Untersuchung eines zweiten Unfalls am 2. Mai 1966 hatte die Luftwaffe zur Unterstützung der Untersuchungskommission einen Triebwerkingenieur angefordert, offenbar mangels Verfügbarkeit entsandte die Industrie aber einen Elektronikexperten, der für die Untersuchung kaum von Nutzen sein konnte[1324]. Die Reaktion der Luftwaffenführung über diese beiden Vorfälle, vor allem aber zu den Aussagen Thalaus vor dem Ausschuss, war dann auch entsprechend vernichtend: „Die Industrie stellt häufig Forderungen auf, die von der Sache her nicht gerechtfertigt sind und gibt Zusagen, die nicht eingehalten werden können. Es wird empfohlen, Prof. Thalau zu bitten, sowohl seine Forderungen als auch Zusagen, vor allem vor dem Verteidigungsausschuss, nüchterner zu beurteilen[1325]."

Äußerst interessante Ausführungen machte der Präsident zur Ausführungsdauer bei dringend benötigten technischen Änderungen. Während der Inspekteur der Luftwaffe noch in der vorangegangenen Sitzung betont hatte, dass soweit technische Möglichkeiten zur Verbesserung der Flugsicherheit erkannt seien, auch sie beschleu-

---

[1321] Ebd., S. 63.

[1322] Ebd. Der BDLI-Präsident monierte hier vor allen den Umstand, dass ein Flugzeug der Luftwaffe nur ca. alle zwei Jahre turnusmäßig zur technischen Überholung zurück in die Industriebetriebe kam. In der Zwischenzeit bestand laut Thalau für die Industrie keine Möglichkeit zur Kontaktaufnahme mit der Luftwaffe.

[1323] Kropf, Starfighter, S. 139.

[1324] BArch, BL 1/6781 SBWS104 Vortragsnotiz für Minister betr. Beteiligungen der LRI bei Unfalluntersuchungen 6.6.1966, S. 1.

[1325] Ebd., S. 2.

nigt durchgeführt würden[1326], zeichnete Thalau ein wesentlich düsteres Bild der Situation: „Wenn nun eine Beanstandung erhoben wird oder wenn es notwendig erscheint, eine Verbesserung vorzunehmen, dann werden die Vorschläge auf einem sehr komplizierten Wege in die Tat umgesetzt. [...] Das geht also über 12 bis 14 Instanzen. Wichtige Änderungen dauern manchmal zwei Jahre. Abg. *Wienand* (SPD): Bitte? *Prof. Dr.-Ing. Thalau*: Zwei Jahre vom Tag des Vorschlags bis zur Einführung bei der Truppe. Ich kann Ihnen dafür eine ganze Reihe von Beispielen anführen[1327]."

Ein Beispiel dazu bietet Günther Rall, zum damaligen Zeitpunkt Kommodore des Jagdbombergeschwaders 33 in Memmingen. Er beschreibt, dass bei der F-104G zeitweise die Triebwerkssteuerung versagte und die Schubdüse nicht geschlossen werden konnte. Diese „offene Schubdüse" hatte einen sofortigen Leistungsabfall des Triebwerks zur Folge; das Flugzeug stürzte wie ein Stein zu Boden. Rall selbst gelang es bei einem solchen Zwischenfall nur mit Mühe und Not noch einen geeigneten Flugplatz zu erreichen[1328]. Interessant war diese Schilderung vor allem aus zwei Gründen: Zum einen beschreibt Rall, er habe nach der erfolgreichen Notlandung in Gesprächen mit US-amerikanischen F-104-Piloten erfahren, dass die deren F-104 bereits über eine manuelle Vorrichtung zum Schließen der Schubdüse verfügten[1329]. Damit konnten sie bei Eintritt eines solchen Notfalls sicherer weiterfliegen. Die deutsche Version verfügte über dieses System nicht, und dies, obwohl der Mangel offenbar zuvor bekannt gewesen war. Weshalb sonst hätten die US-amerikanischen Flugzeuge eine solche Vorrichtung gehabt?

Zum anderen schildert Rall, wie lange es effektiv dauerte, bis technische Änderungen auch in deutschen Flugzeugen verwirklicht werden konnten[1330]. Dabei decken sich seine zeitlichen Angaben etwa mit denen, die Thalau vor dem Ausschuss machte. Damit war offensichtlich Panitzkis Aussage, alle wichtigen sicherheitsrelevanten Änderungen würden so schnell wie möglich umgesetzt, widerlegt[1331]. Tragisch war dabei, dass laut der Schilderung von Rall zwischen dem Einbringen des Änderungsantrages für die Schubdüsensteuerung beim Consortium Configuration Control Board (CCCB)

[1326] BT-Archiv, VertAusschuss, Protokoll 5. WP 3. Sitzung 12.1.1966, S. 22.

[1327] BT-Archiv, VertAusschuss, Protokoll 5. WP 4. Sitzung 14.1.1966, S. 65/67.

[1328] Rall, Mein Flugbuch, S. 278.

[1329] Ebd.; auch in einer späteren Sitzung des Ausschusses nahm Oberst Rall Bezug auf diese Problematik, vgl. BT-Archiv, VertAusschuss, Protokoll 5. WP 6. Sitzung 27.1.1966, S. 64.

[1330] Rall, Mein Flugbuch, S. 279.

[1331] BT-Archiv, VertAusschuss, Protokoll 5. WP 3. Sitzung 12.1.1966, S. 28. Auch bei einem Lageanzeigegerät der F-104G entstand dieses Problem. Die US-amerikanische Firma, die das Gerät herstellen sollte, ging vor Beginn der Produktion bankrott. Eine französische Elektronikfirma hätte das Gerät zwar liefern können, bekam aber von Lockheed keinen Zugang zu den technischen Zeichnungen des Waffensystems. Das Ergebnis war, dass das komplette Jagdbomber-Geschwader 31 nach Abschluss der Umrüstung eine Zeit lang nur unter Sichtflugbedingungen fliegen konnte und natürlich auch entsprechend nicht einsatzbereit war, vgl. Rall, Pilot, S. 586.

der NASMO und der Ausführung der technischen Änderung zwei Piloten der Luftwaffe bei Unfällen getötet wurden, deren Ursache auf Probleme mit dem Schließen der Schubdüse zurückgeführt wurden[1332].

Thalau beendete seinen Vortrag mit der zusammenfassenden Forderung nach schnellem Handeln: „Die beiden Hauptpunkte sind die Verbesserung des Kontakts und eine Beschleunigung des Durchlaufes vorgeschlagener Verbesserungen oder lebensnotwendiger Änderungen. Ich bin überzeugt: Mit der Verwirklichung dieser Vorschläge kann dem in meinen Augen unhaltbaren Zustand begegnet werden[1333].“

Diese und die letzte Sitzung des Verteidigungsausschusses am 12. Januar 1966 zeigen in deutlicher Weise eines der Kernprobleme der gesamten Starfighter-Problematik auf: Die Bundeswehrführung stand vor dem Problem, in relativ kurzer Zeit eine qualitativ hochwertige Truppe aufstellen zu müssen, um diese für die Landesverteidigung im Bündnis gegen den Warschauer Pakt bereit zu stellen. Die Luftwaffe konnte dazu, wie die anderen Teilstreitkräfte auch, auf erfahrene Soldaten der Wehrmacht zurückgreifen. Doch obwohl es der deutschen Luftfahrtindustrie während des Krieges gelungen war, von anderen Ländern kaum erreichte Pionierarbeit auf dem Gebiet der Strahlflugzeuge zu erbringen, schlug sich dieser technische Vorsprung bei der Wiederbewaffnung der Bundesrepublik nicht nieder. Dies war allerdings nicht weiter verwunderlich. Die wenigsten der Soldaten, die 1955 wieder in den aktiven Dienst aufgenommen wurden, hatten im Krieg ein Strahlflugzeug geflogen. Hinzu kam der Umstand, dass die ersten Jetflugzeuge, wie die Me 262, keinesfalls technisch ausgereift waren, sondern zum Teil fast unerprobt an die Front zu den Geschwadern kamen. Dementsprechend spielte die Erfahrung auf Strahlflugzeugen, soweit sie überhaupt vorhanden war, 1955 kaum eine Rolle.

Zum anderen hatte sich in den zehn Jahren zwischen 1945 und 1955 die Technik auf dem Gebiet der Kampfflugzeuge extrem weiterentwickelt. Während alle anderen Staaten langsam in diese technische Entwicklung hineinwachsen konnten, musste die Luftwaffe mit der Aufstellung der ersten Kampfgeschwader sich diese technische Grundlage in kürzester Zeit aneignen, um mit der weiteren Entwicklung überhaupt Schritt halten zu können. Damit war die Bundeswehr zum Zeitpunkt der Entscheidung zur Beschaffung des Starfighters in keiner günstigen Ausgangsposition.

[1332] Rall, Mein Flugbuch, S. 279. Der bei Sebastian Reis dargestellten Meinung muss dagegen hier widersprochen werden. Reis, Das Krisenmanagement der Luftwaffe, gibt an, das Problem der offen bleibenden Schubdüse sei bereits 1963 erkannt und dann zügig umgesetzt worden. Rall hingegen stellt es so dar, dass diese Anlage bereits bei einem seiner Aufenthalte in den USA im Jahr 1961 bei F-104-Maschinen der US Air Force eingebaut war, der Fehler war also hier schon bekannt. Hier muss die Frage gestellt werden, warum die Notschließanlage nicht bei der Umkonstruktion zum Muster F-104G übernommen worden war.
[1333] BT-Archiv, VertAusschuss, Protokoll 5. WP 4. Sitzung 14.1.1966, S. 65/67.

Zu dieser ungünstigen Ausgangsposition kam ein Teufelskreis, der kaum zu durchbrechen war und in mangelnder Flugerfahrung und technischen Schwierigkeiten bestand. Sowohl die Äußerungen von Generalleutnant Panitzki als auch diejenigen von Generalleutnant Steinhoff als Vertreter einer NATO-Kommandobehörde verdeutlichten, dass die deutschen Piloten im Jahressoll auf zu wenige Flugstunden kamen. Dabei hatte die NATO schon die jährliche Forderung von 240 Flugstunden zur Erreichung des Status der Kampfbereitschaft, der *combat readyness*, bei den deutschen Verbänden auf Grund ihrer besonderen Situation auf 180 Stunden jährlich herabgesetzt[1334]. Doch selbst diese Anzahl von Flugstunden konnte von den meisten Piloten nicht erbracht werden[1335].

Um mehr Flugerfahrung sammeln zu können, hätten die Flugzeuge der Verbände grundsätzlich in einem technisch besseren Zustand seien müssen. Dieser Zustand konnte zum einen wegen der teilweise auftretenden technischen Schwierigkeiten und zum anderen wegen des nicht ausreichenden qualifizierten technischen Personals kaum verbessert werden. Dabei war der Bundeswehrführung allerdings nur die Problematik des fehlenden technischen Personals anzulasten. In diesem Zusammenhang war es sicherlich auch problematisch, dass die Größe des Starfighter-Beschaffungsprogramms bereits im Winter 1959 um einige hundert Stück aufgestockt wurde. Diese folgenschwere Erhöhung des Zulaufs von Flugzeugen konnte von der noch jungen Struktur der Luftwaffe nur bedingt verkraftet werden.

Der Teufelskreis bestand also darin, dass die Piloten dringend mehr fliegen mussten, um die nötige Erfahrung im Umgang mit diesem komplizierten Waffensystem zu sammeln. Wie in der 4. Sitzung des Verteidigungsausschusses vom Inspekteur der Luftwaffe dargelegt wurde, sank die Anzahl der Unfälle proportional zum Ansteigen der Flugerfahrung. Diese Notwendigkeit wurde allerdings von den technischen Schwierigkeiten, die teilweise die Sperrung großer Teile der Starfighter-Flotte zur Folge hatte, extrem erschwert oder sogar unmöglich gemacht.

Vor Eintritt in die Tagesordnung der nächsten Sitzung am 27. Januar 1966 wurde im Ausschuss der neu ernannte Systembeauftragte für das Waffensystem F-104G, Brigadegeneral Dietrich Hrabak, vorgestellt[1336]. Seine Ernennung zeigte, dass das Verteidigungsministerium der Sachlage um den Starfighter Bedeutung zumaß. Der Sonderbeauftragte, als Brigadegeneral ein Mann aus der obersten Führungsspitze der Luftwaffe, hatte vorher eine Luftwaffendivision kommandiert und wurde für den Zeitraum von diesem Kommando entbunden. Er erhielt jedoch keinen etatisierten Dienstposten, sondern war vielmehr „über den Durst" im Ministerium beauftragt,

---

[1334] Vgl. zum Punkt der *combat readyness* die Erläuterungen bei Rall, Mein Flugbuch, S. 284.
[1335] Ebd.
[1336] BT-Archiv, VertAusschuss, Protokoll 5. WP 6. Sitzung 27.1.1966, S. 1; vgl. zur Bestellung des SBWS F-104 die Dokumentensammlung BArch, BL 6769.

eine Koordinierungsstelle einzurichten, deren Befugnisse nicht klar umrissen waren und deren Stellung allein im Führungsstab der Luftwaffe nicht ordnungsgemäß in die Geschäftsordnung eingefügt war[1337]. Damit wurde deutlich, dass die Luftwaffe kaum eine klare Vorstellung besaß, wie komplex das „Problem 104" war und wie sie es in den Griff bekommen konnte[1338]. Die Besetzung des Postens mit einem ranghohen und sicherlich auch sehr erfahrenen Soldaten zeigte aber durchaus, das das Ministerium den Ernst der Lage erkannt hatte[1339]. Allerdings kann die Besetzung des Postens auch den erschreckenden Zeitverzug auf Seiten des Ministeriums nicht überdecken. Ein umfassendes Waffensystem-Management war luftwaffenintern bereits Ende November 1961 und im Oktober 1962 gefordert worden. Der Führungsstab der Luftwaffe zog diese von technischen Experten aufgestellte Forderung folglich viel zu spät in Betracht[1340].

Vor der Fortsetzung der Beratung über den Starfighter löste ein Spiegel-Artikel[1341] eine teils polemisch geführte Diskussion unter den Abgeordneten aus[1342]. Der Spiegel griff das Thema Starfighter auf und erhob teilweise schwere Vorwürfe gegen die Luftwaffenführung. Die Diskussion der Abgeordneten kreiste dabei um die Frage, ob das Verteidigungsministerium für den Fall, dass Informationen unrichtig dargestellt worden wären, dem Artikel mit einer eigenen Darstellung entgegentreten sollte oder nicht[1343]. Im Laufe der Debatte sagte Staatssekretär Gumbel, dass das Ministerium zu dem Artikel keine Stellung nehmen wolle[1344]. Die absolute Zuspitzung der Polemik dieser Diskussion war der Vorwurf eines CDU/CSU-Abgeordneten, dass die SPD über die Diskussion um den Starfighter die deutsche Beteiligung am atoma-

---

[1337] BT-Archiv, VertAusschuss, Protokoll 5. WP 6. Sitzung 27.1.1966, S. 1.

[1338] Erst Generalleutnant Johannes Steinhoff konnte als Inspekteur nach dem 2. September 1966 die Aufgabe des Sonderbeauftragten Waffensystem F-104 nach wochenlangem Kampf gegen die Ministerial-bürokratie – unter Zuhilfenahme der Medien – gewinnen. Freilich nicht ohne mit seinem Rücktritt zu drohen; vgl. Möllers, Ringen und Kompetenzen.

[1339] Diese Behauptung lässt sich dadurch stützen, dass bei der Einführung des Waffensystems McDonnell (R)F-4 Phantom in die Luftwaffe ab 1970 auch ein Systembeauftragter für dieses Flugzeug ernannt wur-de. Dieser war im Gegensatz zu Brigadegeneral Hrabak aber „nur" ein Oberstleutnant, also schien das Verteidigungsministerium bei diesem Waffensystem nicht mehr solche Schwierigkeiten zu erwarten; vgl. dazu BArch, BL 1/5043, Bestellung SBWS RF-4 E Phantom.

[1340] Zur Forderung 1961 vgl. BArch, BW 1/1639, Fü L V an Inspekteur der Luftwaffe betr. Bericht über die Beschaffungslage F-104G 25.11.1961, S. 5. Zur Forderung 1962 vgl. BArch, BL 1/1755, Logistischer Lagebericht über das Waffensystem F-104G Stand 15.10.1962, S. 7. Bei diesem Zustand muss auch ent-schieden der Meinung von Reis entgegen getreten werden, dass die Luftwaffe mit dem Krisenmanage-ment ohne Verzug begann und die Verzögerung desselben bürokratischen Hindernissen anzulasten sei, vgl. Reis, Krisenmanagement, S. 104.

[1341] Der Spiegel 5/1966 vom 24.1.1966: „Ein gewisses Flattern", S. 21ff.

[1342] BT-Archiv, VertAusschuss, Protokoll 5. WP 6. Sitzung 27.1.1966, S. 1ff.

[1343] Ebd., S. 2.

[1344] Ebd., S. 6.

ren Verteidigungskonzept der NATO in Frage stellen wolle: „Aber ich muß wissen: Was ist ihr Ziel? Wollen Sie die Verbesserung des Waffensystems, oder wollen Sie über die F-104 einen „strike"-Beitrag in Frage stellen? Das ist der Punkt, den wir nach der Anhörung der Sachverständigen ausdiskutieren sollten.[1345]" Der Abgeordnete Wienand stellte für die SPD fest, dass es bei der Diskussion um den Starfighter für ihn und seine Parteifreunde nicht um die Thematik der Verteidigungskonzeption der NATO gehe[1346].

Die eigentliche Tagesordnung begann mit Fragen zum Vortrag von Professor Thalau am Ende der vorangegangenen Sitzung. Dabei stellte der Abgeordnete Berkhan Thalau die Frage, ob es Erkenntnisse darüber gebe, dass in der Luftfahrtindustrie eventuell nicht so zuverlässig gearbeitet werde, wie es sich alle Beteiligten wünschen würden. Darüber hinaus erkundigte sich Berkhan, ob nach dem Schrumpfungsprozess, dem die Industrie in den letzten Jahren unterworfen war, genug Personal zur Verfügung stehe, um die turnusmäßig anstehende Überholung der Starfighter in einer zweiten, noch einzurichtenden Flugzeugwerft durchführen zu können[1347]. – Weitere Fragen der Ausschussmitglieder waren, ob die lange Dauer technischer Änderungen ein Problem des Lizenzvertrages sei oder ob die Probleme dabei mehr auf instanzieller Ebene zu suchen seien[1348]. Außerdem interessierten sich die Abgeordneten dafür, inwieweit „nach Auffassung der Industrie die unzähligen technischen Änderungen auf sinnvolle Verbesserungen beschränkt und die Intervalle beim sogenannten Kreislauf verkürzt werden könnten, um die Zahl der startklaren Maschinen zu erhöhen[1349]." Auch die Möglichkeit einer Unterstützung der Luftwaffe durch von der Industrie bereitgestellte Technikteams wurde von den Mitgliedern hinterfragt. Der Präsident des BDLI wies den Vorwurf entscheiden zurück, die Industrie habe unsauber gearbeitet. Er zeigte den Abgeordneten auf, dass nur ein sehr geringer Prozentsatz der technischen Mängel von der Zellen- oder Triebwerksindustrie verschuldet wurden: „Angesichts dieser verschwindend geringen Prozentsätze fühlte ich mich berechtigt, vor dem Ausschuß die Behauptung aufzustellen, daß die Luftfahrtindustrie ausgezeichnet gearbeitet hat[1350]." Thalau wiederholte seine bereits in der letzten Sitzung geäußerte Kritik darüber, dass die deutsche Zellenindustrie weder an den Unfalluntersuchungen beteiligt werde noch Einsicht in die Flugunfallberichte erhalte. Beides konnte seiner Ansicht nach erheblich dazu beitragen, die Sicherheitslage zu verbessern[1351].

[1345] Ebd., S. 8.
[1346] Ebd., S. 9.
[1347] Ebd., S. 11.
[1348] Ebd., S. 13.
[1349] Ebd., S. 14.
[1350] Ebd., S. 15.
[1351] Ebd., S. 16.

Auf die Frage der Unterstützung der Wartungstätigkeiten der Luftwaffe durch die Industrie agierte der Präsident des BDLI mit einem interessanten Seitenhieb. Nachdem Teile der Fertigungskapazitäten der Industrie für den Bau des Starfighters wegen des Auslaufens der Lizenzfertigung nicht mehr gebraucht wurden, war die Industrie gezwungen, Teile der Belegschaft zu entlassen. Dieser Entlassung gingen zähe Verhandlungen zwischen Industrie und Verteidigungsministerium voraus. Dabei drängte die Industrie auf militärische Anschlussaufträge, um die Auslastung der Fertigungskapazitäten sichern zu können. Das Ministerium zeigte sich in dieser Frage aber nicht besonders gesprächsbereit[1352]. In Bezug darauf, ob und wie die Industrie die Luftwaffe zusätzlich bei der Wartung unterstützen könne, antwortete Thalau dementsprechend: „Leider mussten wir im vergangenen Jahr einen Teil unserer Kräfte aus der Fertigung entlassen. Sie fehlen uns jetzt und werden auch nicht zurückkommen. Da ist niemand überzählig. Wir haben keinen auf der Wartebank sitzen, sondern müssen mit unseren Produktivkräften die Aufträge für den gegeben Preis und in der gegeben Zeit erfüllen[1353]." Der Präsident führte den Abgeordneten so unmissverständlich vor Augen, dass die Industrie der Luftwaffe wesentlich besser hätte helfen können, wenn sie keine Arbeiter hätte entlassen müssen. Dazu hätte die Luftwaffe aber eben früher den Bedarf für Industriekapazitäten beziffern müssen. Dazu sah sie sich jedoch nie imstande.

Der Inspekteur der Luftwaffe entschuldigte [sic!] sich bei Thalau für den — maßgeblich durch Aussagen aus dem Militär provozierten und eben dadurch — entstandenen Eindruck, dass die Luftfahrtindustrie nicht sauber arbeiten würde. Dieser Eindruck sei vielmehr durch ein Interview aufgekommen, bei dem er falsch verstanden worden sei[1354]! Er habe keinesfalls die Ansicht vermitteln wollen, die deutsche Luftfahrtindustrie sei nicht ausreichend leistungsfähig. Seine falsche Einschätzung der Lage erklärte der Inspekteur damit, dass er nicht in Erwägung gezogen habe, dass die deutsche Industrie mit Konstruktions- und Fertigungsfehlern zum großen Teil gar nichts zu tun habe[1355].

Einen interessanten Hinweis auf Schwierigkeiten der Industrie lieferte Direktor Bauer von der Messerschmitt AG. Seiner Ansicht nach stand die Industrie bei der turnusmäßigen Inspektion der Flugzeuge auf einem sehr guten technischen Stand. Problematisch war allerdings das Einfliegen der Flugzeuge nach erfolgter Inspektion[1356]. Dazu führte Bauer aus: „Es ist für uns, die Werft in Manching, kein Problem,

---

[1352] Vgl. die Darstellung in Kapitel II dieser Arbeit.
[1353] BT-Archiv, VertAusschuss, Protokoll 5. WP 6. Sitzung 27.1.1966, S. 20.
[1354] Ebd., S. 18.
[1355] Ebd.
[1356] Das sogenannte Einfliegen bezeichnet die Durchführung einer Reihe von Flügen durch einen Testpiloten, der das Flugzeug nach erfolgter technischer Inspektion auf seine Funktionsmäßigkeit überprüft.

die zu betreuenden Flugzeuge ordnungsgemäß und rationell durchzuschleusen. [...] Wir sind aber noch durch das Wetter gehandicapt. Die Industrie kann die Testflüge nur bei einem genau vorgeschriebenen Wetter durchführen, und zwar wegen der Sichtverhältnisse. [...] Wir haben im Jahr vielleicht 120 bis 140 Flugwettertage, an denen wir vorschriftsmäßige Testflüge machen dürfen[1357]."

Dieses Problem dürfte den Verbleib der Flugzeuge in der Werft zur Inspektion natürlich deutlich erhöht haben. Ein nach der Werftzeit nicht eingeflogenes Flugzeug konnte nicht an die Truppe zurückgegeben werden. Andererseits musste den damaligen Entscheidungsträgern auch klar gewesen sein, dass die Bundesrepublik in einer vollkommen anderen Klimazone lag, als z.B. Kalifornien, wo zahlreiche US-amerikanische Luftfahrtunternehmen ihre Flugzeuge fertigten und einflogen.

Ministerialdirigent Dr. Bode vom Verteidigungsministerium bezog sich im weiteren Verlauf der Sitzung noch einmal auf die Komplexität des Waffensystems F-104G: „Der Idealfall wäre ein Waffensystem, das so durchkonstruiert und erprobt ist, daß es keinen Fehler aufweist, wenn es an die Truppe geht. Doch das ist eine reine Fata Morgana [...] Das Waffensystem F 104 gehört zu den kompliziertesten. Das war von vornherein klar. Es wäre naiv gewesen, zu glauben, die F 104 wäre, nachdem sie an die Truppe gegangen ist, konstruktiv ausgereift gewesen und hätte keiner Änderung mehr bedurft[1358]."

Diese Äußerung Bodes muss detailliert kommentiert werden. Wenn er es als Naivität bezeichnet, davon auszugehen, dass ein Waffensystem konstruktiv ausgereift die Truppenverbände erreicht, dann unterstellt er den Mitgliedern des Verteidigungsausschusses von 1958 genau diese Naivität. Denn im November 1958 wurde der Starfighter den Abgeordneten als fertiges Flugzeug präsentiert! Generalleutnant Kammhuber selbst wies doch im Ausschuss mehrmals darauf hin, dass an dem Flugzeug technisch *nichts mehr zu ändern* sei und lediglich eine Lösung gefunden werden müsste, um die zusätzlich benötigten technischen Geräte einzubauen. Den Abgeordneten wurde in den entscheidenden Sitzungen damit sehr wohl der Eindruck vermittelt, dass es sich bei der F-104 doch um ein *vollständig ausgereiftes* Flugzeug gehandelt hat!

Diese Tatsache lässt rückwirkend nur zwei Schlüsse zu: Entweder war sich der Führungsstab der Luftwaffe 1957/58 selbst nicht im Klaren über die Tragweite der zu treffenden Beschaffungsentscheidung. Oder aber die Ausschussmitglieder wurden bewusst falsch informiert. – , Welche Möglichkeit auch zutrifft, beide waren in der Sache inakzeptabel. Bode lag sicherlich mit seiner Anmerkung richtig, dass ein komplett ausgereiftes Waffensystem eine Fata Morgana sei. Dieser These kann aber nur insoweit zugestimmt werden, als das bei jedem Waffensystem auch während der Ver-

---

1357 BT-Archiv, VertAusschuss, Protokoll 5. WP 6. Sitzung 27.1.1966, S. 32f.
1358 Ebd., S. 34.

wendung in der Truppe immer wieder weiterentwickelte Verbesserungsvorschläge entstehen können. Daraus ergibt sich aber keineswegs die Begründung für die Einführung eines technisch *unzureichend erprobten* Waffensystems.

Über diese Ansicht hinaus kritisierte Bode nun auch noch die internationale Zusammenarbeit im Fertigungskonsortium: „Man muß allerdings gestehen, daß die Koordinierung in diesem Gremium [Logistic Working Group F 104] ein gewisser Leidensweg ist. Mit den Antworten, auf die Fragen, was vordringlich ist und was man ändern soll, geht es noch. Aber darüber, in welchem Umfang und mit welchem Geldaufwand man ändern soll, gehen die Auffassungen weit auseinander[1359].“ Aus seinen Ausführungen ist auch ein Hinweis auf den bedingten Willen zur Zusammenarbeit zu entnehmen: „Die Erfahrung hat gezeigt, daß wir *integrationsfreudigen* Deutschen bis zum letzten versucht haben, diese Integration durchzuhalten. Wir glauben aber allmählich auch mit den anderen Ländern [...], daß das Optimum an Synchronisierung nunmehr erreicht ist; denn wir treiben damit so viel Aufwand, daß es eigentlich nicht mehr zu vertreten ist[1360].“ Nach Ansicht von Bode schien Deutschland offenbar diejenige Nation zu sein, die die größte Bereitschaft zur Zusammenarbeit bei der internationalen Fertigungsgemeinschaft des Starfighters zeige, während diese in den anderen Konsortialstaaten zu wünschen übrig lasse.

Im Folgenden diskutierten die Abgeordneten teilweise kontrovers über das Änderungswesen des Starfighters. Dabei wurde deutlich, dass die Durchführung von technischen Änderungen keineswegs für alle Teilnehmerstaaten verbindlich war: „Abg. <u>Schulz</u> (Gau-Bischofsheim) (FDP): Meine Frage ist leider immer noch nicht beantwortet. Wenn die Logistics Working Group zu der Feststellung kommt, daß dieses oder jenes geändert wird, ist das dann ein Befehl? MinDirig. <u>Dr. Bode</u> (BMVtg): Es ist ein Agreement. Es gibt hier keinen Mehrheitsbeschluß. Man versucht, sich zu einigen. Es kann ein Teilnehmer aussteigen, weil er eine Sache für zu teuer oder für nicht wichtig hält. Aber das Ziel der Luftwaffe war immer, zu einer möglichst einheitlichen, standardisierten Entscheidung zu kommen[1361].“ Damit musste allen klar sein, dass die F-104G in Staaten gleich gefertigt wurde, aber nicht zwingend gleich ausgerüstet war.

Im Lauf der Diskussion machte Professor Thalau noch einmal deutlich, dass alle beteiligten Unternehmen der Luftfahrtindustrie zur schnellen Verbesserung der Situation bereit wären. Er veranschlagte den Zeitbedarf für eine wirksame Verbesserung allerdings auf ein Jahr[1362] und wiederholte zur Begründung dieses Zeitraums seinen Hinweis auf die Entlassung von Facharbeitern, zu der die Industrie während

---

[1359] Ebd., S. 35.
[1360] Ebd., S. 36.
[1361] Ebd., S. 42.
[1362] Ebd., S. 46.

des Jahres 1965 gezwungen war. Da die Presse den Ausdruck „Gesundschrumpfung" damals häufig in Bezug zur Luftfahrtindustrie nutzte, äußerte Thalau seinen Unmut über die generelle wirtschaftliche Situation der Industrie: „Ich persönlich bin der Meinung, daß eine Schrumpfung nie gesund sein kann[1363]." Dies war als erneuter Seitenhieb in Richtung des Verteidigungsministeriums zu verstehen, da von dessen Seite kaum Bemühungen zur weiteren Auslastung der industriellen Kapazitäten auch für Instandhaltungen unternommen wurden.

Der Präsident des BWB, Dr. Theodor Beneke, lieferte ein weiteres Indiz für die offensichtlich von der Luftwaffe ausgelöste äußerst unklare Informationslage zum Zeitpunkt der Entscheidung über die Flugzeugbeschaffung im November 1958. Benecke wies darauf hin, dass der Gewichtsunterschied zwischen der F-104G und der in den USA eingesetzten F-104C nur 360 kg betrage. Dieser Gewichtsunterschied beziehe sich größtenteils auf nötig gewordene Verstärkungen des Flugzeugs: „Diese Verstärkungen hätten in jedem Fall durchgeführt werden müssen, nicht nur wegen der G-Version[1364]." Dem entgegen stand allerdings auch die Meinung von Major Heinz Birkenbeil von der Joint Test Force, die F-104G sei im Gegensatz zur ursprünglichen Version ca. 1.600 kg schwerer geworden.[1365]

Auch diese Äußerung steht in deutlichem Gegensatz zur bereits mehrfach zitierten Darstellung Kammhubers, an der F-104 müsse kaum etwas geändert werden, keinesfalls seien aber Änderungen an der Zelle nötig. Beneckes Äußerung, wonach von diesen 360 kg ein großer Teil auf notwendig gewordene Verstärkungen der Flügel, des Rumpfendes und des Fahrwerks entfallen würde[1366], bildete dabei ein Kernproblem. – Dies ließ sich mit den Äußerungen Kammhubers in keiner Art und Weise überein bringen, alle seien fertig konstruiert. – Zusätzlich stellte sich angesichts Bodes Äußerung natürlich die Frage, inwiefern die F-104C überhaupt schon fertig entwickelt war, wenn an drei empfindlich wichtigen Stellen des Flugzeugs Verstärkungen angebracht werden mussten, während den Abgeordneten der Starfighter als erprobtes Muster präsentiert wurde.

Zum Abschluss der Sitzung nahm Oberst Günther Rall, der ehemalige Leiter des Arbeitsstabes F-104, als Kommodore des Jagdbombergeschwaders 34 Stellung zum alltäglichen Umgang mit dem Waffensystem Starfighter[1367]. Seine Stellungnahmen enthielt die Schwerpunkte: „1. Das Flugzeug in seiner Wertung im Hinblick auf

---

[1363] Ebd., S. 47.

[1364] Ebd., S. 61.

[1365] Birkenbeil, Der Anfang, S. 32.

[1366] BT-Archiv, VertAusschuss, Protokoll 5. WP 6. Sitzung 27.1.1966, S. 61.

[1367] Ebd., S. 63. Das Geschwader wurde 1959 aufgestellt und befand sich zum Zeitpunkt der Aussage Rall vor dem Ausschuss noch in der Umrüstung auf das Waffensystem F-104G. Zum Teil war das Geschwader auch noch mit Maschinen des Typs F-84 ausgerüstet.

die Erfüllung des Kampfauftrages, 2. das Flugzeug in seiner Wertung durch den Flugzeugführer, 3. das Flugzeug in seiner Wartungsfähigkeit und seiner Einsatzbereitschaft und in dem Aufwand, der dazu benötigt werde, das Flugzeug in zufriedenstellender Weise täglich zum Einsatz zu bringen[1368].“ Der Einsatz des Waffensystem F-104G stieß bei den Piloten des Geschwaders laut Ralls Aussage auf große Begeisterung. Sie fühlten sich mit dem Flugzeug absolut in der Lage, den von ihnen geforderten Kampfauftrag zu erfüllen. Diese Voraussetzung treffe in den Augen der Piloten aber nur zu, wenn eine kontinuierliche Ausbildung gewährleistet sei. Dieses sei im letzten Jahr allerdings nicht möglich gewesen (wohl aufgrund Umrüstung des Geschwaders)[1369].

Oberst Rall wies ferner auf die Schwierigkeiten des Geschwaders hin, die notwendigen Flugstunden zu erbringen, um im Rahmen der NATO-Verteidigungsplanung als einsatzbereit eingestuft zu werden[1370]. Das Hauptproblem sei hierbei, dass Maschinen des Geschwaders oftmals eben wegen technischer Probleme nicht flugklar seien. Für Rall lag dabei die Verantwortung für dieses Problem bei der Industrie, genauer im zeitlichen Ablauf und der Dauer, die für technische Änderungen benötigt wurden: „Die Änderungen, die sich aus dem täglichen Betrieb aus Flugsicherheitsforderungen ergäben, müßten eingebaut werden, seien aber im Prinzip gelöst. Unterschiedlich sei allerdings die Zulieferung zur Truppe auf Grund des gesamten Bevorratungs- und Nachschubsystems, das bis zur Produktion zurückgehe. Wo die Störung oder die Verzögerung liege, sei aus Sicht eines Geschwaderkommodores nicht zu beurteilen. [...] Das Tempo der Produktion und der Zulieferung zur Truppe sei ein Problem der Industrie[1371].“

Rall führte zur Situation weiterhin aus, dass die Aussetzung des Flugbetriebes im zurückliegenden Jahr wegen der Probleme mit dem Aufbäumregler ein Hauptgrund dafür gewesen sei, dass die Piloten des Geschwaders nicht die erforderliche Flugstundenzahl erreicht hätten. Sein Verband sei dabei zu 100 Prozent von den Sperrungen betroffen gewesen, d.h. zeitweise war kein Flugzeug einsatzbereit[1372]. Diese Aktion hätte das Geschwader im letzten Jahr 2.500 Flugstunden gekostet. Die Ausführungen Ralls offenbaren einen unfassbar geringen technischen Klarstand der Flugzeuge: So seien im November 1965 beispielsweise nur sechs Maschinen flugklar gemeldet worden, auf denen aber 37 Piloten hätten ausgebildet werden müssen[1373]! Weiterhin berichtete Rall über Unfälle, die sich im Jahr 1965 in seinem Verband ereig-

---

[1368] Ebd.
[1369] Ebd.
[1370] Ebd., S. 63.
[1371] Ebd., S. 64.
[1372] Ebd.
[1373] Ebd., S. 67.

292

net hatten. Dabei habe es auch „acht Major Accidents", also Unfälle mit schwerwiegenden Folgen wie Schäden an der Maschine oder Personen, gegeben[1374]. Bei den Unfallursachen führte Oberst Rall auch eine Reihe von Konstruktionsfehlern an und legt dar, dass die Flugzeuge aus seiner Sicht in diesem Zustand nicht an die Truppe hätten ausgeliefert werden dürfen: „Konstruktionsfehler: dreimal Bugradflattern. Fertigungsfehler: Bruch der Hydraulik Line mit nachfolgendem Feuer. Abnahmefehler: Bruch eines Bugradfahrwerks; bei qualifizierter Abnahmekontrolle müßten solche Mängel festgestellt werden, bevor die Maschine zur Truppe komme. Die anderen Fehler seien menschliche und lägen im Ausbildungsbereich."[1375]

Rall griff die Industrie hier unverblümt an und unterstellte ihr sowohl Fertigungs- als auch Abnahmemängel. Zur Behebung der teilweise katastrophalen Situation erhob er seitens seines Geschwaders folgende Forderungen:

1. Unterbringung der F-104 in witterungsfesten Hallen: Eine hohe Anzahl von technischen Störungen entstand seiner Ansicht nach durch das Abstellen der Flugzeuge draußen bei jedem Wetter[1376]. Dieses Problem betraf jedoch umgekehrt auch alle anderen Luftfahrzeuge der Bundeswehr.

2. Generelle Verbesserung des technischen Änderungswesens, vor allem aber die Beschleunigung der Durchführung von technischen Änderungen[1377].

3. Periodische Inspektionen durch die Luftfahrtindustrie müssten schneller durchgeführt werden, damit die Flugzeuge dem Verband eher wieder zur Verfügung stünden[1378].

4. Speziell für sein Geschwader forderte Rall die Herausnahme der F-84 Thunderstreak aus dem Flugbetrieb. Problematisch sei hier, dass ausgebildete Mechaniker durch die Wartung der alten F-84 gebunden seien und so für Aufgaben an der neuen F-104G nicht zur Verfügung ständen. Darüber hinaus beanspruchte die F-84 Hallen- und Wartungskapazitäten in den fliegenden Verbänden, die für die F-104G dringend gebraucht würden[1379].

[1374] Ebd., S. 65.

[1375] Ebd., S. 66.

[1376] Ebd., S. 68. Auch in anderen Geschwadern muss der Einfluss der Witterung einen erheblichen Einfluss auf die Einsatzbereitschaft der Verbände gehabt haben. So berichtet ein Starfighterpilot in seinen Erinnerungen, dass wegen fehlender Unterstellhallen für die Flugzeuge im Falle eines Alarmstarts im Winter die Besatzungen zuerst den Schnee von ihren Maschinen schaufeln mussten, ehe sie starten konnten. Dabei kommt es gerade beim Alarmstart auf einen besonders zügigen Ablauf des Startvorgangs an, vgl. dazu Kropf, Deutsche Starfighter, S. 57. Zur Problematik der fehlenden Unterstellkapazitäten vgl. auch die Darstellung bei Lemke, Konzeption, S. 365.

[1377] BT-Archiv, VertAusschuss, Protokoll 5. WP 6. Sitzung 27.1.1966, S. 68.

[1378] Ebd.

[1379] Ebd.

5. Umorganisation der Technischen Gruppe in den Geschwadern: Diese waren für die Wartung und Instandsetzung der Flugzeuge verantwortlich. In ihnen wurden häufig in Ermangelung dazu ausgebildeter Unteroffiziere Wehrpflichtige als Wartungspersonal eingesetzt, ohne eine entsprechende technische Ausbildung in der Luftwaffe durchlaufen zu haben. Sie seien mehr ein Hindernis als eine Hilfe im technischen Betrieb, da sie außerdem erfahrene Mechaniker als Ausbilder binden würden. Daher sollte die Technische Gruppe eines Geschwaders im Idealfall nur aus Zeitsoldaten bestehen[1380].

Ralls Forderungen machten im Zusammenhang mit der vorher von ihm beschrieben Situation deutlich, dass er die Hauptschuld für die Sachlage des Waffensystems Starfighter bei der Industrie sah. Damit zeichnete er natürlich ein völlig anderes Bild, als die Vertreter der Luftfahrtindustrie, die vor ihm im Ausschuss gesprochen hatten.

Ralls Darstellung löste bei den Mitgliedern des Ausschusses Unruhe aus. Der SPD-Abgeordnete Berkhan griff die seiner Ansicht nach mangelhafte Informationstätigkeit des Verteidigungsministeriums an: „Er [Berkhan] gibt dann seinem Erstaunen darüber Ausdruck, daß von 56 Flugzeugen schließlich nur sechs klar zum Fliegen seien bei 37 Piloten. Dieses Zahlenverhältnis deute darauf hin, daß das Waffensystem Probleme in sich berge, über die man den Ausschuß vorher nie zureichend unterrichtet habe[1381]." Darüber hinaus stellte Berkhan klar, dass der Starfighter zum Zeitpunkt der Beschaffungsentscheidung noch nicht als wetteranfällig beschrieben worden sei und er lediglich Abstellboxen ohne Dach benötige[1382].

Im weiteren Verlauf der Diskussion bekräftigte Oberst Rall seine Kritik an der Industrie. Vertreter der Industrie hätten im Ausschuss (immer wieder) betont, dass die Maschinen in einwandfreiem Zustand in die Geschwader geliefert würden. Dies sei aber offensichtlich bei weitem nicht so[1383].

Zum Abschluss der Sitzung zog der Abgeordnete Berkhan eine für den Ausschuss eher negative Bilanz: Er wandte sich „dagegen, eine Zwischenbilanz zu ziehen. Das Ministerium habe ohnehin darauf verzichtet, eine Zwischenbilanz zu geben. Laufend würden Maßnahmen eingeleitet; das Ministerium fühle sich durch die Beratungen im Ausschuß in keiner Weise behindert und könne alles tun, was es für notwendig halte. Deshalb sei es besser, zum Schluß eine Endbilanz zu ziehen[1384]."

Bevor sich die Abgeordneten in der nächsten Sitzung des Ausschusses am 9. Februar 1966 wieder der Beratung über den Starfighter zuwenden konnten, mussten sich die Mitglieder zum wiederholten Mal mit der Problematik von Indiskretionen

---

[1380] Ebd.

[1381] Ebd., S. 69/80.

[1382] Ebd.

[1383] Ebd., S. 83.

[1384] Ebd., S. 87.

über Sitzungsinhalte auseinandersetzen[1385]. In einem Bericht des Spiegels waren Informationen enthalten, die Oberst Rall bezüglich des Klarstandes seiner Geschwaderflugzeuge vor dem Ausschuss gemacht hatte[1386]. Da der Spiegel die gleichen Zahlen wie Rall in seinem Bericht nannte, schloss der Vorsitzende Friedrich Zimmermann auf eine undichte Stelle im Ausschuss[1387]. Zimmermann bat die Vertreter des Verteidigungsministeriums zu prüfen, ob der Artikel vorher zur Genehmigung vorgelegt wurde und ob ein Staatsgeheimnis berührt worden war[1388]. – Letztlich ließ sich die undichte Stelle nicht finden.

Die Fortsetzung der Starfighter-Debatte begann mit einem Vortrag von Ministerialdirigent Heinz Wichmann, dem Abteilungsleiter Verwaltung und Recht im Bundesverteidigungsministerium. Er nahm Bezug auf die Ausführung von Generalleutnant Panitzki und legte dar, dass es kaum einen direkten Zusammenhang zwischen Wartungsfehlern und sich ereigneten Unfällen gegeben habe[1389]. Vielmehr machte er deutlich, dass die Problematik in einer Art Teufelskreis bestehe, den er folgendermaßen beschrieb: „Die Unfallgefahr ist umso größer, je weniger Flugstunden der Pilot hinter sich hat; die Zahl der möglichen Flugstunden ist abhängig vom Zustand, der Einsatzfähigkeit der Flugzeuge; die Einsatzfähigkeit des Flugzeuges wiederum ist zu einem Teil – wie groß dieser Teil ist, läßt sich, wenn überhaupt, nicht ohne weiteres fixieren – abhängig von Zahl und Qualität des Instandsetzungs- und Wartungspersonals[1390].“ Ausgehend hiervon beschäftigte sich Wichmann zu einem überwiegenden Teil damit, wie die personelle Situation der Instandsetzungseinheiten verbessert werden könnte. Zur personellen Situation führte er aus, dass sich bei allen Starfighterstaffeln ein Durchschnittsfehl von 13,3 Prozent an zivilen Facharbeitern zeige. Da es einige Geschwader gebe, die personell auf einem Ist-Stand von 100 Prozent lagen, gebe es bei anderen Verbänden teilweise wesentlich höheren Bedarf[1391]. – Offenbar war die Arbeit als Mechaniker bei der Bundeswehr in der damaligen Zeit für viele Facharbeiter gerade angesichts der gesamtwirtschaftlichen Situation in der Bundesrepublik Deutschland nicht attraktiv genug. Als Begründung dafür nannte Wichmann darüber hinaus zum einen die ungünstige Lage einiger Geschwaderstandorte und zum

---

[1385] In den vorangegangenen Wahlperioden waren Informationen über Sitzungsinhalte an die Öffentlichkeit gelangt; vgl. dazu BT-Archiv, VertAusschuss, Protokoll 3. WP 51. Sitzung, S. 3f.

[1386] Der Spiegel 7/1966, 7.2.1966: „Roß und Reiter", S. 23f.

[1387] BT-Archiv, VertAusschuss, Protokoll 5. WP 7. Sitzung 09.2.1966, S. 1. Dabei muss auch darauf hingewiesen werden, dass diese undichte Stelle nicht zwingend ein Abgeordneter sein musste. Die Presse hätte diese Information auch von einem als Zeugen geladenen Soldaten oder einem Ministeriumsmitarbeiter erhalten können.

[1388] Ebd., S. 3.

[1389] Ebd., S. 4.

[1390] Ebd.

[1391] Ebd., S. 5.

anderen die Sogwirkung, die benachbarte Städte mit großer Industrieballung auf die Arbeiter auswirken würden[1392].

Um dieses Problem wirksam lösen zu können, sollten künftig unter anderem von den Kreiswehrersatzämtern gezielt Wehrpflichtige einberufen werden, die über eine abgeschlossene technische Fachausbildung verfügten[1393].

Wichmann stellte im weiteren Verlauf seines Vortrags die Gehaltssituation von Facharbeitern bei Luftfahrtindustrie und Bundeswehr dar. Dabei wurde deutlich, dass sich die Löhne bei der Bundeswehr nur unwesentlich von denen unterschieden, die von der Luftfahrtindustrie gezahlt wurden[1394]. Interessante Ausführungen machte Wichmann zur stärkeren Beteiligung der Luftfahrtindustrie an den Materialerhaltungsstufen der Flugzeuge. Bereits in einer der vorherigen Sitzungen war im Ausschuss die Forderung erhoben worden, die Instandsetzungsstufen 3 und 4 komplett in die Industrie abzugeben, um die Technischen Gruppen der Geschwader von dieser Aufgabe zu entlasten[1395]. Wichmann hob in seinem Vortrag hervor, dass diese Maßnahme nicht nur positive Effekte haben könnte: „Wenn allerdings zur Entlastung der Geschwader die Instandsetzungsstufen IV und III ausnahmslos an die Industrie gegeben werden, so verliert damit zumindest das Parkregiment I in Erding Ausbildungsmöglichkeiten, deren Fehlen die Qualität des Personals und die Lehrlingsausbildung zum eigenen Nachteil und zum Nachteil der Bundeswehr beeinträchtigen kann. Hier stellt sich allerdings auch die Frage nach dem kleineren Übel[1396]."

Wichmann machte damit mehr als deutlich, in welchem Dilemma sich die Luftwaffenführung befand. Auf der einen Seite sollte wegen Personalmangels ein Teil der Instandsetzungsvorgänge komplett in die Industrie abgegeben werden, damit die personellen Kapazitäten der Geschwader anderweitig in den Instandsetzungsstufen I und II – einfacherer Wartungs- und Instandsetzungsaufgaben – besser genutzt werden konnten. Auf der anderen Seite befürchtete das Ministerium aber auch, dass die Qualität der technischen Ausbildung unter der Abgabe der Stufen III und IV – komplexere Instandsetzungsaufgaben sowie periodische Wartungen nach Hunderten Flugstunden, die teilweise mit der kompletten Demontage des Flugzeuges verbunden waren – leiden könnte. Selbst wenn Wichmann darauf hinwies, dass sich bei dieser Überlegung die Frage nach dem kleineren Übel stellen würde, war es hier dennoch schwierig, das kleinere Übel klar zu definieren. Was nützen schließlich frei werdende Kapazitäten auf

---

[1392] Ebd., S. 6.
[1393] Ebd.
[1394] Ebd., S. 8f. Zum Teil waren die Bundeswehrlöhne etwas niedriger als in der Industrie.
[1395] Die Materialerhaltungsstufen III und IV umfassten die schwere Feldinstandsetzung und die Grundüberholung der Flugzeuge, vgl. die Aufzählung BT-Archiv, VertAusschuss, Protokoll 6. WP 7. Sitzung 09.2.1966, S. 5.
[1396] Ebd., S. 10.

dem Gebiet der Instandsetzung, wenn darunter die Aus- und Weiterbildung des benötigten Fachpersonals litt?

Bereits in einer früheren Sitzung des Ausschusses hatte Generalleutnant Steinhoff die finanzielle Schieflage bei der Bezahlung von Jetpiloten angekreidet, womit er primär aber nicht nur die Piloten in Unteroffizierrängen meinte[1397]. Wichmann griff diese Thematik in seinem Vortrag auf, argumentierte aber auf eine bemerkenswert unlogische Weise: „Was nun den berühmt-berüchtigten Wächter mit Hund oder den zitierten Busfahrer angeht, so entsteht das schiefe Bild immer wieder dann, wenn man Busfahrer oder Wächter mit Überstundenentlohnung und Entlohnung für Arbeitsbereitschaft zum Vergleich nimmt, nicht den normalen Fall. Andererseits sind Kräfte für solche Posten nur so zu gewinnen, wenn Aussicht auf Überstunden besteht. Die Wahl heißt also: Entweder hoch bezahlte Fahrer und gut bezahlte oder gar keine[1398]." In seiner weiteren Darstellung wies der Ministerialbeamte ferner darauf hin, dass deutsche Jetpiloten im Vergleich zu anderen NATO-Staaten durchaus gleichwertig für ihre besondere Dienststellung besoldet würden[1399]. Mit diesen Ausführungen wollte das Verteidigungsministerium offenbar die These widerlegen, dass sowohl der fliegerische Dienst als auch die Tätigkeit als Mechaniker für die Luftwaffe nicht attraktiv genug sei. Dabei übersah Wichmann jedoch, dass bei den Alliierten grundsätzlich nur Offiziere als Piloten Dienst leisteten. Der Unteroffizier-Pilot der Luftwaffe war aber noch die Regel. Erst Ende der 1960er Jahre wurden zahlreiche Unteroffiziere über besondere, kürzere Laufbahnlehrgänge zu Offizieren ausgebildet und befördert.

Nachdem in der letzten Sitzung des Verteidigungsausschusses Oberst Rall die Lage eines Geschwaders geschildert hatte, das sich mitten in der Umrüstung auf den Starfighter befand, trug mit Oberst Georg Wroblewski vom Jagdbombergeschwader 33 ein weiterer Kommodore vor, dessen Verband bereits vollständig mit dem neuen Flugzeugtyp ausgerüstet war. Auch wenn der gesamte Bericht, immerhin 20 DinA4-Seiten Protokoll, vermutlich wegen der Brisanz des atomaren Kampfauftrages[1400] des Geschwaders für geheim erklärt wurde und nicht protokolliert werden durfte, wurde aus den vorher gemachten Bemerkungen deutlich, dass die Situation beim Jagdbombergeschwader 33 eben wegen seines atomaren Auftrages wesentlich besser als im Geschwader von Oberst Rall zu sein schien[1401].

[1397] BT-Archiv, VertAusschuss, Protokoll 5. WP 4. Sitzung 14.1.1966, S. 54.

[1398] BT-Archiv, VertAusschuss, Protokoll 5. WP 7. Sitzung 09.2.1966, S. 10.

[1399] Ebd., S. 11f.

[1400] Das Jagdbombergeschwader 33 gehörte zu den ersten Luftwaffenverbänden, die der NATO unterstellt wurden. Es gehörte zu den *strike-forces* der NATO, die für den atomaren Einsatz vorgesehen waren. Vgl. dazu BT-Archiv, VertAusschuss, Protokoll 5. WP 7. Sitzung, S. 52. Als Taktisches Luftwaffengeschwader 33 ist das ehemalige JaboG 33 noch heute der einzige Verband der Bundeswehr, der im Rahmen der Nuklearen Teilhabe einen besonderen Status besitzt.

[1401] Ebd., S. 28.

Dabei wurde in der weiteren Diskussion im Ausschuss offensichtlich, dass Geschwader, die noch nicht der NATO unterstellt waren[1402], bei der Ersatzteilversorgung eine geringere Priorität besaßen. Auf die Nachfrage von mehreren Abgeordneten stellte Brigadegeneral Horst Gentsch[1403] klar, dass assignierte Geschwader bei der Ersatzteillieferung bevorzugt behandelt wurden: „Wenn nun Engpässe auftreten, hat derjenige Verband die Vorrangstufe 1, der das Teil, bei dem ein Engpaß besteht, als erster beanspruchen kann. Das ist immer ein assigned Geschwader. Alle Umrüstgeschwader haben geringere Anforderungsstufen und geringere Prioritäten. Wenn also ein Teil verlangt wird, das besonders knapp ist, erhält in jedem Fall das Geschwader von Oberst Wroblewski das Teil zuerst, und das Geschwader von Oberst Rall muß warten[1404]."

Diese Aussage zeigte Schwierigkeiten auf, mit denen einzelne Geschwader im Zuge der Umrüstung zudem noch zu kämpfen hatten. Natürlich war es auf der einen Seite verständlich, dass die der NATO unterstellten Verbände voll einsatzbereit sein mussten, um ihren Auftrag erfüllen zu können. Zwangsläufig führte diese Maßnahme dazu, dass die umzurüstenden Geschwader eventuell ihren Zeitplan nicht einhalten konnten und damit auch dementsprechend später erst der NATO unterstellt werden konnten.

Bei der Wiederaufnahme der Sitzung nach der Mittagspause standen die Abgeordneten offenbar wegen der Brisanz der zu behandelnden Thematik stark unter Druck. Dieser entlud sich durch die vom CDU-Abgeordneten Rommerskirchen vorgebrachte Beschuldigung, dass der SPD-Abgeordnete Berkhan gezielt Fragen in der Beratung stellen würde, „die offensichtlich vom Informationsbedürfnis der Lobbyisten bestimmt sind[1405]." Die anwesenden SPD-Abgeordneten reagierten empört, es ergab sich eine minutenlang teilweise stark polemisch geführte Diskussion[1406]. Dieses Ereignis zeigte, wie groß die Anspannung bei den Parlamentariern wegen der Beratungen über die Unfallserie des Starfighters war. Zwar hatte es auch in vorherigen Sitzungen schon den einen oder anderen Vorwurf zwischen den Vertretern von Regierungskoalition und Opposition gegeben. Dabei waren die Reaktionen allerdings nie so heftig wie in dieser Sitzung. Vermutlich wurde der Druck der Öffentlichkeit, der

---

[1402] Diese Geschwader wurden auch als *assigned* bezeichnet.

[1403] Horst Georg Gentsch (1916-1985) war zwischen 1963 und 1967 Leiter der Unterabteilung V (Logistik) im Führungsstab der Luftwaffe und damit verantwortlich für die logistische Betreuung auch des Starfighters. Später war Gentsch Kommandeur des Luftwaffenunterstützungsgruppenkommandos in Münster und 1971 bis 1978 Generalmanager der NAMSA (NATO Maintenance und Supply Agency), einer logistischen Dienstleistungsorganisation der NATO für die Betreuung von Waffensystemen, die mehrere NATO-Staaten gleichzeitig nutzten.

[1404] BT-Archiv, VertAusschuss, Protokoll 5. WP 7. Sitzung 09.2.1966, S. 53.

[1405] Ebd., S. 72.

[1406] Ebd., S. 73ff.

auf den Ausschussmitgliedern lastete, in dieser Zeit auch wegen der häufigen Bericht-erstattung über die Ausschussarbeit immer größer.

Nachdem die Abgeordneten wieder zur Ruhe gekommen waren, setzte der Ausschuss die Beratung mit der Befragung der F-104 Piloten Hauptmann Rudolf und Oberleutnant Müller fort[1407]. Beide Offiziere stellten klar, dass es unter den Starfigh-ter-Piloten die in der Presse häufig beschworene Panik nicht gebe und keine Vertrau-enskrise zum Flugzeug existiere. Auch unter den Familien der Piloten gebe es keine Besorgnis[1408]. Ob beide Piloten ihre Meinung vertraten oder ihnen Argumentationshil-fen vom Ministerium vorlagen, lässt sich nicht zweifelsfrei sagen. Vermutlich ließ das Ministerium aber zwei Piloten aussagen, die von ihren Aussagen auch wirklich über-zeugt waren.

Aber sowohl die Probleme der Luftwaffe, in dieser Zeit Pilotenanwärter zu fin-den, als auch die Tatsache, dass eine Reihe von Starfighter-Piloten aus dem Dienst bei der Bundeswehr ausschieden und in die aufstrebende und gut bezahlte zivile Berufs-fliegerei wechselten, spricht nicht zwingend für eine Überzeugung, in der Bundeswehr mit einem guten Flugzeug ausgestattet zu sein. Teilweise kam es in den Starfighter-Verbänden auch zu erheblicher Unruhe[1409]. – Dies wird auch durch das Interview[1410] eines damaligen F-104-Piloten aus dem Jagdbombergeschwader 33 deutlich. – Dieser Umstand ging auch aus einem Schriftverkehr hervor, der im Februar 1965 zwischen dem Leiter des Flugmedizinischen Instituts der Luftwaffe für Flugpsychologie und dem Kommandeur der Waffenschule 10 der Luftwaffe entstand. Der Leiter des Insti-tuts setzte den Kommandeur der Schule darüber in Kenntnis, dass unter den Piloten der Luftwaffe in der letzten Zeit vermehrt eine deutlich schlechte Grundstimmung festgestellt wurde. Die Hauptgründe lägen für den Institutsleiter in Angriffen auf das Selbstbewusstsein der Piloten, Kontakt- und Vertrauensverlust zwischen Vorgesetzten

---

[1407] Ebd., S. 91.

[1408] Ebd. Zur Frage der Besorgnis unter den Familien wurde in einer Zwischenfrage auch Verteidigungs-minister von Hassel angesprochen, dessen Sohn zu diesem Zeitpunkt als Luftwaffenpilot auf dem Star-fighter ausgebildet wurde. Interessanterweise äußerte sich von Hassel nicht zu der Frage der Sorge um seinen Sohn, weder in zustimmender noch in ablehnender Weise. Am 10.3.1970 kam sein Sohn bei einem Starfighter-Absturz ums Leben; vgl. dazu die Auflistung bei Kropf, Deutsche Starfighter, S. 139.

[1409] Der Wechsel von Starfighter-Piloten in die zivile Luftfahrt wurde damals jedoch durch den Umstand gefördert, dass auch die Piloten häufig auf acht Jahre verpflichtet waren; danach konnten sie – gerade mit einer zivil anerkannten Pilotenausbildung – frei entscheiden, wo sie ihre Fähigkeiten nutzten. Erst die Einführung des Berufsoffiziers 40 (später BO 41) schuf einen Ausgleich zwischen den langen und kos-tenintensiven Ausbildungszeiten der Piloten und ihrer anschließenden Tätigkeit als Pilot in den fliegenden Kampfverbänden der Bundeswehr.

[1410] NDR-Reportage „Der Tod war schneller. Die Starfighter-Krise" (NDR 1998). Der Pilot berichtete in der Reportage von tumultähnlichen Zuständen innerhalb des Geschwaders. Freilich wurde die Reportage gut drei Jahrzehnte später produziert.

und Untergebenen, mangelnder Fürsorge der Vorgesetzten sowie Überforderung[1411]. Hintergrund des Schreibens war die erfolgreiche Abwerbung von sechs Jetpiloten, darunter auch mehrere Fluglehrer, durch die Lufthansa[1412]. Im April 1966 gelangte der Vorgang durch Indiskretion innerhalb der Luftwaffe an die Presse, wo er auf Grund der aktuellen Diskussion um den Starfighter in Verteidigungsausschuss und Parlament große Beachtung fand[1413].

Oberleutnant Müller wies vor dem Ausschuss vor allem auf die negative Berichterstattung in den Medien hin. Diese habe ihre Ursache darin, dass die meisten Berichterstatter nur relativ wenig Ahnung vom Waffensystem F- 104G hätten[1414]. Auf die Nachfrage des Abgeordneten Johann Cramer (SPD), dass die negative Berichterstattung aber ihre Ursache in der Absturzserie des Starfighters habe, machte Oberleutnant Müller eine interessante Bemerkung zum Thema Unfallhäufigkeit: „Ich darf darauf hinweisen, daß die [F-] 84 und die [F-] 86, alle anderen Typen vorher, genau so viele Opfer gefordert haben. Wir wissen, daß die Fliegerei nicht ein Sonntagsvergnügen, sondern ein sehr harter Dienst ist, der sehr oft auch Opfer fordert[1415]." – Die Unfallrate anderer Flugzeugtypen muss an späterer Stelle noch thematisiert werden.

Hauptmann Rudolf bescheinigte dem Starfighter auf die Frage eines Abgeordneten hin hervorragende Flugeigenschaften. Auch die Mehrzweckverwendung des Flugzeugs beeinträchtige diese Eigenschaften nicht[1416]. Er wies ebenfalls darauf hin, dass in Geschwadern aus anderen NATO-Staaten die Piloten teilweise weniger mit anderen Aufgaben belastet seien: „Ich weiß von einem Nachbargeschwader [...], daß auf Grund der weitaus besseren Personallage bei den Amerikanern das Fliegen für die Mehrzahl der Flugzeugführer ein full-time-job sein kann. Ich möchte zu den Nebenbeschäftigungen, die vorhin angeführt wurden, sagen: Wenn sie so sporadisch auftreten – wie der OVG-Dienst einmal im Monat –, dann läßt sich das ertragen. Wenn aber ein Flugzeugführer eine Aufgabe hat, die einen Großteil seiner Zeit in Anspruch nimmt [...], dann sinkt seine eigene Sicherheit beim Fliegen in dem Maße, wie er sich mit anderen Dingen beschäftigt. Die Ansicht, daß ein Offizier auf Grund seiner Intel-

---

1411 BArch, BL 1/6781 Brief Leiter Flugmedizinisches Institut Lw. an Kdr. Waffenschule 10 Lw 6.2.1965, S. 1f.

1412 Bereits im Januar 1965 nahm das Personalamt der Bundeswehr Kontakt zur Lufthansa auf. Anlass war die vermehrte Aufnahme von in der Luftwaffe ausgebildeten Piloten bei der Fluggesellschaft. Die Lufthansa verzichtete auf die Aufnahme mehrerer F-104-Fluglehrer, um den zeitlichen Ablauf der Umrüstung nicht zu gefährden. Dafür setzte das Personalamt die Lufthansa frühzeitig über Luftwaffenpiloten in Kenntnis, die in nächster Zeit abgelöst werden sollten; vgl. BArch, BL1/14655, Tgb. InspLw Eintrag 19.1.1965 betr. Gespräch mit Vertretern Deutsche Lufthansa, S. 1ff.

1413 Vgl. dazu passim BArch, BL 1/6781 Hier sind zahlreiche Pressestimmen aus der damaligen Zeit gesammelt.

1414 BT-Archiv, VertAusschuss, Protokoll 5. WP 7. Sitzung 09.2.1966, S. 92.

1415 Ebd.

1416 Ebd., S. 96.

ligenz das Fliegen nebenher betreiben kann, kann tödlich sein[1417]." Die Frage nach der zu hohen Belastung durch Nebenaufgaben war bereits im früheren Verlauf dieser Sitzung von den Abgeordneten hinterfragt worden.[1418]

Interessanterweise zitierte Rudolf in seinen Ausführung auch die Aussagen von US-amerikanischen Jetpiloten, die angegeben haben sollen, dass sie lieber die F-104 als die F-105, die als neuer Jagdbomber bei der US-Luftwaffe eingesetzt wurde, fliegen würden. Er wies auch darauf hin, dass diese Piloten ihm gegenüber diese Äußerung nur im Vertrauen gemacht hätten, da sie diese Ansicht öffentlich nicht äußern dürften[1419].

Die Abgeordneten befragten die Piloten auch nach ihrer Meinung zu einer fiktiven Ausgangslage, in der ein gewisser Teil der Starfighter-Flotte auf Grund erfolgter Unfälle stillgelegt wurde[1420]. Dieses gestellte Szenario diente offensichtlich dazu, sich ein Meinungsbild der Piloten zur Sperraktion des Jahres 1965 zu verschaffen, die einen Großteil der Luftwaffengeschwader betroffen hatte. Oberleutnant Müller meinte dazu, dass eine generelle Stilllegung eines Flugzeugs immer eine der schlechtesten Möglichkeiten sei: „Die Luftwaffe rufe nach Flugstunden, um die Flugerfahrung der Piloten zu erhöhen. Wenn man die F 104 in die Ecke stelle, könne man keine Flugstunden, also keine Erfahrung sammeln[1421]." Hauptmann Rudolf wies darauf hin, dass eine generelle Sperrung der Luftfahrzeuge keinen großen Sachverstand bei den Verantwortlichen beweisen würde[1422]. Zum Abschluss der Sitzung äußerte auch Rudolf Kritik an der Organisation der technischen Wartung der Flugzeuge. Es sei in seinem Geschwader einige Male vorgekommen, dass ein Wart sein Flugzeug nicht richtig vorbereitet habe. Dies sei aber bei dem hohen Anteil von Wehrpflichtigen, die in der Wartung eingesetzt würden, nicht immer zu vermeiden[1423]. Indirekt forderte Rudolf damit, ebenso wie Oberst Rall in der vorangegangen Sitzung, den ausschließlichen Einsatz von Zeit- und Berufssoldaten in den Wartungseinheiten.

In der 9. Sitzung des Ausschusses am 16. Februar 1966 nahm Staatssekretär Gumbel vor Eintritt in die weitere Beratung über den Starfighter Stellung zu der im Ausschuss bereits angesprochenen Veröffentlichung eines Spiegel-Artikels, der teilweise sicherheitsempfindliche Informationen enthielt[1424]. Er führte dazu aus, dass im Vorfeld des Artikels zwar eine Durchsicht des Artikels durch Ministeriumsvertreter stattgefunden habe, aber die Zeit nicht ausreichte, um ein wirkliches Gutachten über

---

[1417] Ebd., S. 100.
[1418] Vgl. dazu Ebd., S. 35f.
[1419] Ebd., S. 117.
[1420] Ebd., S. 119.
[1421] Ebd.
[1422] Ebd., S. 120.
[1423] Ebd., S. 137.
[1424] Der Spiegel 6/1966 vom 31.1.1966: „Rote Buchstaben", S. 18ff.

den Grad von geheimhaltungsbedürftigem Material zu erstellen. Daher habe das Verteidigungsministerium sich in diesem Fall darauf beschränken müssen, dem Spiegel Empfehlungen auszusprechen, gewisse Passagen nicht zu veröffentlichen. Diesen Empfehlungen sei das Magazin aber weitgehend nicht gefolgt[1425].

Gumbel stellte den Abgeordneten im Folgenden den Maßnahmenkatalog des Verteidigungsministeriums vor, mit dem die Situation des Waffensystems Starfighter verbessert werden sollte. Und wenngleich es sich eindeutig um den Maßnahmenkatalog des im Januar 1966 eingesetzten Waffensystembeauftragten, Brigadegeneral Dietrich Hrabak handelte, dessen Einzelmaßnahmen immer noch von der Ministerialbürokratie diskutiert wurden, tat Gumbel so, als hätte „das Ministerium" sie so beschlossen.

Die Auflistung war in drei Abschnitte A bis C unterteilt. Im Teil A waren alle Maßnahmen aufgeführt, die bereits durchgeführt oder mindestens eingeleitet worden waren, die Teile B und C enthielten solche Maßnahmen, die sich erst im Stadium der Vorbereitung und Planung befanden[1426].

Teil A war wiederum in mehrere Unterkapitel gegliedert. Das erste betraf die Themen Organisation und Ausbildung. Hier zeigte Gumbel als erste Maßnahme auf, dass bereits im Jahr 1962 eine Reduzierung der aufzustellenden F-104-Geschwader erfolgte. Die Ausgangsplanung für die Aufstellung der fliegenden Verbände reiche sogar in das Jahr 1957 zurück und sei laufend angeglichen worden[1427]. Der Staatssekretär wies bei seinen Ausführungen auch besonders darauf hin, dass das Verteidigungsministerium zu jeder Zeit Herr der Lage gewesen sei: „Ich sage das auch aus dem Grunde, weil hier und da die Vermutung geäußert worden ist, das Ministerium habe sich mit der F 104 übernommen. Ich glaube, daß wir jeweils die Lage sorgfältig geprüft haben und kein höheres Engagement eingegangen sind, als wir zu verkraften uns in der Lage sahen[1428]." Gumbels Angaben wichen damit allerdings erheblich von der Meinung Steinhoffs ab, der schon 1960 die Ansicht äußerte, die Luftwaffe würde die Waffensysteme F-104G und G.91 unterschätzen. Dabei kann Steinhoff durchaus als Fachmann für diese Frage angesehen werden, da er als Abteilungsleiter im Führungsstab der Luftwaffe den gesamten Auswahlprozess verantwortlich koordiniert hatte[1429].

Die zweite vom Ministerium auf den Weg gebrachte Maßnahme betraf die Reduzierung der in den Alarmstaffeln bereitzuhaltenden Flugzeuge, die innerhalb von

<hr>

[1425] BT-Archiv, VertAusschuss, Protokoll 5. WP 9. Sitzung 16.2.1966, S. 2f.
[1426] Ebd., S. 5. Mit dem Bezug auf diese Jahreszahl kann Gumbel allerdings nur die rein formelle Planung eines Geschwaders meinen, die sich aber nicht auf das Waffensystems F-104G beziehen kann, da die Entscheidung dafür erst im Oktober 1958 getroffen wurde.
[1427] BT-Archiv, VertAusschuss, Protokoll 5. WP 9. Sitzung 16.2.1966, S. 5.
[1428] Ebd.
[1429] Vgl. dazu Nachlass Johannes Steinhoff, Schreiben Steinhoff an Verteidigungsminister 1.9.1966, S. 2.

sechs Stunden für den Verteidigungsfall zur Verfügung stehen mussten. Diese Reduzierung erfolgte nach Genehmigung durch die NATO. Gumbel wies darauf hin, dass natürlich die Einsatzbereitschaft der kurzfristig in diesem Status verfügbar zu haltenden Flugzeuge nicht betroffen sei.[1430]

Als dritte Maßnahme genehmigte die NATO ebenfalls die vorzeitige Auflösung von 2 F-84-Staffeln, die sich unter NATO-Oberbefehl befanden. Damit sollten die Schwierigkeiten, die Oberst Rall vor dem Ausschuss als Kommodore eines Geschwaders, das mit zwei Flugzeugtypen ausgerüstet war, geschildert hatte, behoben werden[1431].

Die Maßnahmen 4 und 5 umfassten eine Umorganisation der militärischen Flugsicherheit und die stärkere Beteiligung der Industrie an Flugunfalluntersuchungen, wie es Vertreter der Luftfahrtindustrie auch im Ausschuss gefordert hatten[1432].

Die nächste Maßnahme betraf die bereits in vorherigen Sitzungen des Ausschusses angesprochene Abgabe der Materialerhaltungsstufen III und IV an die Luftfahrtindustrie. Die Stufen III und IV wurden schon länger zu großen Teilen von der Industrie durchgeführt und nur in sehr geringem Umfang durch das Parkregiment 1 der Luftwaffe in Erding[1433]. Ein geringer Restposten technischer Aufgaben verblieb allerdings bei der Luftwaffe. Hierbei handelte es sich um Aufgaben, die für die Industrie nicht lukrativ genug waren oder bei denen NATO-Geheimhaltungsvorschriften berührt wurden[1434].

Das zweite Unterkapitel des Teils A betraf den Bereich des Personals. Hier berichtete Staatssekretär Gumbel von der Verbesserung der STAN, des Stärke- und Ausrüstungsnachweises, innerhalb eines F-104-Geschwaders. Dabei wurden zusätzliche höher dotierte Stellen geschaffen, so dass innerhalb eines Geschwaders mehr Möglichkeiten zur Beförderung gegeben waren[1435]. Diese Verbesserungen bezogen sich in seinen Ausführungen allerdings nur auf Piloten-Stellen. Auch im Bereich der Technischen Gruppe eines Geschwaders sollte die Stellendotierung überarbeitet werden, diese Überprüfung dauere laut Gumbel aber zurzeit noch an[1436]. Ebenso wurden die Stellen in der militärischen Flugsicherheit höher dotiert als vorher.

[1430] BT-Archiv, VertAusschuss, Protokoll 5. WP 9. Sitzung 16.2.1966, S. 6.

[1431] Ebd. In der Folge kam es nicht mehr zur Aufstellung sogenannter 3. Staffeln in den Verbänden, die von F-84 auf F-104 umgerüstet wurden, in denen die F-84 weiter Verwendung fand.

[1432] Ebd.

[1433] Ebd., S. 7. Das Verhältnis des Arbeitsumfangs betrug ca. 80 Prozent für die Industrie und 20 Prozent für die Luftwaffe.

[1434] Ebd.

[1435] Ebd., S. 8.

[1436] Ebd., S. 8.

Im Unterkapitel Material und Technik referierte der Inspekteur der Luftwaffe, Generalleutnant Panitzki, über die technischen Verbesserungen des Schleudersitzes vom Typ C-2, der im Starfighter eingesetzt wurde. Er machte dabei deutlich, welche Schwierigkeiten es bei der Einführung des Schleudersitzes gegeben habe und mit welchen Maßnahmen diese Probleme behoben wurden[1437]. Die technischen Schwächen des Schleudersitzes waren im Verlauf des Jahres 1965 häufiger in der Presse als Kritikpunkt an dem Waffensystem aufgetreten.

Gumbel führte weiterhin aus, dass die Seenotausrüstung der Piloten verbessert werde[1438]. Hintergrund dieser Veränderung war, dass sich die Luftwaffenführung entschlossen hatte, Übungsflüge immer mehr über der offenen See stattfinden zu lassen, um die Lärmbelästigung der Bevölkerung zu verringern[1439]. – Es stellte sich allerdings auch die Frage, ob eine Verlegung der Übungsflüge über das Meer nicht auch eine Reaktion auf die Absturzserie des Starfighters sein könnte, da bei einem eventuellen Absturz über dem Meer keine weiteren Personen außer dem Pilot zu Schaden kommen könnten. – Der Bericht über weitere bereits eingeleitete Verbesserungen endete mit einer detaillierten Beschreibung der Notfanganlagen auf Bundeswehrflugplätzen. Mit diesem System sollte bei einem eventuellen Startabbruch das Hinausschießen über das Ende der Landebahn verhindert werden, indem das Flugzeug durch einen Fangzaun aufgehalten wird[1440].

Der Staatssekretär erklärte den Abgeordneten darüber hinaus, dass die Maßnahmen in Teil B und C noch nicht umgesetzt würden, sich aber vornehmlich auf Verbesserungen bezüglich der dienstrechtlichen Voraussetzungen und der Fürsorgemaßnahmen für das Personal bezögen[1441]. Für diese Maßnahmen lägen aber bisher noch nicht in allen Punkten detaillierte Pläne vor. Unter anderem sei geplant, die Unterweisung der in den USA ausgebildeten Piloten auf die europäischen Wetterverhältnisse zu intensivieren, indem bei der Waffenschule 10, die diese Umschulung organisiere, die Flugstundenzahl erhöht werden solle[1442].

[1437] Ebd. S. 14ff. Der Typ C-2 Schleudersitz wurde zunächst technisch verbessert, im Jahr 1967 allerdings auf Druck des fliegenden Personals gegen den GQ7 vom Hersteller Martin Baker ausgetauscht; vgl. Reis, Krisenmanagement, S. 106.

[1438] Die Verbesserung der Seenotausrüstung war von Steinhoff bereits 1964 gefordert worden. Dieser war zum damaligen Zeitpunkt Kommandeur der 4. Luftwaffendivision in Aurich; vgl. dazu Spiegel 37/1966 vom 5.9.1966: „Bei uns ist alles in die Brüche gegangen. Spiegel-Gespräch mit Brigadegeneral Walter Krupinski", S. 24.

[1439] BT-Archiv, VertAusschuss, Protokoll 5. WP 9. Sitzung 16.2.1966, S. 31.

[1440] Ebd., S. 35ff.

[1441] Ebd., S. 43.

[1442] Ebd., S. 44. Tatsächlich erfolgte ab Oktober 1966 eine Erhöhung der Flugstundenzahl an der Waffenschule der Luftwaffe 10 in Jever, wo die sogenannte „Europäisierung" der Starfighter-Piloten stattfand.

Nachdem Gumbel im Teil A des Maßnahmenkataloges den Abgeordneten bereits die beinahe komplette Übernahme der Materialerhaltungsstufen III und IV durch die Industrie geschildert hatte, wies er als Maßnahme für die Zukunft auch darauf hin, dass eine Unterstützung der Technischen Gruppen der Luftwaffe bei den Stufen I und II durch Arbeitsgruppen aus der Industrie geplant sei[1443]. Er führte diese geplante Maßnahme auf den bereits angesprochenen und in kurzfristiger Zeitspanne auch nicht zu behebenden Mangel an Wartungspersonal bei der Luftwaffe zurück. Auch die Personallage bei der Industrie sei angespannt, aber nicht so sehr wie jene der Luftwaffe. Zum Abschluss seiner Ausführungen legte Gumbel den Ausschussmitgliedern dar, was für das Verteidigungsministerium bei der Behebung der Probleme oberste Priorität hatte: die Erhöhung des Flugstundenaufkommens[1444].

Die Aussagen des Staatssekretärs könnten so verstanden werden, dass allein die Vermehrung der Flugerfahrung alle Probleme lösen würde. Deswegen war die Aussage des Staatssekretärs interpretationsbedürftig. Wenn Gumbel davon sprach, dass die Piloten der Luftwaffe mehr Flugerfahrung bräuchten, ließ er natürlich offen, weshalb in den Verbänden nicht geflogen werden konnte. Auch die vorher von ihm angesprochene Verbesserung der technischen Betreuung ließ einen nicht unbedeutenden Teil der Problematik unberührt. Denn dabei entstand der Eindruck, dass die Qualität und Quantität der Wartung in der Luftwaffe noch verbesserungswürdig war und daher auch die jetzt wesentlich stärkere Beteiligung der Luftfahrtindustrie an den Instandsetzungstätigkeiten angedacht würde.

Letztlich hat Gumbel die Äußerungen von Oberst Rall vor dem Ausschuss in keiner Weise gewürdigt. Rall hatte neben Schwierigkeiten in der Wartung, z.B. durch zu wenig Personal, auch technische Mängel sowohl im konstruktiven Bereich als auch bei der Fertigung durch die Luftfahrtindustrie angeführt. Diese Vorwürfe, die wesentlich schwerwiegender waren als die Frage, ob in der Wartungsstaffel eines Geschwaders nur Zeitsoldaten oder auch Wehrpflichtige eingesetzt werden sollen, fanden sich in den Ausführungen von Staatssekretär Gumbel allerdings überhaupt nicht wieder.

Zum Abschluss führte Gumbel eine Bemerkung aus, die ohne Weiteres als Forderung nach einem Schlussstrich gewertet werden kann: „Abschließend wiederholt der Staatssekretär die bereits in dem Exposé des Generalleutnants Panitzki getroffene Feststellung, daß, so bedauerlich die Abstürze der F 104 auch seien, die Unfallrate doch noch nicht als völlig ungewöhnlich bezeichnet werden könne, sondern daß es sich hier um eine Erscheinung handle, die beim Betrieb eines derart komplizierten Waffensystems einkalkuliert werden müsse[1445]."

[1443] Ebd., S. 47.
[1444] Ebd.
[1445] Ebd.

Insgesamt wurde spätestens jetzt offensichtlich, dass Panitzki im Verteidigungsministerium offenkundig wenig Rückhalt besaß, um die für einen angemessenen Flugbetrieb mit der F- 104G unumgängliche organisatorische und technische Änderungen einzuleiten, umzusetzen und durchzusetzen. Selbst der der Luftwaffenführung zugestandene Sonderbeauftragte erhielt, obwohl Panitzki dieses anstrebte, keine angemessene Aufgabe inklusive der notwendigen Befugnisse, als Steuerungsinstanz tätig werden und Entscheidungen treffen zu können. Auch damit hat die Leitung des Verteidigungsministeriums den Inspekteur der Luftwaffe desavouiert. Bei genauer Betrachtung steht Staatssekretär Gumbel, auch als Vertreter des Verteidigungsministers Kai-Uwe von Hassel, damit symbolisch für die in diesem Falle inkompetente zivile Kontrolle über das Militär.

Zum Abschluss der Sitzung erfolgte die Anhörung von Oberst Erich Hohagen, dem Kommandeur der Waffenschule 10 der Luftwaffe[1446]. Hohagen berichtete den Abgeordneten von den Problemen der Personallage seiner Schule, die zur Folge gehabt hätten, dass im Jahr 1965 statt der geplanten 8000 Flugstunden nur 5800 Stunden geflogen werden konnten[1447]. Die Problematik sei dabei, dass die Waffenschule 10 insbesondere in der Technischen Gruppe zu viele Wehrpflichtige im Personalbestand habe: „Nach einer Aufstellung über den Idealstand, die er [Hohagen] habe anfertigen lassen, könne die Waffenschule einen Anteil von 21,5 Prozent Wehrpflichtigen verkraften. Der tatsächliche Anteil der Wehrpflichtigen zuzüglich der Z-2-Soldaten betrage aber rund 45%[1448].“ Dieser Umstand wurde teilweise noch schwieriger, weil es nicht gelang, qualifizierte Wehrpflichtige länger zu verpflichten. Dazu berichtete der Kommandeur, dass er selbst eine Werbeaktion durchgeführt habe, die auch recht erfolgreich gewesen sei[1449].

Auch wenn Hohhagen die Problematik, die er in der Verwendung von Wehrpflichtigen sah, nicht konkretisierte, kann davon ausgegangen werden, dass die bereits erwähnte Bindung von Fachpersonal für die Ausbildung von technisch nicht oder nur unzureichend geschultem Personal gemeint war. Zur Illustration der Lage seiner Institution bemühte der Kommandeur einen recht blumigen Vergleich: „Die Lage der Waffenschule könne verglichen werden mit der Situation einer jungen Frau, die ein schönes Abendkleid (= F 104) trage, dessen Wirkung aber versage, weil die Acces-

---

[1446] Die Waffenschule 10 war für die Umschulung der in den USA ausgebildeten Piloten auf europäische Wetterverhältnisse verantwortlich. Da vorher im Bericht von Staatssekretär Gumbel auch als eine Maßnahme zur Verbesserung der Situation beim Starfighter die Erhöhung der Flugstundenzahl bei der Waffenschule 10 genannt worden war, kommt der Anhörung ihres Kommandeurs im Ausschuss eine herauszuhebende Bedeutung zu.
[1447] BT-Archiv, VertAusschuss, Protokoll 5. WP 9. Sitzung 16.2.1966, S. 57.
[1448] Ebd., S. 58.
[1449] Ebd.

soires (= Personalausstattung) unmodern seien[1450]." Wichtig bei dieser sehr bildhaften Umschreibung ist aber auf jeden Fall, dass Hohagen, anders als Rall, offenbar wie das Verteidigungsministerium die Problematik um den Starfighter größtenteils auf die Qualität und Quantität der Wartung zurückführte, aber keine generellen Zweifel an der technischen Qualität des Waffensystems hatte, oder zumindest öffentlich äußerte.

Auf Nachfragen einiger Abgeordneter legte Hohagen dar, dass der allergrößte Teil der Flugzeuge der Waffenschule [wie bei den meisten Starfighter-Verbänden zu dieser Zeit durchaus üblich] nachts im Freien stehe und nicht in einer Halle untergebracht werden könne. Dies habe natürlich auch aus witterungstechnischen Gründen Einfluss auf den Klarstand der Maschinen[1451]. Zum Abschluss seiner Ausführungen wurde der Kommandeur gefragt, welche Maßnahmen er ergriffen habe, um die von ihm geschilderten Missstände im Bereich Personal und Flugzeugunterstellung zu beheben. Hohagen antwortete darauf sehr diplomatisch, „er sei seit vier Jahren in der Waffenschule und habe versucht, im eigenen Bereich das zu tun, was er für notwendig erachtet habe[1452]." Diese Aussage führte zu der mehr vorwurfsvollen als feststellenden Aussage, dass er also gegenüber dem Verteidigungsministerium hierzu nichts unternommen habe. Hohagen antwortete darauf, er habe keine Möglichkeit gesehen, beim Ministerium eine Verbesserung seiner Situation zu erreichen[1453]!

Auf Nachfrage, ob der Kommandeur zu der beabsichtigten Erhöhung der Ausbildungsflugstunden bei der Waffenschule 10 im Ministerium angehört worden sei, führte Hohagen aus, dass ihm vom Inspekteur der Luftwaffe die beabsichtigte Erhöhung in einem Gespräch eröffnet worden sei[1454]. Hohagen erläuterte den Abgeordneten dann, dass die geplante Steigerung der Flugstunden eine Mehrbelastung von 10.000 Stunden im Jahr bedeuten würde. Diese Aufgabe könne er aber nur erfüllen, wenn der Waffenschule ein zweiter Flugplatz zur Verfügung gestellt würde. Wann er diesen zweiten Platz erhalte, sei ihm allerdings noch nicht mitgeteilt worden[1455]. Hohagens Anhörung gab den Mitgliedern des Ausschusses einen tiefen Einblick in die Problemlage der Luftwaffe. Der Kommandeur berichtete von einer Reihe von Schwierigkeiten, die er in Eigenverantwortung zu lösen versucht hatte. Dieses Handeln wurde vor allem dadurch notwendig, dass Hohagen in den beschriebenen Fällen

---

[1450] Ebd.

[1451] BT-Archiv, VertAusschuss, Protokoll 5. WP 9. Sitzung 16.2.1966, S. 60f. Bereits in vorherigen Sitzungen war das Problem des Abstellens im Freien und der sich daraus ergebenden technischen Probleme angesprochen worden, vgl. dazu BT-Archiv, VertAusschuss, Protokoll 5. WP 8. Sitzung, S. 56.

[1452] BT-Archiv, VertAusschuss, Protokoll 5. WP 9. Sitzung 16.2.1966, S. 75.

[1453] Ebd.

[1454] Ebd., S. 76.

[1455] Ebd. Hohagen hatte bereits früher in der Sitzung auch auf die Problematik hingewiesen, dass der Flugbetrieb der Waffenschule 10 auf Grund des Lärmschutzes für die Anwohner erheblich eingeschränkt werden müsse; vgl. ebd., S. 56.

offenbar auch keine Hilfe von Seiten des Ministeriums erwartete. – Ganz offensichtlich fanden die Kommodores der Starfighter-Geschwader und der Kommandeur der
Waffenschule nicht ausreichend Gehör im Führungsstab der Luftwaffe.

In der folgenden Sitzung des Ausschusses erfolgte mit der Anhörung von
Oberstleutnant Gerhard Mertin die Befragung des Kommandeurs der Technischen
Gruppe eines Starfighter-Verbandes, in diesem Fall des Jagdbombergeschwaders 31
aus Nörvenich[1456]. Er erläuterte, dass in diesem Geschwader nicht ganz so viele Flugstunden erbracht würden wie in anderen Verbänden. Der Grund dafür liege darin,
dass das Geschwader das erste gewesen sei, das auf den Flugzeugtyp F-104G umgerüstet worden sei. Daher müssten an den zuerst ausgelieferten Maschinen in Nörvenich relativ viele technische Nachbesserungen vorgenommen werden, die sich erst im
Laufe der Zeit ergäben hätten. Geschwader, die ihre Flugzeuge erst später erhalten
hätten, müssten sich mit diesem Problem nicht beschäftigen[1457].

Auf Nachfrage ging der Kommandeur auch auf die Ersatzteillage des Geschwaders ein. Das Geschwader habe eine gewisse Grundausstattung an Ersatzteilen,
die mit dem Flugzeug geliefert würden. Andere Teile müssten bei der Industrie oder in
extremen Fällen sogar bei Lockheed bestellt werden. Bei diesen Teilen komme es
teilweise zu längeren Lieferzeiten. Die Geschwader versuchten diese Zeiten zu umgehen, indem die benötigten Teile im Rahmen der so genannten „Cannibalisation[1458]"
aus anderen Flugzeugen, die momentan ohnehin nicht fliegen könnten, ausgebaut
würden. Diese „Cannibalisation" wurde bereits von den Ingenieuren des TB104 als
großes Problem angesehen. Durch das Ausschlachten im Moment nicht flugklarer
Maschinen sei es möglich, die Standdauer anderer, aus Ersatzteilmangel ausgefallener
Flugzeuge, drastisch zu verkürzen. Dabei werde aber streng darauf geachtet, dass immer nur ein Flugzeug als Ersatzteillager für ein weiteres dienen dürfe[1459]. Dies bedeutete natürlich im Umkehrschluss, dass eventuell nur die Hälfte der Maschinen eines
Geschwaders flugklar war. Von einer echten Einsatzbereitschaft konnte also hier nicht
mehr gesprochen werden.

[1456] BT-Archiv, VertAusschuss, Protokoll 5. WP 10. Sitzung 09.3.1966, S. 2ff. Dem Kommandeur Technische Gruppe eines fliegenden Geschwaders unterstanden die Wartungsstaffel, die Instandsetzungsstaf-
fel sowie die Staffel für Elektronik und Waffen. Er ist somit Ansprechpartner für alle technischen Details;
vgl. dazu ebd., S. 37. Zur Struktur innerhalb eines Geschwaders bei der Bundesluftwaffe vgl. auch Müller,
Luftverteidigung, S. 112 sowie BArch, BW1/373859 zum Organigramm eines Jagdbombergeschwaders.
[1457] Ebd., S. 3.
[1458] Ebd., S. 7. Die „Kannibalisierung" hat in der Deutschen Luftwaffe leider bis heute eine nicht enden
wollende Geschichte. Sie tritt vor allem dann auf, wenn Waffensysteme ausgegliedert werden und für die
übrigen gleichen Typen keine Ersatzteile mehr beschafft werden können und stattdessen aus anderen
Flugzeugen diese Teile ausgebaut werden. Traurigen Ruhm erfuhr dieses Verfahren 2014/15 durch die
Umbenennung zum „dynamischen Verfügbarkeitsmanagement" der Bundeswehr.
[1459] Ebd., S. 20.

Der Kommandeur erläuterte den Mitgliedern des Ausschusses auf die Frage eines Abgeordneten, dass das Personal seiner Technische Gruppe im Geschwader nicht voraussagen könne, welches Ersatzteil besonders häufig gebraucht werde und welches seltener. Dieser Umstand konnte sich nur aus der Erfahrung im normalen Dienstbetrieb ergeben[1460]. Vor allem wies Mertin die Abgeordneten darauf hin, dass weder die Luftwaffe noch die Luftfahrtindustrie allein die Versorgung der Verbände mit Ersatzteilen organisieren sollten: „Die vom Ministerium angestrebte Synthese der Versorgung durch Truppe und Industrie erscheine ihm für die Zukunft als die beste Lösung[1461]."

Wie bereits die Geschwaderkommoderes Rall und Wroblewski und der Kommandeur der Waffenschule 10 Oberst Hohagen äußerte sich auch Oberstleutnant Mertin zum Personalstand der ihm unterstellten Einheiten. Die Abgeordneten interessierten sich hier vor allem für das Verhältnis von Wehrdienstleistenden zu Zeit- bzw. Berufssoldaten. Mertin erläuterte den Abgeordneten, dass der Prozentsatz der Wehrdienstleistenden in seiner Gruppe bei 22 Prozent liege. Die Problematik der Bindung erfahrener Zeitsoldaten zur Ausbildung werde vor allem durch die verstärkte Einberufung von Wehrdienstleistenden mit technischer Vorbildung vermieden[1462]. Mertin bezeichnete die Personallage des Geschwaders als verhältnismäßig gut[1463].

Ebenso wie für die Personallage interessierten sich die Ausschussmitglieder auch für die Möglichkeit, Flugzeuge des Geschwaders in Hallen für die Nacht unterzustellen. Dazu führte der Kommandeur aus, dass das Geschwader über drei Hallen verfüge. Bei diesen Hallen handle es sich eigentlich um Arbeitsplätze für Wartungstätigkeiten. Im Winter könnten in diesen Liegenschaften aber auch Flugzeuge untergestellt werden. Dabei reiche der Platz für 22 der 42 Flugzeuge aus[1464]. Der Bau weiterer Unterstellmöglichkeiten sei geplant[1465].

Auf die Nachfrage eines Abgeordneten, ob er sich an seine vorgesetzte Dienststelle gewendet habe, um auf die Dringlichkeit der benötigten Unterstellplätze für alle Flugzeuge hinzuweisen, antwortete Mertin: „Diese Frage ist allen Führungsstellen seit langem bekannt. Darüber ist auch längst mit der NATO verhandelt worden. Seitens des Verbandes bestand deshalb gar nicht die Veranlassung, nun von sich aus noch einmal zusätzlich diese Forderung zu stellen. [Abg.] Kaffka (SPD): Seit wann? OTL Mertin (BMVtg): Mir ist diese Frage bekannt, solange ich mit der F-104 zu tun habe,

---

[1460] Ebd., S. 17.
[1461] Ebd., S. 18.
[1462] Ebd., S. 37f.
[1463] Ebd., S. 40.
[1464] Ebd.
[1465] Ebd.

also mindestens seit 1962[1466].“ Diese Antwort verdeutlicht wieder einmal, wie sehr die Luftwaffenführung offensichtlich mit dem Management des Waffensystems Starfighter überfordert war – nicht einmal die Meldewege schienen zu funktionieren oder aber die Meldungen lösten keine Handlungen aus. Zuerst wurde den Abgeordneten im Verteidigungsausschuss das Bild vermittelt, der Starfighter könnte auf den Flugplätzen ohne Probleme im Freien abgestellt werden, ohne dass die Einsatzfähigkeit darunter leide. Mertin äußerte jetzt, dass er mindestens seit 1962 (!) wusste, dass die Flugzeuge darunter litten, wenn sie draußen abgestellt wurden. Für sein Geschwader bedeutete dieses, dass die Luftwaffenführung in einem Zeitraum von vier Jahren nicht in der Lage war, durch den Bau von ausreichenden Hallenkapazitäten diesem Problem vorzubeugen.

Im weiteren Verlauf der Sitzung nahmen die Abgeordneten auf die von Oberst Rall in einer der vorherigen Anhörungen geäußerten Kritikpunkte an der Konstruktion und Verarbeitung des Starfighters Bezug[1467]. Auf die Frage des Abgeordneten Kaffka, ob Mertin bestimmte Verarbeitungsfehler des Flugzeuges nennen könne, die sich häufiger ereigneten als andere, antwortete der Offizier: „Das kann man nicht sagen. Es gibt keine typischen Fehler. [...] Man kann nicht sagen, daß dieses oder jenes System besonders störanfällig sei[1468].“ Damit vertrat Mertin eine wesentlich andere Meinung als Rall, der neben der fehlenden Flugerfahrung der Piloten und den personellen Problemen im Wartungsbereich auch Vorwürfe gegen die deutsche Luftfahrtindustrie wegen Fertigungsfehlern erhob.

Zum Ende von Mertins Aussage vor dem Ausschuss entwickelte sich eine interessante Diskussion. Der SPD-Abgeordnete Hans Iven, dessen Wahlkreis in der unmittelbaren Nähe des Stationierungsortes des Jagdbombergeschwaders 31[1469] lag, warf Mertin vor, die Situation des Geschwaders wesentlich positiver dazustellen, als sie in Wirklichkeit sei[1470]. Dabei hielt Iven dem Offizier vor, dass vor allem die Zeit vom 1. Januar 1966 bis zum Zeitpunkt der Ausschusssitzung anders als in seiner Darstellung sehr unfallintensiv gewesen sei: „Die Vorgänge, die sich allein seit dem 1. Januar dieses Jahres bis heute in Ihrem Geschwader ereignet haben, lassen mich zu dem Schluß kommen, daß es nicht so ist, wie Sie es darstellen[1471].“ – Die von Iven erwähnten Vorgänge müssen sich allerdings auf eher leichtere Sachverhalte beziehen. In den veröf-

---

[1466] Ebd., S. 40f.

[1467] Rall hatte beim Starfighter im Ausschuss sowohl Fertigungsfehler durch die Industrie als auch Schwächen in der Konstruktionsarbeit kritisiert; vgl. dazu BT-Archiv, VertAusschuss, Protokoll 5. WP 6. Sitzung 27.1.1966, S. 64ff.

[1468] BT-Archiv, VertAusschuss, Protokoll 5. WP 10. Sitzung 09.3.1966, S. 53.

[1469] Das Jagdbombergeschwader 31 war in Nörvenich stationiert; vgl. Kropf, Deutsche Starfighter, S. 128.

[1470] BT-Archiv, VertAusschuss, Protokoll 5. WP 10. Sitzung 09.3.1966, S. 63.

[1471] Ebd.

fentlichten Listen der tödlichen Unfälle und der Unfälle, bei denen eine F-104G komplett zerstört wurde, wird das Jagdbombergeschwader 31 in dieser Zeit nur einmal genannt[1472]. Der Sachverhalt, auf den Iven sich bei seiner Bemerkung besonders bezog, betraf den Vorfall, bei dem eine F-104G flugklar gemeldet wurde, obwohl eine der Hydraulikleitungen nicht richtig angeschlossen war. Daraufhin ereignete sich beim Start des Flugzeugs ein Unfall[1473]. – Aus diesem nachrangigen Sachverhalt entwickelte sich eine teilweise kontrovers geführte Diskussion zwischen den Abgeordneten und Oberstleutnant Mertin. Dieser wies darauf hin, dass vor allem der von Iven erwähnte Vorfall auf menschliches Versagen zurückzuführen sei, während der Nachtschicht hätten sich eine Reihe von Vorkommnissen ereignet, die zu diesem technischen Fehler geführt hätten[1474].

Im Laufe der Diskussion entzündete sich der Unmut mehrerer Abgeordneter vor allem daran, dass Mertin für sein Geschwader von einem günstigen Klarstand der Flugzeuge gesprochen habe. Offensichtlich solle das vorhandene Personal die technischen Aufgaben, die sich aus dem Flugbetrieb ergaben, gut gelöst haben[1475]. Da der erwähnte Vorfall sich während einer Nachtschicht ereignete, in der auch noch Überstunden gemacht werden mussten, warfen die Abgeordneten Mertin teilweise vor, dass in einem personell gut gestellten Luftwaffenverband doch keine Überstunden gemacht werden könnten[1476]. Im Gegenzug wies Mertin natürlich richtigerweise darauf hin, dass eine Technische Gruppe der Luftwaffe kein Fabrik-, sondern ein Instandsetzungsbetrieb sei. Es könne in der Wartung immer vorkommen, dass auf Grund der Ereignisse im normalen Flugbetrieb Überstunden geleistet werden müssten[1477].

Die Diskussion führte auch zu skurrilen Streitereien unter den Abgeordneten darüber, wie bestimmte Aussagen Mertins zu deuten wären. Besonders merkwürdig schien die Frage des Abgeordneten Wienand, warum in anderen Geschwadern, die im Personalbereich eventuell sogar schlechter aufgestellt seien als das Jagdbombergeschwader 31, die Unfallrate niedriger sei als in Nörvenich[1478]. Dieses nahmen Abgeordnete von CDU/CSU zum Anlass ihre SPD-Kollegen anzugreifen[1479]. Die Ausschussmitglieder warfen sich gegenseitig unparlamentarisches Verhalten vor und kriti-

---

[1472] Kropf, Deutsche Starfighter, S. 138f.

[1473] BT-Archiv, VertAusschuss, Protokoll 5. WP 10. Sitzung 09.3.1966, S. 63f.

[1474] Ebd., S. 65ff.

[1475] Ebd., S. 38.

[1476] Ebd., S 67f. So äußerte der Abgeordnete Ollesch die Ansicht: „Wo Überstunden gemacht werden müssen, ist die Personallage nicht zufriedenstellend, dort fehlt Personal." Vgl. ebd. Diese Ansicht kann man natürlich vertreten, allerdings könnte diese Sachlage auch ein Hinweis darauf sein, dass die zu betreuende Technik unter schwerwiegenden Mängeln leidet.

[1477] Ebd., S. 67.

[1478] Ebd., S. 68.

[1479] Ebd.

sierten die generelle Arbeitsweise der jeweiligen Gegenseite[1480]. Interessanterweise kritisierte die SPD die Regierung wegen ihrer Arbeitsweise und Informationspolitik; die Erwiderung erfolgte aber nicht nur von anwesenden Regierungsvertretern, sondern größtenteils von Abgeordneten der CDU/CSU. Den polemischen Höhepunkt erreichte die Diskussion zum Schluss der Debatte, als sich die Abgeordneten gegenseitig mit der Einrichtung von Untersuchungsausschüssen drohten: „Abg. Rommerskirchen (CDU/CSU) [...] Im Übrigen habe die Befragung des Oberstleutnant Mertin durch die Abgeordneten der SPD teilweise den Eindruck erwecken können als befinde man sich in einem Untersuchungsausschuss-Verfahren. Abg. Wienand (SPD) wirft ein, wenn man in der bisherigen Weise weitermache, dann werde man tatsächlich zu einem Untersuchungsausschuss-Verfahren kommen. Abg. Rommerskirchen (CDU/CSU) erwidert, ein solches Verfahren werde von seiner Seite nicht befürchtet[1481]." – Der letzte Satz gibt einen Einblick, wie angespannt die Situation im Verteidigungsausschuss zur damaligen Zeit gewesen sein muss. Die vorher beschriebene verbale Entladung zwischen den Abgeordneten war auch nicht die erste dieser Art. Da die Starfighter-Thematik darüber hinaus durch umfangreiche Berichterstattung vor allem in den Printmedien zum damaligen Zeitpunkt weite Teile der Bevölkerung erreicht hatte, erhöhte dieses offensichtlich den Druck auf die Abgeordneten.

Zum Abschluss der Sitzung stellten sowohl Abgeordnete von der CDU als auch von der SPD Anträge, die an das Plenum des Bundestages weitergeleitet werden sollten und bestimmte Forderungen an die Bundesregierung zum weiteren Vorgehen bei der Starfighter-Thematik stellten[1482]. Seitens der SPD ging es um eine detaillierte Aufstellung der Starfighter-Abstürze im In- und Ausland sowie eine Auflistung der Starfighter-Unfälle inklusive sämtlicher Unfalldetails wie Art der Beschädigung, Kosten des Unfalls und Dauer der Instandsetzung[1483]. Die Anträge der CDU befassten sich eher mit Verbesserungsvorschlägen für Infrastruktur und Personallage der fliegenden Verbände[1484].

Die Fortsetzung der Starfighter-Beratung schloss sich in der nächsten Sitzung des Verteidigungsausschusses an[1485]. Zu Beginn nahm Verteidigungsminister von Hassel zu den Anträgen des Abgeordneten Wienand Stellung. Er machte deutlich, dass seiner Ansicht nach der Ausschuss in der Vergangenheit immer die nötigen Informationen vom Ministerium erhalten habe und dass dies in Zukunft auch immer so sein werde[1486]. Er reagierte damit nur oberflächlich auf die gegen das Verteidigungs-

---

[1480] Ebd., S. 73ff.
[1481] Ebd., S. 78.
[1482] Ebd., S. 81ff.
[1483] Ebd., S. 81.
[1484] Ebd., S. 82.
[1485] Die Sitzungen fanden am 9. und 10.3.1966 statt.
[1486] BT-Archiv, VertAusschuss, Protokoll 5. WP 11. Sitzung 10.3.1966, S. A 5.

ministerium vorgebrachten Vorwürfe während der hitzigen Diskussion zum Ende der vorherigen Sitzung. Danach ging er auf die von der SPD gestellten Anträge ein. Dazu führte er aus, dass eine wie von der SPD gewünschte Aufstellung von Unfalldetails nicht in kurzer Zeit zu realisieren sein – er spielte auf Zeit: „Ich muß aber darauf aufmerksam machen, daß die Arbeit des Verteidigungsausschusses mit alldem, was sie an Vorbereitungen und dafür notwendiger Arbeitszeit impliziert, so umfangreich sind, daß ich im Interesse aller Beteiligten – zum mindesten aller Beteiligten in der Bundeswehr – darum bitten muß, auch hier im Ausschuß die Zeit möglichst zu ökonomisieren. [...] Sie können alles bekommen; ich bitte sie aber zu berücksichtigen, daß alle, die an der Bearbeitung dieses Komplexes beteiligt sind, durch eine solche Fragestellung in einem Maße eingespannt werden, daß ich die Antragsteller bitten möchte, darauf Rücksicht zu nehmen[1487]." Das Ministerium könne auch keine Aufstellung aller in- und ausländischen Starfighter-Unfälle leisten, denn nicht alle Staaten würden ihre Flugunfallziffern veröffentlichen und kein Staat könne dazu gezwungen werden[1488].

Im weiteren Verlauf der Sitzung erfolgte die Behandlung der vom Abgeordneten Wienand gestellten Anträge. Hierbei wurde deutlich, dass CDU und FDP durchaus gewillt waren, einen großen Teil der Vorschläge zu unterstützen. Zum Teil wurde dazu der Wortlaut der Anträge noch abgeändert.

Die Anträge, bei denen sich CDU und SPD im Ausschuss einig waren, konnten ohne Schwierigkeiten genehmigt werden. Die Unterpunkte, bei denen die beiden großen Parteien keine Einigung erzielen konnten, wurden aber von der Mehrheit des Ausschusses abgelehnt.[1489]

2.   Die Starfighter-Debatte des Deutschen Bundestages am 24. März 1966

Das Ergebnis der fast drei Monate dauernden Beratungen des Verteidigungsausschusses zur Gesamtsituation des Waffensystems F-104G war ein umfangreicher Bericht[1490], der zur Beratung an das Plenum des Bundestags weiter geleitet wurde. Neben dem Bericht des Ausschusses gingen dem Präsidium des Bundestages ebenfalls noch zwei große Anfragen zur Sicherheitslage des Waffensystems F-104G zu, eine von den Fraktionen der CDU/CSU und FDP[1491], die andere von der Fraktion der SPD[1492].

[1487] Ebd., S. A 6.
[1488] Ebd.
[1489] Ebd., S. A 10ff.
[1490] Bundestagsdrucksachen 5. WP Bericht des Verteidigungsausschusses (5. Ausschuss) über die Beratungen zum Waffensystem „Starfighter" Drucksache V/450.
[1491] Bundestagsdrucksachen 5. WP Drucksache V/360.
[1492] Bundestagsdrucksachen 5. WP Drucksache V/351.

Die damit erste große Starfighter-Debatte im Bundestag fand am 24. März 1966 statt. Der Abgeordnete Rommerskirchen eröffnete sie und wies darauf hin, dass der Sachverhalt der Starfighter-Thematik durch die entstandene öffentliche Diskussion ohne Zweifel stark verzerrt worden sei[1493]. Er plädierte auch dafür, dass durch die heute erfolgende Stellungnahme der Regierung und der Opposition die „leidige Debatte[1494]" endlich beendet werden sollte. Den Mitgliedern der SPD-Fraktion warf er vor, in der Öffentlichkeit ein falsches Bild von den Absichten der CDU/CSU-Fraktion bei der hier diskutierten Thematik gezeichnet zu haben[1495]. Die gemeinsame Anfrage der beiden Fraktionen enthielt Nachfragen zu mehreren Komplexen des Waffensystems F-104G. Rommerskirchen führte umfassend aus, ob die Umrüstung der Luftwaffe auf dieses Mehrzweckwaffensystem erforderlich, sinnvoll und für die Sicherheit der Bundesrepublik im Rahmen der Gesamtverteidigung bedeutsam war[1496]. Zur Häufung schwerer Unfälle im letzten Jahr stellte die Anfrage der SPD-Fraktion die Forderung an den Verteidigungsminister, eine Übersicht über Vorkehrungen und Maßnahmen zu erläutern, die eine höchstmögliche Flugsicherheit des Waffensystems gewährleisten würden und nachzuweisen, dass die politische und militärische Führung alle möglichen Anstrengungen unternommen hat, um die Unfälle auf ein Mindestmaß zu reduzieren[1497]. Weitere Diskussionspunkte der Anfrage waren die Möglichkeit einer Verstärkung der Zusammenarbeit zwischen Luftfahrtindustrie und Luftwaffe sowie die Frage, ob die Hauptschwierigkeit beim Waffensystem F-104G in einem umfassenden Personalmangel bei der Luftwaffe zu sehen sei[1498].

Der SPD-Abgeordnete Wienand begründete vor den Mitgliedern des Bundestages die große Anfrage seiner Fraktion. Im Gegensatz zu Rommerskirchen griff er allerdings die Bundesregierung sowie die CDU/CSU-Fraktion scharf an. Einer der zentralen Punkte der Anfrage war dabei, ob die Bundesregierung die Anzahl der Starfighter-Unfälle als im Rahmen des normalen militärischen Flugbetriebs erträglich bezeichnen würde[1499]. Wienand wies darauf hin, dass die Mehrheit des Verteidigungsausschusses den Wunsch der SPD-Fraktion nach einer genauen Aufstellung aller Luftwaffenunfälle, aufgegliedert nach Flugzeugtypen, Zeitaufwand und Kosten der Instandsetzung sowie den Folgekosten der Unfälle abgelehnt hatte[1500]. Diese Ablehnung

---

[1493] Protokoll Bundestagssitzung 5. WP 33. Sitzung 24.3.1966, S. 1514 D.

[1494] Ebd.

[1495] Ebd., S. 1515 B. Im Februar hatte der parlamentarische Geschäftsführer der SPD-Fraktion, Dr. Karl Mommer, gegenüber von Pressevertretern die Meinung geäußert, dass die SPD eine Behandlung des Themas F-104G im Bundestag notfalls auch gegen den Willen der CDU/CSU erzwingen werde.

[1496] Ebd., S. 1516 A.

[1497] Ebd., S. 1517 B.

[1498] Ebd., S. 1517 Dff.

[1499] Ebd., S. 1529 D.

[1500] Ebd., S. 1521 A.

kritisierte er, weil sie von großem öffentlichen Interesse sei: „Man will das nicht wissen oder nicht sagen; aber danach fragt die öffentliche Meinung, und sie fragt mit vollem Recht danach[1501]." Schon zuvor, Ende 1964, hatte die SPD-Fraktion eine kleine Anfrage mit ähnlichem Inhalt in den Bundestag eingebracht. Die Fragen waren zuvor bereits in geheimer Sitzung im Verteidigungsausschuss beantwortet worden. Deswegen war der Verlauf der Sitzung nicht protokolliert[1502]! Da sich die Flugsicherheitslage nach Dezember 1964 aber deutlich verschlechtert hatte, legte Wienand dem Plenum des Bundestags dar, dass eine Bezugnahme auf die damals vorgetragenen Informationen wegen der Geheimsitzung heute nicht zulässig sei.

Wienand warf dem Bundesverteidigungsminister vor, trotz Kenntnis der verheerenden Sicherheitslage bei der F-104G erforderliche Einzelmaßnahmen erst unter dem Druck der Ergebnisse aus dem Verteidigungsausschuss in Kraft gesetzt zu haben und zu lange untätig gewesen zu sein: „Sie haben es versäumt. Sie, Herr Minister von Hassel, haben es nicht getan. Hier liegt ihre Schuld, die Schuld des politisch verantwortlichen Ministers, [...], nicht die Schuld des Soldaten[1503]." In seinen Ausführungen bezog sich Wienand auch direkt auf die im Verteidigungsausschuss in den letzten Monaten erarbeiteten Ergebnisse. So fragte er Minister von Hassel, ob das Verteidigungsministerium in der Lage sein würde, allen Starfighter-Geschwadern die dringend benötigten Hallenkapazitäten zu errichten, um die sich im Winter häufenden technischen Mängel, die das Abstellen der Maschinen im Freien verursachte, zu verhindern[1504]. Wienand forderte den Minister ebenfalls auf, verbindlich zu erklären, dass das Ministerium dafür Sorge tragen würde, dass im weiteren Verlauf des Jahres die Wartung und Instandsetzung soweit verbessert werden könnten, dass eine erhebliche Verbesserung beim technischen Klarstand der Maschinen und damit ein wesentlich höheres Flugstundenaufkommen zum Training der Piloten erreicht werden könne[1505].

Die beiden Anfragen verdeutlichten, was die jeweiligen Fraktionen mit der Verhandlung im Bundestag bezweckten. Die Anfrage der Koalitionsparteien war milde gehalten. Sie lieferte dem Verteidigungsministerium Vorlagen, um zu betonen, dass es bereits wichtige Schritte zur Bewältigung der Krise unternommen hatte oder schob Informationen ein, die deutlich machen sollten, dass die von der SPD vorgeschlagenen Maßnahmen völlig am Ziel vorbei laufen würden. Im Gegensatz dazu griff der Abgeordnete Wienand das Verteidigungsressort bei der Begründung der Anfrage seiner Fraktion scharf an. Er warf dem Verteidigungsminister verantwortungslose Untä-

---

[1501] Ebd.

[1502] Ebd., S. 1521 C.

[1503] Ebd., S. 1522 C. Dieses Versagen warf Wienand von Hassel noch an weiteren Stellen seiner Ausführungen vor, vgl. dazu ebd., S. 1524 B.

[1504] Ebd., S. 1523 D.

[1505] Ebd., S. 1524 B.

tigkeit vor und forderte von Hassel auf, endlich aktiv zu werden, um die Sicherheitslage des Waffensystems zu verbessern.

Nach der Begründung der beiden Anfragen nahm Verteidigungsminister von Hassel zu den dargestellten Fragen und Anschuldigungen Stellung und wies darauf hin, dass das Waffensystem F-104G einen Eckstein der gesamten Verteidigung der Bundesrepublik Deutschland darstelle[1506]. Die Arbeitsfähigkeit dieses Ecksteins müsse, im Rahmen der glaubhaften Abschreckung gegen den Ostblock, auf jeden Fall gegeben sein. Daher komme ein von einigen SPD-Abgeordneten im Vorfeld der Debatte geforderten Startverbot für alle Flugzeuge vom Typ F-104G zur Behebung aller technischen Mängel überhaupt nicht in Frage: „Die Stillegung des Starfighters würde die Stillegung des Kernsystems der deutschen Luftwaffe bedeuten. [...] Sie würde entscheidend das Prinzip der Abschreckung schwächen."[1507].

Der Minister ging anschließend auf die Auswahl des Flugzeugs und die Situation der Umrüstung auf den angeschafften Flugzeugtyp in der Luftwaffe ein. Er bezeichnete die Auswahl der F-104 für die Luftwaffe als nach wie vor richtig, wies aber darauf hin, dass die damalige Beschäftigungssituation der gerade erst wieder erstandenen deutschen Luftfahrtindustrie sowohl bei der Typenauswahl als auch beim späteren Zulauf der Maschinen eine große Rolle gespielt habe: „Ich mache keine Hehl daraus, daß auch ich den Zulauf der Starfighter in die deutschen Verbände gern etwas langsamer gesehen hätte. Aber was bedeutet das? Das heißt erstens, daß wir uns mit den Konsortialpartnern auseinanderzusetzen haben [...] und zweitens hätte dann wahrscheinlich auch die deutsche Luftfahrtindustrie in Eingaben an ihre Fraktion darauf aufmerksam gemacht, daß diese deutsche Flugzeugindustrie durch die Streckung der Verträge [...] in wesentliche Schwierigkeiten hätte geraten können[1508]. Von Hassel gab also zu, dass ein langsamerer Zulauf des Waffensystems sinnvoller, auf Grund der angeführten Umstände aber nicht möglich gewesen sei. Folglich hatte die Sicherheitslage – vor dem Hintergrund der personellen Überforderung insbesondere der Luftwaffe mit einer so großen Zahl neuer Flugzeuge – offenbar eine geringere (politische) Bedeutung als die Beschäftigungslage der deutschen Luftfahrtindustrie oder das Befinden der internationalen Partner im Produktionskonsortium. Hier gab der Bundesverteidigungsminister nun auch offiziell zu, dass die wirtschaftliche Komponente des Rüstungsprojekts offenbar einen wesentlich größeren Stellenwert genossen hatte als die militärische.

Zur Anzahl der Abstürze äußerte von Hassel die Überzeugung, die vorliegenden Zahlen seien im internationalen Vergleich nicht ungewöhnlich und verwies auf die schon im Verteidigungsausschuss festgestellte Tatsache, auch beim verstärkten An-

---

[1506] Ebd., S. 1526 C.
[1507] Ebd., S. 1527 B.
[1508] Ebd., S. 1528 Df.

steigen der Unfallzahlen konnte keine immer wiederkehrende Unfallursache ausgemacht werden[1509]. Daneben bezeichnete er vor allem die Phase der Umrüstung auf ein
neues Flugzeugmuster als extrem unfallträchtige Zeit[1510]. *Der Forderung nach der Errichtung eines zentralen Systemmanagements für das Waffensystem F-104G erteilte von Hassel eine
klare Absage.* Offenbar fürchtete er einen Machtverlust für das Ministerium, wenn eine
zentrale Stelle mit umfassenden Vollmachten für einen Flugzeugtyp eingerichtet werden würde[1511]. – Genau eine solches Systemmanagement hatten die Entwicklungsingenieure des EWR Süd und auch die Luftwaffe selbst aber bereits zu Beginn der
1960er Jahre gefordert, um die technischen Probleme des Waffensystems F-104G
wirksam lösen zu können.

Während der Rede des Verteidigungsministers herrschte im Bundestagsplenum
große Unruhe. Einwürfe und Zwischenrufe der Opposition als Reaktion auf von Hassels Ausführungen führten zu Wortgefechten auch mit dem Abgeordneten Helmut
Schmidt, die dem respektvollen Rahmen einer Parlamentsdebatte widersprachen und
in deren Folge sich die Fraktionen von CDU/CSU und SPD gegenseitig auf Grund
ihres Verhaltens scharf angriffen[1512]. Zum Abschluss seiner Ausführungen sprach von
Hassel der Luftwaffenführung im Namen der Bundesregierung das volle Vertrauen
aus. In die Anerkennung aller an der Lösung des Problemkomplex Starfighter beteiligten Gruppen bezog er auch ausdrücklich die Unternehmen der deutschen Luftfahrtindustrie mit ein[1513].

Zur Erwiderung auf die Ausführungen des Verteidigungsministers sprach für
die SPD-Fraktion der stellvertretende Fraktionsvorsitzende und Verteidigungsexperte
Helmut Schmidt. Er warf dem Verteidigungsminister vor, mit seinen vorangegangenen Ausführungen zur Beantwortung der Fragen beim Themenbereich des Waffensystems F-104G so gut wie nichts gesagt zu haben: „Die Antwort, die Herr von Hassel gegeben hat, teile ich in drei Teile. Der erste Teil ist derjenige, in dem er wirklich
versucht hat, zur Sache zu antworten [...]. Der zweite, sehr viel größere Teil war alles
mögliche andere, was zur Sache nicht gehörte [...] und was eine große Anzahl von
Details ausbreitete, die vom eigentlichen Thema ablenken sollten. [...] Und der dritte
Teil der Rede des Herrn von Hassel – ein relativ kleiner Teil – war weder Antwort
noch zur Sache; er war einfach nur unanständig[1514]." Schmidt machte deutlich, dass in
seinen Augen von den fünf Fragen der SPD-Fraktion und ihrer großen Anfrage drei

---

[1509] Ebd., S. 1529 D.

[1510] Ebd., S. 1535 D.

[1511] Ebd., S. 1532 A.

[1512] Ebd., S. 1538 Dff.

[1513] Ebd., S. 1541 D.

[1514] Ebd., S. 1543 A f. Gerade diese Bemerkung löste eine erhebliche Unruhe unter den Abgeordneten
der Regierungskoalition aus, der Bundestagspräsident musste die Mitglieder mehrfach zur Ordnung rufen
und rügte Schmidt zusätzlich für seine Art der Ausführungen; vgl. ebd., S. 1543 D.

Fragen vom Minister nicht und zwei Fragen nur unvollständig beantwortet worden waren[1515]. Zusätzlich kritisierte er den Minister für die von ihm getätigte Aussage, dass die Geschwindigkeit des Zulaufs der Flugzeuge vom Typ F-104G an die Truppe zu schnell gewesen sei und dies sowohl den ausländischen Produktionspartner als auch den Unternehmen der deutschen Luftfahrtindustrie anzulasten sei. Nach Schmidts Ansicht habe jedoch das Verteidigungsministerium in diesem Punkt versagt, weil es sich die Liefertermine diktieren ließ, anstatt diese Termine selbst festzusetzen[1516]. Trotz von Hassels fast anderthalbstündigen Ausführungen zum Thema F-104G warf Schmidt ihm vor, sich noch in drei zentralen Punkten bei der Thematik des Waffensystems rechtfertigen zu müssen: Erstens wegen einer unzureichenden Gesamtorganisation an der Spitze des Verteidigungsministerium. Nur dieser Umstand hatte es nach Schmidts Meinung zugelassen, dass die eingetretenen Gefährdungen nicht rechtzeitig erkannt werden konnten, um die Missstände wirksam beseitigen zu können. Zweitens wegen der Überforderung der Luftwaffe als Teilstreitkraft mit der Einführung eines Waffensystems. Die Truppe war in personeller, technischer, logistischer und infrastruktureller Hinsicht nicht auf dieses Waffensystem angemessen vorbereitet worden. Drittens unterstellte Schmidt dem Minister, vor dem Plenum des Bundestages unwahre Aussagen getätigt zu haben[1517].

Schmidt machte zu Beginn seiner Ausführungen den Minister dafür verantwortlich, dass man vor allem Karl Wienand unwahre Aussagen vor dem Bundestag nachsage. – Dabei bezog er sich auf die Debatte vom Januar 1965, als ebenfalls die Sicherheitslage des Waffensystems F-104G auf der Tagesordnung gestanden hatte. Von Hassel hatte damals die Aussagen des Abgeordneten Wienand über die mangelnde Einsatzfähigkeit des Starfighters als falsch und in höchstem Maße verantwortungslos bezeichnet. – Schmidt rechnete nun dem Minister vor, dass Wienands Aussagen zum damaligen Zeitpunkt durchaus der Wahrheit entsprochen hätten[1518]. Zur unzureichenden Organisation des Ministeriums bemühte Schmidt ein Beispiel, das immerhin von den Vertretern der Luftfahrtindustrie bei den Beratungen des Verteidigungsausschusses geäußert worden war. Hierbei ging es um die viel zu lange Zeitspanne zur Umsetzung äußerst dringend bezeichneter technischer Änderungen vom Zeitpunkt ihrer Feststellung bis zu ihrer Realisierung im Produktions- oder Wartungsbereich. Für Schmidt trage die bürokratische Struktur des Ministeriums an dieser Tatsache die Schuld und er wies darauf hin, dass die durch von Hassel geäußerte Ablehnung des US-amerikanischen Systems der Waffensystembetreuung ein Fehler sei und sich das

---

[1515] Ebd., S. 1544 Aff.
[1516] Ebd., S. 1544 D.
[1517] Ebd., S. 1544 Df.
[1518] Ebd., S. 1548 A; vgl. dazu auch Protokoll Bundestagssitzung 4. WP 151. Sitzung, S. 3345 A.

Ministerium über kurz oder lang in diesem Punkt revidieren werden müsse[1519]. Den Vorwurf der Überforderung der Bundeswehr mit der Einführung des Waffensystems F-104G leitete Schmidt aus den Ergebnissen der Untersuchung des Verteidigungsausschusses aus den letzten Monaten ab. Das Verteidigungsministerium machte im Bericht des Verteidigungsausschusses 23 Vorschläge für Maßnahmen, um die Missstände des Waffensystems zu beheben. Weitere 15 Maßnahmen zur Verbesserung der Situation wurden vom Verteidigungsausschuss beantragt. Demnach waren Bundesverteidigungsministerium und Verteidigungsausschuss bei 38 Punkten der Meinung, dass in diesen Fällen dringend eine Verbesserung eintreten müsse[1520]. Allein in dieser recht großen Anzahl von Einzelmaßnahmen sah Schmidt einen unübersehbaren Hinweis auf die Überforderung der Luftwaffe mit diesem Waffensystem.

Wie auch schon Verteidigungsminister von Hassel sprach Schmidt zum Ende seiner Ausführungen allen an dem Waffensystem F-104G beteiligten Personengruppen seinen Respekt und Dank für die vor allem in dieser schwierigen Situation geleistete Arbeit aus. Wie auch schon der Verteidigungsminister bezog auch Helmut Schmidt explizit die Ingenieure und Facharbeiter der deutschen Luftfahrtindustrie mit ein[1521].

Auch von Hassels Amtsvorgänger Franz-Josef Strauß griff in die Debatte ein und ging zu Beginn seines Redebeitrages in einer längeren Ausführung auf die Aufgaben der Bundesluftwaffe im Rahmen der NATO-Verteidigungsverpflichtungen und den dafür nötigen Flugzeugtypen ein[1522]. Dann griff Strauß mit der Geschwindigkeit des Zulaufs der Maschinen an die Verbände der Luftwaffe und der damit angeblich verbundenen Überforderung der Truppe einen zentralen Kritikpunkt der SPD-Fraktion auf. Strauß nahm auch zur Rolle der deutschen Luftfahrtindustrie bei der Beschaffung des Waffensystems F-104G Stellung und führte dazu aus, dass ein moderner Industriestaat wie die Bundesrepublik auf eine eigene leistungsfähige Luftfahrtindustrie angewiesen sei. Diese Industrie müsse aber auch ständig sowohl in der Entwicklung als auch in der Produktion auf dem gleichen Niveau tätig sein, um den Anschluss an andere Technologienationen nicht zu verlieren[1523]. Den schnellen Zulauf der Maschinen bezeichnete Strauß aus eben dieser zwingenden gleichmäßigen Beschäftigung der Unternehmen der Luftfahrtindustrie als richtig. Er fragte allerdings, ob es nicht überlegenswert gewesen wäre, einen Teil der hergestellten Maschinen direkt in Depots wieder einzumotten und dann zeitverzögert an die Einheiten weiter zu geben. Die Verantwortlichkeit für die Beantwortung dieser Frage schob Strauß aller-

---

[1519] Protokoll Bundestagssitzung 5. WP 33. Sitzung 24.3.1966, S. 1548 Df.
[1520] Ebd., S. 1549 Df.
[1521] Ebd., S. 1553 C.
[1522] Ebd., S. 1565 Dff.
[1523] Ebd., S. 1572 Bf.

dings an seinen Amtsnachfolger von Hassel weiter, schließlich war die Masse der ausgelieferten Maschinen erst nach Strauß´ Rücktritt Ende 1962 gefertigt worden[1524]. In einer späteren Entgegnung erläuterte von Hassel, dass eine Einmottung der produzierten Flugzeuge nicht möglich gewesen sei, da die Luftwaffe nicht über das dazu notwendige Personal verfüge[1525].

Interessanterweise schärfte Strauß im weiteren Verlauf Verteidigungsminister von Hassel ein, dafür Sorge zu tragen, dass der Wunsch nach mehr Flugstunden für die Piloten auf keinen Fall zu Lasten des technischen Klarstandes der Flugzeuge gehen dürfe. Das Hochleistungssystem F-104G vertrage es einfach nicht, kleinere technische Mängel nicht zu beachten[1526]. Offenbar sorgte sich Strauß, dass von Hassel die Piloten auch auf nicht komplett einsatzklar gemeldeten Flugzeugen fliegen lassen würde, weil dieser der Erhöhung des Flugstundenaufkommens im Sinne der Flugerfahrung höhere Priorität einräumte als dem einwandfreien technischen Zustand der Flugzeuge. Anders ließ sich dieser Einwurf von Strauß nicht erklären. Strauß forderte von Hassel ebenfalls auf, darauf zu achten, dass Lockheed bei der Besetzung ihrer technischen Kommissionen zur Unterstützung der Arbeit der Luftwaffentechniker nur Mitarbeiter entsenden sollte, die über mindestens fünf Jahre Berufserfahrung an der der F-104G verfügen würden[1527]. In einer späteren Erwiderung sagte von Hassel zu, für beide Thematiken Sorge zu tragen[1528].

Nach dem Ende der Plenardebatte standen drei Anträge zur Abstimmung: der Antrag des Verteidigungsausschusses sowie die beiden Anträge, die zu den großen Anfragen gehörten. Der Antrag des Verteidigungsausschusses wurde einstimmig angenommen.[1529] Er enthielt eine Reihe von Maßnahmen, die im Rahmen der Beratungen im Ausschuss erarbeitet worden waren. So sollte die deutsche Luftfahrtindustrie noch stärker als bisher in den Wartungskreislauf der Luftwaffengeschwader eingebunden werden, um die Mechaniker der Geschwader weiter zu entlasten. Die Bundesregierung wurde aufgefordert, dringend nötige Infrastrukturmaßnahmen auf den Flugplätzen notfalls auch ohne finanzielle Unterstützung der NATO durchzuführen. Weitere beschlossene Maßnahmen waren die finanzielle Besserstellung von Jetpiloten sowie technischem Personal. Im logistischen Bereich wurde die Bundesregierung aufgefordert zu überprüfen, ob bei der Einführung neuer Waffensysteme eine Organisationsart geschaffen werden könne, die dem US-amerikanischen System-Management vergleichbar sei. Der Ausschuss forderte die Bundesregierung auf, bis zum 15. Okto-

---

[1524] Ebd., S. 1573 Af.

[1525] Ebd., S. 1595 B.

[1526] Ebd., S. 1574 D.

[1527] Ebd., S. 1575 A.

[1528] Ebd., S. 1595 B.

[1529] Ebd., S. 1596 A.

ber 1966 dem Ausschuss einen detaillierten Bericht über den Stand und die Durchführung der Maßnahmen zur Erhöhung der Flugsicherheit vorzulegen und im Ausschuss zum gleichen Zeitpunkt durch den Sonderbeauftragten für das Waffensystem F-104G ebenfalls Stellung zum aktuellen Sachstand zu nehmen[1530]. – Damit wurden der Bundesregierung zweckdienliche und parteipolitisch unstrittige Aufgaben ins Lastenheft geschrieben.

Der mit der Anfrage der Fraktionen von CDU/CSU und FDP verbundene Antrag wurde ebenfalls mit den Stimmen der Regierungskoalition angenommen. Darin sprach der Bundestag allen an der Problemlösung des Waffensystems F-104G beteiligten Personengruppen seinen Dank aus, besondere Erwähnung fand dabei die Arbeit der deutschen Luftfahrtindustrie. Allen Piloten der F-104 sprach der Bundestag seine Anerkennung für ihre Einsatzbereitschaft und den Angehörigen der verunglückten Flugzeugführer seine besondere Anteilnahme aus[1531]. – Letztlich war dieser Antrag nicht mehr als eine kostenfreie und bedeutungslose Good-will-Erklärung des Bundestages.

Der in der Anfrage der SPD-Fraktion enthaltene Antrag wurde vom Bundestag mit den Stimmen der Regierungskoalition abgelehnt[1532]. Die SPD-Fraktion hatte unter anderem eine zentrale Untersuchungsstelle für Bundeswehrflugunfälle, eine staatliche Auswertungsbehörde für Flugunfälle ziviler und militärischer Art sowie eine eigene technische Erprobungsstelle für das Waffensystem F-104G gefordert[1533]. Darüber hinaus beantragte die Fraktion eine Änderung des Antrags von CDU/CSU und FDP dahingehend, dass dem Bundesverteidigungsminister ein Tadel für seine trotz der seit langem erkennbaren negativen Entwicklung bei der F-104G Untätigkeit ausgesprochen wurde[1534]. Auch dieser Antrag wurde mit den Stimmen der Regierungsmehrheit abgelehnt[1535]. – Damit verpuffte die substantielle Kritik der SPD an der Haltung des Bundesverteidigungsministers scheinbar ohne tiefere Bedeutung.

Der Verlauf der Plenardebatte zur Thematik der Sicherheitslage spiegelte die bereits im Verteidigungsausschuss vorhandenen Tendenzen wider. Die Diskussion war zwar sachlich auf die Sicherheitslage des Flugzeugs bezogen, entwickelte sich aber zwischenzeitlich zu einem Schlagabtausch zwischen Regierung und Opposition. Dabei war die Regierungskoalition logischerweise darum bemüht, dem Verteidigungsminister bei den gestellten Fragen möglichst viele Möglichkeiten zu bieten, um das Handeln

---

[1530] Bundestagsdrucksachen 5. WP Drucksache V/450, S. 8f.

[1531] Bundestagsdrucksachen 5. WP Drucksache V/360, S. 2. Diesem Teil des Antrags stimmten auch die SPD-Abgeordneten zu.

[1532] Protokoll Bundestagssitzung 5. WP 33. Sitzung 24.3.1966, S. 1596 B.

[1533] Bundestagsdrucksachen 5. WP Drucksache V/351, S. 2.

[1534] Bundestagsprotokoll 5. WP 33. Sitzung 24.3.1966 Anlage 4 Umdruck 32, S. 1600.

[1535] Bundestagsprotokoll 5. WP 33. Sitzung 24.3.1966, S. 1596 D.

des Verteidigungsministers in einem positiven Licht erscheinen zu lassen und unangenehme Themen zu vermeiden, während die Opposition die direkte thematische und persönliche Konfrontation mit dem Minister suchte, um sein Handeln möglichst negativ darstellen zu können.

3.   Bewertung und kurzfristige Folgen der Starfighter-Krise

Die parlamentarische Auseinandersetzung mit der Sicherheitslage des Flugzeugmusters F-104G im Verteidigungsausschuss sowie im Bundestag in den ersten drei Monaten des Jahres 1966 markierte den Höhepunkt der so genannten „Starfighter-Krise". Sinnbild dieser Entwicklung waren vor allem die auch in der Presse immer stärker beachteten Unfälle des Waffensystems; vor allem ab 1965 trat die Flugsicherheitssituation dieses Flugzeugtypen durch die Häufung von Vorfällen in den Blickpunkt der Öffentlichkeit. Die Unfallserie des Flugzeugmusters setzte sich zu Beginn des Jahres 1966 weiter fort. Bis zur Debatte über die Situation des Waffensystems hatten sich bereits wieder sieben schwere Unfälle ereignet, die zu einem Totalverlust eines Flugzeugs führten. Drei Piloten wurden dabei getötet[1536]. Über das komplette Jahr 1966 sollte die Luftwaffe insgesamt 21 Maschinen vom Typ F-104G und 13 Piloten bei Unfällen verlieren[1537]. Auf den ersten Blick scheint also die Klassifizierung des Starfighters als äußerst unfallträchtiges Flugzeug, was in der Bevölkerung zu den abwertenden Bezeichnungen wie „Witwenmacher" führte, durchaus zutreffend zu sein[1538]. – Dabei darf aber nicht übersehen werden, dass die Zählungen in den Medien ohne Bezug zu den geleisteten Flugstunden eine Schieflage ergeben: Tatsächlich waren die verhältnismäßigen Unfallzahlen, also Unfälle pro 10.000 geflogenen Stunden, durchaus normal. – Wie stark die Sicherheitslage des Waffensystems die öffentliche Meinung zum damaligen Zeitpunkt bewegte, verdeutlicht neben vielen anderen auch die emotionale, fast schon polemische Ansicht des Journalisten Karl Gerold in einem Leitartikel der Frankfurter Rundschau vom 14. Mai 1966[1539].

[1536] Kropf, Deutsche Starfighter, S. 138f.

[1537] Ebd.

[1538] So hatte Franz-Josef Strauß in der Starfighter-Debatte des Bundestages darauf hingewiesen, dass dieser Flugzeugtyp in der Öffentlichkeit so bezeichnet werde; vgl. dazu Bundestagsprotokoll 5. WP 33. Sitzung 24.3.1966, S. 1583 D. Andere negativ konnotierte Bezeichnungen finden sich auf der Collage des Titelblattes der Spiegel-Ausgabe vom Januar 1966 zur Starfighter, vgl. Spiegel 5/1966 vom 24.1.1966.

[1539] Frankfurter Rundschau, 14.5.1966: „Steh auf mein Volk". Darin heißt es unter anderem: „Ich würde mich heute, angesichts der Serie von *Starfighter-Unfällen*, schämen, ein Bundestagsabgeordneter, ein Minister oder ein hoher Angestellter der zuständigen Stellen zu sein. [...] und ich bleibe dabei, dass alle diejenigen *von oben*, die sich dazu verantwortlich fühlen müssten und bis jetzt nicht getan haben, bewusst oder unbewusst, Feiglinge und Mörder sind!"

Ein genauerer Blick auf die Unfallstatistiken der Bundeswehr seit 1958 – erst zu diesem Zeitpunkt kann man von einem geregelten Flugbetrieb in den Streitkräften sprechen – zeigt gleichermaßen, dass andere Flugzeuge genauso „häufig" in Unfälle verwickelt waren, zum Teil sogar wesentlich häufiger. Bis zum 28. Februar 1966 hatte die Bundeswehr nach einer Aufstellung in den Unterlagen des Verteidigungsausschusses bei schweren Unfällen insgesamt 47 Flugzeuge vom Typ F-104G verloren. Vom Flugzeugtyp North American F-86 Sabre – und ebenfalls in der kanadischen Lizenzversion Canadiar CL-13B Sabre – verlor die Bundeswehr 46 Flugzeuge, also fast genauso viele Maschinen wie vom Starfighter. Beim Flugzeugtypen Republic F/RF-84 Thunderstreak bzw. Thunderflash standen bis Anfang 1966 sogar 92 zerstörte Maschinen in der Bilanz, also mehr als doppelt so viele komplett zerstörte wie vom Typ F-104G[1540]. Diese Argumentation führte auch Verteidigungsminister von Hassel am 24. März 1966 bei der Plenardebatte zur Situation des Starfighters im Deutschen Bundestag an[1541]. Noch deutlicher fiel die Situation beim Vergleich der Unfallraten der unterschiedlichen Flugzeugmuster aus, also der Summe aus leichten und schweren Unfällen sowie den Totalverlusten gerechnet auf 100.000 Flugstunden[1542]. In dieser Berechnung, die alle Vorfälle bis zum 31. Dezember 1965 erfasste, hatte die F-104G einmalig 1965 die schlechteste Quote bei den Unfallraten. In den vier vorherigen Jahren von 1961 bis 1964 hatte immer das Erdkampfflugzeug G.91 die schlechteste Unfallquote, teilweise mit deutlichem Abstand zu dem Flugzeugmuster mit der zweitschlechtesten Quote[1543]. In den Akten des Verteidigungsausschusses ist auch eine Auflistung der Unfalltoten bei Flugunfällen im Zeitraum von 1958 bis 1965 enthalten. In dieser kompletten Zeitspanne kamen insgesamt 228 Piloten der Bundeswehr bei Flugunfällen ums Leben, 24 davon auf dem Muster F-104G[1544]. Das entspricht einer Quote von 10,5 Prozent aller Unfälle.

Die Auswertung dieser Dokumente belegt die teils wesentliche höhere Unfallträchtigkeit anderer Waffensysteme der Bundeswehr. Doch anders als bei der F-104G wurden diese Unfallquoten nicht Gegenstand einer öffentlichen Diskussion. In der Presselandschaft finden sich zwischen 1958 und 1966 kaum Hinweise auf eine „Thunderstreak-, Sabre- oder G.91-Krise." Ganz im Gegenteil: die deutlich schlechtere Unfallstatistik der F-84F fand sogar Niederschlag in der Presse, führte aber nicht zu einer anderen Sicht auf das Waffensystem F-104G[1545]. Ebenso wurde die Flugsicher-

---

1540 BT-Archiv, Bestand VertAusschuss, Sammlung „Sonstige Dokumente F-104G", S. 5. Vgl. dazu die Darstellung in Anlage 1 (klären ob in Fließtext oder eigenem Anhang). Zu den wesentlich höheren Verlustzahlen der F-84 vgl. auch die Darstellung bei Fisch, Stärken und Schwächen, S. 3.

1541 Vgl. dazu Bundestagsprotokoll 5. WP 33. Sitzung 24.3.1966, S. 1529 D.

1542 Zur Berechnung der Unfallrate vgl. Rall, Mein Flugbuch, S. 290.

1543 Vgl. dazu Anlage 2 dieser Arbeit (siehe oben).

1544 BT-Archiv, Bestand VertAusschuss, Sammlung „Sonstige Dokumente F-104G", S. 5.

1545 Münchener Merkur, 17.2.1966: „Zuviel Wind um den Starfighter".

heitslage dieser drei Typen weder zum Gegenstand im Verteidigungsausschuss noch im Bundestagsplenum selbst. Offensichtlich haben zur Entwicklung der Vorfälle beim Waffensystem F-104G weitere Komponenten beigetragen, als die reinen Unfallzahlen.

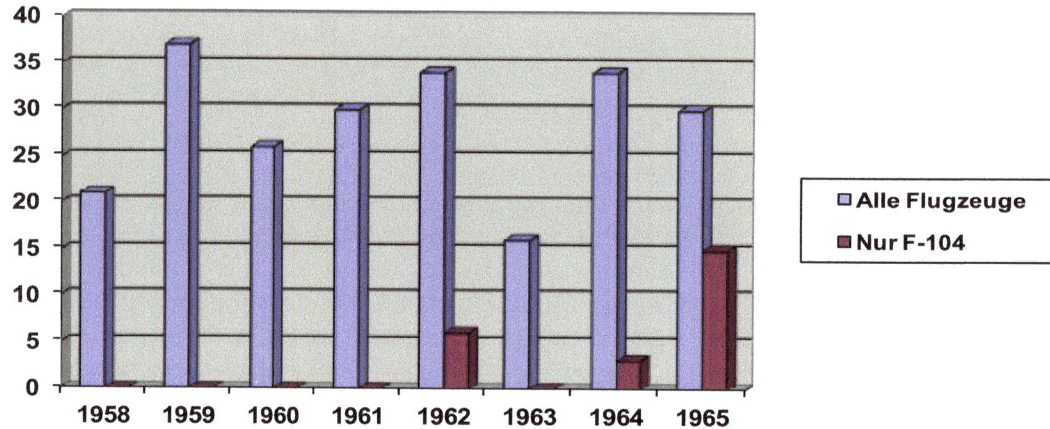

Quelle: BT-Archiv, VertAusschuss, Sammlung "Sonstige Dokumente F-104G", S. 5

Ein weiteres Dokument aus dem Bestand des Verteidigungsausschusses zeigt darüber hinaus, dass die Bundesrepublik nicht durchgehend die schlechteste Sicherheitsquote der Starfighter-Nutzer besaß: Laut dieser Aufstellung hatte die Deutsche Luftwaffe nur im Jahr 1965 die schlechteste Sicherheitsquote im Vergleich zu den Luftstreitkräften der USA, Kanadas und den Niederlanden. Dabei wurden die Totalverluste des Flugzeugtyps F-104G in Relation zu den geflogenen Flugstunden gesetzt. Nach 1965 war immer mindestens eine Nation vorhanden, die über eine schlechtere Sicherheitsquote verfügte. In den Jahren 1968 und 1969 belegte die Deutsche Luftwaffe sogar jeweils den zweiten Platz hinter der Luftwaffe der Niederlanden, die über die beste Unfallquote verfügte[1546]. Auch im Vergleich mit der Unfallquote von anderen, in der NATO eingesetzten Kampfflugzeugen hatte die F-104G keine schlechte Stellung. So sollte der spätere Inspekteur der Luftwaffe, Generalleutnant Steinhoff,

---

[1546] BArch, BL 1/5374 Statistik Fü L Vergleich der F-104 Totalverluste innerhalb des F-104-Konsortiums in den Jahren 1965-1969, S. 1.

1970 bei einer Veranstaltung feststellen: „Trotz der absolut hohen Zahl der Totalverluste hat die deutsche Luftwaffe – bezogen auf die Zahl der beschafften Flugzeuge – in fast 10 Jahren prozentual weniger F 104 verloren als die französische Luftwaffe Mirage III[1547]." – In Frankreich wurde jedoch ebenfalls keine öffentliche Debatte über die Sicherheitssituation der Mirage geführt.

Eine genauere Betrachtung der Unglücksursachen lässt die Frage aufkommen, ob das Waffensystem wirklich so unsicher war, wie es teilweise in den Medien dargestellt wurde. Bereits bei den Beratungen des Verteidigungsausschusses wurde deutlich, dass für die Unfälle mit Flugzeugverlusten eine Reihe von Ursachen verantwortlich gemacht werden mussten und es keine „Hauptursache" gäbe[1548]. Diese Ansicht vertrat auch der Führungsstab der Luftwaffe in einem Ende 1965 entstandenen Dokument zur Flugsicherheitslage des Musters F-104[1549]. Als Unfallursachen traten vielmehr materielle Fehler am Flugzeug, insbesondere am Triebwerk, menschliches Versagen, Wartungsfehler, Flugplatzeinrichtungen oder Wetterbedingungen auf. Einem gewissen Prozentsatz an Unfällen konnte keine klare Ursache zugewiesen werden[1550].

Eine genaue Betrachtung macht deutlich, dass natürlich auch Unfälle erfasst wurden, deren Ursache nicht dem Flugzeug angelastet werden konnten. So finden sich bei denjenigen Unfällen, die sich bis zur Behandlung der Thematik im Bundestag im März 1966 ereignet hatten, auch die Unfallursachen Zusammenstoß in der Luft, Bodenberührung bei Tiefflugübung, ein beim Start nicht verriegeltes Kabinendach sowie Unfälle, die sich auf Grund schlechter Witterungsverhältnisse ereigneten[1551]. Alle diese Vorfälle fanden Eingang in die Unfalllisten, obwohl die Ursache definitiv nicht beim technischen Zustand des Flugzeugs zu suchen war. Auch dieser Umstand trug dazu bei, dass die Sicherheitslage des Flugzeugs F-104G zum Teil in der Öffentlichkeit deutlich schlechter dargestellt wurde als sie es eigentlich war.

Die Darstellung der SPD-Fraktion während der Starfighter-Debatte im Bundestag am 24. März 1966, wonach die Hauptschuld für den schlechten Zustand des Waffensystems dem politischen Nichthandeln des Verteidigungsministers zufiel, fand nach der Debatte folgerichtig ihren Niederschlag in der Tagespresse. Auch sie stellte Minister von Hassel als Schuldigen dar[1552]. Die sich fortsetzende Absturzserie – insbesondere die Abstürze im Juni und Juli 1966 – trug enorm dazu bei, dass die Thematik des Waffensystems F-104G im Gedächtnis der Öffentlichkeit blieb.

1547 Nachlass General Johannes Steinhoff, Ordner 2.1, InspLw betr. Sicherheitslage französische Luftwaffe 4.10.1970.
1548 BT-Archiv, VertAusschuss, Protokoll 5. WP 3. Sitzung 12.1.1966, S. 27f.
1549 BArch, BW 1/347805 BMVg Abt. T. IV 8 an UAL T IV betr. F-104G-Unfälle und Störungen, S. 2.
1550 Ebd., S. 3.
1551 Kropf, Deutsche Starfighter, S. 138.
1552 Vgl. FAZ, 25.3.1966: „Hassel in Bedrängnis"; Süddeutsche Zeitung, 25.3.1966; Die Zeit, 28.3.1966.

Für weitere negative Schlagzeilen sorgten im Sommer 1966 mehrere Starfighter-Piloten, die entweder um ihre Entlassung aus der Luftwaffe oder um eine Versetzung zu einem Geschwader baten, das mit einem anderen Flugzeugtypen ausgerüstet war[1553]. Dieser Umstand und die Tatsache, dass die Unzufriedenheit der Piloten große Beachtung in den Medien fand, war ein empfindlicher Schlag für die Luftwaffenführung und das Verteidigungsministerium. Beide Stellen hatten bislang immer den Eindruck erwecken wollen, dass das Vertrauen der Piloten in das Waffensystem ungebrochen sei und Unstimmigkeiten von außen in die Truppe getragen würden[1554].

Unmittelbar in den Wochen nach der Bundestagssitzung unternahm das Verteidigungsministerium erste Anstrengungen, um die vom Parlament geforderten Maßnahmen umzusetzen. So wurde die Mindestflughöhe für Tiefflugübungen von 250 auf 500 Fuß, für den Formationsflug auf 1000 Fuß heraufgesetzt. So sollten Unfälle beim Tief- und Formationsflug verhindert werden. Das TB 104 übernahm die technische Betreuung aller F-104G-Flugzeuge der Bundeswehr und wurde unter dem neuen Namen Technisches Büro Flugzeuge in die Industrieanlagen Betriebsgesellschaft (IABG) eingegliedert[1555]. Die IABG wurde 1961 auf Betreiben des Bundes als zentrale Analyse- und Testeinrichtung der Luftfahrtindustrie und des Verteidigungsministeriums gegründet. Ein technisches Expertenteam der Firma Lockheed begann beim Jagdbombergeschwader 31 in Nörvenich auf Grund der auf der Luke Air Force Base in den USA beim Ausbildungsbetrieb mit der F-104G gesammelten Erfahrungen ein einheitliches Wartungsschema auf der Geschwaderebene zu erarbeiten[1556]. So sinnvoll und notwendig diese Maßnahmen auch waren, so waren sie auf Grund ihrer mittel- und langfristigen Ausrichtung logischerweise dennoch nicht dazu geeignet, die Flugsicherheitslage der F-104G kurzfristig zu verbessern.

Die Situation des Waffensystems eskalierte daher im Sommer 1966 auch in der Führungsspitze der Luftwaffe. Ende August 1966 entließ Verteidigungsminister von Hassel Luftwaffeninspekteur Werner Panitzki[1557]. Dieser Episode ging ein Unfall eines Starfighter über der Nordsee voraus, bei dem sich der Pilot, Siegfried Arndt, zwar mit

---

[1553] Vgl. dazu FAZ, 12.8.1966; Süddeutsche Zeitung, 10.8.1966; Wehr und Wirtschaft 3/1966, S. 157. Neben dem großen Imageschaden für die Luftwaffe stellte vor allem die Abwanderung von Starfighterpiloten zu privaten Fluglinien einen „fatalen Aderlass an Wissen und Flugerfahrung" dar, vgl. Merkel, Flugzeugführer, S. 84.

[1554] So äußerten sich die beiden vor dem Verteidigungsausschuss vorgeladenen Piloten sowie die anwesenden Geschwaderkommodores nur positiv über das Vertrauensverhältnis der Piloten zu ihren Flugzeugen; vgl. dazu Kapitel VI.1 dieser Arbeit.

[1555] Schlieper, Wechselwirkung, S. 575.

[1556] Ebd. Auf der Luke Air Force Base in Arizona/USA fand ab Oktober 1964 die Ausbildung deutscher Piloten auf der F-104G statt. Zuvor waren hier schon deutsche Flugzeugführer auf der F-84 ausgebildet worden; vgl. Schmidt, Amerikanisierung, S. 677f.

[1557] Johannson, Starfighter, S. 45. Vgl. dazu auch Zimmermann, Führungskrise, S. 110-125 sowie vor allem Möllers, Ringen um Kompetenzen.

dem Schleudersitz retten konnte, aber dann wegen mangelhafter Seenotausrüstung im Meer ertrank und erst zehn Tage später an der Hallig Langeneß geborgen werden konnte[1558]. Im Luftwaffenführungsstab existierte seit 1964 ein Bericht, der auf die mangelhafte Seenotausrüstung deutscher Jetpiloten hinwies. Minister von Hassel war dieser Bericht aber offensichtlich nicht bekannt. Als Folge rügte er in aller Öffentlichkeit die Luftwaffenführung allgemein und Generalleutnant Panitzki persönlich in scharfer Weise. Der Minister fühlte sich vom Luftwaffeninspekteur unzureichend informiert. Zur Thematik des Waffensystems F-104G kritisierte von Hassel, dass Panitzki als Inspekteur nicht mehr in der Lage sei, der Situation Herr zu werden, er sei inkompetent und nachlässig. Den von Panitzki daraufhin angebotenen Abschied lehnte der Minister zunächst noch ab[1559].

Panitzki wandte sich daraufhin in einem Zeitungsinterview an die Öffentlichkeit, in dem er seine Enttäuschung über das Verhalten seines obersten Dienstherren offen formulierte: „Die Anschaffung des Starfighters war eine politische Entscheidung. [...] Nun, wo es gilt, die technischen und personellen Probleme gemeinsam zu lösen, wird uns von allen Seiten Versagen vorgeworfen. Das ist die größte Enttäuschung meines Lebens[1560]." Direkt nach dem Erscheinen des Interviews wurde Panitzki vom Minister am 22. August 1966 in den einstweiligen Ruhestand versetzt[1561]. Helmut Schmidt, stellvertretender Vorsitzender der SPD-Bundestagsfraktion, charakterisierte die Demission des Luftwaffeninspekteurs als Ausdruck für eine tiefe Krise der Organisationsstrukturen des Verteidigungsministeriums[1562].

Im September 1966 war die Beurlaubung des Luftwaffeninspekteurs Thema im Verteidigungsausschuss. Bei seiner Anhörung legte Panitzki seine Sicht der gesamten Thematik dar[1563]. Er skizzierte vor dem Ausschuss erhebliche organisatorische Mängel im Verteidigungsministerium. Der beurlaubte General beklagte besonders, dass das von ihm immer geforderte Systemmanagement für den Starfighter vom Minister stets abgelehnt worden sei. Die Berichterstattung für den Verteidigungsausschuss, die Panitzki im Januar 1966 dort vorstellte, soll *laut seiner Aussage* in wesentlichen Teilen vom Minister und von Staatssekretär Gumbel zusammengestrichen worden sein, um die Situation des Waffensystems besser dastehen zu lassen als sie es eigentlich war[1564].

[1558] Johannson, Starfighter, S. 44.

[1559] Ebd., S. 45.

[1560] Neue Ruhr-Zeitung, 20.8.1966: „Interview mit Luftwaffeninspekteur Werner Panitzki".

[1561] Johannson, Starfighter, S. 45.

[1562] Zimmermann, Führungskrise, S. 120.

[1563] Die Sitzungen fanden am 1. und 2. September statt; vgl. dazu BT-Archiv, VertAusschuss, Protokoll 5. WP 20. und 21. Sitzung.

[1564] BT-Archiv, VertAusschuss, Protokoll 5. WP 20. Sitzung 01.9.1966, S. 56ff. Minister von Hassel hatte in der Bundestagsdebatte am 24.3.1966 auch die Errichtung eines Systemstabs abgelehnt, weil dadurch die Kompetenzen des Ministerium zu sehr aufgesplittet werden würden.

Von Hassel entsprach dieser Darstellung vehement und beklagte seinerseits, dass die Weitergabe von Informationen durch den Inspekteur der Luftwaffe nur verzögert erfolgt sei und darüber hinaus von Inkompetenz geprägt wurde[1565].

Das in der Öffentlichkeit entstandene Bild völliger Desorganisation im Verteidigungsministerium wurde einige Tage nach der Diskussion im Verteidigungsausschuss noch weiter verstärkt. Brigadegeneral Walter Krupinski, seit Juni 1966 Leiter der Flugausbildung für die F-104G in den USA, äußerte sich in einem Interview des Spiegel zu den Zuständen im Ministerium, und zwar alles andere als positiv: *„Wenn wir an allen Stellen so versierte Leute gehabt hätten, wie wir sie in den Flugzeugführern auf der einen Seite haben und in der unteren Führung auf der anderen Seite, wenn wir diese versierten Leute überall auf allen Ebenen gehabt hätten und dazu eine vernünftige Organisation, wäre eine ganze Reihe von Dingen nicht passiert*[1566]*.“* Die Botschaft war eindeutig: Lob für die Piloten und die sonstige untere Führung der Luftwaffe, Rüge und Tadel für die Führungsspitze der Teilstreitkraft und das Ministerium. Krupinski wies auch darauf hin, dass die meisten Generäle der Luftwaffe, selbst die Kommandeure von Luftwaffendivisionen, keinerlei Ahnung von modernem Fluggerät hätten und die Flugzeuge, die unter ihrem Kommando stünden, selbst nie geflogen hätten[1567]. Die Luftwaffenführung war von Krupinskis Äußerung alles andere als erfreut[1568], sie konnte aber nicht mehr reagieren. Der mediale Druck auf Minister von Hassel war zu groß.

Angesichts der Hilflosigkeit Panitzkis hatte sich Hassel, das Interview des Inspekteurs der Luftwaffe zuhilfe nehmend, dazu entschlossen, einen Nachfolger von Panitzki zu suchen. Dessen Amt übernahm am 2. September 1966 Johannes Steinhoff[1569], zum damaligen Zeitpunkt Chef des Stabes AIRCENT in Paris. Er war bereits am 23. August 1966 von Verteidigungsminister von Hassel um die Übernahme des

---

[1565] Ebd., S. 113ff.

[1566] Spiegel 37/1966 vom 5.9.1966: „Bei uns ist alles in die Brüche gegangen. Spiegel-Gespräch mit Brigadegeneral Walter Krupinksi“, S. 22. Das Spiegel-Interview war zuvor vom Verteidigungsministerium nicht freigegeben worden und – auf welchen Kanälen auch immer – in der BILD-Zeitung vom 2.9.1966 unter dem Titel „Was Hassel verbot … Was der Spiegel nicht druckte …. Bild bringt es! Starfighter-General Krupinski: So freimütig sprach ich noch nie“ veröffentlicht worden. Der Spiegel zog dann mit seiner Version nach. Die Ausgangsversion des Interviews findet sich in BArch, Bw 1/1084, Bl. 51-94.

[1567] Spiegel 37/1966 vom 5.9.1966: „Bei uns ist alles in die Brüche gegangen. Spiegel-Gespräch mit Brigadegeneral Walter Krupinksi“, S. 23.

[1568] In einer internen Besprechung mit dem Verteidigungsminister im September 1966 nannte Steinhoff Krupinski unerzogen, sich selbst überschätzend und beurteilte ihn als einer straffen Führung bedürfend. Er ordnete an, dass Krupinski wegen des Interviews sobald als möglich zur Berichterstattung in Bonn zu erscheinen habe; vgl. dazu Nachlass General Johannes Steinhoff, Ordner 2.2, Protokoll über Besprechung in Privatwohnung Minister von HASSEL am 11.9.66 von 17.0-19.0 Uhr, S. 2.

[1569] Möllers, General Johannes Steinhoff, S. 14. Zur Übernahme der Amtsgeschäfte und alle damit verbundenen Problematiken vgl. die Darstellung bei Möllers, Auswege aus der „Starfighter-Krise“ sowie Möllers, Ringen um Kompetenzen.

Postens gebeten worden, sagte allerdings erst nach einer Bedenkzeit von 10 Tagen zu[1570]. Bereits während der Bedenkzeit verschaffte sich Steinhoff bei Gesprächen mit Offizieren im Luftwaffenführungsstab und in der Truppe ein Bild vom Zustand der Teilstreitkraft[1571].

Die zentrale Forderung, die Steinhoff zum Antritt dieses Dienstpostens erhob, war die Erteilung umfangreicher Vollmachten, um die bestehenden Probleme vor allem beim Waffensystem F-104G wirksam angehen und lösen zu können[1572]. Die Erteilung der umfassenden Vollmachten für den neuen Inspekteur zog sich allerdings noch einen ganzen Monat bis Anfang Oktober hin. Steinhoff musste für die Erteilung hart kämpfen, da Minister von Hassel – souffliert von seinem Staatssekretär Gumbel sowie den zivilen Abteilungsleitern im Ministerium, die darin einen Eingriff in ihre Befugnisse und Kompetenzen erkannten – ihm diese nicht zuteilen wollte. Dabei sah sich der General gezwungen, dem Minister sogar mit seinem sofortigen Abschied zu drohen, obwohl er dieses Amt erst wenige Wochen vorher angetreten hatte[1573].

Direkt nach seinem Amtsantritt leitete Steinhoff eine Reihe von Maßnahmen ein, die neben den bereits vor seinem Amtsantritt veranlassten Aktionen zur Verbesserung der Flugsicherheitslage beitragen sollten. Unter anderem wurde die Leistung des Schleudersitzes Lockheed C2 erst verbessert und dieser ab 1967 auf Druck der Piloten sogar durch den GQ7 A-Sitz von Martin Baker ersetzt[1574]. Darüber hinaus erfolgte eine bessere technische Ausstattung der Fliegerhorste im Sicherheitsbereich des Flugbetriebs. Eine der wichtigsten Entscheidungen war die vorgezogene und beschleunigte Auflösung der temporär bestehenden 3. Staffeln mit F-84F in den Jagdbombergeschwadern, womit für das Muster F-104G frei werdendes technisches Personal zur Verfügung stand[1575]. Diese Maßnahme war eine der zentralen Forderungen im Verteidigungsausschuss gewesen, die von Seiten der Luftwaffenverbände geäußert worden war. Weiterhin wurde die Luftfahrtindustrie in noch stärkerem Maße als zuvor in die unterschiedlichen Materialerhaltungsstufen des Waffensystems eingebunden[1576]. Daneben leitete Steinhoff auch längerfristig organisatorische Maßnahmen zur Umstrukturierung der Luftwaffe ein[1577], die in einer komplett neuen Luftwaffenstruktur mündeten, die ab 1970 realisiert wurde und bis 1991 Bestand hatte.

[1570] Möllers, Auswege aus der „Starfighter-Krise", S. 126.

[1571] Ebd., S. 132.

[1572] Möllers, Steinhoff, S. 16.

[1573] Vgl. dazu Nachlass General Johannes Steinhoff, Ordner 2.2, Telefongespräch InspLw mit Minister von Hassel 14.9.1966 im Beisein von Generalmajor Hempel sowie die detaillierte Darstellung bei Möllers, Auswege aus der „Starfighter-Krise", S. 142.

[1574] Reis, Krisenmanagement, S. 106.

[1575] Schlieper, Wechselwirkung, S. 577.

[1576] Ebd., S. 577f.

[1577] Möllers, Steinhoff, S. 16f.

Es bleibt durchaus strittig, inwieweit der Erfolg für die ergriffenen Maßnahmen Steinhoff allein anzurechnen ist. Sicherlich war er derjenige, der die Maßnahmen einleiten und durchführen ließ. Doch auch sein Amtsvorgänger Panitzki hatte die Fehler des Waffensystems erkannt und versucht, entsprechende Maßnahmen einzuleiten. Offenbar war Panitzki aber nicht in der Lage, seinen Forderungen beim Minister den nötigen Nachdruck zu verleihen, so dass von Hassel bereit gewesen wäre, dem Inspekteur die nötige Unterstützung zu gewähren. Offenbar musste die Situation des Waffensystems F-104G erst so zentral in den Blickpunkt der Öffentlichkeit rücken, wie es 1965 und 1966 geschah. Und selbst in dieser Situation schien sich Verteidigungsminister von Hassel extrem dazu durchringen – oder von Steinhoff über die Medien dazu bewegt werden müssen, dem neu ernannten Inspekteur alle von ihm als nötig erachteten Kompetenzen zu verleihen, um der Situation Herr werden zu können.

Auch in der späteren Beurteilung von Günther Rall, der Mitte 1966 Geschwaderkommodere eines mit dem Starfighter ausgerüsteten Geschwaders war und 1971 selbst Inspekteur der Luftwaffe wurde, wird deutlich, dass Steinhoff zwar der Organisator der eingeleiteten Maßnahmen war. Rall spricht aber sogar von dem Umstand, dass Steinhoff lediglich die Ergebnisse der Arbeit des Systembeauftragten für das Waffensystem F-104G, Brigadegeneral Dietrich Hrabak, geschickt für sich zu nutzen wusste. Inwieweit persönliche Unstimmigkeiten zwischen Rall und Steinhoff der Grund dieser Beurteilung waren, illustriert dessen Aussage in seinen Memoiren: „Dessen Nachfolger [von Panitzki als Inspekteur der Luftwaffe] wird im September 1966 Johannes Steinhoff, der das Amt bis 1971 innehat und allgemein als Bezwinger der Starfighter-Krise gilt; er unternimmt selber auch Zeit seines Lebens nichts, um diesen öffentlichen Eindruck zu korrigieren. Bei nüchterner Analyse der Tatsachen jedoch muß man anerkennen, daß Steinhoff vor allem die Früchte des energischen, zielstrebigen Einsatzes von Dietrich Hrabak erntete. Als einer der vier, die Hrabak zuarbeiteten, kann ich mir ein Urteil darüber erlauben[1578]." Aus dieser Beurteilung der Verdienste zur Verbesserung des technischen Zustands des Waffensystems spricht neben der Anerkennung für die Arbeit von Hrabak auch durchaus eine gute Portion Unzufriedenheit für die Tatsache, dass Steinhoff in Ralls Augen fremde Verdienste für sich in Anspruch nahm. Durchaus möglich war es hier aber auch, dass Rall gerne selbst eine lobende Erwähnung für seine Rolle bei der Bewältigung der Probleme des Waffensystems gehabt hätte.

Im mittel- und langfristigen Zeitrahmen zeigten die eingeführten Veränderungen beim Umgang mit dem Waffensystem F-104G Erfolg und trugen zusammen mit dem dadurch wieder erhöhten Flugstundenaufkommen der Verbände ab dem Jahr

---

[1578] Rall, Mein Flugbuch, S. 290.

1967 deutlich zur Verbesserung der Unfallstatistik bei[1579]. Vor allem die Entwicklung eines einheitlichen Wartungsschemas war ein großer Erfolg. Beim Jagdbombergeschwader 31 stieg nach Abschluss der technischen Teams von Lockheed die Zahl der flugklaren Maschinen um über 50 Prozent, das Flugstundenaufkommen konnte um ein Drittel erhöht werden. Auf Grund der bei diesem Geschwader gemachten Erfahrungen unternahm eine Expertengruppe der deutschen Luftfahrtindustrie ähnliche Anstrengungen beim Jagdbombergeschwader 34. Beide Untersuchungen mündeten ab 1968 in neuen Wartungsvorschriften für die Luftwaffe und die Marineflieger[1580]. Mit der Verbesserung der Flugsicherheitssituation verschwand das Waffensystem auch langsam aus dem Interesse der Öffentlichkeit. Im Verlauf des Jahres 1967 ereigneten sich nur drei Unfälle mit tödlichem Ausgang[1581]. Erst im Jahr 1968 flammte das öffentliche Interesse durch leicht steigende Unfallzahlen wieder auf und setzte sich in das Jahr 1969 fort[1582].

Dabei war die Entwicklung der Unfallstatistik nach der Einleitung von Verbesserungsmaßnahmen durch Inspekteur Johannes Steinhoff durchaus positiv. Noch im Jahr 1965 hatte die Bundesluftwaffe unter den die F-104G verwendenden Konsortiumsländern bei der Quote der Totalverluste bezogen auf 100.000 Flugstunden mit deutlichem Abstand den schlechtesten Wert, der sich im Folgejahr aber verbesserte. Die beste Flugunfallstatistik hatte in beiden Jahren die Luftwaffe der Niederlande, 1966 hatte Japan den schlechtesten Wert[1583]. Dies war deshalb umso erstaunlicher, da 1966 während der so genannten Starfighter-Krise meistens der schlechte Sicherheitszustand des Waffensystems im Mittelpunkt der öffentlichen Diskussionen stand. In den folgenden Jahren verbesserte sich die Unfallquote der deutschen Starfighter sogar noch weiter. 1967 befand sich die Bundesrepublik bereits auf dem 3. Platz, in den Jahren 1968 und 1969 sogar jeweils nur hinter den Niederlanden auf dem 2. Platz der Unfallstatistik[1584].

Die Auswertung zeigt also, dass der Unfalltrend des Waffensystems F-104G ab 1965 stetig weiter sank. Dass eine gewisse Anfälligkeit des Musters F-104G nach wie vor bestehen blieb, lag an der für Mitteleuropa dringend benötigten Allwetterfähigkeit,

---

[1579] Zur Entwicklung der Unfallstatistik des Starfighters vgl. auch die Darstellung bei Lemke, Konzeption, S. 373f.

[1580] Schlieper, Wechselwirkung, S. 579.

[1581] Kropf, Deutsche Starfighter, S. 138.

[1582] Johannson, Starfighter, S. 50. Zu den leicht gestiegenen Unfallzahlen im Jahr 1968 vgl. BArch, BL1/4027 Rede Inspekteur Steinhoff auf Generalstagung „Die Luftwaffe im Jahre 1968/69 Rückblick und Ausblick" 18.1.1969, S. 3.

[1583] BArch, BL1/5374 Fü L Vergleich der F-104 Totalverluste innerhalb des F-104-Konsortiums (incl. Royal Canadian Air Force) in den Jahren 1965-1969, 01.11.1970.

[1584] Ebd.

die jedoch niemals ganz erreicht werden konnte[1585]. Der sinkende Trend bei der F-104G stimmte mit dem Gesamtunfalltrend der Luftwaffe überein, der nach extrem hohen Zahlen in der Aufstellungsphase der Verbände ab 1964 jedes Jahr weiter sank[1586].

Darüber hinaus sind die Waffensysteme, die die Bundeswehr nach der F-104G in Dienst stellte, ein Beweis dafür, welche positiven Lehren die Luftwaffenführung ab 1966 für sich aus den Vorfällen der „Starfighter-Krise" gezogen hatte: Alle neuen Waffensysteme, die F-4F und RF-4E *Phantom*, der *Alpha Jet* und auch der *MRCA-Tornado* bekamen direkt ab Programmbeginn einen Waffensystembeauftragten zugeordnet, der die Einführung des Rüstungsprojektes koordinieren sollte. Bei der Einführung aller dieser Waffensysteme wiederholten sich die Vorfälle, die bei der F-104G aufgetreten waren, nicht[1587].

Damit wird deutlich, dass es falsch war, die Ereignisse seit Beginn des Jahres 1966 als *Starfighterkrise* zu bezeichnen. Vielmehr handelte es sich um eine Systemkrise der gesamten Luftwaffe[1588]. Das Waffensystem F-104G war dabei nur die Plattform, auf der sich die gesamte Problematik abbildete. Schon das Interview von Generalleutnant Panitzki in der Neuen Ruhr-Zeitung[1589] hatte deutlich aufgezeigt, was bei dieser Teilstreitkraft alles im Argen lag. Offenbar war die Luftwaffe auf Grund ihrer gesamten Struktur noch nicht bereit für ein hochtechnologisch so anspruchsvolles Waffensystem wie die F-104G. Dabei war das Problem sicher nur in sehr geringem Maß das Flugzeug selbst. Die Luftwaffe wäre möglicherweise mit jedem anderen Muster wie der Mirage oder dem SuperTiger genauso gescheitert. Beginnend in der Luftwaffenführung über die logistische und wartungstechnische Struktur bis zur Personalausstattung der Verbände fehlte der Teilstreitkraft das notwendige Verständnis für ein so modernes Waffensystem. Dieses Verständnis musste sich die Luftwaffe erst erarbeiten. Die Ereignisse um den Starfighter waren dabei das bittere Lehrgeld, das für den Eintritt in der Phase der Hochtechnologierüstungsprojekte bezahlt werden musste.

Im Oktober 1969 verlor die Bundeswehr schließlich den 100. Starfighter[1590]. Zu diesem Ereignis erreichte das Verteidigungsministerium eine Reihe von ironisch verfassten Glückwunschkarten, in denen dem Ministerium zu dieser „Leistung gratuliert"

[1585] Lemke, Konzeption, S. 373f.

[1586] Broeckelschen, Zentrale Verantwortung, S. 261

[1587] Schlieper, Wechselwirkung, S. 580, so auch die Ansicht von Lemke, Konzeption, S. 378.

[1588] Diese Ansicht findet sich auch in der Literatur. So spricht Martin Rink von einem Technologieschock der 1950er Jahre, für den die Bundesluftwaffe in den 1960er Jahren bitteres Lehrgeld zu bezahlen hatte; vgl. Rink, Aufstellungsphase, S. 133.

[1589] Neue Ruhr-Zeitung, 20.8.1966: „Interview mit Luftwaffeninspekteur Werner Panitzki".

[1590] Vgl. dazu Spiegel 43/1969 vom 20.10.1969: „Wir haben eine Unfallsituation, die tragbar ist. Spiegel-Interview mit dem Inspekteur der Luftwaffe, Generalleutnant Johannes Steinhoff", S. 107f.

wurde[1591]. Dies untermauert den nach wie vor schlechten Ruf des Kampfflugzeugs F-104G in der Öffentlichkeit. Einziges offizielles Dokument zu diesem Vorgang war ein Schreiben des Ministerbüros an den Führungsstab der Luftwaffe: „Anliegend übersende ich Ihnen die anlässlich des 100. Absturzes eines Starfighter-Flugzeuges die hier eingegangenen Zuschriften. Von hier ist nicht beabsichtigt, die Eingänge zu beantworten[1592]."

1969 rückte das Waffensystems F-104G auch noch wegen eines Berichtes des Bundesrechnungshofs in das Interesse der Öffentlichkeit. In seinen Ausführungen rügte der Rechnungshof explizit das Vorgehen des Verteidigungsministeriums beim Auswahlprozess und der Beschaffung des Starfighters für die Bundeswehr und wies nach, dass durch Mangel an Kenntnis und Erfahrung bei der Beschaffung von Hochleistungsflugzeugen eine Reihe von Fehlleistungen begangen wurde, die dem Bund extreme Nachteile entstehen ließ[1593]. Besonders stark wurde der Umstand kritisiert, dass die deutsche Verhandlungsdelegation den von Lockheed aufgebotenen erfahrenen Wirtschaftsjuristen offenbar personell so gut wie nichts entgegen zu setzen hatte[1594].

Bis zur Außerdienststellung des Flugzeugmusters, die ab Mitte der 1970er Jahre schrittweise begann – und in deren Verlauf die Starfighter aufgabenbedingt teilweise durch die Flugzeugmuster F-4 Phantom und später in der Jagdbomberrolle und als Strike-Flugzeug durch den MRCA-Tornado ersetzt wurden –, wurde der Starfighter noch häufiger kurzzeitig zu einem Objekt des öffentlichen Interesses, beispielsweise durch die im Wahlkampf 1976 diskutierten Bestechungsvorwürfe gegen Franz-Josef Strauß oder durch die vereinzelte Häufung mehrerer Abstürze. Die in der deutschen Öffentlichkeit vorhandene negative Sichtweise des Flugzeugs als „Witwenmacher" konnte das Waffensystem dabei nie mehr ablegen.

4.   Die Berufung Steinhoffs – Ein Ende der Krise?

Mit der Ernennung Steinhoffs zum Inspekteur der Luftwaffe am 2. September 1966 war die „Krise" keinesfalls sofort beendet. Es musste sich erst zeigen, dass die von der Luftwaffe, also in erster Linie von der Gruppe um den Sonderbeauftragten für das Waffensystem F-104, identifizierten und von Steinhoff aufgegriffenen und dann realisierten Einzelmaßnahmen die Probleme mit dem Waffensystem bewältigen konnten.

[1591] Diese Sammlung von Glückwunschkarten befindet sich in BArch, BL 1/5841.
[1592] BArch, BL 1/5841, Schreiben BMVg Ministerbüro an StellvInspLw vom 3.11.1969.
[1593] Bundestagsdrucksachen 6. WP Drucksache VI/452.
[1594] Diese Kritik findet sich auch in Der Spiegel 43/1969 vom 20.10.1969: „Kauf von Schrott", S. 107.

Grundlegend für alle diese Bemühungen war jedoch der von Steinhoff bereits in seinem Antrittsschreiben an den Minister am 2. September 1966 skizzierte grundlegende Umbau der Luftwaffe zu einer tragfähigen, nach Aufgaben ausgerichteten „Fach-Kommando Lösung[1595]". Diese in der Spitze im Führungsstab der Luftwaffe mündende Neuorganisation führte trotz der Einführung neuer Kommandobehörden – des Kommandos Luftflotte für die Einsatzverbände und des Luftwaffenunterstützungskommandos für die logistischen Verbände – zu einer strafferen Struktur der Luftwaffe mit klar bestimmten Zuständigkeiten und Aufgaben. In diesem Sinne sind die Hierarchien und Meldewege „flacher" geworden. Zugleich darf nicht übersehen werden, dass insbesondere für die fliegenden Einsatzverbände mit der 1970 erfolgten Einführung des „Berufsoffiziers 40" der Erfahrungsgewinn der Einzelnen für die Gesamtheit nutzbar wurde: Jetpiloten konnten nunmehr aufgrund ihrer besonders umfassenden Ausbildung und der hohen körperlichen Belastung nach der Vollendung des 40. Lebensjahres in den Ruhestand versetzt werden. Bis dahin leisteten sie grundsätzlich in den fliegenden Kampfverbänden ihren Dienst. In diesem Zusammenhang wurde der Jetpilot als Zeitsoldat abgeschafft. In der Folge stieg ohne Frage die fliegerische Expertise, die Erfahrung im Umgang mit den Mach 2+-fähigen Jets vom Starfighter, wie auch später vom Phantom oder Tornado.

Mit dieser Entwicklung einher ging die Prägung eines neuen beruflichen Selbstverständnisses für die Offiziere und Unteroffiziere der Luftwaffe, die Steinhoff mit dem „Bild des Offiziers" bzw. dem „Bild des Unteroffiziers" in Kraft setzte[1596]. Danach richtete Steinhoff das Soldatenbild an der „modernen Leistungsgesellschaft" aus, womit bestimmte Anforderungen nicht nur an den Beruf, sondern auch an denjenigen, der ihn ausübt verbunden waren. Streng genommen kam dieses der vollkommenen Abkehr vom Ancienitätsprinzip in der Luftwaffe gleich – wie es für Friedenszeiten in Streitkräften immer wieder zu beobachten war. Gleichzeitig erfuhr die Generalität der Luftwaffe einen Wandel. Steinhoff setzte die Mitbestimmung des Inspekteurs der Luftwaffe bei der Auswahl von Offizieren für Spitzenverwendungen mit durch. Damit erhielt er gegenüber dem Abteilungsleiter Personal im Bundesministerium der Verteidigung ein faktisches Vetorecht – niemand sollte und konnte fortan gegen den Willen des Inspekteurs der Luftwaffe für Verwendungen oberhalb des Dienstgrades Oberst ausgewählt werden. Durch dieses Vehikel besetzte Steinhoff in den kommenden vier Jahren zahlreiche Führungsverwendungen mit Personen, die nach seiner Ansicht der Anforderung an die Komplexität der Luftwaffe gewachsen waren, oder wenigstens bei ihm selbst in hohem Ansehen standen[1597]. Hierzu war auffällig, dass die wenigstens der Divisionskommandeure oder Kommandeure der Luftwaffengruppen

---

[1595] Lemke, Konzeption und Aufbau, S. 312-320.
[1596] Birk, Steinhoff und sein Bild.
[1597] Rall, Mein Flugbuch, S. 304-306.

selbst mit modernen fliegenden Waffensystemen oder denen der Luftverteidigung vertraut waren. In der Zukunft wurden nur noch solche in diese Führungsebene befördert, die selbst entweder Jet flogen oder sich in der Flugabwehraktentruppe bewährt hatten. Einige „alte" Generale ohne diese Expertise wurden sukzessive pensioniert.

Als nicht weniger wesentlicher Schritt zur Beruhigung der öffentlichen Wahrnehmung war ebenfalls die von Steinhoff eingeleitete Suche nach einem Nachfolgemuster für den Starfighter. Für die Aufgaben als Jagdflugzeuge und als taktischer Aufklärer – beides konnte der Starfighter nur bedingt erfüllen – beschaffte die Luftwaffe ab 1971 die McDonnell F-4F bzw. RF-4E Phantom II. Dieses zweisitzige und zweistrahlige Kampfflugzeug war in den USA seit 1965 im Einsatz und entwickelte sich bei der US Navy, der US Air Force und auch bei den US Marines zu einem wirklichen Mehrzweckkampfflugzeug mit großem Potenzial und überzeugender Leistung. Dass die F-4F Phantom in der Luftwaffe letztlich zwischen 1973 und 2013 40 Jahre im Dienst stand, ist Beweis nicht nur für Langlebigkeit, sondern vor allem ein Ausweis für die Solidität dieses Flugzeuges und für seine Leistungsfähigkeiten – ungeachtet seiner mehrfachen „Kampfwertsteigerungen".

Maßgeblich für die mit der Ernennung Steinhoffs einsetzende Beruhigung der öffentlichen Meinung über die Luftwaffe ist allerdings seine Presse- und Öffentlichkeitsarbeit an der Spitze der Luftwaffe. Durch die herausragenden persönlichen Kontakte zu den Leitjournalisten Lothar Rühl (Die Welt) und Adalbert Weinstein (Frankfurter Allgemeine Zeitung) wie auch zu vielfältigen anderen Medien machte er die Außendarstellung der Luftwaffe zur Chefsache. Er war nicht Objekt der Darstellung, sondern Motor dieser Arbeit und er nahm vielfältige Möglichkeiten wahr, die Luftwaffe besser darzustellen und insbesondere den Starfighter in besseres Licht zu rücken. Dabei mag der Mitflug von Udo Jürgens, dem „schnellsten Schlagersänger der Welt", in einem Starfighter im September 1970 wie ein PR-Gag wirken[1598]. Tatsächlich war es eine pfiffige, vertrauensbildende Idee, die sich überdies noch gut vermarkten ließ. Und wenn schon Udo Jürgens nachher voll des Lobes war, wer will dann noch an der Luftwaffe zweifeln. Hierzu passt auch, dass Steinhoff gezielt Politiker zu Jetpiloten ausbilden ließ und somit Multiplikatoren für die Luftwaffe produzierte. Zwar flogen sie nicht alle gleich den Starfighter, aber es wurde dafür gesorgt, dass nicht nur Manfred Wörner von der CDU fliegen lernte.

Insgesamt gab Steinhoff der Luftwaffe das Vertrauen in ihre Fähigkeiten zurück, kommunizierte dieses zweckmäßig in die Medien hinein und sorgte trotzdem regelmäßig für Erstaunen, wenn er beispielsweise im Herbst 1966 ein mehrwöchiges

---

[1598] Vgl. http://www.abendblatt.de/archiv/1970/article201242547/Schnellster-Schlagerstar.html (10.10.2015).

Startverbot für Starfighter verhängte, um den Problemen auf den Grund zu gehen. Dass damit NATO-Forderungen und -Zusagen zeitweise nicht erfüllt werden konnten, wurde in der Öffentlichkeit offenbar nicht wahrgenommen. Ganz offensichtlich war Steinhoff der einzige General, dem die Politik zutraute, die Luftwaffe aus der Krise zu führen. Sein Intellekt und seine herausragende Stellung innerhalb der Generale der Bundeswehr hat er nicht nur hier, sondern auch in der Anschlussverwendung als Vorsitzender des NATO-Militärausschusses und damit an der militärischen Spitze des Bündnisses unter Beweis gestellt. Vielleicht hatte Helmut Schmidt recht, als er einst gesagt haben soll, der „steckt zehn Staatssekretäre in die Tasche"! Freilich war dazu viel Arbeit in vielen Bereichen notwendig.

Schluss

Die Beschaffung und die sich daran anschließende Lizenzfertigung des Flugzeugmusters F-104G war ein facettenreicher Prozess. Bereits relativ kurze Zeit nach Beginn des Auswahlverfahrens stand für den Führungsstab der Luftwaffe fest, dass die Entscheidung über das zukünftige Kampfflugzeug der Deutschen Luftwaffe nicht nur auf rein militärische Gründe basieren würde. Das auszuwählende Flugzeug solle mehrrollen- und allwetterfähig sowie überschallschnell sein. So suchte die Auswahlkommission der Luftwaffe nicht nur ein Flugzeug, mit dem die Bundesrepublik in der Lage sein sollte, die ihr im Rahmen der NATO-Mitgliedschaft gestellten verschiedenen Verteidigungsaufgaben in Mitteleuropa zu erfüllen. Unbedingt notwendig beim Auswahlverfahren wurde eine Komponente, die die Kompetenz des Luftwaffenführungsstabes eigentlich gar nicht betraf: Der Hersteller des ausgewählten Musters sollte bereit sein, der deutschen Luftfahrtindustrie eine Lizenzfertigung in ihren Werken zu erlauben. Dies sollte für die Unternehmen der Luftfahrtindustrie, vor allem im süddeutschen Raum, nach den ersten Lizenzbauaufträgen für die Ausrüstung der gerade erst aufgestellten Luftwaffe die weitere Beschäftigung sichern.

In den Fokus der Auswahlkommission rückten von Anfang an vor allem die Muster der damals technologisch am weitesten entwickelten Luftfahrtindustrie der Welt, der USA. Aber auch Muster aus den westeuropäischen Industriestaaten wurden in Augenschein genommen. Die Kandidaten für die mögliche Ausstattung der Luftwaffe mit einem Kampfflugzeug der nächsten Generation kamen aus Großbritannien, Frankreich, Italien und aus Schweden. Die Verwendung eines von der deutschen Industrie konstruierten Kampfflugzeugs schied kurz nach Beginn der Überlegungen aus. Die Prüfung der von den deutschen Luftfahrtfirmen eingereichten Vorschläge ergab, dass die heimische Industrie noch nicht die Leistungsstärke erreicht hatte, um ein Kampfflugzeug von der gewünschten Qualität konstruieren zu können.

Ende des Jahres 1957 kristallisierte sich heraus, dass die Entscheidung zwischen drei noch im Bewertungsprozess verbliebenen Mustern fallen würde: Auf der einen Seite die französische Mirage III, auf der anderen Seite die US-amerikanischen Muster F-104 und F-11 SuperTiger. Dabei hatte sich Lockheed, die Herstellerfirma der F-104, im Verlauf des Jahres 1957 einen unschätzbaren Vorteil gegenüber den Konkurrenzfirmen erarbeitet, indem sie die F-104 sowohl dem Wirtschaftsministerium als auch dem Führungsstab der Luftwaffe zum kompletten Lizenzbau inklusive Triebwerk und Elektronik durch die deutsche Luftfahrtindustrie anbot. Bei einer Anfang 1958 verfassten fliegerischen Bewertung der getesteten Flugzeuge wurde klar, dass auch die dazu kaum befähigten deutschen „Testpiloten" die F-104 bevorzugten. Maßgeblich für die Auswahlkommission war dabei ganz offenkundig, dass die F-104 als einzige der drei Maschinen schon als fertiges Serienflugzeug zur Verfügung stand und sich im

Einsatz befand. Die beiden anderen Modelle befanden sich noch in der laufenden Flugerprobung. Der Führungsstab der Luftwaffe legte jedoch aus durchaus nachvollziehbaren, vor allem militärischen wie auch industriellen Gründen großen Wert darauf, ein Flugzeug zu kaufen, bei dem die Erprobung bereits abgeschlossen war. Die Luftwaffenführung wollte sich nicht in eine noch laufende Entwicklung einkaufen, um nicht neben dem Kaufpreis für die Flugzeuge auch noch die Entwicklung bezahlen zu müssen.

Nachdem die Entscheidung für die F-104 im Grunde schon gefallen und bei einem Besuch von Verteidigungsminister Strauß im März 1958 auch dem US-Verteidigungsministerium mitgeteilt worden war, ließ dieser nach seiner Rückkehr aus den USA die französische Mirage III durch den Führungsstab der Luftwaffe erneut überprüfen. Dieses Handeln entsprang seinem Wunsch, auf Basis einer Rüstungskooperation ein besseres und engeres Verhältnis zwischen der Bundesrepublik und Frankreich herstellen zu können. Diese Untersuchungen zogen sich noch den kompletten Sommer des Jahres 1958 hin, scheiterten aber im September 1958 endgültig an der beharrlichen Weigerung der französischen Konstruktionsfirma, von der Bundesrepublik gewünschte technische Änderungen an dem Flugzeug vornehmen zu lassen. Ende Oktober 1958 gab das Verteidigungsministerium schließlich bekannt, dass die F-104 Starfighter von Lockheed den Zuschlag erhalten hatte. Neben dem Kauf einer gewissen Grundausstattung an Flugzeugen sollte der Großteil der für die Luftwaffe benötigten Flugzeuge von Unternehmen der deutschen Luftfahrtindustrie in Lizenz gebaut werden.

Anfang November 1958 erfolgte die Unterrichtung des Verteidigungsausschusses des Bundestages durch den Führungsstab der Luftwaffe. Dabei wurden die Ausschussmitglieder in mehreren Sitzungen von der Luftwaffenführung mit einer wahren Informationsflut überschüttet. Die Gründe für die Wahl der F-104 wurden den Parlamentariern bis ins kleinste Detail erläutert. Dieses Vorgehen wäre prinzipiell einwandfrei gewesen. Das einzige Problem an dem Umstand war, dass der Führungsstab der Luftwaffe dem Ausschuss tatsächlich jedoch ein Flugzeug beschrieb, das zu diesem Zeitpunkt noch nicht einmal auf dem Reißbrett existierte und lediglich äußerlich dem bekannten Lockheed F-104 Starfighter entsprach. Vielmehr beschrieb die Luftwaffenführung den Abgeordneten die in der USAF bereits verwendete Version der F-104, wohingegen die für die Bundesrepublik vorgesehene Version erst noch entwickelt werden musste. Der Inspekteur der Luftwaffe, Generalleutnant Josef Kammhuber, gab zwar vor dem Ausschuss an, dass für die Verwendung in Deutschland *keinerlei Änderungen an der Maschine* notwendig seien, musste diese Aussage aber in den Ausschusssitzungen der folgenden Monate Schritt für Schritt revidieren. Der Ausschuss stimmte der Beschaffungsmaßnahme zu, ohne über das tatsächlich notwendige Ausmaß der geplanten Änderungen informiert worden zu sein. Vor allen Dingen hatte die

Luftwaffe sich damit für die Vorgehensweise entschieden, die sie knapp ein dreiviertel Jahr vorher noch entschieden abgelehnt hatte: Den Kauf eines Flugzeugs, das noch nicht fertig entwickelt worden war und dessen Entwicklungskosten nun von der Bundesrepublik zu tragen waren. Diese Entscheidung lief der bisherigen Argumentation des Luftwaffenführungsstabes vollständig entgegen. Damit hätte die Luftwaffe auch die Mirage oder die F11 einführen können; auch bei ihnen waren die Entwicklungen nicht abgeschlossen und vom Käufer wären entsprechende Kosten zu tragen gewesen.

Bereits einen Monat nach der Entscheidung des Ausschusses wurde bei einer Reise einer Delegation des Bundeswirtschaftsministeriums aktenkundig, dass bei der für die Bundeswehr bestellten Version der F-104 gegenüber der bereits existierenden Maschine erhebliche Veränderungen auch konstruktiver Art nötig waren. Über diesen Umstand wurde auch Minister Strauß informiert. Lockheed behauptete später hingegen, dass die Firma von Beginn der Verhandlungen an auf die Probleme, die die Erfüllung der deutschen Wünsche mit sich bringen würde, hingewiesen habe.

Im Lauf der folgenden Monate wurde deutlich, dass die Bundesrepublik mit dem mit Lockheed abgeschlossenen Kauf- und Entwicklungsvertrag ein schlechtes Geschäft abgeschlossen hatte. Lockheed wurde darin zwar beauftragt, das neue Kampfflugzeug für die Deutsche Luftwaffe zu entwickeln; es wurden aber keine genauen Leistungsdaten vertraglich fixiert. Lockheed wurde lediglich *angewiesen, zu versuchen*, den Leistungsdaten so nah wie möglich zu kommen. Dies hatte zur Folge, dass sich die Firma beim Nichterreichen von Leistungsparametern stets darauf berufen konnte, dass sie vertraglich überhaupt nicht daran gebunden sei, diese technischen Angaben auch wirklich zu erreichen.

Eng verknüpft mit dem Vorgang der Beschaffung ist daher die These, die Auswahl der F-104G sei vom Hersteller Lockheed mit Schmiergeld an Verteidigungsminister Strauß und weitere Angehörige der Luftwaffe erkauft worden. Lockheed wurden nicht nur in den USA, sondern auch in den Niederlanden, Italien und Japan die Zahlung von Bestechungsgeldern an politische und militärische Funktionsträger nachgewiesen. Es scheint daher naheliegend, diese Vorgehensweise auch bei der Beschaffung der F-104G zu vermuten.

Grundsätzlich ist dieser Umstand aus den untersuchten Quellen zunächst nicht nachweisbar. Eine Untersuchungskommission des Bundesjustizministeriums kam 1978 ebenfalls zu diesem Ergebnis.

Im Falle von Bestechungsvorwürfen führt eine Nichtnachweisbarkeit häufig dazu, dass den handelnden Organen unterstellt wird, mögliche Spuren seien aus den Akten gelöscht worden. Unterstützt würde diese These durch den Umstand, dass große Teile des Privatnachlasses von Franz-Josef Strauß immer noch nicht für die Öffentlichkeit zugänglich sind.

Im vorliegenden Beschaffungsvorgang der F-104G ist allerdings nicht von Bestechung auszugehen. Im Rahmen des Auswahlprozesses kristallisierte sich neben den militärischen Anforderungen auch schnell eine wirtschaftliche Komponente heraus: Das auszuwählende Kampfflugzeug sollte auf jeden Fall von den Unternehmen der deutschen Luftfahrtindustrie in Lizenz gebaut werden können. Wichtig war hierbei die volle Lizenzfertigung. Neben der Flugzeugzelle sollten auch das Triebwerk und die Elektronik in Deutschland hergestellt werden. Von allen konkurrierenden Herstellern bot ausschließlich Lockheed bei der F-104G diese Option. Bei allen anderen Firmen war die Lizenzfertigung entweder erheblich eingeschränkt oder gar nicht möglich. Lockheed musste also praktisch selbst gar nichts unternehmen, um sich gegen die anderen Flugzeugmuster durchsetzen zu können. Selbst wenn Bundeskanzler Adenauer – wie im Übrigen auch Bundesverteidigungsminister Strauß – lieber die französische Mirage in der Bundesluftwaffe gesehen hätte, konnte auch er sich diesem äußerst mächtigen wirtschaftspolitischen Faktor nicht verschließen. Zudem hatte die Fertigung der F-104G in Deutschland für Verteidigungsminister Strauß einen weiteren erheblichen Vorteil: die Fertigung sollte zum großen Teil bei Unternehmen erfolgen, die in Bayern ansässig waren. Auch wenn Strauß Bundesminister war, diesen regionalen Standortfaktor konnte er als CSU-Mitglied zur Sicherung seiner politischen Machtbasis unmöglich außer Acht lassen. Bei allen Zweifeln, die der Entscheidungsprozess für die F-104G aufwirft – Bestechung hat dabei sicherlich keine Rolle gespielt.

Bei der Flugerprobung der neuen Maschine ab Anfang der 1960er Jahre zeigte sich, dass die Umkonstruktion und der Einbau der benötigten Elektronik große technische Probleme mit sich brachten. Diese Schwierigkeiten setzten sich bei den ab 1962 in Deutschland fortgesetzten Erprobungsflügen fort. Entwicklungsingenieure der deutschen Luftfahrtindustrie befanden dazu, dass das Flugzeug zwar fliegerisch funktionsfähig, aber auf Grund der erheblichen Mängel der Elektronik nicht einsatzfähig sei.

Für die Unternehmen der deutschen Luftfahrtindustrie war die Lizenzfertigung des Flugzeugmusters F-104G *Fluch und Segen zugleich*. Nach den anfänglichen vom Verteidigungsministerium erteilten kleineren Aufträgen hatten die Unternehmen nun die Möglichkeit, ihre Fähigkeiten mit der Lizenzfertigung eines der modernsten Flugzeuge der damaligen Zeit unter Beweis zu stellen und zu erweitern. Dabei hob sich die Lizenzfertigung des Musters F-104G aus zwei Gründen von allen anderen erteilten Lizenzbauaufträgen des Verteidigungsministeriums ab: wegen seiner technischen Komplexität und der Menge der hergestellten Flugzeuge. Die F-104G war als Flugzeug der Mach-2-Klasse technisch erheblich anspruchsvoller als alle anderen Lizenzbauaufträge zuvor. Somit konnten die Lizenzunternehmen an diesem Flugzeug die meisten neuen technischen Kenntnisse erwerben. Die Menge der in Lizenz hergestellten Maschinen garantierte außerdem der Luftfahrtindustrie die volle Auslastung ihrer Produktionskapazitäten auf mehrere Jahre.

Bei der Aufnahme der Lizenzproduktion zeigte sich zunächst, dass die Unternehmen der Luftfahrtindustrie die ihr gestellte Aufgabe entgegen ihrer Überzeugung *erheblich unterschätzt* hatten. Die Vorbereitungen der Unternehmen auf die Produktion brauchte wesentlich mehr Zeit als erwartet. Dies jedoch brachte gleichzeitig die Luftwaffe bei der geplanten Aufstellung des ersten F-104G-Geschwaders in ziemliche Bedrängnis. Schließlich entschied sich die Luftwaffe, die Anzahl der direkt beim Hersteller Lockheed gekauften Flugzeuge zu erhöhen, um mit der Aufstellung wie geplant fortfahren zu können.

Die ab 1960/61 im Verteidigungsausschuss stattfindenden Beratungen zur Thematik des Waffensystems F-104G waren von wachsender Kritik, vor allem aus der SPD, geprägt. Dabei ist ein Umstand allerdings völlig unverständlich: Generalleutnant Kammhuber behauptete mehrfach im Ausschuss, dass die Luftwaffe seinerzeit die F-104 zur Anschaffung vorgeschlagen habe, *obwohl* der Führungsstab der Luftwaffe gewusst habe, dass die Maschine noch nicht fertig entwickelt sei. Mit dieser Aussage sagte Kammhuber – bewusst oder unbewusst – die Unwahrheit. Selbst wenn die Ausschussmitglieder diese Aussage weder kommentierten noch kritisierten, erscheint es im Lichte dieser Untersuchung so, dass Kammhuber mit seiner Aussage die Abgeordneten in eine Art „Mithaftung" nehmen wollte: sie wussten um diesen Umstand und haben trotzdem der Beschaffung zugestimmt. – Dabei befanden sich zum 1961/62 noch genügend „langjährige" Mitglieder im Ausschuss, die bereits bei der Sitzung im November 1958 dem Gremium angehört hatten. Offenbar konnte sich aber kein Abgeordneter an die damals gemachten Aussagen des Luftwaffeninspekteurs erinnern.

Ab Anfang des Jahres 1962 prägte die Kritik am Zustand des Waffensystems F-104G zunehmend die Diskussion im Verteidigungsausschuss. Insbesondere die Ausschussmitglieder der SPD-Fraktion wollten Genaueres zu den Problemen wissen, während die Koalitionsabgeordneten von CDU/CSU und FDP die im Ausschuss anwesenden Vertreter des Verteidigungsministeriums gegen die vorgebrachten kritischen Bemerkungen überwiegend zu verteidigen versuchten. Dieser Zustand setzte sich bis zur Behandlung der „Starfighter-Krise" im Verteidigungsausschuss zu Beginn des Jahres 1966 fast ununterbrochen fort. Dann jedoch standen sich die Regierungskoalition aus CDU/CSU und FDP sowie die SPD als Opposition in offener Konfrontation gegenüber. Die Ausführungen der einzelnen Ausschussmitglieder waren zwar teilweise noch sachlich geführt, aber in zunehmendem Maße auch von gegenseitigen Vorhaltungen und Unterstellungen geprägt. Diese konnten kaum zur Sachdebatte selber beitragen, sondern hatten nur das Ziel, die politische Glaubwürdigkeit der jeweils anderen Seite herabzusetzen.

Zusammenfassend und unter Bezugnahme auf die einleitende Fragestellung ist an dieser Stelle festzuhalten, dass der Verteidigungsausschuss des Bundestages seinen Auftrag zur politischen Kontrolle der Bundeswehr in Bezug auf die Beschaffung und den Einsatz des Flugzeugtyps F-104G nur unzureichend bis überhaupt nicht erfüllte. Dafür gibt es eine Reihe von Gründen:

Die Entscheidung für die Beschaffung des Waffensystems kann den Ausschussmitgliedern keineswegs zur Last gelegt werden. Zwar wusste die Luftwaffenführung zum damaligen Zeitpunkt bereits, dass an der ausgewählten Maschine eine große Zahl von Änderungen notwendig sein würde, teilte dies aber den Abgeordneten nicht mit. Die von der Luftwaffenführung dargelegten Informationen waren dabei so detailliert, vielschichtig und augenscheinlich um Überzeugung bemüht, dass sich die Abgeordneten mit großer Sicherheit wirklich hervorragend informiert *fühlten*. Tatsächlich aber waren sie insbesondere von der Luftwaffenführung hinsichtlich der für die Aufgabenerfüllung zwingend notwendigen Konstruktions- und Nachrüstungsprobleme nur lückenhaft informiert worden. – Dies sollte sich erst später herausstellen.

Das Versagen des parlamentarischen Kontrollgremiums begann allerdings bereits im März 1959, also nur vier Monate nach der Zustimmung des Verteidigungsausschusses zum Kauf der F-104. Obwohl schon kurz nach der Entscheidung für den Kauf des Flugzeugs offenkundig wurde, dass die im Ausschuss dargelegten Fakten nicht komplett zutreffend waren, blieben die Ausschussmitglieder erstaunlich passiv! Diese Passivität zog sich über weite Strecken der Einführung des Waffensystems in die Luftwaffe hin. Dabei bleibt festzuhalten, dass den Ausschussmitgliedern im März 1962 Aussagen vorgelegt wurden, die den zur Begründung der Auswahl vorgestellten Informationen komplett zuwider liefen. Offenbar reichte das Gedächtnis der Abgeordneten aber nicht so weit zurück. Gegen diese vollkommen „neuartige" Darstellungen der Luftwaffenführung und des Verteidigungsausschusses erhob sich über lange Zeit kein Widerspruch.

Natürlich muss dabei die Tatsache berücksichtigt werden, dass der Verteidigungsausschuss sich nicht allein mit dem Waffensystem F-104G, sondern mit der ganzen Bundeswehr und all ihren Problemen auseinandersetzen musste. Dennoch hatte jeder Abgeordnete die Möglichkeit, in den alten Sitzungsprotokollen den Gang der Verhandlung noch einmal nachzulesen. Hätte dies ein Ausschussmitglied getan, wären ganz offensichtlich und ohne Probleme die Unstimmigkeiten in den Aussagen der Luftwaffenführung und des Verteidigungsministeriums zu erkennen gewesen.

Dennoch drängt sich die Vermutung auf, dass die Mitglieder des Verteidigungsausschusses zum damaligen Zeitpunkt noch gar nicht verstanden hatten, was für ein mächtiges Instrument die Ausschussarbeit sein konnte; sie waren thematisch überfordert. In der heutigen Zeit ist die Arbeit eines Parlamentsausschusses eine politisch wirkungsvolle Waffe, die bei einem vorhandenen Missstand auf Seiten der Regierung und einem entsprechend motivierten und vorbereiteten Ausschussmitglied dafür sorgen kann, dass die Befragung des Regierungsvertreters für diesen eine wahre Tortur wird – Rücktritte und „Bauernopfer" nicht ausgeschlossen. Offensichtlich waren sich die Ausschussmitglieder zur damaligen Zeit dieser Machtfülle nicht wirklich bewusst, sofern sie überhaupt an einer Kritik der Regierung interessiert waren. Das Verhalten der Verteidigungsausschussmitglieder zeigte dabei sehr deutlich, dass die parlamentarische Kontrolle in der Bundesrepublik zum Zeitpunkt der Diskussion über die Beschaffung des Waffensystems F-104G von den Mandatsträgern noch nicht so verstanden und betrieben wurde, wie sie vom Grundgesetz vorgesehen war. Insoweit überstrahlt die Erfolgsgeschichte der parlamentarischen Demokratie in der Bundesrepublik Deutschland hier die falsch verstandene Interpretation des Grundgesetzes. Der Ausschuss hat aus dieser Sachlage gelernt und sich in diesem Fall die ihm von Rechts wegen her zustehenden Kompetenzen erst erarbeiten müssen.

Dass sich das Verhalten der Ausschussmitglieder im Verlauf der Behandlung der Thematik des Waffensystems F-104G zum Teil deutlich wandelte, hing vermutlich mit der zu Beginn der 1960er Jahre aufkommenden kritischeren Geisteshaltung in vielen westlichen Industriestaaten zusammen, die durch zahlreiche nachrückende Bundestagsabgeordnete Einzug in das Parlament hielt. Es folgte das zunehmende Hinterfragen aller gesellschaftlichen Bereiche. Diese Geisteshaltung hatte auch Einfluss auf die Politiker und trug einen Teil dazu bei, dass die Abgeordneten nun deutlich fordernder als bisher an politische Probleme und ihrer Repräsentanten herantraten und mit ihnen umgingen – Karl Wienand hat sich als Exponent dieser Richtung sozusagen am Vertreter der alten Schule, Kai-Uwe von Hassel, geradezu abgearbeitet.

Auch die Rolle der Luftwaffenführung ist aus Kenntnis der Abläufe und der historischen Dokumente einer begründeten Kritik zu unterziehen: So war das Verhalten der Generale Josef Kammhuber und Johannes Steinhoff, dem Ausschuss nicht getätigte Aussagen als wahr zu verkaufen oder dem parlamentarischen Kontrollgremium bestimmte Informationen zu Unfällen besser vorzuenthalten – auch um diese Dinge in der Luftwaffe intern zu regeln – alles andere als zweckmäßig. So sollten sich diese ranghohen und in Verantwortung stehenden Staatsbürger in Uniform gegenüber der Kontrolle der Streitkräfte durch die Politik nicht verhalten. Und gerade das Auftreten des Inspekteurs der Luftwaffe im Ausschuss vor dem Hintergrund des Absturzes der Starfighter-Formation am 19. Juni 1962, als Kammhuber wider besseren Wissens konsequent die Existenz von Kunstflugformationen der Bundeswehr leugnete, unterstreicht dieses zusätzlich. Vielmehr präsentierten sich beide Generale als Vertreter eines historisch geprägten Standesdenkens – der Minister übt die politische Kontrolle über die Streitkräfte aus, dem Parlament müsse ein Soldat nicht alles sagen.

Trotz der Tatsache, dass der Verteidigungsausschuss die parlamentarische Kontrolle über den Ablauf des Rüstungsprojektes F-104G nur in unzureichendem Maße ausübte, kann nicht davon gesprochen werden, dass dieses Projekt eine zu starke Eigendynamik entwickelte und die Parlamentarier deswegen die Kontrolle über das Geschehen verloren hätten. Die Begründung für die nicht ausreichende Kontrolle dieses Rüstungsvorgangs lag nicht in bestimmten Strukturen des Vorgangs selbst, sondern vor allem im Verhalten der Mitglieder des Verteidigungsausschusses. Die Kontrollfunktion des Ausschusses versagte nämlich nicht, weil sich die Komplexität des Rüstungsprojektes F-104G per se durch die Entwicklung einer Eigendynamik der parlamentarischen Kontrolle entzog. Diese Kontrolle scheiterte an dem Umstand, dass die Parlamentarier sie nicht ausübten oder ausüben wollten, obwohl dem Verteidigungsausschuss die dazu notwendigen Kompetenzen sehr wohl zur Verfügung standen.

Dabei muss allerdings darauf hingewiesen werden, dass selbst einer dauerhaften effektiven Kontrolle durch den Ausschuss das Waffensystem F-104G nicht einfach hätte abgeschafft werden können. Mit der politisch gebilligten Unterzeichnung des Entwicklungs- und Lizenzbauauftrages im März 1959 war die Bundesrepublik unwiderruflich und rechtsverbindlich an dieses Flugzeug gebunden. Eine kurzfristige Änderung dieser Rüstungspolitik wäre schon allein aus vertragsrechtlichen Gründen unmöglich gewesen. Zum einen musste die Bundesrepublik ihre NATO-Verpflichtungen zur Aufrechterhaltung der Verteidigungsbereitschaft in Mitteleuropa gewährleisten. Zum anderen hätte die deutsche Luftfahrtindustrie, zu großen Teilen in die Fertigung des Flugzeugmusters eingebunden, die Fertigung nicht auf ein anderes Flugzeugmuster ohne Vorlaufzeit bei der Vorbereitung der Fertigung wechseln können. – Ganz abgesehen davon wäre dieser Industrie wohl auch kein anderes Luftfahrzeug so umfassend zum Lizenzbau angeboten worden. Diese Gesamtsituation kann mit einem Teufelskreis verglichen werden.

Ein komplettes Umschwenken auf ein anderes Flugzeugmuster wäre also gar nicht möglich gewesen. Möglich wäre es für den Verteidigungsausschuss allerdings durchaus gewesen, durch die stärkere Ausübung der ihm zustehenden Kontrollmacht wesentlich früher als geschehen auf die Probleme des Waffensystems aufmerksam zu werden und entsprechende konkrete Gegenmaßnahmen zu fordern, wie dies 1966 auf dem Höhepunkt der Diskussion um den Starfighter auch geschah.

Der Grund, weshalb sich die Fraktionen von CDU/CSU und SPD ab 1965 im Bundestag konfrontativ gegenüberstanden, liegt – auch, aber nicht allein – in der Beschäftigung mit der Problematik des Waffensystems Starfighter im Verteidigungsausschuss. Schon beim Auftreten erster Unklarheiten in Bezug auf den Einsatz des Flugzeugs reagierten die Ausschussmitglieder der beiden Parteien völlig unterschiedlich: Während aus den Reihen der SPD durchaus kritische Nachfragen zu diesem Thema kamen, bemühten sich die Abgeordneten der Fraktion von CDU und CSU, dem Thema keine allzu große Bedeutung zukommen zu lassen. So wurde teilweise nach der

Diskussion über die beginnenden Probleme im Ausschuss von deren Abgeordneten gefordert, die Debatte über dieses Waffensystem jetzt endgültig zu beenden.

Dieses Verhalten ergab sich dabei aus der Verschränkung zwischen Parlament und Regierung, die dem deutschen politischen System eigen ist. Die Regierung und die sie tragende Parlamentsfraktion sind eng miteinander verwoben und die Mitglieder der Bundesregierung häufig auch Mitglieder des Parlaments. Damit besteht auf Grund der Zugehörigkeit zur gleichen Partei meist eine starke Bindung zwischen Fraktion und Regierung. Dies führte im Ausschuss dann dazu, dass die damals regierende CDU/CSU-Fraktion nahezu alle Kritik am Starfighter abblockte, auch weil sie eine zu starke Kritik am Verteidigungsminister aus den eigenen politischen Reihen fürchtete.

Die Arbeit vieler Presseorgane trug erheblich zur kritischen Betrachtung des Waffensystems F-104G bei. Sie hatten sich seit 1957 zunehmend von einer auf Konsens ausgerichteten Berichterstattung gelöst und einige Formate hatten sich – gerade im Nachgang der Spiegel-Affäre – als grundsätzlich kritisch-skeptische Blätter etabliert. Die sich ab Anfang 1965 häufende Berichterstattung war damit auch ein Gradmesser, wie diese „vierte Gewalt" ihre politische Kontrollfunktion verstand. Ihre Berichte zum Starfighter haben zum einen die technischen Probleme des Flugzeugmusters und zum anderen dessen schlechte Sicherheitslage in das öffentliche Interesse gerückt. – Damit haben sie auch seinem zweifelhaften Ruf z.B. als „Witwenmacher" Vorschub geleistet.

Das ursprünglich extrem gute Verhältnis zwischen Verteidigungsministerium und Luftfahrtindustrie war mittlerweile, 1965/66, fast auf den Gefrierpunkt abgekühlt. Beide Seiten ergingen sich nur noch in gegenseitigen Vorwürfen. Die Industrie warf dem Ministerium vor, sie nicht genug durch Aufträge zu unterstützen, während das Ministerium die Unternehmen ständig aufforderte, sich wirtschaftlich zusammen zu schließen. Trotzdem gelang es den Unternehmen der Luftfahrtindustrie, die erste Rezession der bundesdeutschen Wirtschaft 1965/66 relativ unbeschadet zu überstehen. Neben einigen kleineren Aufträgen des Verteidigungsministeriums verdankte sie diesen Umstand auch einer deutlicher höheren Betätigung im Feld Forschung und Entwicklung sowie Aufträgen auf dem neu entstandenen Gebiet der Raumfahrttechnik. Natürlich mussten, bedingt durch die fehlenden Anschlussaufträge im Produktionsbereich, Facharbeiter entlassen werden. Dafür konnten, vor allem über die stärkere Betätigung deutscher Firmen auf dem Gebiet der Raumfahrtforschung, zusätzliche Fachkräfte eingestellt werden. Der Personalbestand der Industrie blieb somit weitgehend erhalten.

Die Gründe, weshalb es den Unternehmen der Luftfahrtindustrie nicht gelang, mit neuen Projekten an die Lizenzfertigung des Flugzeugmusters F-104G anzuknüpfen, liegen auf mehreren Ebenen.

Ab 1959 entwickelten die Luftfahrtfirmen der Südgruppe einen senkrechtstartfähigen Düsenjäger, der mittelfristig die Nachfolge der F-104G antreten sollte. Nachdem sich die ersten internen Streitigkeiten innerhalb der beteiligten Luftfahrtfirmen,
die erst durch das Verteidigungsministerium zu einer Zusammenarbeit „ermuntert"
werden mussten, gelegt hatten, arbeiteten die Entwicklungsabteilungen effektiv und
erfolgreich an der Umsetzung des Projektes. Einige Zeit später konstruierte auch die
Nordgruppe der Luftfahrtindustrie einen Senkrechtstarter, als möglichen Nachfolger
für das Erdkampfflugzeug G.91. Beide Gruppen entwickelten flugfähige Prototypen
und bewiesen, dass die Entwicklungsabteilungen der deutschen Luftfahrtindustrie auf
dem besten Weg waren, wieder Anschluss an die technologische Weltspitze zu finden.
Lediglich der wirtschaftliche Erfolg blieb den beiden Projekten – wie auch weiteren
Ideen für senkrechtstartende Passagierflugzeuge – verwehrt. Während die Unternehmen der Luftfahrtindustrie fest mit der Erteilung eines Serienbauauftrages für die
beiden Projekte und damit eine an die Lizenzfertigung der F-104G anschließende
Auslastung der Produktionskapazitäten gerechnet hatten, entschied das Verteidigungsministerium infolge der 1967/68 beschlossenen neuen NATO-Strategie, die
Projekte nicht in Serie bauen zu lassen. Damit hatten zwar die Entwicklungsabteilungen der Unternehmen Erfahrungen gesammelt. Für die Fertigungskapazitäten der
Firmen blieb aber nach wie vor die Frage einer künftigen Auslastung.

Zudem verfügten die meisten Unternehmen der Luftfahrtbranche noch nicht
einmal über eine Kapitaldecke, um die Entwicklung derartiger Projekte zu finanzieren,
geschweige denn produzieren zu können. Eine Initiative der Bundesregierung führte
schließlich zu dem Angebot der Übernahme von 60 Prozent der Entwicklungskosten,
40 Prozent sollten nach wie vor von den Firmen selbst aufgebracht werden. Gegen
diesen Prozentsatz erhoben die Firmen intensiven Protest und bezeichneten ihn als
wesentlich zu hoch. Das war der Bundesregierung durchaus klar und sogar in ihrem
Sinne. Damit sollten die Firmen animiert werden, sich zur Entwicklung von zivilen
Flugzeugprojekten zusammen zu schließen. Einen Effekt hatte diese Überlegung der
Bundesregierung allerdings nicht. Vor allem im süddeutschen Bereich war die gegenseitige Abneigung der Firmen untereinander, die zum großen Teil noch auf die extreme Konkurrenzsituation und das damit verbundene Denken aus dem „Dritten Reich"
zurückzuführen war, für die gemeinsame Arbeit an einem zivilen Flugzeugprojekt zu
groß. Die Folge dessen war eine dauerhafte Verhärtung der Fronten zwischen der
Bundesregierung und der deutschen Luftfahrtindustrie. Die Bundesregierung hoffte
weiterhin auf den Beginn einer Kooperation der Firmen untereinander, die der erste
Schritt zu einer Fusion der Firmen zu einem einzigen Luftfahrtunternehmen in
Deutschland mit einer Reihe von unterschiedlichen Standorten führen sollte. Dies war
vor allem Teil der Überlegungen von Wirtschafts- und Verteidigungsministerium, die
eine Fusion der Luftfahrtunternehmen als unabdingbare Voraussetzung für die Überlebensfähigkeit der gesamten Branche ansahen. Das Verteidigungsministerium plante

zur Unterstützung dieses Schrittes, Aufträge im Verteidigungssektor nur noch an Firmen zu vergeben, die sich einer Fusion gegenüber positiv zeigten.

Allerdings torpedierte das Ministerium diese an sich richtige Überlegung bei der ersten Gelegenheit selbst. So vergab es 1965 den Lizenzbauauftrag für den Transporthubschrauber Bell UH-1D an die Firma Dornier und damit genau an das Unternehmen, welches sich von allen deutschen Luftfahrtfirmen mit Abstand am wenigsten aufgeschlossen für einen wirtschaftlichen Zusammenschluss gezeigt hatte. Im Verteidigungsausschuss nach den Gründen für diese Entscheidung befragt, äußerte der Staatssekretär des Verteidigungsministeriums die Überzeugung, dass es bei der Erteilung dieses Auftrages nicht um eine moralische Maßregelung einer Firma gehe, sondern um die Auswahl des technisch am besten geeigneten Unternehmens. Und das war in diesem Fall offensichtlich Dornier. Somit vergab das Verteidigungsministerium eine große Chance, seinen aufgestellten Forderungen auch durch sein Handeln Nachdruck zu verleihen.

Während der Debatte um die Starfighter-Krise 1965 und 1966 war die Luftfahrtindustrie die einzige Gruppierung, die die öffentliche Diskussion so gut wie unbehelligt überstand. Zwar hatte der damalige Inspekteur der Luftwaffe, Generalleutnant Werner Panitzki, der Industrie im Herbst 1965 vorgeworfen, an der schlechten Sicherheitslage des Flugzeugs maßgeblich beteiligt zu sein. Für diese Bemerkung entschuldigte er sich allerdings in den Beratungen des Verteidigungsausschusses einige Monate später bei den anwesenden Vertretern des BDLI und erklärte, er sei in dem Interview falsch verstanden worden. Bei der Plenardebatte im Deutschen Bundestag sprachen die Vertreter aller Parteien der Industrie für die von ihr auch unter schwersten Bedingungen geleistete Arbeit Dank und Anerkennung aus.

Zur Frage der Schuld resp. Verantwortung der Luftfahrtindustrie an der Flugsicherheitssituation des Waffensystems F-104G ergeben die Ereignisse dieser Arbeit ein eindeutiges Bild: Zwar hatte die Industrie beim Anlaufen der Lizenzproduktion deutliche Probleme, den vor allem selbst definierten Leistungsstandard zu erreichen. Nach diesen Anlaufschwierigkeiten produzierten die Unternehmen der Luftfahrtindustrie die Flugzeuge ohne nennenswerte Probleme. Der Flugzeugtyp F-104G war zwar einer großen Anzahl von technischen Änderungen unterworfen. Die Verantwortung dafür lag jedoch in den zahlreichen, an die Konstruktion des Flugzeugs gestellten Anforderungen sowie der Zusammenstellung der elektronischen Komponenten. Beides hatte aber nicht die deutsche Luftfahrtindustrie zu vertreten. Ihre Unternehmen versuchten im Gegenteil sogar durch den Einsatz ihrer Entwicklungsingenieure die technischen Probleme so weit wie irgendwie nur möglich zu reduzieren. Eine Mitschuld an der schlechten Entwicklung der Sicherheitslage des Waffensystems F-104G war somit den Unternehmen der Luftfahrtindustrie nicht anzulasten.

Die Problematik, mit der das Waffensystem Lockheed F-104G Starfighter seit seiner Einführung in die Luftwaffe, wie auch später in die Marineflieger, zu kämpfen hatte, war eine Gemengelage aus personellen und technischen Problemen: *Erstens* traf ein hastig unter Zeitdruck neu konstruiertes Flugzeug mit allen seinen technischen Unzulänglichkeiten, die unter diesen Umständen durchaus als normal gelten konnten, auf eine Luftwaffe im Aufbau. Deren Piloten besaßen *zweitens* zu wenig Flugerfahrung und *drittens* verfügte die Luftwaffe insgesamt über zu wenig qualifiziertes Technikpersonal. Die Piloten mussten *viertens* dringend Flugstunden sammeln, um an Erfahrung zu gewinnen. Dazu hätten sie *fünftens* aber Flugzeuge gebraucht, die in einem technisch einwandfreien Zustand waren. Und so drehte sich die Spirale immer weiter abwärts. An dieser Problematik hätte mit Sicherheit auch die Auswahl eines anderen Flugzeugtypen nichts geändert. Mit dieser Ausgangssituation aus unerfahrenen Piloten und zu wenig ausgebildetem Technikpersonal wäre die Luftwaffe auch mit jedem anderen modernen Kampfflugzeug gescheitert. – Hinzu kam, und dies wird erst angesichts des umfassenden organisatorischen Umbaus der Luftwaffe in der Amtszeit von Generalleutnant Johannes Steinhoff an ihrer Spitze deutlich, eine vollkommen desorganisierte Führung der Bundeswehr. Die Unterteilung in militärische Streitkräfteabteilungen im Ministerium und zivile Verwaltungsabteilungen sowie die vielfältigen Reservatrechte der zivilen Abteilungen gegenüber dem Militär verhinderten eine stringente Betreuung des hochtechnischen Gerätes und vor allem eine gesamtverantwortlich koordinierende Stelle.

Die Starfighter-Krise war damit ein auf mehreren Ebenen angesiedeltes Systemproblem. Sie war eine Systemkrise der Luftwaffe und gleichermaßen eine politische Führungskrise im Bundesministerium der Verteidigung, und hier besonders innerhalb der Ministerialbürokratie. Der Führungsstab der Luftwaffe besaß daran einen erheblichen Anteil.

Abkürzungsverzeichnis

Abt.	Abteilung
a.D.	Außer Dienst
AFCENT	Allied Forces Central
AIRCENT	Air Forces Central Europe
Anm.	Anmerkung
Arge	Arbeitsgemeinschaft
ASD	Aeronautical System Division
ATAF	Allied Tactical Air Force
AVS	Advanced Vertical and Short Takeoff Aircraft
AWX	Allwetterjäger
BArch	Bundesarchiv
BDLI	Bundesverband der Luftfahrtindustrie
BMV	Bundesministerium für Verkehr
BMVg	Bundesministerium der Verteidigung
BOD	Board of Directors
BT-Archiv	Bundestag Parlamentsarchiv
BWB	Bundesamt für Wehrtechnik und Beschaffung
BWM	Bundeswirtschaftsministerium
CCCB	Consortium Configuration Control Board
DASA	Deutsche Aerospace AG
DVL	Deutsche Versuchsanstalt für Luftfahrt
EADS	European Aeronautic Defence and Space Company
ECP	Engineering Change Proposal
EWR	Entwicklungsring
FAZ	Frankfurter Allgemeine Zeitung
FüL	Führungsstab der Luftwaffe

FoLuft	Forschungsstelle Geschichte der Luftfahrtindustrie, Ruhr-Universität Bochum
Gen.	General
GenInspBw	Generalinspekteur der Bundeswehr
GG	Grundgesetz
IBAG	Industrieanlagen Betriebsgesellschaft
InspLw/InspL	Inspekteur der Luftwaffe
Kdr.	Kommandeur
kt.	Kilotonne
LAC	Lockheed Aircraft Cooperation
LCC	Lockheed – California Company
LRI	Luft- und Raumfahrtindustrie
Lw	Luftwaffe
MAAG	Military Assistance Advisory Group
MAP	Military Assistance Programm
MBB	Messerschmidt-Bölkow-Blohm
MdB	Mitglied des Bundestages
MinDir	Ministerialdirektor
MRCA	Multi Role Combat Aircraft
MTBF	Mean Time between Failure
NASARR	North American Search and Ranging Radar
NASMO	North Atlantic Starfighter Management Office
NASPO	NATO Starfighter Production-Organisation
NATO	North Atlantic Treaty Organisation
NKF	Neues Kampfflugzeug
ODC	Organisation de Direction et Control
OVG	Offizier vom Geschwaderdienst

RAF	Royal Air Force
Rn	Randnummer
SAC	Strategic Air Command
SACEUR	Supreme Allied Commander Europe
SBWS	Systembeauftragter Waffensystem
StellvInspLw	Stellvertretender Inspekteur der Luftwaffe
SLAR	Side Looking Airborne Radar
STOL	Short Take Off and Landing
TB104	Technisches Büro F-104
Tgb.	Tagebuch
UAL	Unterabteilungsleiter
USAF	U.S. Air Force
VertAusschuss	Verteidigungsausschuss des Deutschen Bundestages
VFW	Vereinigte Flugtechnische Werke Bremen
VfZ	Vierteljahreshefte für Zeitgeschichte
VTOL	Vertical Take Off and Landing
VzFdL	Verein zur Förderung der Luftfahrt
WP	Wahlperiode
ZMSBw	Zentrum für Militärgeschichte und Sozialwissenschaften der Bundeswehr

Quellen- und Literaturverzeichnis

Quellen:

Archiv der Forschungsstelle zur Geschichte der deutschen Luft- und Raumfahrtindustrie (FoLuft)
Sammlung Lahs
Sammlung Schmitz I
Sammlung Schmitz II

Bundesarchiv Koblenz (BArch)
B 102   Bestand Bundeswirtschaftsministerium

Bundesarchiv/Militärarchiv (BArch-MA) Freiburg/Br.
BL 1   Bestand Führungsstab der Luftwaffe
BV 3   Bestand Rüstung
BW 1   Bestand Bundesministerium der Verteidigung - Leitung

Parlamentsarchiv des Deutschen Bundestages (BT-Archiv) Berlin
Protokolle des Haushaltsausschusses des Deutschen Bundestages
Protokolle des Verteidigungsausschusses des Deutschen Bundestages

Private Nachlässe
Nachlass General Steinhoff (mittlerweile im Bundesarchiv-Militärarchiv)
Nachlass Gerhard Lusser

Fisch, Harry: Stärken und Schwächen in der Einsatzrolle und tatsächliches Leistungsvermögen der F-104 „Starfighter", beobachtet als Fluganwärter und -schüler, Einsatzpilot, Fluglehr- und Flugsicherheitsstabsoffizier, Werkstattpilot der Luftwaffe und Lockheed Flight-Test-Pilot, vor dem Hintergrund des Kalten Krieges, fliegerisch erfahren von 1965-1982, unveröffentlichtes Manuskript, ohne Datum

Fernsehreportagen
Der Tod war schneller. Die Starfighter-Krise (NDR 1999)
F-104 „Starfighter" – Sternenjäger oder Witwenmacher? (N24 2011)

Skandal! Affäre! Enthüllung! Ihre Highlights aus 50 Jahren ARD-Politikmagazinen (ARD 2011)

Starfighter – Mit Hightech in den Tod (arte 2010)

Gedruckte Quellen:

Bundesministerium der Justiz (Hrsg.), Schlussbericht der Arbeitsgruppe „Lockheed-Dokumente", Bonn 1978

Deutscher Bundestag (Hrsg.), Bundestagsdrucksachen, Bonn 1949 ff.

Deutscher Bundestag (Hrsg.), Stenographische Protokolle der Bundestagssitzungen, Bonn 1949 ff.

Grundgesetz für die Bundesrepublik Deutschland, 41. Auflage, München 2007

Pedlow, Gregory W. (Hrsg.), NATO Strategy Documents 1949-1969, Brussel 1997

Tonträger

Calvert, Robert: Captain Lockheed and the Starfighters, 1974

Welle: Erdball: Starfighter F104G, 2000

Periodische Zeitschriften

Aero

Atomzeitalter

Berliner Zeitung

Bild-Zeitung

Blick durch die Wirtschaft

Christ und Welt

Der Spiegel

Deutsches Panorama

Deutsche Zeitung

Die Welt

Flight International

Flug-Informationsdienst

Flug-Revue

Flugwelt - Eildienst

Frankfurter Allgemeine Zeitung

Frankfurter Neue Presse

Frankfurter Rundschau

Freie Presse

General-Anzeiger

Handelsblatt

Hobby – Wissen, Technik, Unterhaltung

Kölner Rundschau

Luft- und Raumfahrttechnik

Industriekurier

Interavia

Interavia - Luftpost

Mainzer Anzeiger

Münchener Merkur

Neues Deutschland

Neue Ruhr-Zeitung

Nürnberger Nachrichten

Rheinzeitung

Saarbrücker Zeitung

Stern

Stuttgarter Nachrichten

Stuttgarter Zeitung

Süddeutsche Zeitung

Verkehrswirtschaft

Wehr und Wirtschaft

Wehrtechnische Monatshefte

Westdeutsche Allgemeine

Westdeutsche Rundschau

Wirtschafts-Korrespondent

Wirtschaftswoche

Zeitung – Ein deutsches Magazin

Literatur

Abelshauser: Werner: Deutsche Wirtschaftsgeschichte seit 1945, Bonn 2005

Ders.: Wirtschaft und Rüstung in den fünfziger Jahren. In: Militärgeschichtliches Forschungsamt (Hrsg.), Wirtschaft und Rüstung, Souveränität und Sicherheit, München 1997 (= Anfänge westdeutscher Sicherheitspolitik, Bd. 4), S. 1-186

Albrecht, Ullrich: Der Handel mit Waffen. Eingeleitet von Carl Friedrich von Weizsäcker, München 1971

Ders.: Prioritäten in der Rüstungsforschung. In: Pohrt, Wolfgang (Hrsg.): Wissenschaftpolitik – von wem, für wen, wie? Eine Veröffentlichung der Vereinigung deutscher Wissenschaftler, München 1973, S. 118-143

Ambrose, Stephen E.: Die Eisenhower-Administration und die europäische Sicherheit 1953-1956. In: Zwischen Kaltem Krieg und Entspannung. Sicherheits- und Deutschlandpolitik der Bundesrepublik im Mächtesystem der Jahre 1953-1956. Im Auftrag des Militärgeschichtlichen Forschungsamtes herausgegeben von Bruno Thoß und Hans Erich Volkmann, Boppard/Rhein 1988, S. 25-34

Andres, Christopher Magnus: Die bundesdeutsche Luft- und Raumfahrtindustrie 1945-1970. Ein Industriebereich im Spannungsfeld von Politik, Wirtschaft und Militär, Frankfurt/Main u.a. 1996 (= Münchner Studien zur neueren und neuesten Geschichte, Bd. 15)

Bald, Detlef: Die Atombewaffnung der Bundeswehr: Militär, Öffentlichkeit und Politik in der Ära Adenauer, Bremen 1994

ders.: Die Atombewaffnung der Bundeswehr in den fünfziger Jahren. In: Dülffer, Jost (Hrsg.), Parlamentarische und öffentliche Kontrolle in Deutschland 1700-1970. Beiträge zur historischen Friedensforschung, Düsseldorf 1992

Ders., Sahner, Wilhelm, Zimmer, Matthias: Parlamentarische Kontrolle, Bundeswehr und öffentliche Meinung. Dargestellt am Beispiel der großen und kleinen Anfragen des Deutschen Bundestages 1953 bis 1987, München 1988 (= Berichte/Sozialwissenschaftliches Institut der Bundeswehr 46)

Barth, Peter: Rüstung und Öffentlichkeit in den fünfziger und sechziger Jahren – Das Beispiel HS 30. In: Parlamentarische und öffentliche Kontrolle in Deutschland 1700-1970. Beiträge zur historischen Friedensforschung, Düsseldorf 1992, S. 219-240

Beeck, Wulf: Mit Überschall durch den Kalten Krieg. Ein Leben für die Marine, Berlin 2013

Bellers, Jürgen: Königsberg, Maren: Skandal oder Medienrummel?: Starfighter, Spiegel, Flick, Parteienfinanzierung, AKWs, „Dienstreisen", Ehrenworte, Mehmet, Aktenvernichtungen, Münster 2004

Berg, Hans-Joachim: Der Verteidigungsausschuß des Deutschen Bundestages. Kontrollorgan zwischen Macht und Ohnmacht, München 1982

Birk, Eberhard: Steinhoff und sein „Bild des Offiziers in der Luftwaffe". In: Birk, Eberhard/Heiner Möllers/Wolfgang Schmidt (Hrsg.), Die Luftwaffe zwischen Politik und Technik, Berlin 2012 (= Schriften zur Geschichte der Deutschen Luftwaffe, Bd. 2), S. 145-158

Birkenbeil, Heinz: F-104G: Der Anfang. In: Fliegerblatt 59 (2010) Heft 5, S. 30-42

Birtle, Andrew J.: Rearming the Phoenix: American Military Assistance to the Federal Republic of Germany 1950-60, Ann Arbor Michigan 1986

Bode, Hans-Günter: Rüstung in der Bundesrepublik Deutschland. Organisation, Verfahren und Managment im Rüstungsbereich, herausgegeben von Hubert Reinfried und Hubert F. Walitschek, Regensburg 1978

Bölkow, Ludwig: Erinnerungen. Aufgezeichnet von Brigitte Röthlein, München u.a. 1994

Bontrup, Heinz Josef: Zdrowomyslaw, Norbert: Die deutsche Rüstungsindustrie; Vom Kaiserreich bis zur Bundesrepublik; ein Handbuch, Heilbronn 1988

Boulton, D.: Die Lockheed-Papiere. Politik und Geschäfte der Rüstungsgiganten, Oldenburg, München, Hamburg 1979

Bouwer, Günter: Vom MRCA - Tornado zur zivilen Alternative: ein Beitrag zur Konversionsdebatte, Baden-Baden 1983

Bower, Tom: Verschwörung Paperclip. NS-Wissenschaftler im Dienst der Siegermächte, München 1988

Boyne, Walter J.: Beyond the horizons. The Lockheed Story, New York 1998

Ders., Lord of the Skunk Works. In: Air Force Magazine, Vol. 88 (2005), Nr. 6, S. 76-81

Braatz, Kurt: Walter Krupinski. Jagdflieger, Geheimagent, General, Moosburg 2010

Brandt, Gerhard: Rüstung und Wirtschaft in der Bundesrepublik, Berlin, Witten 1966

Brock, Lothar: Rüstung und Militär in der Bundesrepublik Deutschland, Opladen 1977

Broeckelschen, Hanspeter: Zentrale Verantwortung. Pilotdienste für die Bundeswehr. In: Jarosch, Hans-Werner (Hrsg.): Immer im Einsatz. 50 Jahre Luftwaffe, Hamburg, Berlin, Bonn 2005, S. 260-263

Brütting, Georg: Die Geschichte des Segelfluges. 60 Jahre Wasserkuppe, 3. Auflage, Stuttgart 1977

Brunner, Georg: Kontrolle in Deutschland. Eine Untersuchung zur Verfassungsordnung in beiden Teilen Deutschlands, Köln 1972

Brzoska, Peter: Militärisch-industrieller Komplex in der Bundesrepublik und Rüstungsexportpolitik. In: Gewerkschaftliche Monatshefte 40. Jahrgang, 8/1989, S. 501-512

Buchan, Alastair: The Implications of a European System for Defence Technology, London 1967 (= Defence, Technology and the Western Alliance, Bd. 6)

Buchholz, Frank: Strategische und militärpolitische Diskussionen in der Gründungsphase der Bundeswehr 1949-1960, Frankfurt/Main u.a. 1991

Budraß, Lutz, Prott, Stefan: Demontage und Konversion. Zur Einbindung rüstungsindustrieller Kapazitäten in technologiepolitische Strukturen im Deutschland der Nachkriegszeit. In: Bähr, Johannes, Petzina, Dietmar (Hrsg.): Innovationsverhalten und Entscheidungsstrukturen. Vergleichende Studien zur wirtschaftlichen Entwicklung im geteilten Deutschland 1945-1999, Berlin 1996, S. 303-340

Budraß, Lutz: Die deutsche Flugzeugindustrie seit 1945, oder: Warum gibt es eigentlich keine deutschen Verkehrsflugzeuge? In: Ellerbrock, Karl Peter, Högel, Günther (Hrsg.): Horizonte. Zur Wirtschafts- und Kulturgeschichte des Westfälischen Luftverkehrs, Essen 2001, S. 152-172

Ders.: Flugzeugindustrie und Luftrüstung in Deutschland 1918-1945, Düsseldorf 1998 (= Schriften des Bundesarchivs, Bd. 50)

Ders., Krienen, Dag, Prott, Stefan: Nicht nur Spezialisten. Das Humankapital der deutschen Flugzeugindustrie in der Industrie- und Standortpolitik der Nachkriegszeit. In: Baar, Lothar, Petzina, Dietmar (Hrsg.): Deutsch-Deutsche Wirtschaft 1945-1990. Strukturveränderungen, Innovationen und regionaler Wandel. Ein Vergleich, St. Katherinen 1999, S. 466-529

Cescotti, Roderich: Kampfflugzeuge und Aufklärer. Entwicklung, Produktion, Einsatz und zeitgeschichtliche Rahmenbedingungen von 1935 bis heute, Koblenz 1989

Ciesla, Burghard: Das Raketen- und Luftfahrtwissen deutscher Wissenschaftler im Dienst der alliierten Sieger. In: Helmuth Trischler, Kai-Uwe Schrogl (Hrsg.): Ein Jahrhundert im Flug. Luft- und Raumfahrtforschung in Deutschland 1907-2007, Frankfurt/Main. New York 2007, S. 177-194

Corum, James S.: Starting from Scratch. Establishing the Bundesluftwaffe as a Modern Air Force, 1955-1960. In: Air Power History 50 (Sumer 2003), S. 16-29.

Dierich, Wolfgang: Das große Handbuch der Flieger, 4. völlig überarbeitete Auflage, Stuttgart 1973

Dietl, Wilhelm: Waffen für die Welt: Die Milliardengeschäfte der Rüstungsindustrie, München 1986

Dormann, Manfred: Demokratische Militärpolitik. Die alliierte Militärpolitik als Thema deutscher Politik 1949-1968, Freiburg 1970

Dörner, Franz: Das Verhältnis zwischen den Massenmedien und der Bundeswehr. Eine empirische Untersuchung, Diss. Phil Mainz 1991.

Doerry, Martin/Janssen, Hauke (Hrsg.): Die Spiegel-Affäre: Ein Skandal und seine Folgen, München 2013

Dülffer, Jost: Die Kontrolle der Rüstungen durch Parlament und Öffentlichkeit in Deutschland. In: ders. (Hrsg.): Parlamentarische und öffentliche Kontrolle in Deutschland 1700-1970. Beiträge zur historischen Friedensforschung, Düsseldorf 1992, S. 9-26

EADS (Hrsg.): Meilensteine der Luftfahrt: F-104 „Starfighter", München 2000

Ebert, Hans, Kaiser, Johann, Peters, Klaus: Willy Messerschmitt – Pionier der Luftfahrt und des Leichtbaus, Bonn 1992

Enders, Thomas: Franz-Josef Strauß, Helmut Schmidt und die Doktrin der Abschreckung, Koblenz 1984

Engelmann, Bernt: Schützenpanzer HS 30, Starfighter F-104G oder Wie man unseren Staat zugrunde richtet, München 1967

Erker, Paul: Ernst Heinkel: Die Luftfahrtindustrie im Spannungsfeld von technologischem Wandel und politischem Umbruch. In: Deutsche Unternehmer zwischen Kriegswirtschaft und Wiederaufbau. Studien zur Erfahrungsbildung von Industrieeliten, hrsg. von Paul Erkner und Toni Pierenkemper, München 1998 (= Quellen und Darstellungen zur Zeitgeschichte, Bd. 39), S. 217-290

Fabig, Kai: Rüstungsökonomie und Militärstrategie, Frankfurt/Main 1982

Falck, Wolfgang: Falckenjahre. Erinnerungen 1910-2003, hrsg. von Kurt Braatz, Moosburg 2003

Fischer, Johannes (Hrsg.): Verteidigung im Bündnis: Planung, Aufbau und Bewährung der Bundeswehr 1950-1972, 2. Auflage München 1975

Geiger, Tim: Atlantiker gegen Gaullisten. Außenpolitischer Konflikt und innenpolitischer Machtkampf in der CDU/CSU 1958-1969, München 2008

Gersdorff, Kyrill von: Ludwig Bölkow und sein Werk – Ottobrunner Innovationen, Koblenz 1987

Glaß, Bettina: Der lange Schatten der Rüstung: Die Entwicklung der Luftfahrtindustrie im Raum Toulouse von der Mitte der 1930er Jahre bis 1970, Bochum 2004 [Diss. unveröffentlicht]

Götz, Niklas von: Forschungsökonomie in der Luftfahrtindustrie. Forschungsausgaben und Nachfrage als Wachstumsfaktoren in der Luftfahrtindustrie, Stuttgart 1970

Greiner, Bernd: Amerikanische Außenpolitik von Truman bis heute, Köln 1980

Greiner, Christian: Das militärstrategische Konzept der NATO von 1952-1957. In: Zwischen Kaltem Krieg und Entspannung. Sicherheits- und Deutschlandpolitik der Bundesrepublik im Mächtesystem der Jahre 1953-1956, Im Auftrag des Militärgeschichtlichen Forschungsamtes hrsg. v. Bruno Thoß und Hans Erich Volkmann, Boppard/Rhein 1988, S. 211-245

Grossner, Claus, Schierholz, Henning: Projekt MRCA: Dokumentation und Kritik des grössten Rüstungsvorhabens der deutschen Geschichte, Köln 1974 (= Hefte zu politischen Gegenwartsfragen, 17)

Gunston, Bill: Early supersonic fighters of the world, New York 1976

Gutowski, Armin: Konstruktions- und Entwicklungsaufträge. Ein Beitrag zur Beschaffungspolitik der öffentlichen Hand, Heidelberg 1960 (= Veröffentlichungen des Forschungsinstituts für Wirtschaftspolitik an der Universität Mainz, Bd. 11)

Gutowski, Armin, Thiel, Eberhard, Weilepp, Manfred: Analyse der Subventionspolitik: Das Beispiel der Schiffbau-, Luft- und Raumfahrtindustrie, Hamburg 1984 (= Ergänzungsband 4 zum HWWA-Strukturbericht, 1983)

Hafer, Xaver, Sachs, Gottfried: Senkrechtstarttechnik. Flugmechanik, Aerodynamik, Antriebssysteme, Berlin, Heidelberg, New York 1982

Haftendorn, Helga: Sicherheit und Entspannung. Zur Außenpolitik der Bundesrepublik Deutschland 1955-1982, Baden-Baden 1983

Halle, Armin: Herrn von Hassels Vorwärtsverteidigung. Die Rüstungspolitik der Bundesregierung. In: Atomzeitalter. Information und Meinung, Nr. 2/1965

Hassel, Kai-Uwe von: Verantwortung für die Freiheit. Auszüge und Reden und Veröffentlichungen in den Jahren 1963/64, Boppard am Rhein 1965

Herrmann, Manfred: Project Paperclip. Deutsche Wissenschaftler in Diensten der U.S.-Streitkräfte nach 1945, Nürnberg 1999

Hirschel, Ernst Heinrich, Prem, Horst, Madelung, Gero: Luftfahrtforschung in Deutschland, Bonn 2001

Hodenberg, Christina von: Konsens und Krise. Eine Geschichte der westdeutschen Medienöffentlichkeit, 1945 bis 1973, Göttingen 2006

Holzer, Hans: Lusser, Robert. In: Neue Deutsche Biographie 15 (1987), S. 534-535

Hornschild, Kurt/Neckermann, Gerhard, unter Mitarbeit von Frieder Meyer-Krahmer: Die deutsche Luft- und Raumfahrtindustrie. Stand und Perspektiven, Frankfurt/Main, New York 1988

James, Robert Rhodes: Standardization and Common Production of Weapons in NATO, London 1967 (= Defence, Technology and the Western Alliance, Bd. 3)

Jarass, Hans D., Pieroth, Bodo: Grundgesetz. Kommentar, 13. Auflage, München 2014

Jarosch, Hans-Werner (Hrsg.): Immer im Einsatz. 50 Jahre Luftwaffe, Hamburg, Berlin, Bonn 2005

Johannson, Kurt: Vom Starfighter zum Phantom, Frankfurt/Main 1969

Josten, Günther: Gefechtsbericht. Kriegstagebücher 1939-1945. Kommodore in der Starfighter-Krise. Hrsg v. Kurt Braatz, Moosburg 2011.

Kelleher, Catherine MacArdle: Germany and the politics of nuclear weapons, New York 1975

Kirchner, Ulrich: Geschichte des bundesdeutschen Verkehrsflugzeugbaus. Der lange Weg zum Airbus, Frankfurt/Main, New York 1998

Klee, Ernst: Das Personenlexikon zum Dritten Reich. Wer war was vor und nach 1945, 2. Auflage Frankfurt am Main 2005

Klingemann, Hans D.: Wirtschaftliche und soziale Probleme der Auf- und Abrüstung. Volkswirtschaftliche Konsequenzen der Rüstung in der Bundesrepublik. In: Militärsoziologie, Sonderheft 12/1968, S. 239-269

Koch, Helmut: Technologie im Wettbewerb. Von der privaten zur staatlich-internationalen Wettbewerbswirtschaft der Luftfahrt, Köln, Opladen 1968

Kollmer, Dieter H.: Rüstungsgüterbeschaffung in der Aufbauphase der Bundeswehr. Der Schützenpanzer HS 30 als Fallbeispiel (1953-1961), Stuttgart 2002 (= Beiträge zur Wirtschafts- und Sozialgeschichte, Bd. 93).

Köhler, Hans-Dieter: Ernst-Heinkel – Pionier der Schnellflugzeuge. Eine Biographie, Koblenz 1983 (= Die deutsche Luftfahrt, Bd. 5)

Köppl, Bruno: Rüstungsmanagement und Verteidigungsfähigkeit der NATO, Probleme des multinationalen Rüstungsmanagements und deren Auswirkungen auf die Verteidigungsfähigkeit der NATO-Staaten unter dem Aspekt der wachsenden sowjetischen Bedrohung, Straubing, München 1979

Kropf, Klaus, Mohn, Johannes: Deutsche Starfighter: Die Geschichte der F-104 in Luftwaffe und Marine der Bundeswehr, Köln 1994

Krüger, Dieter: Der Strategiewechsel der Nordatlantischen Allianz und die Luftwaffe. In: Bernd Lemke u. a.: Die Luftwaffe 1950 bis 1970. Konzeption, Aufbau, Integration. Hrsg. v. Militärgeschichtlichen Forschungsamt, München 2006 (= Sicherheitspolitik und Streitkräfte der Bundesrepublik Deutschland, Bd. 2), S. 41-70

ders.: Die Entstehung der NATO-Luftverteidigung und die Integration in die Luftwaffe. In: Bernd Lemke u. a.: Die Luftwaffe 1950 bis 1970. Konzeption, Aufbau, Integration, hrsg. v. Militärgeschichtlichen Forschungsamt, München

2006 (= Sicherheitspolitik und Streitkräfte der Bundesrepublik Deutschland, Bd. 2), S. 485-556

ders.: Schlachtfeld Bundesrepublik? Europa, die deutsche Luftwaffe und der Strategiewechsel der NATO 1958 bis 1968. In: Vierteljahrshefte für Zeitgeschichte 56 (2008), S. 171-226

Kuebart, Jörg: Fliegen für die Freiheit. Fliegende Kampfverbände der Luftwaffe. In: Jarosch, Hans-Werner (Hrsg.): Immer im Einsatz. 50 Jahre Luftwaffe, Hamburg, Berlin, Bonn 2005, S. 206-215

Kurowski, Franz: Alliierte Jagd auf deutsche Wissenschaftler. Das Unternehmen Paperclip, München 1982

Lehner, Franz, Widmaier, Wolfgang: Vergleichende Regierungslehre, 3. Auflage Opladen 1995 (= Grundwissen Politik 4)

Lemke, Bernd/Krüger, Dieter/Rebhan, Heinz/Schmidt, Wolfgang: Die Luftwaffe 1950 bis 1970. Konzeption, Aufbau, Integration. Hrsg. v. Militärgeschichtlichen Forschungsamt, München 2006 (= Sicherheitspolitik und Streitkräfte der Bundesrepublik Deutschland, Bd. 2)

Lemke, Bernd: Eine Teilstreitkraft zwischen Technik, Organisation und demokratischer Öffentlichkeit. Waffensysteme der Luftwaffe. In: Die Bundeswehr 1955 bis 2005. Rückblenden – Einsichten – Perspektiven. Im Auftrag des Militärgeschichtlichen Forschungsamtes hrsg. v. Frank Nägler, München 2007 (= Sicherheitspolitik und Streitkräfte der Bundesrepublik Deutschland, Bd. 7), S. 369-396

Ders.: Konzeption und Aufbau der Luftwaffe. In: Bernd Lemke u.a.: Die Luftwaffe 1950 bis 1970. Konzeption, Aufbau, Integration. Hrsg. v. Militärgeschichtlichen Forschungsamt, München 2006 (= Sicherheitspolitik und Streitkräfte der Bundesrepublik Deutschland, Bd. 2), S. 71-484

Ders.: Vorwärtsverteidigung, Integration, Nuklearisierung. Die gesamtstrategische Entwicklung bis 1959. In: Bernd Lemke u.a.: Die Luftwaffe 1950 bis 1970. Konzeption, Aufbau, Integration. Hrsg. v. Militärgeschichtlichen Forschungsamt, München 2006 (= Sicherheitspolitik und Streitkräfte der Bundesrepublik Deutschland, Bd. 2), S. 17-40

Loy, Hannsdieter: Jahres des Donners. Mein Leben mit dem Starfighter, Rosenheim 2012

Maier, Klaus A.: Die internationale Auseinandersetzung um die Westintegration der Bundesrepublik Deutschland und um ihre Bewaffnung im Rahmen der europäischen Verteidigungsgemeinschaft. In: Die EVG-Phase. Hrsg. v. Militärgeschichtlichen Forschungsamt, München 1990 (Anfänge westdeutscher Sicherheitspolitik, Bd. 2), S. 1-230

Mangold, Hermann von, Klein, Friedrich, Starck, Christian: Grundgesetz. Kommentar, München 2005

Maunz, Theodor, Düring, Günther: Grundgesetz. Kommentar, München 1958ff.

Mechtersheimer, A.: Rüstung und Politik in der Bundesrepublik Deutschland. MRCA-Tornado: Geschichte und Funktion des größten westeuropäischen Rüstungsprogramms, Bad Honnef 1977

Merkel, Hubert: Flugzeugführer in den Aufbaujahren der Luftwaffe. Persönliche Erinnerungen – eine Nachbereitung der Starfighterkrise. In: Die Luftwaffe zwischen Politik und Technik, hrsg. v. Eberhard Birk, Heiner Möllers und Wolfgang Schmidt, Berlin 2012 (= Schriften zur Geschichte der Deutschen Luftwaffe, Bd. 2), S. 73-89

Milosch, Mark: Die Rolle von Franz-Josef Strauß bei der Ansiedlung der Luftfahrtindustrie in Bayern. In: Höpfinger, Renate, Bayrische Lebensbilder 2. Biographien – Erinnerungen – Zeugnisse, Neuburg 2004, S. 14-55

Möllers, Heiner: Auswege aus der „Starfighter-Krise". General Steinhoffs Ringen um Befugnisse. In: Die Luftwaffe zwischen Politik und Technik, hrsg. v. Eberhard Birk, Heiner Möllers und Wolfgang Schmidt, Berlin 2012 (= Schriften zur Geschichte der Deutschen Luftwaffe, Bd. 2), S. 126-146

Ders., Das Ringen um Kompetenzen in der Systemkrise der Luftwaffe 1966. Anmerkungen zum Handeln von General Johannes Steinhoff. In: Das ist Militärgeschichte! Probleme – Projekte – Perspektiven. Festschrift zum 65. Geburtstag von Prof. Dr. Bernhard R. Kroener, hrsg. von Christian Th. Müller und Matthias Rogg, Paderborn 2013, S. 153-172.

Ders.: Die Luftwaffe und der Lockheed F-104 Starfighter – Ein Forschungsbericht zur Geschichte einer Krise der Bundeswehr, unveröffentliches Manuskript 2005

Ders.: „Ein unbequemer Mann!" General Johannes Steinhoff. In: Die Luftwaffe in der Moderne, hrsg. v. Eberhard Birk, Heiner Möllers und Wolfgang Schmidt, Essen 2011 (= Schriften zur Geschichte der Deutschen Luftwaffe, Bd. 1), S. 141-175

Ders.: General Johannes Steinhoff und die Luftwaffe. In: Militärgeschichte. Zeitschrift für die historische Bildung Heft 4/2006, S. 14-17

Ders., Von Himmerod zum Hindukusch. 50 Jahre Luftwaffe. In: Entschieden für Frieden. 50 Jahre Bundeswehr (1955 bis 2005). Im Auftrag des Militärgeschichtlichen Forschungsamtes hrsg. von Klaus-Jürgen Bremm, Hans-Hubertus Mack und Martin Rink, Freiburg 2005, S. 155-182

Moser, Eva: Ludwig Bölkow – der Technosoph aus Ottobrunn. In: Höpfinger, Renate, Bayrische Lebensbilder 2. Biographien – Erinnerungen – Zeugnisse, Neuburg 2004, S. 194-206

Müller, Johannes: Luftverteidigung: Wesen – Auftrag – Mittel. Mit einem Geleitwort des Inspekteurs der Luftwaffe Generalleutnant Günther Rall, Bad Honnef 1973

Münch, Matthias: Bundeswehr – Gefahr für die Demokratie? Zum Verhältnis von Militär, Staat und Gesellschaft in der Bundesrepublik. Mit einem Vorwort von Ulrich Albrecht, Bonn 1983

Naumann, Klaus: Generale in der Demokratie. Generationsgeschichtliche Studien zur Bundeswehrelite, Hamburg 2007.

Newhouse, John: Krieg und Frieden im Atomzeitalter. Von Los Alamos bis SALT, München 1990

Ostermann, Axel: Vikings for take off. Starfighter der Bundesmarine im Kielwasser der Wikinger, Tarp u.a. 1987

Pabst, Otto: Kurzstarter und Senkrechtstarter, Koblenz 1984

Pommerin, Reiner: Mächtesystem und Militärstrategie. Ausgewählte Aufsätze, herausgegeben von Reiner Marcowitz, Köln, Weimar, Wien 2003

Ders.: Von der „massive retaliation" zur „flexible response". Zum Strategiewechsel der sechziger Jahre. In: Vom Kalten Krieg zur deutschen Einheit. Analysen und Zeitzeugenberichte zur deutschen Militärgeschichte 1945 bis 1995. Im Auftrag des Militärgeschichtlichen Forschungsamtes hrsg v. Bruno Thoß unter Mitarbeit von Wolfgang Schmidt, München1995, S. 525-543

Presse- und Informationsamt der Bundesregierung (Hrsg.): Die Bundeswehr in der Demokratie. Ansprachen, Erklärungen, Reden, Grußworte zum 30jährigen Bestehen 1955-1985, Bonn 1985

Rall, Günther: Mein Flugbuch. Erinnerungen 1938-2004, hrsg. von Kurt Braatz, Moosburg 2004

Ders.: Pilot in den Aufbaujahren der Bundeswehr. In: Zwischen Kaltem Krieg und Entspannung. Sicherheits- und Deutschlandpolitik der Bundesrepublik im Mächtesystem der Jahre 1953-1956. Im Auftrag des Militärgeschichtlichen Forschungsamtes hrsg. v. Bruno Thoß und Hans Erich Volkmann, Boppard/Rhein 1988, S. 583-590

Range, Clemens, Die Generale und Admirale der Bundeswehr, Herford/Bonn 1991

Ders., Kriegsgedient. Die Generale und Admirale der Bundeswehr, Müllheim 2013

Rassmussen, Theodor: Sektorale Strukturpolitik in der BRD, Göttingen 1983

Rebhahn, Heinz: Aufbau und Organisation der Luftwaffe 1955 bis 1971. In: Bernd Lemke u.a.: Die Luftwaffe 1950 bis 1970. Konzeption, Aufbau, Integration. Hrsg. v. Militärgeschichtlichen Forschungsamt, München 2006 (= Sicherheitspolitik und Streitkräfte der Bundesrepublik Deutschland, Bd. 2), S. 557-648

Regling, Horst: Ökonomische Aspekte des Zusammenhangs zwischen Militärausgaben und wirtschaftlicher Entwicklung, Hamburg 1970

Reis, Sebastian: Das Krisenmanagement der Luftwaffe: Die Bewältigung der Starfighter-Krise. In: Die Luftwaffe zwischen Politik und Technik, hrsg. v. Eberhard Birk, Heiner Möllers und Wolfgang Schmidt, Berlin 2012 (= Schriften zur Geschichte der Deutschen Luftwaffe, Bd. 2), S. 90-109

Rink, Martin: Die Luftwaffe in der Aufstellungsphase. Eine Verkörperung „Moderner Zeiten"? In: Die Luftwaffe in der Moderne, hrsg. v. Eberhard Birk, Heiner Möllers und Wolfgang Schmidt, Essen 2011 (= Schriften zur Geschichte der Deutschen Luftwaffe 1), S. 141-175

Ronge, Volker, Schmieg, Günther: Restriktionen politischer Planung, Frankfurt/Main 1973

Rosenthal, Frank: Die Luft- und Raumfahrtindustrie zwischen Wettbewerb und Industriepolitik. Ein Handbuch zur deutschen (1908-1995) und westeuropäischen (1945-1995) Luft- und Raumfahrtindustrie, Frankfurt/Main u.a. 1995 (= Europäische Hochschulschriften Reihe 5 Band 1892)

Ders.: Die nationale Luft- und Raumfahrtindustrie. Aspekte staatlichen Engagements in Hochtechnologie-Branchen, Frankfurt/Main u.a. 1993

Ruhr-Universität Bochum, Lehrstuhl für Sozial- und Wirtschaftsgeschichte: Abschlußbericht zum DFG-Projekt „Rüstungskonversion als Technologie- und Standortpolitik. Potentiale, Konzepte und Wirkungen der Initiativen zur Gründung luftfahrtindustrieller Komplexe in der Bundesrepublik Deutschland und der DDR 1945-1965, Bochum 1998

Rupp, Hans Karl: Außerparlamentarische Opposition in der Ära Adenauer: Der Kampf gegen die Atombewaffnung in den 50er Jahren; eine Studie zur innenpolitische Entwicklung der BRD, Köln 1970

Sander-Nagashima, Johannes-Berthold: Die Bundesmarine 1950 bis 1972. Konzeption und Aufbau der kleinsten Teilstreitkraft der Bundeswehr. In: Johannes Berthold Sander-Nagashima (Hrsg.): Die Bundesmarine 1950 bis 1972. Konzeption und Aufbau. Mit Beiträgen von Rudolf Arendt, Sigurd Hess, Hans Joachim Mann und Klaus Jürgen Steindorff, München 2006 (= Sicherheitspolitik und Streitkräfte, Bd. 4), S. 15-423

Schlaffer, Rudolf J., Der Wehrbeauftragte 1951-1985. Aus Sorge um den Soldaten, München 2006 (= Sicherheitspolitik und Streitkräfte der Bundesrepublik Deutschland, Bd. 5)

Schlieper, Andries: Die Wechselwirkung Taktik – Technik – Mensch. Die Einführung des Flugzeugs F-104G in die deutsche Luftwaffe und die „Starfighter-Krise" von 1965/66. In: Zwischen Kaltem Krieg und Entspannung. Sicherheits- und Deutschlandpolitik der Bundesrepublik im Mächtesystem der Jahre 1953-

1956, Im Auftrag des Militärgeschichtlichen Forschungsamtes hrsg. v. Bruno Thoß und Hans Erich Volkmann, Boppard/Rhein 1988, S. 551-583

Schlotter, Peter, Rüstungspolitik in der Bundesrepublik Deutschland: Die Beispiele Starfighter und Phantom, Frankfurt/Main, New York 1975

Schmid, Fred: Der Militär-Industrie-Komplex, Frankfurt/Main 1972

Schmidt, Helmut: Verteidigung oder Vergeltung. Ein deutscher Beitrag zum strategischen Problem der NATO, 4. unveränderte Auflage mit einem zusätzlichen Kapitel über die Lage des Westens im Jahre 1965, Stuttgart 1965

Schmidt, Manfred G.: Staatsapparat und Rüstungspolitik in der Bundesrepublik Deutschland (1966-1973). Schranken und Folgeprobleme der Staatsinterventionspolitik im Militär- und Rüstungssektor, Giessen/Lollar 1975

Schmidt, Wolfgang: Die Amerikanisierung der Luftwaffe 1955 bis 1975. In: Bernd Lemke u.a.: Die Luftwaffe 1950 bis 1970. Konzeption, Aufbau, Integration. Hrsg. v. Militärgeschichtlichen Forschungsamt, München 2006 (= Sicherheitspolitik und Streitkräfte der Bundesrepublik Deutschland, Bd. 2), S. 649-691

Ders., Johannes Steinhoff. In: Neue Deutsche Biographie, Bd. 25, München 2013, S. 203-204

Ders.: „Seines Wertes bewusst". General Josef Kammhuber. In: Militärische Aufbaugeneration der Bundeswehr, hrsg. von Helmut R. Hammerich und Rudolf J. Schlaffer, München 2011 (= Sicherheitspolitik und Streitkräfte der Bundesrepublik Deutschland, Bd. 10), S. 351-382

Ders.: Starfighter/Lockheed. In: Petra Rösgen, Ulrich von Alemann (Hrsg.): Skandale in Deutschland nach 1945, Bielefeld 2007

Schmückle, Gerd: Ohne Pauken und Trompeten. Erinnerungen an Krieg und Frieden, Stuttgart 1982

Schneider, Peter: The Evolution of NATO: The Alliance´s Strategic Concept and its Predecessors 1945-2000, München 2000

Schulte-Hillen, Jürgen: Die Luft- und Raumfahrtpolitik der Bundesrepublik Deutschland. Forschungs- und Entwicklungsprogramme in der Kritik, Göttingen 1975

Schulz, Hans-Jürgen: Militarismus und Kapitalismus in der Bundesrepublik, Frankfurt/Main 1977

Schunk, Gerhard: Internationale Zusammenarbeit in hochtechnologischen Bereichen unter besonderer Berücksichtigung von Forschung und Entwicklung in der Luft- und Raumfahrt sowie der Kerntechnik, Baden-Baden 1982 (= Internationale Kooperation 22)

Schwartzkopf, H. Norman: Man muß kein Held sein. Die Autobiographie. In Zusammenarbeit mit Peter Petre, München 1994

Schwenke, Winfried: Pilot im Starfighter. Faszination und Herausforderung. In: Bernd Lemke u.a.: Die Luftwaffe 1950 bis 1970. Konzeption, Aufbau, Integration. Hrsg. v. Militärgeschichtlichen Forschungsamt München 2006 (= Sicherheitspolitik und Streitkräfte der Bundesrepublik Deutschland, Bd. 2), S. 725-734

Sontheimer, Wilhem, Bleek, Kurt: Grundzüge des politischen Systems der Bundesrepublik Deutschland, 11. aktualisierte Neuausgabe München, Zürich 1999

Steffanie, Winfried: Der Kongreß. In: Jäger, Wolfgang, Hrsg.: Regierungssystem der USA, 3. überarbeitete und aktualisierte Auflage, München u. a. 2007, S. 110-135

Steinhoff, Johannes: Wohin treibt die NATO? Probleme der Verteidigung Westeuropas, Hamburg 1976

Ders./Pommerin, Rainer: Strategiewechsel und Nuklearstrategie in der Ära Adenauer: Nuclear History Programm, Baden-Baden 1992

Strauß, Franz-Josef: Die Erinnerungen, 3. Auflage Berlin 1989

Stünkel, Rolf: Mach 2. Meine Jahre im Cockpit des Starfighters, München 2014.

Sura, Robert: Von der Wehrmacht zur Bundeswehr. Zum Selbstbild der Luftwaffe 1950 bis 1975. In: Die Luftwaffe in der Moderne, hrsg. v. Eberhard Birk, Heiner Möllers und Wolfgang Schmidt, Essen 2011 (= Schriften zur Geschichte der Deutschen Luftwaffe, Bd. 1), S. 71-93

Taylor, Maxwell D.: Und so die Posaune, Gütersloh 1962

Thoß, Bruno: NATO-Strategie und nationale Verteidigungsplanung. Planung und Aufbau der Bundeswehr unter den Bedingungen einer massiven atomaren Vergeltungsstrategie 1952 bis 1960, München 2006 (= Sicherheitspolitik und Streitkräfte der Bundesrepublik Deutschland, Bd. 1)

Todd, Daniel, Simpsons, Jamie: The world aircraft industry, London, Sydney 1986

Trischler, Helmuth: Luft- und Raumfahrtforschung in der Bundesrepublik Deutschland. In: Helmuth Trischler, Kai-Uwe Schrogl (Hrsg.): Ein Jahrhundert im Flug. Luft- und Raumfahrtforschung in Deutschland 1907-2007, Frankfurt/Main, New York 2007, S. 195-210

Ders.: Luft- und Weltraumforschung in Deutschland 1900-1970: Politische Geschichte einer Wissenschaft, Frankfurt/Main 1992

Ders.: Nationales Innovationssystem und regionale Innovationspolitik. Forschung in Bayern im westdeutschen Vergleich 1945 bis 1980. In: Schlemmer, Thomas, Woller, Hans (Hrsg.): Politik und Kultur im föderativen Staat 1949 bis 1979, München 2004, S. 117-194

Tuschhoff, Christian: Deutschland, Kernwaffen und die NATO 1949-1967: zum Zusammenhalt von und friedlichem Wandel in Bündnissen, Baden-Baden 2002

Vilmar, Fritz, Rüstung und Abrüstung im Spätkapitalismus. Materialien und Analysen, Frankfurt/Main 1965

Vogel, Winfried: Karl Wilhelm Berkhan: Ein Pionier deutscher Sicherheitspolitik nach 1945. Beiträge zu einer politischen Biographie. Mit einem Vorwort von Helmut Schmidt, 2. Auflage Bremen 2004 (= Schriftenreihe des Wissenschaftlichen Forums für Internationale Sicherheit e.V., Bd. 21)

Wagner, Wolfgang: Kurt Tank – Konstrukteur und Testpilot bei Focke-Wulf, München 1980 (= Die deutsche Luftfahrt 1)

Weiß, Karl Heinz: Vier auf einen Schlag. In: Flugsicherheit Heft 2/2012, S. 16-19

Weyer, Johannes: Akteursstrategien und strukturelle Eigendynamiken. Raumfahrt in Westdeutschland 1945-1965, Göttingen 1993

Wiggershaus, Norbert: Die Entscheidung für einen westdeutschen Verteidigungsbeitrag 1950. In: Militärgeschichtliches Forschungsamt (Hrsg.): Von der Kapitulation bis zum Pleven-Plan, München, Wien 1982, (= Anfänge westdeutscher Sicherheitspolitik, Bd. 1), S. 325-402

Wildenmann, Rudolf: Politische Stellung und Kontrolle des Militärs. In: Militärsoziologie, Sonderheft 12/1968, S. 59-88

Yeager, Charles, Janos, Leo: Schneller als der Schall, München 1987

Der Bundestagsausschuss für Verteidigung und seine Vorläufer. Hrsg vom Militärgeschichtlichen Forschungsamt/Zentrum für Militärgeschichte und Sozialwissenschaften der Bundeswehr, Düsseldorf 2006ff.

Zimmermann, John: Führungskrise in der Bundeswehr oder „Aufstand der Generale"? Die Rücktritte der Generale Trettner und Panitzki 1966. In: Die Luftwaffe zwischen Politik und Technik, hrsg. v. Eberhard Birk, Heiner Möllers und Wolfgang Schmidt, Berlin 2012 (= Schriften zur Geschichte der Deutschen Luftwaffe, Bd. 2), S. 110-125

Ders., Ulrich de Maizière, General der Bonner Republik 1912-2006, München 2012

Carola Hartmann Miles-Verlag

Politik, Gesellschaft, Militär

Uwe Hartmann, *Innere Führung. Erfolge und Defizite der Führungsphilosophie für die Bundeswehr,* Berlin 2007.

Hans Joachim Reeb, *Sicherheitskultur als kommunikative und pädagogische Herausforderung – Der Umgang in Politik, Medien und Gesellschaft,* Berlin 2011.

Hans-Christian Beck, Christian Singer (Hrsg.), *Entscheiden – Führen – Verantworten. Soldatsein im 21. Jahrhundert,* Berlin 2011.

Reiner Pommerin (ed.), *Clausewitz goes global. Carl von Clausewitz in the 21ˢᵗ Century,* Berlin 2011.

Eberhard Birk, Heiner Möllers, Wolfgang Schmidt (Hrsg.), *Die Luftwaffe zwischen Politik und Technik. Schriften zur Geschichte der Deutschen Luftwaffe, Bd. 2,* Berlin 2012.

Eberhard Birk, Winfried Heinemann, Sven Lange (Hrsg.), *Tradition für die Bundeswehr. Neue Aspekte einer alten Debatte,* Berlin 2012.

Holger Müller, *Clausewitz' Verständnis von Strategie im Spiegel der Spieltheorie,* Berlin 2012.

Angelika Dörfler-Dierken, *Führung in der Bundeswehr,* Berlin 2013.

Cornelia Fedtke, Kai-Uwe Hellmann, Jan Hörmann, *Migration und Militär. Zur Integration deutscher Soldaten mit Migrationshintergrund in der Bundeswehr,* Berlin 2013.

Torsten Konopka, *Afrikanische Wehrsysteme und ihre Entwicklung zwischen 1990/91 und 2011,* Berlin 2014.

Wolf Graf von Baudissin, *Grundwert Frieden in Politik – Strategie – Führung von Streitkräften,* hrsg. von Claus von Rosen, Berlin 2014.

Wolf Graf von Baudissin, *Der Widerstand. „… um nie wieder in die auswegslose Lage zu geraten…",* hrsg. von Claus von Rosen, Berlin 2014.

Marcel Bohnert, Lukas J. Reitstetter (Hrsg.), *Armee im Aufbruch. Zur Gedankenwelt junger Offiziere in den Kampftruppen der Bundeswehr,* Berlin 2014.

Arjan Kozica, Kai Prüter, Hannes Wendroth (Hrsg.), *Unternehmen Bundeswehr? Theorie und Praxis (militärischer) Führung,* Berlin 2014.

Angelika Dörfler-Dierken, Robert Kramer, *Innere Führung in Zahlen. Streitkräftebefragung 2013,* Berlin 2014.

Eberhard Birk, Heiner Möllers (Hrsg.), *Luftwaffe und Luftkrieg*, Berlin 2015.

Phil C. Langer, Gerhard Kümmel (Hrsg.), *„Wir sind Bundeswehr.“ Wie viel Vielfalt benötigen/vertragen die Streitkräfte?*, Berlin 2015.

Jéronimo L. S. Barbin, *Imperialkriegführung im 21. Jahrhundert. Von Algier nach Bagdad. Die kolonialen Ursprünge der COIN-Doktrin*, Berlin 2015.

Dirk Freudenberg, *Counterinsurgency. Aufstandsbekämpfung als Phase zur Überwindung schwacher Staatlichkeit und zur Etablierung des Aufbaus einer stabilen Nachkriegsordnung*, Berlin 2016.

Marcel Bohnert, Björn Schreiber (Hrsg.), *Die unsichtbaren Veteranen. Kriegsheimkehrer in der deutschen Gesellschaft*, Berlin 2016.

Alois Bach, Walter Sauer (Hrsg.), *Schützen, Retten, Kämpfen – Dienen für Deutschland*, Berlin 2016.

Christian Göbel, *Glücksgarant Bundeswehr? Ethische Schlaglichter auf einige neuere Studien des ZMSBw im Kontext von Sinn und Glück des Soldatenberufs, Innerer Führung und Einsatz-Ethos*, Berlin 2016.

Einsatzerfahrungen

Kay Kuhlen, *Um des lieben Friedens willen. Als Peacekeeper im Kosovo*, Eschede 2009.

Sascha Brinkmann, Joachim Hoppe (Hrsg.), *Generation Einsatz, Fallschirmjäger berichten ihre Erfahrungen aus Afghanistan*, Berlin 2010.

Artur Schwitalla, *Afghanistan, jetzt weiß ich erst… Gedanken aus meiner Zeit als Kommandeur des Provincial Reconstruction Team FEYZABAD*, Berlin 2010.

Uwe Hartmann, *War without Fighting? The Reintegration of Former Combatants in Afghanistan seen through the Lens of Strategic Thought*, Berlin 2014.

Rainer Buske, *KUNDUZ. Ein Erlebnisbericht über einen militärischen Einsatz der Bundeswehr in Afghanistan im Jahre 2008*, Berlin [2]2016.

Standpunkte und Orientierungen

Daniel Giese, *Militärische Führung im Internetzeitalter – Die Bedeutung von Strategischer Kommunikation und Social Media für Entscheidungsprozesse, Organisationsstrukturen und Führerausbildung in der Bundeswehr*, Berlin 2014.

Dirk Freudenberg, *Auftragstaktik und Innere Führung. Feststellungen und Anmerkungen zur Frage nach Bedeutung und Verhältnis des inneren Gefüges und der Auftragstaktik unter den Bedingungen des Einsatzes der Deutschen Bundeswehr,* Berlin 2014.

Uwe Hartmann (Hrsg.), *Lernen von Afghanistan. Innovative Mittel und Wege für Auslandseinsätze,* Berlin 2015.

Fouzieh Melanie Alamir, *Vernetzte Sicherheit – Quo Vadis?,* Berlin 2015.

Hartwig von Schubert, *Integrative Militärethik. Ethische Urteilsbildung in der militärischen Führung,* Berlin 2015.

Uwe Hartmann, *Hybrider Krieg als neue Bedrohung von Freiheit und Frieden. Zur Relevanz der Inneren Führung in Politik, Gesellschaft und Streitkräften,* Berlin 2015.

Klaus Beckmann, *Treue.Bürgermut.Ungehorsam. Anstöße zur Führungskultur und zum beruflichen Selbstverständnis in der Bundeswehr,* Berlin 2015.

Militärgeschichte

Peter Heinze, *Bundeswehr „erobert" Deutschlands Osten,* Berlin 2010.

Dieter E. Kilian, *Adenauers vergessener Retter – Major Fritz Schliebusch,* Berlin 2011.

Ingo Pfeiffer, *Gegner wider Willen. Konfrontation von Volksmarine und Bundesmarine auf See,* Berlin 2012.

Dieter E. Kilian, *Kai-Uwe von Hassel und seine Familie. Zwischen Ostsee und Ostafrika. Militär-biographisches Mosaik,* Berlin 2013.

Peter Heinze, *Berliner Militärgeschichten,* Berlin 2013.

Ingo Pfeiffer, *Seestreitkräfte der DDR,* Berlin 2014.

Ulrich C. Kleyser, *Lazare Carnot. "Le Grand Carnot". Ein Charakterbild,* Berlin 2016.

Eberhard Birk, *"Auf Euch ruht das Heil meines theuern Württemberg!" Das Gefecht bei Tauberbischofsheim am 24. Juli 1866 im Spiegel der württembergischen Heeresgeschichte des 19. Jahrhunderts,* Berlin 2016.

Erinnerungen

Blue Braun, *Erinnerungen an die Marine 1956–1996,* Berlin 2012.

Harald Volkmar Schlieder, *Kommando zurück!,* Berlin 2012.

Reinhart Lunderstädt, *Aus dem Leben eines Hochschullehrers. Persönlicher Bericht,* Berlin 2012.

Wulf Beeck, *Mit Überschall durch den Kalten Krieg. Mein Leben für die Marine,* Berlin 2013.

Jan Becker, *Aufgewühltes Wasser,* 3 Bde., Berlin 2014.

Klaus Grot, *So war's, damals. Dienstchronik eines Pionieroffiziers im Kalten Krieg 1954–1991,* Berlin 2014.

Gustav Lünenborg, *Bürger und Soldat. Innere Führung hautnah 1956–1993, 1993–2015,* Berlin 2015.

Adolf Brüggemann, *Als Offizier der Bundeswehr im Auswärtigen Dienst. Meine Erinnerungen als Militärattaché in Seoul (Republik Korea) 1978–83 und in Prag (Tschechoslowakei/Tschechien) 1988–1993,* Berlin 2015.

Rainer Buske, *Eine Reise ins Innere der Bundeswehr. Wundersame Geschichten aus einer anderen Welt,* Berlin 2016.

Monterey Studies

Uwe Hartmann, *Carl von Clausewitz and the Making of Modern Strategy,* Potsdam 2002.

Zeljko Cepanec, *Croatia and NATO. The Stony Road to Membership,* Potsdam 2002.

Ekkehard Stemmer, *Demography and European Armed Forces,* Berlin 2006.

Sven Lange, *Revolt against the West. A Comparison of the Current War on Terror with the Boxer Rebellion in 1900-01,* Berlin 2007.

Klaus M. Brust, *Culture and the Transformation of the Bundeswehr,* Berlin 2007.

Donald Abenheim, *Soldier and Politics Transformed,* Berlin 2007.

Michael Stolzke, *The Conflict Aftermath. A Chance for Democracy: Norm Diffusion in Post-Conflict Peace Building,* Berlin 2007.

Frank Reimers, *Security Culture in Times of War. How did the Balkan War affect the Security Cultures in Germany and the United States?,* Berlin 2007.

Michael G. Lux, *Innere Führung – A Superior Concept of Leadership?,* Berlin 2009.

Marc A. Walther, *HAMAS between Violence and Pragmatism,* Berlin 2010.

Frank Hagemann, *Strategy Making in the European Union,* Berlin 2010.

Ralf Hammerstein, *Deliberalization in Jordan: the Roles of Islamists and U.S.-EU Assistance in stalled Democratization,* Berlin 2011.

Jochen Wittmann, *Auftragstaktik,* Berlin 2012.

Michael Hanisch, *On German Foreign und Security Policy. Determinants of German Military Engagement in Africa since 2011,* Berlin 2015.

Grégoire Monnet, *The Evolution of Strategic Thought Since September 11, 2011. A Swiss Perspective on Clausewitz, Classical und Contemporary Theories,* Berlin 2016.